HISTOIRE
D'HÉRODOTE

TRADUITE DU GREC

PAR LARCHER

AVEC DES NOTES

DE BOCHARD, WESSELING, SCALIGER, CASAUBON
BARTHÉLEMY, BELLANGER, LARCHER, ETC.

TOME PREMIER

P. ALARET

PARIS

CHARPENTIER, LIBRAIRE-ÉDITEUR

17, RUE DE LILLE

1850

HISTOIRE
D'HÉRODOTE

Poitiers.—Typ. de A. DUPRÉ.

AVIS DE L'ÉDITEUR.

Plus d'un demi-siècle s'est écoulé depuis la publication de l'*Hérodote* de Larcher, et pendant ce demi-siècle le succès de cet ouvrage n'a pas cessé de s'accroître. C'est aujourd'hui un livre classique, et les savants eux-mêmes lui ont marqué sa place, en le signalant comme le monument durable d'un grand travail qui avait absorbé la vie entière de son auteur.

Lorsque Larcher publia cette traduction, il crut nécessaire d'y joindre un assez grand nombre de notes puisées aux sources les plus savantes, et utiles soit pour l'établissement du texte, soit pour l'intelligence des faits. Ces notes remplissent quatre volumes de sa première édition, et six de sa seconde. C'était beaucoup, c'était trop, sans doute; et cependant Larcher préparait une troisième édition, dont nous avons eu la copie sous les yeux, et où un assez grand nombre de notes nouvelles se trouvaient ajoutées.

On l'a blâmé avec raison de ce luxe effréné d'érudition; et Volney, savant remarquable, et de plus homme de goût, avait témoigné le désir qu'une main amie se chargeât d'élaguer ces broussailles de la science, sous lesquelles l'arbre vigoureux d'Hérodote demeurait comme enseveli. Le but était d'éclairer et non d'étouffer l'historien.

C'est ce travail que nous offrons aujourd'hui au public; nous avons tenté de réaliser le vœu de Volney, de supprimer l'érudition inutile, de recueillir les éclaircissements indispensables, et de réunir dans un très-petit nombre de notes, empruntées aux autres commentateurs, tout ce qui peut faciliter l'étude du père de l'histoire, ou, comme l'appelait le docte Sainte-Croix, du grand rival d'Homère.

L. AIMÉ-MARTIN.

26 mai 1842.

PLAN

DE L'HISTOIRE D'HÉRODOTE.

Hérodote ne s'était proposé pour but, comme il le dit lui-même au commencement de son Histoire, que de célébrer les exploits des Grecs et des Perses, et de développer les motifs qui avaient porté ces peuples à se faire la guerre. Parmi les causes de cette guerre, il y en avait d'éloignées et de prochaines. Les éloignées étaient les enlèvements réciproques de quelques femmes de l'Europe et de l'Asie, qui, ayant donné occasion à la guerre de Troie, avaient ulcéré les cœurs des Asiatiques contre les Grecs. Les causes prochaines étaient les secours que les Athéniens avaient donnés aux Ioniens dans leur révolte, l'invasion de l'Ionie et l'incendie de Sardes par les Athéniens. Les Perses, irrités de ces hostilités, résolurent d'en tirer une vengeance éclatante. Les Perses avaient été jusqu'alors peu connus des Grecs. Il était donc nécessaire de leur faire connaître cette nation, contre laquelle ils avaient lutté avec tant de gloire. Pour parvenir à ce but, Hérodote a pris ce peuple dans son origine, et nous a fait voir par quels moyens il avait secoué le joug des Mèdes; et, comme cela n'aurait pas donné aux lecteurs des idées bien claires et bien nettes, il a fallu leur présenter un coup d'œil rapide de l'histoire des Mèdes. Cette histoire elle-même était tellement liée avec celle des Assyriens, dont les Mèdes avaient été sujets, qu'il a dû instruire les lecteurs de la manière dont ils avaient secoué le joug, et donner pareillement un abrégé de l'histoire d'Assyrie. Ces trois histoires ne sont donc pas des hors-d'œuvre. On ne peut retrancher l'une sans répandre de l'obscurité sur les deux autres; et, si on les supprime toutes les trois, on n'aura qu'une connaissance très-imparfaite des difficultés que les Grecs eurent à surmonter.

Cyrus, ayant subjugué la Médie, marcha de conquêtes en conquêtes. Cette puissance formidable donna de l'inquiétude à Crésus. Il voulut la réprimer, et par là il attira sur lui les armes de Cyrus; il fut battu, et son pays fut conquis. C'était une occasion pour faire connaître les Lydiens. Hérodote la laissa d'autant moins échapper, qu'il était bon de donner au moins un aperçu de ces princes qui avaient soumis la plupart des Grecs établis en Asie. Cependant, comme il ne perdait jamais de vue le plan de son Histoire, il ne dit que deux mots de l'origine du royaume de Lydie, de ses progrès et de sa destruction. Cyrus, après cette conquête, laisse à ses généraux le soin de soumettre les Grecs asiatiques; il marche en personne contre les Babyloniens et les peuples de leur dépendance, et les subjugue. Hérodote ne s'arrête quelques instants que sur les objets les plus importants et les plus intéressants. Aussi ne parle-t-il ni des Bactriens ni des Saces, que Cyrus avait subjugués. S'il s'étend davantage sur les Massagètes, c'est que la guerre que leur fit Cyrus lui fut très-funeste, et qu'il périt dans un combat qu'il leur livra.

Cambyse, son fils, lui succéda. Fier de sa puissance, il marcha en Égypte. Ce pays était alors le plus célèbre qu'il y eût dans le monde; et les Grecs commençaient à y voyager, plus cependant pour les intérêts de leur commerce que par curiosité et par le désir de s'instruire, quoique ces deux derniers motifs y eussent beaucoup de part. Il était donc de la dernière importance de leur donner une connaissance de ce pays singulier, de ses productions, des mœurs et de la religion de ses habitants, avec un récit succinct de ses rois. Hérodote y a employé son second livre. L'Égypte soumise, Cambyse marcha contre le faux Smerdis, qui s'était révolté contre lui; il périt par un accident. Peu de temps après sa mort, on découvrit la fourberie du mage Smerdis; il fut massacré, et l'on élut pour roi Darius. Ce prince remit sous le joug les Babyloniens qui s'étaient révoltés, et, comme il était très-ambitieux, il voulut asservir les Scythes. Ces peuples n'étaient alors connus que par leurs voisins, et par les Grecs établis dans les villes limitrophes de la Scythie. Les Scythes étaient alors pour les Grecs un objet de curiosité d'autant plus piquant, qu'il y avait déjà en Thrace et sur les bords du Pont-Euxin, tant en Europe qu'en Asie, des colonies grecques. Si notre historien ne s'est pas étendu sur ces peuples avec la même complaisance que sur les Égyptiens, du moins l'a-t-il fait avec assez d'étendue pour donner aux Grecs une idée de la forme de leur gouvernement et de leurs mœurs, avec une description succincte de leur pays. Cette description est si exacte, qu'elle se trouve confirmée dans la plupart de ses points par la relation de ceux d'entre les modernes qui ont voyagé dans la Bulgarie, la Moldavie, la Bessarabie, le Czernigow, l'Ukraine, la Crimée, et chez les Cosaques du Don. Darius fut obligé de repasser honteusement dans ses États. Les Ioniens, qui ne savaient ni être libres ni être esclaves, se révoltèrent. Ils s'étaient assurés des secours des Athéniens, qui cependant ne leur en donnèrent que de médiocres. Avec ces secours, ils s'emparèrent de Sardes, et y mirent le feu. Darius, ayant appris la part que les Athéniens avaient eue à la prise et à l'incendie de cette ville, jura de s'en venger. Il commença par remettre sous le joug les Ioniens. Les Ioniens soumis, il envoya contre les Athéniens une armée formidable. Les Perses furent battus à Marathon. A cette nouvelle, Darius, furieux, fit des préparatifs encore plus considérables. Mais sur ces entrefaites l'Égypte s'étant soulevée, il fallut la réduire. La révolte de l'Égypte n'avait fait que suspendre la vengeance de Darius. Ce pays ne fut pas plutôt soumis, qu'il reprit le dessein de châtier les Athéniens ; mais sa mort, qui survint peu après, en suspendit l'exécution. Xerxès, son fils et son successeur, qui n'était ni moins ambitieux ni moins vindicatif que son père, non content de châtier les Athéniens, voulut encore subjuguer le reste de la Grèce. Résolu de marcher en personne contre les Grecs, il leva l'armée la plus nombreuse et la plus formidable dont on ait jamais entendu parler. Il équipa une flotte considérable, et pendant plusieurs années il ne s'occupa qu'à faire transporter dans les villes frontières de la Grèce les blés et les vivres nécessaires à la subsistance de cette multitude innombrable d'hommes. Il reçut d'abord un échec au pas des Thermopyles. Sa flotte ayant ensuite été battue à Salamine, il repassa honteusement en Asie ; mais, ayant laissé Mardonius en Grèce avec l'élite de ses troupes, ce général, vaincu à Platée, périt dans l'action avec la plus grande partie de son armée. Le jour même de la bataille de Platée, il se livra à Mycale, en Carie, un sanglant combat. Les Grecs y remportèrent une victoire signalée.

C'est ici qu'Hérodote termine son Histoire. On voit, par ce court exposé, qu'il y a dans toutes les parties de ce bel ouvrage une liaison intime ; qu'on n'en peut retrancher aucune sans répandre de l'obscurité sur les autres ; que notre historien marche avec rapidité, et que s'il s'arrête quelquefois en chemin, ce n'est que pour ménager l'attention de ses lecteurs, et pour les instruire agréablement de tout ce qu'il leur importait de savoir.

LARCHER.

VIE D'HÉRODOTE,

PAR LARCHER.

Hérodote, né à Halicarnasse l'an 4230 de la période julienne, 484 ans avant notre ère, était Dorien d'extraction, et d'une naissance illustre. Il eut pour père Lyxès et pour mère Dryo, qui tenaient un rang distingué parmi leurs concitoyens. Panyasis, poëte célèbre, à qui quelques écrivains adjugent le premier rang après Homère, quoique d'autres le placent après Hésiode et Antimachus, était son oncle de père ou de mère; car il n'y a rien de certain là-dessus. Panyasis est né, si l'on en croit Suidas, en la LXXVIIIe olympiade, c'est-à-dire l'an 4247 de la période julienne, 467 ans avant l'ère vulgaire. Je ne puis être de cette opinion, parce qu'il s'ensuivrait qu'Hérodote, son neveu, aurait été plus âgé que lui de dix-sept ans. Je n'ignore pas qu'il y a des oncles plus jeunes que leurs neveux; nous en avons des exemples. Aussi j'insiste moins sur cette raison que sur le temps où périt Panyasis, quoiqu'on ne puisse le fixer d'une manière certaine. Mais l'on sait que Lygdamis, tyran d'Halicarnasse, fut chassé l'an 4257 de la période julienne, 457 ans avant notre ère. Il aurait donc fait mourir ce poëte au plus tard en 4256 de la période julienne, 458 ans avant l'ère vulgaire. Si l'assertion de Suidas était vraie, Panyasis aurait eu au plus neuf ans lorsqu'il périt. Comment à cet âge aurait-il donné de l'ombrage au tyran? comment aurait-il pu avoir composé ces ouvrages qui lui ont acquis une si grande réputation? J'aime mieux, par cette raison, placer sa naissance en la LXVIIIe olympiade. Il avait alors 50 ans quand Lygdamis le fit mourir, et il aura eu le temps de composer ce grand nombre d'ouvrages qui l'ont immortalisé. D'ailleurs, Suidas convient lui-même qu'il y a des auteurs qui le font plus ancien.

Panyasis était connu par l'Héracléiade et les Ioniques. L'Héracléiade était un poëme héroïque en l'honneur d'Hercule; le poëte y célébrait les exploits de ce héros, en quatorze livres qui contenaient neuf mille vers. Plusieurs écrivains en parlent avec distinction, Isaac Tzetzès dans ses Prolégomènes sur la Cassandre de

Lycophron, Proclus dans sa Chrestomathie, Suidas au mot Panyasis, Pausanias, qui même en cite deux vers, et le scoliaste de Pindare, qui en rapporte un du troisième livre. Quintilien, bon juge en ces matières, nous apprend qu'il n'égalait pour l'élocution ni Hésiode ni Antimachus, mais qu'il surpassait le premier par la richesse de son sujet, et le second par la disposition qu'il lui avait donnée. Denys d'Halicarnasse, qui n'excellait pas moins dans la critique que dans l'histoire, en porte aussi le même jugement. Je m'en tiens à ces autorités, auxquelles je pourrais ajouter celles de plusieurs autres auteurs, tels qu'Apollodore, saint Clément d'Alexandrie, Athénée, etc.

Le même Panyasis avait écrit en vers pentamètres un poëme sur Codrus, Nélée et la colonie ionienne, que l'on appelait les Ioniques. Ce poëme curieux, et dont on ne saurait trop regretter la perte, parce qu'il entrait dans une infinité de détails historiques sur cette colonie, comprenait sept mille vers.

Il ne reste plus de ce poëte que deux petites pièces de vers avec un fragment, où Panyasis célèbre le vin et les plaisirs de la table pris avec modération. Stobée et Athénée nous les ont conservés. On les trouve dans plusieurs recueils, et beaucoup plus correctement dans celui des poëtes gnomiques, publié en 1784 à Strasbourg par M. Brunck, critique plein de goût et de sagacité. On a encore cinq vers de ce poëte qu'on lit dans Etienne de Byzance, au mot Τρεμίλη. Je soupçonne qu'ils sont de l'Héracléiade. M. Brunck n'a pas jugé à propos de leur donner place dans son recueil.

Dans ces beaux siècles de la Grèce, on prenait un soin particulier de l'éducation de la jeunesse, et l'on ne s'appliquait pas moins à lui former le cœur qu'à cultiver son esprit. Il est à présumer que celle d'Hérodote ne fut pas négligée, quoique l'on ignore quels furent ses maîtres. On n'en peut même douter, lorsqu'on le voit entreprendre dans un âge peu avancé de longs et pénibles voyages, pour perfectionner ses connaissances et en acquérir de nouvelles.

La description de l'Asie par Hécatée, l'histoire de Lydie, de Xanthus, celles de Perse par Hellanicus de Lesbos et Charon de Lampsaque, jouissaient alors de la plus haute réputation. Ces ouvrages agréables, intéressants, furent sans doute dévorés par Hérodote dans cet âge où l'on est avide de connaissances, et lui inspirèrent le vif désir de parcourir les pays dont les descriptions l'avaient enchanté. Ce n'était pas cependant une vaine curiosité qui le portait à voyager; il se proposait un but plus noble, celui d'écrire l'histoire. Les succès des historiens qui l'avaient devancé ne l'effrayèrent pas; ils ne servirent au contraire qu'à l'enflammer; et quoique Hellanicus de Lesbos et Charon de Lampsaque eussent traité en partie le même sujet, loin d'en être découragé, il osa lutter contre eux, et ne se flatta pas en vain de les surpasser. Il se proposa d'écrire, non l'histoire de Perse, mais seulement celle de la guerre que les Grecs eurent à soutenir contre les Perses. Ce sujet, simple en apparence, lui fournit l'occasion de faire entrer dans le même tableau l'histoire de la plupart des peuples avec qui les Grecs avaient des rapports intimes, ou qu'il leur importait de connaître. Il sentit que, pour exécuter ce plan, il devait recueillir des matériaux, et acquérir une exacte connaissance des pays dont il se proposait de faire la description. Ce fut dans cette vue qu'il entreprit ses voyages, qu'il parcourut la Grèce entière, l'Épire, la Macédoine, la Thrace; et, d'après son propre témoignage, l'on ne peut-douter qu'il n'ait passé de la Thrace chez les Scythes, au delà de l'Ister et du Borysthène. Partout il observa d'un œil curieux les sites, les distances des lieux, les productions des pays, les usages, les mœurs, la religion des peuples; il puisa dans leurs archives et dans leurs inscriptions les faits importants, les suites des rois, les généalogies des illustres personnages; et partout il se lia avec les hommes les plus instruits, et se plut à les consulter dans toutes les occasions.

Peut-être se contenta-t-il dans ce premier voyage de visiter la Grèce, et que, s'étant ensuite rendu en Égypte, il passa de là en Asie, de l'Asie en Colchide, dans la Scythie, la Thrace, la Macédoine, et qu'il retourna en Grèce par l'Épire. Quoi qu'il en soit, l'Égypte, qui même encore aujourd'hui fait l'étonnement et l'admiration des voyageurs intelligents, ne pouvait manquer d'entrer dans le plan d'Hérodote. Hécatée y avait voyagé avant lui, et, suivant toutes les apparences, il en avait donné une description. Porphyre prétend que cet historien s'était approprié, du Voyage de l'Asie de cet écrivain, la description du phénix et de l'hippopotame, avec la chasse du crocodile, et qu'il n'y avait fait que quelques changements : mais le témoignage de Porphyre est d'autant plus suspect, que Callimaque attribue ce Voyage de l'Asie à un écrivain obscur. J'ajoute, avec M. Walckenaër, que si cet historien se fût rendu coupable de ce plagiat, Plutarque, qui a composé un traité contre lui, n'eût pas manqué de lui en faire un crime.

Nous n'avons aucun écrivain, soit ancien, soit moderne, qui ait donné de ce pays une description aussi exacte et aussi curieuse. Il nous en a fait connaître la géographie avec une exactitude que n'ont pas toujours eue les géographes de profession, les productions du pays, les mœurs, les usages et la religion de ses habitants, et l'histoire des derniers princes avant la conquête des Perses, avec des particularités intéressantes sur cette conquête, qui eussent été à jamais perdues s'il ne les eût pas transmises à la postérité.

Si l'on croyait que notre auteur n'a fait que recueillir les bruits populaires, on se tromperait grossièrement. On ne saurait imaginer les soins et les peines qu'il a pris pour s'instruire, et pour ne présenter à ses lecteurs rien que de certain. Ses conférences avec les prêtres de l'Egypte, la familiarité dans laquelle il a vécu avec eux, les précautions qu'il a prises pour qu'il ne lui en imposassent point, sont des garants sûrs de ce qu'il avance. Un voyageur moins circonspect se serait contenté du témoignage des prêtres de Vulcain établis à Memphis. Ce témoignage, respectable sans doute, ne lui parut pas suffisant. Il se transporta à Héliopolis, et de là à Thèbes, pour s'assurer par lui-même de la vérité de ce que lui avaient dit les prêtres de Memphis. Il consulta les colléges des prêtres établis dans ces deux grandes villes, qui étaient les dépositaires de toutes les connaissances ; et, les trouvant parfaitement d'accord avec les prêtres de Memphis, il se crut alors autorisé à donner les résultats de ses entretiens.

Le voyage qu'Hérodote fit à Tyr nous offre un autre exemple non moins frappant de l'exactitude de ses recherches. Il avait appris en Egypte qu'Hercule était l'un des douze dieux nés des huit plus anciens, et que ces douze dieux avaient régné en Egypte dix-sept mille ans avant le règne d'Amasis. Une pareille assertion était bien capable de confondre toutes les idées d'un Grec qui ne connaissait d'autre Hercule que celui de sa nation, dont la naissance ne remontait qu'à l'an 1384 avant notre ère, comme je l'ai prouvé dans mon Essai de chronologie, chapitre XIII. Comme cette assertion était autorisée par les livres sacrés et par le témoignage unanime des prêtres, il ne pouvait ou n'osait la contester. Cependant, comme il voulait acquérir à cet égard une plus grande certitude, si cela était possible, il se transporta à Tyr pour y voir un temple d'Hercule que l'on disait très-ancien. On lui apprit dans cette ville qu'il y avait 2,300 ans que ce temple avait été bâti. Il vit aussi à Tyr un temple d'Hercule surnommé Thasien. La curiosité l'ayant porté à se rendre à Thasos, il y trouva un temple de ce dieu, construit par ces Phéniciens qui, courant les mers sous prétexte de chercher Europe, fondèrent une colonie dans cette île, cinq générations avant la naissance du fils d'Alcmène. Il fut alors convaincu que l'Hercule égyptien était très-différent du fils d'Amphitryon ; et il resta tellement persuadé que le premier était un dieu et l'autre un héros, que ceux des Grecs qui offraient à un Hercule, qu'ils surnommaient Olympien, des sacrifices comme à un immortel, et qui faisaient à l'autre des offrandes comme à un héros, lui parurent en avoir agi très-sagement.

Ses excursions en Libye et dans la Cyrénaïque précèdent le voyage de Tyr. La description exacte de la Libye, depuis les frontières d'Égypte jusqu'au promontoire Soloeis, aujourd'hui le cap Spartel, conforme en tout à ce que nous en apprennent les voyageurs les plus estimés, et le docteur Shaw en particulier, ne permettent pas de douter qu'il n'ait vu ce pays par lui-même. On est encore tenté de croire qu'il a été à Carthage; ses entretiens avec un assez grand nombre de Carthaginois autorisent cette opinion. Il revint sans doute par la même route en Égypte, et de là enfin il passa à Tyr, comme on l'a dit.

Après quelque séjour dans cette superbe ville, il visita la Palestine, où il vit les colonnes qu'y avait fait élever Sésostris; et sur ces colonnes il remarqua l'emblème qui caractérisait la lâcheté de ses habitants. De là il se rendit à Babylone, qui était alors la ville la plus magnifique et la plus opulente qu'il y eût dans le monde. Je sais que plusieurs personnes éclairées, et M. des Vignoles entre autres, doutent qu'Hérodote ait jamais voyagé en Assyrie. Je ne puis mieux répondre à ce savant respectable qu'en me servant des propres termes d'un autre savant qui ne l'était pas moins, je veux dire M. le président Bouhier. Voici comment il s'exprime :
« Quoique les passages d'Hérodote qui ont fait croire à beaucoup
» de gens qu'il avait été réellement à Babylone, ne soient pas
» bien clairs, il n'est presque pas possible de douter qu'il ne l'ait
» vue, si on veut prendre la peine d'examiner la description
» exacte qu'il fait en ces endroits de toutes les singularités de
» cette grande ville et de ses habitants. Il n'y a guère qu'un té-
» moin oculaire qui en puisse parler avec autant de précision,
» surtout dans un temps où aucun autre Grec n'avait encore rien
» écrit là-dessus.

» De plus, qu'on fasse attention à la manière dont il parle d'une
» statue d'or massif de Jupiter Bélus, qui était dans Babylone, et
» qui avait douze coudées de hauteur. En avouant qu'il ne l'a pas
» vue, parce que le roi Xerxès l'avait fait enlever, n'est-ce pas
» insinuer tacitement qu'il avait vu toutes les autres choses qu'il
» dit être dans cette grande ville? Il est aisé aussi de recon-
» naître, par divers autres passages de son ouvrage, qu'il avait
» conféré sur les lieux avec des Babyloniens et des Perses sur ce
» qui regardait leur religion et leur histoire. D'ailleurs il n'est
» guère vraisemblable qu'un homme qui avait parcouru tant de

» différents pays pour s'instruire de tout ce qui pouvait les con-
» cerner, eût négligé d'aller voir une ville qui passait alors pour
» la plus belle du monde, et où il pouvait recueillir les mémoires
» les plus sûrs pour l'histoire qu'il préparait de la haute Asie,
» surtout en ayant approché de si près. »

La Colchide fut le dernier pays de l'Asie qu'il parcourut. Il voulait s'assurer par lui-même si les Cochildiens étaient Egyptiens d'origine, comme on le lui avait dit en Egypte, et s'ils étaient les descendants d'une partie de l'armée de Sésostris qui s'était établie dans ce pays. De la Colchide il passa chez les Scythes et chez les Gètes, de là en Thrace, de la Thrace en Macédoine; et enfin il revint en Grèce par l'Épire. S'il n'avait pas bien connu tous ces différents pays, comment aurait-il pu en donner une description exacte, et parler avec clarté de l'expédition de Darius chez les Scythes, et de celle de Xerxès dans la Grèce?

De retour dans sa patrie, il n'y fit pas un long séjour. Lygdamis en était alors tyran. Il était fils de Pisindélis, et petit-fils d'Artémise, qui s'était distinguée à la journée de Salamine. Ce tyran avait fait mourir Panyasis, oncle de notre historien. Celui-ci, ne croyant pas ses jours en sûreté sous un gouvernement soupçonneux et cruel, chercha un asile à Samos. Ce fut dans cette douce retraite qu'il mit en ordre les matériaux qu'il avait apportés, qu'il fit le plan de son histoire et qu'il en composa les premiers livres. La tranquillité et les agréments dont il y jouissait n'éteignirent point en lui le goût de la liberté. Ce goût, inné pour ainsi dire chez les Grecs, joint au puissant désir de la vengeance, lui inspira le dessein de chasser Lygdamis. Dans cette vue il se ligua avec les mécontents, et surtout avec les amis de la liberté. Lorsqu'il crut la partie assez bien liée, il reparut tout à coup à Halicarnasse; et, s'étant mis à la tête des conjurés, il chassa le tyran. Cette action généreuse n'eut d'autre récompense que la plus noire ingratitude. Il fallait établir une forme de gouvernement qui conservât à tous les citoyens l'égalité, ce droit précieux que tous les hommes apportent en naissant. Mais cela n'était guère possible dans une ville partagée en factions, où des citoyens s'imaginaient avoir, par leur naissance et par leurs richesses, le privilége de gouverner, et d'exclure des honneurs la classe mitoyenne, ou même de la vexer. L'aristocratie, la pire espèce de tous les gouvernements, était leur idole favorite. Ce n'était pas l'amour de la liberté qui les avait armés contre le tyran, mais le désir de s'attribuer son autorité et de régner avec le même despotisme. La classe mitoyenne et le peuple, qui avaient eu peu de chose à redouter du tyran, crurent perdre au change, en voyant le gouvernement entre les mains d'un petit nombre de citoyens dont il fallait assouvir l'avidité, redouter les caprices et même les soupçons. Hérodote devint odieux aux uns et aux autres : à ceux-ci, parce qu'ils le regardaient comme l'auteur d'une révolution qui avait tourné à leur désavantage; à ceux-là, parce qu'ils le regardaient comme un ardent défenseur de la démocratie.

En butte aux deux factions qui partageaient l'État, il dit un éternel adieu à sa patrie, et partit pour la Grèce. On célébrait alors la LXXXIe olympiade. Hérodote se rendit aux jeux olympiques : voulant s'immortaliser, et faire sentir en même temps à ses concitoyens quel était l'homme qu'ils avaient forcé de s'expatrier, il lut dans cette assemblée, la plus illustre de la nation, la plus éclairée qui fût jamais, le commencement de son Histoire, ou peut-être les morceaux de cette même Histoire les plus propres à flatter l'orgueil d'un peuple qui avait tant de sujets de se croire supérieur aux autres. Thucydide, qui n'avait encore que quinze ans, mais en qui l'on remarquait déjà des étincelles de ce beau génie qui fut l'un des plus brillants ornements du siècle de Périclès, ne put s'empêcher de répandre des larmes à la lecture de cette Histoire. Hérodote, qui s'en aperçut, dit au père du jeune homme : Olorus, votre fils brûle du désir des connaissances.

Je m'arrête un moment pour prouver que ce fut en la LXXXIe olympiade qu'Hérodote lut une partie de son Histoire à la Grèce assemblée. Il est certain qu'Hérodote, ayant abandonné Halicarnasse et voulant se faire un nom, se rendit à Olympie, et qu'il y lut une partie de son Histoire, qui fut tellement goûtée, qu'on donna aux neuf livres qui la composaient le nom des Muses. Lucien le dit de la manière la plus claire et la plus formelle. D'un autre côté, Marcellinus nous apprend que Thucydide versa des larmes en entendant cette lecture, et qu'Hérodote, témoin de la sensibilité de ce jeune homme, adressa à son père le mot que je viens de rapporter. Thucydide est né la première année de la LXXVIIe olympiade, au printemps, et par conséquent l'an 4243 de la période julienne, 471 ans avant notre ère. Il avait donc quinze ans et quelques mois lorsqu'il assista à cette lecture. Il pouvait déjà être sensible aux agréments du style ; mais cette sensibilité n'en était pas moins surprenante dans un âge si tendre, et faisait concevoir de grandes espérances. Si l'on suppose que cet événement appartient à l'olympiade précédente, il devient plus merveilleux, pour ne pas dire incroyable. Si on le recule, au contraire, jusqu'à la LXXXIIe olympiade, Thucydide ayant alors dix-neuf ans et quelques mois, sa sensibilité n'aurait rien eu de surprenant, et ne se serait pas fait remarquer. Il faut donc regarder comme constant, avec Dodwell, que cet historien avait alors quinze ans. Le père Corsini, clerc régulier des Écoles pies, est aussi de cet avis dans ses Fastes Attiques, et cite, pour le prouver, Lucien dans le traité sur la Manière d'écrire l'histoire, quoiqu'il n'en soit pas question dans cet ouvrage. Ce savant n'avait pas cependant sur ce fait des idées bien arrêtées, puisque, page 213 du même ouvrage, il recule cette lecture jusqu'à la première année de la LXXXIV olympiade, c'est-à-dire de douze ans, ce qui me fait croire qu'il confond en cette occasion la lecture aux jeux olympiques avec celle que fit le même historien aux Panathénées, quoique cette fête précède la quatre-vingt-quatrième olympiade de plus de quinze jours.

Revenons à notre sujet. Encouragé par les applaudissements qu'il avait reçus, Hérodote employa les douze années suivantes à continuer son Histoire et à la perfectionner. Ce fut alors qu'il voyagea dans toutes les parties de la Grèce, qu'il n'avait fait jusqu'à ce moment que parcourir, qu'il examina avec la plus scrupuleuse attention les archives de ses différents peuples, et qu'il s'assura des principaux traits de leur histoire, ainsi que des généalogies des plus illustres maisons de la Grèce, non-seulement en parcourant leurs archives, mais en lisant leurs inscriptions. Car dans ces anciens temps on transmettait à la postérité les événements les moins intéressants, ainsi que les plus remarquables, par le moyen d'inscriptions gravées sur des monuments durables, ou sur des trépieds qu'on conservait avec le plus grand soin dans les temples. Ces inscriptions contenaient les noms de ceux qui avaient eu part à ces événements, avec ceux de leurs pères et de leurs tribus ; en sorte que plusieurs siècles après il était impossible de s'y méprendre, malgré l'identité des noms qui se remarquaient quelquefois sur ces monuments.

Ce fut dans une de ces excursions qu'il alla à Corinthe, et qu'il y récita, si l'on en croit Dion Chrysostome, la description de la bataille de Salamine, avec des circonstances honorables pour les Corinthiens, et surtout pour Adimante qui les commandait. « Mais, continue le sophiste dans le discours qu'il adresse aux
» Corinthiens, Hérodote vous ayant demandé une récompense,
» et ne l'ayant pas obtenue, parce que vos ancêtres dédaignaient
» de mettre la gloire à prix d'argent, il changea les circonstances
» de cette bataille, et les raconta d'une manière qui vous était
» défavorable. »

Un fait de cette nature, s'il était prouvé, décèlerait une âme vile ; et, loin de chercher à justifier Hérodote, content d'admirer l'écrivain, j'abandonnerais l'homme ou juste mépris qu'il mériterait. Mais la réponse me paraît très-facile. 1° S'il n'y avait pas eu deux opinions très-constantes sur la conduite que les Corinthiens avaient tenue à la journée de Salamine, Hérodote se serait exposé en les rapportant, au risque d'être démenti par la majeure partie de la Grèce, dont il cherchait à capter la bienveillance, et qui était alors alliée et amie des Corinthiens. 2° Dion Chrysostome vivait plus de cinq siècles après cette bataille, tandis que notre historien était né quatre ans avant qu'elle se donnât. Le premier n'en pouvait connaître les particularités que par l'histoire et les monuments, tandis que l'autre en était instruit non-seulement par les monuments, mais encore par le témoignage d'une infinité de personnes qui s'y étaient trouvées. 3° L'autorité de ces monuments n'est pas si grande dans cette occasion qu'elle l'est dans la plupart des autres; car Hérodote raconte lui-même que plusieurs peuples, dont on montrait la sépulture à Platée, honteux de ne s'être pas trouvés au combat, avaient érigé des cénotaphes de terres amoncelées, afin de se faire honneur dans la postérité. Les Corinthiens peuvent en avoir fait autant après la journée de Salamine. 4° Les vers que fit Simonide en l'honneur des Corinthiens et d'Adimante, leur général, ne paraîtront jamais une preuve concluante à ceux qui connaîtront la cupidité de ce poëte, et à quel point il prostituait sa plume au plus offrant. 5° Si le fait rapporté par Dion Chrysostome eût été vrai, Plutarque, qui ne laisse échapper aucune occasion de montrer son animosité contre Hérodote, aurait d'autant moins manqué de lui faire à ce sujet les plus cruels reproches, que de son aveu il le détestait, parce que cet historien avait dit de ses compatriotes des vérités qui n'étaient pas à leur avantage. Il prétend, il est vrai, que les Corinthiens se comportèrent vaillamment à la journée de Salamine, et qu'Hérodote a supprimé leurs louanges par malignité. Cependant, loin de les supprimer, il a rapporté ce que les Grecs racontaient de plus flatteur pour ce peuple ; mais, comme il faisait profession d'impartialité, il n'a pas cru devoir passer sous silence ce qu'en disaient aussi les Athéniens. Ce serait ici le lieu de réfuter ce qu'avance Plutarque pour prouver que les Corinthiens se couvrirent de gloire à cette bataille ; mais comme cela me mènerait trop loin, et que vraisemblablement très-peu de lecteurs prendraient intérêt à cette discussion, je crois devoir d'autant moins l'entreprendre que cette digression n'est peut-être déjà que trop longue.

Douze ans après avoir lu une partie de son Histoire aux jeux olympiques, Hérodote en lut une autre à Athènes, à la fête des

Panathénées, qu'on célébrait le 28 hécatombæon, qui revient au 10 août. Cette lecture eut donc lieu l'an 4270 de la période julienne, 444 ans avant notre ère, et la première année de la LXXXIV⁰ olympiade. Les Athéniens ne se bornèrent pas à des louanges stériles : ils lui firent présent de dix talents, par un décret proposé par Anytus et ratifié par le peuple assemblé, comme l'atteste Diyllus, historien très-estimé. C'est sans doute de cette récompense qu'il faut entendre ce que dit Eusèbe, à l'endroit que je viens de citer, qu'Hérodote fut honoré par les Athéniens.

Il semble que cet accueil aurait dû le fixer à Athènes. Cependant il se joignit à la colonie que les Athéniens envoyèrent à Thurium au commencement de l'olympiade suivante. Le goût qu'il avait pour les voyages l'emporta peut-être sur la reconnaissance qu'il devait aux Athéniens ; mais peut-être aussi ne crut-il pas quitter Athènes en accompagnant un si grand nombre d'Athéniens, parmi lesquels il y en avait de très-distingués. Lysias, âgé seulement de quinze ans, qui devint dans la suite un très-grand orateur, était du nombre des colons. Hérodote avait alors quarante ans ; car il était né l'an 484 avant notre ère, et la première année de la LXXIV⁰ olympiade. L'auteur anonyme de la Vie de Thucydide met aussi cet historien du nombre des colons. Mais comme il est le seul écrivain qui en fasse mention, il est permis d'en douter.

Il fixa sa demeure à Thurium ; ou, s'il en sortit, ce ne fut que pour faire quelques excursions dans la grande Grèce, je veux dire dans cette partie de l'Italie qui était peuplée par des colonies grecques, et qui fut ainsi nommée, non parce qu'elle était plus considérable que le reste de la Grèce, mais parce que Pythagore et les pythagoriciens lui acquirent une grande célébrité. Il y a beaucoup d'apparence qu'il passa le reste de ses jours dans cette ville, et il paraît certain que ce fut par cette raison qu'on lui donna quelquefois le surnom d'Hérodote de Thurium. Strabon le dit positivement. Voici comment s'exprime ce savant géographe en parlant de la ville d'Halicarnasse : « L'historien Hérodote était de » cette ville. On l'a depuis appelé Thurien, parce qu'il fut du » nombre de ceux que l'on envoya en colonie à Thurium. » L'empereur Julien ne l'appelle pas autrement dans le fragment d'une lettre que nous a conservé Suidas : « Si le Thurien paraît à » quelqu'un un historien digne de foi, » etc. La chose fut même poussée si loin, qu'Hérodote ayant commencé son Histoire par ces mots : « En publiant ces recherches, Hérodote d'Halicar- » nasse, » etc.; Aristote, qui cite ce commencement, a changé cette expression en celle d'Hérodote de Thurium. Ce savant n'est pas le seul qui l'ait fait; car Plutarque observe que beaucoup de personnes avaient fait aussi le même changement.

Le loisir dont il jouit dans cette ville lui permit de retoucher son Histoire, et d'y faire quelques additions considérables. C'est ainsi qu'il faut entendre ce passage de Pline : *Urbis nostræ trecentesimo anno.... auctor ille (Herodotus) Historiam condidit Thuriis in Italia;* car il est certain qu'il avait lu une partie de son Histoire à Athènes avant que de partir pour Thurium, et que douze ans auparavant il en avait lu une autre aux jeux olympiques. Ce passage de Pline a induit en erreur le savant M. des Vignoles. Je n'entreprendrai pas de le réfuter, M. le président Bouhier l'ayant fait avec succès dans le chapitre premier de ses Recherches et Dissertations sur Hérodote.

On ne peut douter qu'il n'ait ajouté beaucoup de choses pendant son séjour à Thurium, puisqu'il rapporte des faits qui sont postérieurs à son voyage dans la grande Grèce. Quelques savants l'ont remarqué avant moi, et surtout MM. Bouhier et Wesseling. Il faut mettre de ce nombre : 1o l'invasion que les Lacédémoniens firent dans l'Attique la première année de la guerre du Péloponnèse, invasion dans laquelle ce pays fut ravagé, excepté Décélée, qu'ils épargnèrent par reconnaissance pour un bienfait des Décéléens ; 2o le funeste sort des ambassadeurs que les Lacédémoniens envoyèrent en Asie la seconde année de la guerre du Péloponnèse, et l'an 430 avant notre ère ; 3o la défection des Mèdes sous Darius Nothus, que ce prince remit peu après sous le joug. Cet événement, que rapporte Hérodote, et qui est certainement de la xciiie olympiade, de la vingt-quatrième année de la guerre du Péloponnèse, et de l'an 408 avant notre ère, prouve qu'Hérodote avait ajouté ce fait dans un âge très-avancé. Il avait alors soixante-dix-sept ans.

M. le président Bouhier plaçait aussi après le voyage d'Hérodote dans la grande Grèce la retraite d'Amyrtée dans l'île d'Elbo, dont parle Hérodote. Ce savant, trompé par le Syncelle, supposait que ce prince s'était réfugié dans cette île la quatorzième année de la guerre du Péloponnèse, et l'an 417 avant notre ère. Dodwell et M. Wesseling avaient bien vu que la révolte d'Amyrtée ayant commencé la seconde année de la LXXIXe olympiade, la fin de cette révolte était de la seconde année de l'olympiade suivante, et par conséquent antérieure de quatorze ans au départ de notre historien pour la grande Grèce. Je n'en rapporterai point ici les preuves, l'ayant fait d'une manière assez ample dans mon Essai sur la Chronologie.

Ce fut aussi dans ces voyages qu'il apprit plusieurs particularités sur les villes de Rhégium, de Géla, de Zancle, et sur leurs tyrans ; particularités qu'il a transmises à la postérité.

On vient de voir que notre historien avait soixante-dix-sept ans quand il ajouta à son Histoire la révolte des Mèdes. On ignore jusqu'à quel âge il poussa sa carrière, et dans quel pays il la termina. Il est vraisemblable qu'il mourut à Thurium; et nous avons, pour appuyer cette présomption, le témoignage positif de Suidas, qui nous apprend encore qu'il fut enterré sur la place publique de cette ville. Ce qui peut en faire douter, c'est que le même écrivain ajoute que quelques auteurs le font mourir à Pella en Macédoine. Mais comme on ignore le nom même de ces auteurs, on ne sait s'ils ont quelque autorité, et quel degré de confiance ils méritent.

Marcellin écrit, dans la Vie de Thucydide, que l'on voyait parmi les monuments de Cimon à Cœlé, près des portes Mélitides, le tombeau d'Hérodote. On pourrait conclure de ce passage qu'Hérodote mourut à Athènes, et c'était le sentiment de M. le président Bouhier. Qui nous assurera cependant que ce fût un vrai tombeau et non pas un cénotaphe ? Si on érigea à notre historien un monument dans le lieu destiné à la sépulture de la maison de Cimon, c'est qu'en partant pour Thurium il obtint à Athènes le droit de cité, et qu'il fut probablement adopté par quelqu'un de cette maison, l'une des plus illustres de cette ville : car sans cette adoption on ne lui aurait pas élevé un monument dans ce lieu, où il n'était pas permis d'inhumer personne qui ne fût de la famille de Miltiade. C'est ce qu'a très-bien prouvé Dodwell.

Il reste cependant encore quelque incertitude : l'inscription rapportée par Étienne de Byzance la ferait disparaître, si l'on était assuré qu'elle a été trouvée à Thurium ; car le premier vers de cette inscription atteste que les cendres de notre historien reposaient sous ce tombeau. Je ne crois pouvoir mieux terminer sa Vie que par cette épitaphe, que rapporte Étienne de Byzance :
« Cette terre recèle dans son sein Hérodote, fils de Lyxès, Dorien
» d'origine, et le plus illustre des historiens ioniens. Il se retira à
» Thurium, qu'il regarda comme une seconde patrie, afin de se
» mettre à couvert des morsures de Momus. »

HISTOIRE
D'HÉRODOTE

LIVRE PREMIER.

CLIO [1].

LES PERSES. — LES MÈDES. — BABYLONE. — CRÉSUS. — SOLON. — CANDAULE ET GYGÈS. — CYRUS. — SÉMIRAMIS. — THOMYRIS, etc.

En présentant au public ces recherches, Hérodote d'Halicarnasse se propose de préserver de l'oubli les actions des hommes, de célébrer les grandes et merveilleuses actions des Grecs et des Barbares, et, indépendamment de toutes ces choses, de développer les motifs qui les portèrent à se faire la guerre.

I. Les Perses les plus savants dans l'histoire de leur pays attribuent aux Phéniciens la cause de cette inimitié. Ils disent que ceux-ci étant venus des bords de la mer Érythrée[2] sur les côtes de la nôtre, ils entreprirent de longs voyages sur mer, aussitôt après s'être établis dans le pays qu'ils habitent encore aujourd'hui, et qu'ils transportèrent des marchandises d'Égypte et d'Assyrie en diverses

---

[1] Quoique, du temps d'Hérodote, on regardât cette histoire comme l'ouvrage des Muses, cependant il paraît qu'on n'a mis les noms des neuf Muses à la tête des neuf livres que dans les derniers siècles. On ne les trouve, en effet, jamais cités de la sorte. (L.)

[2] Quand Hérodote parle pour la première fois d'un peuple, il remonte presque toujours à son origine. Il nous apprend ici que les Phéniciens habitaient les côtes de la mer Rouge avant leur établissement dans le pays appelé de leur nom Phénicie. Et, en effet, on voit près d'Hippos, port du golfe d'Ailath, une ville qui avait nom *Phœnicum oppidum*, ville des Phéniciens. De cette ville aux côtes de Phénicie il y a deux ou trois cents lieues. (L.)

contrées, entre autres à Argos. Cette ville surpassait alors toutes celles du pays connu actuellement sous le nom de Grèce. Ils ajoutent que les Phéniciens y étant abordés se mirent à vendre leurs marchandises; que cinq ou six jours après leur arrivée la vente étant presque finie, un grand nombre de femmes se rendit sur le rivage, et parmi elles la fille du roi; que cette princesse, fille d'Inachus, s'appelait Io, nom que lui donnent aussi les Grecs. Tandis que ces femmes, continuent les mêmes historiens, achetaient près de la poupe ce qui était le plus de leur goût, les Phéniciens, s'animant les uns les autres, se jetèrent sur elles. La plupart prirent la fuite; mais Io fut enlevée, et d'autres femmes avec elle. Les Phéniciens, les ayant fait embarquer, mirent à la voile, et firent route vers l'Egypte.

II. Voilà, selon les Perses, en cela peu d'accord avec les Phéniciens, comment Io passa en Egypte : voilà le principe des injustices réciproques qui éclatèrent entre eux et les Grecs. Ils ajoutent qu'ensuite quelques Grecs (ils ne peuvent les nommer, c'était peut-être des Crétois) abordés à Tyr en Phénicie enlevèrent Europe, fille du roi : c'était sans doute user du droit de représailles; mais la seconde injustice ne doit, selon les mêmes historiens, être imputée qu'aux Grecs. Ils disent que ceux-ci se rendirent sur un vaisseau long[1] à Æa, en Colchide, sur le Phase, et qu'après avoir terminé les affaires qui leur avaient fait entreprendre ce voyage, ils enlevèrent Médée, fille du roi; que ce prince ayant envoyé un ambassadeur en Grèce pour redemander sa fille et exiger réparation de cette injure, les Grecs lui répondirent que puisque les Colchidiens n'avaient donné aucune satisfaction de l'enlèvement d'Io, ils ne lui en feraient point de celui de Médée.

III. Les mêmes historiens disent aussi que, la seconde génération après ce rapt, Alexandre (Pâris), fils de Priam,

---

[1] Les vaisseaux longs étaient des vaisseaux de guerre, et les ronds des vaisseaux marchands. Le navire des Argonautes fut le premier vaisseau long, et ce n'était pas cependant un vaisseau de guerre. La distinction ne s'établit que plus tard. (L.)

qui en avait entendu parler, voulut par ce même moyen se procurer une femme grecque, bien persuadé que les autres n'ayant point été punis, il ne le serait pas non plus. Il enleva donc Hélène; mais les Grecs, continuent-ils, s'étant assemblés, furent d'avis d'envoyer d'abord des ambassadeurs pour demander cette princesse, et une réparation de cette insulte. A cette proposition les Troyens opposèrent aux Grecs l'enlèvement de Médée, leur reprochèrent d'exiger une satisfaction, quoiqu'ils n'en eussent fait aucune, et qu'ils n'eussent point rendu cette princesse après en avoir été sommés.

IV. Jusque-là, disent les Perses, il n'y avait eu de part et d'autre que des enlèvements; mais depuis cette époque les Grecs se mirent tout à fait dans leur tort, en portant la guerre en Asie avant que les Asiatiques l'eussent déclarée à l'Europe. Or, s'il y a de l'injustice, ajoutent-ils, à enlever des femmes, il y a de la folie à se venger d'un rapt, et de la sagesse à ne s'en pas mettre en peine, puisqu'il est évident que, sans leur consentement, on ne les eût pas enlevées. Les Perses assurent que, quoiqu'ils soient Asiatiques, ils n'ont tenu aucun compte des femmes enlevées dans cette partie du monde; tandis que les Grecs, pour une femme de Lacédémone, équipèrent une flotte nombreuse, passèrent en Asie, et renversèrent le royaume de Priam. Depuis cette époque, les Perses ont toujours regardé les Grecs comme leurs ennemis; car ils s'arrogent[1] l'empire sur l'Asie et sur les nations barbares qui l'habitent, et considèrent l'Europe et la Grèce comme un continent à part.

V. Telle est la manière dont les Perses rapportent ces événements, et c'est à la prise d'Ilion qu'ils attribuent la cause de la haine qu'ils portent aux Grecs. A l'égard d'Io, les Phéniciens ne sont pas d'accord avec les Perses. Ils disent que ce ne fut pas par un enlèvement qu'ils la menèrent en Égypte : qu'ayant eu commerce à Argos avec le capitaine du navire, quand elle se vit grosse, la crainte

---

[1] Les Perses s'attribuaient l'empire sur toute l'Asie, comme on le voit très-clairement, livre IX, § CXV. Ils regardaient par conséquent comme faite à eux-mêmes toute insulte faite à un peuple asiatique quelconque. (L.)

de ses parents la détermina à s'embarquer avec les Phéniciens, pour cacher son déshonneur. Tels sont les récits des Perses et des Phéniciens. Pour moi, je ne prétends point décider si les choses se sont passées de cette manière ou d'une autre; mais, après avoir indiqué celui que je connais pour le premier auteur des injures faites aux Grecs, je poursuivrai mon récit, qui embrassera les petits États comme les grands : car ceux qui florissaient autrefois sont la plupart réduits à rien, et ceux qui fleurissent de nos jours étaient jadis peu de chose. Persuadé de l'instabilité du bonheur des hommes, je me suis déterminé à parler également des uns et des autres.

VI. Crésus était Lydien de naissance, fils d'Alyattes, et tyran [1] des nations que renferme l'Halys dans son cours. Ce fleuve coule du sud, passe entre le pays des Syriens (Cappadociens) et celui des Paphlagoniens, et se jette au nord dans le Pont-Euxin. Ce prince est le premier Barbare, que je sache, qui ait forcé une partie des Grecs à lui payer tribut, et qui se soit allié avec l'autre. Il subjugua en effet les Ioniens, les Éoliens et les Doriens établis en Asie, et fit alliance avec les Lacédémoniens. Avant son règne, tous les Grecs étaient libres; car l'expédition des Cimmériens contre l'Ionie, antérieure à Crésus, n'alla pas jusqu'à ruiner des villes : ce ne fut qu'une incursion, suivie de pillage.

VII. Voici comment la souveraine puissance, qui appartenait aux Héraclides, passa en la maison des Mermnades, dont était Crésus. Candaule, que les Grecs appellent Myrsile, fut tyran de Sardes. Il descendait d'Hercule par Alcée, fils de ce héros; car Agron, fils de Ninus, petit-fils de Bélus, arrière-petit-fils d'Alcée, fut le premier des Héraclides qui régna à Sardes; et Candaule, fils de Myrsus, fut le dernier. Les rois de ce pays antérieurs à Agron descendaient de Lydus, fils d'Atys, qui donna la nom de Lydiens à tous les peuples de cette contrée, qu'on appelait auparavant Méoniens. Enfin les Héraclides, à qui ces

---

[1] Les Grecs entendaient par tyran tout homme qui, changeant la constitution d'un État, s'en est rendu maître absolu, soit qu'il gouverne selon les règles de la justice, ou qu'il ne suive que ses caprices.

princes avaient confié l'administration du gouvernement, et qui tiraient leur origine d'Hercule et d'une esclave de Jardanus, obtinrent la royauté en vertu d'un oracle. Ils régnèrent de père en fils cinq cent cinq ans, en quinze générations, jusqu'à Candaule, fils de Myrsus.

VIII. Ce prince aimait éperdument sa femme, et la regardait comme la plus belle des femmes. Obsédé par sa passion, il ne cessait d'en exagérer la beauté à Gygès, fils de Dascylus, un de ses gardes, qu'il aimait beaucoup, et à qui il communiquait ses affaires les plus importantes. Peu de temps après, Candaule (il ne pouvait éviter son malheur) tint à Gygès ce discours : « Il me semble que tu
» ne m'en crois pas sur la beauté de ma femme. Les
» oreilles sont moins crédules que les yeux : fais donc ton
» possible pour la voir nue. Quel langage insensé, sei-
» gneur! s'écria Gygès. Y avez-vous réfléchi? Ordonner
» à un esclave de voir nue sa souveraine! Oubliez-vous
» qu'une femme dépose sa pudeur avec ses vêtements?
» Les maximes de l'honnêteté sont connues depuis long-
» temps : elles doivent nous servir de règle. Or une des
» plus importantes est que chacun ne doit regarder que
» ce qui lui appartient. Je suis persuadé que vous avez la
» plus belle de toutes les femmes; mais n'exigez pas de
» moi, je vous en conjure, une chose malhonnête. »

IX. Ainsi Gygès se refusait à la proposition du roi, en craignant les suites pour lui-même. « Rassure-toi, Gygès,
» lui dit Candaule; ne crains ni ton roi (ce discours n'est
» point un piége pour t'éprouver) ni la reine : elle ne te
» fera aucun mal. Je m'y prendrai de manière qu'elle ne
» saura pas même que tu l'aies vue. Je te placerai dans la
» chambre où nous couchons, derrière la porte, qui restera
» ouverte : la reine ne tardera pas à me suivre. A l'entrée
» est un siége où elle pose ses vêtements, à mesure qu'elle
» s'en dépouille. Ainsi, tu auras tout le loisir de la consi-
» dérer. Lorsque de ce siége elle s'avancera vers le lit,
» comme elle te tournera le dos, saisis ce moment pour
» t'esquiver sans qu'elle te voie. »

X. Gygès ne pouvait plus se refuser aux instances du roi : il se tint prêt à obéir. Candaule, à l'heure du co cher, le mena dans sa chambre, où la reine ne tarda pas à se rendre. Gygès la regarda se déshabiller, et, tandis qu'elle tournait le dos pour gagner le lit, il se glissa hors de l'appartement ; mais la reine l'aperçut en sortant. Elle ne douta point que son mari ne fût 'auteur de cet outrage : la pudeur l'empêcha de crier, et même elle fit semblant de ne l'avoir pas remarqué, ayant déjà conçu dans le fond du cœur le désir de se venger de Candaule : car chez les Lydiens, comme chez presque tout le reste des nations barbares, c'est un opprobre, même à un homme, de paraître nu.

XI. La reine[1] demeura donc tranquille, et sans rien découvrir de ce qui se passait dans son âme. Mais, dès que le jour parut, elle s'assure des dispositions de ses plus fidèles officiers, et mande Gygès. Bien éloigné de la croire instruite, il se rend à son ordre, comme il était dans l'habitude de le faire toutes les fois qu'elle le mandait. Lorsqu'il fut arrivé, cette princesse lui dit : « Gygès, voici » deux routes dont je te laisse le choix ; décide-toi sur-le-» champ. Obtiens par le meurtre de Candaule ma main » et le trône de Lydie, ou une prompte mort t'empêchera » désormais de voir, par une aveugle déférence pour Can-» daule, ce qui t'est interdit. Il faut que l'un des deux » périsse, ou toi qui, bravant l'honnêteté, m'as vue sans » vêtements, ou du moins celui qui t'a donné ce conseil. » A ce discours, Gygès demeura quelque temps interdit ; puis il conjura la reine de ne le point réduire à la nécessité d'un tel choix. Voyant qu'il ne pouvait la persuader, et qu'il fallait absolument ou tuer son maître ou se résoudre lui-même à périr, il préféra sa propre conservation. « Puis-» que, malgré mes réclamations, dit-il à la reine, vous

---

[1] La femme de Candaule, dont Hérodote tait le nom, s'appelait Nyssia. On prétend qu'elle avait une double prunelle, et que, par le moyen d'une pierre de dragon, sa vue était très-perçante, en sorte qu'elle aperçut Gygès dans le temps qu'il sortait. Quelques-uns disent qu'elle s'appelait Tudous, quelques autres Clytia, et Abas la nomme Abro. Ils racontent qu'Hérodote cacha son nom, parce que Plésirrhoüs, qu'il aimait, était amoureux d'une personne d'Halicarnasse de ce nom. Ce jeune homme, désespéré de n'avoir pu toucher sa maîtresse, se pendit. Hérodote regarda le nom de Nyssia comme un nom odieux, et s'abstint par cette raison de le prononcer. (L.)

» me forcez à tuer mon maître, je suis prêt à prendre les
» moyens d'y réussir. — Le lieu de l'embuscade, répon-
» dit-elle, sera celui-là même d'où il m'a exposée nue à
» tes regards, et le temps de l'attaque celui de son som-
» meil. »

XII. Ces mesures prises, elle retint Gygès : nul moyen pour lui de s'échapper. Il fallait qu'il pérît, lui ou Candaule. A l'entrée de la nuit elle l'introduit dans la chambre, l'arme d'un poignard, et le cache derrière la porte : à peine Candaule était endormi, Gygès[1] avance sans bruit, le poignarde, s'empare de son épouse et de son trône. Archiloque[2] de Paros, qui vivait en ce temps-là, fait mention de ce prince dans une pièce qu'il a composée en vers ïambes trimètres.

XIII. Gygès étant monté de la sorte sur le trône, il y fut affermi par l'oracle de Delphes. Les Lydiens, indignés de la mort de Candaule, avaient pris les armes; mais ils convinrent avec les partisans de Gygès que, si l'oracle le reconnaissait pour roi de Lydie, la couronne lui resterait; qu'autrement elle retournerait aux Héraclides. L'oracle prononça, et le trône fut, par ce moyen, assuré à Gygès. Mais la Pythie ajouta que les Héraclides seraient vengés sur le cinquième descendant de ce prince. Ni les Lydiens ni leurs rois ne tinrent aucun compte de

[1] Cette aventure célèbre a été racontée de plusieurs manières. Platon fait de Gygès, un berger du roi de Lydie, qui se mit en possession d'un anneau qu'il trouva au doigt d'un homme mort, et enfermé dans les flancs d'un cheval de bronze. Ce berger s'étant aperçu de la propriété qu'avait cet anneau de rendre invisible lorsque le chaton se trouvait dans le dedans de la main, il se fit député par les bergers, séduisit la reine, et assassinat Candaule. Xénophon dit qu'il était esclave. Cela ne détruit point le sentiment de Platon, les anciens ne se servant que d'esclaves. Plutarque prétend que Gygès prit les armes contre Candaule, et qu'avec un secours de Milésiens conduits par Arsélis il défit ce prince, qui demeura sur le champ de bataille. Le sentiment d'Hérodote parait préférable aux autres. Né dans une ville voisine de la Lydie, il était plus à portée que personne de s'instruire des faits qui concernaient ce royaume. (L)

[2] Ce poëte célèbre florissait, suivant Cicéron, dans le temps que Romulus régnait à Rome. Ses poésies parurent aux Lacédémoniens si dangereuses pour les mœurs, qu'ils les proscrivirent de leur ville, et les vers qu'il composa sur la perte de son bouclier le firent chasser de Sparte. (Voyez *Bibliothèque grecque* de Fabricius, t. 1, p. 547.)

cette réponse avant qu'elle eût été justifiée par l'événement. Ce fut ainsi que les Mermnades s'emparèrent de la couronne, et qu'ils l'enlevèrent aux Héraclides.

XIV. Gygès, maître de la Lydie, envoya beaucoup d'offrandes à Delphes, dont une très-grande partie était en argent ; il y ajouta quantité de vases d'or, et entre autres six cratères d'or du poids de trente talents [1], présent dont la mémoire mérite surtout d'être conservée. Ces offrandes sont dans le trésor des Corinthiens, quoique, à dire vrai, ce trésor ne soit point à la république de Corinthe, mais à Cypsélus [2], fils d'Éétion. Gygès est, après Midas, fils de Gordius, roi de Phrygie, le premier des Barbares que nous connaissions qui ait envoyé des offrandes à Delphes. Midas avait fait présent à ce temple du trône sur lequel il avait coutume de rendre la justice : cet ouvrage mérite d'être vu ; il est placé dans le même endroit où sont les cratères de Gygès. Au reste, les habitants de Delphes appellent ces offrandes en or et en argent *gygadas*, du nom de celui qui les a faites.

Lorsque ce prince se vit maître du royaume, il entreprit une expédition contre les villes de Milet et de Smyrne, et prit celle de Colophon. Mais, comme il ne fit rien autre chose de mémorable pendant un règne de trente-huit ans, nous nous contenterons d'avoir rapporté ces faits, et n'en parlerons pas davantage.

XV. Passons à son fils Ardys. Ce prince lui succéda ; il subjugua ceux de Priène, et entra avec une armée dans le territoire de Milet. Sous son règne, les Cimmériens, chassés de leur pays par les Scythes nomades, vinrent en Asie, et prirent Sardes, excepté la citadelle.

---

[1] La valeur d'un talent d'argent étant de 5,400 liv., selon l'évaluation qu'en a faite le savant abbé Barthélemy, les 390 talents valent 2,106,000 liv. de notre monnaie. Gygès et Crésus tiraient leurs richesses de certaines mines de Lydie, qui étaient entre l'Atarnée et Pergame. Les richesses de Gygès avaient passé en proverbe. (L.)

[2] Il y avait dans le temple de Delphes des espèces de chapelles ou salles qui appartenaient à différentes villes, à des rois, ou même à de riches particuliers. Les offrandes qu'ils faisaient au dieu se déposaient dans ces chapelles. On voit alors ce que c'est que ce trésor des Corinthiens et de Cypsélus. Ce que dit Plutarque de la maison que ce prince fit bâtir à Delphes doit s'entendre de cette chapelle. (L.)

XVI. Ardys régna quarante-neuf ans, et eut pour successeur Sadyattes son fils, qui en régna douze. Alyattes succéda à Sadyattes. Il fit la guerre aux Mèdes et à Cyaxare, petit-fils de Déjocès. Ce fut lui qui chassa les Cimmériens de l'Asie. Il prit la ville de Smyrne, colonie de Colophon. Il entreprit aussi une expédition contre Clazomènes, de devant laquelle il se retira, non comme il le voulut, mais après avoir reçu un échec considérable. Il fit encore durant son règne d'autres actions, dont je vais rapporter les plus mémorables.

XVII. Son père lui ayant laissé la guerre contre les Milésiens, il la continua, et attaqua Milet de la manière que je vais dire. Lorsque la terre était couverte de grains et de fruits, il se mettait en campagne. Son armée marchait au son du chalumeau, de la harpe, et des flûtes masculines et féminines[1]. Quand il était arrivé sur les terres des Milésiens, il défendait d'abattre les métairies, d'y mettre le feu et d'en arracher les portes ; il les laissait subsister dans l'état où elles étaient : mais il faisait le dégât dans le pays, coupait les arbres, ravageait les blés ; après quoi il s'en retournait sans assiéger la place ; entreprise qui lui eût été inutile, les Milésiens étant maîtres de la mer. Quant aux maisons, Alyattes ne les faisait pas abattre, afin que les Milésiens, ayant toujours où se loger, continuassent à ensemencer et à cultiver leurs terres, et qu'il eût de quoi piller et ravager lorsqu'il reviendrait dans leur pays.

XVIII. Il leur fit de cette manière onze ans la guerre, pendant lesquels les Milésiens essuyèrent deux échecs considérables : l'un à la bataille qu'ils donnèrent dans leur pays, en un endroit appelé Liménéion ; l'autre, dans la plaine du Méandre. Des onze années qu'elle dura, les six premières appartiennent au règne de Sadyattes, fils d'Ardys, qui dans ce temps-là régnait encore en Lydie. Ce fut lui qui l'alluma, et qui entra alors, à la tête d'une ar-

---

[1] Il y avait deux sortes de flûtes, dont l'une, percée d'un petit nombre de trous, rendait un son grave ; l'autre, percée d'un plus grand nombre de trous, rendait un son plus clair et plus aigu. Hérodote nomme la première flûte masculine ; la seconde, flûte féminine. (L.)

mée, dans le pays de Milet. Alyattes poussa avec vigueur, les cinq années suivantes, la guerre que son père lui avait laissée, comme on l'a rapporté un peu plus haut. De tous les Ioniens, il n'y eut que ceux de Chios qui secoururent les habitants de Milet. Ils leur envoyèrent des troupes, en reconnaissance des secours qu'ils en avaient reçus dans la guerre qu'ils avaient eu à soutenir contre les Érythréens[1].

XIX. Enfin, la douzième année, l'armée d'Alyattes ayant mis le feu aux blés, il arriva que la flamme, poussée par un vent violent, se communiqua au temple de Minerve surnommée Assésienne[2], et le réduisit en cendres. On ne fit d'abord aucune attention à cet accident; mais Alyattes, de retour à Sardes avec son armée, étant tombé malade, et sa maladie traînant en longueur, il envoya à Delphes des députés pour consulter le dieu sur sa maladie, soit qu'il eût pris cette résolution de lui-même, soit qu'elle lui eût été suggérée. Ses envoyés étant arrivés à Delphes, la Pythie leur dit qu'elle ne leur rendrait point de réponse qu'ils n'eussent relevé le temple de Minerve qu'ils avaient brûlé à Assésos, dans le pays des Milésiens.

XX. J'ai ouï dire aux habitants de Delphes que la chose s'était passée de la sorte. Mais les Milésiens ajoutent que Périandre, fils de Cypsélus, intime ami de Thrasybule, tyran de Milet, sur la nouvelle de l'oracle rendu à Alyattes, envoya un courrier à Thrasybule, afin qu'instruit d'avance de la réponse du dieu, il prît des mesures relatives aux conjonctures.

XXI. Alyattes n'eut pas plutôt reçu cet oracle, qu'il envoya un héraut à Milet pour conclure une trêve avec Thrasybule et les Milésiens, jusqu'à ce qu'on eût rebâti le temple. Pendant que le héraut était en chemin pour se rendre à Milet, Thrasybule, bien informé de tout, et qui n'ignorait point les desseins d'Alyattes, s'avisa de cette ruse : tout le blé qu'on put trouver à Milet, tant dans ses greniers que dans ceux des particuliers, il le fit apporter

---

[1] Érythrée, ville ionienne.
[2] Assésos était une petite ville de la dépendance de Milet. Minerve y avait un temple, et de là elle avait pris le nom de Minerve Assésienne. (L.)

sur la place publique. Il commanda ensuite aux Milésiens de se livrer aux plaisirs de la table au signal qu'il leur donnerait.

XXII. Thrasybule publia ces ordres, afin que le héraut, voyant un si grand amas de blé, et que les habitants ne songeaient qu'à leurs plaisirs, en rendît compte à Alyattes; ce qui ne manqua pas d'arriver. Le héraut, témoin de l'abondance qui regnait à Milet, s'en retourna à Sardes aussitôt qu'il eut communiqué à Thrasybule les ordres qu'il avait reçus du roi de Lydie; et ce fut là, comme je l'ai appris, la seule cause qui rétablit la paix entre ces deux princes. Alyattes s'était persuadé que la disette était très-grande à Milet, et que le peuple était réduit à la dernière extrémité. Il fut bien surpris, au retour du héraut, d'apprendre le contraire. Quelque temps après, ces deux princes firent ensemble un traité, dont les conditions furent qu'ils vivraient comme amis et alliés. Au lieu d'un temple, Alyattes en fit bâtir deux à Minerve dans Assésos, et il recouvra la santé. C'est ainsi que les choses se passèrent dans la guerre qu'Alyattes fit à Thrasybule et aux Milésiens.

XXIII. Ce Périandre, qui donna avis à Thrasybule de la réponse de l'oracle, était fils de Cypsélus; il régnait à Corinthe. Les habitants de cette ville racontent qu'il arriva de son temps une aventure très-merveilleuse dont il fut témoin, et les Lesbiens en conviennent aussi. Ils disent qu'Arion de Méthymne, le plus habile joueur de cithare qui fût alors, et le premier, que je sache, qui ait fait et nommé le dithyrambe, et l'ait exécuté à Corinthe, fut porté sur le dos d'un dauphin jusqu'au promontoire de Ténare.

XXIV. Ils assurent qu'Arion, ayant passé un temps considérable à la cour de Périandre, eut envie de naviguer en Sicile et en Italie. Ayant amassé dans ces pays de grands biens, il voulut retourner à Corinthe. Prêt à partir de Tarente, il loua un vaisseau corinthien, parce qu'il se fiait plus à ce peuple qu'à tout autre. Lorsqu'il fut sur le vaisseau, les Corinthiens tramèrent sa perte, et résolurent de le jeter à la mer pour s'emparer de ses richesses. Arion, s'étant aperçu de leur dessein, les leur offrit, les conjurant de lui laisser la vie. Mais, bien loin d'être touchés de ses prières, ils lui ordonnèrent de se tuer lui-même s'il voulait être enterré, ou de se jeter sur-le-champ dans la mer. Arion, réduit à une si fâcheuse extrémité, les supplia, puisqu'ils avaient résolu sa perte, de lui permettre de se revêtir de ses plus beaux habits et de chanter sur le tillac, et leur promit de se tuer après qu'il aurait chanté. Ils présumèrent qu'ils auraient du plaisir à entendre le plus habile musicien qui existât, et dès lors ils se retirèrent de la poupe au milieu du vaisseau. Arion se para de ses plus riches habits, prit sa cithare et monta sur le tillac, exécuta l'air orthien[1]; et dès qu'il l'eut fini, il se jeta à la mer avec ses habits, et dans l'état où il se trouvait. Pendant que le vaisseau partait pour Corinthe, un dauphin reçut, à ce qu'on dit, Arion sur son dos, et le porta à Ténare, où ayant mis pied à terre, il s'en alla à Corinthe vêtu comme il était et y raconta son aventure. Périandre, ne pouvant ajouter foi à son récit, le fit étroitement garder, et porta son attention sur les matelots. Ils ne furent pas plutôt arrivés, que, les ayant envoyé chercher, il leur demanda s'ils pouvaient lui donner des nouvelles d'Arion. Ils lui répondirent qu'ils l'avaient laissé en bonne santé à Tarente, en Italie, où la fortune lui était favorable. Arion parut tout à coup devant eux, tel qu'ils l'avaient vu se précipiter à la mer. Déconcertés, convaincus, ils n'osèrent plus nier leur crime. Les Corinthiens et les Lesbiens racontent cette histoire de la sorte, et l'on voit à Ténare une petite statue de bronze qui représente un homme sur un dauphin : c'est une offrande d'Arion.

XXV. Alyattes, roi de Lydie, mourut longtemps après avoir terminé la guerre de Milet. Il régna cinquante-sept ans. Il fut le second prince de la maison des Mermnades qui envoya des présents à Delphes : c'était en action de grâces du recouvrement de sa santé. Ils consistaient en un grand cratère d'argent et une soucoupe damasquinée, la plus

---

[1] C'était un mode vif, et propre à exciter aux combats. Sans doute il avait choisi ce mode pour s'exciter lui-même à la résolution désespérée qu'il était obligé de prendre. (MIOT.)

précieuse de toutes les offrandes qui se voient à Delphes. C'est un ouvrage de Glaucus de Chios, qui seul a inventé l'art de la damasquinure.

XXVI. Alyattes étant mort, Crésus son fils lui succéda à l'âge de trente-cinq ans. Éphèse fut la première ville grecque que ce prince attaqua. Ses habitants, se voyant assiégés, consacrèrent leur ville à Diane, en joignant avec une corde leurs murailles au temple de la déesse. Ce temple est éloigné de sept stades de la vieille ville, dont Crésus formait alors le siége. Après avoir fait la guerre aux Éphésiens, il la fit aux Ioniens et aux Éoliens, mais successivement, employant des raisons légitimes quand il en pouvait trouver, ou des prétextes frivoles à défaut de raisons.

XXVII. Lorsqu'il eut subjugué les Grecs de l'Asie, et qu'il les eut forcés à lui payer tribut, il pensa à équiper une flotte pour attaquer les Grecs insulaires. Tout était prêt pour la construction des vaisseaux, lorsque Bias [1] de Priène, ou, selon d'autres, Pittacus [2] de Mitylène, vint à Sardes. Crésus lui ayant demandé s'il y avait en Grèce quelque chose de nouveau, sa réponse fit cesser les préparatifs. « Prince, lui dit-il, les insulaires achètent une » grande quantité de chevaux, dans le dessein de venir » attaquer Sardes et de vous faire la guerre. » Crésus, croyant qu'il disait la vérité, repartit : « Puissent les » dieux inspirer aux insulaires le dessein de venir atta- » quer les Lydiens avec de la cavalerie ! — Il me semble, » seigneur, répliqua Bias, que vous désirez ardemment » de les rencontrer à cheval dans le continent, et vos

---

[1] « Bias surpassait tous les hommes de son siècle par la force de ses discours. Il faisait de son éloquence un usage différent de celui des autres orateurs, ne l'employant qu'à défendre les indigents opprimés. » (*Diodor. Sicul*, in *Excerpt. Vales.*, p. 237.) (BELLANGER.)

[2] Pittacus de Mitylène était philosophe et bon politique : l'île de Lesbos n'en a point produit de semblable. Ce fut un sage législateur. Il délivra sa patrie de trois grands maux, la tyrannie, les séditions et la guerre. Ce sage n'était pas encore mort lorsque Crésus monta sur le trône, et il est vraisemblable que ce prince avait déjà fait une partie de ses conquêtes du vivant de son père; autrement Hérodote n'aurait pas attribué ce conseil à Pittacus, puisque Pittacus n'était plus lorsque Crésus parvint à la couronne. Hérodote croyait donc que Pittacus était encore vivant. (L.)

» espérances sont fondées ; mais, depuis qu'ils ont appris
» que vous faisiez équiper une flotte pour les attaquer,
» pensez-vous qu'ils souhaitent autre chose que de sur-
» prendre les Lydiens en mer, et de venger sur vous les
» Grecs du continent que vous avez réduits en escla-
» vage? » Crésus, charmé de cette réponse, qui lui parut très-juste, abandonna son projet, et fit alliance avec les Ioniens des îles.

XXVIII. Quelque temps après, Crésus subjugua presque toutes les nations en deçà du fleuve Halys, excepté les Ciliciens et les Lyciens, savoir : les Phrygiens, les Mysiens, les Mariandyniens, les Chalybes, les Paphlagoniens, les Thraces de l'Asie, c'est-à-dire les Thyniens et les Bithyniens, les Cariens, les Ioniens, les Doriens, les Éoliens et les Pamphyliens.

XXIX. Tant de conquêtes ajoutées au royaume de Lydie avaient rendu la ville de Sardes très-florissante. Tous les sages qui étaient alors en Grèce s'y rendirent, chacun en son particulier. On y vit entre autres arriver Solon. Ce philosophe ayant fait, à la prière des Athéniens ses compatriotes, un corps de lois, voyagea pendant dix ans. Il s'embarqua sous prétexte d'examiner les mœurs et les usages des différentes nations, mais en effet pour n'être point contraint d'abroger quelqu'une des lois qu'il avait établies ; car les Athéniens n'en avaient pas le pouvoir, s'étant engagés par des serments solennels à observer pendant dix ans les règlements qu'il leur donnerait.

XXX. Solon étant donc sorti d'Athènes par ce motif, et pour s'instruire des coutumes des peuples étrangers, alla d'abord en Égypte, à la cour d'Amasis, et de là à Sardes, à celle de Crésus, qui le reçut avec distinction et le logea dans son palais. Trois ou quatre jours après son arrivée, il fut conduit par ordre du prince dans les trésors, dont on lui montra toutes les richesses. Quand Solon les eut vues et suffisamment considérées, le roi lui parla en ces termes : « Le bruit de votre sagesse et de vos voyages est
» venu jusqu'à nous, et je n'ignore point qu'en parcou-
» rant tant de pays vous n'avez eu d'autre but que de vous
» instruire de leurs lois et de leurs usages, et de perfec-

» tionner vos connaissances. Je désire savoir quel est
» l'homme le plus heureux que vous ayez vu. » Il lui faisait
cette question, parce qu'il se croyait lui-même le plus heureux de tous les hommes. « C'est Tellus d'Athènes, » lui
dit Solon sans le flatter, et sans lui déguiser la vérité.
Crésus, étonné de cette réponse : « Sur quoi donc, lui de-
» manda-t-il avec vivacité, estimez-vous Tellus si heu-
» reux? — Parce qu'il a vécu dans une ville florissante,
» reprit Solon, qu'il a eu des enfants beaux et vertueux,
» que chacun d'eux lui a donné des petits-fils qui tous lui
» ont survécu, et qu'enfin, après avoir joui d'une fortune
» considérable relativement à celles de notre pays, il a
» terminé ses jours d'une manière éclatante : car, dans un
» combat des Athéniens contre leurs voisins à Éleusis, il
» secourut les premiers, mit en fuite les ennemis, et mou-
» rut glorieusement. Les Athéniens lui érigèrent un mo-
» nument aux frais du public dans l'endroit même où il
» était tombé mort, et lui rendirent de grands honneurs. »

XXXI. Tout ce que Solon venait de dire sur la félicité
de Tellus excita Crésus à lui demander quel était celui
qu'il estimait après cet Athénien le plus heureux des
hommes, ne doutant point que la seconde place ne lui
appartînt. « Cléobis et Biton, répondit Solon : ils étaient
» Argiens, et jouissaient d'un bien honnête ; ils étaient
» outre cela si forts, qu'ils avaient tous deux également
» remporté des prix aux jeux publics. On raconte d'eux
» aussi le trait suivant. Les Argiens célébraient une fête
» en l'honneur de Junon. Il fallait absolument que leur
» mère se rendît au temple sur un char traîné par une
» couple de bœufs. Comme le temps de la cérémonie pres-
» sait, et qu'il ne permettait pas à ces jeunes gens d'aller
» chercher leurs bœufs, qui n'étaient point encore revenus
» des champs, ils se mirent eux-mêmes sous le joug ; et,
» tirant le char sur lequel leur mère était montée, ils le
» conduisirent ainsi quarante-cinq stades jusqu'au temple
» de la déesse. Après cette action, dont toute l'assemblée
» fut témoin, ils terminèrent leurs jours de la manière la
» plus heureuse, et la divinité fit voir par cet événement
» qu'il est plus avantageux à l'homme de mourir que de

» vivre. Les Argiens assemblés autour de ces deux jeunes
» gens louaient leur bon naturel, et les Argiennes félici-
» taient la prêtresse d'avoir de tels enfants. Celle-ci, com-
» blée de joie et de l'action et des louanges qu'on lui don-
» nait, debout aux pieds de la statue, pria la déesse
» d'accorder à ses deux fils Cléobis et Biton le plus grand
» bonheur que pût obtenir un mortel. Cette prière finie,
» après le sacrifice et le festin ordinaire dans ces sortes de
» fêtes, les deux jeunes gens, s'étant endormis dans le
» temple même, ne se réveillèrent plus, et terminèrent
» ainsi leur vie. Les Argiens, les regardant comme deux
» personnages distingués, firent faire leur statue, et les
» envoyèrent au temple de Delphes [1]. »

XXXII. Solon accordait par ce discours le second rang à Cléobis et Biton. « Athénien, répliqua Crésus en colère,
» faites-vous donc si peu de cas de ma félicité que vous
» me jugiez indigne d'être comparé avec des hommes
» privés ? — Seigneur, reprit Solon, vous me demandez
» ce que je pense de la vie humaine : ai-je donc pu vous
» répondre autrement, moi qui sais que la Divinité est
» jalouse du bonheur des humains, et qu'elle se plaît à le
» troubler? car dans une longue carrière on voit et l'on
» souffre bien des choses fâcheuses. Je donne à un homme
» soixante-dix ans pour le plus long terme de sa vie. Ces
» soixante-dix ans font vingt-cinq mille deux cents jours,
» en omettant les mois intercalaires; mais, si chaque
» sixième année on ajoute un mois, afin que les saisons se
» retrouvent précisément au temps où elles doivent arri-
» ver, dans les soixante-dix ans vous aurez douze mois
» intercalaires, moins la troisième partie d'un mois, qui
» feront trois cent cinquante jours, lesquels, ajoutés à
» vingt-cinq mille deux cents, donneront vingt-cinq mille
» cinq cent cinquante jours. Or de ces vingt-cinq mille
» cinq cent cinquante jours, qui font soixante-dix ans,
» vous n'en trouverez pas un qui amène un événement

---

[1] Il y avait à Argos, dans le temple d'Apollon Lycius, une statue de Biton, qui portait un taureau sur ses épaules. On voyait aussi dans le même temple Cléobis et Biton en marbre, traînant eux-mêmes leur mère sur un char, et la conduisant au temple de Junon. (L.)

» absolument semblable. Il faut donc en convenir, sei-
» gneur, l'homme n'est que vicissitude. Vous avez certai-
» nement des richesses considérables, et vous régnez sur
» un peuple nombreux; mais je ne puis répondre à votre
» question que je ne sache si vous avez fini vos jours dans
» la prospérité; car l'homme comblé de richesses n'est pas
» plus heureux que celui qui n'a que le simple nécessaire,
» à moins que la fortune ne l'accompagne, et que, jouis-
» sant de toutes sortes de biens, il ne termine heureuse-
» ment sa carrière. Rien de plus commun que le malheur
» dans l'opulence, et le bonheur dans la médiocrité. Un
» homme puissamment riche, mais malheureux, n'a que
» deux avantages sur celui qui a du bonheur; mais ce-
» lui-ci en a un grand nombre sur le riche malheureux.
» L'homme riche est plus en état de contenter ses désirs
» et de supporter de grandes pertes; mais, si l'autre ne
» peut soutenir de grandes pertes ni satisfaire ses désirs,
» son bonheur le met à couvert des uns et des autres, et
» en cela il l'emporte sur le riche. D'ailleurs il a l'usage de
» tous ses membres, il jouit d'une bonne santé, il n'é-
» prouve aucun malheur, il est beau, et heureux en
» enfants. Si à tous ces avantages vous ajoutez celui d'une
» belle mort, c'est cet homme-là que vous cherchez,
» c'est lui qui mérite d'être appelé heureux. Mais, avant
» sa mort, suspendez votre jugement, ne lui donnez
» point ce nom; dites seulement qu'il est fortuné.
» Il est impossible qu'un homme réunisse tous ces
» avantages, de même qu'il n'y a point de pays qui se suf-
» fise, et qui renferme tous les biens : car, si un pays en
» a quelques-uns, il est privé de quelques autres; le meil-
» leur est celui qui en a le plus. Il en est ainsi de l'homme :
» il n'y en a pas un qui se suffise à lui-même : s'il possède
» quelques avantages, d'autres lui manquent. Celui qui
» en réunit un plus grand nombre, qui les conserve jus-
» qu'à la fin de ses jours, et sort ensuite tranquillement
» de cette vie; celui-là, seigneur, mérite, à mon avis,
» d'être appelé heureux. Il faut considérer la fin de
» toutes choses, et voir quelle en sera l'issue; car il ar-
» rive que Dieu, après avoir fait entrevoir la félicité à

» quelques hommes, la détruit souvent radicalement. »

XXXIII. Ainsi parla Solon. Il n'avait rien dit d'agréable à Crésus, et ne lui avait pas témoigné la moindre estime : aussi fut-il renvoyé de la cour. Il est probable qu'on traita de grossier un homme qui, sans égard aux biens présents, voulait qu'en tout on envisageât la fin.

XXXIV. Après le départ de Solon, la vengeance des dieux éclata d'une manière terrible sur Crésus, en punition, comme on peut le conjecturer, de ce qu'il s'estimait le plus heureux de tous les hommes. Un songe, qu'il eut aussitôt après, lui annonça les malheurs dont un de ses fils était menacé. Il en avait deux : l'un affligé d'une disgrâce naturelle, il était muet; l'autre surpassait en tout les jeunes gens de son âge. Il se nommait Atys. C'est donc cet Atys que le songe indiqua à Crésus comme devant périr d'une arme de fer. Le roi réfléchit à son réveil sur ce songe. Tremblant pour son fils, il lui choisit une épouse et l'éloigna des armées, à la tête desquelles il avait coutume de l'envoyer. Il fit aussi enlever les dards, les piques, et toutes sortes d'armes offensives dont on fait usage à la guerre, des appartements des hommes où elles étaient suspendues, et les fit entasser dans des magasins, de peur qu'il n'en tombât quelqu'une sur son fils.

XXXV. Pendant que Crésus était occupé des noces de ce jeune prince, arrive à Sardes un malheureux dont les mains étaient impures : cet homme était Phrygien, et issu du sang royal. Arrivé au palais, il pria Crésus de le purifier, suivant les lois du pays. Ce prince le purifia. Les expiations chez les Lydiens ressemblent beaucoup à celles qui sont usitées en Grèce [1]. Après la cérémonie, Crésus

---

[1] Le scoliaste d'Homère dit, sur le vers 480 du dernier livre de l'Iliade, que la coutume parmi les anciens était que celui qui avait commis un meurtre involontaire s'enfuyait de sa patrie et se retirait dans la maison d'un homme riche; que là, couvert et assis, il le priait de le purifier.

Personne n'a décrit avec plus d'étendue et avec plus d'exactitude les cérémonies qui s'observaient dans les expiations, qu'Apollonius de Rhodes. On s'asseyait en silence sur le foyer, les yeux baissés, et l'on enfonçait en terre l'instrument du meurtre. Celui dont on implorait la protection reconnaissait à ces signes qu'on demandait à être expié d'un meurtre. Alors il prenait le petit d'une truie qui tétait encore, l'égorgeait, et frottait de son sang les mains du

voulut savoir d'où il venait et qui il était. « Étranger, lui
» dit-il, qui êtes-vous? De quel canton de Phrygie êtes-
» vous venu à ma cour comme suppliant? Quel homme,
» quelle femme avez-vous tué? — Seigneur, je suis fils de
» Gordius et petit-fils de Midas. Je m'appelle Adraste. J'ai
» tué mon frère sans le vouloir. Chassé par mon père et
» dépouillé de tout, je suis venu chercher ici un asile. —
» Vous sortez, reprit Crésus, d'une maison que j'aime.
» Vous êtes chez des amis : rien ne vous manquera dans
» mon palais tant que vous jugerez à propos d'y rester.
» En supportant légèrement ce malheur, vous ferez un
» gain considérable. » Adraste vécut dans le palais de
Crésus.

XXXVI. Dans ce même temps il parut en Mysie un
sanglier d'une grosseur énorme, qui, descendant du mont
Olympe, faisait un grand dégât dans les campagnes. Les
Mysiens l'avaient attaqué à diverses reprises; mais ils ne
lui avaient fait aucun mal, et il leur en avait fait beaucoup. Enfin ils s'adressèrent à Crésus : « Seigneur, lui
» dirent leurs députés, il a paru sur nos terres un ef-
» froyable sanglier qui ravage nos campagnes; malgé nos
» efforts, nous n'avons pu nous en défaire. Nous vous
» supplions donc d'envoyer avec nous le prince votre fils
» à la tête d'une troupe de jeunes gens choisis et votre
» meute, afin d'en purger le pays. » Crésus, se rappelant
le songe qu'il avait eu, leur répondit : « Ne me parlez pas
» davantage de mon fils ; je ne puis l'envoyer avec vous.
» Nouvellement marié, il n'est maintenant occupé que de
» ses amours; mais je vous donnerai mon équipage de
» chasse, avec l'élite de la jeunesse lydienne, à qui je re-
» commanderai de s'employer avec ardeur pour vous
» délivrer de ce sanglier. »

XXXVII. Les Mysiens furent très-contents de cette réponse; mais Atys, qui avait entendu leur demande et le
refus qu'avait fait Crésus de l'envoyer avec eux, entra sur

---

suppliant. Il employait ensuite des eaux lustrales, en invoquant Jupiter Expiateur. On emportait hors de la maison tout ce qui avait servi à l'expiation. Il
brûlait ensuite des gâteaux, en versant de l'eau et en invoquant les dieux,
afin d'apaiser la colère des Furies, et pour se rendre propice Jupiter. (L.)

ces entrefaites, et, s'adressant à ce prince : « Mon père,
» lui dit-il, les actions les plus nobles et les plus géné-
» reuses m'étaient autrefois permises, je pouvais m'illus-
» trer à la guerre et à la chasse ; mais vous m'éloignez
» aujourd'hui de l'une et de l'autre, quoique vous n'ayez
» remarqué en moi ni lâcheté ni faiblesse. Quand j'irai à
» la place publique, ou que j'en reviendrai, de quel œil
» me verra-t-on ? quelle opinion auront de moi nos ci-
» toyens ? quelle idée en aura la jeune princesse que je
» viens d'épouser ? à quel homme se croira-t-elle unie ?
» Permettez-moi donc, seigneur, d'aller à cette chasse
» avec les Mysiens ; ou persuadez-moi par vos discours
» que les choses faites comme vous le voulez sont mieux.

XXXVIII. » Mon fils, reprit Crésus, si je vous empêche
» d'aller à cette chasse, ce n'est pas que j'aie remarqué
» dans votre conduite la moindre lâcheté, ou quelque
» autre chose qui m'ait déplu ; mais une vision que j'ai
» eue en songe pendant mon sommeil m'a fait connaître
» que vous aviez peu de temps à vivre, et que vous deviez
» périr d'une arme de fer. C'est uniquement à cause de
» ce songe que je me suis pressé de vous marier ; c'est
» pour cela que je ne vous envoie pas à cette expédition,
» et que je prends toutes sortes de précautions pour vous
» dérober, du moins pendant ma vie, au malheur qui
» vous menace. Je n'ai que vous d'enfant, car mon autre
» fils, disgracié de la nature, n'existe plus pour moi.

XXXIX. » — Mon père, répliqua le jeune prince,
» après un pareil songe, le soin avec lequel vous me gar-
» dez est bien excusable : mais il me semble que vous ne
» saisissez pas le sens de cette vision ; puisque vous vous y
» êtes trompé, je dois vous l'expliquer. Ce songe, dites-
» vous, vous a fait connaître que je devais périr d'une
» arme de fer. Mais un sanglier a-t-il des mains ? est-il
» armé de ce fer aigu que vous craignez ? Si votre songe
» vous eût appris que je dusse mourir d'une défense de
» sanglier ou de quelque autre manière semblable, il vous
» faudrait faire ce que vous faites ; mais il n'est question
» que d'une pointe de fer. Puis donc que ce ne sont pas
» des hommes que j'ai à combattre, laissez-moi partir.

XL. » — Mon fils, répond Crésus, votre interprétation
» est plus juste que la mienne ; et puisque vous m'avez
» vaincu, je change de sentiment : la chasse que vous
» désirez vous est permise. »

XLI. En même temps il mande le Phrygien Adraste, et
lui dit : « Vous étiez sous les coups du malheur, Adraste
» (me préserve le ciel de vous le reprocher!); je vous ai
» purifié, je vous ai reçu dans mon palais, où je pourvois
» à tous vos besoins : prévenu par mes bienfaits, vous me
» devez quelque retour. Mon fils part pour la chasse ; je
» vous confie la garde de sa personne : préservez-le des
» brigands qui pourraient vous attaquer sur la route.
» D'ailleurs il vous importe de rechercher les occasions
» de vous signaler ; vos pères vous l'ont enseigné, la vi-
» gueur de votre âge vous le permet.

XLII. » Seigneur, répondit Adraste, sans un pareil mo-
» tif je n'irais point à ce combat. Au comble du malheur,
» me mêler à des hommes de mon âge et plus heureux,
» cela n'est pas juste, et je n'en ai pas la volonté : souvent
» je m'en suis abstenu. Mais vous le désirez : il faut vous
» obliger, il faut reconnaître vos bienfaits ; je suis prêt à
» obéir. Soyez sûr que votre fils, confié à ma garde, re-
» viendra sain et sauf, autant qu'il dépendra de son
» gardien. »

XLIII. Le prince Atys et lui partirent après cette réponse, avec une troupe de jeunes gens d'élite et la meute
du roi. Arrivés au mont Olympe, on cherche le sanglier,
on le trouve, on l'environne, on lance sur lui des traits.
Alors cet étranger, cet Adraste, purifié d'un meurtre, lance
un javelot, manque le sanglier, et frappe le fils de Crésus.
Ainsi le jeune prince fut percé d'un fer aigu ; ainsi fut accompli le songe du roi. Aussitôt un courrier dépêché à
Sardes apprit au roi la nouvelle du combat et le sort de
son fils.

XLIV. Crésus, troublé de sa mort, la ressentit d'autant
plus vivement qu'il avait lui-même purifié d'un homicide
celui qui en était l'auteur. S'abandonnant à toute sa douleur, il invoquait Jupiter Expiateur, le prenait à témoin
du mal que lui avait fait cet étranger ; il l'invoquait en-

core comme protecteur de l'hospitalité et de l'amitié : comme protecteur de l'hospitalité, parce qu'en donnant à cet étranger une retraite dans son palais, il avait nourri sans le savoir le meurtrier de son fils ; comme dieu de l'amitié, parce qu'ayant chargé Adraste de la garde de son fils, il avait trouvé en lui son plus cruel ennemi.

XLV. Quelque temps après, les Lydiens arrivèrent avec le corps d'Atys, suivi du meurtrier. Adraste, debout devant le cadavre, les mains étendues vers Crésus, le conjure de l'immoler sur son fils, la vie lui étant devenue odieuse depuis qu'à son premier crime il en a ajouté un second, en tuant celui qui l'avait purifié[1]. Quoique accablé de douleur, Crésus ne put entendre le discours de cet étranger sans être ému de compassion. « Adraste, lui » dit-il, en vous condamnant vous-même à la mort, vous » satisfaites pleinement ma vengeance. Vous n'êtes pas l'au» teur de ce meurtre, puisqu'il est involontaire ; je n'en » accuse que celui des dieux qui me l'a prédit. » Crésus rendit les derniers devoirs à son fils, et ordonna qu'on lui fît des funérailles convenables à son rang. La cérémonie achevée, et le silence régnant autour du monument, cet Adraste, fils de Gordius, petit-fils de Midas, qui avait été le meurtrier de son propre frère, le meurtrier de celui qui l'avait purifié, sentant qu'il était le plus malheureux de tous les hommes, se tua sur le tombeau d'Atys.

XLVI. Crésus pleura deux ans la mort de son fils. Mais l'empire d'Astyage, fils de Cyaxare, détruit par Cyrus, fils de Cambyse, et celui des Perses, qui prenait de jour en jour de nouveaux accroissements, lui firent mettre un terme à sa douleur. Il ne pensa plus qu'aux moyens de réprimer cette puissance avant qu'elle devînt plus formidable. Tout occupé de cette pensée, il résolut sur-le-champ d'éprouver les oracles de la Grèce et l'oracle de la Libye.

---

[1] Hérodote répète encore la même chose dans ce même paragraphe. On a vu cependant, § xxxv, que c'était Crésus qui avait expié Adraste. Ce prince avait sûrement lui seul droit d'expier à sa cour ; mais il pouvait l'avoir confié son fils à l'occasion de son mariage ; et si Hérodote dit, § xxxv, que ce fut Crésus qui purifia Adraste, c'est sans doute parce qu'il en avait seul le droit, et par la même raison qu'on attribuait à un général d'armée la victoire remportée par ses lieutenants et sous ses auspices. (L.)

Il envoya des députés en divers endroits, les uns à Delphes, les autres à Abes en Phocide, les autres à Dodone, quelques-uns à l'oracle d'Amphiaraüs [1], à l'antre de Trophonius, et aux Branchides [2] dans la Milésie : voilà les oracles de Grèce que Crésus fit consulter. Il en dépêcha aussi en Libye, au temple de Jupiter Ammon. Ce prince n'envoya ces députés que pour éprouver ces oracles ; et, au cas qu'ils rendissent des réponses conformes à la vérité, il se proposait de les consulter une seconde fois, pour savoir s'il devait faire la guerre aux Perses.

XLVII. Il donna ordre aux députés qu'il envoyait pour sonder les oracles, de les consulter le centième jour à compter de leur départ de Sardes, de leur demander ce que Crésus, fils d'Alyattes, roi de Lydie, faisait ce jour-là, et de lui rapporter par écrit la réponse de chaque oracle. On ne connaît que la réponse de l'oracle de Delphes, et l'on ignore quelle fut celle des autres oracles. Aussitôt que les Lydiens furent entrés dans le temple pour consulter le dieu, et qu'ils eurent interrogé la Pythie sur ce qui leur avait été prescrit, elle leur répondit ainsi en vers hexamètres : « Je connais le nombre des grains de sable et les » bornes de la mer ; je comprends le langage du muet ; » j'entends la voix de celui qui ne parle point. Mes sens » sont frappés de l'odeur d'une tortue qu'on fait cuire avec » de la chair d'agneau dans une chaudière d'airain, dont » le couvercle est aussi d'airain. »

XLVIII. Les Lydiens, ayant mis par écrit cette réponse de la Pythie, partirent de Delphes, et revinrent à Sardes.

---

[1] Amphiaraüs était fils d'Oïclès et arrière-petit-fils de Mélampus. Il ne se doutait pas qu'il fût devin ; mais étant un jour entré, à Phliunte, dans une maison derrière la place, et y ayant passé la nuit, il commença aussitôt à être devin. Cette maison resta fermée depuis ce temps-là. On sait qu'il fut trahi par sa femme Ériphile, et qu'étant poursuivi par les Thébains, il fut englouti avec son char, environ à douze stades de la ville d'Orope. (L.)

[2] Le temple des Branchides ou d'Apollon Didyméen était peu éloigné de Milet. Ce nom de Branchides venait d'une famille qui prétendait descendre de Branchus, fondateur vrai ou supposé de ce temple, et qui resta en possession du sacerdoce jusqu'au temps de Xerxès. Ce temple jouissait du droit d'asile. Il déchut de sa grandeur sous Constantin. Ce n'est plus aujourd'hui qu'un amas de ruines. (L.)

Quand les autres députés, envoyés en divers pays, furent aussi de retour avec les réponses des oracles, Crésus les ouvrit, et les examina chacune en particulier. Il y en eut sans doute qu'il n'approuva point ; mais, dès qu'il eut entendu celle de l'oracle de Delphes, il la reconnut pour vraie, et l'adora, persuadé que cet oracle était le seul véritable, comme étant le seul qui eût découvert ce qu'il faisait [1]. En effet, après le départ des députés qui allaient consulter les oracles au jour convenu, voici ce dont il s'était avisé. Il avait imaginé la chose la plus impossible à deviner et à connaître. Ayant lui-même coupé par morceaux une tortue et un agneau, il les avait fait cuire ensemble dans un vase d'airain, dont le couvercle était de même métal. Telle fut la réponse de Delphes.

XLIX. Quant à celle que reçurent les Lydiens dans le temple d'Amphiaraüs, après les cérémonies et les sacrifices prescrits par les lois, je n'en puis rien dire. On sait uniquement que Crésus reconnut aussi la véracité de cet oracle.

L. Ce prince tâcha ensuite de se rendre propice le dieu de Delphes par de somptueux sacrifices, dans lesquels on immola trois mille victimes de toutes les espèces d'animaux qu'il est permis d'offrir aux dieux. Il fit ensuite brûler sur un grand bûcher des lits dorés et argentés, des vases d'or, des robes de pourpre et autres vêtements, s'imaginant par cette profusion se rendre le dieu plus favorable. Il enjoignit aussi aux Lydiens d'immoler au dieu toutes les victimes que chacun aurait en sa puissance. Ayant fait fondre, après ce sacrifice, une prodigieuse quantité d'or, il en fit faire cent dix-sept demi-plinthes, dont les plus longues avaient six palmes,

---

[1] Rollin explique ce prodige en disant que « Dieu, pour punir l'aveuglement des païens, permit quelquefois que les démons leur rendissent des réponses conformes à la vérité. » Le démon qui rendait les oracles à Delphes avait-il donc plus de sagacité ou l'odorat plus fin que ceux d'Ammon, de Dodone, d'Abes en Phocide, et des Branchides ? Cicéron me paraît plus sage lorsqu'il dit : *Cur autem hoc credam unquam editum Crœso ? aut Herodotum cur veraciorem ducam Ennio ? Num minus potuit ille de Crœso quam de Pyrrho fingere Ennius ?* Je ne pense point cependant qu'Hérodote ait inventé ce conte. Il le trouva établi et le crut, parce qu'il était analogue à la superstition de son pays. (L.)

et les plus petites trois, sur une d'épaisseur. Il y en avait quatre d'or fin, du poids d'un talent et demi ; les autres étaient d'un or pâle, et pesaient deux talents. Il fit faire aussi un lion d'or fin, du poids de dix talents. On le plaça sur ces demi-plinthes ; mais il tomba lorsque le temple de Delphes fut brûlé. Il est maintenant dans le trésor des Corinthiens, et il ne pèse plus que six talents et demi, parce que dans l'incendie du temple il s'en fondit trois talents et demi.

LI. Ces ouvrages achevés, Crésus les envoya à Delphes avec beaucoup d'autres présents, deux cratères [1] extrêmement grands, l'un d'or et l'autre d'argent. Le premier était à droite en entrant dans le temple, et le second à gauche. On les transporta aussi ailleurs, lors de l'incendie du temple. Le cratère d'or est aujourd'hui dans le trésor des Clazoméniens : il pèse huit talents et demi, et douze mines. Celui d'argent est dans l'angle du vestibule du temple : il tient six cents amphores. Les Delphiens y mêlent l'eau avec le vin, aux fêtes appelées Théophanies [2]. Ils disent que c'est un ouvrage de Théodore de Samos ; et je le crois d'autant plus volontiers que cette pièce me paraît d'un travail exquis. Le même prince y envoya aussi quatre muids d'argent, qui sont dans le trésor des Corinthiens; deux bassins pour l'eau lustrale, dont l'un est d'or et l'autre d'argent. Sur celui d'or est gravé le nom des Lacédémoniens, et ils prétendent avoir fait cette offrande, mais à tort; il est certain que c'est aussi un présent de Crésus. Un habitant de Delphes y a mis cette inscription pour flatter les Lacédémoniens. J'en tairai le nom, quoique je le sache fort bien. Il est vrai qu'ils ont donné l'enfant à travers la main duquel l'eau coule et se répand ; mais ils n'ont fait présent ni

---

[1] Cratère, sorte de grand vase qui ne servait point à boire, mais seulement à mêler l'eau avec le vin.

[2] Il est fait mention des Théophanies dans Suidas; mais il y a grande apparence que cet auteur n'a eu en vue que la fête de la Nativité de Jésus-Christ, que les chrétiens désignaient sous ce nom. M. Walckenaër soupçonne que, cette fête étant plus familière aux copistes d'Hérodote que les Théoxénies, ils auront pris l'une pour l'autre. Cependant, comme Julius Pollux fait mention des Théophanies et des Théoxénies, son autorité m'empêche de me ranger du côté de ce savant. (L.)

de l'un ni de l'autre de ces deux bassins. A ces dons Crésus en ajouta plusieurs autres de moindre prix ; par exemple, des plats d'argent de forme ronde, et une statue d'or de trois coudées de haut, représentant une femme. Les Delphiens disent que c'est celle de sa boulangère. Il y fit aussi porter les colliers et les ceintures de la reine sa femme. Tels sont les présents qu'il fit à Delphes [1].

LII. Quant à Amphiaraüs, sur ce qu'il apprit de son mérite et de ses malheurs, il lui consacra un bouclier d'or massif, avec une pique d'or massif, c'est-à-dire dont la hampe était d'or ainsi que le fer. De mon temps on voyait encore l'un et l'autre à Thèbes, dans le temple d'Apollon Isménien.

LIII. Les Lydiens chargés de porter ces présents aux oracles de Delphes et d'Amphiaraüs avaient ordre de leur demander si Crésus devait faire la guerre aux Perses, et joindre à son armée des troupes auxiliaires. A leur arrivée, les Lydiens présentèrent les offrandes, et consultèrent les oracles en ces termes : « Crésus, roi des Lydiens et autres » nations, persuadé que vous êtes les seuls véritables ora- » cles qu'il y ait dans le monde, vous envoie ces présents, » qu'il croit dignes de votre habileté. Maintenant il vous » demande s'il doit marcher contre les Perses, et s'il doit » joindre à son armée des troupes auxiliaires. » Ce furent là les demandes des députés. Les deux oracles s'accordèrent dans leurs réponses. Ils prédirent l'un et l'autre à ce prince que, s'il entreprenait la guerre contre les Perses, il détruirait un grand empire, et lui conseillèrent de rechercher l'amitié des États de la Grèce qu'il aurait reconnus pour les plus puissants.

LIV. Crésus, charmé de ces réponses, et concevant l'espoir de renverser l'empire de Cyrus, envoya de nouveau des députés à Pytho, pour distribuer à chacun des habitants (il en savait le nombre) deux statères [2] d'or par tête. Les Delphiens accordèrent par reconnaissance à Crésus et

---

[1] L'abbé Barthélemy a donné le catalogue de ces présents, dont la valeur totale était de 21,100,140 francs de notre monnaie. (*Voyage d'Anacharsis*, t. II, p. 603.)

[2] Environ quarante-six francs.

aux Lydiens la prérogative de consulter les premiers l'oracle, l'immunité, la préséance, et le privilége perpétuel de devenir citoyens de Delphes quand ils le désireraient.

LV. Crésus, ayant envoyé ces présents aux Delphiens, interrogea le dieu pour la troisième fois ; car, depuis qu'il en eut reconnu la véracité, il ne cessa plus d'y avoir recours. Il lui demanda donc si sa monarchie serait de longue durée. La Pythie lui répondit en ces termes : « Quand un » mulet sera roi des Mèdes, fuis alors, Lydien efféminé, » sur les bords de l'Hermus : garde-toi de résister, et ne » rougis point de ta lâcheté. »

LVI. Cette réponse fit encore plus de plaisir à Crésus que toutes les autres. Persuadé qu'on ne verrait jamais sur le trône des Mèdes un mulet, il conclut que ni lui ni ses descendants ne seraient jamais privés de la puissance souveraine. Ce prince ayant recherché avec soin quels étaient les peuples les plus puissants de la Grèce, dans le dessein de s'en faire des amis, il trouva que les Lacédémoniens et les Athéniens tenaient le premier rang, les uns parmi les Doriens, les autres parmi les Ioniens. Ces nations autrefois étaient en effet les plus distinguées, l'une étant pélasgique et l'autre hellénique. La première n'est jamais sortie de son pays, et l'autre a souvent changé de demeure. Les Hellènes habitaient en effet la Phthiotide sous le règne de Deucalion ; et sous celui de Dorus, fils d'Hellen, le pays appelé Histiæotide, au pied des monts Ossa et Olympe. Chassés de l'Histiæotide par les Cadméens, ils allèrent s'établir à Pinde [1], et furent appelés Macednes. De là ils passèrent dans la Dryopide, et de la Dryopide dans le Péloponnèse, où ils ont été appelés Doriens.

LVII. Quelle langue parlaient alors les Pélasges, c'est un article sur lequel je ne puis rien affirmer. S'il est permis de fonder des conjectures sur quelques restes de ces Pélasges, qui existent encore aujourd'hui à Crestone [2], au-dessus

---

[1] Il s'agit ici non du Pinde, montagne célèbre, mais de la ville de Pinde. Cette ville était une des quatre de la Doride. (L.)

[2] Les Pélasges tyrrhéniens occupaient les bords de la mer de Thrace. La ville de Crestone devait être située un peu plus avant dans les terres. Le comte de Caylus a confondu cette ville avec celle de Crotone, dans la grande Grèce. (L.)

des Tyrrhéniens, et qui jadis, voisins des Doriens d'aujourd'hui, habitaient la terre appelée maintenant Thessaliotide; si à ces Pélasges on ajoute ceux qui ont fondé Placie et Scylacé sur l'Hellespont, et qui ont demeuré autrefois avec les Athéniens, et les habitants d'autres villes pélasgiques dont le nom s'est changé; il résulte de ces conjectures, si l'on peut s'en autoriser, que les Pélasges parlaient une langue barbare [1]. Or, si tel était l'idiome de toute la nation, il s'ensuit que les Athéniens, Pélasges d'origine, oublièrent leur langue en devenant Hellènes, et qu'ils apprirent celle de ce dernier peuple; car le langage des Crestoniates et des Placiens, qui est le même, n'a rien de commun avec celui d'aucuns de leurs voisins : preuve évidente que ces deux peuplades de Pélasges conservent encore de nos jours l'idiome qu'elles portèrent dans ces pays en venant s'y établir.

LVIII. Quant à la nation hellénique, depuis son origine elle a toujours parlé la même langue; du moins cela me paraît ainsi. Faible, séparée des Pélasges, et tout à fait petite dans son commencement, elle est devenue aussi considérable que plusieurs autres nations, principalement depuis qu'un grand nombre de peuples barbares se sont incorporés avec elle; et c'est, indépendamment des autres raisons, ce qui, à mon avis, a empêché l'agrandissement des Pélasges, qui étaient barbares.

LIX. Crésus apprit que les Athéniens, l'un de ces peuples, partagés en diverses factions, étaient sous le joug de Pisistrate, fils d'Hippocrates, alors tyran d'Athènes. Hippocrates était un simple particulier [2]. Il lui arriva aux jeux olympiques un prodige mémorable : il avait offert un sa-

---

[1] Les Pélasges étaient originaires du Péloponnèse, et descendaient de Pélasgus. Ceux d'entre eux qui se transportèrent hors de la Grèce, ne s'étant pas incorporés avec les Hellènes, furent regardés par eux comme des barbares, c'est-à-dire comme des étrangers. Les Hellènes, ayant chassé les Pélasges de la plus grande partie de la Grèce, proscrivirent l'ancien langage, et y introduisirent le leur. (L.)

[2] C'est-à-dire qu'il n'occupait alors aucune place dans l'État. Il était de la naissance la plus distinguée, et descendait de Pélée, ainsi que Nestor. Codrus, qui régna à Athènes, était de la même maison. (Voyez Hérodote, liv. v, § LXV.)

crifice; les chaudières, près de l'autel, remplies des victimes et d'eau, bouillirent et débordèrent sans feu. Chilon de Lacédémone, qui par hasard était présent, témoin de ce prodige, conseilla à Hippocrates de ne point prendre de femme féconde, ou, s'il en avait une, de la répudier; et s'il lui était né un fils, de ne le point reconnaître. Hippocrates ne voulut point déférer aux conseils de Chilon. Quelque temps après naquit le Pisistrate dont nous parlons, qui, dans la querelle entre les Paraliens [1] ou habitants de la côte maritime, commandés par Mégaclès, fils d'Alcmæon, et les habitants de la plaine, ayant à leur tête Lycurgue, fils d'Aristolaïdes, pour se frayer une route à la tyrannie, suscita un troisième parti. Il assembla donc ce parti, sous prétexte de défendre les Hypéracriens [2]. Voici la ruse qu'il imagina : s'étant blessé lui et ses mulets, il poussa son char vers la place publique, comme s'il se fût échappé des mains de ses ennemis, qui avaient voulu le tuer lorsqu'il allait à la campagne. Il conjura les Athéniens de lui accorder une garde : il leur rappela la gloire dont il s'était couvert à la tête de leur armée contre les Mégariens, la prise de Nisée [3], et leur cita plusieurs autres traits de valeur. Le peuple, trompé, lui donna pour garde un certain nombre de citoyens choisis, qui le suivaient, armés de bâtons au lieu de piques. Pisistrate les fit soulever, et s'empara par leur moyen de la citadelle. Dès ce moment il fut maître d'Athènes, mais sans troubler l'exercice des magistratures, sans altérer les lois. Il mit le bon ordre dans la ville, et la gouverna sagement suivant ses usages. Peu de temps après, les factions réunies de Mégaclès et de Lycurgue chassèrent l'usurpateur.

LX. Ce fut ainsi que Pisistrate pour la première fois se rendit maître d'Athènes, et qu'il fut dépouillé de la ty-

---

[1] C'est le nom d'une des quatre anciennes tribus d'Athènes.

[2] Plutarque les nomme Diacriens. C'est encore une des quatre anciennes tribus d'Athènes. Ils étaient attachés au gouvernement démocratique. Les mercenaires, tourbe vile qui détestait les riches, en faisaient aussi partie. Pisistrate gagna ceux de ce parti que leur indigence ne portait déjà que trop à toute sorte de crimes. (L.)

[3] On désignait ainsi le port des Mégariens, situé environ à deux milles de Mégare.

rannie, qui n'avait pas encore eu le temps de jeter de profondes racines. Ceux qui l'avaient chassé renouvelèrent bientôt après leurs anciennes querelles. Mégaclès, assailli de toutes parts par la faction contraire, fit proposer par un héraut à Pisistrate de le rétablir, s'il voulait épouser sa fille. Pisistrate accepta ses offres ; et, s'étant engagé à remplir cette condition, il imagina, de concert avec Mégaclès, pour son rétablissement, un moyen d'autant plus ridicule, à mon avis, que dès la plus haute antiquité les Hellènes ont été distingués des barbares comme plus adroits et plus éloignés de la sotte bonhomie ; et que les auteurs de cette trame avaient affaire aux Athéniens, peuple qui a la réputation d'être le plus spirituel de la Grèce.

Il y avait à Pæania, bourgade de l'Attique, une certaine femme, nommée Phya[1], qui avait quatre coudées de haut moins trois doigts[2], et d'ailleurs d'une grande beauté. Ils armèrent cette femme de pied en cap ; et, l'ayant fait monter sur un char, parée de tout ce qui pouvait relever sa beauté, ils lui firent prendre le chemin d'Athènes. Ils étaient précédés de hérauts qui, à leur arrivée dans la ville, se mirent à crier, suivant les ordres qu'ils avaient reçus : « Athéniens, recevez favorablement Pisistrate ; » Minerve, qui l'honore plus que tous les autres hommes, » le ramène elle-même dans sa citadelle. » Les hérauts allaient ainsi de côté et d'autre, répétant la même injonction. Aussitôt le bruit se répand que Minerve ramenait Pisistrate. Les bourgades en sont imbues, la ville ne doute pas que cette femme ne soit la déesse. On lui adresse des vœux, on reçoit le tyran de sa main.

LXI. Pisistrate, ayant ainsi recouvré la puissance souveraine, épousa la fille de Mégaclès, suivant l'accord fait entre eux ; mais comme il avait des fils déjà grands, et que

---

[1] Cette Phya était fille d'un nommé Socrates, et vendait des couronnes. Pisistrate la maria à son fils Hipparque, comme le raconte Clidémus, au huitième livre des Retours. « Elle fut accusée de crime d'État, après qu'on » eut chassé Pisistrate. J'aurais pu, dit le dénonciateur, l'accuser aussi » d'impiété pour avoir représenté Minerve d'une manière impie. » (L.)

[2] C'est-à-dire cinq pieds près de deux pouces, suivant l'évaluation de M. d'Anville dans son Traité des mesures itinéraires.

les Alcmænides passaient pour être sous l'anathème ¹, ne voulant point avoir d'enfants de sa nouvelle femme, il n'avait avec elle qu'un commerce contre nature. La jeune femme tint dans les commencements cet outrage secret; mais dans la suite elle le révéla de son propre mouvement à sa mère, ou sur les questions que celle-ci lui fit. Sa mère en fit part à Mégaclès, son mari, qui, indigné de l'affront que lui faisait son gendre, se réconcilia, dans sa colère, avec la faction opposée.

Pisistrate, informé de ce qui se tramait contre lui, abandonna l'Attique et se retira à Érétrie ², où il tint conseil avec ses fils. Hippias lui conseilla de recouvrer la tyrannie. Son avis prévalut. Des villes auxquelles les Pisistratides avaient rendu auparavant quelque service leur firent des présents; ils les acceptèrent et les recueillirent. Plusieurs donnèrent des sommes considérables; mais les Thébains se distinguèrent par leur libéralité. Quelque temps après, pour le dire en peu de mots, tout se trouva prêt pour leur retour. Il leur vint du Péloponnèse des troupes argiennes qu'ils prirent à leur solde, et un Naxien nommé Lygdamis ³ redoubla leur ardeur par un secours volontaire de troupes et d'argent.

LXII. Ils partirent donc d'Érétrie et revinrent dans l'Attique au commencement de la onzième année. D'abord ils

---

¹ Mégaclès, qui était archonte dans le temps de la conjuration de Cylon, en fit égorger les complices au pied des autels où ils s'étaient réfugiés. Tous ceux qui avaient eu part à ces meurtres furent regardés comme des gens abominables. Les partisans de Cylon, ayant repris des forces, étaient perpétuellement en guerre avec la famille de Mégaclès. Au fort de la sédition, et le peuple étant partagé, Solon s'avança au milieu, et persuada à ceux qu'on appela les *abominables* de se soumettre au jugement de trois cents des principaux citoyens. Ils furent condamnés. On bannit ceux qui étaient encore en vie; on déterra les morts, et on jeta leurs cadavres hors des frontières de l'Attique. (L.)

² Il y avait deux villes de ce nom, l'une en Thessalie, l'autre en Eubée. Pisistrate se retira dans la dernière, puisqu'il partit de l'Eubée pour revenir dans l'Attique, et que son port était commode pour faire une descente dans ce pays. (L.)

³ Ce Lygdamis était un ami de Pisistrate. Celui-ci ayant fait la conquête de l'île de Naxos, il en confia le gouvernement à Lygdamis, ou plutôt il lui en donna la tyrannie; car Polyæn dit qu'il en était tyran. Lygdamis aida Polycrate à devenir tyran de Samos. (L.)

s'emparèrent de Marathon ; et, ayant assis leur camp dans cet endroit, ceux de leur parti s'y rendirent en foule, les uns d'Athènes, les autres des bourgades voisines, tous préférant la tyrannie à la liberté.

Les habitants de la ville ne firent aucune attention à Pisistrate tant qu'il fut occupé à lever de l'argent, et même après qu'il se fut rendu maître de Marathon. Mais, sur la nouvelle qu'il s'avançait de Marathon droit à Athènes, ils allèrent avec toutes leurs forces à sa rencontre. Cependant Pisistrate et les siens, étant partis de Marathon tous réunis en un même corps, approchaient de la ville. Ils arrivèrent près du temple de Minerve Pallénide[1], et ce fut en face de ce temple qu'ils assirent leur camp. Là un devin d'Acharnes, nommé Amphilyte, inspiré par les dieux, vint se présenter à Pisistrate, et, l'abordant, lui dit cet oracle en vers hexamètres : « Le filet est jeté, les rets sont tendus : » la nuit, au clair de la lune, les thons s'y jetteront en » foule. »

LXIII. Ainsi parla le devin, inspiré par le dieu. Pisistrate saisit le sens de l'oracle, l'accepta, et fit incontinent marcher son armée. Les citoyens d'Athènes avaient déjà pris leur repas, et se livraient les uns au jeu de dés, les autres au sommeil. Pisistrate, tombant sur eux avec ses troupes, les mit en déroute. Pendant la fuite, il s'avisa d'un moyen très-sage pour les tenir dispersés et les empêcher de se rallier. Il fit monter à cheval ses fils, et leur ordonna de prendre les devants. Ils atteignirent les fuyards, et les exhortèrent de la part de Pisistrate à prendre courage et à retourner chacun chez soi.

LXIV. Les Athéniens obéirent ; et Pisistrate, s'étant ainsi rendu maître d'Athènes pour la troisième fois, affermit sa tyrannie par le moyen de ses troupes auxiliaires, et des grandes sommes d'argent qu'il tirait en partie de l'Attique, et en partie du fleuve Strymon. Il l'affermit encore par sa conduite avec les Athéniens, qui avaient tenu ferme dans la dernière action, et qui n'avaient pas sur-le-champ pris la fuite. Il s'assura de leurs enfants, qu'il

---

[1] Ainsi nommée parce qu'elle avait un temple dans le bourg de Pallène.

envoya à Naxos ; car il avait conquis cette île, et en avait donné le gouvernement à Lygdamis. Il l'affermit enfin en purifiant l'île de Délos [1], suivant l'ordre des oracles. Voici comment se fit cette purification : de tous les lieux d'où l'on voyait le temple, il fit exhumer les cadavres, et les fit transporter dans un autre canton de l'île. Pisistrate eut d'autant moins de peine à établir sa tyrannie sur les Athéniens, que les uns avaient été tués dans le combat, et que les autres avaient abandonné leur patrie et s'étaient sauvés avec Mégaclès.

LXV. Tels étaient les embarras où Crésus apprit que se trouvaient alors les Athéniens. Quant aux Lacédémoniens, on lui dit que, après avoir éprouvé des pertes considérables, ils prenaient enfin le dessus dans la guerre contre les Tégéates. En effet, sous le règne de Léon et d'Agasiclès, les Lacédémoniens, vainqueurs dans leurs autres guerres, avaient échoué contre les seuls Tégéates. Longtemps auparavant ils étaient les plus mal policés de presque tous les Grecs, et n'avaient aucun commerce avec les étrangers, ni même entre eux ; mais dans la suite ils passèrent de la manière que je vais dire à une meilleure législation. Lycurgue jouissait à Sparte de la plus haute estime. Arrivé à Delphes pour consulter l'oracle, à peine fut-il entré dans le temple, qu'il entendit ces mots de la Pythie : « Te » voilà dans mon temple engraissé de victimes, ami de » Jupiter et des habitants de l'Olympe. Mon oracle incer- » tain balance s'il te déclarera un dieu ou un homme ; je » te crois plutôt un dieu. » Quelques-uns ajoutent que la Pythie lui dicta aussi les lois qui s'observent maintenant à Sparte ; mais, comme les Lacédémoniens en conviennent eux-mêmes, ce fut Lycurgue qui apporta ces lois de Crète, sous le règne de Léobotas son neveu, roi de Sparte. En effet, à peine eut-il la tutelle de ce jeune prince, qu'il ré-

---

[1] Ce tyran n'entreprit cette purification que comme un moyen d'affermir sa tyrannie. Il fallait qu'il y eût un oracle qui eût promis une grande puissance et beaucoup de prospérité à quiconque entreprendrait de purifier cette île. Hérodote ne rapporte point l'oracle, et je ne crois pas même qu'on puisse le trouver ailleurs ; mais il n'est pas moins certain, par ce qu'en dit Hérodote, que Pisistrate crut devoir l'accomplir, persuadé que de là dépendaient l'affermissement de sa puissance et la tranquille possession de ses États.

forma les lois anciennes, et prit des mesures contre la transgression des nouvelles. Il régla ensuite ce qui concernait la guerre, les énomoties[1], les triacades[2] et les syssities[3]. Outre cela, il institua les éphores[4] et les sénateurs[5].

LXVI. Ce fut ainsi que les Lacédémoniens substituèrent des lois sages à leurs anciennes coutumes. Ils élevèrent à ce législateur un temple après sa mort, et lui rendent encore aujourd'hui de grands honneurs[6]. Comme ils habitaient un pays fertile et très-peuplé, leur république ne tarda pas à s'accroître et à devenir florissante. Mais, ennuyés du repos et se croyant supérieurs aux Arcadiens, ils consultèrent l'oracle de Delphes sur la conquête de l'Arcadie. La Pythie répondit : « Tu me demandes l'Arcadie ; » ta demande est excessive, je la refuse. L'Arcadie a des

---

[1] Corps de troupes de cinquante hommes.

[2] C'est ce que nous appelons dans nos troupes une chambrée.

[3] Les repas communs.

[4] Les éphores étaient au nombre de cinq. On procédait à leur élection tous les ans, le 8 d'octobre. Ils étaient pris dans la classe du peuple. Le premier s'appelait éphore éponyme; son nom servait à désigner l'année, de même qu'à Athènes celui d'archonte éponyme; et l'on disait à Lacédémone : Un tel étant éphore. Ils avaient la même autorité que les cosmes de Crète, avec cette différence qu'ils n'étaient que cinq, comme je viens de le remarquer, et qu'il y avait dix cosmes en Crète. Ils servaient de contre-poids à l'autorité des rois, et même ils les jugeaient avec les sénateurs. Comme ils étaient en quelque sortent supérieurs aux rois, ils ne se levaient pas quand ces princes venaient dans un lieu où ils se trouvaient. Cléomènes les fit massacrer, environ 226 ans avant notre ère; et je crois que depuis il n'est plus question d'eux dans l'histoire. (L.)

[5] Lycurgue ayant remarqué que les princes de sa maison, qui régnaient à Argos et à Messène, étaient dégénérés en tyrans, et qu'en détruisant leurs États ils se détruisaient eux-mêmes, craignant le même sort pour sa ville et pour sa famille, il établit le sénat et les éphores, comme un remède salutaire à l'autorité royale. Les sénateurs étaient au nombre de vingt-huit. Outre cela il y avait cinq nomophylaques, ou gardiens des lois, qui étaient appelés bidiéens; mais j'ignore par qui ils furent établis. Cependant on pourrait conjecturer qu'ils le furent par Lycurgue. (L.)

[6] Les Lacédémoniens ayant fait serment de n'abroger aucune des lois de Lycurgue avant son retour à Sparte, ce législateur alla consulter l'oracle de Delphes, qui lui répondit que Sparte serait heureuse tant qu'elle observerait ses lois. Là-dessus il résolut de n'y plus retourner, afin d'assurer l'observation des lois à laquelle ils s'étaient engagés par serment. Il se rendit à Crisa, où il se tua.

» guerriers nourris de gland [1], qui repousseront ton atta-
» que. Je ne te porte pas cependant envie : je te donne
» Tégée pour y danser, et ses belles plaines pour les me-
» surer au cordeau. »

Sur cette réponse, les Lacédémoniens renoncèrent au reste de l'Arcadie ; et, munis de chaînes, ils marchèrent contre les Tégéates, qu'ils regardaient déjà comme leurs esclaves, sur la foi d'un oracle équivoque ; mais, ayant eu du dessous dans la bataille [2], tous ceux qui tombèrent vifs entre les mains de l'ennemi furent chargés des chaînes qu'ils avaient apportées ; et, travaillant en cet état aux terres des Tégéates, ils les mesurèrent au cordeau. Ces chaînes subsistent encore à présent à Tégée ; elles sont appendues autour du temple de Minerve Aléa.

LXVII. Les Lacédémoniens avaient été continuellement malheureux dans leur première guerre contre les Tégéates ; mais du temps de Crésus, et sous le règne d'Anaxandrides et d'Ariston à Sparte, ils acquirent de la supériorité par les moyens que je vais dire. Comme ils avaient toujours eu du dessous contre les Tégéates, ils envoyèrent demander à l'oracle de Delphes quel dieu ils devaient se rendre propice pour avoir l'avantage sur leurs ennemis. La Pythie leur répondit qu'ils en triompheraient, s'ils emportaient chez eux les ossements d'Oreste, fils d'Agamemnon. Comme ils ne pouvaient découvrir son monument, ils envoyèrent de nouveau demander à l'oracle en quel endroit

---

[1] L'espèce dont il s'agit ici approche beaucoup, pour le goût, de nos châtaignes. Il en croît et on en mange encore de pareils dans les parties méridionales de l'Europe. Encore aujourd'hui, on sert en Espagne de ces sortes de glands sur toutes les tables ; on les mange rôtis comme nos marrons. Léon l'Africain dit que, non loin de Mahmora, au royaume de Fez, il y a une forêt dont les arbres, très-élevés, portent des glands oblongs, assez ressemblants aux prunes de Damas, dont le goût approche de celui de la châtaigne, mais qui lui est de beaucoup supérieur. (L.)

[2] Cet échec leur arriva sous le règne de Charillus. Les femmes des Tégéates prirent les armes, et, s'étant mises en embuscade au pied du mont Phylactris, elles fondirent sur les Lacédémoniens tandis qu'ils étaient aux mains avec les Tégéates, et les mirent en déroute. Charillus fut pris, mais on le renvoya après qu'on lui eut fait promettre de ne plus porter les armes contre eux. En mémoire de cette action des femmes, on éleva dans la place de Tégée une statue de Mars, surnommé le Gynæcholoëne, c'est-à-dire le *convives des femmes*. (L.)

reposait ce héros. Voici la réponse de la Pythie : « Dans
» les plaines de l'Arcadie est une ville (on la nomme Té-
» gée). La puissante nécessité y fait souffler deux vents.
» L'on y voit le type et l'anti-type, le mal sur le mal. C'est
» là que le sein fécond de la terre enferme le fils d'Aga-
» memnon. Si tu fais apporter ses ossements à Sparte, tu
» seras vainqueur de Tégée. »

Sur cette réponse, les Lacédémoniens se livrèrent avec encore plus d'ardeur aux recherches les plus exactes, furetant de tous côtés, jusqu'à ce qu'enfin Lichas, un des Spartiates appelés agathoerges, en fit la découverte. Les agathoerges sont toujours les plus anciens chevaliers à qui on a donné leur congé [1]. Tous les ans on le donne à cinq, et, l'année de leur sortie, ils vont partout où les envoie la république, sans s'arrêter autre part.

LXVIII. De cet ordre était Lichas, qui fit à Tégée la découverte du tombeau d'Oreste, autant par hasard que par son habileté. Le commerce étant alors rétabli avec les Tégéates, il entra chez un forgeron, où il regarda battre le fer. Comme cela lui causait de l'admiration, le forgeron, qui s'en aperçut, interrompt son travail et lui dit : « Lacédémonien, vous auriez été bien plus étonné si vous
» aviez vu la même merveille que moi, vous pour qui le
» travail d'une forge est un sujet de surprise ! Creusant un
» puits dans cette cour, je trouvai un cercueil de sept cou-
» dées de long. Comme je ne pouvais me persuader qu'il
» eût jamais existé des hommes plus grands que ceux
» d'aujourd'hui, je l'ouvris. Le corps que j'y trouvai
» égalait la longueur du cercueil. Je l'ai mesuré, puis re-
» couvert de terre. » Lichas, faisant réflexion sur ce récit du forgeron, qui lui racontait ce qu'il avait vu, se douta que ce devait-être le corps d'Oreste, indiqué par l'oracle. Ses conjectures lui montrèrent dans les deux soufflets les deux vents ; dans le marteau et l'enclume, le type et l'anti-type ; et le fer battu sur l'enclume le mal ajouté sur le mal, parce que le fer n'avait été découvert, suivant lui, que pour le malheur des hommes.

---

[1] Suidas se trompe en disant qu'on les prenait parmi les éphores. Hérodote est plus croyable.

L'esprit occupé de ces conjectures, Lichas revient à Sparte, et raconte son aventure à ses compatriotes. On lui intente une accusation simulée, il est banni. Lichas retourne à Tégée, conte sa disgrace au forgeron, et fait ses efforts pour l'engager à lui louer sa cour. Le forgeron refuse d'abord ; mais s'étant ensuite laissé persuader, Lichas s'y loge, ouvre le tombeau et en tire les ossements d'Oreste, qu'il porte à Sparte. Les Lacédémoniens acquirent depuis ce temps une grande supériorité dans les combats, toutes les fois qu'ils s'essayèrent contre les Tégéates. D'ailleurs la plus grande partie du Péloponnèse leur était déjà soumise.

LXIX. Crésus, informé de toutes ces choses, envoya des ambassadeurs à Sparte avec des présents, pour prier les Lacédémoniens de s'allier avec lui. Lorsqu'ils furent arrivés ils parlèrent en ces termes, qui leur avaient été prescrits: « Crésus, roi des Lydiens et de plusieurs autres nations, » nous a envoyés ici, et vous dit par notre bouche : O La- » cédémoniens, le dieu de Delphes m'ayant ordonné de » contracter amitié avec les Grecs, je m'adresse à vous » conformément à l'oracle, parce que j'apprends que » vous êtes les premiers peuples de la Grèce ; et je désire » votre amitié et votre alliance, sans fraude ni trompe- » rie. » Tel fut le discours des ambassadeurs. Les Lacédémoniens, qui avaient aussi entendu la réponse faite à Crésus par l'oracle, se réjouirent de l'arrivée des Lydiens, et firent avec eux un traité d'amitié et d'alliance défensive et offensive. Ils avaient reçu auparavant quelques bienfaits de Crésus ; car les Lacédémoniens ayant envoyé à Sardes pour y acheter de l'or, dans l'intention de l'employer à cette statue d'Apollon qu'on voit aujourd'hui au mont Thornax, en Laconie, Crésus leur avait fait présent de cet or.

LXX. Tant de générosité, et la préférence qu'il leur donnait sur tous les Grecs, les déterminèrent à cette alliance. D'un côté, ils se tinrent prêts à lui donner du secours au premier avis ; d'un autre, ils lui firent faire un cratère de bronze, pour reconnaître les dons qu'ils en avaient reçus. Ce cratère tenait trois cents amphores. Il était orné extérieurement, et jusqu'au bord, d'un grand nombre d'animaux en relief. Mais il ne parvint point à Sardes, pour des raisons dites de deux manières, et que voici. Les Lacédémoniens assurent qu'il fut enlevé sur les côtes de Samos par des Samiens qui, ayant eu connaissance de leur voyage, les attaquèrent avec des vaisseaux de guerre. Mais les Samiens soutiennent que les Lacédémoniens chargés de ce cratère, n'ayant point fait assez de diligence, furent informés en route de la prise de Crésus et de celle de Sardes, et qu'ils le vendirent, à Samos, à des particuliers qui en firent une offrande au temple de Junon. Peut-être aussi ceux qui l'avaient vendu dirent-ils, à leur retour à Sparte, que les Samiens le leur avaient enlevé. Voilà comment les choses se sont passées au sujet du cratère.

LXXI. Crésus, n'ayant pas saisi le sens de l'oracle, se disposait à marcher en Cappadoce, dans l'espérance de renverser la puissance de Cyrus et des Perses. Tandis qu'il faisait les préparatifs nécessaires pour cette expédition, un Lydien nommé Sandanis, qui s'était déjà acquis la réputation d'homme sage, et qui se rendit encore plus célèbre parmi les Lydiens par le conseil qu'il donna à Crésus, parla ainsi à ce prince : « Seigneur, vous vous disposez à » faire la guerre à des peuples qui ne sont vêtus que de » peaux, qui se nourrissent, non de ce qu'ils voudraient » avoir, mais de ce qu'ils ont, parce que leur pays est » rude et stérile ; à des peuples qui, faute de vin, ne s'a- » breuvent que d'eau, qui ne connaissent ni les figues, ni » aucun autre fruit agréable. Vainqueur, qu'enlèverez-vous » à des gens qui n'ont rien? Vaincu, considérez que de biens » vous allez perdre ! S'ils goûtent une fois les douceurs » de notre pays, ils ne voudront plus y renoncer ; nul » moyen pour nous de les chasser. Quant à moi, je rends » grâces aux dieux de ce qu'ils n'inspirent pas aux Perses » le dessein d'attaquer les Lydiens. » Sandanis ne persuada pas Crésus. Il disait pourtant vrai : les Perses, avant la conquête de la Lydie, ne connaissaient ni le luxe, ni même les commodités de la vie.

LXXII. Les Grecs donnent aux Cappadociens le nom

de Syriens. Avant la domination des Perses, ces Syriens étaient sujets des Mèdes ; mais alors ils étaient sous l'obéissance de Cyrus, car l'Halys séparait les États des Mèdes de ceux des Lydiens. L'Halys coule d'une montagne d'Arménie (le Taurus), et traverse la Cilicie ; de là continuant son cours, il a les Matianiens à droite et les Phrygiens à gauche. Après avoir passé entre ces deux peuples, il coule vers le nord, renfermant d'un côté les Syriens cappadociens, et à gauche les Paphlagoniens. Ainsi le fleuve Halys sépare presque toute l'Asie mineure de la haute Asie, depuis la mer qui est vis-à-vis l'île de Chypre jusqu'au Pont-Euxin. Ce pays entier forme un détroit qui n'a que cinq journées de chemin, pour un bon marcheur.

LXXIII. Crésus partit donc avec son armée pour la Cappadoce, afin d'ajouter ce pays à ses États, animé surtout et par sa confiance en l'oracle, et par le désir de venger Astyages, son beau-frère. Astyages, fils de Cyaxare, roi des Mèdes, avait été vaincu et fait prisonnier par Cyrus, fils de Cambyse. Voici comment il était devenu beau-frère de Crésus. Une sédition avait obligé une troupe de Scythes nomades à se retirer secrètement sur les terres de Médie. Cyaxare, fils de Phraortes et petit-fils de Déjocès, qui régnait alors sur les Mèdes, les reçut d'abord avec humanité, comme suppliants ; et même il conçut tant d'estime pour eux, qu'il leur confia des enfants pour leur apprendre la langue scythe et à tirer de l'arc. Au bout de quelque temps, les Scythes, accoutumés à chasser et à rapporter tous les jours du gibier, revinrent une fois sans avoir rien pris. Revenus ainsi les mains vides, Cyaxare, qui était d'un caractère violent, comme il le montra, les traita de la manière la plus dure. Les Scythes, indignés d'un pareil traitement, qu'ils ne croyaient pas avoir mérité, résolurent entre eux de couper par morceaux un des enfants dont on leur avait confié l'éducation, de le préparer de la manière qu'ils avaient coutume d'apprêter le gibier, de le servir à Cyaxare comme leur chasse, et de se retirer aussitôt à Sardes auprès d'Alyattes, fils de Sadyattes. Ce projet fut exécuté. Cyaxare et ses convives mangèrent de ce qu'on leur avait servi ; et les Scythes, après cette vengeance, se retirèrent auprès d'Alyattes, et ils devinrent ses suppliants.

LXXIV. Cyaxare les redemanda. Sur son refus, la guerre s'alluma entre ces deux princes. Pendant cinq années qu'elle dura, les Mèdes et les Lydiens eurent alternativement de fréquents avantages, et la sixième il y eut une espèce de combat nocturne : car, après une fortune égale de part et d'autre, s'étant livré bataille, le jour se changea tout à coup en nuit[1], pendant que les deux armées en étaient aux mains. Thalès de Milet avait prédit aux Ioniens ce changement, et il en avait fixé le temps en l'année où il s'opéra. Les Lydiens et les Mèdes, voyant que la nuit avait pris la place du jour, cessèrent le combat, et n'en furent que plus empressés à faire la paix. Syennésis[2], roi de Cilicie, et Labynète, roi de Babylone, en furent les médiateurs ; ils hâtèrent le traité, et l'assurèrent par un mariage. Persuadés que les traités ne peuvent avoir de solidité sans un puissant lien, ils engagèrent Alyattes à donner sa fille Aryénis à Astyages, fils de Cyaxare. Ces nations observent dans leurs traités les mêmes cérémonies que les Grecs ; mais ils se font encore de légères incisions aux bras, et lèchent réciproquement le sang qui en découle.

LXXV. Cyrus tenait donc prisonnier Astyages, son aïeul maternel, qu'il avait détrôné pour les raisons que j'exposerai dans la suite de cette histoire. Crésus, irrité à ce sujet contre Cyrus, avait envoyé consulter les oracles pour savoir s'il devait faire la guerre aux Perses. Il lui était venu de Delphes une réponse ambiguë, qu'il croyait

---

[1] Les savants sont divisés sur l'époque précise de cette éclipse. Mais les pères Petau et Hardouin, le chevalier Marsham, le président Bouhier et le père Corsini, clerc régulier des écoles pies, se sont déterminés pour l'éclipse qui parut le 9 juillet 4117. J'ai cru devoir l'adopter, parce qu'elle s'accorde mieux avec la chronologie que toutes les autres. La seule objection qu'on y puisse former, c'est que l'ombre passa au-dessus du Pont-Euxin par la Scythie et le Palus-Mæotis. Il est vrai que cette éclipse ne fut point centrale sur les bords de l'Halys ; cependant elle dut y être très-considérable, et il n'est point étonnant qu'elle ait causé de l'épouvante à des nations plongées dans l'ignorance. (L.)

[2] Ce nom de Syennésis était commun aux rois de Cilicie ; du moins est-il sûr que quatre princes l'ont porté. Le nom de Labynète se rencontre souvent parmi les rois de Babylone. (BELLANGER.)

favorable, et là dessus il s'était déterminé à entrer sur les terres des Perses. Quand il fut arrivé sur les bords de l'Halys, il le fit, à ce que je crois, passer à son armée sur les ponts qu'on y voit à présent ; mais, s'il faut en croire la plupart des Grecs, Thalès de Milet lui en ouvrit le passage. Crésus, disent-ils, étant embarrassé pour faire traverser l'Halys à son armée, parce que les ponts qui sont maintenant sur cette rivière n'existaient point encore en ce temps-là, Thalès, qui était alors au camp, fit passer à la droite de l'armée le fleuve, qui coulait à la gauche. Voici de quelle manière il s'y prit. Il fit creuser, en commençant au-dessus du camp, un canal profond en forme de croissant, afin que l'armée pût l'avoir à dos dans la position où elle était. Le fleuve, ayant été détourné de l'ancien canal dans le nouveau, longea derechef l'armée, et rentra au-dessous de son ancien lit. Il ne fut pas plutôt partagé en deux bras, qu'il devint également guéable dans l'un et dans l'autre. Quelques-uns disent même que l'ancien canal fut mis entièrement à sec ; mais je ne puis approuver ce sentiment. Comment en effet Crésus et les Lydiens auraient-ils pu traverser le fleuve à leur retour ?

LXXVI. Après le passage de l'Halys, Crésus avec son armée arriva dans la partie de la Cappadoce appelée la Ptérie. La Ptérie, le plus fort canton de ce pays, est près de Sinope, ville presque située sur le Pont-Euxin. Il assit son camp en cet endroit, et ravagea les terres des Syriens. Il prit la ville des Ptériens, dont il réduisit les habitants en esclavage. Il s'empara aussi de toutes les bourgades voisines, en chassa les Syriens, et les transporta ailleurs, quoiqu'ils ne lui eussent donné aucun sujet de plainte. Cependant Cyrus assembla son armée, prit avec lui tout ce qu'il put trouver d'hommes sur sa route, et vint à sa rencontre. Mais, avant que de mettre ses troupes en campagne, il envoya des hérauts aux Ioniens, pour les engager à se révolter contre Crésus. N'ayant pu les persuader, il se mit en marche, et vint camper à la vue de l'ennemi. Les deux armées s'essayèrent mutuellement dans la Ptérie par de violentes escarmouches. On en vint ensuite à une action générale, qui fut vive, et où il périt beaucoup de monde des deux côtés ; enfin la nuit sépara les combattants, sans que la victoire se fût déclarée en faveur de l'un ou de l'autre parti.

LXXVII. Crésus se reprochant la disproportion de ses troupes, qui étaient beaucoup moins nombreuses que celles de Cyrus, et voyant que le lendemain ce prince ne tentait pas une nouvelle attaque, il retourna à Sardes, dans le dessein d'appeler à son secours les Égyptiens, conformément au traité conclu avec Amasis, leur roi, traité qui était antérieur à celui qu'il avait fait avec les Lacédémoniens. Il se proposait aussi de mander les Babyloniens, avec qui il s'était pareillement allié, et qui avaient alors pour roi Labynète, et de faire dire aux Lacédémoniens de se trouver à Sardes à un temps marqué. Il comptait passer l'hiver tranquillement, et marcher, à l'entrée du printemps, contre les Perses avec les forces de ces peuples réunies aux siennes. D'après ces dispositions, aussitôt qu'il fut de retour à Sardes, il envoya sommer ses alliés, par des hérauts, de se rendre à sa capitale le cinquième mois. Ensuite il congédia les troupes étrangères qu'il avait actuellement à sa solde, et qui s'étaient déjà mesurées contre les Perses, et les dispersa de tous côtés, ne s'imaginant pas que Cyrus, qui n'avait remporté aucun avantage sur lui, dût faire avancer son armée contre Sardes.

LXXVIII. Pendant que Crésus était occupé de ces projets, tous les dehors de la ville se remplirent de serpents ; et les chevaux, abandonnant les pâturages, coururent les dévorer. Ce spectacle, dont Crésus fut témoin, parut aux yeux de ce prince un prodige ; et, en effet, c'en était un. Aussitôt il envoya aux devins de Telmesse, pour en avoir l'interprétation. Ses députés l'apprirent, mais ils ne purent pas la lui communiquer ; car, avant leur retour par mer à Sardes, il avait été fait prisonnier. La réponse fut que Crésus devait s'attendre à voir une armée d'étrangers sur ses terres, et qu'elle subjuguerait les naturels du pays, le serpent étant fils de la terre, et le cheval un ennemi et un étranger. Crésus était déjà pris lorsqu'ils firent cette réponse ; mais ils ignoraient alors le sort de Sardes et du roi.

LXXIX. Lorsque Crésus, après la bataille de Ptérie, se

fut retiré, Cyrus, instruit du dessein où il était de congédier ses troupes à son retour, crut, après en avoir délibéré, qu'il lui était avantageux de marcher avec la plus grande diligence vers Sardes, pour ne pas laisser aux Lydiens le temps d'assembler de nouvelles forces. Cette résolution prise, il l'exécuta sans délai, et, faisant passer son armée dans la Lydie, il porta lui-même à Crésus la nouvelle de sa marche. Ce prince, quoique fort inquiet de voir ses mesures déconcertées et son attente déçue, ne laissa pas de faire sortir les Lydiens et de les mener au combat. Il n'y avait point alors en Asie de nation plus brave ni plus belliqueuse que les Lydiens. Ils combattaient à cheval avec de longues piques, et étaient excellents cavaliers.

LXXX. Les deux armées se rendirent dans la plaine située sous les murs de Sardes, plaine spacieuse et découverte, traversée par l'Hyllus et par d'autres rivières qui se jettent dans l'Hermus, la plus grande de toutes. L'Hermus coule d'une montagne consacrée à Cybèle, et va se perdre dans la mer près de la ville de Phocée.

A la vue de l'armée lydienne rangée en bataille dans cette plaine, Cyrus, craignant la cavalerie, suivit le conseil du Mède Harpage. Il rassembla tous les chameaux qui portaient à la suite de son armée les vivres et le bagage, et, leur ayant ôté leur charge, il les fit monter par des hommes vêtus en cavaliers, avec ordre de marcher en cet équipage à la tête des troupes, contre la cavalerie de Crésus. Il commanda en même temps à l'infanterie de suivre les chameaux, et posta toute la cavalerie derrière l'infanterie. Les troupes ainsi rangées, il leur ordonna de tuer tous les Lydiens qui se présenteraient devant eux, et de n'épargner que Crésus, quand même il se défendrait encore après avoir été pris. Tels furent les ordres de Cyrus. Il opposa les chameaux à la cavalerie ennemie, parce que le cheval craint le chameau, et qu'il n'en peut soutenir ni la vue ni l'odeur. Ce fut pour cela même qu'il imagina cette ruse dans la disposition de ses troupes, afin de rendre inutile la cavalerie, sur laquelle Crésus fondait l'espérance d'une victoire éclatante. Les deux armées s'étant avancées pour combattre, les chevaux n'eurent pas plutôt aperçu et senti les chameaux, qu'ils reculèrent, et les espérances de Crésus furent perdues. Les Lydiens cependant ne prirent pas pour cela l'épouvante. Ayant reconnu le stratagème, ils descendirent de cheval, et combattirent à pied contre les Perses; mais enfin, après une perte considérable de part et d'autre, ils prirent la fuite et se renfermèrent dans leurs murailles, où les Perses les assiégèrent.

LXXXI. Crésus, croyant que ce siége traînerait en longueur, fit partir de la citadelle de nouveaux ambassadeurs vers ses alliés. Les premiers n'avaient fixé le rendez-vous à Sardes qu'au cinquième mois; mais, ce prince étant assiégé, la commission de ceux-ci était de demander le plus prompt secours.

LXXXII. Il envoya vers différentes villes alliées, et particulièrement à Lacédémone. Dans ce même temps, il était aussi survenu une querelle entre les Spartiates et les Argiens, au sujet du lieu nommé Thyrée. Ce canton faisait partie de l'Argolide; mais les Lacédémoniens l'en avaient retranché et se l'étaient approprié. Tout le pays vers l'occident jusqu'à Malée appartenait aussi aux Argiens, tant ce qui est en terre ferme que l'île de Cythère et les autres îles. Les Argiens étant venus au secours du territoire qu'on leur avait enlevé, on convint dans un pourparler qu'on ferait combattre trois cents hommes de chaque côté; que ce territoire demeurerait au vainqueur; que les deux armées ne seraient pas présentes au combat, mais se retireraient chacune dans son pays, de peur que le parti qui aurait le dessous ne fût secouru par les siens.

Les deux armées se retirèrent après cet accord, et il ne resta que les guerriers choisis de part et d'autre. Ils combattirent des deux côtés avec tant d'égalité, que de six cents hommes il n'en resta que trois : Alcénor et Chromius du côté des Argiens, et Othryades de celui des Lacédémoniens; et encore fallut-il que la nuit les séparât. Les deux Argiens coururent à Argos annoncer leur victoire. Pendant ce temps-là, Othryades, guerrier des Lacédémoniens, dépouilla les Argiens tués dans le combat, porta leurs armes à son camp, et se tint dans son poste. Le lendemain, les deux armées arrivent : instruites de l'événement, elles s'attribuent quelque temps la victoire : les Argiens, parce qu'ils avaient l'avantage du nombre ; les Lacédémoniens, parce que les combattants d'Argos avaient pris la fuite tandis que leur guerrier était resté dans son poste, et qu'il avait dépouillé leurs morts. Enfin, la dispute s'étant échauffée, on en vint aux mains ; et, après une perte considérable de part et d'autre, les Lacédémoniens furent vainqueurs.

Depuis ce temps-là, les Argiens, qui jusqu'alors avaient été obligés de porter leurs cheveux, se rasèrent la tête ; et, par une loi accompagnée d'imprécations contre les infracteurs, ils défendirent aux hommes de laisser croître leurs cheveux, et aux femmes de porter des ornements d'or, avant qu'on eût recouvré Thyrée. Les Lacédémoniens, qui auparavant avaient des cheveux courts, s'imposèrent la loi contraire, celle de les porter fort longs. Quant à Othryades, resté seul des trois cents Lacédémoniens, on dit que, honteux de retourner à Sparte après la perte de ses compagnons, il se tua sur le champ de bataille, dans le territoire de Thyrée.

LXXXIII. Telle était la situation des affaires à Sparte, lorsqu'il arriva de Sardes un héraut pour prier les Spartiates de donner du secours à Crésus, qui était assiégé dans sa capitale. Sur cette demande, on ne balança pas à lui en envoyer. Déjà les troupes étaient prêtes et les vaisseaux équipés : un autre courrier apporta la nouvelle que la ville des Lydiens était prise et que Crésus avait été fait prisonnier. Les Spartiates en furent très-affligés, et se tinrent en repos.

LXXXIV. Voici la manière dont la ville de Sardes fut prise. Le quatorzième jour du siége, Cyrus fit publier, par des cavaliers envoyés par tout le camp, qu'il donnerait une récompense à celui qui monterait le premier sur la muraille. Animée par ces promesses, l'armée fit des tentatives, mais sans succès : on cessa les attaques ; le seul Hyrœadès, Marde de nation, entreprit de monter à un certain endroit de la citadelle où il n'y avait point de sentinelles. On ne craignait pas que la ville fût jamais prise de ce côté. Escarpée, inexpugnable, cette partie de la citadelle était la seule par où Mélès, autrefois roi de Sardes, n'avait point fait porter le lion [1] qu'il avait eu d'une concubine. Les devins de Telmisse lui avaient prédit que Sardes serait imprenable, si l'on portait le lion autour des murailles. Sur cette prédiction, Mélès l'avait fait porter partout où l'on pouvait attaquer et forcer la citadelle. Mais il avait négligé le côté qui regarde le mont Tmolus, comme imprenable et inaccessible. Hyrœadès avait aperçu la veille un Lydien descendre de la citadelle par cet endroit, pour ramasser son casque qui était roulé du haut en bas, et l'avait vu remonter ensuite par le même chemin. Cette observation le frappa, et lui fit faire des réflexions. Il y monta lui-même, et d'autres Perses après lui, qui furent suivis d'une grande multitude. Ainsi fut prise Sardes, et la ville entière livrée au pillage.

LXXXV. Quant à Crésus, voici quel fut son sort. Il avait un fils, dont j'ai déjà fait mention. Ce fils avait toutes sortes de bonnes qualités, mais il était muet. Dans le temps de sa prospérité, Crésus avait mis tout en usage pour le guérir, et, entre autres moyens, il avait eu recours à l'oracle de Delphes. La Pythie avait répondu : « Lydien,
» roi de plusieurs peuples, insensé Crésus, ne souhaite
» pas d'entendre en ton palais la voix tant désirée de ton
» fils. Il te serait plus avantageux de ne jamais l'entendre :
» il commencera de parler le jour où commenceront tes
» malheurs. »

Après la prise de la ville, un Perse allait tuer Crésus sans le connaître. Ce prince le voyait fondre sur lui; mais, accablé du poids de ses malheurs, il négligeait de l'éviter, et peu lui importait de périr sous ses coups. Le jeune prince muet, à la vue du Perse qui se jetait sur son père, saisi d'effroi, fit un effort qui lui rendit la voix : « Soldat,

---

[1] J'avais pensé d'abord qu'il y avait une erreur dans le texte; mais après avoir fait réflexion que le texte disait deux fois *le lion*; que d'ailleurs Hérodote était très-superstitieux, et très-ignorant en histoire naturelle, comme on l'était alors; et que, s'il n'y eût point eu de prodige dans cet accouchement, on n'aurait pas consulté les devins de Telmisse, comme le récit de notre historien prouve manifestement qu'on le fit, je me suis déterminé pour ce sentiment. (L.)

» s'écria-t-il, ne tue pas Crésus ! » Tels furent ses premiers mots ; et il conserva la faculté de parler le reste de sa vie.

LXXXVI. A la prise de Sardes les Perses ajoutèrent celle de Crésus, qui tomba vif entre leurs mains. Il avait régné quatorze ans, soutenu un siége d'autant de jours, et, conformément à l'oracle, détruit son grand empire. Les Perses qui l'avaient fait prisonnier le menèrent à Cyrus. Celui-ci le fit monter, chargé de fers, et entouré de quatorze jeunes Lydiens, sur un grand bûcher dressé exprès, soit pour sacrifier à quelques dieux ces prémices de la victoire, soit pour accomplir un vœu, soit enfin pour éprouver si Crésus, dont on vantait la piété, serait garanti des flammes par quelque divinité. Ce fut ainsi, dit-on, qu'il le traita. Crésus, sur le bûcher, malgré son accablement et l'excès de sa douleur, se rappela ces paroles de Solon, que nul homme ne peut se dire heureux tant qu'il respire encore ; et il lui vint à l'esprit que ce n'était pas sans la permission des dieux que ce sage les avait proférées. On assure qu'à cette pensée, revenu à lui-même, il sortit par un profond soupir du long silence qu'il avait gardé, et s'écria par trois fois : « Solon ! » que Cyrus, frappé de ce nom, lui fit demander par ses interprètes quel était celui qu'il invoquait. Ils s'approchent, et l'interrogent. Crésus, d'abord, ne répondit pas ; forcé de parler, il dit : « C'est un » homme dont je préférerais l'entretien aux richesses de » tous les rois. » Ce discours leur paraissant obscur, ils l'interrogèrent de nouveau. Vaincu par l'importunité de leurs prières, il répondit qu'autrefois Solon d'Athènes était venu à sa cour ; qu'ayant contemplé toutes ses richesses, il n'en avait fait aucun cas ; que tout ce qu'il lui avait dit se trouvait confirmé par l'événement, et que les avertissements de ce philosophe ne le regardaient pas plus, lui en particulier, que tous les hommes en général, et principalement ceux qui se croyaient heureux. Ainsi parla Crésus. Le feu était déjà allumé, et le bûcher s'enflammait par les extrémités. Cyrus, apprenant de ses interprètes la réponse de ce prince, se repent ; il songe qu'il est homme, et que cependant il fait brûler un homme qui n'avait pas été moins heureux que lui. D'ailleurs il redoute la vengeance des dieux, et, réfléchissant sur l'instabilité des choses humaines, il ordonne d'éteindre promptement le bûcher, et d'en faire descendre Crésus, ainsi que ses compagnons d'infortune ; mais les plus grands efforts ne purent surmonter la violence des flammes.

LXXXVII. Alors Crésus, comme le disent les Lydiens instruit du changement de Cyrus à la vue de cette foule empressée à éteindre le feu sans pouvoir y réussir, implore à grands cris Apollon; le conjure, si ses offrandes lui ont été agréables, de le secourir, de le sauver d'un péril si pressant. Ces prières étaient accompagnées de larmes. Soudain, au milieu d'un ciel pur et serein, des nuages se rassemblent, un orage crève, une pluie abondante éteint le bûcher. Ce prodige apprit à Cyrus combien Crésus était cher aux dieux par sa vertu. Il le fait descendre du bûcher, et lui dit : « O Crésus! quel homme vous a conseillé d'en-
» trer sur mes terres avec une armée, et de vous déclarer
» mon ennemi au lieu d'être mon ami? — Votre heureux
» destin et mon infortune m'ont jeté, seigneur, dans cette
» malheureuse entreprise. Le dieu des Grecs en est la
» cause; lui seul m'a persuadé de vous attaquer. Eh! quel
» est l'homme assez insensé pour préférer la guerre à la
» paix? Dans la paix, les enfants ferment les yeux à leurs
» pères ; dans la guerre, les pères enterrent leurs enfants.
» Mais enfin il a plu aux dieux que les choses se passassent
» de la sorte. »

LXXXVIII. Après ce discours, Cyrus lui fit ôter ses fers et asseoir près de lui. Il le traita avec beaucoup d'égards, et ne put, lui et toute sa cour, l'envisager sans étonnement. Crésus, livré à ses pensées, gardait le silence. Bientôt, en retournant la tête, il aperçoit les Perses empressés au pillage de Sardes : « Seigneur, s'adressant à
» Cyrus, dois-je vous dire ce que je pense, ou mon état
» actuel me condamne-t-il à me taire? » Cyrus lui ordonne de parler avec assurance. « Eh bien! lui demande
» Crésus, cette multitude, que fait-elle avec tant d'ardeur?
» — Elle pille votre capitale, elle enlève vos richesses. —
» Non, seigneur, ce n'est point ma ville, ce ne sont pas
» mes trésors qu'on pille. Rien de tout cela ne m'appar-

» tient plus ; c'est votre bétail qu'on emmène, ce sont vos
» richesses qu'on emporte. »

LXXXIX. Cyrus, frappé de cette réponse, écarte tout le monde, et demande à Crésus le parti qu'il faut prendre dans cette conjoncture. « Seigneur, répondit-il, puisque
» les dieux m'ont rendu votre esclave, je me crois obligé
» de vous avertir de ce qui peut vous être le plus avanta-
» geux, lorsque je l'aperçois mieux que vous. Les Perses,
» naturellement insolents, sont pauvres : si vous souffrez
» qu'ils pillent cette ville et qu'ils en retiennent le butin, il
» est probable, et vous devez vous y attendre, que celui qui
» en aura fait le plus grand n'en sera que plus disposé à
» la révolte. Si donc vous goûtez mes conseils, ordonnez
» à quelques-uns de vos gardes de se tenir aux portes de la
» ville et d'ôter le butin à vos troupes, parce qu'il faut,
» leur diront-ils, en consacrer la dixième partie à Jupiter.
» Par ce moyen, vous ne vous attirerez point la haine de
» vos soldats, quoique vous le leur enleviez de force ; et
» lorsqu'ils viendront à connaître que vous ne leur deman-
» dez rien que de juste, ils obéiront volontiers. »

XC. Ce discours fit à Cyrus le plus grand plaisir : il trouva le conseil très-sage ; il en combla l'auteur de louanges ; et, après avoir donné à ses gardes les ordres que lui avait suggérés Crésus, il s'adresse à lui : « Crésus, dit-il,
» puisque vos discours et vos actions me prouvent que
» vous êtes disposé à vous conduire en roi sage, demandez-
» moi ce qu'il vous plaira, vous l'obtiendrez sur-le-champ.
» — Seigneur, répondit Crésus, la plus grande faveur se-
» rait de me permettre d'envoyer au dieu des Grecs, celui
» de tous les dieux que j'ai le plus honoré, les fers que
» voici, avec ordre de lui demander s'il lui est permis de
» tromper ceux qui ont bien mérité de lui. » Le roi l'interroge, pour savoir quel sujet il avait de s'en plaindre et quel était le motif de sa demande. Crésus répéta les projets qu'il avait eus, et l'entretint des réponses des oracles, de ses offrandes surtout, et des prédictions qui l'avaient animé à la guerre contre les Perses. Il finit en lui demandant de nouveau la permission d'envoyer faire au dieu des reproches. « Non-seulement cette permission, dit en riant Cyrus ;

» mais ce que vous souhaiterez désormais, je vous l'ac-
» corde. » A ces mots, Crésus envoie des Lydiens à Delphes, avec ordre de placer ses fers sur le seuil du temple, de demander au dieu s'il ne rougissait pas d'avoir par ses oracles excité Crésus à la guerre contre les Perses, dans l'espoir de ruiner l'empire de Cyrus; de lui montrer ses chaînes, seules prémices qu'il pût lui offrir de cette expédition, et de lui demander si les dieux des Grecs étaient dans l'usage d'être ingrats.

XCI. Les Lydiens ayant exécuté à leur arrivée à Delphes les ordres de Crésus, on assure que la Pythie leur fit cette réponse : « Il est impossible même à un dieu d'éviter le sort
» marqué par les destins. Crésus est puni du crime de son
» cinquième ancêtre, qui, simple garde d'un roi de la race
» des Héraclides, se prêta aux instigations d'une femme
» artificieuse, tua son maître et s'empara de la couronne,
» à laquelle il n'avait aucun droit. Apollon a mis tout en
» usage pour détourner de Crésus le malheur de Sardes, et
» ne le faire tomber que sur ses enfants; mais il ne lui a
» pas été possible de fléchir les Parques. Tout ce qu'elles
» ont accordé à ses prières, il en a gratifié ce prince. Il a
» reculé de trois ans la prise de Sardes. Que Crésus sache
» donc qu'il a été fait prisonnier trois ans plus tard qu'il
» n'était porté par les destins. En second lieu, il l'a secouru
» lorsqu'il allait devenir la proie des flammes. Quant à
» l'oracle rendu, Crésus a tort de se plaindre. Apollon lui
» avait prédit qu'en faisant la guerre aux Perses, il dé-
» truirait un grand empire : s'il eût voulu prendre sur
» cette réponse un parti salutaire, il aurait dû envoyer
» demander au dieu s'il entendait l'empire des Lydiens ou
» celui de Cyrus. N'ayant ni saisi le sens de l'oracle ni fait
» interroger de nouveau le dieu, qu'il ne s'en prenne qu'à
» lui-même. Il n'a pas non plus, en dernier lieu, compris
» la réponse d'Apollon relativement au mulet. Cyrus était
» ce mulet, les auteurs de ses jours étant de deux nations
» différentes : son père était d'une origine moins illustre
» que sa mère; celle-ci était Mède et fille d'Astyages, roi
» des Mèdes; l'autre, Perse et sujet de la Médie; et,
» quoique inférieur en tout, il avait cependant épousé sa

» souveraine. » Les Lydiens s'en retournèrent à Sardes avec cette réponse de la Pythie, et la communiquèrent à Crésus. Alors il reconnut que c'était sa faute, et non celle du dieu. Quant à l'empire de Crésus et au premier asservissement de l'Ionie, les choses sont de la sorte.

XCII. Les offrandes dont j'ai parlé ne sont pas les seules que Crésus fit aux dieux; on en voit encore plusieurs autres en Grèce. Il fit présent à Thèbes, en Béotie, d'un trépied d'or qu'il consacra à Apollon Isménien; à Éphèse, des génisses d'or et de la plupart des colonnes du temple; et il envoya à celui de Minerve Pronaia, à Delphes, un grand bouclier d'or. Ces dons subsistaient encore de mon temps; il s'en est perdu plusieurs autres. Quant à ceux qu'il donna aux Branchides, dans le pays des Milésiens, ils étaient, autant que j'ai pu le savoir, semblables à ceux qu'il fit à Delphes, et de même poids. Les présents qu'il envoya à Delphes et au temple d'Amphiaraüs venaient de son propre bien; c'étaient les prémices de son patrimoine. Les autres, au contraire, provenaient des biens d'un ennemi qui avait formé un parti contre lui avant son avènement à la couronne, et qui avait pris avec chaleur les intérêts de Pantaléon, qu'il voulait placer sur le trône de Lydie. Pantaléon était fils d'Alyattes et frère de Crésus, mais d'une autre mère; car Crésus était né d'une Carienne, et Pantaléon d'une Ionienne. Crésus ne se vit pas plutôt en possession de la couronne que son père lui avait donnée, qu'il fit périr cruellement celui qui avait formé un parti contre lui. Quant aux biens de ce conspirateur, qu'il avait destinés auparavant à être offerts aux dieux, il les envoya alors, comme nous l'avons dit, aux temples que nous venons de nommer. Mais en voilà assez sur les offrandes de Crésus.

XCIII. La Lydie n'offre pas, comme certains autres pays, des merveilles qui méritent place dans l'histoire, sinon les paillettes d'or détachées du Tmolus par les eaux du Pactole. On y voit cependant un ouvrage bien supérieur à ceux que l'on admire ailleurs (j'en excepte toutefois les monuments des Égyptiens et des Babyloniens) : c'est le tombeau d'Alyattes, père de Crésus. Le pourtour est composé de grandes pierres, et le reste de terre amoncelée. Il a été construit aux frais des marchands qui vendent sur la place, des artisans et des courtisanes. Cinq termes, placés au haut du monument, subsistaient encore de mon temps, et marquaient par des inscriptions la portion que chacune de ces trois classes avait fait bâtir. D'après les mesures, la portion des courtisanes était visiblement la plus considérable; car toutes les filles, dans le pays des Lydiens, se livrent à la prostitution : elles y gagnent leur dot, et continuent ce commerce jusqu'à ce qu'elles se marient. Elles ont le droit de choisir leurs époux. Ce monument a six stades deux plèthres de tour, et treize plèthres de largeur [1]. Tout auprès est un grand lac qui ne tarit jamais, à ce que disent les Lydiens. On l'appelle le lac Gygée : cela est tel.

Les lois des Lydiens ressemblent beaucoup à celles des Grecs, excepté dans ce qui regarde la prostitution des filles. De tous les peuples que nous connaissions, ce sont les premiers qui aient frappé, pour leur usage, des monnaies d'or et d'argent, et les premiers aussi qui aient fait le métier de revendeurs. A les en croire, ils sont les inventeurs des différents jeux actuellement en usage tant chez eux que chez les Grecs; et ils ajoutent que, vers le temps où ces jeux furent inventés, ils envoyèrent une colonie dans la Tyrrhénie. Voici comment ils racontent ce fait.

XCIV. Sous le règne d'Atys, fils de Manès, toute la Lydie fut affligée d'une grande famine, que les Lydiens supportèrent quelque temps avec patience. Mais, voyant que le mal ne cessait point, ils y cherchèrent remède, et chacun en imagina à sa manière. Ce fut à cette occasion qu'ils inventèrent les dés, les osselets, la balle, et toutes les autres sortes de jeux, excepté celui des jetons, dont ils ne s'attribuent pas la découverte. Or, voici l'usage qu'ils firent de cette invention pour tromper la faim qui les pressait. On jouait alternativement pendant un jour entier, afin de se distraire du besoin de manger, et, le jour suivant, on

---

[1] C'est-à-dire cinq cent quatre-vingt-dix-huit toises deux pieds dix pouces de tour, sur deux cent quatre toises trois pieds neuf pouces de largeur : ainsi la largeur de chacun des deux autres côtés devait être de quatre-vingt-quatorze toises trois pieds huit pouces.

mangeait au lieu de jouer. Ils menèrent cette vie pendant dix-huit ans ; mais enfin, le mal, au lieu de diminuer, prenant de nouvelles forces, le roi partagea tous les Lydiens en deux classes, et les fit tirer au sort, l'une pour rester, l'autre pour quitter le pays. Celle que le sort destinait à rester eut pour chef le roi même, et son fils Tyrrhénus se mit à la tête des émigrants.

Les Lydiens que le sort bannissait de leur patrie allèrent d'abord à Smyrne, où ils construisirent des vaisseaux, les chargèrent de tous les meubles et instruments utiles, et s'embarquèrent pour aller chercher des vivres et d'autres terres. Après avoir côtoyé différents pays, ils abordèrent en Ombrie, où ils se bâtirent des villes, qu'ils habitent encore à présent ; mais ils quittèrent le nom de Lydiens, et prirent celui de Tyrrhéniens, de Tyrrhénus, fils de leur roi, qui était le chef de la colonie.

XCV. On a vu les Lydiens subjugués par les Perses ; mais quel était ce Cyrus qui détruisit l'empire de Crésus ? Comment les Perses obtinrent-ils la souveraineté de l'Asie ? Ce sont des détails qu'exige l'intelligence de cette histoire. Je prendrai pour modèles quelques Perses qui ont moins cherché à relever les actions de Cyrus qu'à écrire la vérité, quoique je n'ignore point qu'il y ait sur ce prince trois autres sentimens.

Il y avait cinq cent vingt ans que les Assyriens étaient les maîtres de la haute Asie, lorsque les Mèdes commencèrent les premiers à se révolter. En combattant pour la liberté contre les Assyriens, les Mèdes s'aguerrirent, et parvinrent à secouer le joug et à se rendre indépendants. Les autres nations les imitèrent.

XCVI. Tous les peuples de ce continent se gouvernèrent d'abord par leurs propres lois ; mais voici comment ils retombèrent sous la tyrannie. Il y avait chez les Mèdes un sage, nommé Déjocès ; il était fils de Phraortes. Ce Déjocès, épris de la royauté, s'y prit ainsi pour y parvenir. Les Mèdes vivaient dispersés en bourgades. Déjocès, considéré depuis longtemps dans la sienne, y rendait la justice avec d'autant plus de zèle et d'application que dans toute la Médie les lois étaient méprisées, et qu'il savait que ceux qui sont injustement opprimés détestent l'injustice. Les habitants de sa bourgade, témoins de ses mœurs, le choisirent pour juge. Déjocès, qui aspirait à la royauté, faisait paraître dans toutes ses actions de la droiture et de la justice. Cette conduite lui attira de grands éloges de la part de ses concitoyens. Les habitants des autres bourgades, jusqu'alors opprimés par d'injustes sentences, apprenant que Déjocès jugeait seul conformément aux règles de l'équité, accoururent avec plaisir à son tribunal, et ne voulurent plus enfin être jugés par d'autres que par lui.

XCVII. La foule des clients augmentait tous les jours par la persuasion où l'on était de l'équité de ses jugements. Quand Déjocès vit qu'il portait seul tout le poids des affaires, il refusa de monter sur le tribunal sur lequel il avait jusqu'alors rendu la justice, et renonça formellement à ses fonctions. Il prétexta le tort qu'il se faisait à lui-même en négligeant ses propres affaires, tandis qu'il passait les jours entiers à terminer les différends d'autrui. Les brigandages et l'anarchie régnèrent donc dans les bourgades avec plus de violence que jamais. Les Mèdes s'assemblèrent, et tinrent conseil sur leur état actuel. Les amis de Déjocès y parlèrent, comme je le pense, à peu près en ces termes : « Puisque la vie que nous menons ne nous » permet plus d'habiter ce pays, choisissons un roi : la » Médie étant alors gouvernée par de bonnes lois, nous » pourrons cultiver en paix nos campagnes, sans craindre » d'en être chassés par l'injustice et la violence. » Ce discours persuada les Mèdes de se donner un roi.

XCVIII. Aussitôt on délibéra sur le choix. Toutes les louanges, tous les suffrages se réunirent en faveur de Déjocès : il fut élu roi d'un consentement unanime. Il commanda qu'on lui bâtît un palais conforme à sa dignité, et qu'on lui donnât des gardes pour la sûreté de sa personne. Les Mèdes obéirent : on lui construisit à l'endroit qu'il désigna un édifice vaste et bien fortifié, et on lui permit de choisir dans toute la nation des gardes à son gré.

Ce prince ne se vit pas plutôt sur le trône, qu'il obligea ses sujets à se bâtir une ville, à l'orner et à la fortifier, sans s'inquiéter des autres places. Les Mèdes, dociles à cet ordre, élevèrent cette ville forte et immense connue aujourd'hui sous le nom d'Agbatanes, dont les murs concentriques sont renfermés l'un dans l'autre et construits de manière que chaque enceinte ne surpasse l'enceinte voisine que de la hauteur des créneaux. L'assiette du lieu, qui s'élève en colline, en facilita les moyens. On fit encore quelque chose de plus : il y avait en tout sept enceintes, et dans la dernière le palais [1] et le trésor du roi. Le circuit de la plus grande égale à peu près celui d'Athènes. Les créneaux de la première enceinte sont peints en blanc; ceux de la seconde, en noir; ceux de la troisième, en pourpre; ceux de la quatrième, en bleu; ceux de la cinquième sont d'un rouge orangé. C'est ainsi que les créneaux de toutes les enceintes sont ornés de différentes couleurs. Quant aux deux dernières, les créneaux de l'une sont argentés, et ceux de l'autre dorés.

XCIX. Tels furent et le palais que se fit construire Déjocès et les maisons dont il l'environna. Le reste du peuple eut ordre de se loger autour de la muraille. Tous ces édifices achevés, il fut le premier qui établit pour règle que personne n'entrerait chez le roi, que toutes les affaires s'expédieraient par l'entremise de certains officiers qui lui en feraient leur rapport, que personne ne regarderait le roi; il ordonna outre cela qu'on ne rirait ni ne cracherait en sa présence [2], et qu'il serait honteux à tout le monde de faire ces choses en présence les uns des autres.

Déjocès institua ce cérémonial imposant, afin que les personnes du même âge que lui, et avec qui il avait été

---

[1] Ce palais était au-dessous de la citadelle, et avait sept stades de tour. La charpente en était de cèdre ou de cyprès. Les poutres, les plafonds, les colonnes des portiques et les péristyles étaient revêtus de lames d'or et d'argent, et les toits couverts de tuiles d'argent. Le tout fut pillé vers l'arrivée d'Alexandre. (POLYBE, lib. x.)

[2] « Aux Indes il n'est pas permis de cracher dans le palais du roi. Les Arabes croient que quand on crache, c'est par mépris. Ils ne le font jamais devant leurs supérieurs; ils ne se mouchent point, non plus que les Turcs, et leurs mouchoirs ne servent qu'à essuyer les mains ou le visage. » Les Arabes ont dérogé à cet usage depuis qu'ils ont pris l'habitude de fumer du tabac. Niebuhr a souvent vu que le maître de la maison avait près de lui un petit crachoir de porcelaine.

élevé, et que ceux dont la naissance n'était pas moins distinguée que la sienne, et qui ne lui étaient inférieurs ni en bravoure ni en mérite, ne lui portassent point envie et ne conspirassent point contre sa personne. Il croyait qu'en se rendant invisible à ses sujets il passerait pour un être d'une espèce différente.

C. Ces règlements faits et son autorité affermie, il rendit sévèrement la justice. Les procès lui étaient envoyés par écrit : il les jugeait et les renvoyait avec sa décision. Telle était sa méthode pour les procès. Quant à la police, s'il apprenait que quelqu'un eût fait une injure, il le mandait, et lui infligeait une peine proportionnée au délit; et pour cet effet il avait dans tous ses États des émissaires qui veillaient sur les actions et les discours de ses sujets.

CI. Déjocès rassembla tous les Mèdes en un seul corps, et ne régna que sur eux. Cette nation comprend plusieurs peuples: les Buses, les Parétacéniens, les Struchates, les Arizantes, les Budiens, les Mages. Ce sont là les peuples des Mèdes.

CII. Déjocès mourut après un règne de cinquante-trois ans. Son fils Phraortes lui succéda. Le royaume de Médie ne suffit pas à son ambition. Il attaqua d'abord les Perses, et ce fut le premier peuple qu'il assujettit. Avec ces deux nations, l'une et l'autre très-puissantes, il subjugua ensuite l'Asie, et marcha de conquête en conquête jusqu'à son expédition contre les Assyriens et contre la partie de cette même nation qui habitait Ninive. Quoique les Assyriens, autrefois maîtres de l'Asie, fussent alors seuls et abandonnés de leurs alliés, qui avaient secoué le joug, ils se trouvaient cependant encore dans un état florissant. Phraortes périt dans cette expédition avec la plus grande partie de son armée, après avoir régné vingt-deux ans.

CIII. Ce prince étant mort, Cyaxare son fils, et petit-fils de Déjocès, lui succéda. On dit qu'il fut encore plus belliqueux que ses pères. Il sépara le premier les peuples d'Asie en différents corps de troupes, et assigna aux piquiers [1], à

---

[1] Cyaxare est monté sur le trône 634 ans avant notre ère; ce n'a été que depuis cette époque que la discipline militaire fut connue, et qu'elle fut introduite dans les armées des Asiatiques. Il faut cependant excepter les Hé-

la cavalerie, aux archers, chacun un rang à part : avant lui tous les ordres étaient confondus. Ce fut lui qui fit la guerre aux Lydiens, et qui leur livra une bataille pendant laquelle le jour se changea en nuit. Ce fut encore lui qui, après avoir soumis toute l'Asie au-dessus du fleuve Halys, rassembla toutes les forces de son empire, et marcha contre Ninive, résolu de venger son père par la destruction de cette ville. Déjà il avait vaincu les Assyriens en bataille rangée, déjà il assiégeait Ninive, lorsqu'il fut assailli par une nombreuse armée de Scythes, ayant à leur tête Madyas, leur roi, fils de Protothyès. C'était en chassant d'Europe les Cimmériens qu'ils s'étaient jetés sur l'Asie : la poursuite des fuyards les avait conduits jusqu'au pays des Mèdes.

CIV. Du Palus-Méotis au Phase et à la Colchide, on compte trente journées pour quelqu'un qui marche bien. Pour se rendre de la Colchide en Médie, on passe des montagnes ; et le trajet n'est pas long, car il ne se trouve entre ces deux pays que celui des Sapires. Lorsqu'on l'a traversé, on est sur les terres des Mèdes. Les Scythes néanmoins n'y entrèrent pas de ce côté ; mais ils passèrent plus haut et par une route beaucoup plus longue, laissant le mont Caucase sur leur droite. Les Mèdes ayant livré bataille aux Scythes, la perdirent avec l'empire de l'Asie.

CV. Les Scythes, maîtres de toute l'Asie, marchèrent de là en Égypte ; mais, quand ils furent dans la Syrie de Palestine, Psammitichus, roi d'Égypte[1], vint au-devant d'eux, et, à force de présents et de prières, il les détourna d'aller plus avant. Ils revinrent donc sur leurs pas, et passèrent par Ascalon, en Syrie, d'où ils sortirent la plupart sans y faire aucun dégât, à l'exception de quelques-uns d'entre eux qui, ayant été laissés en arrière, pillèrent le temple de Vénus Uranie. Ce temple, autant que je l'ai pu savoir par mes informations, est le plus ancien de tous

---

breux, qui, dès le temps de Moïse, étaient divisés en tribus qui formaient chacune une troupe séparée, avec son étendard particulier. (L.)

[1] Cette expédition des Scythes se fit sous le règne de Cyaxare, roi des Mèdes, et sous celui de Psammitichus, roi d'Égypte. Saint Jérôme s'est donc trompé en la plaçant sous le règne de Darius, roi des Mèdes.

les temples de cette déesse. Celui de Cypre lui doit son origine, de l'aveu même des Cypriens. Celui de Cythère a été aussi bâti par des Phéniciens originaires de cette Syrie [1]. La déesse envoya une maladie de femme à ceux d'entre les Scythes qui avaient pillé le temple d'Ascalon, et ce châtiment s'étendit à jamais sur leur postérité. Les Scythes disent que cette maladie est une punition de ce sacrilége, et que les étrangers qui voyagent dans leur pays s'aperçoivent de l'état de ceux que les Scythes appellent Énarées.

CVI. Les Scythes conservèrent vingt-huit ans l'empire de l'Asie. Ils ruinèrent tout par leur violence et leur négligence. Outre les tributs ordinaires, ils exigeaient encore de chaque particulier un impôt arbitraire; et, indépendamment de ces contributions, ils parcouraient tout le pays, pillant et enlevant à chacun ce qui lui appartenait. Cyaxare et les Mèdes, en ayant invité chez eux la plus grande partie, les massacrèrent après les avoir enivrés. Les Mèdes recouvrèrent par ce moyen et leurs États et l'empire sur les pays qu'ils avaient auparavant possédés. Ils prirent ensuite la ville de Ninive. Quant à la manière dont ils s'en rendirent maîtres, j'en parlerai dans un autre ouvrage. Enfin, ils subjuguèrent les Assyriens, excepté le pays de Babylone. Ces conquêtes achevées, Cyaxare mourut. Il avait régné quarante ans, y compris le temps que dura la domination des Scythes.

CVII. Astyages, son fils, lui succéda. Il naquit à ce prince une fille, qu'il nomma Mandane. Il s'imagina en dormant qu'elle urinait en si grande abondance, que sa capitale et l'Asie entière en étaient inondées. Ayant communiqué ce songe à ceux d'entre les mages qui faisaient profession de les interpréter, il fut effrayé des détails de leur explication; et il le fut au point que, lorsque sa fille fut nubile, il ne voulut pas lui donner pour époux un Mède digne de lui par sa naissance; mais il lui fit épouser un Perse, nommé Cambyse, qu'il connaissait pour un homme d'une grande maison et de mœurs douces et tran-

---

[1] De la Syrie de Palestine.

quilles, parce qu'il le regardait comme bien inférieur à un Mède de médiocre condition.

CVIII. La première année du mariage de Cambyse avec Mandane, Astyages eut un autre songe : il lui sembla voir sortir du sein de sa fille une vigne qui couvrait toute l'Asie. Ayant communiqué ce songe aux interprètes, il fit venir de Perse Mandane, sa fille, qui était enceinte et proche de son terme. Aussitôt après son arrivée, il la fit garder, dans le dessein de faire périr l'enfant dont elle serait mère ; les mages, interprètes des songes, lui ayant prédit, d'après cette vision, que l'enfant qui naîtrait de cette princesse régnerait un jour à sa place. Comme Astyages se tenait en garde contre cet événement, Cyrus fut à peine né, qu'il manda Harpage, son parent, celui de tous les Mèdes qui lui était le plus attaché, et sur lequel il se reposait du soin de toutes ses affaires. « Harpage, lui
» dit-il, exécute fidèlement l'ordre que je vais te donner,
» sans chercher à me tromper, de crainte qu'en t'attachant
» à d'autres maîtres que moi tu ne travailles à ta propre
» perte. Prends l'enfant qui vient de naître de Mandane,
» porte-le dans ta maison, fais-le mourir, et l'inhume en-
» suite comme il te plaira. — Seigneur, répondit Harpage,
» j'ai toujours cherché à vous plaire, et je ferai mon pos-
» sible pour ne jamais vous offenser. Si vous voulez que
» l'enfant meure, j'obéirai exactement à vos ordres, du
» moins autant qu'il dépendra de moi. »

CIX. Après cette réponse, on remit l'enfant, couvert de riches ornements, entre les mains d'Harpage, afin qu'il le fît mourir. Il s'en retourna chez lui les larmes aux yeux ; et, en abordant sa femme, il lui raconta tout ce qu'Astyages lui avait dit. « Quelle est votre résolution ? reprit-
» elle. — Je n'exécuterai point les ordres d'Astyages, ré-
» pondit-il, dût-il devenir encore plus emporté et plus
» furieux qu'il ne l'est maintenant ; je n'obéirai point à
» ses volontés, je ne me prêterai point à ce meurtre. Non,
» je ne le ferai point, par plusieurs raisons : première-
» ment, je suis parent de l'enfant ; secondement, As-
» tyages est avancé en âge, et n'a point d'enfant mâle. Si,
» après sa mort, la couronne passe à la princesse sa fille,

» dont il veut aujourd'hui que je fasse mourir le fils, que
» me reste-t-il, sinon la perspective du plus grand danger?
» Pour ma sûreté, il faut que l'enfant périsse ; mais que
» ce soit par les mains de quelqu'un des gens d'Astyages,
» et non par le ministère des miens. »

CX. Il dit, et sur-le-champ il envoya un exprès à celui des bouviers d'Astyages qu'il savait mener ses troupeaux dans les meilleurs pâturages, et sur les montagnes les plus fréquentées par les bêtes sauvages. Il s'appelait Mitradates. Sa femme, esclave d'Astyages ainsi que lui, se nommait Spaco, nom qui, dans la langue des Mèdes, signifie la même chose que Cyno dans celle des Grecs ; car les Mèdes appellent une chienne spaco. Les pâturages où il gardait les bœufs du roi étaient au pied des montagnes, au nord d'Agbatanes, et vers le Pont-Euxin. De ce côté-là, vers les Sapires [1], la Médie est un pays élevé, rempli de montagnes et couvert de forêts, au lieu que le reste du royaume est plat et uni. Le bouvier, que l'on avait mandé en diligence, étant arrivé, Harpage lui parla ainsi : « Astyages te com-
» mande de prendre cet enfant, et de l'exposer sur la
» montagne la plus déserte, afin qu'il périsse prompte-
» ment. Il m'a ordonné aussi de te dire que, si tu ne le
» fais pas mourir, et que tu lui sauves la vie de quelque
» manière que ce soit, il te fera périr par le supplice le
» plus cruel. Ce n'est pas tout : il veut encore que je sache
» par moi-même si tu as exposé cet enfant. »

CXI. Aussitôt Mitradates prit l'enfant, et retourna dans sa cabane par le même chemin. Tandis qu'il allait à la ville, sa femme, qui n'attendait de jour en jour que le moment d'accoucher, mit au monde un fils, par une permission particulière des dieux. Ils étaient inquiets l'un de l'autre, le mari craignant pour sa femme, prête à accoucher, la femme pour son mari, parce qu'Harpage n'avait pas coutume de le mander. Dès qu'il fut de retour, sa femme, surprise de le voir au moment où elle s'y attendait le moins, lui parla la première, et voulut savoir pourquoi Harpage l'avait envoyé chercher avec tant d'empres-

---

Voyez liv. III, § XCIV.

sement. « Ma femme, lui dit-il, je n'ai pas plutôt été dans
» la ville, que j'ai vu et entendu des choses que je vou-
» drais bien n'avoir ni vues ni entendues; et plût aux
» dieux qu'elles ne fussent jamais arrivées à nos maîtres !
» Toute la maison d'Harpage était en pleurs. Frappé d'ef-
» froi, je pénètre dans l'intérieur : je vois à terre un en-
» fant qui pleurait, qui palpitait. Il était couvert de drap
» d'or et de langes de diverses couleurs. Harpage ne m'eut
» pas plutôt aperçu qu'il me commanda d'emporter
» promptement cet enfant, et de l'exposer sur la mon-
» tagne la plus fréquentée par les bêtes féroces. Il m'a
» assuré que c'était Astyages lui-même qui me donnait
» cet ordre, et m'a fait de grandes menaces si je manquais
» à l'exécuter. J'ai donc pris cet enfant et l'ai emporté,
» croyant qu'il était à quelqu'un de sa maison ; car je
» n'aurais jamais imaginé quel était son véritable père.
» J'étais cependant étonné de le voir couvert d'or et de
» langes si précieux. Je ne l'étais pas moins de voir toute
» la maison d'Harpage en pleurs. Enfin, chemin faisant,
» j'ai bientôt appris du domestique qui m'a accompagné
» hors de la ville, et qui m'a remis l'enfant, qu'il est à
» Mandane, fille d'Astyages, et à Cambyse, fils de Cyrus,
» et qu'Astyages ordonne qu'on le fasse mourir. Le voici,
» cet enfant. »

CXII. En achevant ces mots, Mitradates découvre l'enfant, et le montre à sa femme. Charmée de sa grandeur et de sa beauté, elle embrasse les genoux de son mari, et le supplie, les larmes aux yeux, de ne point exposer cet enfant. Il lui dit qu'il ne pouvait s'en dispenser, qu'il devait venir des surveillants de la part d'Harpage, et que, s'il n'obéissait pas, il périrait de la manière la plus cruelle. Spaco, voyant que ses discours ne faisaient aucune impression sur son mari, reprit la parole : « Puisque je ne
» saurais, dit-elle, te persuader, et qu'il faut absolument
» qu'on voie un enfant exposé, fais du moins ce que je
» vais te dire. Je suis accouchée d'un enfant mort : va le
» porter sur la montagne, et nourrissons celui de la fille
» d'Astyages comme s'il était à nous. Par ce moyen, on ne
» pourra te convaincre d'avoir offensé tes maîtres, et

» nous aurons pris un bon parti : notre enfant mort aura
» une sépulture royale, et celui qui reste ne perdra point
» la vie. »

CXIII. Le bouvier sentit que, dans cette conjoncture, sa femme avait raison ; et sur-le-champ il suivit son conseil. Il lui remet l'enfant qu'il avait apporté pour le faire mourir, prend le sien qui était mort, le met dans le berceau du jeune prince avec tous ses ornements, et va l'exposer sur la montagne la plus déserte. Le troisième jour après, ayant laissé, pour garder le corps, un de ceux qui avaient soin des troupeaux sous ses ordres, il alla à la ville, et, s'étant rendu chez Harpage, il lui dit qu'il était prêt à lui montrer le corps mort de l'enfant. Harpage, ayant envoyé avec lui ses gardes les plus affidés, fit, sur leur rapport, donner la sépulture au fils de Mitradates. A l'égard du jeune prince, Spaco en prit soin et l'éleva. Il fut dans la suite connu sous le nom de Cyrus ; mais Spaco lui donna quelque autre nom.

CXIV. Cet enfant, étant âgé de dix ans, eut une aventure qui le fit reconnaître. Un jour que, dans le village où étaient les troupeaux du roi, il jouait dans la rue avec d'autres enfants de son âge, ceux-ci l'élurent pour leur roi, lui qui était connu sous le nom de *fils du bouvier*. Il distribuait aux uns les places d'intendants de ses bâtiments, aux autres celles de gardes du corps ; celui-ci était l'œil du roi, celui-là devait lui présenter les requêtes des particuliers : chacun avait son emploi, selon ses talents et le jugement qu'en portait Cyrus. Le fils d'Artembarès, homme de distinction chez les Mèdes, jouait avec lui. Ayant refusé d'exécuter ses ordres, Cyrus le fit saisir par les autres enfants, et maltraiter à coups de verges. On ne l'eut pas plutôt relâché, qu'outré d'un traitement si indigne de sa naissance, il alla à la ville porter ses plaintes à son père contre Cyrus. Ce n'est pas qu'il lui donnât ce nom, Cyrus ne le portait point encore ; mais il l'appelait le fils du bouvier d'Astyages. Dans la colère où était Artembarès, il alla trouver le roi avec son fils, et se plaignit du traitement odieux qu'il avait reçu. « Seigneur, dit-il
» en découvrant les épaules de son fils, c'est ainsi que

» nous a outragés un de vos esclaves, le fils de votre bou-
» vier. »

CXV. A ce discours, à cette vue, Astyages, voulant venger le fils d'Artembarès, par égard pour le père, envoya chercher Mitradates et son fils. Lorsqu'ils furent arrivés : « Comment, dit le prince à Cyrus en le regardant,
» étant ce que tu es, as-tu eu l'audace de traiter d'une
» manière si indige le fils d'un des premiers de ma cour?
» — Je l'ai fait, seigneur, avec justice, répondit Cyrus.
» Les enfants du village, du nombre desquels il était,
» m'avaient choisi en jouant pour être leur roi ; je leur en
» paraissais le plus digne : tous exécutaient mes ordres. Le
» fils d'Artembarès n'y eut aucun égard, et refusa de m'o-
» béir. Je l'en ai puni : si cette action mérite quelque
» châtiment, me voici prêt à le subir. »

CXVI. La ressemblance des traits de cet enfant avec les siens, sa réponse noble, son âge qui s'accordait avec le temps de l'exposition de son petit-fils, tout concourait, en un mot, à le faire reconnaître d'Astyages. Frappé de ces circonstances, ce prince demeura quelque temps sans pouvoir parler; mais enfin, revenu à lui, et voulant renvoyer Artembarès, afin de sonder Mitradates en particulier : « Artembarès, lui dit-il, vous n'aurez aucun sujet de vous
» plaindre de moi, ni vous, ni votre fils. » Ensuite il ordonna à ses officiers de conduire Cyrus dans l'intérieur du palais. Resté seul avec Mitradates, il lui demanda où il avait pris cet enfant, et de qui il le tenait. Celui-ci répondit qu'il en était le père, que sa mère vivait encore, et demeurait avec lui. Astyages répliqua qu'il ne prenait pas un bon parti, et qu'il voulait de gaîté de cœur se rendre malheureux. En disant cela, il fit signe à ses gardes de le saisir. Mitradates, voyant qu'on le menait à la question, avoua enfin la vérité. Il reprit l'histoire dès son commencement, découvrit tout sans rien dissimuler, et, descendant aux plus humbles supplications, il pria le roi de lui pardonner.

CXVII. La vérité découverte, Astyages ne tint pas grand compte de Mitradates; mais, violemment irrité contre Harpage, il commanda à ses gardes de le faire venir ; et lors-

qu'il parut devant lui, il lui parla en ces termes : « Har-
» page, de quel genre de mort as-tu fait périr l'enfant de
» ma fille, que je t'ai remis? » Harpage, apercevant
Mitradates dans l'appartement du roi, avoua tout sans
détour, de crainte d'être convaincu par des preuves sans
répliques. « Seigneur, dit-il, quand j'eus reçu l'enfant,
» j'examinai comment je pourrais, en me conformant à
» vos volontés, et sans m'écarter de ce que je vous dois,
» n'être coupable d'un meurtre ni à l'égard de la prin-
» cesse votre fille, ni même au vôtre. Je mandai en con-
» séquence Mitradates : je lui remis l'enfant entre les
» mains, et lui dis que c'était vous-même qui ordonniez
» sa mort. Je ne me suis point écarté en cela de la vérité,
» puisque vous m'aviez commandé de le faire mourir. En
» lui livrant cet enfant, je lui enjoignis de l'exposer sur
» une montagne déserte, et de rester auprès de lui jusqu'à
» ce qu'il fût mort. Enfin, je le menaçai des plus rigou-
» reux tourments s'il n'accomplissait tout de point en
» point. Ces ordres exécutés, et l'enfant étant mort, j'en-
» voyai là les plus fidèles de mes eunuques ; je vis par
» leurs yeux, et je l'enterrai. Les choses, seigneur, se sont
» passées de cette manière, et tel est le sort qu'a éprouvé
» cet enfant. »

CXVIII. Harpage parla sans détour ; mais Astyages,
dissimulant son ressentiment, lui répéta d'abord toute
l'histoire comme il l'avait apprise de Mitradates ; et, après
qu'il l'eut répétée, il ajouta que l'enfant vivait, et qu'il en
était content. « Car enfin, dit-il, la manière dont on l'a-
» vait traité me faisait beaucoup de peine, et j'étais très-
» sensible aux reproches de ma fille. Mais, puisque la for-
» tune nous a été favorable, envoyez-moi votre fils pour
» tenir compagnie au jeune prince nouvellement arrivé,
» et ne manquez pas de venir souper avec moi ; je veux
» offrir, pour le recouvrement de mon petit-fils, des sa-
» crifices aux dieux, à qui cet honneur est réservé. »

CXIX. Harpage s'étant, à ces paroles, prosterné devant
le roi, s'en retourna chez lui, également flatté de l'heureuse issue de sa faute, et de ce que le roi l'avait invité au
festin qu'il donnait en réjouissance des bienfaits de la for-

tune. Il ne fut pas plutôt entré chez lui, qu'il appela son fils unique, âgé d'environ treize ans, l'envoya au palais d'Astyages, avec ordre de faire tout ce que ce prince lui commanderait; et, transporté de joie, il raconta cette aventure à sa femme.

Dès que le fils d'Harpage fut arrivé au palais, Astyages le fit égorger; on le coupa ensuite par morceaux, dont les uns furent rôtis et bouillis; on les apprêta de diverses manières, et on tint le tout prêt à être servi. L'heure du repas venue, les convives s'y rendirent, et Harpage avec eux. On servit à Astyages et aux autres seigneurs du mouton, et à Harpage le corps de son fils, excepté la tête et les extrémités des mains et des pieds, que le roi avait fait mettre à part dans une corbeille couverte. Lorsqu'il parut avoir assez mangé, Astyages lui demanda s'il était content de ce repas. « Très-content, » répondit Harpage. Aussitôt ceux qui en avaient reçu l'ordre, apportant dans une corbeille couverte la tête, les mains et les pieds de son fils, et se tenant devant lui, lui dirent de la découvrir, et d'en prendre ce qu'il voudrait. Harpage obéit, et, découvrant la corbeille, il aperçut les restes de son fils. Il ne se troubla point, et sut se posséder. Astyages lui demanda s'il savait de quel gibier il avait mangé. Il répondit qu'il le savait, mais que tout ce que faisait un roi lui était agréable. Après cette réponse, il s'en retourna chez lui avec les restes de son fils, qu'il n'avait, à ce que je pense, rassemblés que pour leur donner la sépulture.

CXX. Le roi, s'étant ainsi vengé d'Harpage, manda les mêmes mages qui avaient interprété son songe de la manière que nous avons dit, afin de délibérer avec eux sur ce qui concernait Cyrus. Les mages arrivés, il leur demanda quelle explication ils avaient autrefois donnée du songe qu'il avait eu. Ils lui firent la même réponse : « Si l'enfant,
» dirent-ils, n'est pas mort, en un mot, s'il vit encore, il
» faut qu'il règne. — L'enfant vit et se porte bien, leur
» dit Astyages; il a été élevé à la campagne : les enfants de
» son village l'ont élu pour leur roi. Il a fait tout ce que
» font les véritables rois; il s'est donné des gardes du
» corps, des gardes de la porte, des officiers pour lui

» faire le rapport des affaires; en un mot, il a créé toutes
» les autres charges. Que pensez-vous que cela puisse pré-
» sager?

» Puisque l'enfant vit, répondirent les mages, et qu'il a
» régné sans aucun dessein prémédité, rassurez-vous,
» seigneur, vous n'avez plus rien à craindre, il ne ré-
» gnera pas une seconde fois. Il y a des oracles dont l'ac-
» complissement s'est réduit à un événement frivole, et
» des songes qui ont abouti à bien peu de chose. — Je suis
» moi-même aussi de cet avis, reprit Astyages; l'enfant
» ayant déjà porté le nom de roi, le songe est accompli ;
» je crois n'en avoir plus rien à craindre. Cependant réflé-
» chissez-y mûrement, et donnez-moi le conseil que vous
» penserez le plus avantageux à votre sûreté et à la
» mienne. — Seigneur, dirent les mages, la stabilité et la
» prospérité de votre règne nous importent beaucoup ; car
» enfin la puissance souveraine, venant à tomber entre les
» mains de cet enfant qui est Perse, passerait à une au-
» tre nation; et les Perses, nous regardant comme des
» étrangers, n'auraient pour nous aucune considération,
» et nous traiteraient en esclaves. Mais vous, seigneur,
» qui êtes notre compatriote, tant que vous occuperez le
» trône, vous nous comblerez de faveurs, et nous régne-
» rons en partie avec vous. Ainsi notre intérêt nous oblige,
» à tous égards, à pourvoir à votre sûreté et à celle de vo-
» tre empire. Si nous pressentions maintenant quelque
» danger, nous aurions grand soin de vous en avertir ;
» mais, puisque l'issue de votre songe est frivole, nous
» nous rassurons, et nous vous exhortons à vous tranquil-
» liser de même : éloignez de vous cet enfant, et ren-
» voyez-le en Perse à ceux dont il tient le jour. »

CXXI. Astyages, charmé de cette réponse, manda Cyrus. « Mon fils, lui dit-il, je vous ai traité avec injustice,
» sur la foi d'un vain songe ; mais enfin votre heureux
» destin vous a conservé, et vous vivez. Soyez tranquille;
» partez pour la Perse, escorté par ceux que je vous don-
» nerai pour vous accompagner : vous y verrez votre père
» et votre mère, qui sont bien différents de Mitradates et
» de sa femme. »

CXXII. Astyages, ayant ainsi parlé, renvoya Cyrus en Perse. Cambyse et Mandane, ayant appris ce qu'il était, le reçurent et l'embrassèrent, comme un enfant qu'ils avaient cru mort en naissant. Ils lui demandèrent comment il avait été conservé : Cyrus leur répondit que jusqu'alors il l'avait ignoré, et qu'à cet égard il avait été dans une très-grande erreur ; qu'en chemin il avait été instruit de ses malheurs ; qu'il s'était cru fils du bouvier d'Astyages, mais que, depuis son départ, il avait tout appris de ses conducteurs. Il leur conta comment il avait été nourri par Cyno, la femme du bouvier, dont il ne cessait de se louer et de répéter le nom. Son père et sa mère, se servant de ce nom pour persuader aux Perses que leur fils avait été conservé par une permission particulière des dieux, publièrent partout que Cyrus ayant été exposé dans un lieu désert, une chienne l'avait nourri. Voilà ce qui donna lieu au bruit qui courut.

CXXIII. Cyrus étant parvenu à l'âge viril, comme il était le plus brave et le plus aimable des jeunes gens de son âge, Harpage, qui désirait ardemment se venger d'Astyages, lui envoyait des présents, et le pressait de le seconder. Étant d'une condition privée, il ne voyait pas qu'il lui fût possible de se venger par lui-même de ce prince ; mais ayant observé que Cyrus, en croissant, lui donnait l'espoir de la vengeance, et venant à comparer les aventures de ce prince et ses malheurs avec les siens, il s'attacha à lui et se l'associa. Il avait déjà pris quelques mesures, et il avait su profiter des traitements trop rigoureux que le roi faisait aux Mèdes, pour s'insinuer dans l'esprit des grands, et leur persuader d'ôter la couronne à Astyages, et de la mettre sur la tête de Cyrus.

Cette trame ourdie, et tout étant prêt, Harpage voulut découvrir à Cyrus son projet ; mais comme ce prince était en Perse, et que les chemins étaient gardés, il ne put trouver, pour lui en faire part, d'autre expédient que celui-ci. S'étant fait apporter un lièvre, il ouvrit le ventre de cet animal d'une manière adroite, et sans en arracher le poil ; et, dans l'état où il était, il y mit une lettre où il avait écrit ce qu'il avait jugé à propos. L'ayant ensuite recousu, il le remit à celui de ses domestiques en qui il avait le plus de confiance, avec un filet, comme s'il eût été un chasseur, et lui ordonna de vive voix de le porter en Perse à Cyrus, et de lui dire, en le lui présentant, de l'ouvrir lui-même et sans témoins.

CXXIV. Le domestique ayant exécuté ses ordres, Cyrus ouvrit le lièvre, et y ayant trouvé une lettre, il la lut. Elle était conçue en ces termes : « Fils de Cambyse, » les dieux veillent sur vous ; autrement vous ne seriez » jamais parvenu à un si haut degré de fortune. Vengez-» vous d'Astyages, votre meurtrier : il a tout fait pour » vous ôter la vie : si vous vivez, c'est aux dieux et à moi » que vous le devez. Vous avez sans doute appris, il y a » longtemps, tout ce qu'il a fait pour vous perdre, et » ce que j'ai souffert moi-même pour vous avoir remis à » Mitradates, au lieu de vous faire mourir. Si vous » voulez suivre aujourd'hui mes conseils, tous les États » d'Astyages seront à vous. Portez les Perses à secouer le » joug, venez à leur tête attaquer les Mèdes ; l'entreprise » vous réussira, soit qu'Astyages me donne le comman-» dement des troupes qu'il enverra contre vous, soit qu'il » le confie à quelque autre des plus distingués d'entre les » Mèdes. Les principaux de la nation seront les pre-» miers à l'abandonner ; ils se joindront à vous, et feront » les plus grands efforts pour détruire sa puissance. Tout » est ici disposé pour l'exécution. Faites donc ce que je » vous mande, et faites-le sans différer. »

CXXV. Cyrus, ayant lu cette lettre, ne songea plus qu'à chercher les moyens les plus sages pour engager les Perses à se révolter. Après y avoir bien réfléchi, voici ce qu'il imagina de plus expédient, et il s'y tint. Il écrivit une lettre conforme à ses vues, l'ouvrit dans l'assemblée des Perses, et leur en fit lecture. Elle portait qu'Astyages le déclarait leur gouverneur. « Maintenant donc, leur » dit-il, je vous commande de vous rendre tous ici chacun » avec une faux. » Tels furent les ordres de Cyrus. Les tribus qui composent la nation perse sont en grand nombre. Cyrus en convoqua quelques-unes, et les porta à se soulever contre les Mèdes. Ce sont celles qui ont le plus d'influence sur tous les autres Perses, savoir, les Pasargades, les Maraphiens et les Maspiens. Les Pasargades sont les plus illustres; les Achéménides, d'où descendent les rois de Perse, en sont une branche. Les Panthialéens, les Dérusiéens, les Germaniens, sont tous laboureurs. Les autres, savoir, les Daens, les Mardes, les Dropiques et les Sagartiens, sont nomades, et ne s'occupent que de leurs troupeaux.

CXXVI. Lorsqu'ils se furent tous présentés armés de faux, Cyrus, leur montrant un certain canton de la Perse, d'environ dix-huit à vingt stades, entièrement couvert de ronces et d'épines, leur commanda de l'essarter tout entier en un jour. Ce travail achevé, il leur ordonna de se baigner le lendemain, et de se rendre ensuite auprès de lui. Cependant, ayant fait mener au même endroit tous les troupeaux de son père, tant de chèvres que de moutons et de bœufs, il les fit tuer et apprêter. Outre cela, il fit apporter du vin et les mets les plus exquis, pour régaler l'armée. Le lendemain, les Perses étant arrivés, il les fit asseoir sur l'herbe, et leur donna un grand festin. Le repas fini, Cyrus leur demanda laquelle de ces deux conditions leur paraissait préférable, la présente, ou celle de la veille. Ils s'écrièrent qu'il y avait une grande différence entre l'une et l'autre : que le jour précédent ils avaient éprouvé mille peines, au lieu qu'actuellement ils goûtaient toutes sortes de biens et de douceurs. Cyrus saisit cette réponse pour leur découvrir ses projets. « Per-
» ses, leur dit-il, tel est maintenant l'état de vos affaires :
» si vous voulez m'obéir, vous jouirez de ces biens, et
» d'une infinité d'autres encore, sans être exposés à des
» travaux serviles. Si, au contraire, vous ne voulez pas
» suivre mes conseils, vous ne devez attendre que des
» peines sans nombre, et pareilles à celles que vous
» souffrîtes hier. Devenez donc libres en m'obéissant; car
» il semble que je sois né, par un effet particulier de la
» bonté des dieux, pour vous faire jouir de ces avantages :
» et d'ailleurs je ne vous crois nullement inférieurs aux
» Mèdes, soit dans ce qui concerne la guerre, soit en

» toute autre chose. Secouez donc au plus tôt le joug sous
» lequel Astyages vous tient asservis. »

CXXVII. Les Perses, qui depuis longtemps étaient indignés de se voir assujettis aux Mèdes, ayant trouvé un chef, saisirent avec plaisir l'occasion de se mettre en liberté. Astyages, ayant eu connaissance des menées de Cyrus, le manda auprès de lui par un exprès. Cyrus commanda au porteur de cet ordre de lui dire qu'il irait le trouver plus tôt qu'il ne souhaitait. Sur cette réponse, Astyages fit prendre les armes à tous les Mèdes; et, comme si les dieux lui eussent ôté le jugement, il donna le commandement de son armée à Harpage, ne se souvenant plus de la manière dont il l'avait traité. Les Mèdes, s'étant mis en campagne, en vinrent aux mains avec les Perses. Tous ceux à qui Harpage n'avait point fait part de ses projets se battirent avec courage. Quant aux autres, il y en eut une partie qui passa d'elle-même du côté des Perses; mais le plus grand nombre se comporta lâchement de dessein prémédité.

CXXVIII. Astyages n'eut pas plutôt appris la déroute honteuse des Mèdes, et que son armée était entièrement dissipée, qu'il s'emporta en menaces contre Cyrus. « Non, » dit-il, Cyrus n'aura pas sujet de s'en réjouir. » Il n'en dit pas davantage ; mais il commença par faire mettre en croix les mages, interprètes des songes, qui lui avaient conseillé de laisser partir Cyrus. Il fit ensuite prendre les armes à ce qui restait de Mèdes dans la ville, jeunes et vieux, les mena contre les Perses, et leur livra bataille. Il la perdit, avec la plus grande partie de ses troupes, et tomba lui-même entre les mains des ennemis.

CXXIX. Harpage, charmé de le voir dans les fers, se présenta devant lui, l'insulta ; et, entre autres reproches, lui ayant rappelé ce repas où il avait fait servir la chair de son fils, il lui demanda quel goût il trouvait à l'esclavage qui en était une suite, et s'il le préférait à une couronne. Astyages lui demanda à son tour s'il s'attribuait l'entreprise de Cyrus. Harpage reprit qu'il le pouvait avec justice, puisque c'était lui qui l'avait préparée en écrivant à ce prince. Astyages lui fit voir qu'il était le plus inconséquent et le plus injuste de tous les hommes : le plus inconséquent, puisque, pouvant se faire roi, si du moins il était l'auteur de la révolte actuelle, il avait mis la couronne sur la tête d'un autre ; et le plus injuste, puisque, pour le repas dont il s'agissait, il avait réduit les Mèdes en servitude. En effet, s'il était absolument nécessaire de donner la couronne à un autre, et s'il ne voulait pas la garder pour lui-même, il aurait été plus juste de la mettre sur la tête d'un Mède que sur celle d'un Perse ; qu'enfin il avait donné des fers à sa patrie, quoiqu'elle ne fût point coupable; et qu'il avait rendu les Perses maîtres des Mèdes, eux qui en avaient été les esclaves.

CXXX. Astyages perdit ainsi la couronne, après un règne de trente-cinq ans. Les Mèdes, qui avaient possédé cent vingt-huit ans l'empire de la haute Asie, jusqu'au fleuve Halys, sans cependant y comprendre le temps qu'y régnèrent les Scythes, passèrent sous le joug des Perses à cause de l'inhumanité de ce prince. Il est vrai que, s'en étant repentis par la suite, ils le secouèrent sous Darius[1]; mais, ayant été vaincus dans un combat, ils furent de nouveau subjugués. Cyrus et les Perses, s'étant alors soulevés contre les Mèdes sous le règne d'Astyages, furent dès lors maîtres de l'Asie. Quant à Astyages, Cyrus le retint près de lui jusqu'à sa mort, et ne lui fit point d'autre mal.

Telles furent la naissance de Cyrus, son éducation, et la manière dont il monta sur le trône. Il battit dans la suite Crésus, qui lui avait fait le premier une guerre injuste, comme je l'ai déjà dit, et par la défaite de ce prince il devint maître de toute l'Asie.

CXXXI. Voici les coutumes qu'observent, à ma connaissance, les Perses. Leur usage n'est pas d'élever aux dieux des statues, des temples, des autels ; ils traitent au contraire d'insensés ceux qui le font : c'est, à mon avis, parce qu'ils ne croient pas, comme les Grecs, que les

---

[1] Sous Darius Nothus, l'an 4306 de la période julienne, 408 ans avant notre ère.

dieux aient une forme humaine. Ils ont coutume de sacrifier à Jupiter[1] sur le sommet des plus hautes montagnes, et donnent le nom de Jupiter à toute la circonférence du ciel. Ils font encore des sacrifices au Soleil, à la Lune, à la Terre, au Feu, à l'Eau et aux Vents, et n'en offrent de tout temps qu'à ces divinités. Mais ils y ont joint dans la suite le culte de Vénus Céleste ou Uranie, qu'ils ont emprunté des Assyriens et des Arabes. Les Assyriens donnent à Vénus le nom de Mylitta, les Arabes celui d'Alitta, et les Perses l'appellent Mitra.

CXXXII. Voici les rites qu'observent les Perses en sacrifiant aux dieux dont je viens de parler. Quand ils veulent leur immoler des victimes, ils ne dressent point d'autel, n'allument point de feu, ne font pas de libations, et ne se servent ni de flûtes, ni de bandelettes sacrées, ni d'orge mêlée avec du sel. Un Perse veut-il offrir un sacrifice à quelqu'un de ces dieux, il conduit la victime dans un lieu pur, et, la tête couverte d'une tiare couronnée le plus ordinairement de myrte, il invoque le dieu. Il n'est pas permis à celui qui offre le sacrifice de faire des vœux pour lui seul en particulier ; il faut qu'il prie pour la prospérité du roi et celle de tous les Perses en général, car il est compris sous cette dénomination. Après qu'il a coupé la victime par morceaux, et qu'il en a fait bouillir la chair, il étend de l'herbe la plus tendre, et principalement du trèfle. Il pose sur cette herbe les morceaux de la victime, et les y arrange. Quand il les a ainsi placés, un mage, qui est là présent (car sans mage il ne leur est pas permis d'offrir un sacrifice), un mage, dis-je, entonne une théogonie ; c'est le nom qu'ils donnent à ce chant. Peu après, celui qui a offert le sacrifice emporte les chairs de la victime, et en dispose comme il juge à propos.

CXXXIII. Les Perses pensent devoir célébrer plus particulièrement le jour de leur naissance que tout autre, et

---

[1] Les Grecs et les Latins avaient pris la mauvaise habitude de donner aux dieux des autres nations les noms des divinités en vogue parmi eux. Quelques attributs, à peu près les mêmes chez les uns et chez les autres, suffisaient pour leur faire croire l'identité de ces dieux. (L.)

qu'alors leur table doit être garnie d'un plus grand nombre de mets. Ce jour-là, les gens heureux[1] se font servir un cheval, un chameau, un âne et un bœuf entiers, rôtis aux fourneaux. Les pauvres se contentent de menu bétail. Les Perses mangent peu de viande, mais beaucoup de dessert, qu'on apporte en petite quantité à la fois. C'est ce qui leur fait dire que les Grecs en mangeant cessent seulement d'avoir faim, parce qu'après le repas on ne leur sert rien de bon, et que, si on leur en servait, ils ne cesseraient pas de manger. Ils sont fort adonnés au vin, et il ne leur est pas permis de vomir ni d'uriner devant le monde. Ils observent encore aujourd'hui ces usages. Ils ont coutume de délibérer sur les affaires les plus sérieuses après avoir bu avec excès ; mais, le lendemain, le maître de la maison où ils ont tenu conseil remet la même affaire sur le tapis avant que de boire. Si on l'approuve à jeun, elle passe ; sinon on l'abandonne. Il en est de même des délibérations faites à jeun ; on les examine de nouveau lorsqu'on a bu avec excès.

CXXXIV. Quand deux Perses se rencontrent dans les rues, on distingue s'ils sont de même condition, car ils se saluent en se baisant à la bouche ; si l'un est d'une naissance un peu inférieure à l'autre, ils se baisent seulement à la joue ; et si la condition de l'un est fort au-dessous de celle de l'autre, l'inférieur se prosterne devant le supérieur. Les nations voisines sont celles qu'ils estiment le plus, toutefois après eux-mêmes. Celles qui les suivent occupent le second rang dans leur esprit ; et, réglant ainsi leur estime proportionnellement au degré d'éloignement, ils font le moins de cas des plus éloignées. Cela vient de ce que, se croyant en tout d'un mérite supérieur, ils pensent que le reste des hommes ne s'attache à la vertu que dans la proportion dont on vient de parler, et que ceux qui sont les plus éloignés d'eux sont les plus méchants. Sous l'empire des Mèdes, il y avait de la subordination entre les divers peuples. Les Mèdes les gouvernaient tous ensemble, aussi bien que leurs plus proches voisins. Ceux-ci comman-

---

[1] Quoique les richesses ne fassent pas le bonheur, cette expression, les *gens heureux*, pour les *gens riches*, était passée en usage chez les Grecs.

daient à ceux qui étaient dans leur proximité, et ces derniers à ceux qui les touchaient. Les Perses, dont l'empire et l'administration s'étendent au loin, ont aussi dans la même proportion des égards pour les peuples qui leur sont soumis.

CXXXV. Les Perses sont les hommes les plus curieux des usages étrangers. Ils ont pris en effet l'habillement des Mèdes, s'imaginant qu'il est plus beau que le leur; et dans la guerre ils se servent de cuirasses à l'égyptienne. Ils se portent avec ardeur aux plaisirs de tous genres dont ils entendent parler, et ils ont emprunté des Grecs l'amour des garçons. Ils épousent chacun plusieurs jeunes vierges, mais ils ont encore un plus grand nombre de concubines.

CXXXVI. Après les vertus guerrières, ils regardent comme un grand mérite d'avoir beaucoup d'enfants. Le roi gratifie tous les ans ceux qui en ont le plus. C'est dans le grand nombre qu'ils font consister la force. Ils commencent à cinq ans à les instruire, et depuis cet âge jusqu'à vingt ils ne leur apprennent que trois choses : à monter à cheval, à tirer de l'arc et à dire la vérité. Avant l'âge de cinq ans un enfant ne se présente pas devant son père, il reste entre les mains des femmes. Cela s'observe afin que, s'il meurt dans ce premier âge, sa perte ne cause aucun chagrin au père.

CXXXVII. Cette coutume me paraît louable; j'approuve aussi la loi qui ne permet à personne, pas même au roi, de faire mourir un homme pour un seul crime, ni à aucun Perse de punir un de ses esclaves d'une manière trop atroce pour une seule faute. Mais si, par un examen réfléchi, il se trouve que les fautes du domestique soient en plus grand nombre et plus considérables que ses services, son maître peut alors suivre les mouvements de sa colère. Ils assurent que jamais personne n'a tué ni son père ni sa mère, mais que, toutes les fois que de pareils crimes sont arrivés, on découvre nécessairement, après d'exactes recherches, que ces enfants étaient supposés ou adultérins. Car il est, continuent-ils, contre toute vraisemblance qu'un enfant tue les véritables auteurs de ses jours.

CXXXVIII. Il ne leur est pas permis de parler des choses qu'il n'est pas permis de faire. Ils ne trouvent rien de si honteux que de mentir, et, après le mensonge, que de contracter des dettes; et cela pour plusieurs raisons, mais surtout parce que, disent-ils, celui qui a des dettes ment nécessairement. Un citoyen infecté de la lèpre proprement dite, ou de l'espèce de lèpre appelée leucé, ne peut entrer dans la ville, ni avoir aucune communication avec le reste des Perses; c'est, selon eux, une preuve qu'il a péché contre le Soleil. Tout étranger attaqué de ces maladies est chassé du pays; et, par la même raison, ils n'y veulent point souffrir de pigeons blancs. Ils n'urinent ni ne crachent dans les rivières; ils ne s'y lavent pas même les mains, et ne permettent pas que personne y fasse rien de semblable; car ils rendent un culte aux fleuves [1].

CXXXIX. Ils ont aussi quelque chose de singulier qu'ils ne connaissent pas eux-mêmes, mais qui ne nous a point échappé. Leurs noms, qui sont empruntés ou des qualités du corps ou de la dignité des personnes, se terminent par cette même lettre que les Doriens appellent san, et les Ioniens sigma; et, si vous y faites attention, vous trouverez que les noms des Perses finissent tous de la même manière, sans en excepter un seul.

CXL. Ces usages m'étant connus, je puis en parler d'une manière affirmative; mais ceux qui se pratiquent relativement aux morts étant cachés, on n'en peut rien dire de certain. Ils prétendent qu'on n'enterre point le corps d'un Perse qu'il n'ait été auparavant déchiré par un oiseau ou par un chien. Quant aux mages, j'ai la certitude qu'ils observent cette coutume, car ils la pratiquent à la vue de tout le monde. Une autre chose que je puis assurer, c'est que les Perses enduisent de cire les corps morts, et qu'ensuite ils les mettent en terre.

---

[1] Le culte qu'on rendait aux fleuves était très-ancien. On en trouve des exemples dans Homère, qui parle des chevaux qu'on jetait dans le Scamandre pour honorer le dieu de ce fleuve. Chrysippe rapporte, au cinquième livre *de la Nature*, qu'Hésiode défendait d'uriner dans les rivières et les fontaines. La défense d'Hésiode se trouve dans les *Ouvrages et les Jours*, vers 755. (L.)

Les mages diffèrent beaucoup des autres hommes, et particulièrement des prêtres d'Égypte. Ceux-ci ont toujours les mains pures du sang des animaux, et ne tuent que ceux qu'ils immolent aux dieux. Les mages, au contraire, tuent de leurs propres mains toutes sortes d'animaux, à la réserve de l'homme et du chien; ils se font même gloire de tuer également les fourmis, les serpents et autres animaux, tant reptiles que volatiles. Mais, quant à cet usage, laissons-le tel qu'il a été originairement établi, et reprenons le fil de notre narration.

CXLI. Les Lydiens n'eurent pas plutôt été subjugués par les Perses, que les Ioniens et les Éoliens envoyèrent à Sardes des ambassadeurs à Cyrus, pour le prier de les recevoir au nombre de ses sujets aux mêmes conditions qu'ils l'avaient été de Crésus. Ce prince répondit à leur proposition par cet apologue : Un joueur de flûte, leur dit-il, ayant aperçu des poissons dans la mer, joua de la flûte, s'imaginant qu'ils viendraient à terre; se voyant trompé dans son attente, il prit un filet, enveloppa une grande quantité de poissons qu'il tira sur le bord, et, comme il les vit sauter : « Cessez, leur dit-il, cessez maintenant de danser, puisque vous n'avez pas voulu le faire au son de la flûte. »

Il tint ce discours aux Ioniens et aux Éoliens, parce que, ayant fait auparavant solliciter les Ioniens par ses envoyés d'abandonner le parti de Crésus, il n'avait pu les y engager, et qu'il ne les voyait disposés à lui obéir que parce qu'il était venu à bout de toutes ses entreprises. Telle fut la réponse qu'il leur fit dans sa colère. Sur le rapport des députés, les Ioniens fortifièrent chacun leurs villes, et s'assemblèrent tous au Panionium, à la réserve des Milésiens, les seuls avec qui Cyrus fit un traité aux mêmes conditions que celles qui leur avaient été accordées par Crésus. Dans ce conseil, il fut unanimement résolu d'envoyer demander du secours à Sparte.

CXLII. Ces Ioniens, à qui appartient aussi le Panionium, ont bâti leurs villes dans la contrée la plus agréable que je connaisse, soit pour la beauté du ciel, soit pour la température des saisons. En effet, les pays qui environnent l'Ionie, soit au-dessus, soit au-dessous, à l'est ou à l'ouest, ne peuvent entrer en comparaison avec elle, les uns étant exposés aux pluies et au froid, les autres aux chaleurs et à la sécheresse. Ces Ioniens n'ont pas le même dialecte ; leurs mots ont quatre sortes de terminaisons. Milet est la première de leurs villes du côté du midi, et ensuite Myonte et Priène : elles sont en Carie, et leur langage est le même. Éphèse, Colophon, Lébédos, Téos, Clazomènes, Phocée, sont en Lydie. Elles parlent entre elles une même langue, mais qui ne s'accorde en aucune manière avec celle des villes que je viens de nommer. Il y a encore trois autres villes ioniennes, dont deux sont dans les îles de Samos et de Chios ; et la troisième, qu'on appelle Érythres, est en terre ferme. Le langage de ceux de Chios et d'Érythres est le même ; mais les Samiens ont eux seuls une langue particulière. Tels sont les quatre idiomes qui caractérisent l'ionien.

CXLIII. Parmi ces Ioniens, il n'y eut que les habitants de Milet qui, pour se mettre à couvert de tout danger, firent un traité avec Cyrus. Quant aux insulaires, ils n'avaient pour lors rien à craindre, les Phéniciens n'étant pas encore soumis aux Perses, et ceux-ci n'ayant pas de marine. Les Milésiens, au reste, s'étaient séparés des autres Ioniens, parce que si tous les Grecs réunis étaient alors très-faibles, les Ioniens l'étaient encore plus, et parce qu'ils ne jouissaient d'aucune sorte de considération. En effet, si l'on excepte Athènes, ils n'avaient pas une seule ville qui eût de la célébrité. Le reste des Ioniens et des Athéniens ne voulaient pas qu'on les appelât Ioniens ; ce nom leur déplaisait, et même encore aujourd'hui la plupart rougissent de le porter. Les douze villes dont je viens de parler s'en faisaient honneur. Elles firent construire un temple, qu'elles appelèrent de leur nom Panionium, et prirent la résolution d'en exclure les autres villes ioniennes : les Smyrnéens furent les seuls qui demandèrent à y être reçus.

CXLIV. Il en est de même des Doriens de la Pentapole, pays qui s'appelait auparavant Hexapole. Ils se gardent bien d'admettre au temple triopique aucuns Doriens de leur voisinage; et même s'il est arrivé à quelqu'un d'entre eux de violer les lois de ce temple, ils l'en ont exclu. En voici un exemple. Dans les jeux qui se célèbrent en l'honneur d'Apollon Triopien, on proposait autrefois des trépieds d'airain pour les vainqueurs ; mais il ne leur était pas permis de les emporter du temple, il fallait les y consacrer au dieu. Un habitant d'Halicarnasse, nommé Agasiclès, ayant obtenu le prix à ces jeux, emporta, au mépris de cette loi, le trépied dans sa maison, et l'y appendit. Les cinq villes doriennes, Linde, Ialyssos, Camiros, Cos et Cnide, punirent Halicarnasse, qui était la sixième, en l'excluant de leur association.

CXLV. Les Ioniens se sont, je crois, partagés en douze cantons, et n'en veulent pas admettre un plus grand nombre dans leur confédération, parce que, dans le temps qu'ils habitaient le Péloponnèse, ils étaient divisés en douze parties, de même que le sont encore maintenant les Achéens, qui les en ont chassés. Pellène est la première ville des Achéens du côté de Sicyone ; l'on trouve ensuite Ægire, Æges, que traverse le Crathis, qui n'est jamais à sec, et qui a donné son nom à une rivière d'Italie. On voit après Bure, Hélice, où les Ioniens se réfugièrent après avoir été défaits par les Achéens. Viennent ensuite Ægium, Rhypes, Patres, Phares et Olenus, qu'arrose le Pirus, rivière considérable. Les deux dernières enfin sont Dyme, et la ville des Tritéens, la seule qui soit située au milieu des terres.

CXLVI. Ces douze cantons, qui sont aujourd'hui aux Achéens, appartenaient alors aux Ioniens, et ce fut cette raison qui engagea ceux-ci à se bâtir douze villes en Asie. Ce serait une insigne folie de dire que ces Ioniens sont plus distingués ou d'une naissance plus illustre que le reste des Ioniens, car les Abantes de l'Eubée en font une partie assez considérable ; et cependant ces peuples n'ont rien de commun avec les habitants de l'Ionie, pas même le nom. Ces Ioniens sont un mélange de Minyens Orchoméniens, de Cadméens, de Dryopes, d'une portion de Phocidiens [1],

---

[1] Les Phocidiens étaient des peuples de la Phocidie ; les Phocéens, les habitants de Phocée, en Ionie.

de Molosses, d'Arcadiens Pélasges, de Doriens Épidauriens, et de plusieurs autres nations. Ceux d'entre ces peuples qui sortirent autrefois du Prytanée ¹ des Athéniens s'estiment les plus nobles et les plus illustres des Ioniens. Lorsqu'ils allèrent fonder cette colonie, ils ne menèrent point de femmes avec eux; mais ils épousèrent des Cariennes, dont ils avaient tué les pères. Ces femmes, furieuses du massacre de leurs pères, de leurs maris et de leurs enfants, et de ce qu'après une telle action ils les avaient épousées, s'imposèrent la loi de ne jamais prendre leurs repas avec leurs maris, et de ne jamais leur donner ce nom : loi qu'elles firent serment d'observer, et qu'elles transmirent à leurs filles. Ce fut à Milet que cela se passa.

CXLVII. Ces Ioniens élurent pour rois, les uns des Lyciens issus de Glaucus, fils d'Hippolochus; les autres, des Caucons Pyliens, qui descendaient de Codrus, fils de Mélanthus; d'autres enfin en prirent de l'une et de l'autre de ces deux maisons. Mais on me dira sans doute que ces Ioniens sont plus attachés à ce nom d'Ionien que le reste de la nation. Qu'ils soient aussi les purs, les véritables Ioniens, j'y consens; cependant tous ceux qui sont originaires d'Athènes, et qui célèbrent la fête des Apaturies ²,

¹ Le Prytanée servait à Athènes à plusieurs usages. Le sénat des Cinq-Cents s'y assemblait. Près de la salle où il tenait ses séances, on voyait le Tholus, où prenaient leurs repas ceux qui avaient rendu des services importants à l'État, et où les prytanes offraient des sacrifices. On y entretenait aussi le feu sacré, et l'on y conservait du blé et des armes. Quand on envoyait une colonie quelque part, on tirait du Prytanée des armes, des vivres et du feu. Car la colonie ne pouvait s'en pourvoir ailleurs; et si par hasard le feu venait à s'éteindre, il fallait en renvoyer chercher de nouveau au Prytanée de la métropole. (L.)

² L'institution de cette fête à Athènes doit avoir précédé l'envoi de la colonie ionienne, puisque tous les Ioniens originaires d'Athènes la célébraient. Voici l'origine de cette fête. Les Athéniens et les Béotiens, étant en guerre pour le pays d'OEnoé et de Mélænes, il fut convenu qu'il y aurait un combat particulier entre les deux rois, et que le pays contesté appartiendrait au victorieux. Thymœtès, dernier roi d'Athènes de la race de Thésée, refusa le combat. Mélanthus, que les Héraclides venaient de chasser de la Messénie, et qui cherchait un asile à Athènes, accepta le défi. Il tua par ruse Xanthus, roi de Béotie. Ce prince s'étant présenté sur le champ de bataille, Mélanthus lui dit qu'il n'aurait pas dû amener avec lui un second; que cela était contre les conditions du combat. Xanthus, surpris de ce propos, regarda derrière

sont aussi Ioniens. Or, ils la célèbrent tous, excepté les Éphésiens et les Colophoniens, qui en ont été exclus à cause d'un meurtre.

CXLVIII. Le Panionium est un lieu sacré du mont Mycale, que les Ioniens ont dédié en commun à Neptune Héliconien. Il regarde le septentrion. Mycale est un promontoire du continent, lequel s'étend à l'ouest vers Samos. Les Ioniens s'y assemblaient de toutes leurs villes, pour célébrer une fête qu'ils appelaient Panionies [1]. Les fêtes des Ioniens ne sont pas les seules qui se terminent par la même lettre [2]; elles ont cela de commun avec celles de tous les Grecs, et avec les noms propres des Perses [3].

CXLIX. Voilà ce que j'avais à dire concernant les villes des Ioniens. Celles des Éoliens sont : Cyme, qu'on appelle aussi Phriconis, Larisse, Néon-Tichos, Têmnos, Cilla, Notium, Ægirousa, Pitane, Ægée, Myrine, Grynia. Ce sont là les onze anciennes villes des Éoliens. Ils en avaient douze aussi sur le continent ; mais les Ioniens leur enlevèrent Smyrne. Le pays de ces Éoliens est meilleur que celui des Ioniens ; mais, quant à la température des saisons, il n'en approche pas.

CL. Voici à quelle occasion les Éoliens perdirent Smyrne. Des Colophoniens, ayant eu du désavantage dans une sédition, avaient été obligés de s'expatrier. Les habitants de

---

lui, pour voir si en effet il était suivi. Mélanthus profita de ce moment pour le tuer. Cette action lâche, qui aurait dû faire chasser ce prince, lui valut la couronne ; et, bien loin de la regarder comme une action infâme, des fêtes furent instituées en l'honneur de Jupiter Trompeur, afin d'en perpétuer la mémoire. (L.)

[1] Séduit par les idées ingénieuses du président de Montesquieu, de M. Goguet et de l'abbé de Mably, j'avais regardé l'assemblée des amphictyons comme la tenue des états généraux de la Grèce. L'assemblée des Ioniens au Panionium était certainement une amphictyonie, et en conséquence je l'avais envisagée comme la tenue des états généraux de l'Ionie; et conséquemment j'avais considéré l'Ionie comme formant un corps fédératif. Mais très-certainement les Grecs, ni en Europe ni en Asie, ne connurent pas cette sorte de gouvernement avant l'an 284 avant notre ère, où les Achéens jetòrent les fondements de leur république, comme l'a démontré l'ingénieux et savant auteur des *Anciens gouvernements fédératifs*. Voyez les chapitres IV et V. (L.)

[2] Le nom des fêtes chez les Grecs se terminaient par un *a*, comme Apaturia, Panionia, etc.

[3] Les noms des Perses finissent par la lettre *s*.

Smyrne leur donnèrent un asile parmi eux. Quelque temps après, ces fugitifs ayant observé que les Smyrnéens célébraient hors de leur ville une fête en l'honneur de Bacchus, ils en fermèrent les portes, et s'en emparèrent. Les Éoliens vinrent tous au secours ; mais enfin il fut arrêté, d'un commun accord, qu'ils laisseraient les Ioniens en possession de la ville, et que ceux-ci leur rendraient tous leurs effets mobiliers. Les Smyrnéens ayant accepté cette condition, on les distribua dans les onze autres villes éoliennes, qui leur accordèrent le droit de cité.

CLI. Telles sont les villes que les Éoliens possèdent actuellement en terre ferme, sans y compter celles qu'ils ont au mont Ida, parce qu'elles ne font point corps avec elles. Ils ont aussi cinq villes dans l'île de Lesbos. Quant à la sixième, nommée Arisba, les Méthymnéens en ont réduit les habitants en esclavage, quoiqu'ils leur fussent unis par les liens du sang. Ils ont aussi une ville dans l'île de Ténédos, et une autre dans les îles qu'on appelle Hécatonnèses. Les Lesbiens et les Ténédiens n'avaient alors rien à craindre, non plus que ceux d'entre les Ioniens qui habitaient dans les îles ; mais les autres villes résolurent dans leur conseil de suivre les Ioniens partout où ils voudraient les mener.

CLII. Les ambassadeurs des Ioniens et des Éoliens, s'étant rendus à Sparte en diligence, choisirent, aussitôt après leur arrivée, un Phocéen, nommé Pythermus, pour porter la parole au nom de tous les autres. Pythermus se revêtit d'une robe de pourpre, afin que, sur cette nouvelle, les Spartiates se trouvassent à l'assemblée en plus grand nombre. S'étant avancé au milieu d'eux, il les exhorta, par un long discours, à prendre leur défense ; mais les Lacédémoniens, sans aucun égard pour leur demande, résolurent entre eux de ne leur accorder aucun secours. Les Ioniens se retirèrent. Quoique les Lacédémoniens eussent rejeté leur demande, ils ne laissèrent pas de faire partir, sur un vaisseau à cinquante rames, des gens qui, à ce qu'il me semble, devaient observer l'état où se trouvaient les affaires de Cyrus et de l'Ionie. Lorsque ce vaisseau fut arrivé à Phocée, ces députés envoyèrent à Sardes Lacrinès, le plus considérable d'entre eux, pour faire part à Cyrus du décret des Lacédémoniens, qui portait qu'il se gardât bien de faire tort à aucune ville de la Grèce ; qu'autrement Sparte ne le souffrirait pas.

CLIII. Lacrinès ayant exécuté ses ordres, on dit que Cyrus demanda aux Grecs qui étaient présents quelle sorte d'hommes c'était que les Lacédémoniens, et quelles étaient leurs forces pour oser lui faire de pareilles défenses. Sur la réponse qu'ils lui firent, il parla ainsi au héraut des Spartiates : « Je n'ai jamais redouté cette espèce de gens » qui ont au milieu de leur ville une place où ils s'assem- » blent pour se tromper les uns les autres par des serments » réciproques. Si les dieux me conservent la santé, ils au- » ront plus sujet de s'entretenir de leurs malheurs que de » ceux des Ioniens. » Cyrus lança ces paroles menaçantes contre tous les Grecs, parce qu'ils ont dans leurs villes des places ou marchés où l'on vend et où l'on achète, et que les Perses n'ont pas coutume d'acheter ni de vendre ainsi dans des places, et que l'on ne voit point chez eux de marchés. Ce prince donna ensuite le gouvernement de Sardes à un Perse, nommé Tabalus ; et, ayant chargé Pactyas, Lydien, de transporter en Perse les trésors de Crésus et des autres Lydiens, il retourna à Agbatanes, et emmena Crésus avec lui, ne faisant point assez de cas des Ioniens pour aller d'abord contre eux. Babylone, les Bactriens, les Saces et les Égyptiens étaient autant d'obstacles à ses desseins. Il résolut de marcher en personne contre ces peuples, et d'envoyer un autre général contre les Ioniens.

CLIV. Cyrus ne fut pas plutôt parti de Sardes, que Pactyas fit soulever les Lydiens contre ce prince et contre Tabalus. Comme il avait entre les mains toutes les richesses de cette ville, il descendit sur le bord de la mer, prit des troupes à sa solde, engagea les habitants de la côte à s'armer en sa faveur, et, marchant contre Sardes, il assiégea Tabalus, qui se renferma dans la citadelle.

CLV. Sur cette nouvelle, que Cyrus apprit en chemin, ce prince dit à Crésus : « Quand verrai-je donc la fin de ces » troubles ? Les Lydiens ne cesseront point, suivant toutes » les apparences, de me susciter des affaires, et de s'en-

» faire à eux-mêmes. Que sais-je s'il ne serait pas plus
» avantageux de les réduire en servitude? J'en ai agi, du
» moins à ce qu'il me semble, comme quelqu'un qui au-
» rait épargné les enfants de celui qu'il aurait fait mourir.
» Vous étiez pour les Lydiens quelque chose de plus qu'un
» père, je vous emmène prisonnier ; je leur ai remis leur
» ville, et je m'étonne ensuite qu'ils se révoltent ! » Ce discours exprimait la manière de penser de ce prince : aussi Crésus, qui craignait qu'il ne détruisît entièrement la ville de Sardes, et qu'il n'en transplantât ailleurs les habitants, reprit la parole : « Ce que vous venez de dire, seigneur,
» est spécieux ; mais ne vous abandonnez pas entièrement
» aux mouvements de votre colère, et ne détruisez point
» une ville ancienne, qui n'est coupable ni des troubles
» précédents, ni de ceux qui arrivent aujourd'hui. J'ai été
» la cause des premiers, et j'en porte la peine. Pactyas a
» offensé celui à qui vous avez confié le gouvernement de
» Sardes : qu'il en soit puni. Pardonnez aux Lydiens ;
» mais, de crainte qu'à l'avenir ils ne se soulèvent, et qu'ils
» ne se rendent redoutables, envoyez-leur défendre d'avoir
» des armes chez eux, et ordonnez-leur de porter des tuni-
» ques sous leurs manteaux, de chausser des brodequins,
» de faire apprendre à leurs enfants à jouer de la cithare,
» à chanter, et les arts propres à les rendre efféminés. Par
» ce moyen, seigneur, vous verrez bientôt des hommes
» changés en femmes, et il n'y aura plus à craindre de
» révolte de leur part. »

CLVI. Crésus lui donna ce conseil, qu'il croyait plus avantageux pour les Lydiens que d'être vendus comme de vils esclaves. Il sentait que, à moins de lui alléguer de bonnes raisons, il ne réussirait pas à le faire changer de résolution ; et d'ailleurs il appréhendait que si les Lydiens échappaient au danger présent, ils ne se soulevassent dans la suite contre les Perses, et n'attirassent sur eux une ruine totale. Ce conseil causa beaucoup de joie à Cyrus, qui, étant revenu de sa colère, témoigna à Crésus qu'il le suivrait. En même temps il manda un Mède, nommé Mazarès, lui ordonna de déclarer aux Lydiens l'avis que Crésus lui avait suggéré ; et de plus il lui commanda de réduire en servitude tous ceux qui s'étaient ligués avec eux pour assiéger Sardes ; mais surtout de lui amener Pactyas vivant. Ces ordres donnés en chemin, il continua sa route vers la Perse.

CLVII. Pactyas, apprenant que l'armée qui marchait contre lui approchait de Sardes, prit l'épouvante, et se sauva à Cyme. Cependant Mazarès arriva à Sardes avec une très-petite partie de l'armée de Cyrus ; mais, n'y ayant pas trouvé Pactyas, il fit d'abord exécuter les ordres du roi. Les Lydiens se soumirent, et changèrent leur ancienne manière de vivre. Il envoya ensuite à Cyme sommer les habitants de lui livrer Pactyas. Il fut résolu, dans l'assemblée des Cyméens, qu'on enverrait consulter l'oracle des Branchides sur le parti qu'il fallait prendre ; car il y avait là un ancien oracle, auquel les Ioniens et les Éoliens avaient tous coutume de recourir. Ce lieu est dans le territoire de Milet, au-dessus du port de Panorme.

CLVIII. Les Cyméens, ayant envoyé des députés aux Branchides, demandèrent à l'oracle de quelle manière ils devaient se conduire à l'égard de Pactyas, pour se rendre agréables aux dieux. L'oracle répondit qu'il fallait le livrer aux Perses. Sur le rapport des députés, les Cyméens se disposèrent à rendre Pactyas ; mais, quoique le peuple se mît en devoir de le faire, Aristodicus, fils d'Héraclides, homme de distinction parmi les citoyens de Cyme, s'opposa à cette résolution, et empêcha qu'on ne la suivît, jusqu'à ce qu'on eût fait au sujet de Pactyas une seconde députation, dans laquelle il fut admis, soit qu'il se défiât de l'oracle, soit qu'il soupçonnât d'infidélité le rapport des députés.

CLIX. Les députés étant arrivés aux Branchides, Aristodicus, portant la parole pour eux, consulta le dieu en ces termes : « Grand dieu, le Lydien Pactyas est venu
» chercher un asile parmi nous pour éviter la mort dont
» le menacent les Perses. Ils le redemandent, et nous or-
» donnent de le remettre entre leurs mains ; mais, quoi-
» que nous redoutions leur puissance, nous n'avons pas
» osé jusqu'ici leur livrer ce suppliant que nous n'ayons

» appris de vous avec certitude ce que nous devons faire. »
Le dieu lui fit la même réponse, et lui commanda de rendre Pactyas aux Perses. Sur cela, Aristodicus alla, de dessein prémédité, autour du temple, et enleva les moineaux et toutes les autres espèces d'oiseaux qui y avaient fait leurs nids. On raconte que tandis qu'il exécutait son dessein, il sortit du sanctuaire une voix qui s'adressait à lui, et lui disait : « O le plus scélérat de tous les hommes,
» as-tu bien la hardiesse d'arracher de mon temple mes
» suppliants? » et qu'Aristodicus, sans se déconcerter, lui répondit : « Quoi! grand dieu, vous secourez vous-même
» vos suppliants, et vous ordonnez aux Cyméens de livrer
» le leur? — Oui, je le veux, reprit la même voix ; et
» c'est afin que, ayant commis une impiété, vous en
» périssiez plus tôt, et que vous ne veniez plus con-
» sulter l'oracle pour savoir si vous devez livrer des sup-
» pliants. »

CLX. Sur le rapport des députés, les Cyméens envoyèrent Pactyas à Mitylène, ne voulant ni s'exposer en le livrant, ni se faire assiéger en continuant de lui donner un asile. Mazarès ayant fait redemander Pactyas aux Mityléniens, ils se disposaient à le lui remettre moyennant une certaine récompense ; ce que je n'ose cependant assurer, parce que la convention n'eut pas lieu. Les Cyméens, ayant eu connaissance des desseins des Mityléniens, envoyèrent à Lesbos un vaisseau qui transporta Pactyas à Chios.

Les habitants de cette île l'arrachèrent du temple de Minerve Poliouchos, et le livrèrent à Mazarès, à condition qu'on leur donnerait l'Atarnée, pays de la Mysie, vis-à-vis de Lesbos. Lorsque les Perses eurent Pactyas en leur puissance, ils le gardèrent étroitement, à dessein de le présenter à Cyrus. Depuis cet événement, il se passa beaucoup de temps sans que les habitants de Chios osassent, dans les sacrifices, répandre sur la tête de la victime de l'orge d'Atarnée, ni offrir à aucun dieu des gâteaux faits avec de la farine de ce canton, et on excluait des temples tout ce qui en provenait.

CLXI. Les habitants de Chios n'eurent pas plutôt livré

Pactyas, que Mazarès marcha contre ceux qui s'étaient joints à ce rebelle pour assiéger Tabalus. Il réduisit les Priéniens en servitude, fit une incursion dans la plaine du Méandre, et permit à ses soldats de tout piller. Il traita de même la Magnésie [1]; après quoi, étant tombé malade, il mourut.

CLXII. Harpage lui succéda dans le commandement de l'armée. Il était Mède de nation, aussi bien que Mazarès; et c'est celui à qui Astyages avait donné un repas abominable, et qui avait aidé Cyrus à s'emparer du trône de Médie. Dès que Cyrus l'eut nommé général, il passa en Ionie; et, ayant forcé les habitants à se renfermer dans les villes, il s'en rendit ensuite maître par le moyen de cavaliers ou terrasses qu'il fit élever près des murs. Phocée fut la première ville d'Ionie qu'il attaqua de la sorte.

CLXIII. Les Phocéens sont les premiers chez les Grecs qui aient entrepris de longs voyages sur mer, et qui aient fait connaître la mer Adriatique, la Tyrrhénie, l'Ibérie et Tartessus. Ils ne se servaient point de vaisseaux ronds, mais de vaisseaux à cinquante rames. Étant arrivés à Tartessus, ils se rendirent agréables à Arganthonius, roi des Tartessiens, dont le règne fut de quatre-vingts ans, et qui en vécut en tout cent vingt. Les Phocéens surent tellement se faire aimer de ce prince, qu'il voulut d'abord les porter à quitter l'Ionie pour venir s'établir dans l'endroit de son pays qui leur plairait le plus; mais, n'ayant pu les y engager, et ayant dans la suite appris d'eux que les forces de Crésus allaient toujours en augmentant, il leur donna une somme d'argent pour entourer leur ville de murailles. Cette somme devait être considérable, puisque l'enceinte de leurs murs est d'une vaste étendue, toute de grandes pierres jointes avec art. C'est ainsi que le mur des Phocéens fut bâti.

CLXIV. Harpage n'eut pas plutôt approché de la place, qu'il en forma le siége, faisant dire en même temps aux Phocéens qu'il serait content s'ils voulaient seulement

---

[1] C'est le territoire de Magnésie, ville située près du Méandre.

abattre une tour de la ville, et consacrer une maison. Comme ils ne pouvaient souffrir l'esclavage, ils demandèrent un jour pour délibérer sur sa proposition, promettant, après cela, de lui faire réponse. Ils le prièrent aussi de retirer ses troupes de devant leurs murailles pendant qu'on serait au conseil. Harpage répondit que, quoiqu'il n'ignorât pas leurs projets, il ne laissait pas cependant de leur permettre de délibérer. Pendant qu'Harpage retirait ses troupes de devant la ville, les Phocéens lancèrent leurs vaisseaux en mer, y mirent leurs femmes, leurs enfants et leurs meubles, et, de plus, les statues et les offrandes qui se trouvèrent dans les temples, excepté les peintures et les statues de bronze et de pierre. Lorsqu'ils eurent porté tous leurs effets à bord de ces vaisseaux, ils s'embarquèrent et firent voile à Chios : les Perses, ayant trouvé la ville abandonnée, s'en emparèrent.

CLXV. Les Phocéens demandèrent à acheter les îles OEnusses ; mais voyant que les habitants de Chios ne voulaient pas les leur vendre, dans la crainte qu'ils n'y attirassent le commerce et que leur île n'en fût exclue, ils mirent à la voile pour se rendre en Cyrne, où vingt ans auparavant ils avaient bâti la ville d'Alalie pour obéir à un oracle. D'ailleurs Arganthonius était mort dans cet intervalle. Ayant donc mis à la voile pour s'y rendre, ils allèrent d'abord à Phocée, et égorgèrent la garnison qu'Harpage y avait laissée. Faisant ensuite les plus terribles imprécations contre ceux qui se sépareraient de la flotte, ils jetèrent dans la mer une masse de fer ardente, et firent serment de ne retourner jamais à Phocée que cette masse ne revînt sur l'eau. Tandis qu'ils étaient en route pour aller en Cyrne, plus de la moitié, touchés de compassion, et regrettant leur patrie et leurs anciennes demeures, violèrent leur serment, et retournèrent à Phocée. Les autres, plus religieux, partirent des îles OEnusses, et continuèrent leur route.

CLXVI. Lorsqu'ils furent arrivés en Cyrne, ils élevèrent des temples, et demeurèrent cinq ans avec les colons qui les avaient précédés ; mais comme ils ravageaient et pillaient tous leurs voisins, les Tyrrhéniens et les Carthaginois mirent les uns et les autres en mer, d'un commun accord, soixante vaisseaux. Les Phocéens, ayant aussi équipé de leur côté pareil nombre de vaisseaux, allèrent à leur rencontre su la mer de Sardaigne. Ils remportèrent une victoire cadméienne [1]; mais elle leur coûta cher, car ils perdirent quarante vaisseaux, et les vingt autres ne purent servir dans la suite, les éperons ayant été faussés. Ils retournèrent à Alalie, et, prenant avec eux leurs femmes, leurs enfants, et tout ce qu'ils purent emporter du reste de leurs biens, ils abandonnèrent l'île de Cyrne, et firent voile vers Rhegium.

CLXVII. Les Carthaginois et les Tyrrhéniens ayant tiré au sort les Phocéens qui avaient été faits prisonniers sur les vaisseaux détruits, ceux-ci en eurent un beaucoup plus grand nombre. Les uns et les autres, les ayant menés à terre, les assommèrent à coups de pierres. Depuis ce temps-là, ni le bétail, ni les bêtes de charge, ni les hommes même, en un mot rien de ce qui appartenait aux Agylléens ne pouvait traverser le champ où les Phocéens avaient été lapidés sans avoir les membres disloqués, sans devenir perclus, ou sans tomber dans une espèce d'apoplexie. Les Agylléens envoyèrent à Delphes pour expier leur crime. La Pythie leur ordonna de faire aux Phocéens de magnifiques sacrifices funèbres, et d'instituer en leur honneur des jeux gymniques et des courses de chars. Les Agylléens observent encore maintenant ces cérémonies. Tel fut donc le sort de ces Phocéens. Ceux qui s'étaient réfugiés à Rhegium, en étant partis, bâtirent dans les campagnes d'OEnotrie la ville qu'on appelle aujourd'hui Hyèle. Ce fut par le conseil d'un habitant de Posidonia, qui leur dit que la Pythie ne leur avait pas ordonné, par sa réponse, d'établir une colonie dans l'île de Cyrne, mais d'élever un monument au héros Cyrnus [2]. Ce qui regarde Phocée en Ionie se passa de la sorte.

---

[1] Cette expression était passée en proverbe pour dire une victoire funeste aux vainqueurs. Par victoire cadméienne les anciens entendaient celle des deux frères Étéocle et Polynice, comme étant honteuse et pernicieuse.

[2] Cyrnus, fils d'Hercule, donna son nom à l'île de Cyrne. Il fut sans doute honoré comme un héros, et c'est probablement de lui dont veut parler Hérodote. Soit vanité, soit paresse, les Grecs avaient recours à leurs fables toutes les fois qu'ils se trouvaient embarrassés sur l'origine d'un peuple. (L.)

CLXVIII. Les Téiens se conduisirent à peu près comme les Phocéens. En effet, Harpage ne se fut pas plutôt rendu maître de leurs murs par le moyen d'une terrasse, qu'ils s'embarquèrent, et passèrent en Thrace, où ils bâtirent la ville d'Abdères. Timésias de Clazomènes l'avait fondée auparavant; mais les Thraces l'ayant chassé, il n'en jouit pas. Les Téiens d'Abdères lui rendent maintenant des honneurs comme à un héros.

CLXIX. Ces peuples furent les seuls parmi les Ioniens qui aimèrent mieux abandonner leur patrie que de porter le joug. Il est vrai que le reste des Ioniens, si l'on excepte ceux de Milet, en vinrent aux mains avec Harpage, de même que ceux qui avaient quitté l'Ionie, et qu'ils donnèrent des preuves de leur valeur en défendant chacun sa patrie; mais, ayant été vaincus et étant tombés en la puissance de l'ennemi, ils furent contraints de rester dans le pays et de se soumettre au vainqueur. Quant aux Milésiens, ils avaient, comme je l'ai dit plus haut, prêté serment de fidélité à Cyrus, et jouissaient d'une parfaite tranquillité. L'Ionie fut donc ainsi réduite en esclavage pour la seconde fois. Les Ioniens qui habitaient les îles, craignant un sort pareil à celui qu'Harpage avait fait éprouver à ceux du continent, se rendirent d'eux-mêmes à Cyrus.

CLXX. Quoique accablés de maux, les Ioniens ne s'en assemblaient pas moins au Panionium. Bias de Priène leur donna, comme je l'ai appris, un conseil très-avantageux, qui les eût rendus les plus heureux de tous les Grecs, s'ils eussent voulu le suivre. Il les exhorta à s'embarquer tous ensemble sur une même flotte, à se rendre en Sardaigne, et à y fonder une seule ville pour tous les Ioniens. Il leur fit voir que, par ce moyen, ils sortiraient d'esclavage, qu'ils s'enrichiraient, et qu'habitant la plus grande de toutes les îles, les autres tomberaient en leur puissance; au lieu que, s'ils restaient en Ionie, il ne voyait pour eux aucune espérance de recouvrer leur liberté. Tel fut le conseil que donna Bias aux Ioniens, après qu'ils eurent été réduits en esclavage; mais, avant que leur pays eût été subjugué, Thalès de Milet, dont les ancêtres étaient originaires de Phénicie, leur en donna aussi un qui était excellent. Ce fut d'établir à Téos, au centre de l'Ionie, un conseil général pour toute la nation, sans préjudicier au gouvernement des autres villes, qui n'en auraient pas moins suivi leurs usages particuliers que si elles eussent été autant de cantons différents.

CLXXI. Harpage, ayant subjugué l'Ionie, marcha contre les Cariens, les Cauniens et les Lyciens, avec un renfort de troupes que lui avaient fourni les Ioniens et les Éoliens. Les Cariens avaient passé des îles sur le continent; ils avaient été anciennement sujets de Minos : on les appelait Léléges. Ils habitaient alors les îles et ne payaient aucune sorte de tribut, autant que j'ai pu l'apprendre par les plus anciennes traditions ; mais ils fournissaient à Minos des hommes de mer toutes les fois qu'il en avait besoin. Pendant que ce prince, heureux à la guerre, étendait au loin ses conquêtes, les Cariens acquéraient de la célébrité et se distinguaient plus que tous les peuples connus jusqu'alors. On leur doit trois inventions dont les Grecs ont fait depuis usage. Ce sont, en effet, les Cariens qui, les premiers, ont enseigné à mettre des panaches sur les casques, qui ont orné de figures leurs boucliers, et qui ont ajouté une anse de cuir à cette arme défensive ; car, jusqu'alors, tous ceux qui avaient coutume de se servir du bouclier le gouvernaient par le moyen d'un baudrier de cuir qui le tenait suspendu au cou et sur l'épaule gauche. Longtemps après, les Doriens et les Ioniens chassèrent les Cariens des îles, et c'est ainsi que les Cariens passèrent sur le continent. Voilà ce que les Crétois racontent des Cariens : mais ceux-ci pensent différemment sur leur origine. Ils se disent nés dans le continent même, et croient qu'ils n'ont jamais porté d'autre nom que celui qu'ils ont présentement. Ils montrent aussi à Mylasses un ancien temple de Jupiter Carien où ils n'admettent que les Mysiens et les Lydiens, à cause de l'affinité qu'ils ont avec ces peuples. Ils disent, en effet, que Lydus et Mysus étaient frères de Car ; et ce motif les leur a fait admettre dans ce temple d'où sont exclus ceux de toute autre nation, quoiqu'ils parlent la même langue.

CLXXII. Quant aux Cauniens, il me semble qu'ils

sont autochthones, quoiqu'ils se disent originaires de Crète. S'ils ont formé leur langue sur celle des Cariens, ou les Cariens sur celle des Cauniens, je ne puis en juger avec certitude. Ils ont cependant des coutumes bien différentes de celles des Cariens et du reste des hommes. Il est chez eux très-honnête de s'assembler pour boire, hommes, femmes et enfants, suivant les liaisons que forment entre eux l'âge et l'amitié. Ils avaient des dieux étrangers ; mais, ayant changé de sentiment à leur égard, il fut résolu qu'on n'adresserait à l'avenir ses vœux qu'à ceux du pays. Toute la jeunesse caunienne se revêtit donc de ses armes, et, frappant l'air de ses piques, elle les accompagna jusqu'aux frontières des Calyndiens en criant qu'elle chassait les dieux étrangers.

CLXXIII. Les Lyciens sont originaires de Crète et remontent à la plus haute antiquité, car dès les temps les plus reculés cette île tout entière n'était occupée que par des barbares. Sarpédon et Minos, tous deux fils d'Europe, s'en disputèrent la souveraineté. Minos eut l'avantage, et Sarpédon fut chassé avec tous ceux de son parti. Ceux-ci passèrent dans la Milyade, canton de l'Asie ; car le pays qu'habitent aujourd'hui les Lyciens s'appelait autrefois Myliade, et les Myliens portaient alors le nom de Solymes. Tant que Sarpédon régna sur eux, on les appela Termiles; nom qu'ils avaient apporté dans le pays, et que leurs voisins leur donnent encore maintenant. Mais Lycus, fils de Pandion, ayant été aussi chassé d'Athènes par son frère Égée, et s'étant réfugié chez les Termiles, auprès de Sarpédon, ces peuples s'appelèrent, avec le temps, Lyciens, du nom de ce prince. Ils suivent en partie les lois de Crète, et en partie celles de Carie. Ils en ont cependant une qui leur est tout à fait particulière, et qui ne s'accorde avec aucune de celles des autres hommes : ils prennent en effet le nom de leurs mères, au lieu de celui de leurs pères. Si l'on demande à un Lycien de quelle famille il est, il fait la généalogie de sa mère et des aïeules de sa mère. Si une femme du pays épouse un esclave, ses enfants sont réputés nobles. Si, au contraire, un citoyen, celui même du rang le plus distingué, se marie à une étrangère ou prend une concubine, ses enfants sont exclus des honneurs.

CLXXIV. Les Cariens furent réduits en servitude par Harpage, sans avoir rien fait de mémorable. Ils ne furent pas les seuls. Tous les Grecs qui habitent ce pays ne se distinguèrent pas davantage. On compte parmi eux les Cnidiens, colonie de Lacédémone. Leur pays, qu'on appelle Triopium, regarde la mer. La Bybassie commence à la péninsule; et toute la Cnidie, si l'on en excepte un petit espace, est environnée par la mer : au nord, par le golfe Céramique; au midi, par la mer de Syme et de Rhodes. C'est ce petit espace, qui n'a environ que cinq stades d'étendue, que les Cnidiens, voulant faire de leur pays une île, entreprirent de creuser pendant qu'Harpage était occupé à la conquête de l'Ionie ; car tout leur territoire était en dedans de l'isthme, et ne tenait au continent que par cette langue de terre qu'ils voulaient couper. Ils employèrent un grand nombre de travailleurs; mais les éclats de pierre les blessant en différents endroits, et principalement aux yeux, d'une manière si extraordinaire qu'il paraissait bien qu'il y avait là quelque chose de divin, ils envoyèrent demander à Delphes quelle était la puissance qui s'opposait à leurs efforts. La Pythie, comme les Cnidiens le disent eux-mêmes, leur répondit en ces termes, en vers trimètres : « Ne fortifiez pas l'isthme, et ne » le creusez pas. Jupiter aurait fait une île de votre pays, si » c'eût été sa volonté. » Sur cette réponse de la Pythie, les Cnidiens cessèrent de creuser ; et, lorsque Harpage se présenta avec son armée, ils se rendirent sans combattre.

CLXXV. Les Pédasiens habitent le milieu des terres au-dessus d'Halicarnasse. Toutes les fois que ces peuples et que leurs voisins sont menacés de quelque malheur, une longue barbe pousse à la prêtresse de Minerve. Ce prodige est arrivé trois fois. Les Pédasiens furent les seuls peuples de Carie qui résistèrent longtemps à Harpage, et qui lui causèrent beaucoup d'embarras, en fortifiant la montagne de Lida; mais enfin ils furent subjugués.

CLXXVI. Les Lyciens allèrent au-devant d'Harpage, dès

qu'il parut avec son armée dans les plaines de Xanthus. Quoiqu'ils ne fussent qu'une poignée de monde en comparaison des ennemis, ils se battirent, et firent des prodiges de valeur. Mais ayant perdu la bataille, et se voyant forcés de se renfermer dans leurs murs, ils portèrent dans la citadelle leurs richesses ; et, y ayant rassemblé leurs femmes, leurs enfants et leurs esclaves, ils y mirent le feu, et la réduisirent en cendres avec tout ce qui était dedans. S'étant, après cette action, réciproquement engagés par les serments les plus terribles, ils firent secrètement une sortie contre les Perses, et périrent tous en combattant généreusement. Ainsi la plupart des Lyciens d'aujourd'hui, qui se disent Xanthiens, sont étrangers, si l'on en excepte quatre-vingts familles qui, étant alors éloignées de leur patrie, échappèrent à la ruine commune. Ainsi fut prise la ville de Xanthus. Harpage s'empara de celle de Caune à peu près de la même manière ; car les Cauniens suivirent en grande partie l'exemple des Lyciens.

CLXXVII. Pendant qu'Harpage ravageait l'Asie mineure, Cyrus subjuguait en personne toutes les nations de l'Asie supérieure, sans en omettre aucune. Je les passerai la plupart sous silence, me contentant de parler de celles qui lui donnèrent le plus de peine, et qui méritent le plus de trouver place dans l'histoire. Lorsque ce prince eut réduit sous sa puissance tout le continent, il songea à attaquer les Assyriens.

CLXXVIII. L'Assyrie contient plusieurs grandes villes, mais Babylone est la plus célèbre et la plus forte. C'était là que les rois du pays faisaient leur résidence depuis la destruction de Ninive. Cette ville, située dans une grande plaine, est de forme carrée ; chacun de ses côtés a six vingts stades de long [1], ce qui fait pour l'enceinte de la

---

[1] Ce qu'Hérodote appelle stade se borne à 41 toises 2 pieds, suivant l'évaluation de d'Anville. On aura donc 19,840 toises pour l'enceinte de Babylone. Mais comme Diodore de Sicile ne donne souvent au stade que 54 toises 2 pieds, les 360 stades qu'avait, selon lui, Babylone feront 19,560 toises ; ce qui revient, à peu de chose près, au compte d'Hérodote. Babylone, quoique immense, cesse alors de nous effrayer par sa grandeur, et son enceinte se réduit à près de huit de nos lieues. (L.)

place quatre cent quatre-vingts stades. Elle est si magnifique, que nous n'en connaissons pas une qu'on puisse lui comparer. Un fossé large, profond et plein d'eau, règne tout autour; on trouve ensuite un mur de cinquante coudées de roi d'épaisseur sur deux cents en hauteur. La coudée de roi est de trois doigts plus grande que la moyenne.

CLXXIX. Il est à propos d'ajouter à ce que je viens de dire l'emploi qu'on fit de la terre des fossés, et de quelle façon la muraille fut bâtie. A mesure qu'on creusait les fossés, on en convertissait la terre en briques; et, lorsqu'il y en eut une quantité suffisante, on les fit cuire dans des fourneaux. Ensuite, pour servir de liaison, on se servit de bitume chaud, et, de trente couches en trente couches de briques, on mit des lits de roseaux entrelacés ensemble. On bâtit d'abord de cette manière les bords du fossé. On passa ensuite aux murs, qu'on construisit de même. Au haut et sur le bord de cette muraille on éleva des tours qui n'avaient qu'une seule chambre, les unes vis-à-vis des autres, entre lesquelles on laissa autant d'espace qu'il en fallait pour faire tourner un char à quatre chevaux. Il y avait à cette muraille cent portes d'airain massif comme les jambages et les linteaux. A huit journées de Babylone est la ville d'Is, située sur une petite rivière de même nom, qui se jette dans l'Euphrate. Cette rivière roule avec ses eaux une grande quantité de bitume : on en tira celui dont furent cimentés les murs de Babylone.

CLXXX. L'Euphrate traverse cette ville par le milieu, et la partage en deux quartiers. Ce fleuve est grand, profond et rapide; il vient de l'Arménie, et se jette dans la mer Érythrée. L'une et l'autre muraille forme un coude sur le fleuve. A cet endroit commence un mur de briques cuites, dont sont bordés les deux côtés de l'Euphrate. Les maisons sont à trois et quatre étages. Les rues sont droites, et coupées par d'autres qui aboutissent au fleuve. En face de celles-ci on a pratiqué, dans le mur construit le long du fleuve, de petites portes pareillement d'airain, par où l'on descend sur ses bords. Il y en a autant que de rues de traverse.

CLXXXI. Le mur extérieur sert de défense. L'intérieur

n'est pas moins fort, mais il est plus étroit. Le centre de chacun de ces deux quartiers de la ville est remarquable : l'un, par le palais du roi, dont l'enceinte est grande et bien fortifiée; l'autre, par le lieu consacré à Jupiter Bélus, dont les portes sont d'airain, et qui subsiste encore actuellement. C'est un carré régulier qui a deux stades en tout sens. On voit au milieu une tour massive qui a un stade tant en longueur qu'en largeur; sur cette tour s'en élève une autre, et sur cette seconde encore une autre, et ainsi de suite : de sorte que l'on en compte jusqu'à huit. On a pratiqué en dehors des degrés qui vont en tournant, et par lesquels on monte à chaque tour. Au milieu de cet escalier on trouve une loge et des siéges, où se reposent ceux qui montent. Dans la dernière tour est une grande chapelle; dans cette chapelle un grand lit bien garni, et près de ce lit une table d'or. On n'y voit point de statues. Personne n'y passe la nuit, à moins que ce ne soit une femme du pays, dont le dieu a fait choix, comme le disent les Chaldéens, qui sont les prêtres de ce dieu.

CLXXXII. Ces mêmes prêtres ajoutent que le dieu vient lui-même dans la chapelle, et qu'il se repose sur le lit. Cela ne me paraît pas croyable. La même chose arrive à Thèbes en Égypte, s'il faut en croire les Égyptiens; car il y couche une femme dans le temple de Jupiter Thébéen, et l'on dit que ces deux femmes n'ont commerce avec aucun homme. La même chose s'observe aussi à Patares en Lycie, lorsque le dieu honore cette ville de sa présence. Alors on enferme la grande prêtresse la nuit dans le temple; car il ne rend point en ce lieu d'oracles en tout temps.

CLXXXIII. Dans ce temple de Babylone il y a une autre chapelle en bas, où l'on voit une grande statue d'or qui représente Jupiter assis. Près de cette statue est une grande table d'or; le trône et le marchepied sont du même métal. Le tout, au rapport des Chaldéens, vaut huit cents talents d'or [1]. On voit hors de cette chapelle un autel d'or, et, outre cela, un autre autel très-grand, sur lequel on immole du bétail d'un âge fait; car il n'est permis de sacrifier

---

[1] 56,160,000 liv. de notre monnaie.

sur l'autel d'or que des animaux encore à la mamelle. Les Chaldéens brûlent aussi sur ce grand autel, tous les ans, à la fête de ce dieu, mille talents pesant d'encens [1]. Il y avait encore en ce temps-là, dans l'enceinte sacrée, une statue d'or massif de douze coudées de haut. Je ne l'ai point vue, je me contente de rapporter ce qu'en disent les Chaldéens. Darius, fils d'Hystaspes, forma le projet de l'enlever; mais il n'osa l'exécuter. Xerxès, fils de Darius, fit tuer le prêtre qui s'opposait à son entreprise, et s'en empara. Telles sont les richesses de ce temple. On y voit aussi beaucoup d'autres offrandes particulières.

CLXXXIV. Babylone a eu un grand nombre de rois, dont je ferai mention dans mon Histoire d'Assyrie. Ce sont eux qui ont environné cette ville de murailles, et qui l'ont embellie par les temples qu'ils y ont élevés. Parmi ces princes on compte deux reines. La première précéda l'autre de cinq générations; elle s'appelait Sémiramis. Elle fit faire ces digues remarquables qui retiennent l'Euphrate dans son lit et l'empêchent d'inonder les campagnes, comme il le faisait auparavant.

CLXXXV. La seconde reine, nommée Nitocris, était plus prudente que la première. Parmi plusieurs ouvrages dignes de mémoire dont je vais parler, elle fit celui-ci. Ayant remarqué que les Mèdes, devenus puissants, ne pouvaient rester en repos, qu'ils s'étaient rendus maîtres de plusieurs villes, et entre autres de Ninive, elle se fortifia d'avance contre eux autant qu'elle le put. Premièrement elle fit creuser des canaux au-dessus de Babylone; par ce moyen, l'Euphrate, qui traverse la ville par le milieu, de droit qu'il était auparavant devint oblique et tortueux, au point qu'il passe trois fois par Ardéricca, bourgade d'Assyrie; et encore maintenant ceux qui se transportent de cette mer-ci à Babylone rencontrent, en descendant l'Euphrate, ce bourg trois fois en trois jours.

Elle fit faire ensuite de chaque côté une levée digne d'admiration, tant pour sa largeur que pour sa hauteur. Bien loin au-dessus de Babylone, et à une petite distance du

[1] 51,432 livres quatre onces cinq gros, vingt-quatre grains.

fleuve, elle fit creuser un lac destiné à recevoir les eaux du fleuve quand il vient à se déborder. Il avait quatre cent vingt stades de tour : quant à la profondeur, on le creusa jusqu'à ce qu'on trouvât l'eau. La terre qu'on en tira servit à relever les bords de la rivière. Ce lac achevé, on en revêtit les bords de pierres. Ces deux ouvrages, savoir, l'Euphrate rendu tortueux et le lac, avaient pour but de ralentir le cours de ce fleuve en brisant son impétuosité par un grand nombre de sinuosités, et d'obliger ceux qui se rendraient par eau à Babylone d'y aller en faisant plusieurs détours, et de les forcer, au sortir de ces détours, à entrer dans un lac immense. Elle fit faire ces travaux dans la partie de ses États la plus exposée aux irruptions des Mèdes, et du côté où ils ont moins de chemin à faire pour entrer sur ses terres, afin que, n'ayant point de commerce avec les Assyriens, ils ne pussent prendre aucune connaissance de ses affaires.

CLXXXVI. Ce fut ainsi que cette princesse fortifia son pays. Quand ces ouvrages furent achevés, voici ceux qu'elle y ajouta : Babylone est divisée en deux parties, et l'Euphrate la traverse par le milieu. Sous les rois précédents, quand on voulait aller d'un côté de la ville à l'autre, il fallait nécessairement passer le fleuve en bateau, ce qui était, à mon avis, fort incommode. Nitocris y pourvut; le lac qu'elle creusa pour obvier aux débordements du fleuve lui permit d'ajouter à ce travail un autre ouvrage qui a éternisé sa mémoire.

Elle fit tailler de grandes pierres; et lorsqu'elles furent prêtes à être mises en œuvre, et que le lac eut été creusé, elle détourna les eaux de l'Euphrate dans ce lac. Pendant qu'il se remplissait, l'ancien lit du fleuve demeura à sec. Ce fut alors qu'on en revêtit les bords de briques cuites en dedans de la ville, ainsi que les descentes qui conduisent des petites portes à la rivière; et l'on s'y prit comme l'on avait fait pour construire le mur : on bâtit aussi au milieu de la ville un pont avec les pierres qu'on avait tirées des carrières, et on les lia ensemble avec du fer et du plomb. Pendant le jour on y passait sur des pièces de bois carrées qu'on retirait le soir, de crainte que les habitants n'allassent de l'un et de l'autre côté du fleuve, pour se voler réciproquement. Lorsqu'on eut fait passer dans le lac les eaux du fleuve, on travailla au pont. Le pont achevé, on fit rentrer l'Euphrate dans son ancien lit; et ce fut alors que les Babyloniens s'aperçurent de l'utilité du lac, et qu'ils reconnurent la commodité du pont.

CLXXXVII. Voici la ruse qu'imagina aussi cette même reine : elle se fit ériger un tombeau sur la terrasse d'une des portes de la ville les plus fréquentées, avec l'inscription suivante, qu'on y grava par son ordre : « Si quelqu'un » des rois qui me succéderont à Babylone vient à manquer » d'argent, qu'il ouvre ce sépulcre, et qu'il en prenne au- » tant qu'il voudra; mais qu'il se garde bien de l'ouvrir » par d'autres motifs, et s'il n'en a du moins un grand » besoin : cette infraction lui serait funeste. »

Ce tombeau demeura fermé jusqu'au règne de Darius; mais ce prince, s'indignant de ne pas faire usage de cette porte, parce qu'il n'aurait pu y passer sans avoir un corps mort sur sa tête, et de ne point se servir de l'argent qui y était en dépôt, et qui semblait l'inviter à le prendre, le fit ouvrir; mais il n'y trouva que le corps de Nitocris, avec cette inscription : « Si tu n'avais pas été insatiable d'argent, » et avide d'un gain honteux, tu n'aurais pas ouvert les » tombeaux des morts. »

CLXXXVIII. Ce fut contre le fils de cette reine que Cyrus fit marcher ses troupes. Il était roi d'Assyrie, et s'appelait Labynète, de même que son père. Le grand roi ne se met point en campagne qu'il n'ait avec lui beaucoup de vivres et de bétail, qu'il tire de son pays. On porte aussi à sa suite de l'eau du Choaspes, fleuve qui passe à Suses. Le roi n'en boit pas d'autre. On la renferme dans des vases d'argent, après l'avoir fait bouillir, et on la transporte à la suite de ce prince sur des chariots à quatre roues traînés par des mulets.

CLXXXIX. Cyrus, marchant contre Babylone, arriva sur les bords du Gyndes. Ce fleuve a ses sources dans les monts Matianiens, et, après avoir traversé le pays des Darnéens, il se perd dans le Tigre, qui passe le long de la ville d'Opis, et se jette dans la mer Érythrée (le golfe Persique). Pendant que Cyrus essayait de traverser le Gyndes, quoiqu'on ne pût le faire qu'en bateau, un de ces chevaux blancs qu'on appelle sacrés, emporté par son ardeur, sauta dans l'eau ; et s'efforçant de gagner la rive opposée, la rapidité du courant l'enleva, le submergea, et le fit entièrement disparaître. Cyrus, indigné de l'insulte du fleuve, le menaça de le rendre si petit et si faible, que dans la suite les femmes mêmes pourraient le traverser sans se mouiller les genoux. Ces menaces faites, il suspend l'expédition contre Babylone, partage son armée en deux corps, trace au cordeau, de chaque côté de la rivière, cent quatre-vingts canaux qui venaient y aboutir en tout sens, et les fait ensuite creuser par ses troupes. On en vint à bout, parce qu'on y employa un grand nombre de travailleurs ; mais cette entreprise les occupa pendant tout l'été.

CXC. Cyrus, s'étant vengé du Gyndes en le coupant en trois cent soixante canaux, continua sa marche vers Babylone dès que le second printemps eut commencé à paraître. Les Babyloniens, ayant mis leurs troupes en campagne, l'attendirent de pied ferme. Il ne parut pas plutôt près de la ville, qu'ils lui livrèrent bataille ; mais, ayant été vaincus, ils se renfermèrent dans leurs murailles.

Comme ils savaient depuis longtemps que ce prince ne pouvait rester tranquille, et qu'il attaquait également toutes les nations, ils avaient fait un amas de provisions pour un grand nombre d'années. Aussi le siége ne les inquiétait-il en aucune manière. Cyrus se trouvait dans un grand embarras ; il assiégeait la place depuis longtemps, et n'était pas plus avancé que le premier jour.

CXCI. Enfin, soit que de lui-même il eût connu ce qu'il fallait faire, soit que quelqu'un, le voyant embarrassé, lui eût donné un bon conseil, voici le moyen qu'il employa. Il plaça son armée, partie à l'endroit où le fleuve entre dans Babylone, partie à l'endroit d'où il en sort, avec ordre de s'introduire dans la ville par le lit du fleuve dès qu'il serait guéable. Son armée ainsi postée, et cet ordre donné, il se rendit au lac avec ses plus mauvaises troupes. Lorsqu'il y fut arrivé, il détourna, à l'exemple de la reine de Babylone, par le canal de communication, le fleuve dans le lac, qui était un grand marais. Les eaux s'y écoulèrent, et l'ancien lit de l'Euphrate devint guéable. Cela fait, les Perses, qui avaient été placés exprès sur les bords du fleuve, entrèrent dans Babylone par le lit de la rivière, dont les eaux s'étaient tellement retirées, qu'ils n'en avaient guère que jusqu'au milieu des cuisses. Si les Babyloniens eussent été instruits d'avance du dessein de Cyrus, ou s'ils s'en fussent aperçus au moment de l'exécution, ils auraient fait périr l'armée entière, loin de la laisser entrer. Ils n'auraient eu qu'à fermer toutes les petites portes qui conduisaient au fleuve, et qu'à monter sur le mur dont il est bordé; ils l'auraient prise comme dans un filet. Mais les Perses survinrent lorsqu'ils s'y attendaient le moins. Si l'on en croit les Babyloniens, les extrémités de la ville étaient déjà au pouvoir de l'ennemi, que ceux qui demeuraient au milieu n'en avaient aucune connaissance, tant elle était grande. Comme ses habitants célébraient par hasard en ce jour une fête, ils ne s'occupaient alors que de danses et de plaisirs, qu'ils continuèrent jusqu'au moment où ils apprirent le malheur qui venait d'arriver. C'est ainsi que Babylone fut prise pour la première fois.

CXCII. Entre autres preuves que je vais rapporter de la puissance des Babyloniens, j'insiste sur celle-ci. Indépendamment des tributs ordinaires, tous les États du grand roi entretiennent sa table et nourrissent son armée. Or, de douze mois dont l'année est composée, la Babylonie fait cette dépense pendant quatre mois, et celle des huit autres se répartit sur le reste de l'Asie. Ce pays égale donc en richesses et en puissance le tiers de l'Asie. Le gouvernement de cette province (les Perses donnent le nom de satrapies à ces gouvernements) est le meilleur de tous. Il rapportait par jour une artabe d'argent à Tritantæchmès, fils d'Artabaze, à qui le roi l'avait donné. L'artabe [1] est une mesure de Perse, plus grande de trois chénices attiques que la médimne attique. Cette province entretenait encore au roi,

[1] La médimne attique contenait 24 chénices attiques, ou 96 setiers; la chénice a 4 setiers 2 cotyles : ainsi l'artabe était de 27 chénices ou 108 setiers. (L.)

en particulier, sans compter les chevaux de guerre, un haras de huit cents étalons et de seize mille cavales ; de sorte qu'on comptait vingt juments pour chaque étalon. On y nourrissait aussi une grande quantité de chiens indiens. Quatre grands bourgs, situés dans la plaine, étaient chargés de les nourrir, et exempts de tout autre tribut.

CXCIII. Les pluies ne sont pas fréquentes en Assyrie ; l'eau du fleuve y nourrit la racine du grain, et fait croître les moissons, non point comme le Nil, en se répandant dans les campagnes, mais à force de bras, et par le moyen de machines propres à élever l'eau ; car la Babylonie est, comme l'Égypte, entièrement coupée de canaux, dont le plus grand porte des navires. Il regarde le lever d'hiver, et communique de l'Euphrate au Tigre, sur lequel était située Ninive. De tous les pays que nous connaissons, c'est, sans contredit, le meilleur et le plus fertile en grains de Cérès (le blé). La terre n'essaye pas du tout d'y porter de figuiers, de vignes, ni d'oliviers : mais en récompense elle y est si propre à toutes sortes de grains, qu'elle rapporte toujours deux cents fois autant qu'on a semé, et que, dans les années où elle se surpasse elle-même, elle rend trois cents fois autant qu'elle a reçu. Les feuilles du froment et de l'orge y ont bien quatre doigts de large. Quoique je n'ignore pas à quelle hauteur y viennent les tiges de millet et de sésame[1], je n'en ferai point mention, persuadé que ceux qui n'ont point été dans la Babylonie ne pourraient ajouter foi à ce que j'ai rapporté des grains de ce pays. Les Babyloniens ne se servent que de l'huile qu'ils expriment du sésame. La plaine est couverte de palmiers. La plupart portent du fruit ; on en mange une partie, et de l'autre on tire du vin et du miel. Ils les cultivent de la même manière

---

[1] Le sésame est ce que nous appelons la jugéoline ou jugioline. C'est une herbe ou plante qui vient de graine. Sa tige est semblable à celle du millet mais plus haute et plus grosse ; ses feuilles sont rouges, et sa fleur verte et couleur d'herbe : sa graine est renfermée dans de petites capsules, comme celle du pavot. Il amaigrit la terre, parce qu'il a beaucoup plus de racines que le millet. Cette graine vient des Indes. On en tire une huile visqueuse, bonne à brûler et à manger. Dioscoride dit que les Égyptiens se servent de cette huile. (BELLANGER.)

que nous cultivons les figuiers. On lie et on attache le fruit des palmiers que les Grecs appellent palmiers mâles, aux palmiers qui portent des dattes, afin que le moucheron, s'introduisant dans la datte, la fasse mûrir et l'empêche de tomber; car il se forme un moucheron dans le fruit des palmiers mâles, comme dans celui des figuiers sauvages.

CXCIV. Je vais parler d'une autre merveille qui, du moins après la ville, est la plus grande de toutes celles qu'on voit en ce pays. Les bateaux dont on se sert pour se rendre à Babylone sont faits avec des peaux, et de forme ronde. On les fabrique dans la partie de l'Arménie qui est au-dessus de l'Assyrie, avec des saules dont on forme la carène et les varangues, qu'on revêt par dehors de peaux, à qui on donne la figure d'un plancher. On les arrondit comme un bouclier, sans aucune distinction de poupe ni de proue, et on en remplit le fond de paille. On les abandonne au courant de la rivière, chargés de marchandises, et principalement de vin de palmier. Deux hommes debout les gouvernent chacun avec un pieu, que l'un tire en dedans et l'autre en dehors. Ces bateaux ne sont point égaux, il y en a de grands et de petits. Les plus grands portent jusqu'à cinq mille talents [1] pesant. On transporte un âne dans chaque bateau; les plus grands en ont plusieurs. Lorsqu'on est arrivé à Babylone, et qu'on a vendu les marchandises, on met aussi en vente les varangues et la paille. Ils chargent ensuite les peaux sur leurs ânes, et retournent en Arménie en les chassant devant eux : car le fleuve est si rapide qu'il n'est pas possible de le remonter; et c'est par cette raison qu'ils ne font pas leurs bateaux de bois, mais de peaux. Ils en construisent d'autres de même manière, lorsqu'ils sont de retour en Arménie avec leurs ânes. Voilà ce que j'avais à dire de leurs bateaux.

CXCV. Quant à leur habillement, ils portent d'abord une tunique de lin qui leur descend jusqu'aux pieds, et par-dessus une autre tunique de laine; ils s'enveloppent ensuite d'un petit manteau blanc. La chaussure qui est à

---

[1] 257,162 livres sept onces un gros cinq deniers.

la mode de leur pays ressemble presque à celle des Béotiens. Ils laissent croître leurs cheveux, se couvrent la tête d'une mitre, et se frottent tout le corps de parfums. Ils ont chacun un cachet, et un bâton travaillé à la main, au haut duquel est ou une pomme, ou une rose, ou un lis, ou un aigle, ou toute autre figure; car il ne leur est pas permis de porter de canne ou bâton sans un ornement caractéristique. C'est ainsi qu'ils se parent : passons maintenant à leurs lois.

CXCVI. La plus sage de toutes, à mon avis, est celle-ci; j'apprends qu'on la retrouve aussi chez les Vénètes, peuple d'Illyrie. Dans chaque bourgade, ceux qui avaient des filles nubiles les amenaient tous les ans dans un endroit où s'assemblaient autour d'elles une grande quantité d'hommes. Un crieur public les faisait lever, et les vendait toutes l'une après l'autre. Il commençait d'abord par la plus belle, et, après en avoir trouvé une somme considérable, il criait celles qui en approchaient davantage; mais il ne les vendait qu'à condition que les acheteurs les épouseraient. Tous les riches Babyloniens qui étaient en âge nubile, enchérissant les uns sur les autres, achetaient les plus belles. Quant aux jeunes gens du peuple, comme ils avaient moins besoin d'épouser de belles personnes que d'avoir une femme qui leur apportât une dot, ils prenaient les plus laides, avec l'argent qu'on leur donnait. En effet, le crieur n'avait pas plutôt fini la vente des belles, qu'il faisait lever la plus laide, ou celle qui était estropiée, s'il s'en trouvait, la criait au plus bas prix, demandant qui voulait l'épouser à cette condition, et l'adjugeait à celui qui en faisait la promesse. Ainsi, l'argent qui provenait de la vente des belles servait à marier les laides et les estropiées. Il n'était point permis à un père de choisir un époux à sa fille, et celui qui avait acheté une fille ne pouvait l'emmener chez lui qu'il n'eût donné caution de l'épouser. Lorsqu'il avait trouvé des répondants, il la conduisait à sa maison. Si l'on ne pouvait s'accorder, la loi portait qu'on rendrait l'argent. Il était aussi permis indistinctement à tous ceux d'un autre bourg de venir à cette vente, et d'y acheter des filles.

Cette loi, si sagement établie, ne subsiste plus; ils ont depuis peu imaginé un autre moyen pour prévenir les mauvais traitements qu'on pourrait faire à leurs filles, et pour empêcher qu'on ne les menât dans une autre ville. Depuis que Babylone a été prise, et que, maltraités par leurs ennemis, les Babyloniens ont perdu leurs biens, il n'y a personne parmi le peuple qui, se voyant dans l'indigence, ne prostitue ses filles pour de l'argent.

CXCVII. Après la coutume concernant les mariages, la plus sage est celle qui regarde les malades. Comme ils n'ont point de médecins, ils transportent les malades à la place publique; chacun s'en approche, et s'il a eu la même maladie, ou s'il a vu quelqu'un qui l'ait eue, il aide le malade de ses conseils, et l'exhorte à faire ce qu'il a fait lui-même, ou ce qu'il a vu pratiquer à d'autres pour se tirer d'une semblable maladie. Il n'est pas permis de passer auprès d'un malade sans lui demander quel est son mal.

CXCVIII. Ils mettent les morts dans du miel; mais leur deuil et leurs cérémonies funèbres ressemblent beaucoup à ceux des Égyptiens. Toutes les fois qu'un Babylonien a eu commerce avec sa femme, il brûle des parfums, et s'assied auprès pour se purifier. Sa femme fait la même chose d'un autre côté. Ils se lavent ensuite l'un et l'autre à la pointe du jour; car il ne leur est pas permis de toucher à aucun vase qu'ils ne se soient lavés : les Arabes observent le même usage.

CXCIX. Les Babyloniens ont une loi bien honteuse. Toute femme née dans le pays est obligée, une fois en sa vie, de se rendre au temple de Vénus, pour s'y livrer à un étranger. Plusieurs d'entre elles, dédaignant de se voir confondues avec les autres, à cause de l'orgueil que leur inspirent leurs richesses, se font porter devant le temple dans des chars couverts. Là, elles se tiennent assises, ayant derrière elles un grand nombre de domestiques qui les ont accompagnées; mais la plupart des autres s'asseyent dans la pièce de terre dépendante du temple de Vénus, avec une couronne de ficelles autour de la tête. Les unes arrivent, les autres se retirent. On voit en tout sens des allées séparées par des cordages tendus : les étrangers se promènent dans ces allées, et choisissent les femmes qui leur plaisent le plus. Quand une femme a pris place en ce lieu, elle ne peut retourner chez elle que quelque étranger ne lui ait jeté de l'argent sur les genoux, et n'ait eu commerce avec elle hors du lieu sacré. Il faut que l'étranger, en lui jetant de l'argent, lui dise : J'invoque la déesse Mylitta. Or les Assyriens donnent à Vénus le nom de Mylitta. Quelque modique que soit la somme, il n'éprouvera point de refus, la loi le défend ; car cet argent devient sacré. Elle suit le premier qui lui jette de l'argent, et il ne lui est pas permis de repousser personne. Enfin, quand elle s'est acquittée de ce qu'elle devait à la déesse, en s'abandonnant à un étranger, elle retourne chez elle. Après cela, quelque somme qu'on lui donne, il n'est pas possible de la séduire. Celles qui ont en partage une taille élégante et de la beauté ne font pas un long séjour dans le temple ; mais les laides y restent davantage, parce qu'elles ne peuvent satisfaire à la loi : il y en a même qui y demeurent trois ou quatre ans. Une coutume à peu près semblable s'observe en quelques endroits de l'île de Cypre.

CC. Telles sont les lois et les coutumes des Babyloniens. Il y a parmi eux trois tribus qui ne vivent que de poissons. Quand ils les ont pêchés, ils les font sécher au soleil, les broient dans un mortier, et les passent ensuite à travers un linge. Ceux qui en veulent manger en font des gâteaux, ou les font cuire comme du pain.

CCI. Lorsque Cyrus eut subjugué cette nation, il lui prit envie de réduire les Massagètes sous sa puissance. On dit que ces peuples forment une nation considérable, et qu'ils sont braves et courageux. Leur pays est à l'est, au delà de l'Araxe, vis-à-vis des Issédons. Il en est qui prétendent qu'ils sont aussi Scythes de nation.

CCII. L'Araxe (le Wolga), selon quelques-uns, est plus grand que l'Ister (le Danube); selon d'autres, il est plus petit. On dit qu'il y a dans ce fleuve beaucoup d'îles dont la grandeur approche de celle de Lesbos; que les peuples qui les habitent se nourrissent l'été de diverses sortes de racines, et qu'ils réservent pour l'hiver les fruits mûrs qu'ils trouvent aux arbres. On dit aussi qu'ils ont découvert un arbre dont ils jettent le fruit dans un feu autour duquel ils s'assemblent par troupes; qu'ils en aspirent la vapeur par le nez, et que cette vapeur les enivre, comme le vin enivre les Grecs; que plus ils jettent de ce fruit dans le feu, plus ils s'enivrent, jusqu'à ce qu'enfin ils se lèvent, et se mettent tous à chanter et à danser. Quant à l'Araxe, il vient du pays des Matianiens, d'où coule aussi le Gyndes, que Cyrus coupa en trois cent soixante canaux. Il a quarante embouchures, qui, si l'on en excepte une, se jettent toutes dans des lieux marécageux et pleins de fange, où l'on prétend qu'habitent des hommes qui vivent de poissons crus, et sont dans l'usage de s'habiller de peaux de veaux marins. Cette bouche unique, dont je viens de parler, se rend dans la mer Caspienne par un canal propre et net.

Cette mer est une mer par elle-même, et n'a aucune communication avec l'autre; car toute la mer où naviguent les Grecs, celle qui est au delà des colonnes d'Hercule, qu'on appelle mer Atlantide, et la mer Érythrée ne font ensemble qu'une même mer.

CCIII. La mer Caspienne est une mer par elle-même, et bien différente de l'autre. Elle a autant de longueur qu'un vaisseau qui va à la rame peut faire de chemin en quinze jours, et, dans sa plus grande largeur, autant qu'il en peut faire en huit. Le Caucase borne cette mer à l'occident. C'est la plus grande de toutes les montagnes, tant par son étendue que par sa hauteur. Elle est habitée par plusieurs nations différentes, dont la plupart ne vivent que de fruits sauvages. On assure que ces peuples ont chez eux une sorte d'arbre dont les feuilles, broyées et mêlées avec de l'eau, leur fournissent une couleur avec laquelle ils peignent sur leurs habits des figures d'animaux. L'eau n'efface point ces figures, et, comme si elles avaient été tissues, elles ne s'usent qu'avec l'étoffe. On assure aussi que ces peuples voient publiquement leurs femmes, comme les bêtes.

CCIV. La mer Caspienne est donc bornée à l'ouest par le Caucase, et à l'est par une plaine immense et à perte de vue. Les Massagètes, à qui Cyrus voulait faire la guerre, occupe la plus grande partie de cette plaine spacieuse. Plusieurs considérations importantes engageaient ce prince dans cette guerre, et l'y animaient. La première était sa naissance, qui lui paraissait avoir quelque chose de plus qu'humain ; la seconde, le bonheur qui l'avait toujours accompagné dans ses guerres. Toutes les nations, en effet, contre qui Cyrus tourna ses armes, furent subjuguées ; aucune ne put l'éviter.

CCV. Tomyris, veuve du dernier roi, régnait alors sur les Massagètes. Cyrus lui envoya des ambassadeurs, sous prétexte de la rechercher en mariage. Mais cette princesse, comprenant qu'il était plus épris de la couronne des Massagètes que de sa personne, lui interdit l'entrée de ses États. Cyrus, voyant que ses artifices n'avaient point réussi, marcha ouvertement contre les Massagètes, et s'avança jusqu'à l'Araxe. Il jeta un pont sur ce fleuve pour en faciliter le passage, et fit élever des tours sur des bateaux destinés à passer ses troupes.

CCVI. Pendant qu'il était occupé de ces travaux, Tomyris lui envoya un ambassadeur, qu'elle chargea de lui parler ainsi : « Roi des Mèdes, cesse de hâter une entre-
» prise dont tu ignores si l'événement tournera à ton
» avantage, et, content de régner sur tes propres sujets,
» regarde-nous tranquillement régner sur les nôtres. Si tu
» ne veux pas suivre mes conseils, si tu préfères tout autre
» parti au repos, enfin si tu as tant d'envie d'éprouver tes
» forces contre celles des Massagètes, discontinue le pont
» que tu as commencé. Nous nous retirerons à trois jour-
» nées de ce fleuve, pour te donner le temps de passer
» dans notre pays ; ou, si tu aimes mieux nous recevoir
» dans le tien, fais comme nous. »

Cyrus convoqua là-dessus les principaux d'entre les Perses, et, ayant mis l'affaire en délibération, il voulut avoir leur avis. Ils s'accordèrent tous à recevoir Tomyris et son armée sur leurs terres.

CCVII. Crésus, qui était présent aux délibérations, désapprouva cet avis, et en proposa un tout opposé. « Sei-
» gneur, dit-il à Cyrus, je vous ai toujours assuré que,

» Jupiter m'ayant livré en votre puissance, je ne cesserais
» de faire tous mes efforts pour tâcher de détourner de
» dessus votre tête les malheurs qui vous menacent. Mes
» adversités me tiennent lieu d'instructions. Si vous vous
» croyez immortel, si vous pensez commander une armée
» d'immortels, peu vous importe ma manière de penser.
» Mais si vous reconnaissez que vous êtes aussi un homme,
» et que vous ne commandez qu'à des hommes comme
» vous, considérez d'abord les vicissitudes humaines :
» figurez-vous une roue qui tourne sans cesse, et ne nous
» permet pas d'être toujours heureux. Pour moi, sur l'af-
» faire qui vient d'être proposée, je suis d'un avis totale-
» ment contraire à celui de votre conseil. Si nous recevons
» l'ennemi dans notre pays, et qu'il nous batte, n'est-il
» pas à craindre que vous perdiez votre empire? car si les
» Massagètes ont l'avantage, il est certain qu'au lieu de
» retourner en arrière ils attaqueront vos provinces. Je
» veux que vous remportiez la victoire : sera-t-elle jamais
» aussi complète que si, après avoir défait vos ennemis
» sur leur propre territoire, vous n'aviez plus qu'à les
» poursuivre? J'opposerai toujours à ceux qui ne sont pas
» de votre avis que, si vous obtenez la victoire, rien ne
» pourra plus vous empêcher de pénétrer sur-le-champ
» jusqu'au centre des États de Tomyris. Indépendamment
» de ces motifs, ne serait-ce pas une chose aussi insup-
» portable que honteuse pour Cyrus, fils de Cambyse, de
» reculer devant une femme?

» J'opine donc que vos troupes passent le fleuve,
» que vous avanciez à mesure que l'ennemi s'éloignera,
» et qu'ensuite vous cherchiez tous les moyens de le
» vaincre. Je sais que les Massagètes ne connaissent pas les
» délices des Perses, et qu'ils manquent des commodités
» de la vie. Qu'on égorge donc une grande quantité de
» bétail, qu'on l'apprête, et qu'on le serve dans le camp ;
» on y joindra du vin pur en abondance dans des cratères,
» et toutes sortes de mets. Ces préparatifs achevés, nous
» laisserons au camp nos plus mauvaises troupes, et nous
» nous retirerons vers le fleuve avec le reste de l'armée.

» Les Massagètes, si je ne me trompe, voyant tant d'abon-
» dance, y courront, et c'est alors que nous trouverons
» l'occasion de nous signaler. »

CCVIII. De ces deux avis opposés, Cyrus rejeta le premier, et préféra celui de Crésus. Il fit dire en conséquence à Tomyris de se retirer, parce qu'il avait dessein de traverser la rivière. La reine se retira, suivant la convention. Cyrus déclara son fils Cambyse pour son successeur; et, lui ayant remis Crésus entre les mains, il lui recommanda d'honorer ce prince et de le combler de bienfaits, quand même cette expédition ne réussirait pas. Ces ordres donnés, il les renvoya en Perse, et traversa le fleuve avec son armée.

CCIX. Cyrus ayant passé l'Araxe, et la nuit étant venue, il s'endormit dans le pays des Massagètes; et, pendant son sommeil, il eut cette vision : il lui sembla voir en songe l'aîné des fils d'Hystaspes ayant deux ailes aux épaules, dont l'une couvrait l'Asie de son ombre, et l'autre couvrait l'Europe. Cet aîné des enfants d'Hystaspes, nommé Darius, avait alors environ vingt ans. Son père, fils d'Arsames, et de la race des Achéménides, l'avait laissé en Perse, parce qu'il n'était pas encore en âge de porter les armes.

Cyrus ayant, à son réveil, réfléchi sur cette vision, et la croyant d'une très-grande importance, il manda Hystaspes, le prit en particulier, et lui dit : « Hystaspes, votre
» fils est convaincu d'avoir conspiré contre moi et contre
» mon royaume. Je vais vous apprendre comment je le
» sais, à n'en pouvoir douter. Les dieux prennent soin de
» moi, et me découvrent ce qui doit m'arriver. La nuit
» dernière, pendant que je dormais, j'ai vu l'aîné de vos
» enfants avec des ailes aux épaules, dont l'une couvrait
» de son ombre l'Asie, et l'autre l'Europe. Je ne puis
» douter, après cela, qu'il n'ait formé quelque trame
» contre moi. Partez donc promptement pour la Perse,
» et ne manquez pas, à mon retour, après la conquête de
» ce pays-ci, de me représenter votre fils, afin que je
» l'examine. »

CCX. Ainsi parla Cyrus, persuadé que Darius conspi-

rait contre lui ; mais le dieu lui présageait par ce songe qu'il devait mourir dans le pays des Massagètes, et que sa couronne passerait sur la tête de Darius. Hystaspes répondit : « Seigneur, aux dieux ne plaise qu'il se trouve parmi
» les Perses un homme qui veuille attenter à vos jours !
» s'il s'en trouvait quelqu'un, qu'il périsse au plus tôt.
» D'esclaves qu'ils étaient, vous en avez fait des hommes
» libres ; et, au lieu de recevoir les ordres d'un maître,
» ils commandent à toutes les nations. Au reste, seigneur,
» si quelque vision vous a fait connaître que mon fils con-
» spire contre votre personne, je vous le livre moi-même,
» pour le traiter comme il vous plaira. » Hystaspes traversa l'Araxe après cette réponse, et retourna en Perse pour s'assurer de Darius son fils, et le représenter à Cyrus.

CCXI. Cyrus, s'étant avancé à une journée de l'Araxe, laissa dans son camp, suivant le conseil de Crésus, ses plus mauvaises troupes, et retourna vers le fleuve avec ses meilleures. Les Massagètes vinrent attaquer, avec la troisième partie de leurs forces, les troupes que Cyrus avait laissées à la garde du camp, et les passèrent au fil de l'épée après quelque résistance. Voyant ensuite tout prêt pour le repas, ils se mirent à table ; et, après avoir mangé et bu avec excès, ils s'endormirent. Mais les Perses survinrent, en tuèrent un grand nombre, et firent encore plus de prisonniers, parmi lesquels se trouva Spargapisès, leur général, fils de la reine Tomyris.

CCXII. Cette princesse, ayant appris le malheur arrivé à ses troupes et à son fils, envoya un héraut à Cyrus :
« Prince altéré de sang, lui dit-elle par la bouche du
» héraut, que ce succès ne t'enfle point ; tu ne le dois
» qu'au jus de la vigne, qu'à cette liqueurs qui vous rend
» insensés, et ne descend dans vos corps que pour faire
» remonter sur vos lèvres des paroles insolentes. Tu as rem-
» porté la victoire sur mon fils, non dans une bataille et
» par tes propres forces, mais par l'appas de ce poison
» séducteur. Écoute, et suis un bon conseil : rends-moi
» mon fils, et, après avoir défait le tiers de mon armée,
» je veux bien encore que tu te retires impunément de mes
» États ; sinon, j'en jure par le Soleil, le souverain maître

» des Massagètes, oui, je t'assouvirai de sang, quelque
» altéré que tu en sois. »

CCXIII. Cyrus ne tint aucun compte de ce discours. Quant à Spargapisès, étant revenu de son ivresse, et apprenant le fâcheux état où il se trouvait, il pria Cyrus de lui faire ôter ses chaînes. Il ne se vit pas plutôt en liberté, qu'il se tua. Telle fut la triste fin de ce jeune prince.

CCXIV. Tomyris, voyant que Cyrus n'était pas disposé à suivre son conseil, rassembla toutes ses forces, et lui livra bataille. Ce combat fut, je crois, le plus furieux qui se soit jamais donné entre des peuples barbares. Voici, autant que je l'ai pu savoir, comment les choses se passèrent. Les deux armées étant à quelque distance l'une de l'autre, on se tira d'abord une multitude de flèches. Les flèches épuisées, on fondit les uns sur les autres à coups de lances, et l'on se mêla l'épée à la main. On combattit longtemps de pied ferme, avec un avantage égal et sans reculer. Enfin la victoire se déclara pour les Massagètes : la plus grande partie de l'armée des Perses périt en cet endroit, et Cyrus lui-même fut tué dans le combat, après un règne de vingt-neuf ans accomplis. Tomyris, ayant fait chercher ce prince parmi les morts, maltraita son cadavre, et lui fit plonger la tête dans une outre pleine de sang humain. « Quoique vivante et victorieuse, dit-elle,
» tu m'as perdue en faisant périr mon fils, qui s'est laissé
» prendre à tes piéges ; mais je t'assouvirai de sang,
» comme je t'en ai menacé. » On raconte diversement la mort de Cyrus[1] ; pour moi, je me suis borné à ce qui m'a paru le plus vraisemblable.

CCXV. Les Massagètes s'habillent comme les Scythes, et leur manière de vivre est la même. Ils combattent à pied et à cheval, et y réussissent également. Ils sont gens de trait et bons piquiers, et portent des sagares[2], suivant

---

[1] Xénophon fait mourir ce prince tranquillement dans son lit. Il paraît que c'était aussi le sentiment de Strabon, qui assure qu'on montrait son tombeau à Pasargades. Lucien dit qu'il mourut âgé de plus de cent ans, de chagrin de ce que son fils Cambyse avait fait mourir la plupart de ses amis. (L.)

[2] La sagare est une hache à deux tranchants. Les Amazones se servaient de cette sorte d'arme.

l'usage du pays. Ils emploient à toutes sortes d'usages l'or et le cuivre. Ils se servent de cuivre pour les piques, les pointes des flèches et les sagares, et réservent l'or pour orner les casques, les baudriers et les larges ceintures qu'ils portent sous les aisselles. Les plastrons dont est garni le poitrail de leurs chevaux sont aussi de cuivre ; quant aux brides, aux mors et aux bossettes, ils les embellissent avec de l'or. Le fer et l'argent ne sont point en usage parmi eux, et on n'en trouve point dans leur pays ; mais l'or et le cuivre y sont abondants.

CCXVI. Passons à leurs usages. Ils épousent chacun une femme ; mais elles sont communes entre eux. C'est chez les Massagètes que s'observe cette coutume, et non chez les Scythes, comme le prétendent les Grecs. Lorsqu'un Massagète devient amoureux d'une femme, il suspend son carquois à son chariot, et en jouit sans honte et sans crainte.

Ils ne prescrivent point de bornes à la vie ; mais lorsqu'un homme est cassé de vieillesse, ses parents s'assemblent et l'immolent avec du bétail. Ils en font cuire la chair, et s'en régalent. Ce genre de mort passe chez ces peuples pour le plus heureux. Ils ne mangent point celui qui est mort de maladie ; mais ils l'enterrent, et regardent comme un malheur de ce qu'il n'a pas été immolé.

Ils n'ensemencent point la terre et vivent de leurs troupeaux, et des poissons que l'Araxe leur fournit en abondance. Le lait est leur boisson ordinaire. De tous les dieux, ils n'adorent que le Soleil. Ils lui sacrifient des chevaux, parce qu'ils croient juste d'immoler au plus vite des dieux le plus vite des animaux.

FIN DU PREMIER LIVRE.

LIVRE SECOND.

EUTERPE.

ÉGYPTE. — ISIS. — ORACLE DE DODONE. — SÉSOSTRIS. — RHAMP-
SINITE. — HÉLIOPOLIS. — ÉLÉPHANTINE. — LE NIL. — EMBAU-
MEMENTS. — SÉPULTURES. — LES DOUZE ROIS. — PSAMMITICHUS.
— WECOS. — PSAMMIS. — APRIÈS. — AMASIS, etc.

I. Cambyse, fils de Cyrus et de Cassandane, fille de Pharnaspes, monta sur le trône après la mort de son père. Cassandane étant morte avant Cyrus, ce prince avait été tellement affligé de sa perte, qu'il avait ordonné à tous ses sujets d'en porter le deuil.

Cambyse se disposa à marcher contre les Égyptiens avec les troupes qu'il leva dans ses États, auxquelles il joignit celles des Ioniens et des Éoliens, qu'il regardait comme esclaves de son père.

II. Les Égyptiens se croyaient, avant le règne de Psammitichus, le plus ancien peuple de la terre. Ce prince ayant voulu savoir, à son avénement à la couronne, quelle nation avait le plus de droit à ce titre, ils ont pensé, depuis ce temps-là, que les Phrygiens étaient plus anciens qu'eux, mais qu'ils l'étaient plus que toutes les autres nations. Les recherches de ce prince ayant été jusqu'alors infructueuses, voici les moyens qu'il imagina : il prit deux enfants de basse extraction nouveau-nés, les remit à un berger pour les élever parmi ses troupeaux, lui ordonna d'empêcher qui que ce fût de prononcer un seul mot en leur présence, de les tenir enfermés dans une cabane dont l'entrée fût interdite à tout le monde, de leur amener, à des temps fixes, des chèvres pour les nourrir, et, lorsqu'ils auraient pris leur repas, de vaquer à ses autres occupations. En donnant ces ordres, ce prince voulait savoir quel serait le premier mot que prononceraient ces enfants quand ils auraient cessé de rendre des sons inarticulés. Ce moyen lui réussit. Deux ans après que le berger eut commencé à en prendre soin, comme il ouvrait la porte et qu'il entrait dans la cabane, ces deux enfants, se traînant vers lui, se mirent à crier : Bécos, en lui tendant les mains. La première fois que le berger les entendit prononcer cette parole, il resta tranquille ; mais ayant remarqué que, lorsqu'il entrait pour en prendre soin, ils répétaient souvent le même mot, il en avertit le roi, qui lui ordonna de les lui amener.

Psammitichus les ayant entendu parler lui-même, et s'étant informé chez quels peuples on se servait du mot bécos [1], et ce qu'il signifiait, il apprit que les Phrygiens appelaient ainsi le pain. Les Égyptiens, ayant pesé ces choses, cédèrent aux Phrygiens l'antériorité, et les reconnurent pour plus anciens qu'eux [2].

III. Les prêtres de Vulcain m'apprirent à Memphis que ce fait arriva de cette manière ; mais les Grecs mêlent à ce récit un grand nombre de circonstances frivoles, et, entre autres, que Psammitichus fit nourrir et élever ces enfants par des femmes à qui il avait fait couper la langue. Voilà ce qu'ils me dirent sur la manière dont on éleva ces enfants.

Pendant mon séjour à Memphis, j'appris encore d'autres

---

[1] Ces enfants prononcèrent, suivant toutes les apparences, le mot bec, qui est le cri des chèvres, qu'ils tâchaient d'imiter, comme le prétend le scoliaste d'Apollonius de Rhodes, *os* étant une terminaison particulière à la langue grecque (L.)

[2] On n'avait point encore fait assez de réflexion, du temps de Psammitichus, sur l'homme et sur sa nature. En le suivant depuis sa naissance jusqu'à la première lueur de raison qu'il fait apercevoir, on remarque que la faculté de parler n'est point un don de la nature, mais un talent acquis comme tous les autres. En effet, si on ne se donnait pas autant de soins et autant de peine qu'on en prend avec les enfants, ils n'apprendraient jamais à articuler. Le sauvage trouvé dans les bois d'Hanovre, sous George Ier, roi d'Angleterre, ne put jamais apprendre à parler. Cet art s'oublie comme tous les autres arts. Selkirk, cet Écossais délaissé dans une île déserte, oublia non-seulement sa langue, mais eut encore beaucoup de peine à l'apprendre de nouveau lorsqu'il se vit dans le sein de sa patrie. Il y a même, dans toutes les langues, des lettres qu'on ne prononcera jamais bien, si on n'y a point été longtemps exercé dans sa jeunesse. (L.)

choses dans les entretiens que j'eus avec les prêtres de Vulcain ; mais comme les habitants d'Héliopolis passent pour les plus habiles de tous les Égyptiens, je me rendis ensuite en cette ville, ainsi qu'à Thèbes, pour voir si leurs discours s'accorderaient avec ceux des prêtres de Memphis. De tout ce qu'ils me racontèrent concernant les choses divines, je ne rapporterai que les noms des dieux, étant persuadé que tous les hommes en ont une égale connaissance ; et si je dis quelque chose sur la religion, ce ne sera qu'autant que je m'y verrai forcé par la suite de mon discours.

IV. Quant aux choses humaines, ils me dirent tous unanimement que les Égyptiens avaient inventé les premiers l'année, et qu'ils l'avaient distribuée en douze parties, d'après la connaissance qu'ils avaient des astres. Ils me paraissent en cela beaucoup plus habiles que les Grecs, qui, pour conserver l'ordre des saisons, ajoutent au commencement de la troisième année un mois intercalaire ; au lieu que les Égyptiens font chaque mois de trente jours, et que tous les ans ils ajoutent à leur année cinq jours surnuméraires, au moyen de quoi les saisons reviennent toujours au même point. Ils me dirent aussi que les Égyptiens s'étaient servis les premiers des noms des douze dieux, et que les Grecs tenaient d'eux ces noms ; qu'ils avaient les premiers élevé aux dieux des autels, des statues et des temples, et qu'ils avaient les premiers gravé sur la pierre des figures d'animaux ; et ils m'apportèrent des preuves sensibles que la plupart de ces choses s'étaient passées de la sorte. Ils ajoutèrent que Ménès [1] fut le premier homme qui eût régné en Égypte ; que de son temps toute l'Égypte, à l'exception du nome Thébaïque, n'était qu'un marais ; qu'alors il ne paraissait rien de toutes les terres

---

[1] Diodore de Sicile s'accorde avec Hérodote, en faisant régner Ménès en Égypte tout de suite après les dieux et les héros ; et c'est la raison pour laquelle notre historien dit qu'il fut le premier des hommes. Si l'on admet la chronologie égyptienne, l'époque où il est monté sur le trône remonte beaucoup plus haut que la création du monde, selon les systèmes des Hébreux ; car Mœris est mort en 1356 avant notre ère. Or il y avait eu, depuis et compris Ménès, trois cent trente générations jusqu'à Mœris : ce qui fait, selon le calcul d'Hérodote, onze mille ans, c'est-à-dire 12,356 ans avant notre ère. (L.)

qu'on y voit aujourd'hui au-dessous du lac Mœris, quoiqu'il y ait sept jours de navigation depuis la mer jusqu'à ce lac, en remontant le fleuve.

V. Ce qu'ils me dirent de ce pays me parut très-raisonnable. Tout homme judicieux qui n'en aura point entendu parler auparavant remarquera en le voyant que l'Égypte, où les Grecs vont par mer, est une terre de nouvelle acquisition, et un présent du fleuve ; il portera aussi le même jugement de tout le pays qui s'étend au-dessus de ce lac jusqu'à trois journées de navigation, quoique les prêtres ne m'aient rien dit de semblable : c'est un autre présent du fleuve. La nature de l'Égypte est telle, que, si vous y allez par eau, et que, étant encore à une journée des côtes, vous jetiez là sonde en mer, vous en tirerez du limon à onze orgyies de profondeur : cela prouve manifestement que le fleuve a porté de la terre jusqu'à cette distance.

VI. La largeur de l'Égypte, le long de la mer, est de soixante schènes, à la prendre, selon les bornes que nous lui donnons, depuis le golfe Plinthinètes jusqu'au lac Serbonis [1], près duquel s'étend le mont Casius.

Les peuples qui ont un territoire très-petit le mesurent par orgyies ; ceux qui en ont un plus grand le mesurent par stades ; ceux qui en ont un encore plus étendu se servent de parasanges ; ceux enfin dont le pays est très-considérable font usage du schène. La parasange vaut trente stades, et chaque schène, mesure usitée chez les Égyptiens, en comprend soixante. Ainsi, l'Égypte pourrait avoir d'étendue, le long de la mer, trois mille six cents stades.

VII. De là jusqu'à Héliopolis, par le milieu des terres, l'Égypte est large et spacieuse, va partout un peu en pente, est bien arrosée, et pleine de fange et de limon. En remontant de la mer à Héliopolis, il y a à peu près aussi loin que d'Athènes, en partant de l'autel des douze dieux [2], au

---

[1] Ce lac s'appelle actuellement Sebaket-Bardoil, ou lac de Baudouin ; et le mont Casius, le mont El-Kas.

[2] Cet autel était sur la place publique d'Athènes. Pisistrate, fils de cet Hippias qui avait été tyran, l'avait dédié aux douze dieux pendant son archontat. On peut placer l'archontat de Pisistrate entre les années 4190 et 4205 de la période julienne. (L.)

temple de Jupiter Olympien [1], à Pise Si l'on vient à mesurer ces deux chemins, on trouvera une légère différence, qui les empêchera d'être égaux par la longueur, et qui n'excède pas quinze stades : il ne s'en faut en effet que de quinze stades qu'il n'y en ait de Pise à Athènes quinze cents ; et de la mer à Héliopolis il y en a quinze cents juste.

VIII. En allant d'Héliopolis vers le haut du pays, l'Égypte est étroite ; car, d'un côté, la montagne d'Arabie, qui la borde, tendant du septentrion vers le midi et le notus, prend toujours, en remontant, sa direction vers la mer Érythrée. On y voit les carrières où ont été taillées les pyramides de Memphis. C'est là que la montagne, cessant de s'avancer, fait un coude vers le pays dont je viens de parler ; c'est là que se trouve sa plus grande longueur : de l'orient à l'occident elle a, à ce que j'ai appris, deux mois de chemin, et son extrémité orientale porte de l'encens.

De l'autre côté l'Égypte est bornée, vers la Libye, par une montagne de pierre couverte de sable, sur laquelle on a bâti les pyramides. Elle s'étend le long de l'Égypte de la même manière que cette partie de la montagne d'Arabie qui se porte vers le midi.

Ainsi le pays, en remontant depuis Héliopolis, quoiqu'il appartienne à l'Égypte, n'est pas d'une grande étendue ; il est même fort étroit pendant environ quatre jours de navigation. Une plaine sépare ces montagnes : dans les endroits où elle a le moins de largeur, il m'a paru qu'il y avait environ deux cents stades, et rien de plus, de la montagne d'Arabie à celle de Libye ; mais au delà l'Égypte commence à s'élargir. Tel est l'état naturel de ce pays.

IX. D'Héliopolis à Thèbes, on remonte le fleuve pendant neuf jours ; ce qui fait quatre mille huit cent soixante stades, c'est-à-dire quatre-vingt-un schènes. Si l'on ajoute ensemble ces stades, on aura, pour la lar-

---

[1] On sait que l'épithète d'Olympien se donnait au souverain des dieux, parce qu'il régnait dans l'Olympe. On donnait aussi cette épithète à Périclès, parce qu'il surpassa, dit Plutarque, tous les orateurs de son temps par la force de son éloquence. (L.)

geur de l'Égypte le long de la mer, trois mille six cents stades, comme je l'ai déjà dit; depuis la mer jusqu'à Thèbes, six mille cent vingt stades[1], et mille huit cents de Thèbes à Éléphantine.

X. La plus grande partie du pays dont je viens de parler est un présent du Nil, comme le dirent les prêtres, et c'est le jugement que j'en portai moi-même. Il me paraissait en effet que toute cette étendue de pays que l'on voit entre ces montagnes, au-dessus de Memphis, était autrefois un bras de mer, comme l'avaient été les environs de Troie, de Teuthranie, d'Éphèse, et la plaine de Méandre, s'il est permis de comparer les petites choses aux grandes; car, de tous les fleuves qui ont formé ces pays par leurs alluvions, il n'y en a pas un qui, par l'abondance de ses eaux, mérite d'être comparé à une seule des cinq bouches du Nil. Il y a encore beaucoup d'autres rivières qui sont inférieures à ce fleuve, et qui cependant ont produit des effets considérables. J'en pourrais citer plusieurs, mais surtout l'Achéloüs, qui, traversant l'Acarnanie, et se jetant dans la mer où sont les Échinades, a joint au continent la moitié de ces îles.

XI. Dans l'Arabie, non loin de l'Égypte, s'étend un golfe long et étroit, comme je le vais dire, qui sort de la mer Érythrée. De l'enfoncement de ce golfe à la grande mer, il faut quarante jours de navigation pour un vaisseau à rames. Sa plus grande largeur n'est que d'une demi-journée de navigation. On y voit tous les jours un flux et un reflux. Je pense que l'Égypte était un autre golfe à peu près semblable, qu'il sortait de la mer du Nord (la Méditerranée), et s'étendait vers l'Éthiopie; que le golfe Arabique, dont je vais parler, allait de la mer du Sud (la mer Rouge) vers la Syrie; et que ces deux golfes n'étant séparés que par un petit espace, il s'en fallait peu que, après

---

[1] Hérodote dit que l'Héliopolis à Thèbes il y a 4,860 stades, c'est-à-dire 81 schènes. Comme le nombre des schènes répond exactement aux 4,860 stades, il est évident que l'erreur n'est pas dans ce nombre. Il y avait de la mer à Héliopolis 1,500 stades. On n'en peut douter d'après le simple exposé du § VII. Ces deux nombres font 6,360. Il y a donc dans le texte une erreur de 240 stades, qu'il faut nécessairement rejeter sur les copistes.

l'avoir percé, ils ne se joignissent par leurs extrémités. Si donc le Nil pouvait se détourner dans ce golfe Arabique, qui empêcherait qu'en vingt mille ans il ne vînt à bout de le combler par le limon qu'il roule sans cesse? Pour moi, je crois qu'il y réussirait en moins de dix mille. Comment donc ce golfe égyptien dont je parle, et un plus grand encore, n'aurait-il pas pu, dans l'espace de temps qui a précédé ma naissance, être comblé par l'action d'un fleuve si grand et si capable d'opérer de tels changements?

XII. Je n'ai donc pas de peine à croire ce qu'on m'a dit de l'Égypte; et moi-même je pense que les choses sont certainement de la sorte, en voyant qu'elle gagne sur les terres adjacentes, qu'on y trouve des coquillages sur les montagnes, qu'il en sort une vapeur salée qui ronge même les pyramides, et que cette montagne, qui s'étend au-dessus de Memphis, est le seul endroit de ce pays où il y ait du sable. Ajoutez que l'Égypte ne ressemble en rien ni à l'Arabie, qui lui est contiguë, ni à la Libye, ni même à la Syrie; car il y a des Syriens qui habitent les côtes maritimes de l'Arabie. Le sol de l'Égypte est une terre noire, crevassée et friable, comme ayant été formée du limon que le Nil y a apporté d'Éthiopie, et qu'il y a accumulé par ses débordements; au lieu qu'on sait que la terre de Libye est plus rougeâtre et plus sablonneuse, et que celle de l'Arabie et de la Syrie est plus argileuse et plus pierreuse.

XIII. Ce que les prêtres me racontèrent de ce pays est encore une preuve de ce que j'en ai dit. Sous le roi Mœris, toutes les fois que le fleuve croissait seulement de huit coudées, il arrosait l'Égypte au-dessous de Memphis; et, dans le temps qu'ils me parlaient ainsi, il n'y avait pas encore neuf cents ans que Mœris était mort : mais maintenant, si le fleuve ne monte pas de seize coudées, ou au moins de quinze, il ne se répand point sur les terres. Si ce pays continue à s'élever dans la même proportion, et à recevoir de nouveaux accroissements, comme il a fait par le passé, le Nil ne le couvrant plus de ses eaux, il me semble que les Égyptiens qui sont au-dessous du lac Mœris, ceux qui habitent les autres contrées, et surtout ce qu'on appelle le

Delta, ne cesseront d'éprouver dans la suite le même sort dont ils prétendent que les Grecs sont un jour menacés ; car, ayant appris que toute la Grèce est arrosée par les pluies, et non par les inondations des rivières, comme leur pays, ils dirent que si les Grecs étaient un jour frustrés de leurs espérances, ils courraient risque de périr misérablement de faim[1]. Ils voulaient faire entendre par là que si, au lieu de pleuvoir en Grèce, il survenait une sécheresse, ils mourraient de faim, parce qu'ils n'ont d'autre ressource que l'eau du ciel.

XIV. Cette réflexion des Égyptiens sur les Grecs est juste ; mais voyons maintenant à quelles extrémités ils peuvent se trouver réduits eux-mêmes. S'il arrivait, comme je l'ai dit précédemment, que le pays situé au-dessous de Memphis, qui est celui qui prend des accroissements, vînt à s'élever proportionnellement à ce qu'il a fait par le passé, ne faudrait-il pas que les Égyptiens qui l'habitent éprouvassent les horreurs de la famine, puisqu'il ne pleut point en leur pays, et que le fleuve ne pourrait plus se répandre sur leurs terres ? Mais il n'y a personne maintenant dans le reste de l'Égypte, ni même dans le monde, qui recueille les grains avec moins de sueur et de travail. Ils ne sont point obligés de tracer avec la charrue de pénibles sillons, de briser les mottes, et de donner à leurs terres les autres façons que leur donnent le reste des hommes ; mais lorsque le fleuve a arrosé de lui-même les campagnes, et que les eaux se sont retirées, alors chacun y lâche des pourceaux, et ensemence ensuite son champ. Lorsqu'il est ensemencé, on y conduit des bœufs ; et, après que ces animaux ont enfoncé le grain en le foulant aux pieds, on attend tranquillement le temps de la

---

[1] Il s'ensuit que les Égyptiens n'avaient aucune connaissance de ces sept années de stérilité qu'éprouva leur pays sous le ministère de Joseph. Elles étaient cependant d'autant plus remarquables, qu'elles occasionnèrent un changement total dans la constitution de l'État ; que les peuples donnèrent d'abord leur or et leur argent au prince pour avoir du blé ; qu'ils lui livrèrent ensuite leur bétail, leurs terres, et enfin qu'ils se rendirent ses esclaves. C'est une preuve que les annales de ce peuple n'étaient pas aussi anciennes que le prétendait Hérodote, ou qu'elles n'étaient pas fort exactes. (L.)

moisson. On se sert aussi de bœufs pour faire sortir le grain de l'épi, et on le serre ensuite.

XV. Les Ioniens ont une opinion particulière sur ce qui concerne l'Égypte : ils prétendent qu'on ne doit donner ce nom qu'au seul Delta, depuis ce qu'on appelle l'Échauguette de Persée, le long du rivage de la mer, jusqu'aux Tarichées de Péluse, l'espace de quarante schènes; qu'en s'éloignant de la mer l'Égypte s'étend, vers le milieu des terres, jusqu'à la ville de Cercasore, où le Nil se partage en deux bras, dont l'un se rend à Péluse, et l'autre à Canope. Le reste de l'Égypte, suivant les mêmes Ioniens, est en partie de la Libye, et en partie de l'Arabie. En admettant cette opinion, il serait aisé de prouver que, dans les premiers temps, les Égyptiens n'avaient point de pays à eux : car le Delta était autrefois couvert par les eaux, comme ils en conviennent eux-mêmes, et comme je l'ai remarqué; et ce n'est, pour ainsi dire, que depuis peu de temps qu'il a paru. Si donc les Égyptiens n'avaient point autrefois de pays, pourquoi ont-ils affecté de se croire les plus anciens hommes du monde? Et qu'avaient-ils besoin d'éprouver des enfants, afin de s'assurer quelle en serait la langue naturelle? Pour moi, je ne pense pas que les Égyptiens n'ont commencé d'exister qu'avec la contrée que les Ioniens appellent Delta, mais qu'ils ont toujours existé depuis qu'il y a des hommes sur terre; et qu'à mesure que le pays s'est agrandi par les alluvions du Nil, une partie des habitants descendit vers la basse Égypte, tandis que l'autre resta dans son ancienne demeure : aussi donnait-on autrefois le nom d'Égypte à la Thébaïde, dont la circonférence est de six mille cent vingt stades.

XVI. Si donc notre sentiment sur l'Égypte est juste, celui des Ioniens ne peut être fondé; si, au contraire, l'opinion des Ioniens est vraie, il m'est facile de prouver que les Grecs et les Ioniens eux-mêmes ne raisonnent pas conséquemment lorsqu'ils disent que toute la terre se divise en trois parties, l'Europe, l'Asie et la Libye : ils devraient y en ajouter une quatrième, savoir, le Delta d'Égypte, puisqu'il n'appartient ni à l'Asie ni à la Libye;

car, suivant ce raisonnement, ce n'est pas le Nil qui sépare l'Asie de la Libye, puisqu'il se brise à la pointe du Delta, et le renferme entre ses bras, de façon que cette contrée se trouve entre l'Asie et la Libye.

XVII. Sans m'arrêter davantage au sentiment des Ioniens, je pense qu'on doit donner le nom d'Égypte à toute l'étendue de pays qui est occupée par les Égyptiens, de même qu'on appelle Cilicie et Assyrie les pays habités par les Ciliciens et les Assyriens; et je ne connais que l'Égypte qu'on puisse, à juste titre, regarder comme limite de l'Asie et de la Libye; mais, si nous voulons suivre l'opinion des Grecs, nous regarderons toute l'Égypte qui commence à la petite cataracte et à la ville d'Éléphantine, comme un pays divisé en deux parties comprises sous l'une et l'autre dénomination; car l'une est de la Libye, et l'autre de l'Asie. Le Nil commence à la cataracte, partage l'Égypte en deux, et se rend à la mer. Jusqu'à la ville de Cercasore il n'a qu'un seul canal; mais, au-dessous de cette ville, il se sépare en trois branches, qui prennent trois routes différentes : l'une s'appelle la bouche Pélusienne, et va à l'est; l'autre, la bouche Canopique, et coule à l'ouest; la troisième va tout droit depuis le haut de l'Égypte jusqu'à la pointe du Delta, qu'elle partage par le milieu, en se rendant à la mer. Ce canal n'est ni le moins considérable par la quantité de ses eaux, ni le moins célèbre : on le nomme le canal Sébennytique. Du canal Sébennytique partent aussi deux autres canaux, qui vont pareillement se décharger dans la mer par deux différentes bouches, la Saïtique et la Mendésienne. La bouche Bolbitine et la Bucolique ne sont point l'ouvrage de la nature, mais des habitants qui les ont creusées.

XVIII. Le sentiment que je viens de développer sur l'étendue de l'Égypte se trouve confirmé par le témoignage de l'oracle de Jupiter Ammon, dont je n'ai eu connaissance qu'après m'être formé cette idée de l'Égypte. Les habitants de Marée et d'Apis, villes frontières du côté de la Libye, ne se croyaient pas Égyptiens, mais Libyens. Ayant pris en aversion les cérémonies religieuses de l'Égypte, et ne voulant point s'abstenir de la chair des génisses [1], ils envoyèrent à l'oracle d'Ammon pour lui représenter qu'habitant hors du Delta, et leur langage étant différent de celui des Égyptiens, ils n'avaient rien de commun avec ces peuples, et qu'ils voulaient qu'il leur fût permis de manger de toutes sortes de viandes. Le dieu ne leur permit point de faire ces choses, et leur répondit que tout le pays que couvrait le Nil dans ses débordements appartenait à l'Égypte, et que tous ceux qui, habitant au-dessous de la ville d'Éléphantine, buvaient des eaux de ce fleuve, étaient Égyptiens.

XIX. Or le Nil, dans ses grandes crues, inonde non-seulement le Delta, mais encore des endroits qu'on dit appartenir à la Libye, ainsi que quelques petits cantons de l'Arabie, et se répand de l'un et de l'autre côté l'espace de deux journées de chemin, tantôt plus, tantôt moins.

Quant à la nature de ce fleuve, je n'en ai rien pu apprendre ni des prêtres, ni d'aucune autre personne. J'avais cependant une envie extrême de savoir d'eux pourquoi le Nil commence à grossir au solstice d'été, et continue ainsi durant cent jours; et par quelle raison, ayant crû ce nombre de jours, il se retire, et baisse au point qu'il demeure petit l'hiver entier, et qu'il reste en cet état jusqu'au retour du solstice d'été.

J'eus donc beau m'informer pourquoi ce fleuve est, de sa nature, le contraire de tous les autres; je n'en pus rien apprendre d'aucun Égyptien, malgré les questions que je leur fis dans la vue de m'instruire. Ils ne purent me dire pareillement pourquoi le Nil est le seul fleuve qui ne produise point de vent frais.

XX. Cependant il s'est trouvé des gens chez les Grecs qui, pour se faire un nom par leur savoir, ont entrepris d'expliquer le débordement de ce fleuve. Des trois opinions qui les ont partagés, il y en a deux que je ne juge pas même dignes d'être rapportées; aussi ne ferai-je que les indiquer. Suivant la première, ce sont les vents étésiens qui, repous-

---

[1] Il paraît par ce passage que les Égyptiens ne mangeaient point de vache. Ce peuple superstitieux s'abstenait pareillement des bœufs, s'ils étaient jumeaux, s'ils étaient tachetés, s'ils avaient déjà travaillé, etc. (L.)

sant de leur souffle les eaux du Nil, et les empêchant de se porter à la mer, occasionnent la crue de ce fleuve; mais il arrive souvent que ces vents n'ont point encore soufflé, et cependant le Nil n'en grossit pas moins. Bien plus, si les vents étésiens étaient la cause de l'inondation, il faudrait aussi que tous les autres fleuves dont le cours est opposé à ces vents éprouvassent la même chose que le Nil, et cela d'autant plus qu'ils sont plus petits et moins rapides : or, il y a en Syrie et en Libye beaucoup de rivières qui ne sont point sujettes à des débordements tels que ceux du Nil.

XXI. Le second sentiment est encore plus absurde; mais, à dire vrai, il a quelque chose de plus merveilleux. Selon cette opinion, l'Océan environne toute la terre, et le Nil opère ce débordement parce qu'il vient de l'Océan.

XXII. Le troisième sentiment est le plus faux, quoiqu'il ait un beaucoup plus grand degré de vraisemblance. C'est ne rien dire, en effet, que de prétendre que le Nil provient de la fonte des neiges, lui qui coule de la Libye par le milieu de l'Éthiopie, et entre de là en Égypte. Comment donc pourrait-il être formé par la fonte des neiges, puisqu'il vient d'un climat très-chaud dans un pays qui l'est moins? Un homme capable de raisonner sur ces matières peut trouver ici plusieurs preuves qu'il n'est pas même vraisemblable que les débordements du Nil dérivent de cette cause. La première, et la plus forte, vient des vents; ceux qui soufflent de ce pays-là sont chauds. La seconde se tire de ce qu'on ne voit jamais en ce pays ni pluie ni glace. S'il y neigeait, il faudrait aussi qu'il y plût; car c'est une nécessité absolue que, dans un pays où il tombe de la neige, il y pleuve dans l'espace de cinq jours. La troisième vient de ce que la chaleur y rend les hommes noirs, de ce que les milans et les hirondelles y demeurent toute l'année, et de ce que les grues y viennent en hiver, pour éviter les froids de la Scythie. Si donc il neigeait, même en petite quantité, dans le pays que traverse le Nil, ou dans celui où il prend sa source, il est certain qu'il n'arriverait rien de toutes ces choses, comme le prouve ce raisonnement.

XXIII. Celui qui a attribué à l'Océan la cause du débordement du Nil a eu recours à une fable obscure, au lieu de raisons convaincantes ; car, pour moi, je ne connais point de fleuve qu'on puisse appeler l'Océan; et je pense qu'Homère, ou quelque autre poëte plus ancien, ayant inventé ce nom, l'a introduit dans la poésie.

XXIV. Mais si, après avoir blâmé les opinions précédentes, il est nécessaire que je déclare moi-même ce que je pense sur ces choses cachées, je dirai qu'il me paraît que le Nil grossit en été, parce qu'en hiver le soleil, chassé de son ancienne route par la rigueur de la saison, parcourt alors la région du ciel qui répond à la partie supérieure de la Libye. Voilà, en peu de mots, la raison de cette crue ; car il est probable que plus ce dieu tend vers un pays et s'en approche, et plus il le dessèche et en tarit les fleuves.

XXV. Mais il faut expliquer cela d'une manière plus étendue : l'air est toujours serein dans la Libye supérieure; il y fait toujours chaud, et jamais il n'y souffle de vents froids. Lorsque le soleil parcourt ce pays, il y produit le même effet qu'il a coutume de produire en été, quand il passe par le milieu du ciel ; il attire les vapeurs à lui, et les repousse ensuite vers les lieux élevés, où les vents, les ayant reçues, les dispersent et les fondent. C'est vraisemblablement par cette raison que les vents qui soufflent de ce pays, comme le sud et le sud-ouest, sont les plus pluvieux de tous. Je crois cependant que le soleil ne renvoie pas toute l'eau du Nil qu'il attire annuellement, mais qu'il s'en réserve une partie.

Lorsque l'hiver est adouci, le soleil retourne au milieu du ciel, et de là il attire également des vapeurs de tous les fleuves. Jusqu'alors ils augmentent considérablement, à cause des pluies dont la terre est arrosée, et qui forment des torrents ; mais ils deviennent faibles en été, parce que les pluies leur manquent, et que le soleil attire une partie de leurs eaux. Il n'en est pas de même du Nil : comme en hiver il est dépourvu des eaux de pluie, et que le soleil en élève des vapeurs, c'est, avec raison, la seule rivière dont les eaux soient beaucoup plus basses en cette saison qu'en été. Le soleil l'attire de même que tous les autres fleuves ;

mais, l'hiver, il est le seul que cet astre mette à contribution : c'est pourquoi je regarde le soleil comme la cause de ces effets.

XXVI. C'est lui aussi qui rend, à mon avis, l'air sec en ce pays, parce qu'il le brûle sur son passage ; et c'est pour cela qu'un été perpétuel règne dans la Libye supérieure. Si l'ordre des saisons et la position du ciel venaient à changer de manière que le nord prît la place du sud, et le sud celle du nord, alors le soleil, chassé du milieu du ciel par l'hiver, prendrait sans doute son cours par la partie supérieure de l'Europe, comme il le fait aujourd'hui par le haut de la Libye ; et je pense qu'en traversant ainsi toute l'Europe, il agirait sur l'Ister comme il agit actuellement sur le Nil.

XXVII. J'ai dit qu'on ne sentait jamais de vents frais sur ce fleuve, et je pense qu'il est contre toute vraisemblance qu'il puisse en venir d'un climat chaud, parce qu'ils ont coutume de souffler d'un pays froid : quoi qu'il en soit, laissons les choses comme elles sont, et comme elles ont été dès le commencement.

XXVIII. De tous les Égyptiens, les Libyens et les Grecs avec qui je me suis entretenu, aucun ne se flattait de connaître les sources du Nil, si ce n'est le hiérogrammatéus, ou interprète des hiéroglyphes de Minerve, à Saïs en Égypte. Je crus néanmoins qu'il plaisantait, quand il m'assura qu'il en avait une connaissance certaine. Il me dit qu'entre Syène, dans la Thébaïde, et Éléphantine, il y avait deux montagnes dont les sommets se terminaient en pointe ; que l'une de ces montagnes s'appelait Crophi, et l'autre Mophi. Les sources du Nil, qui sont de profonds abîmes, sortaient, disait-il, du milieu de ces montagnes : la moitié de leurs eaux coulait en Égypte, vers le nord ; et l'autre moitié en Éthiopie, vers le sud. Pour montrer que ces sources étaient des abîmes, il ajouta que Psammitichus, ayant voulu en faire l'épreuve, y avait fait jeter un câble de plusieurs milliers d'orgyies[1], mais que la sonde n'avait pas été jusqu'au fond. Si le récit de cet in-

---

[1] L'orgyie avait quatre coudées ou six pieds grecs, comme on le verra plus bas, § CXLIX. L'orgyie revient à environ cinq pieds huit pouces.

terprète est vrai, je pense qu'en cet endroit les eaux, venant à se porter et à se briser avec violence contre les montagnes, refluent avec rapidité, et excitent des tournants qui empêchent la sonde d'aller jusqu'au fond.

XXIX. Je n'ai trouvé personne qui ait pu m'en apprendre davantage; mais voici ce que j'ai recueilli, en poussant mes recherches aussi loin qu'elles pouvaient aller : jusqu'à Éléphantine, j'ai vu les choses par moi-même ; quant à ce qui est au delà de cette ville, je ne le sais que par les réponses que l'on m'a faites.

Le pays au-dessus d'Éléphantine est élevé. En remontant le fleuve, on attache de chaque côté du bateau une corde, comme on en attache aux bœufs, et on le tire de la sorte. Si le câble se casse, le bateau est emporté par la force du courant. Ce lieu a quatre jours de navigation. Le Nil y est tortueux comme le Méandre, et il faut naviguer de la manière que nous avons dit pendant douze schènes [1]. Vous arrivez ensuite à une plaine fort unie, où il y a une île formée par les eaux du Nil ; elle s'appelle Tachompso. Au-dessus d'Éléphantine, on trouve déjà des Éthiopiens ; ils occupent même une moitié de l'île de Tachompso, et les Égyptiens l'autre moitié. Attenant l'île, est un grand lac sur les bords duquel habitent des Éthiopiens nomades. Quand vous l'avez traversé, vous rentrez dans le Nil, qui s'y jette ; de là, quittant le bateau, vous faites quarante jours de chemin le long du fleuve; car, dans cet espace, le Nil est plein de rochers pointus et de grosses pierres à sa surface, qui rendent la navigation impraticable. Après avoir fait ce chemin en quarante jours de marche, vous vous rembarquez dans un autre bateau où vous naviguez douze jours; puis vous arrivez à une grande ville appelée Méroé. On dit qu'elle est la capitale du reste des Éthiopiens. Jupiter et Bacchus sont les seuls dieux qu'adorent ses habitants; les cérémonies de leur culte sont magnifiques : ils ont aussi parmi eux un oracle de Jupiter, sur les réponses

---

[1] Il y avait des schènes de différentes longueurs : suivant l'évaluation d'Hérodote, les douze schènes font 720 stades.

duquel ils portent la guerre partout où ce dieu le commande et quand il l'ordonne.

XXX. De cette ville, vous arrivez au pays des Automoles en autant de jours de navigation que vous en avez mis à venir d'Éléphantine à la métropole des Éthiopiens. Ces Automoles s'appellent Asmach. Ce nom, traduit en grec, signifie ceux qui se tiennent à la gauche du roi ; ils descendent de deux cent quarante mille Égyptiens, tous gens de guerre, qui passèrent du côté des Éthiopiens pour le sujet que je vais rapporter

Sous le règne de Psammitichus, on les avait mis en garnison à Éléphantine, pour défendre le pays contre les Éthiopiens ; à Daphnes de Péluse, pour empêcher les incursions des Arabes et des Syriens ; à Marée, pour tenir la Libye en respect. Les Perses ont encore aujourd'hui des troupes dans les mêmes places où il y en avait sous Psammitichus ; car il y a garnison perse à Éléphantine et à Daphnes. Ces Égyptiens étant donc restés trois ans dans leurs garnisons, sans qu'on vînt les relever, résolurent, d'un commun accord, d'abandonner Psammitichus, et de passer chez les Éthiopiens. Sur cette nouvelle, ce prince les poursuivit : lorsqu'il les eut atteints, il employa les prières, et tous les motifs les plus propres à les dissuader d'abandonner les dieux de leurs pères, leurs enfants et leurs femmes. Là-dessus, l'un d'entre eux, comme on le raconte, lui montrant le signe de sa virilité, lui dit : Partout où nous le porterons, nous y trouverons des femmes, et nous y aurons des enfants. Les Automoles, étant arrivés en Éthiopie, se donnèrent au roi. Ce prince les en récompensa en leur accordant le pays de quelques Éthiopiens qui étaient ses ennemis, et qu'il leur ordonna de chasser.

Ces Égyptiens s'étant établis dans ce pays, les Éthiopiens se civilisèrent, en adoptant les mœurs égyptiennes.

XXXI. Le cours du Nil est donc connu pendant quatre mois de chemin, qu'on fait en partie par eau, et en partie par terre, sans y comprendre le cours de ce fleuve en Égypte ; car, si l'on compte exactement, on trouve qu'il faut précisément quatre mois pour se rendre d'Éléphantine au pays de ces Automoles. Il est certain que le Nil vient de l'ouest; mais on ne peut rien assurer sur ce qu'il est au delà des Automoles, les chaleurs excessives rendant ce pays désert et inhabité.

XXXII. Voici néanmoins ce que j'ai appris de quelques Cyrénéens qui, ayant été consulter, à ce qu'ils me dirent, l'oracle de Jupiter Ammon, eurent un entretien avec Étéarque, roi du pays. Insensiblement la conversation tomba sur les sources du Nil, et l'on prétendit qu'elles étaient inconnues. Étéarque leur raconta qu'un jour des Nasamons arrivèrent à sa cour. Les Nasamons sont un peuple de Libye qui habite la Syrte, et un pays de peu d'étendue à l'orient de la Syrte. Leur ayant demandé s'ils avaient quelque chose de nouveau à lui apprendre sur les déserts de Libye, ils lui répondirent que, parmi les familles les plus puissantes du pays, des jeunes gens, parvenus à l'âge viril, et pleins d'emportement, imaginèrent, entre autres extravagances, de tirer au sort cinq d'entre eux pour reconnaître les déserts de la Libye, et tâcher d'y pénétrer plus avant qu'on ne l'avait fait jusqu'alors.

Toute la côte de la Libye qui borde la mer septentrionale (la Méditerranée) depuis l'Égypte jusqu'au promontoire Soloéis [1], où se termine cette troisième partie du monde, est occupée par les Libyens et par diverses nations libyennes, à la réserve de ce qu'y possèdent les Grecs et les Phéniciens; mais, dans l'intérieur des terres, au-dessus de la côte maritime et des peuples qui la bordent, est une contrée remplie de bêtes féroces. Au delà de cette contrée, on ne trouve plus que du sable, qu'un pays prodigieusement aride et absolument désert.

Ces jeunes gens, envoyés par leurs compagnons avec de bonnes provisions d'eau et de vivres, parcoururent d'abord des pays habités; ensuite ils arrivèrent dans un pays rempli de bêtes féroces; de là, continuant leur route à l'ouest à travers les déserts, ils aperçurent, après avoir longtemps marché dans un pays très-sablonneux, une plaine où il y avait des arbres. S'en étant approchés, ils man-

---

[1] Le cap Soloéis est aujourd'hui, à ce qu'on croit, le cap Cantin, sur la côte de Maroc. (Miot.)

gèrent des fruits que ces arbres portaient. Tandis qu'ils en mangeaient, de petits hommes[1], d'une taille au-dessous de la moyenne, fondirent sur eux, et les emmenèrent par force. Les Nasamons n'entendaient point leur langue, et ces petits hommes ne comprenaient rien à celle des Nasamons. On les mena par des lieux marécageux; après les avoir traversés, ils arrivèrent à une ville dont tous les habitants étaient noirs, et de la même taille que ceux qui les y avaient conduits. Une grande rivière[2], dans laquelle il y avait des crocodiles, coulait le long de cette ville de l'ouest à l'est.

XXXIII. Je me suis contenté de rapporter jusqu'à présent le discours d'Étéarque. Ce prince ajoutait cependant, comme m'en assurèrent les Cyrénéens, que les Nasamons étaient retournés dans leur patrie, et que les hommes chez qui ils avaient été étaient tous des enchanteurs. Quant au fleuve qui passait le long de cette ville, Étéarque conjecturait que c'était le Nil, et la raison le veut ainsi; car le Nil vient de la Libye, et la coupe par le milieu; et s'il est permis de tirer des choses connues des conjectures sur les inconnues, je pense qu'il part des mêmes points que l'Ister. Ce dernier fleuve commence en effet dans le pays des Celtes, auprès de la ville de Pyrène, et traverse l'Europe par le milieu. Les Celtes sont au delà des colonnes d'Hercule, et touchent aux Cynésiens, qui sont les derniers peuples de l'Europe du côté du couchant. L'Ister se jette dans le Pont-Euxin à l'endroit où sont les Istriens, colonie de Milet[3].

[1] Ce récit est confirmé par les relations des voyageurs modernes. « Vis-à-vis le trône du roi (de Loango) sont assis quelques nains, le dos tourné vers lui... Les nègres du pays assurent qu'il y a dans l'intérieur des terres une grande contrée qui n'est habitée que par des hommes de cette taille, et que leur unique occupation est de tuer des éléphants. » *Histoire générale des voyages*, t. IV, p. 601; voyez aussi *Voyage aux sources du Sénégal et de la Gambie*, par Mollien, t. II, p. 209.

[2] Cette grande rivière est probablement le Niger. Voyez le *Voyage aux sources de la Gambie*, par Mollien, t. I, p. 219.

[3] L'Ister est le nom ancien du Danube. Hérodote, comme on voit, avait une idée assez juste de son cours et de son embouchure. Quant aux autres indications, elles sont peu exactes; et l'on ne doit pas s'en étonner, car alors l'Asie avait peu de relations avec l'Europe. (MIOT.)

XXXIV. L'Ister est connu de beaucoup de monde, parce qu'il arrose des pays habités ; mais on ne peut rien assurer des sources du Nil, à cause que la partie de la Libye qu'il traverse est déserte et inhabitée. Quant à son cours, j'ai dit tout ce que j'ai pu en apprendre par les recherches les plus étendues. Il se jette dans l'Égypte; l'Égypte est presque vis-à-vis de la Cilicie montueuse; de là à Sinope, sur le Pont-Euxin, il y a, en droite ligne, cinq jours de chemin pour un bon voyageur : or Sinope est située vis-à-vis de l'embouchure de l'Ister. Il me semble par conséquent que le Nil, qui traverse toute la Libye, peut entrer en comparaison avec l'Ister. Mais en voilà assez sur ce fleuve.

XXXV. Je m'étendrai davantage sur ce qui concerne l'Égypte, parce qu'elle renferme plus de merveilles que nul autre pays, et qu'il n'y a point de contrée où l'on voie tant d'ouvrages admirables et au-dessus de toute expression : par ces raisons, je m'étendrai davantage sur ce pays.

Comme les Égyptiens sont nés sous un climat bien différent des autres climats, et que le Nil est d'une nature bien différente du reste des fleuves, aussi leurs usages et leurs lois diffèrent-ils pour la plupart de ceux des autres nations. Chez eux, les femmes vont sur la place, et s'occupent du commerce, tandis que les hommes, renfermés dans leurs maisons, travaillent à de la toile [1]. Les autres nations font la toile en poussant la trame en haut, les Égyptiens en la poussant en bas. En Égypte, les hommes portent les fardeaux sur la tête, et les femmes sur les épaules. Les femmes urinent debout, les hommes accroupis; quant aux autres besoins naturels, ils se renferment dans leurs maisons; mais ils mangent dans les rues. Ils apportent pour raison de cette conduite que les choses indécentes, mais nécessaires, doivent se faire en secret, au lieu que celles qui ne sont point indécentes doivent se faire en public. Chez les Égyptiens, les femmes ne peuvent être prêtresses d'aucun dieu ni d'aucune déesse; le sacerdoce est réservé aux hommes. Si les enfants mâles ne veulent point nourrir

---

[1] Les hommes étaient, en Égypte, les esclaves des femmes. Diodor. Sical. lib. 1, § xxvii, pag. 31.

leurs pères et leurs mères, on ne les y force pas ; mais si les filles le refusent, on les y contraint.

XXXVI. Dans les autres pays, les prêtres portent leurs cheveux ; en Égypte, ils les rasent. Chez les autres nations, dès qu'on est en deuil, on se fait raser [1], et surtout les plus proches parents ; les Égyptiens, au contraire, laissent croître leurs cheveux et leur barbe à la mort de leurs proches, quoique jusqu'alors ils se fussent rasés. Les autres peuples prennent leurs repas dans un endroit séparé des bêtes, les Égyptiens mangent avec elles. Partout ailleurs on se nourrit de froment et d'orge ; En Égypte, on regarde comme infâmes ceux qui s'en nourrissent, et l'on y fait usage d'épeautre. Ils pétrissent la farine avec les pieds ; mais ils enlèvent la boue et le fumier avec les mains. Toutes les autres nations, excepté celles qui sont instruites, laissent les parties de la génération dans leur état naturel ; eux, au contraire, se font circoncire [2]. Les hommes ont chacun deux habits, les femmes n'en ont qu'un. Les autres peuples attachent en dehors les cordages et les anneaux ou crochets des voiles ; les Égyptiens, en dedans. Les Grecs écrivent et calculent avec des jetons, en portant la main de la gauche vers la droite ; les Égyptiens, en la conduisant de la droite à la gauche ; et néanmoins ils disent qu'ils écrivent et calculent à droite, et les Grecs à gauche. Ils ont deux sortes de lettres, les sacrées et les populaires.

XXXVII. Ils sont très-religieux, et surpassent tous les hommes dans le culte qu'ils rendent aux dieux. Voici quelques-unes de leurs coutumes : ils boivent dans des coupes d'airain, qu'ils ont soin de nettoyer tous les jours ; c'est un usage universel, dont personne ne s'exempte. Ils portent des habits de lin nouvellement lavés ; attention

[1] Hérodote n'y comprend pas sans doute les Grecs, qui suivaient en cela l'usage des Égyptiens. « Lorsqu'il survient, dit Plutarque, quelque malheur aux Grecs, les femmes se rasent les cheveux, et les hommes les laissent croître, parce qu'ils sont dans l'usage de les couper, et les femmes de les porter. »

[2] Il n'y avait d'obligation que pour les prêtres ; les autres Égyptiens étaient dispensés de cette cérémonie, à moins qu'ils ne voulussent se faire initier aux mystères, ou se procurer la connaissance des sciences sacrées. *Voyez* le célèbre évêque d'Avranches sur Origène. (WESSELING.)

qu'ils ont toujours. Ils se font circoncire par principe de propreté, parce qu'ils en font plus de cas que de la beauté.

Les prêtres se rasent le corps entier tous les trois jours, afin qu'il ne s'engendre ni vermine, ni aucune autre ordure sur des hommes qui servent les dieux. Ils ne portent qu'une robe de lin et des souliers de byblus. Il ne leur est pas permis d'avoir d'autre habit ni d'autre chaussure. Ils se lavent deux fois par jour dans de l'eau froide, et autant de fois toutes les nuits; en un mot, ils ont mille pratiques religieuses qu'ils observent régulièrement.

Ils jouissent, en récompense, de grands avantages. Ils ne dépensent ni ne consomment rien de leurs biens propres [1]. Chacun d'eux a sa portion des viandes sacrées, qu'on leur donne cuites; et même on leur distribue chaque jour une grande quantité de chair de bœuf et d'oie. On leur donne aussi du vin de vigne [2]; mais il ne leur est pas permis de manger du poisson [3].

Les Égyptiens ne sèment jamais de fèves dans leurs

---

[1] L'Égypte était partagée en trois parties. La première appartenait à l'ordre sacerdotal, et servait aux sacrifices et à l'entretien des ministres des temples. Elle était aussi exempte de toute sorte d'impôts. Ce fut Isis qui donna aux prêtres le tiers de son royaume, pour les engager à déférer les honneurs divins à son époux Osiris après sa mort. Mais Moïse, beaucoup plus croyable que Diodore de Sicile, nous apprend qu'ils tenaient ces terres de la libéralité de leur souverain. Lorsque Pharaon, roi d'Égypte, s'empara de l'argent, du bétail et des terres de ses sujets, par le conseil de Joseph, qu'il avait fait son ministre, et qui avait épousé la fille du grand prêtre du Soleil, il ne toucha point aux possessions des prêtres, et on leur fournit du blé en abondance. (L.)

[2] Il y avait plusieurs sortes de vins : le vin de vigne, et le vin d'orge ou la bière. Le vin de vigne était très-rare en Égypte avant Psammitichus.

[3] Le neuvième du premier mois, tandis que les Égyptiens mangeaient chacun devant sa porte un poisson cuit, les prêtres, au lieu d'en manger, en brûlaient devant la leur. Ils en apportaient deux raisons : l'une sacrée et subtile, qui s'accorde avec leur théologie au sujet d'Osiris et de Typhon; l'autre, qui est claire et manifeste, c'est que le poisson est un aliment superflu. Mais la vraie raison, c'est que la chair de poisson irrite toutes les maladies qui ont rapport avec l'éléphantiase, et que les prêtres, qui prenaient toutes les précautions imaginables pour se garantir de cette maladie, n'osaient manger d'aucune espèce de poisson, de crainte d'en prendre le germe. Mais, quelle que puisse être la cause de cette aversion, le poisson était, chez les Égyptiens, le symbole de la haine. Les pythagoriciens, qui avaient pris en Égypte leurs dogmes, avaient les poissons encore plus en aversion que les autres nourritures animales. (L.)

terres, et, s'il en vient, ils ne les mangent ni crues ni cuites [1]. Les prêtres n'en peuvent pas même supporter la vue ; ils s'imaginent que ce légume est impur. Chaque dieu a plusieurs prêtres et un grand prêtre. Quand il en meurt quelqu'un, il est remplacé par son fils [2].

XXXVIII. Ils croient que les bœufs mondes (purs) appartiennent à Épaphus, et c'est pourquoi ils les examinent avec tant de soin. Il y a même un prêtre destiné pour cette fonction. S'il trouve sur l'animal un seul poil noir [3], il le regarde comme immonde. Il le visite et l'examine debout et couché sur le dos ; il lui fait ensuite tirer la langue, et il observe s'il est exempt des marques dont font mention les livres sacrés, et dont je parlerai autre part. Il considère aussi si les poils de la queue sont tels qu'ils doivent être naturellement.

Si le bœuf est exempt de toutes ces choses, il est réputé monde ; le prêtre le marque avec une corde d'écorce de byblos, qu'il lui attache autour des cornes ; il y applique ensuite de la terre sigillaire, sur laquelle il imprime son sceau ; après quoi on le conduit à l'autel ; car il est défendu, sous peine de mort, de sacrifier un bœuf qui n'a point

---

[1] C'est en Égypte que Pythagore avait pris de l'aversion pour les fèves. On sait qu'il avait été instruit par OEnuphis, prêtre d'Héliopolis.

[2] Les prêtres, chez les Égyptiens, composaient une classe d'hommes, tels que les lévites parmi les Juifs, et les brachmanes chez les Indiens. Les enfants succédaient à leurs pères, et nul autre que ceux de race sacerdotale ne pouvait exercer les fonctions du ministère sacré. Diodore de Sicile remarque que les prêtres transmettaient à leurs enfants le même genre de vie ; et Eusèbe, que le fils tient de son père le sacerdoce, et que ce droit est héréditaire. Il y avait aussi à Athènes de certaines familles à qui étaient attachées les fonctions du sacerdoce, telles que les Eumolpides, les Céryces, les Étéobutades, etc. (L.)

[3] Les Égyptiens, persuadés que Typhon était roux, n'immolent que des bœufs de cette couleur. Ils observent cela avec une exactitude si scrupuleuse, que, s'il se trouve sur la victime un seul poil noir ou blanc, on ne peut la sacrifier. Ils pensent en effet qu'on ne doit point offrir aux dieux des choses qui leur soient agréables, mais au contraire tous les animaux dans lesquels ont passé les âmes des scélérats et des hommes injustes. Ils avaient encore une autre raison, c'est qu'Apis était noir, avec quelques marques blanches. Les Juifs avaient pris des Égyptiens le sacrifice de la vache rouge sans tache. (*Nomb*, cap. xix, v. 2.)

cette empreinte. Telle est la manière dont on examine ces animaux.

XXXIX. Voici les cérémonies qui s'observent dans les sacrifices : on conduit l'animal ainsi marqué à l'autel où il doit être immolé ; on allume du feu ; on répand ensuite du vin sur cet autel, et près de la victime qu'on égorge, après avoir invoqué le dieu ; on en coupe la tête, et on dépouille le reste du corps ; on charge cette tête d'imprécations ; on la porte ensuite au marché, s'il y en a un, et s'il s'y trouve des marchands grecs, on la leur vend ; mais ceux chez qui il n'y a point de Grecs la jettent à la rivière[1]. Parmi les imprécations qu'ils font sur la tête de la victime[2], ceux qui ont offert le sacrifice prient les dieux de détourner les malheurs qui pourraient arriver à toute l'Égypte ou à eux-mêmes, et de les faire retomber sur cette tête. Tous les Égyptiens observent également ces mêmes rites dans tous leurs sacrifices, tant à l'égard des têtes des victimes immolées qu'à l'égard des libations de vin. C'est en conséquence de cet usage qu'aucun Égyptien ne mange jamais de la tête d'un animal, quel qu'il soit. Quant à l'inspection des entrailles et à la manière de brûler les victimes, ils suivent différentes méthodes, selon la différence des sacrifices.

XL. Je vais parler maintenant de la déesse Isis, que les Égyptiens regardent comme la plus grande de toutes les divinités, et de la fête magnifique qu'ils célèbrent en son honneur. Après s'être préparés à cette fête par des jeûnes et par des prières, ils lui sacrifient un bœuf. On le dépouille ensuite, et on en arrache les intestins ; mais on laisse les entrailles et la graisse. On coupe les cuisses, la superficie du haut des hanches, les épaules et le cou. Cela fait, on remplit le reste du corps de pains de pure farine, de miel, de raisins secs, de figues, d'encens, de myrrhe et d'autres substances odoriférantes. Ainsi rempli, on le brûle, en répandant une grande quantité d'huile sur le feu. Pendant

---

[1] « Comme les Ombites, dit Élien, ne veulent point manger de la tête des animaux qu'ils ont sacrifiés, ils la portent aux crocodiles et la leur jettent. Les crocodiles dansent autour de cette tête. » (L.)

[2] Ces imprécations ont beaucoup de conformité avec ce qui s'observait chez les Juifs à l'occasion du bouc émissaire. (*Levitic.*, cap. XVI, v. 21.)

que la victime brûle, ils se frappent tous; et, lorsqu'ils ont cessé de frapper, on leur sert les restes du sacrifice.

XLI. Tous les Égyptiens immolent des bœufs et des veaux mondes; mais il ne leur est pas permis de sacrifier des génisses [1], parce qu'elles sont sacrifiées à Isis, qu'on représente dans ses statues sous la forme d'une femme avec des cornes de génisse, comme les Grecs peignent Io. Tous les Égyptiens ont beaucoup plus d'égards pour les génisses que pour le reste du bétail : aussi n'y a-t-il point d'Égyptien ni d'Égyptienne qui voulût baiser un Grec à la bouche, ni même se servir du couteau d'un Grec, de sa broche, de sa marmite, ni goûter de la chair d'un bœuf monde qui aurait été coupée avec le couteau d'un Grec. Si un bœuf ou une génisse viennent à mourir, on leur fait des funérailles de cette manière : on jette les génisses dans le fleuve; quant aux bœufs, on les enterre dans les faubourgs, avec l'une des cornes ou les deux cornes hors de terre, pour servir d'indice. Lorsque le bœuf est pourri, et dans un temps déterminé, on voit arriver à chaque ville un bateau de l'île Prosopitis. Cette île, située dans le Delta, a neuf schènes de tour; elle contient un grand nombre de villes ; mais celle d'où partent les bateaux destinés à enlever les os des bœufs se nomme Atarbéchis. On y voit un temple consacré à Vénus. Il sort d'Atarbéchis beaucoup de gens qui courent de ville en ville pour déterrer les os des bœufs; ils les emportent, et les mettent tous en terre dans un même lieu. Ils enterrent de la même manière que les bœufs le reste du bétail qui vient à mourir : la loi l'ordonne; car ils ne les tuent pas.

[1] « L'utilité de cet animal et sa rareté en Égypte étaient la cause de cette défense. Aussi, quoiqu'ils sacrifiassent et qu'ils mangeassent des bœufs, ils épargnaient les femelles, pour en avoir de la race ; et la loi regardait comme un sacrilége celui qui en aurait mangé. Saint Jérôme dit aussi: « *In Ægypto et Palæstina, propter boum raritatem, nemo vaccam comedit.* » Ce règlement, qui dans son principe était très-sage, dégénéra peu à peu en superstition. Les brachmanes, qui ne mangent point actuellement de vaches, s'en abstenaient autrefois probablement par la même raison. Ce qui s'était pratiqué dans les commencements par un motif d'utilité, le fut depuis par superstition. « Et les Égyptiens et les Phéniciens, ajoute Porphyre, auraient plutôt mangé de la chair humaine que de celle de vache. » (PORPHYRE. *De abst.*, lib. II.)

XLII. Tous ceux qui ont fondé le temple de Jupiter Thébéen, ou qui sont du nome de Thèbes, n'immolent point de moutons, et ne sacrifient que des chèvres. En effet, tous les Égyptiens n'adorent pas également les mêmes dieux ; ils ne rendent tous le même culte qu'à Isis et à Osiris, qui, selon eux, est le même que Bacchus. Tous ceux, au contraire, qui ont en leur possession le temple de Mendès, ou qui sont du nome Mendésien, immolent des brebis, et épargnent les chèvres. Les Thébéens, et tous ceux qui, par égard pour eux, s'abstiennent des brebis, le font en vertu d'une loi dont voici le motif : Hercule, disent-ils, voulait absolument voir Jupiter ; mais ce dieu ne voulait pas en être vu. Enfin, comme Hercule ne cessait de le prier, Jupiter s'avisa de cet artifice : il dépouilla un bélier, en coupa la tête, qu'il tint devant lui, et, s'étant revêtu de sa toison, il se montra dans cet état à Hercule. C'est par cette raison qu'en Égypte les statues de Jupiter représentent ce dieu avec une tête de bélier. Cette coutume a passé des Égyptiens aux Ammoniens. Ceux-ci sont en effet une colonie d'Égyptiens et d'Éthiopiens, et leur langue tient le milieu entre celle de ces deux peuples. Je crois même qu'ils s'appellent Ammoniens parce que les Égyptiens donnent le nom d'Amun à Jupiter. Les Thébéens regardent, par cette raison, les béliers comme sacrés, et ils ne les immolent point, excepté le jour de la fête de Jupiter. C'est le seul jour de l'année où ils en sacrifient un ; après quoi on le dépouille, et, de la même manière dont Jupiter s'en était revêtu lui-même, l'on revêt de sa peau la statue de ce dieu, dont on approche celle d'Hercule. Cela fait, tous ceux qui sont autour du temple se frappent, en déplorant la mort du bélier ; et puis on le met dans une caisse sacrée.

XLIII. Cet Hercule est, à ce qu'on m'a assuré, un des douze dieux : quant à l'autre Hercule, si connu des Grecs, je n'en ai jamais pu rien apprendre dans aucun endroit de l'Égypte. Entre autres preuves que je pourrais apporter que les Égyptiens n'ont point emprunté des Grecs le nom d'Hercule, mais que ce sont les Grecs qui l'ont pris d'eux, et principalement ceux d'entre eux qui ont donné ce nom au fils d'Amphitryon, je m'arrêterai à celles-ci : le père et la mère de cet Hercule, Amphitryon et Alcmène, étaient originaires d'Égypte[1] ; bien plus, les Égyptiens disent qu'ils ignorent jusqu'aux noms de Neptune et des Dioscures, et ils n'ont jamais mis ces dieux au nombre de leurs divinités : or, s'ils eussent emprunté des Grecs le nom de quelque dieu, ils auraient bien plutôt fait mention de ceux-ci. En effet, puisqu'ils voyageaient déjà sur mer, et qu'il y avait aussi, comme je le pense, fondé sur de bonnes raisons, des Grecs qui pratiquaient cet élément, ils auraient plutôt connu les noms de ces dieux que celui d'Hercule.

Hercule est un dieu très-ancien chez les Égyptiens ; et, comme ils le disent eux-mêmes, il est du nombre de ces douze dieux qui sont nés des huit dieux, dix-sept mille ans avant le règne d'Amasis.

XLIV. Comme je souhaitais trouver quelqu'un qui pût m'instruire à cet égard, je fis voile vers Tyr en Phénicie, où j'avais appris qu'il y avait un temple d'Hercule en grande vénération. Ce temple était décoré d'une infinité d'offrandes, et, entre autres riches ornements, on y voyait deux colonnes, dont l'une était d'or fin, et l'autre d'émeraude, qui jetait, la nuit, un grand éclat[2]. Un jour que je

---

[1] « Témoin l'inscription gravée sur une table d'airain qu'on trouva à Haliarte en Béotie, sur le tombeau d'Alcmène. Avec le corps étaient un petit bracelet d'airain et deux amphores de terre, qui contenaient de la terre qui avec le temps s'était durcie comme de la pierre. Agésilaüs fit transporter ces restes à Sparte. L'inscription avait, par l'ancienneté de ses caractères, l'air merveilleux. On ne put y rien connaître, même après avoir lavé la table d'airain. On reconnut cependant que ces lettres étaient barbares, et ressemblaient beaucoup à celles des Égyptiens. Agésilaüs en fit prendre des copies, qu'il envoya en Égypte. Agétoridas les remit, de la part de ce prince, au prophète Chonuphis. Celui-ci en donna l'explication, et l'envoya au roi. » (*Plut. de Socr. genio.*) — C'était donc dans la langue des anciens Égyptiens que les amateurs des étymologies auraient dû chercher la signification des noms d'Amphitryon, d'Alcmène et d'Hercule. (L.)

[2] C'était probablement une émeraude bâtarde, un pseudosmaragdus. Cependant ces sortes de pierres ne rendent point de clarté la nuit. Si donc notre historien a été bien informé, et si l'on n'a point abusé de son ingénuité, je croirais volontiers, avec les auteurs de l'*Histoire universelle anglaise*, que cette colonne n'était pas même un pseudosmaragdus, mais du verre coloré, dont l'intérieur était éclairé par des lampes. (L.)

m'entretenais avec les prêtres de ce dieu, je leur demandai combien il y avait de temps que ce temple était bâti ; mais je ne les trouvai pas plus d'accord avec les Grecs que les Égyptiens. Ils me dirent, en effet, qu'il avait été bâti en même temps que la ville, et qu'il y avait deux mille trois cents ans qu'elle était habitée. Je vis aussi à Tyr un autre temple d'Hercule ; cet Hercule était surnommé Thasien. Je fis même un voyage à Thasos, où je trouvai un temple de ce dieu, qui avait été construit par ces Phéniciens, lesquels, courant les mers pour chercher Europe, fondèrent une colonie dans cette île, cinq générations avant qu'Hercule, fils d'Amphitryon, naquît en Grèce.

Ces recherches prouvent clairement qu'Hercule est un dieu ancien : aussi les Grecs, qui ont élevé deux temples à Hercule, me paraissent avoir agi très-sagement. Ils offrent à l'un, qu'ils ont surnommé Olympien, des sacrifices, comme à un immortel, et font à l'autre des offrandes funèbres, comme à un héros.

XLV. Les Grecs tiennent aussi beaucoup d'autres propos inconsidérés, et l'on peut mettre de ce nombre la fable ridicule qu'ils débitent au sujet de ce héros. Hercule, disent-ils, étant arrivé en Égypte, les Égyptiens lui mirent une couronne sur la tête, et le conduisirent en grande pompe, comme s'ils eussent voulu l'immoler à Jupiter. Il resta quelque temps tranquille ; mais, lorsqu'on vint aux cérémonies préparatoires, il ramassa ses forces, et les tua tous. Les Grecs font voir, à ce qu'il me semble, par ces propos, qu'ils n'ont pas la plus légère connaissance du caractère des Égyptiens et de leurs lois. Quelle vraisemblance y a-t-il, en effet, que des peuples à qui il n'est pas même permis de sacrifier aucun animal, excepté des cochons[1], des bœufs et des veaux, pourvu qu'ils soient mondes, et des oies ; quelle apparence, dis-je, qu'ils voulussent immoler des hommes ? D'ailleurs, est-il dans la nature qu'Hercule, qui n'était encore qu'un homme, comme ils le disent eux-mêmes, eût pu tuer, lui seul, tant de milliers d'hommes ? Quoi qu'il en soit, je prie les dieux et les

---

[1] Les Égyptiens avaient cet animal en horreur ; jamais ils n'en sacrifiaient aux dieux, si ce n'est à la Lune et à Bacchus. (L.)

héros de prendre en bonne part ce que j'ai dit sur ce sujet.

XLVI. Les Mendésiens, ceux des Égyptiens dont j'ai parlé, ne sacrifient ni chèvres ni boucs. En voici les raisons : ils mettent Pan au nombre des huit dieux, et ils prétendent que ces huit dieux existaient avant les douze dieux. Or les peintres et les sculpteurs représentent le dieu Pan, comme le font les Grecs, avec une tête de chèvre et des jambes de bouc : ce n'est pas qu'ils s'imaginent qu'il ait une pareille figure, ils le croient semblable au reste des dieux ; mais je me ferais une sorte de scrupule de dire pourquoi ils le représentent ainsi. Les Mendésiens ont beaucoup de vénération pour les boucs et les chèvres, et encore plus pour ceux-là que pour celles-ci ; et c'est à cause de ces animaux qu'ils honorent ceux qui en prennent soin. Ils ont surtout en grande vénération un bouc, qu'ils considèrent plus que tous les autres ; quand il vient à mourir, tout le nome Mendésien est en deuil.

Le bouc et le dieu Pan s'appellent Mendès en égyptien. Il arriva, pendant que j'étais en Égypte, une chose étonnante dans le nome Mendésien : un bouc eut publiquement commerce avec une femme, et cette aventure parvint à la connaissance de tout le monde.

XLVII. Les Égyptiens regardent le pourceau comme un animal immonde [1]. Si quelqu'un en touche un, ne fût-ce qu'en passant, aussitôt il va se plonger dans la rivière avec ses habits : aussi ceux qui gardent les pourceaux, quoique Égyptiens de naissance, sont-ils les seuls qui ne puissent entrer dans aucun temple d'Égypte. Personne ne veut leur donner ses filles en mariage, ni épouser les leurs : ils se marient entre eux.

Il n'est pas permis aux Égyptiens d'immoler des pourceaux à d'autres dieux qu'à la Lune et à Bacchus, à qui ils en sacrifient dans le même temps, je veux dire dans la

---

[1] Le lait de truie donnait la lèpre ou des dartres à ceux qui en buvaient. Cet animal, qui transpire peu à cause qu'il en est empêché par la graisse, est fort sujet à des éruptions, et porte avec lui le principe de la lèpre. De là cette aversion que les Égyptiens avaient pour le pourceau, et la défense que Dieu fit aux Juifs d'en manger ; mais les Juifs n'en immolaient et n'en mangeaient en aucun temps, au lieu que les Égyptiens en sacrifiaient et en mangeaient une fois l'année, à la fête de la pleine lune. (L.)

même pleine lune. Ils en mangent alors. Mais pourquoi les Égyptiens ont-ils les pourceaux en horreur les autres jours de fête, et en immolent-ils dans celle-ci ? Ils en apportent une raison qu'il n'est pas convenable de rapporter. Je la tairai donc, quoique je ne l'ignore point.

Voici comment ils sacrifient les pourceaux à la Lune : quand la victime est égorgée, on met ensemble l'extrémité de la queue, la rate et l'épiploon, qu'on couvre de toute la graisse qui est dans le ventre de l'animal, et on les brûle. Le reste de la victime se mange le jour de la pleine lune, qui est celui où ils ont offert le sacrifice ; tout autre jour, ils ne voudraient pas en goûter. Les pauvres, qui ont à peine de quoi subsister, font avec de la pâte des figures de pourceaux ; et, les ayant fait cuire, ils les offrent en sacrifice.

XLVIII. Le jour de la fête de Bacchus, chacun immole un pourceau devant sa porte, à l'heure du repas ; on le donne ensuite à emporter à celui qui l'a vendu. Les Égyptiens célèbrent le reste de la fête de Bacchus, excepté le sacrifice des porcs, à peu près de la même manière que les Grecs ; mais, au lieu de phalles, ils ont inventé des figures d'environ une coudée de haut, qu'on fait mouvoir par le moyen d'une corde. Les femmes portent dans les bourgs et les villages ces figures, dont le membre viril n'est guère moins grand que le reste du corps, et qu'elles font remuer. Un joueur de flûte marche à la tête ; elles le suivent en chantant les louanges de Bacchus. Mais pourquoi ces figures ont-elles le membre viril d'une grandeur si peu proportionnée, et pourquoi ne remuent-elles que cette partie ? On en donne une raison sainte ; mais je ne dois pas la rapporter.

XLIX. Il me semble que Mélampus, fils d'Amythaon, avait dès lors même une grande connaissance de cette cérémonie sacrée. C'est lui en effet qui a instruit les Grecs du nom de Bacchus, des cérémonies de son culte, et qui a introduit parmi eux la procession du phalle. Il est vrai qu'il ne leur a pas découvert le fond de ces mystères ; mais les sages qui sont venus après lui en ont donné une plus ample explication.

C'est donc Mélampus qui a institué la procession du phalle que l'on porte en l'honneur de Bacchus, et c'est lui qui a instruit les Grecs des cérémonies qu'ils pratiquent encore aujourd'hui.

Mélampus est, à mon avis, un sage qui s'est rendu habile dans l'art de la divination. Instruit par les Égyptiens d'un grand nombre de cérémonies, et, entre autres, de ce qui concerne le culte de Bacchus, ce fut lui qui les introduisit dans la Grèce, avec quelques légers changements. Je n'attribuerai point en effet au hasard la ressemblance qu'on voit entre les cérémonies religieuses des Égyptiens et celles que les Grecs ont adoptées. Si cette ressemblance n'avait pas d'autres causes, ces cérémonies ne se trouveraient pas si éloignées des mœurs et des usages des Grecs, et d'ailleurs elles n'auraient pas été nouvellement introduites. Je ne dirai pas non plus que les Égyptiens aient emprunté des Grecs ces cérémonies, ou quelque autre rite : il me semble bien plutôt que Mélampus apprit ce qui concerne le culte de Bacchus par le commerce qu'il eut avec les descendants de Cadmus de Tyr, et avec ceux des Tyriens de sa suite, qui vinrent de Phénicie dans cette partie de la Grèce qu'on appelle aujourd'hui Béotie.

L. Presque tous les noms des dieux sont venus d'Égypte en Grèce. Il est très-certain qu'ils nous viennent des Barbares : je m'en suis convaincu par mes recherches. Je crois donc que nous les tenons principalement des Égyptiens. En effet, si vous exceptez Neptune, les Dioscures, comme je l'ai dit ci-dessus, Junon[1], Vesta, Thémis, les Grâces et les Néréides, les noms de tous les autres dieux, ont toujours été connus en Égypte. Je ne fais, à cet égard, que répéter ce que les Égyptiens disent eux-mêmes. Quant aux dieux qu'ils assurent ne pas connaître, je pense que leurs noms viennent des Pélasges; j'en excepte Neptune, dont ils ont appris le nom des Libyens; car, dans les premiers temps, le nom de Neptune n'était connu que des Libyens, qui ont

---

[1] Manéthon parle de la Junon des Égyptiens, et assure qu'on lui sacrifiait trois hommes par jour, qu'on examinait comme les veaux mondes. Amasis abolit ces sacrifices barbares. Diodore de Sicile, Horapollon et d'autres auteurs font aussi mention de cette Junon. (L.)

toujours pour ce dieu une grande vénération. Quant à ce qui regarde les héros, les Égyptiens ne leur rendent aucun honneur funèbre.

LI. Les Hellènes tiennent donc des Egyptiens ces rites usités parmi eux, ainsi que plusieurs autres dont je parlerai dans la suite ; mais ce n'est point d'après ces peuples qu'ils donnent aux statues de Mercure une attitude indécente. Les Athéniens ont pris les premiers cet usage des Pélasges ; le reste de la Grèce a suivi leur exemple. Les Pélasges demeuraient en effet dans le même canton que les Athéniens, qui, dès ce temps-là, étaient au nombre des Hellènes ; et c'est pour cela qu'ils commencèrent alors à être réputés Hellènes eux-mêmes. Quiconque est initié dans les mystères des Cabires, que célèbrent les Samothraces, comprend ce que je dis ; car ces Pélasges qui vinrent demeurer avec les Athéniens habitaient auparavant la Samothrace, et c'est d'eux que les peuples de cette île ont pris leurs mystères. Les Athéniens sont donc les premiers d'entre les Hellènes qui aient appris des Pélasges [1] à faire des statues de Mercure dans l'état que nous venons de représenter. Les Pélasges en donnent une raison sacrée, que l'on trouve expliquée dans les mystères de Samothrace.

LII. Les Pélasges sacrifiaient autrefois aux dieux toutes les choses qu'on peut leur offrir, comme je l'ai appris à Dodone, et ils leur adressaient des prières ; mais ils ne donnaient alors ni nom ni surnom à aucun d'entre eux, car ils ne les avaient jamais entendu nommer. Ils les appelaient dieux en général, à cause de l'ordre des différentes parties qui constituent l'univers, et de la manière dont ils l'ont distribué. Ils ne parvinrent ensuite à connaître que fort tard les noms des dieux, lorsqu'on les eut apportés d'Égypte ; mais ils ne surent celui de Bacchus que longtemps après avoir appris ceux des autres dieux. Quelque temps après, ils allèrent consulter sur ces noms l'oracle de Dodone. On regarde cet oracle comme le plus

---

[1] Ces Pélasges sont probablement ceux qui s'établirent dans l'Attique 1209 ans avant notre ère, et qui en furent chassés 1162 ans avant la même ère. (L.)

ancien de la Grèce, et il était alors le seul qu'il y eût dans le pays. Les Pélasges ayant donc demandé à l'oracle de Dodone s'ils pouvaient recevoir ces noms qui leur venaient des Barbares, il leur répondit qu'ils le pouvaient. Depuis ce temps-là ils en ont fait usage dans leurs sacrifices, et dans la suite les Grecs ont pris des Pélasges ces mêmes noms.

LIII. On a longtemps ignoré l'origine de chaque dieu, leur forme, leur nature, et s'ils avaient tous existé de tout temps : ce n'est, pour ainsi dire, que d'hier qu'on le sait. Je pense en effet qu'Homère et Hésiode ne vivaient que quatre cents ans avant moi [1]. Or ce sont eux qui les premiers ont décrit en vers la théogonie, qui ont parlé des surnoms des dieux, de leur culte, de leurs fonctions, et qui ont tracé leurs figures; les autres poëtes, qu'on dit les avoir précédés, ne sont venus, du moins à mon avis, qu'après eux. Ce qui regarde les noms et l'origine des dieux, je le tiens des prêtresses de Dodone; mais, à l'égard d'Hésiode et d'Homère, c'est mon sentiment particulier.

LIV. Quant aux deux oracles, dont l'un est en Grèce et l'autre en Libye, je vais rapporter ce qu'en disent les Égyptiens. Les prêtres de Jupiter Thébéen me racontèrent que des Phéniciens avaient enlevé à Thèbes deux femmes consacrées au service de ce dieu; qu'ils avaient ouï dire qu'elles furent vendues pour être transportées, l'une en Libye, l'autre en Grèce, et qu'elles furent les premières qui établirent des oracles parmi les peuples de ces deux pays. Je leur demandai comment ils avaient acquis ces connaissances positives : ils me répondirent qu'ils avaient longtemps cherché ces femmes sans pouvoir les trouver, mais que depuis ils en avaient appris ce qu'ils venaient de me raconter.

LV. Les prêtresses (des Dodonéens rapportent qu'il s'envola de Thèbes en Égypte deux colombes noires; que l'une

---

[1] Hérodote est né, suivant Aulu-Gelle, cinquante-trois ans avant la guerre du Péloponnèse, c'est-à-dire l'an 4230 de la période julienne, au commencement de la soixante-quatorzième olympiade, 484 ans avant l'ère vulgaire. Homère et Hésiode doivent être nés par conséquent l'an 3830 de la même période, 884 ans avant notre ère. (L.)

alla en Libye, et l'autre chez eux ; que celle-ci, s'étant perchée sur un chêne, articula d'une voix humaine que les destins voulaient qu'on établît en cet endroit un oracle de Jupiter; que les Dodonéens, regardant cela comme un ordre des dieux, l'exécutèrent ensuite. Ils racontent aussi que la colombe qui s'envola en Libye commanda aux Libyens d'établir l'oracle d'Ammon, qui est aussi un oracle de Jupiter. Voilà ce que me dirent les prêtresses des Dodonéens, dont la plus âgée s'appelait Preuménia ; celle d'après, Timarété ; et la plus jeune, Nicandra. Leur récit était confirmé par le témoignage du reste des Dodonéens, ministres du temple.

LVI. Mais voici mon sentiment à cet égard : s'il est vrai que des Phéniciens aient enlevé ces deux femmes consacrées aux dieux, et qu'ils les aient vendues, l'une pour être menée en Libye, l'autre pour être transportée en Grèce, je pense que celle-ci fut vendue afin d'être conduite dans le pays des Thesprotiens, qui fait partie de la Grèce actuelle, et qu'on appelait alors Pélasgie ; que, pendant son esclavage, elle éleva sous un chêne une chapelle à Jupiter ; car il était naturel que celle qui dans Thèbes avait desservi les autels de ce dieu lui donnât, dans le lieu où on l'avait transportée, des marques de son souvenir, et qu'ensuite elle instituât un oracle ; et qu'ayant appris la langue grecque, elle dît que sa sœur avait été vendue par les mêmes Phéniciens pour être conduite en Libye.

LVII. Les Dodonéens donnèrent, à ce qu'il me semble, le nom de colombes à ces femmes, parce que, étant étrangères, elles parlaient un langage qui leur paraissait ressembler à la voix de ces oiseaux ; mais quelque temps après, quand cette femme commença à se faire entendre, ils dirent que la colombe avait parlé ; car, tant qu'elle s'exprima dans une langue étrangère, elle leur parut rendre des sons semblables à ceux des oiseaux. Comment, en effet, pourrait-il se faire qu'une colombe rendît des sons articulés ? Et lorsqu'ils ajoutent que cette colombe était noire, ils nous donnent à entendre que cette femme était égyptienne.

LVIII. L'oracle de Thèbes en Égypte, et celui de Dodone, ont entre eux beaucoup de ressemblance. L'art de prédire l'avenir, tel qu'il se pratique dans les temples, nous vient aussi d'Égypte ; du moins est-il certain que les Égyptiens sont les premiers de tous les hommes qui aient établi des fêtes ou assemblées publiques, des processions, et la manière d'approcher de la Divinité et de s'entretenir avec elle : aussi les Grecs ont-ils emprunté ces coutumes des Égyptiens. Une preuve de ce que j'avance, c'est qu'elles sont en usage depuis longtemps en Égypte, et qu'elles n'ont été établies que depuis peu chez les Grecs.

LIX. Les Égyptiens célèbrent tous les ans un grand nombre de fêtes, et ne se contentent pas d'une seule. La principale, et celle qu'ils observent avec le plus de zèle, se fait dans la ville de Bubastis, en l'honneur de Diane ; la seconde, dans la ville de Busiris, en l'honneur d'Isis. Il y a dans cette ville, qui est située au milieu du Delta, un très-grand temple consacré à cette déesse. On la nomme en grec Déméter (Terre-Mère, Cérès). La fête de Minerve est la troisième ; elle se fait à Saïs. On célèbre la quatrième à Héliopolis, en l'honneur du Soleil ; la cinquième, à Buto, en celui de Latone ; la sixième enfin à Paprémis, en celui de Mars.

LX. Voici ce qui s'observe en allant à Bubastis [1] : on s'y rend par eau, hommes et femmes pêle-mêle et confondus les uns avec les autres ; dans chaque bateau il y a un grand nombre de personnes de l'un et de l'autre sexe. Tant que dure la navigation, quelques femmes jouent des castagnettes, et quelques hommes de la flûte ; le reste, tant hommes que femmes, chante et bat des mains. Lorsqu'on passe près d'une ville, on fait approcher le bateau du rivage. Parmi les femmes, les unes continuent à chanter et à jouer des castagnettes, d'autres crient de toutes leurs

---

[1] Ce grand nombre de fêtes, et surtout la gaîté répandue sur ceux qui se rendaient par eau à Bubastis pour y célébrer celle de Diane, prouvent que les Égyptiens étaient un peuple gai, qui se livrait à la joie et aux plaisirs. Il a plu cependant à l'abbé Winckelmann de nous le représenter (*Hist de l'art*, liv. II, chap. I) comme étant d'un caractère sombre. Les relations modernes justifient le portrait qu'en fait Hérodote. (L.)

forces, et disent des injures à celles de la ville; celles-ci se mettent à danser, et celles-là, se tenant debout, retroussent indécemment leurs robes. La même chose s'observe à chaque ville qu'on rencontre le long du fleuve. Quand on est arrivé à Bubastis, on célèbre la fête de Diane en immolant un grand nombre de victimes, et l'on fait à cette fête une plus grande consommation de vin de vigne [1] que dans tout le reste de l'année ; car il s'y rend, au rapport des habitants, sept cent mille personnes, tant hommes que femmes, sans compter les enfants.

LXI. J'ai déjà dit comment on célébrait à Busiris la fête d'Isis. On y voit une multitude prodigieuse de personnes de l'un et de l'autre sexe, qui se frappent et se lamentent toutes après le sacrifice ; mais il ne m'est pas permis de dire en l'honneur de qui ils se frappent. Tous les Cariens qui se trouvent en Égypte se distinguent d'autant plus dans cette cérémonie, qu'ils se découpent le front avec leurs épées; et par là il est aisé de juger qu'ils sont étrangers, et non pas Égyptiens.

LXII. Quand on s'est assemblé à Saïs pour y sacrifier pendant une certaine nuit, tout le monde allume en plein air des lampes autour de sa maison : ce sont de petits vases pleins de sel et d'huile, avec une mèche qui nage dessus, et qui brûle toute la nuit. Cette fête s'appelle la fête des lampes ardentes [2]. Les Égyptiens qui ne peuvent s'y trouver, ayant observé la nuit du sacrifice, allument tous des lampes; ainsi ce n'est pas seulement à Saïs qu'on en allume, mais par toute l'Égypte. On apporte une raison sainte des illuminations qui se font pendant cette nuit, et des honneurs qu'on lui rend.

LXIII. Ceux qui vont à Héliopolis et à Buto se contentent d'offrir des sacrifices. A Paprémis, on observe les mêmes cérémonies et on fait les mêmes sacrifices que dans les autres villes ; mais, lorsque le soleil commence à

---

[1] Voyez la deuxième note de la page 153.

[2] Cette fête, qui ressemble beaucoup à celle des lanternes, établie à la Chine depuis un temps immémorial, pourrait servir à confirmer le sentiment de M. de Guignes, qui a soupçonné l'un des premiers que la Chine n'était qu'une colonie de l'Égypte. (L.)

baisser, quelques prêtres en petit nombre se donnent beaucoup de mouvement autour de la statue de Mars, tandis que d'autres en plus grand nombre, armés de bâtons, se tiennent debout à l'entrée du temple. On voit vis-à-vis de ceux-ci plus de mille hommes confusément rassemblés, tenant chacun un bâton à la main, qui viennent pour accomplir leurs vœux. La statue est dans une petite chapelle de bois doré. La veille de la fête, on la transporte dans une autre chapelle. Les prêtres qui sont restés en petit nombre autour de la statue placent cette chapelle, avec le simulacre du dieu, sur un char à quatre roues, et se mettent à le tirer. Ceux qui sont dans le vestibule les empêchent d'entrer dans le temple; mais ceux qui sont vis-à-vis, occupés à accomplir leurs vœux, venant au secours du dieu, frappent les gardes de la porte, et se défendent contre eux. Alors commence un rude combat à coups de bâtons : bien des têtes en sont fracassées, et je ne doute pas que plusieurs personnes ne meurent de leurs blessures, quoique les Egyptiens n'en conviennent pas.

LXIV. Les naturels du pays racontent qu'ils ont institué cette fête par le motif suivant : la mère de Mars demeurait dans ce temple. Celui-ci, qui avait été élevé loin d'elle, se trouvant en âge viril, vint dans l'intention de lui parler. Les serviteurs de sa mère, qui ne l'avaient point vu jusqu'alors, bien loin de lui permettre d'entrer, le chassèrent avec violence; mais, étant revenu avec du secours qu'il alla chercher dans une autre ville, il maltraita les serviteurs de la déesse, et s'ouvrit un passage jusqu'à son appartement. C'est pourquoi on a institué ce combat en l'honneur de Mars, et le jour de sa fête.

Les Egyptiens sont aussi les premiers qui, par un principe de religion, aient défendu d'avoir commerce avec les femmes dans les lieux sacrés, ou même d'y entrer après les avoir connues, sans s'être auparavant lavé. Presque tous les autres peuples, si l'on excepte les Égyptiens et les Grecs, ont commerce avec les femmes dans les lieux sacrés, ou bien, lorsqu'ils se lèvent d'auprès d'elles, ils y entrent sans s'être lavés. Ils s'imaginent qu'il en est des hommes comme de tous les autres animaux. On voit, disent-ils, les bêtes et les différentes espèces d'oiseaux s'accoupler dans les temples et les autres lieux consacrés aux dieux : si donc cette action était désagréable à la Divinité, les bêtes mêmes ne l'y commettraient pas. Voilà les raisons dont les autres peuples cherchent à s'autoriser; mais je ne puis les approuver.

LXV. Entre autres pratiques religieuses, les Egyptiens observent scrupuleusement celles-ci. Quoique leur pays touche à la Libye, on y voit cependant peu d'animaux; et ceux qu'on y rencontre, sauvages ou domestiques, on les regarde comme sacrés. Si je voulais dire pourquoi ils les ont consacrés, je m'engagerais dans un discours sur la religion et les choses divines; or j'évite surtout d'en parler, et le peu que j'en ai dit jusqu'ici, je ne l'ai fait que parce que je m'y suis trouvé forcé. La loi leur ordonne de nourrir les bêtes, et parmi eux il y a un certain nombre de personnes, tant hommes que femmes, destinées à prendre soin de chaque espèce en particulier. C'est un emploi honorable[1] : le fils y succède à son père. Ceux qui demeurent dans les villes s'acquittent des vœux[2] qu'ils leur ont faits. Voici de quelle manière : lorsqu'ils adressent leurs prières au dieu auquel chaque animal est consacré, et qu'ils rasent la tête de leurs enfants, ou tout entière, ou à moitié, ou seulement le tiers, ils mettent ces cheveux dans un des bassins d'une balance, et de l'argent dans l'autre. Quand l'argent a fait pencher la balance[3], ils le donnent à la

---

[1] « Bien loin de refuser cet emploi, ou de rougir de l'exercer en public, ils en tirent au contraire vanité, comme s'ils participaient aux plus grands honneurs des dieux. Lorsqu'ils vont par les villes et par les campagnes, ils portent de certaines marques qui font connaître l'espèce d'animal dont ils prennent soin, et ceux qui se trouvent sur leur passage les respectent et les adorent. » (*Diod. de Sicile*, liv. 1.)

[2] Ces vœux regardent la santé de leurs enfants.

[3] « Ces fonds n'étaient pas les seuls qui fussent destinés à la nourriture de ces animaux. Il [y a un champ consacré à chaque espèce d'animaux qu'ils vénèrent. Il est d'un revenu suffisant pour leur nourriture et le soin qu'on en prend... On donnait aux éperviers de la viande coupée par morceaux, qu'on leur jetait jusqu'à ce qu'ils les prissent, en les appelant à haute voix. On servait aux chats et aux ichneumons du pain émietté dans du lait, ou des poissons du Nil coupés par morceaux. Ils fournissent de la même manière, à chaque espèce d'animal, l'aliment qui lui convient. » (*Diod. de Sicile*, liv. 1)

femme qui prend soin de ces animaux : elle en achète des poissons, qu'elle coupe par morceaux, et dont elle les nourrit. Si l'on tue quelqu'un de ces animaux de dessein prémédité, on en est puni de mort; si on l'a fait involontairement, on paye l'amende qu'il plaît aux prêtres d'imposer; mais si l'on tue, même sans le vouloir, un ibis ou un épervier, on ne peut éviter le dernier supplice.

LXVI. Quoique le nombre des animaux domestiques soit très-grand, il y en aurait encore plus s'il n'arrivait des accidents aux chats. Lorsque les chattes ont mis bas, elles ne vont plus trouver les mâles. Ceux-ci cherchent leur compagne ; mais, ne pouvant y réussir, ils ont recours à la ruse. Ils enlèvent adroitement aux mères leurs petits, et les tuent sans cependant en recevoir aucun dommage. Les chattes les ayant perdus, comme elles désirent en avoir d'autres, parce que cet animal aime beaucoup ses petits, elles vont chercher les mâles. Lorsqu'il survient un incendie, il arrive à ces animaux quelque chose qui tient du prodige. Les Égyptiens, rangés par intervalles, négligent de l'éteindre, pour veiller à la sûreté de ces animaux ; mais les chats, se glissant entre les hommes, ou sautant par-dessus, se jettent dans les flammes. Lorsque cela arrive, les Égyptiens en témoignent une grande douleur. Si, dans quelque maison, il meurt un chat de mort naturelle, quiconque l'habite se rase les sourcils seulement; mais, quand il meurt un chien, on se rase la tête et le corps entier.

LXVII. On porte dans des maisons sacrées les chats qui viennent à mourir; et, après qu'on les a embaumés, on les enterre à Bubastis. A l'égard des chiens, chacun leur donne la sépulture dans sa ville, et les arrange dans des caisses sacrées. On rend les mêmes honneurs aux ichneumons. On transporte à Buto les musaraignes et les éperviers, et les ibis à Hermopolis ; mais les ours, qui sont rares en Égypte, et les loups, qui n'y sont guère plus grands que des renards, on les enterre dans le lieu même où on les trouve morts.

— Par un reste de cette ancienne superstition, le bacha du Caire fait livrer tous les jours deux bœufs aux achbohba, oiseaux que les mahométans regardent comme sacrés. (L.)

LXVIII. Passons au crocodile et à ses qualités naturelles. Il ne mange point pendant les quatre mois les plus rudes de l'hiver. Quoiqu'il ait quatre pieds, il est néanmoins amphibie. Il pond ses œufs sur terre, et les y fait éclore. Il passe dans des lieux secs la plus grande partie du jour, et la nuit entière dans le fleuve ; car l'eau en est plus chaude que l'air et la rosée. De tous les animaux que nous connaissons, il n'y en a point qui devienne si grand après avoir été si petit. Ses œufs ne sont guère plus gros que ceux des oies, et l'animal qui en sort est proportionné à l'œuf ; mais insensiblement il croît, et parvient à dix-sept coudées, et même davantage[1]. Il a les yeux de cochon, les dents saillantes et d'une grandeur proportionnée à celle du corps. C'est le seul animal qui n'ait point de langue[2] ; il ne remue point la mâchoire inférieure[3], et c'est le seul aussi qui approche la mâchoire supérieure de l'inférieure. Il a les griffes très-fortes, et sa peau est tellement couverte d'écailles sur le dos, qu'elle est impénétrable. Le crocodile ne voit point dans l'eau, mais à l'air il a la vue très-perçante. Comme il vit dans l'eau, il a le dedans de la gueule plein de sangsues. Toutes les bêtes, tous les oiseaux le fuient ; il n'est en paix qu'avec le trochilus, à cause des services qu'il en reçoit. Lorsque le crocodile se repose sur terre au sortir de l'eau, il a coutume de se tourner presque toujours vers le côté d'où souffle le zéphyr, et de tenir la

[1] La coudée étant d'un pied cinq pouces, les dix-sept coudées font vingt-quatre pieds un pouce. Mais comme il y avait des coudées d'un pied huit pouces cinq lignes, les dix-sept coudées doivent faire, suivant cette évaluation, vingt-huit pieds onze pouces une ligne. Élien raconte qu'on a vu, sous Psammitichus, un crocodile de vingt-cinq coudées, c'est-à-dire de plus de trente-cinq pieds ; et sous Amasis, un autre de plus de vingt-six coudées, c'est-à-dire de plus de trente-six pieds. M. Norden en a vu de trente pieds de long et même de cinquante. (L.)

[2] Aristote croyait, de même qu'Hérodote, que le crocodile n'avait pas de langue. Cet animal a une substance charnue semblable à une langue, et adhérente dans toute sa longueur à la mâchoire inférieure, qui peut lui servir à retourner ses aliments. (L.)

[3] Aristote dit aussi que la mâchoire inférieure du crocodile est immobile. Quoique l'autorité de ce savant naturaliste soit d'un très-grand poids, il n'en est pas moins vrai que la mâchoire inférieure du crocodile est la seule mobile. C'est ce qu'ont observé MM. de l'Académie des sciences, le docteur Grew cité par Ray, Klein et Buffon. (L.)

gueule ouverte : le trochilus, entrant alors dans sa gueule, y mange les sangsues ; et le crocodile prend tant de plaisir à se sentir soulagé, qu'il ne lui fait point de mal.

LXIX. Une partie des Égyptiens regardent les crocodiles comme des animaux sacrés ; mais d'autres leur font la guerre. Ceux qui habitent aux environs de Thèbes et du lac Mœris ont pour eux beaucoup de vénération. Les uns et les autres en choisissent un qu'ils élèvent, et qu'ils instruisent à se laisser toucher avec la main. On lui met des pendants d'oreilles d'or ou de pierre factice, et on lui attache aux pieds de devant de petites chaînes ou bracelets. On le nourrit avec la chair des victimes, et on lui donne d'autres aliments prescrits. Tant qu'il vit, on en prend le plus grand soin ; quand il meurt, on l'embaume, et on le met dans une caisse sacrée. Ceux d'Éléphantine et des environs ne regardent point les crocodiles comme sacrés, et même ils ne se font aucun scrupule d'en manger. Ces animaux s'appellent champses. Les Ioniens leur ont donné le nom de crocodiles, parce qu'ils leur ont trouvé de la ressemblance avec ces crocodiles ou lézards que chez eux on rencontre dans les haies.

LXX. Il y a différentes manières de les prendre. Je ne parlerai que de celle qui paraît mériter le plus d'être rapportée. On attache une partie du dos d'un porc à un hameçon, qu'on laisse aller au milieu du fleuve afin d'amorcer le crocodile. On se place sur le bord de la rivière, et l'on prend un cochon de lait en vie, qu'on bat pour le faire crier. Le crocodile s'approche du côté où il entend ces cris, et, rencontrant en son chemin le morceau de porc, il l'avale. Le pêcheur le tire à lui, et la première chose qu'il fait après l'avoir mis à terre, c'est de lui couvrir les yeux de boue. Par ce moyen il en vient facilement à bout ; autrement il aurait beaucoup de peine.

LXXI. Les hippopotames qu'on trouve dans le nome Paprémite sont sacrés ; mais dans le reste de l'Égypte on n'a pas pour eux les mêmes égards. Voici quelle en est la nature et la forme : cet animal est quadrupède ; il a les pieds fourchus, la corne du pied comme le bœuf, le museau plat et retroussé, les dents saillantes, la crinière, la queue et le hennissement du cheval ; il est de la grandeur des plus gros bœufs; son cuir est si épais et si dur, que, lorsqu'il est sec, on en fait des javelots.

LXXII. Le Nil produit aussi des loutres. Les Égyptiens les regardent comme sacrées. Ils ont la même opinion du poisson qu'on appelle lépidote, et de l'anguille. Ces poissons sont consacrés au Nil. Parmi les oiseaux, le cravan est sacré [1].

LXXIII. On range aussi dans la même classe un autre oiseau qu'on appelle phénix [2]. Je ne l'ai vu qu'en peinture; on le voit rarement; et, si l'on en croit les Héliopolitains, il ne se montre dans leur pays que tous les cinq cents ans, lorsque son père vient à mourir. S'il ressemble à son portrait, ses ailes sont en partie dorées et en partie rouges, et il est entièrement conforme à l'aigle quant à la figure et à la description détaillée. On en rapporte une particularité qui me paraît incroyable. Il part, disent les Égyptiens, de l'Arabie, se rend au temple du Soleil avec le corps de son père, qu'il porte enveloppé dans de la myrrhe, et lui donne la sépulture dans ce temple. Voici de quelle manière: il fait avec de la myrrhe une masse en forme d'œuf, du poids qu'il se croit capable de porter, la soulève, et essaye si elle n'est pas trop pesante; ensuite, lorsqu'il a fini ces essais, il creuse cet œuf, y introduit son père, puis il bouche l'ouverture avec de la myrrhe: cet œuf est alors de même poids que lorsque la masse était entière. Lorsqu'il l'a, dis-je, renfermé, il le porte en Égypte dans le temple du Soleil.

LXXIV. On voit dans les environs de Thèbes une espèce de serpents sacrés qui ne fait jamais de mal aux hommes : ces serpents sont fort petits, et portent deux cornes au

[1] Cet oiseau ressemble beaucoup à l'oie pour la figure ; mais il a toute la ruse et la finesse du renard. Belon l'appelle oie nonnette. Le mot grec est oie-renard, *chenalopex*. (L.)

[2] On ne croyait point encore, du temps d'Hérodote, que le phénix renaquît de ses cendres. Cette opinion s'accrédita dans la suite. Suidas assure, au mot φοίνιξ, que lorsque cet oiseau s'est brûlé, il naît de ses cendres un ver qui se change en phénix. Les Pères de l'Église grecque et latine ajoutèrent foi à cette fable, et ne manquèrent pas de la citer comme une preuve solide de la résurrection. (L.)

haut de la tête. Quand ils meurent, on les enterre dans le temple de Jupiter, auquel, dit-on, ils sont consacrés.

LXXV. Il y a dans l'Arabie, assez près de la ville de Buto, un lieu où je me rendis pour m'informer des serpents ailés. Je vis à mon arrivée une quantité prodigieuse d'os et d'épines du dos de ces serpents. Il y en avait des tas épars de tous les côtés, de grands, de moyens et de petits. Le lieu où sont ces os amoncelés se trouve à l'endroit où une gorge resserrée entre des montagnes débouche dans une vaste plaine qui touche à celle de l'Égypte. On dit que ces serpents ailés volent d'Arabie en Égypte dès le commencement du printemps ; mais que les ibis, allant à leur rencontre à l'endroit où ce défilé aboutit à la plaine, les empêchent de passer, et les tuent. Les Arabes assurent que c'est en reconnaissance de ce service que les Égyptiens ont une grande vénération pour l'ibis ; et les Égyptiens conviennent eux-mêmes que c'est la raison pour laquelle ils honorent ces oiseaux.

LXXVI. Il y a deux espèces d'ibis : ceux de la première espèce sont de la grandeur du crex ; leur plumage est extrêmement noir ; ils ont les cuisses comme celles des grues, et le bec recourbé ; ils combattent contre les serpents. Ceux de la seconde espèce sont plus communs, et l'on en rencontre souvent : ils ont une partie de la tête et toute la gorge sans plumes ; leur plumage est blanc, excepté celui de la tête, du cou, et de l'extrémité des ailes et de la queue, qui est très-noir : quant aux cuisses et au bec, ils les ont de même que l'autre espèce. Le serpent volant ressemble, pour la figure, aux serpents aquatiques ; ses ailes ne sont point garnies de plumes, elles sont entièrement semblables à celles de la chauve-souris. En voilà assez sur les animaux sacrés.

LXXVII. Parmi les Égyptiens que j'ai connus, ceux qui habitent aux environs de cette partie de l'Égypte où l'on sème des grains sont sans contredit les plus habiles, et ceux qui, de tous les hommes, cultivent le plus leur mémoire. Voici quel est leur régime : ils se purgent tous les mois pendant trois jours consécutifs, et ils ont grand soin d'entretenir et de conserver leur santé par des vomitifs et des lavements, persuadés que toutes nos maladies viennent des aliments que nous prenons : d'ailleurs, après les Libyens, il n'y a point d'hommes si sains et d'un meilleur tempérament que les Égyptiens. Je crois qu'il faut attribuer cet avantage aux saisons, qui ne varient jamais en ce pays ; car ce sont les variations dans l'air, et surtout celles des saisons, qui occasionnent les maladies. Leur pain s'appelle cyllestis : ils le font avec de l'épeautre. Comme ils n'ont point de vignes dans leur pays [1], ils boivent de la bière ; ils vivent de poissons crus séchés au soleil, ou mis dans de la saumure ; ils mangent crus pareillement les cailles, les canards et quelques petits oiseaux, qu'ils ont eu soin de saler auparavant ; enfin, à l'exception des oiseaux et des poissons sacrés, ils se nourrissent de toutes les autres espèces qu'ils ont chez eux, et les mangent ou rôties ou bouillies.

LXXVIII. Aux festins qui se font chez les riches, on porte, après le repas, autour de la salle, un cercueil avec une figure en bois si bien travaillée et si bien peinte, qu'elle représente parfaitement un mort : elle n'a qu'une coudée, ou deux au plus. On la montre à tous les convives tour à tour, en leur disant : « Jetez les yeux sur cet homme, vous » lui ressemblerez après votre mort ; buvez donc mainte- » nant, et vous divertissez. »

LXXIX. Contents des chansons qu'ils tiennent de leurs pères, ils n'y en ajoutent point d'autres. Il y en a plusieurs dont l'institution est louable, et surtout celle qui se chante en Phénicie, en Cypre et ailleurs : elle a différents noms chez les différents peuples. On convient généralement que c'est la même que les Grecs appellent Linus, et qu'ils ont coutume de chanter. Entre mille choses qui m'étonnent en Égypte, je ne puis concevoir où les Égyptiens ont pris

---

[1] M. Dupuis a parfaitement bien vu qu'Hérodote ne parlait en cet endroit que de la partie de l'Égypte destinée à la culture du blé. Aux exemples d'Hérodote qu'a rapportés ce savant pour faire voir qu'il y avait des vignes en Égypte, on peut ajouter celui-ci, qui est d'un temps bien antérieur à notre historien : *Quare nos fecistis ascendere de Ægypto, et adduxistis in locum istum pessimum, qui seri non potest, qui nec ficum gignit, nec vineas, nec malogranata, insuper et aquam non habet ad bibendum.* (Nomb., cap. xx. v. 5.)

cette chanson du Linus. Je crois qu'ils l'ont chantée de tout temps. Elle s'appelle en égyptien Manéros. Ils disaient que Manéros était fils unique de leur premier roi ; qu'ayant été enlevé par une mort prématurée, ils chantèrent en son honneur ces airs lugubres, et que cette chanson était la première et la seule qu'ils eussent dans les commencements.

LXXX. Il n'y a parmi les Grecs que les Lacédémoniens qui s'accordent avec les Égyptiens dans le respect que les jeunes gens ont pour les vieillards. Si un jeune homme rencontre un vieillard, il lui cède le pas et se détourne ; et si un vieillard survient dans un endroit où se trouve un jeune homme, celui-ci se lève. Les autres Grecs n'ont point cet usage. Lorsque les Égyptiens se rencontrent, au lieu de se saluer de paroles, ils se font une profonde révérence en baissant la main jusqu'aux genoux.

LXXXI. Leurs habits sont de lin, avec des franges autour des jambes : ils les appellent calasiris ; et par-dessus ils s'enveloppent d'une espèce de manteau de laine blanche ; mais ils ne portent pas dans les temples cet habit de laine, et on ne les ensevelit pas non plus avec cet habit : les lois de la religion le défendent. Cela est conforme aux cérémonies orphiques, que l'on appelle aussi bachiques, et qui sont les mêmes que les égyptiennes et les pythagoriques. En effet, il n'est pas permis d'ensevelir dans un vêtement de laine quelqu'un qui a participé à ces mystères. La raison que l'on en donne est empruntée de la religion.

LXXXII. Entre autres choses qu'ont inventées les Égyptiens, ils ont imaginé à quel dieu chaque mois et chaque jour du mois sont consacrés : ce sont eux qui, en observant le jour de la naissance de quelqu'un, lui ont prédit le sort qui l'attendait, ce qu'il deviendrait, et le genre de mort dont il devait mourir. Les poëtes grecs ont fait usage de cette science, mais les Égyptiens ont inventé plus de prodiges que tout le reste des hommes. Lorsqu'il en survient un, ils le mettent par écrit, et observent de quel événement il sera suivi. Si, dans la suite, il arrive quelque chose qui ait avec ce prodige la moindre ressemblance, ils se persuadent que l'issue sera la même.

LXXXIII. Personne en Égypte n'exerce la divination : elle n'est attribuée qu'à certains dieux. On voit en ce pays des oracles d'Hercule, d'Apollon, de Minerve, de Diane, de Mars, de Jupiter ; mais on a plus de vénération pour celui de Latone, en la ville de Buto, que pour tout autre. Ces sortes de divinations n'ont pas les mêmes règles ; elles diffèrent les unes des autres.

LXXXIV. La médecine est si sagement distribuée en Égypte, qu'un médecin ne se mêle que d'une seule espèce de maladie, et non de plusieurs. Tout y est plein de médecins. Les uns sont pour les yeux, les autres pour la tête ; ceux-ci pour les dents, ceux-là pour les maux de ventre et des parties voisines ; d'autres enfin pour les maladies internes.

LXXXV. Le deuil et les funérailles se font de cette manière : quand il meurt un homme de considération, toutes les femmes de sa maison se couvrent de boue la tête et même le visage ; elles laissent le mort à la maison, se découvrent le sein, et, ayant attaché leur habillement avec une ceinture, elles se frappent la poitrine, et parcourent la ville accompagnées de leurs parentes. D'un autre côté, les hommes attachent de même leurs habits et se frappent la poitrine : après cette cérémonie, on porte le corps à l'endroit où on les embaume.

LXXXVI. Il y a en Égypte certaines personnes que la loi a chargées des embaumements, et qui en font profession. Quand on leur apporte un corps, ils montrent aux porteurs des modèles de morts en bois, peints au naturel. Le plus recherché représente, à ce qu'ils disent, celui dont je me fais scrupule de dire ici le nom[1]. Ils en font voir un second qui est inférieur au premier, et qui ne coûte pas si cher. Ils en montrent encore un troisième, qui est au

---

[1] C'était sans doute la figure de quelque divinité, peut-être celle d'Osiris. C'est le sentiment d'Athénagoras. « Non-seulement, dit-il, on montre la sépulture d'Osiris, mais encore son corps embaumé. » Après quoi il apporte en preuve ce passage-ci d'Hérodote. On sait qu'Isis portait partout avec elle le corps de son mari, ce qui suppose qu'elle l'avait fait embaumer. *Voyez* PLUTARQUE, *De Iside et Osiride*. (L.)

plus bas prix[1]. Ils demandent ensuite suivant lequel de ces trois modèles on souhaite que le mort soit embaumé. Après qu'on est convenu du prix, les parents se retirent : les embaumeurs travaillent chez eux, et voici comment ils procèdent à l'embaumement le plus précieux.

D'abord ils tirent la cervelle par les narines, en partie avec un ferrement recourbé, en partie par le moyen des drogues qu'ils introduisent dans la tête ; ils font ensuite une incision dans le flanc avec une pierre d'Éthiopie tranchante ; ils tirent par cette ouverture les intestins, les nettoient, et les passe au vin de palmier ; ils les passent encore dans des aromates broyés ; ensuite ils remplissent le ventre de myrrhe pure broyée, de cannelle et d'autres parfums, l'encens excepté ; puis ils le recousent. Lorsque cela est fini, ils salent le corps, en le couvrant de natrum pendant soixante et dix jours. Il n'est pas permis de le laisser séjourner plus longtemps dans le sel. Ces soixante et dix jours écoulés, ils lavent le corps, et l'enveloppent entièrement de bandes de toile de coton, enduites de commi[2], dont les Égyptiens se servent ordinairement comme de colle. Les parents retirent ensuite le corps ; ils font faire en bois un étui de forme humaine, ils y renferment le mort, et le mettent dans une salle destinée à cet usage ; ils le placent droit contre la muraille. Telle est la manière la plus magnifique d'embaumer les morts.

LXXXVII. Ceux qui veulent éviter la dépense choisissent cette autre sorte : on remplit des seringues d'une liqueur onctueuse qu'on a tirée du cèdre ; on en injecte le ventre du mort, sans y faire aucune incision, et sans en tirer les intestins. Quand on a introduit cette liqueur par le fondement, on le bouche, pour empêcher la liqueur injectée de sortir ; ensuite on sale le corps pendant le temps

---

[1] L'embaumement de la première façon coûte un talent d'argent ou 5,400 l. de notre monnaie ; celui de la seconde, vingt mines ou 1,800 liv. ; et celui de la dernière, peu de chose. (L.)

[2] C'est la gomme arabique. On la tire de l'acacia, arbre très-commun dans la haute Égypte, où il est connu sous le nom de sount, de même qu'il l'est sous celui de cyale dans l'Arabie Pétrée. Strabon appelle cet arbre épine de la Thébaïde, et remarque qu'il produit de la gomme. (L.)

prescrit[1]. Le dernier jour, on fait sortir du ventre la liqueur injectée : elle a tant de force, qu'elle dissout le ventricule et les entrailles, et les entraîne avec elle. Le natrum consume les chairs, et il ne reste du corps que la peau et les os. Cette opération finie, ils rendent le corps sans y faire autre chose.

LXXXVIII. La troisième espèce d'embaumement n'est que pour les plus pauvres. On injecte le corps avec la liqueur nommée surmaïa; on met le corps dans le natrum pendant soixante et dix jours, et on le rend ensuite à ceux qui l'ont apporté.

LXXXIX. Quant aux femmes de qualité, lorsqu'elles sont mortes, on ne les remet pas sur-le-champ aux embaumeurs, non plus que celles qui sont belles et qui ont été en grande considération, mais seulement trois ou quatre jours après leur mort. On prend cette précaution, de crainte que les embaumeurs n'abusent des corps qu'on leur confie. On raconte qu'on en prit un sur le fait avec une femme morte récemment, et cela sur l'accusation d'un de ses camarades.

XC. Si l'on trouve un corps mort d'un Égyptien ou même d'un étranger, soit qu'il ait été enlevé par un crocodile, ou qu'il ait été noyé dans le fleuve, la ville sur le territoire de laquelle il a été jeté est obligée de l'embaumer, de le préparer de la manière la plus magnifique, et de le mettre dans des tombeaux sacrés. Il n'est permis à aucun de ses parents ou de ses amis d'y toucher; les prêtres du Nil[2] ont seuls ce privilége; ils l'ensevelissent de leurs propres mains, comme si c'était quelque chose de plus que le cadavre d'un homme.

---

[1] C'est-à-dire soixante et dix jours, comme on l'a vu au paragraphe précédent. Il paraît que le deuil commençait avec ce procédé, et qu'il finissait en même temps. Le deuil pour les rois durait soixante et douze jours; celui de Joseph fut de soixante et dix jours. (L.)

[2] Les Égyptiens rendaient un culte au Nil : on lui avait élevé des temples; il en avait un magnifique à Nilopolis, ville de la province d'Arcadie en Égypte, et l'on ne doute point qu'il n'en eût ailleurs. Du moins est-il certain, par ce passage d'Hérodote, qu'il devait avoir des prêtres dans toutes les villes situées sur les bords du fleuve; et, suivant toutes les apparences, on lui rendait une espèce de culte dans toutes ces villes. (L.)

XCI. Les Égyptiens ont un grand éloignement pour les coutumes des Grecs, en un mot pour celles de tous les autres hommes. Cet éloignement se remarque également dans toute l'Égypte, excepté à Chemmis, ville considérable de la Thébaïde[1], près de Néapolis, où l'on voit un temple de Persée, fils de Danaé. Ce temple est de figure carrée, et environné de palmiers ; le vestibule est vaste et bâti de pierres, et sur le haut on remarque deux grandes statues de pierre : dans l'enceinte sacrée est le temple, où l'on voit une statue de Persée. Les Chemmites disent que ce héros apparaît souvent dans le pays et dans le temple ; qu'on trouve quelquefois une de ses sandales, qui a deux coudées de long ; et qu'après qu'elle a paru, la fertilité et l'abondance règnent dans toute l'Égypte. Ils célèbrent en son honneur, et à la manière des Grecs, des jeux gymniques, qui, de tous les jeux, sont les plus excellents. Les prix qu'on y propose sont du bétail, des manteaux[2] et des peaux.

Je leur demandai un jour pourquoi ils étaient les seuls à qui Persée eût coutume d'apparaître, et pourquoi ils se distinguaient du reste des Égyptiens par la célébration des jeux gymniques. Ils me répondirent que Persée était originaire de leur ville, et que Danaüs et Lyncée, qui firent voile en Grèce, étaient nés à Chemmis. Ils me firent ensuite la généalogie de Danaüs et de Lyncée, en descendant jusqu'à Persée ; ils ajoutèrent que celui-ci étant venu en Égypte pour enlever de Libye, comme le disent aussi les Grecs, la tête de la Gorgone, il passa par leur ville, où il reconnut tous ses parents ; que, lorsqu'il arriva en Égypte, il savait déjà le nom de Chemmis par sa mère ; enfin que c'était par son ordre qu'ils célébraient des jeux gymniques en son honneur.

XCII. Les Égyptiens qui habitent au-dessus des marais

---

[1] Les Égyptiens appelaient cette ville Chemmo. Chemmis paraît une terminaison grecque. C'est la même ville que Panopolis. (L.)

[2] La chlæne était proprement un habillement d'hiver ; cependant il y en avait de légères. Celles qu'on donnait pour prix à Chemmis, dont le climat était très-chaud, devaient être de cette nature. Les prix différaient suivant la différence des jeux et des lieux où on les célébrait. (L.)

observent toutes ces coutumes¹; mais ceux qui demeurent dans la partie marécageuse suivent les mêmes usages que le reste des Égyptiens, et, entre autres, ils n'ont qu'une femme chacun, ainsi que les Grecs.

Quant aux vivres, ils ont imaginé des moyens pour s'en procurer aisément. Lorsque le fleuve a pris toute sa crue, et que les campagnes sont comme une espèce de mer, il paraît dans l'eau une quantité prodigieuse de lis que les Égyptiens appellent lotos² ; ils les cueillent, et les font sécher au soleil ; ils en prennent ensuite la graine : cette graine ressemble à celle du pavot, et se trouve au milieu du lotos ; ils la pilent et en font du pain, qu'ils cuisent au feu. On mange aussi la racine de cette plante ; elle est d'un goût agréable et doux ; elle est ronde, et de la grosseur d'une pomme. Il y a une autre espèce de lis, ressemblante aux roses, et qui croît aussi dans le Nil. Son fruit a beaucoup de rapport avec les rayons d'un guêpier : on le recueille sur une tige qui sort de la racine, et croît auprès de l'autre tige. On y trouve quantité de grains bons à manger, de la grosseur d'un noyau d'olive : on les mange verts ou secs.

Le byblus³ est une plante annuelle. Quand on l'a arraché des marais, on en coupe la partie supérieure, qu'on emploie à différents usages : quant à l'inférieure, ou ce qui reste de la plante, et qui a environ une coudée de haut, on le mange cru, ou on le vend. Ceux qui veulent rendre ce mets plus délicat le font rôtir dans un four ardent.

---

¹ Cela ne se rapporte point aux usages établis à Chemmis, mais à ceux dont il a été fait mention plus haut.

² « Le lotus est une nymphéa particulière à l'Égypte, qui croît dans les ruisseaux et au bord des lacs. Il y en a de deux espèces, l'une à fleur blanche, et l'autre à fleur bleuâtre. Le calice du lotus s'épanouit comme celui d'une large tulipe, et répand une odeur suave, approchante de celle du lis. La première espèce produit une racine ronde, semblable à une pomme de terre. Les habitants des bords du lac Menzalé (*Tennis*) s'en nourrissent. Les ruisseaux des environs de Damiette sont couverts de cette fleur majestueuse, qui s'élève de deux pieds au-dessus des eaux. » (SAVARY, *Lettres sur l'Égypte*.)

³ C'est le papyrus. Bernard de Jussieu et le comte de Caylus ont décrit avec beaucoup de détails la manière dont les Égyptiens fabriquaient le papier avec cette plante. *Voyez les Mémoires de l'Académie des inscriptions*, t. XXVI, p. 267.

Quelques-uns d'entre eux ne vivent que de poissons : ils les vident, les font sécher au soleil, et les mangent quand ils sont secs.

XCIII. Dans les différentes branches du fleuve, on trouve très-peu de ces sortes de poissons qui vont par troupes ; ils croissent dans les étangs. Quand ils commencent à sentir les ardeurs de l'amour, et qu'ils veulent frayer, ils se rendent à la mer par bandes. Les mâles vont devant, et répandent sur leur route la liqueur séminale : les femelles, qui les suivent, la dévorent, et c'est ainsi qu'elles conçoivent. Lorsqu'elles se sont fécondées dans la mer, les poissons remontent la rivière, pour regagner chacun sa demeure accoutumée. Ce ne sont plus alors les mâles qui vont les premiers ; les femelles conduisent la troupe. En la conduisant, elles font ce que faisaient les mâles : elles jettent leurs œufs, qui sont de la grosseur des grains de millet ; et les mâles, qui les suivent, les avalent. Tous ces grains sont autant de petits poissons. Ceux qui restent, et que les mâles n'ont pas dévorés, prennent de l'accroissement, et deviennent des poissons.

Si l'on prend de ces poissons lorsqu'ils vont à la mer, on remarque que leurs têtes sont meurtries du côté gauche ; ceux au contraire qui remontent ont la tête froissée du côté droit. La cause en est sensible. Quand ils vont à la mer, il côtoient la terre du côté gauche ; et, lorsqu'ils reviennent, ils s'approchent du même rivage, le touchent, et s'y appuient tant qu'ils peuvent, de peur que le courant de l'eau ne les détourne de leur route. Quand le Nil commence à croître, l'eau se filtre à travers les terres, et remplit les fossés et les lagunes qui sont près du fleuve. A peine sont-ils pleins, qu'on y voit fourmiller de toutes parts une multitude prodigieuse de petits poissons : mais quelle est la cause vraisemblable de leur production ? Je crois la connaître.

Lorsque le Nil se retire, les poissons qui, l'année précédente, avaient déposé leurs œufs dans le limon, se retirent aussi avec les dernières eaux. L'année révolue, lorsque le Nil vient de nouveau à se déborder, ces œufs commencent aussitôt à éclore, et à devenir de petits poissons.

XCIV. Les Égyptiens qui habitent dans les marais se servent d'une huile exprimée du fruit du sillicyprion ; ils l'appellent kiki. Voici comment ils la font : ils sèment sur les bords des différentes branches du fleuve, et sur ceux des étangs, du sillicyprion. En Grèce, cette plante vient d'elle-même et sans culture ; en Égypte, on la sème, et elle porte une grande quantité de fruits d'une odeur forte. Lorsqu'on les a recueillis, les uns les broient et en tirent l'huile par expression ; les autres les font bouillir, après les avoir fait rôtir : l'huile se détache, et on la ramasse. C'est une liqueur grasse qui n'est pas moins bonne pour les lampes que l'huile d'olive ; mais elle a une odeur forte et désagréable.

XCV. On voit en Égypte une quantité prodigieuse de moucherons. Les Égyptiens ont trouvé des moyens pour s'en garantir. Ceux qui habitent au-dessus des marais se mettent à couvert de ces insectes en dormant sur le haut d'une tour : le vent empêche les moucherons de voler si haut. Ceux qui demeurent dans la partie marécageuse ont imaginé un autre moyen : il n'y a personne qui n'ait un filet. Le jour, on s'en sert pour prendre du poisson ; la nuit, on l'étend autour du lit ; on passe ensuite sous ce filet, et l'on se couche. Si l'on voulait dormir avec ses habits, ou enveloppé d'un drap, on serait piqué par les moucherons, au lieu qu'ils ne l'essayent pas même à travers le filet.

XCVI. Leurs vaisseaux de charge sont faits avec l'épine, qui ressemble beaucoup au lotos de Cyrène, et dont il sort une larme qui se condense en gomme. Ils tirent de cette épine des planches d'environ deux coudées ; ils les arrangent de la même manière qu'on arrange les briques, et les attachent avec des chevilles fortes et longues ; ils placent sur leur surface des solives, sans se servir de varangues ni de courbes ; mais ils affermissent en dedans cet assemblage avec des liens de byblus : ils font ensuite un gouvernail qu'ils passent à travers la carène, puis un mât avec l'épine, et des voiles avec le byblus.

Ces navires ne peuvent pas remonter le fleuve, à moins d'être poussés par un grand vent ; aussi est-on obligé de les tirer de dessus le rivage. Voici la manière dont on les conduit en descendant : on a une claie de bruyère tissue avec du jonc, et une pierre percée pesant environ deux talents[1] ; on attache la claie avec une corde à l'avant du vaisseau, et on la laisse aller au gré de l'eau ; on attache la pierre à l'arrière avec une autre corde : la claie, emportée par la rapidité du courant, entraîne avec elle le baris (c'est ainsi qu'on appelle cette sorte de navire) ; la pierre qui est à l'arrière gagne le fond de l'eau, et sert à diriger sa course. Ils ont un grand nombre de vaisseaux de cette espèce, dont quelques-uns portent une charge de plusieurs milliers de talents.

XCVII. Quand le Nil a inondé le pays, on n'aperçoit plus que les villes ; elles paraissent au-dessus de l'eau, et ressemblent à peu près aux îles de la mer Égée. Toute l'Égypte en effet n'est qu'une vaste mer, si vous en exceptez les villes. Tant que dure l'inondation, on ne navigue plus sur les canaux du fleuve, mais par le milieu de la plaine. Ceux qui remontent de Naucratis à Memphis prennent alors par les pyramides : ce n'est point là cependant la navigation ordinaire, mais par la pointe du Delta et par la ville de Cercasore. Si de la mer et de Canope vous allez à Naucratis par la plaine, vous passerez près des villes d'Anthylle et d'Archandre.

XCVIII. Anthylle est une ville considérable ; elle fait toujours partie du revenu de la femme des rois d'Égypte, et lui est particulièrement assignée pour sa chaussure[2]. Cet usage s'observe depuis que ce pays appartient aux Perses. La ville d'Archandre me paraît avoir pris son nom d'Archandre de Phthie, gendre de Danaüs et fils d'Achæus. Peut-être y a-t-il quelque autre Archandre ; mais certainement ce nom n'est pas égyptien.

XCIX. J'ai dit jusqu'ici ce que j'ai vu, ce que j'ai su par moi-même, ou ce que j'ai appris par mes recherches.

---

[1] Le talent pèse 51 livres 6 onces 7 gros 24 grains. Ainsi les deux talents pèsent 102 livres 13 onces 6 gros 48 grains

[2] Athénée raconte que ce revenu était affecté aux reines d'Égypte et de Perse pour leur ceinture. Athénée veut seulement parler des reines de Perse qui le furent aussi d'Égypte, depuis la conquête de ce pays par Cambyse. (L.)

Je vais maintenant parler de ce pays selon ce que m'en ont dit les Égyptiens ; j'ajouterai aussi à mon récit quelque chose de ce que j'ai vu par moi-même.

Ménès, qui fut le premier roi d'Égypte, fit faire, selon les prêtres, des digues à Memphis [1]. Le fleuve, jusqu'au règne de ce prince, coulait entièrement le long de la montagne sablonneuse qui est du côté de la Libye ; mais, ayant comblé le coude que forme le Nil du côté du midi, et construit une digue environ à cent stades au-dessus de Memphis, il mit à sec son ancien lit, et lui fit prendre son cours par un nouveau canal, afin qu'il coulât à égale distance des montagnes ; et encore aujourd'hui, sous la domination des Perses, on a une attention particulière à ce même coude du Nil, dont les eaux, retenues par les digues, coulent d'un autre côté, et on a soin de les fortifier tous les ans. En effet, si le fleuve venait à les rompre, et à se répandre de ce côté-là dans les terres, Memphis risquerait d'être entièrement submergée. Ménès, leur premier roi, fit bâtir, au rapport des mêmes prêtres, la ville qu'on appelle aujourd'hui Memphis, dans l'endroit même d'où il avait détourné le fleuve, et qu'il avait converti en terre ferme ; car cette ville est aussi située dans la partie étroite de l'Égypte. Le même fit creuser au nord et à l'ouest de Memphis un lac qui communiquait avec le fleuve, n'étant pas possible de le faire à l'est, parce que le Nil s'y oppose ; enfin il éleva dans la même ville un grand et magnifique temple en l'honneur de Vulcain.

C. Les prêtres me lurent ensuite dans leurs annales les noms de trois cent trente autres rois qui régnèrent après lui. Dans une si longue suite de générations, il se trouve dix-huit Éthiopiens et une femme du pays ; tous les autres étaient hommes et Égyptiens. Cette femme qui régna en Égypte s'appelait Nitocris, comme la reine de Babylone.

---

[1] M. Fourmont prétend que les ruines de Memphis se voient encore aujourd'hui à Manof, et il appuie son sentiment des mêmes raisons qu'apporte le docteur Pococke pour prouver que Métrahenny et ses environs étaient l'emplacement de l'ancienne Memphis. Je crois que Manof et Métrahenny sont deux noms du même lieu ; et je suis d'autant plus porté à le penser, que le docteur Pococke et MM. Norden et d'Anville n'ont point parlé de Manof. (L.)

Ils me racontèrent que les Égyptiens, après avoir tué son frère, qui était leur roi, lui remirent la couronne ; qu'alors elle chercha à venger sa mort, et qu'elle fit périr par artifice un grand nombre d'Égyptiens. On pratiqua sous terre, par son ordre, un vaste appartement, qu'elle destinait en apparence à des festins ; mais elle avait réellement d'autres vues. Elle y invita à un repas un grand nombre d'Egyptiens qu'elle connaissait pour les principaux auteurs de la mort de son frère, et, pendant qu'ils étaient à table, elle fit entrer les eaux du fleuve par un grand canal secret. Il n'est rien dit davantage de cette princesse, si ce n'est qu'après avoir fait cela elle se précipita dans un appartement toute couverte de cendres, afin de se soustraire à la vengeance du peuple [1].

CI. Les prêtres me dirent que de tous ces rois il n'y en eut aucun qui se fût distingué par des ouvrages remarquables ou par quelque action d'éclat, si vous en exceptez Mœris, le dernier de tous ; que ce prince s'illustra par plusieurs monuments ; qu'il bâtit le vestibule du temple de Vulcain qui regarde le nord, et creusa un lac dont je donnerai dans la suite les dimensions ; et qu'il y fit élever des pyramides, dont je décrirai la grandeur dans le même temps que je parlerai du lac. Ils me racontèrent que ce prince fit faire tous ces ouvrages, et que les autres ne laissèrent aucun monument à la postérité ; aussi les passerai-je sous silence, et me contenterai-je de faire mention de Sésostris, qui vint après eux [2].

CII. Ce prince fut, selon ces prêtres, le premier qui, étant parti du golfe Arabique avec des vaisseaux longs, subjugua les peuples qui habitaient les bords de la mer Erythrée : il fit voile encore plus loin, jusqu'à une mer qui n'était plus navigable à cause des bas-fonds.

[1] C'est-à-dire de lui inspirer de la pitié par son abaissement.
[2] Ce prince vivait un peu moins d'un siècle avant la guerre de Troie, et il était à peu près contemporain d'Hercule, fils d'Alcmène. Il monta sur le trône après ces trois cent trente rois dont on vient de parler, et dont Mœris fut le dernier. Il y avait en effet environ neuf cents ans que Mœris, le dernier de ces trois cent trente rois, était mort, lorsque Hérodote alla en Égypte. Il se passa environ huit cents ans depuis la guerre de Troie jusqu'à Hérodote, et neuf cents depuis Hercule jusqu'au même historien. (WESSELING.)

De là, selon les mêmes prêtres, étant revenu en Egypte, il leva une nombreuse armée, et, avançant par la terre ferme, il subjugua tous les peuples qui se trouvèrent sur sa route. Quand il rencontrait des nations courageuses et jalouses de leur liberté, il érigeait dans leur pays des colonnes, sur lesquelles il faisait graver une inscription qui indiquait son nom, celui de sa patrie, et qu'il avait vaincu ces peuples par la force de ses armes : quant aux pays qu'il subjuguait aisément, et sans livrer bataille, il élevait des colonnes avec une inscription pareille ; mais il faisait ajouter les parties naturelles de la femme, emblème de la lâcheté de ces peuples [1].

CIII. En parcourant ainsi le continent, il passa d'Asie en Europe, et subjugua les Scythes et les Thraces ; mais je crois que l'armée égyptienne n'alla pas plus avant, car on voit chez ces nations les colonnes qu'il y fit ériger, et l'on n'en trouve point au delà. Il retourna ensuite sur ses pas. Quand il fut arrivé sur les bords du Phase, je ne puis assurer s'il y laissa une partie de son armée pour cultiver le pays, ou bien si quelques-uns de ses soldats, ennuyés de la longueur de ces voyages, ne s'établirent point sur les bords de ce fleuve.

CIV. Quoi qu'il en soit, il paraît que les Colchidiens sont Égyptiens d'origine, et je l'avais présumé avant que d'en avoir entendu parler à d'autres ; mais, comme j'étais curieux de m'en instruire, j'interrogeai ces deux peuples : les Colchidiens se ressouvenaient beaucoup mieux des Egyptiens, que ceux-ci ne se ressouvenaient des Colchidiens.

Les Égyptiens pensent que ces peuples sont des descendants d'une partie des troupes de Sésostris. Je le conjecturai aussi sur deux indices : le premier, c'est qu'ils sont noirs, et qu'ils ont les cheveux crépus, preuve assez équivoque, puisqu'ils ont cela de commun avec d'autres peuples ; le second, et le principal, c'est que les Colchidiens, les Égyptiens et les Éthiopiens sont les seuls hommes qui se fassent circoncire de temps immémorial. Les Phéni-

---

[1] Diodore de Sicile dit que, chez les peuples qui s'étaient bien défendus, il faisait graver sur les colonnes le membre viril. (L.)

ciens et les Syriens de la Palestine conviennent eux-mêmes qu'ils ont appris la circoncision des Égyptiens ; mais les Syriens [1] qui habitent sur les bords du Thermodon et du Parthénius, et les Macrons, leurs voisins, avouent qu'ils la tiennent depuis peu des Colchidiens. Or, ce sont là les seuls peuples qui pratiquent la circoncision, et encore paraît-il qu'en cela ils ne font qu'imiter les Égyptiens.

Comme la circoncision paraît, chez les Égyptiens et les Éthiopiens, remonter à la plus haute antiquité, je ne saurais dire laquelle de ces deux nations la tient de l'autre [2]. A l'égard des autres peuples [3], ils l'ont prise des Égyptiens, par le commerce qu'ils ont eu avec eux. Je me fonde sur ce que tous les Phéniciens qui fréquentent les Grecs ont perdu la coutume, qu'ils tenaient des Égyptiens, de circire les enfants nouveau-nés.

CV. Mais voici un autre trait de ressemblance entre ces deux peuples : ce sont les seuls qui travaillent le lin de la même façon ; ils vivent de même, et ont aussi la même langue. Les Grecs appellent lin sardonique celui qui leur vient de la Colchide, et lin égyptien celui qu'ils tirent d'Égypte.

CVI. La plupart des colonnes que Sésostris fit élever dans les pays qu'il subjugua ne subsistent plus aujourd'hui. J'en ai pourtant vu dans la Palestine de Syrie, et j'y ai remarqué les parties naturelles de la femme, et les inscriptions dont j'ai parlé plus haut.

On voit aussi vers l'Ionie deux figures de ce prince taillées dans le roc : l'une, sur le chemin qui conduit d'Éphèse à Phocée ; l'autre, sur celui de Sardes à Smyrne. Elles représentent, l'une et l'autre, un homme de cinq palmes [4] de haut, tenant de la main droite un javelot, et

---

[1] Ce sont les Cappadociens, dont il a parlé liv. 1, § LXXII.

[2] Il est très-vraisemblable que la haute Égypte a été peuplée par les Éthiopiens, et que les usages égyptiens avaient beaucoup de ressemblance avec ceux de l'Éthiopie. Il est par conséquent très-probable que la circoncision a pris naissance chez les Éthiopiens, qui s'y sont vus forcés probablement par des raisons de santé. (L.)

[3] Ce sont les Colchidiens, les Phéniciens et les Syriens, dont il vient de parler.

[4] Le palme ou spithame est d'environ 8 pouces 3 lignes : les cinq palmes ont par conséquent 3 pieds 5 pouces 3 lignes.

de la gauche un arc : le reste de son armure est pareillement égyptien et éthiopien. On a gravé sur la poitrine, d'une épaule à l'autre, une inscription en caractères égyptiens et sacrés, conçue en ces termes : « J'AI CONQUIS CE PAYS PAR LA FORCE DE MON BRAS. » Sésostris ne dit pas pourtant ici ni qui il est, ni de quel pays il est ; il l'a indiqué ailleurs. Quelques-uns de ceux qui ont examiné cette figure conjecturent qu'elle représente Memnon ; mais ils sont fort éloignés de la vérité.

CVII. Les prêtres me dirent encore que Sésostris, revenant en Égypte, amena avec lui un grand nombre de prisonniers faits sur les nations qu'il avait subjuguées ; qu'étant arrivé à Daphnes de Péluse, son frère[1], à qui il avait confié le gouvernement du royaume, l'ayant invité, lui et ses enfants, à loger chez lui, fit entasser autour de la maison des matières combustibles, auxquelles on mit le feu. Sésostris n'en eut pas plutôt connaissance, qu'il délibéra avec la reine sa femme, qu'il avait menée avec lui, sur le parti qu'il avait à prendre. De six enfants qu'il avait, elle lui conseilla d'en étendre deux sur le bûcher enflammé, et de faire de leurs corps une espèce de pont sur lequel il pourrait passer et se sauver. Sésostris la crut. Ainsi périrent deux de ses enfants ; les autres se sauvèrent avec leur père.

CVIII. Les prêtres ajoutèrent que Sésostris, après s'être vengé de son frère à son retour en Égypte, employa la troupe qu'il avait amenée des pays dont il avait fait la conquête, à traîner jusqu'au temple de Vulcain ces pierres énormes qu'on y voit. Ce furent ces mêmes prisonniers que l'on força de creuser les fossés et les canaux dont l'Égypte est entrecoupée. Avant ces travaux, exécutés malgré eux, l'Égypte était commode pour les chevaux et pour les voitures ; mais, depuis ce temps-là, quoique le pays soit plat et uni, il est devenu impraticable aux uns et aux autres, à cause de la multitude de canaux qu'on y rencontre de toutes parts et en tout sens. Ce prince les fit creuser, parce que, toutes les fois que le fleuve venait à se retirer,

---

[1] Il s'appelait Armaïs, si l'on peut croire ce que dit Manéthon, qui ajoute que c'est le même prince que les Grecs appelaient Danaüs. (L.)

les villes qui n'étaient point sur ses bords, mais au milieu des terres, se trouvaient dans une grande disette d'eau, n'ayant pour leur boisson que l'eau saumâtre des puits.

CIX. Les prêtres me dirent encore que ce même roi fit le partage des terres, assignant à chaque Égyptien une portion égale de terre, et carrée, qu'on tirait au sort ; à la charge néanmoins de lui payer tous les ans une certaine redevance, qui composait son revenu. Si le fleuve enlevait à quelqu'un une partie de sa portion, il allait trouver le roi, et lui exposait ce qui était arrivé. Ce prince envoyait sur les lieux des arpenteurs pour voir de combien l'héritage était diminué, afin de ne faire payer la redevance qu'à proportion du fonds qui restait. Voilà, je crois, l'origine de la géométrie, qui a passé de ce pays en Grèce[1]. A l'égard du gnomon[2] du pôle, ou cadran solaire, et de la division du jour en douze parties[3], les Grecs les tiennent des Babyloniens.

CX. Sésostris est le seul roi d'Égypte qui ait régné en Éthiopie. Ce prince laissa des statues de pierre devant le temple de Vulcain, en mémoire du danger qu'il avait évité. Il y en avait deux de trente coudées de haut, dont l'une le représentait, et l'autre représentait sa femme ; et quatre de vingt coudées chacune, qui représentaient ses quatre fils. Longtemps après, lorque Darius, roi de Perse, voulut faire placer sa statue devant celles-ci, le grand prêtre de Vulcain s'y opposa. Ce prince, objectait-il, n'a pas fait de si grandes actions que Sésostris. S'il a soumis autant de nations, du moins n'a-t-il pu vaincre les Scythes, que Sésostris a subjugués. Il n'est donc pas juste, ajoutait-il, de placer devant les statues[4] de Sésostris celle d'un prince

---

[1] Pamphile raconte que Thalès de Milet apprit la géométrie des Égyptiens et qu'il en apporta la connaissance en Grèce. (DIOGÈNE LAERCE, liv. 1.)

[2] Le gnomon était une colonne ou obélisque, dont on mesurait l'ombre pour déterminer la position du soleil. (MIOT.)

[3] Il paraît, par ce passage, que, du temps d'Hérodote, le jour se partageait en douze parties : cependant on ne peut en conclure qu'on donnait à ces douzes parties le nom d'heures. On ignore à quelle époque on commença à désigner par ce nom les diverses parties du jour. (L.)

[4] Dans le grec : *ses offrandes*. Les statues qu'on élevait à quelqu'un étaient toujours offertes aux dieux, afin qu'étant sous la protection de la religion, personne n'osât les renverser.

qui ne l'a point surpassé par ses exploits. On dit que Darius pardonna au grand prêtre cette remontrance généreuse.

CXI. Les prêtres me racontèrent qu'après la mort de Sésostris, son fils Phéron monta sur le trône. Ce prince ne fit aucune expédition militaire, et il devint aveugle à cette occasion. Le Nil s'étant débordé en ce temps-là de dix-huit coudées, et ayant submergé toutes les campagnes, il s'éleva un vent impétueux qui en agita les flots avec violence. Alors Phéron, par une folle témérité, prit un javelot, et le lança au milieu du tourbillon des eaux : aussitôt après ses yeux furent frappés d'un mal subit, et il devint aveugle. Il fut dix ans en cet état. La onzième année, on lui apporta une réponse de l'oracle de Buto, qui lui annonçait que le temps prescrit à son châtiment était expiré, et qu'il recouvrerait la vue en se lavant les yeux avec l'urine d'une femme qui n'eût jamais connu d'autre homme que son mari. Phéron essaya d'abord de l'urine de sa femme ; mais comme il ne voyait pas plus qu'auparavant, il se servit indistinctement de celle des autres femmes. Ayant enfin recouvré la vue, il fit assembler, dans une ville qu'on appelle aujourd'hui Érythrébòlos[1], toutes les femmes qu'il avait éprouvées, excepté celle dont l'urine lui avait rendu la vue ; et, les ayant fait toutes brûler avec la ville même, il épousa celle qui avait contribué à sa guérison.

Lorsqu'il eut été guéri, il envoya des présents dans tous les temples célèbres, et fit faire pour celui du Soleil deux obélisques remarquables, qui méritent surtout qu'on en fasse mention. Ils ont chacun cent coudées de haut sur huit de large, et sont d'une seule pierre.

CXII. Les mêmes prêtres me dirent que Phéron eut pour successeur un citoyen de Memphis, que les Grecs

[1] Diodore de Sicile nomme cette ville Hiérobolos. C'est peut-être une faute des copistes. Quoi qu'il en soit, cet historien rapporte la même fable, qu'il paraît avoir puisée dans notre auteur; et l'on peut en conclure que la corruption des mœurs était portée à un très-haut point en Égypte. On n'a plus de peine à comprendre la sage précaution que prit Abraham en entrant dans ce pays, et l'excès d'impudence avec lequel se conduisit la femme de Putiphar à l'égard de Joseph (L.)

appellent Protée dans leur langue. On voit encore aujourd'hui à Memphis un lieu magnifique et très-orné, qui lui est consacré. Ce lieu est au sud du temple de Vulcain. Des Phéniciens de Tyr habitent à l'entour, et tout ce quartier s'appelle le Camp des Tyriens. Il y a dans le lieu consacré à Protée une chapelle dédiée à Vénus surnommée l'Étrangère. Je conjecture que cette Vénus est Hélène, fille de Tyndare; non-seulement parce que j'ai ouï dire qu'Hélène demeura autrefois à la cour de Protée, mais encore parce que cette chapelle tire son nom de Vénus l'Étrangère; car, de tous les autres temples de Vénus, il n'y en a aucun qui lui soit consacré sous ce nom.

CXIII. Ayant questionné les prêtres au sujet d'Hélène, ils me répondirent qu'Alexandre, après l'avoir enlevée [1] de Sparte, mit à la voile pour retourner dans sa patrie. Quand il fut parvenu dans la mer Égée, des vents contraires l'écartèrent de sa route, et le repoussèrent dans la mer d'Égypte. Ces vents continuant toujours à être contraires, il vint de là en Égypte, où il aborda à l'embouchure du Nil, qu'on appelle aujourd'hui la bouche Canopique, et aux Tarichées. Il y avait sur ce rivage un temple d'Hercule, qu'on y voit encore maintenant. Si quelque esclave s'y réfugie, et s'y fait marquer des stigmates sacrés, afin de se consacrer au dieu, il n'est pas permis de mettre la main sur lui. Cette loi continue à s'observer de la même manière depuis son institution jusqu'à présent. Les esclaves d'Alexandre ayant eu connaissance des priviléges de ce temple, s'y réfugièrent; et, se tenant en posture de suppliants, ils se mirent à accuser leur maître, dans l'intention de lui nuire, et à publier l'injure qu'il avait faite à Méné-

[1] La prise de Troie se rapporte à l'an 1184 avant l'ère chrétienne, 3530 de la période julienne. La dernière année du siége de Troie est la 1185ᵉ avant Jésus-Christ, 3529 de la période julienne. Hélène dit dans l'*Iliade* que cette année est la vingtième depuis qu'elle est sortie de sa patrie et qu'elle est venue à Troie. Or le siége de Troie fut de dix ans : il avait donc déjà duré neuf ans. A ces neuf ans ajoutez-en onze pour faire les vingt ans du séjour d'Hélène à Troie, vous trouverez qu'elle fut enlevée par Pâris ou Alexandre vers l'an 1204 ou 1205 avant l'ère chrétienne, 3509 ou 3510 de la période julienne, dans le système de ceux qui croient que Pâris la conduisit à Troie aussitôt après l'enlèvement. Elle était fort jeune quand cela arriva. (BEL-LANGER.)

las, et tout ce qui s'était passé au sujet d'Hélène. Ces accusations se faisaient en présence des prêtres, et de Thonis, gouverneur de cette bouche du Nil.

CXIV. Là-dessus, Thonis dépêcha au plus tôt un courrier à Memphis, avec ordre de dire à Protée ces paroles : « Il » est arrivé ici un Teucrien qui a commis en Grèce un » crime atroce. Non content d'avoir séduit la femme de » son hôte, il l'a enlevée avec des richesses considérables. » Les vents contraires l'ont forcé de relâcher en ce pays. » Le laisserons-nous partir impunément, ou lui ôterons-» nous ce qu'il avait en venant? »

Protée renvoya le courrier au gouverneur, avec un ordre conçu en ces termes : « Arrêtez cet étranger, quel qu'il » soit, qui a commis un tel crime contre son hôte ; ame-». nez-le-moi, afin que je sache ce qu'il peut aussi alléguer » en sa faveur. »

CXV. Thonis, ayant reçu cet ordre, saisit les vaisseaux d'Alexandre, le fit arrêter, et le mena à Memphis avec Hélène, avec ses richesses et les suppliants du dieu [1]. Lorsqu'ils furent tous arrivés, Protée demanda à Alexandre qui il était, et d'où il venait avec ses vaisseaux. Ce prince ne lui déguisa point sa famille, le nom de sa patrie, ni d'où il venait; mais, quand Protée lui eut ensuite demandé où il avait pris Hélène, il s'embarrassa dans ses réponses ; et comme il déguisait la vérité, ses esclaves, qui s'étaient rendus suppliants, l'accusèrent, et racontèrent au roi toutes les particularités de son crime. Enfin, Protée prononça ce jugement : « Si je ne pensais pas qu'il est de la plus » grande conséquence de ne faire mourir aucun des étran-» gers que les vents forcent à relâcher sur mes terres, je » vengerais par ton supplice l'insulte que tu as faite à Mé-» nélas. Ce prince t'a donné l'hospitalité, et toi, le plus » méchant de tous les hommes, tu n'as pas craint de com-» mettre envers lui une action exécrable. Tu as séduit la » femme de ton hôte, et, non content de cela, tu l'as en-» gagée à te suivre, et tu l'emmènes furtivement ! Ce n'est » pas tout, tu pilles encore, en t'en allant, la maison de

[1] Les esclaves de Pâris.

» ton hôte. Puis donc que je crois de la plus grande con-
» séquence de ne point faire mourir un étranger, je te
» laisserai aller; mais tu n'emmèneras point cette femme,
» et tu n'emporteras point ses richesses : je les garderai
» jusqu'à ce que ton hôte grec vienne lui-même les rede-
» mander. Pour toi, je t'ordonne de sortir dans trois jours
» de mes États, avec tes compagnons de voyage; sinon tu
» seras traité en ennemi. »

CXVI. Ce fut ainsi, au rapport des prêtres, qu'Hélène vint à la cour de Protée. Il me semble qu'Homère avait aussi ouï raconter la même histoire; mais comme elle convenait moins à l'épopée que celle dont il s'est servi, il l'a abandonnée : il a montré cependant qu'elle ne lui était pas inconnue. Il nous en donne un témoignage certain dans l'*Iliade*, lorsqu'il décrit le voyage d'Alexandre; témoignage qu'il n'a rétracté en aucun autre endroit de ses poëmes. Il nous y apprend qu'Alexandre, après avoir erré longtemps de côté et d'autre avec Hélène qu'il emmenait, aborda à Sidon en Phénicie. C'est dans l'endroit où il s'agit des exploits de Diomède. Voici ses vers[1] : « Là, se trouvaient des
» voiles brodés, ouvrage des Sidoniennes, que le beau Pâ-
» ris avait emmenées de Sidon, lorsqu'il revint à Troie
» avec l'illustre Hélène. » Dans l'*Odyssée*[2], il fait aussi mention du voyage d'Hélène : « Tels étaient les spécifiques
» efficaces et excellents que possédait Hélène, fille de Ju-
» piter; elle les avait reçus de Polydamna, femme de
» Thonis, dans son voyage en Égypte, dont le terroir pro-
» duit une infinité de plantes, les unes salutaires, les au-
» tres pernicieuses. » Il en parle aussi dans ces vers que Ménélas adresse à Télémaque[3] : « Quoique je désirasse de
» m'en retourner, les dieux me retinrent en Égypte,
» parce que je ne leur avais pas offert des hécatombes
» parfaites. » Homère, par ces vers, nous montre assez qu'il n'ignorait pas qu'Alexandre avait été en Égypte. La Syrie touche en effet à l'Égypte; et les Phéniciens, à qui appartient Sidon, habitent dans la Syrie.

---

[1] *Iliade*, liv. vi, vers 289.
[2] *Odyss*, liv. iv, vers 227.
[3] *Odyssée*, liv. iv, vers 351.

CXVII. Ces vers du poëte, et principalement les deux derniers, prouvent que les *Cypriaques* [1] ne sont pas d'Homère, mais de quelque autre ; car on lit dans ce poëme qu'Alexandre, profitant de la tranquillité de la mer et d'un vent favorable, arriva à Troie avec Hélène, trois jours après son départ de Sparte ; au lieu qu'Homère dit dans l'*Iliade* qu'en revenant avec elle il erra longtemps. Mais en voilà assez sur Homère et les vers cypriaques.

CXVIII. Je demandai ensuite aux prêtres si ce que les Grecs racontaient de la guerre de Troie devait être mis au rang des fables : ils me répondirent qu'ils s'en étaient informés à Ménélas lui-même, et voici ce qu'il leur en avait appris : Après l'enlèvement d'Hélène, une nombreuse armée de Grecs passa dans la Teucride pour venger l'outrage fait à Ménélas. Sortis de leurs vaisseaux, ils n'eurent pas plutôt assis leur camp, qu'ils envoyèrent à Ilion des ambassadeurs, au nombre desquels était Ménélas. Ces ambassadeurs, étant entrés dans la ville, demandèrent Hélène, ainsi que les richesses qu'Alexandre avait enlevées furtivement ; et ils exigèrent une réparation de cette injustice. Les Teucriens les assurèrent alors et dans la suite, sans serment et même avec serment, qu'ils n'avaient ni Hélène, ni les trésors qu'on les accusait d'avoir enlevés ; que tout ce qu'on leur demandait était en Égypte, et qu'on avait tort de les poursuivre pour des choses que retenait Protée, roi de ce pays : mais les Grecs, s'imaginant qu'ils se moquaient d'eux, firent le siége de Troie, et le continuèrent jusqu'à ce qu'ils se fussent rendus maîtres de cette ville. Quand ils l'eurent prise, Hélène ne s'y étant point trouvée, et les Troyens leur tenant toujours le même langage, ils ne doutèrent plus de ce qu'on leur avait dit dès le commencement ; et ils envoyèrent Ménélas lui-même vers Protée.

CXIX. Ménélas, étant arrivé en Égypte, remonta le Nil

[1] Le sujet de ce poëme était la guerre de Troie, depuis la naissance d'Hélène. Vénus avait fait naître cette princesse, afin de pouvoir promettre à Pâris une beauté accomplie ; et Jupiter avait consenti à sa naissance par le conseil de Momus, afin de détruire de nouveau le genre humain par la guerre de Troie, qui devait s'élever à son occasion. Comme l'auteur de ce poëme rapportait tous les événements de cette guerre à Vénus, déesse de Cypra, cet ouvrage en a tiré son nom. (L.)

jusqu'à Memphis, où il fit à ce prince un récit véritable de ce qui s'était passé. Il en reçut toutes sortes de bons traitements ; on lui rendit Hélène, qui n'avait souffert aucun mal, et on lui remit tous ses trésors.

Ménélas ne reconnut ces bienfaits que par des outrages. Comme il voulait s'embarquer, et que les vents contraires le retenaient, après avoir longtemps attendu, il imagina d'immoler deux enfants du pays. Cette action impie, qui parvint bientôt à la connaissance des Égyptiens, le rendit odieux : on le poursuivit, et il fut obligé de se sauver par mer en Libye. Les Égyptiens ne purent m'apprendre de quel côté il alla ensuite ; ils m'assurèrent qu'ils avaient une connaissance certaine d'une partie de ces faits, parce qu'ils s'étaient passés chez eux, et qu'ils avaient appris les autres par leurs recherches. Les prêtres d'Égypte me dirent ces choses.

CXX. Je suis du sentiment des prêtres d'Égypte au sujet d'Hélène, et voici quelques conjectures que j'y ajoute : Si cette princesse eût été à Troie, on l'aurait sûrement rendue aux Grecs, soit qu'Alexandre y eût consenti, soit qu'il s'y fût opposé. Priam et les princes de la famille royale n'étaient pas assez dépourvus de sens pour s'exposer à périr, eux, leurs enfants et leur ville, afin de conserver à Alexandre la possession d'Hélène. Supposons même qu'ils eussent été dans ces sentiments au commencement de la guerre, du moins, lorsqu'ils virent qu'il périssait tant de Troyens toutes les fois qu'on en venait aux mains avec les Grecs, et qu'en différents combats il en avait déjà coûté la vie à deux ou trois des enfants de Priam, ou même à un plus grand nombre, s'il faut en croire les poètes épiques ; quand Priam aurait été lui-même épris d'Hélène, je pense qu'il n'aurait pas balancé à la rendre aux Grecs, pour se délivrer de tant de maux.

D'ailleurs Alexandre n'était pas l'héritier présomptif de la couronne ; il n'était pas chargé de l'administration des affaires dans la vieillesse de Priam. Hector était son aîné, et jouissait d'une plus grande considération. Priam venant à mourir, ce prince devait lui succéder ; ainsi il ne lui eût été ni honorable ni avantageux de favoriser les injustices de son frère, et cela tandis qu'il se voyait tous les jours, ainsi que tous les autres Troyens, exposé pour lui à de si grands maux. Mais il n'était pas en leur pouvoir de rendre Hélène; et si les Grecs n'ajoutèrent point foi à leur réponse, quoique vraie, ce fut, à mon avis, par une permission du ciel, qui, en détruisant les Troyens, voulait apprendre à tous les hommes que les dieux proportionnent les châtiments à l'énormité des crimes. J'ai dit ces choses de la manière qu'elles m'ont paru.

CXXI. Les prêtres me dirent que Rhampsinite succéda à Protée. Il fit faire le vestibule du temple de Vulcain qui est à l'occident; il fit aussi élever vis-à-vis de ce vestibule deux statues de vingt-cinq coudées de haut : l'une au nord, les Égyptiens l'appellent Été; l'autre au midi, ils la nomment Hiver. Ils adorent celle qu'ils appellent Été, et lui font des offrandes : quant à celle qu'ils nomment Hiver, ils la traitent d'une manière tout opposée.

Ce prince possédait tant de richesses, que, de tous les rois d'Égypte qui lui succédèrent, il ne s'en est trouvé aucun qui en ait eu de plus grandes, ou même qui en ait approché.

Pour mettre ces richesses en sûreté, il fit élever un édifice en pierres, dont un des murs était hors de l'enceinte du palais. L'architecte, qui avait de mauvais desseins, imagina ceci : il arrangea une des pierres avec tant d'art, que deux hommes, ou même un seul, pouvaient facilement l'ôter. L'édifice achevé, Rhampsinite y fit porter ses richesses. Quelque temps après, l'architecte, sentant approcher sa fin, manda ses fils; il en avait deux. Il leur dit qu'en faisant le bâtiment où étaient les trésors du roi, il avait usé d'artifice, afin de pourvoir à leurs besoins, et de leur procurer le moyen de vivre dans l'abondance; il leur expliqua clairement la manière de tirer la pierre, ses dimensions et ses bornes; enfin il ajouta que, s'ils observaient exactement ce qu'il leur avait dit, ils se verraient les dispensateurs de l'argent du roi.

L'architecte mort, ses fils se mirent bientôt après à l'ouvrage. Ils allèrent de nuit au palais, trouvèrent la pierre désignée, l'ôtèrent facilement, et emportèrent de grosses sommes. Le roi, étant un jour entré dans son trésor, fut fort étonné, en visitant les vases où était son argent, de les trouver considérablement diminués : il ne savait qui en accuser, parce que les sceaux étaient entiers, et que tout était bien fermé. Y étant revenu deux ou trois fois, et s'étant toujours aperçu que l'argent diminuait (car les voleurs ne cessaient point de piller), il fit faire des piéges qu'on plaça par son ordre autour des vases où étaient ses trésors. Les voleurs vinrent comme auparavant. Un d'eux entre, va droit au vase, donne dans le piége et s'y prend. Dès qu'il se voit dans cette fâcheuse situation il appelle son frère, lui conte son malheur, le conjure d'entrer au plus vite et de lui couper la tête, de crainte qu'étant vu et reconnu, il ne fût la cause de sa perte. Celui-ci, voyant qu'il avait raison, obéit, remit la pierre, et s'en retourna chez lui avec la tête de son frère.

Dès que le jour parut, le roi se rendit à son trésor. A peine fut-il entré, qu'il fut frappé d'étonnement à la vue du corps du voleur, sans tête, pris et arrêté dans le piége ; il ne le fut pas moins, en remarquant que l'édifice n'était pas endommagé, de n'apercevoir ni entrée ni sortie. Dans cet embarras, voici le parti qu'il prit : il fit pendre sur la muraille le cadavre, et plaça des gardes auprès, avec ordre de lui amener celui qu'ils verraient pleurer à ce spectacle, ou en être touché de commisération. La mère du voleur, indignée du traitement fait à son fils, s'adressant à celui qui lui restait, lui enjoignit de mettre tout en œuvre pour détacher le corps de son frère et le lui apporter, le menaçant, s'il négligeait de lui donner cette satisfaction, d'aller elle-même le dénoncer au roi. Ce jeune homme, ne pouvant fléchir sa mère, quelque chose qu'il pût dire, et craignant l'effet de ses menaces, imagina cet artifice :

Il chargea sur des ânes quelques outres remplies de vin, les chassa devant lui ; et lorsqu'il fut près de ceux qui gardaient le corps de son frère, il délia le col de deux ou trois de ces outres. Le vin s'étant mis aussitôt à couler, il se frappa la tête en jetant de grands cris, comme un homme au désespoir, et qui ne savait auquel de ces ânes il devait aller le premier. Les gardes, voyant le vin couler en abondance, accoururent pour le recueillir, comptant que c'était autant de gagné pour eux. Le jeune homme, feignant d'être en colère, leur dit beaucoup d'injures ; mais comme ils cherchaient à le consoler, il cessa ses emportements, et, faisant semblant de s'apaiser, il détourna ses ânes du chemin, et se mit en devoir de refermer les outres. Il s'entretint ensuite avec les gardes ; et, comme ils tâchaient de l'égayer, en lui faisant des plaisanteries, il leur donna une de ses outres. Ils s'assirent aussitôt dans le lieu où ils se trouvaient, et, ne pensant plus qu'à boire, ils pressèrent le jeune homme de rester et de leur tenir compagnie. Il se laissa sans doute persuader, et demeura avec eux ; et parce qu'en buvant ils le traitaient avec honnêteté, il leur donna encore une outre. Les gardes, ayant bu avec excès, s'enivrèrent, et, vaincus par le sommeil, ils s'endormirent à l'endroit même où ils avaient bu. Dès que le jeune homme vit la nuit fort avancée, il leur rasa par dérision la joue droite, détacha le corps de son frère, le chargea sur un de ses ânes, et retourna chez lui, après avoir exécuté les ordres de sa mère.

Le roi, apprenant qu'on avait enlevé le corps du voleur, se mit fort en colère ; mais, comme il voulait absolument découvrir celui qui avait fait le coup, il s'avisa d'une chose que je ne puis croire : il prostitua sa propre fille dans un lieu de débauche, lui ordonnant de recevoir également toutes sortes de personnes, mais de les obliger, avant de leur accorder ses faveurs, à lui dire ce qu'ils avaient fait en leur vie de plus subtil et de plus méchant ; et, s'il s'en trouvait un qui se vantât d'avoir enlevé le corps du voleur, il lui recommanda de l'arrêter, et de ne le point laisser échapper. La fille obéit aux ordres de son père ; mais le voleur, ayant appris pourquoi tout cela se faisait, voulut montrer qu'il était plus habile que le roi. Il coupa près de l'épaule le bras d'un homme nouvellement mort, et, l'ayant mis sous son manteau, il alla de ce pas trouver la fille du roi. La princesse lui ayant fait les mêmes questions qu'à tous ceux qui s'étaient déjà présentés, il lui conta que la plus méchante action qu'il eût jamais faite, c'était d'avoir coupé la tête à son frère pris à un piége dans le trésor du roi, et que la plus subtile était d'avoir détaché son corps, après avoir enivré ceux qui le gardaient. Elle ne l'eut pas plutôt entendu qu'elle voulut l'arrêter ; mais comme ils étaient dans l'obscurité, il lui tendit le bras du mort, qu'elle saisit, croyant que c'était celui du voleur. Il lâcha ce bras, courut à la porte et se sauva.

Le roi, informé de ce qui s'était passé, fut extrêmement surpris de la ruse et de la hardiesse de cet homme ; mais enfin il fit publier dans toutes les villes de son obéissance qu'il lui accordait sa grâce, et que, s'il voulait se présenter devant lui, il lui donnerait outre cela de grandes récompenses. Le voleur, se fiant à sa parole, vint le trouver. Rhampsinite conçut pour lui une si grande admiration, qu'il lui donna sa fille en mariage, le regardant comme le plus habile de tous les hommes, parce qu'il en savait plus que tous les Égyptiens, qui sont eux-mêmes plus ingénieux que tous les autres peuples.

CXXII. Après cela, me dirent les mêmes prêtres, Rhampsinite descendit vivant sous terre, dans ces lieux que les Grecs croient être les enfers. Il y joua aux dés avec Cérès : tantôt il gagna, tantôt il perdit. Quand il revint sur terre, la déesse lui fit présent d'une serviette d'or. Les mêmes prêtres me dirent aussi que les Égyptiens avaient institué une fête qui dure autant de temps qu'il s'en passa depuis la descente de Rhampsinite jusqu'à son retour. Je sais que, de mon temps, ils célébraient encore cette fête ; mais je ne puis assurer s'ils l'ont établie pour ce sujet ou pour quelque autre.

Les prêtres revêtent pendant cette fête l'un d'entre eux d'un manteau tissu et fait le jour même de la cérémonie, et, lui couvrant les yeux d'un bandeau, ils le mettent dans le chemin qui conduit au temple de Cérès [1]; ensuite ils se retirent. Ils me dirent qu'après cela deux loups conduisaient le prêtre, qui avait les yeux ainsi bandés, au tem-

---

[1] De Déméter dans le grec. « Les Égyptiens, regardant la terre comme le réceptacle de tout ce qui naît, lui donnent le nom de mère. Les Grecs l'appellent Déméter, mot qui en approche, et qui a été un peu changé avec le temps. Ils la nommaient autrefois Gêmêter (terre mère) ; témoin Orphée, où on lit : Γῆ μήτηρ πάντων Δημήτηρ πλουτοδότειρα, Terre mère, Déméter, qui nous donnez toutes sortes de richesses. » (L.)

ple de Cérès, qui est éloigné de la ville de vingt stades, et qu'ensuite ils le ramenaient au même endroit où ils l'avaient pris.

Si ces propos des Égyptiens paraissent croyables à quelqu'un, il peut y ajouter foi ; pour moi, je n'ai d'autre but dans toute cette histoire que d'écrire ce que j'entends dire à chacun.

CXXIII. Cérès et Bacchus ont, selon les Égyptiens, la puissance souveraine dans les enfers. Ces peuples sont aussi les premiers qui aient avancé que l'âme de l'homme est immortelle ; que, lorsque le corps vient à périr, elle entre toujours dans celui de quelque animal ; et qu'après avoir passé ainsi successivement dans toutes les espèces d'animaux terrestres, aquatiques, volatiles, elle rentre dans un corps d'homme qui naît alors ; et que ces différentes transmigrations se font dans l'espace de trois mille ans. Je sais que quelques Grecs ont adopté cette opinion, les uns plus tôt, les autres plus tard, et qu'ils en ont fait usage comme si elle leur appartenait. Leurs noms ne me sont point inconnus, mais je les passe sous silence.

CXXIV. Les prêtres ajoutèrent que, jusqu'à Rhampsinite, on avait vu fleurir la justice et régner l'abondance dans toute l'Égypte ; mais qu'il n'y eut point de méchanceté où ne se portât Chéops, son successeur. Il ferma d'abord tous les temples, et interdit les sacrifices aux Égyptiens ; il les fit après cela travailler tous pour lui. Les uns furent occupés à fouiller les carrières de la montagne d'Arabie, à traîner de là jusqu'au Nil les pierres qu'on en tirait, et à passer ces pierres sur des bateaux de l'autre côté du fleuve ; d'autres les recevaient, et les traînaient jusqu'à la montagne de Libye. On employait tous les trois mois cent mille hommes à ce travail. Quant au temps pendant lequel le peuple fut ainsi tourmenté, on passa dix années à construire la chaussée par où on devait traîner les pierres. Cette chaussée est un ouvrage qui n'est guère moins considérable, à mon avis, que la pyramide même ; car elle a cinq stades de long sur dix orgyies de large [1], et huit or-

---

[1] Voici l'évaluation des mesures d'Hérodote et de Pococke : Le stade olympique, dont il paraît qu'Hérodote se sert en cette occasion, paraît être de 94

gyies de haut dans sa plus grande hauteur ; elle est de pierres polies et ornées de figures d'animaux. On passa dix ans à travailler à cette chaussée, sans compter le temps qu'on employa aux ouvrages de la colline sur laquelle sont élevées les pyramides, et aux édifices souterrains qu'il fit faire, pour lui servir de sépulture, dans une île formée par les eaux du Nil, qu'il y introduisit par un canal. La pyramide même coûta vingt années de travail : elle est carrée ; chacune de ses faces a huit plèthres de largeur sur autant de hauteur [1]; elle est en grande partie de pierres polies, parfaitement bien jointes ensemble, et dont il n'y en a pas une qui ait moins de trente pieds.

CXXV. Cette pyramide fut bâtie en forme de degrés ; quelques-uns s'appellent crosses, quelques autres bomides. Quand on eut commencé à la construire de cette manière, on éleva de terre les autres pierres, et, à l'aide de machines faites de courtes pièces de bois, on les monta sur le premier rang d'assises. Quand une pierre y était parvenue, on la mettait dans une autre machine qui était sur cette première assise ; de là on la montait par le moyen d'une autre machine, car il y en avait autant que d'assises : peut-être aussi n'avaient-ils qu'une seule et même machine, facile à transporter d'une assise à l'autre toutes les fois qu'on en avait ôté la pierre. Je rapporte la chose des deux façons, comme je l'ai ouï dire. On commença donc par revêtir et perfectionner le haut de la pyramide ; de là on descendit aux parties voisines, et enfin on passa aux inférieures, et à celles qui touchent la terre. On a gravé sur la pyramide, en caractères égyptiens, combien on a dépensé

toises 1/2. Longueur de la chaussée, 5 stades ; 452 toises 1/2. Largeur de la chaussée, 10 orgyies ; 9 toises 1/6, ou 55 pieds. Longueur de la chaussée, suivant Pococke, 1,000 verges ; 460 toises 1 pied 11 pouces 8 lignes de Paris. Largeur de la chaussée, suivant Pococke, 20 pieds anglais ; 18 pieds 9 pouces 3 lignes 2/6 de Paris. La largeur de la chaussée, suivant Hérodote, excède celle du docteur Pococke de 36 pieds 2 pouces 8 lignes 4/6. (L.)

[1] Les différents auteurs varient beaucoup entre eux sur les dimensions de cette pyramide. Hérodote lui donne plus bas huit plèthres de largeur, c'est-à-dire huit cents pieds ; Strabon, un peu plus d'un stade : c'est probablement un stade de dix par mille ; Diodore de Sicile, sept plèthres ou sept cents pieds ; Pline, huit cent quatre-vingt-trois pieds (L.)

pour les ouvriers en raiforts, en oignons et en aulx ; et celui qui m'interpréta cette inscription me dit, comme je m'en souviens très-bien, que cette dépense se montait à seize cents talents d'argent. Si cela est vrai, combien doit-il en avoir coûté pour les outils de fer, pour le reste de la nourriture et pour les habits des ouvriers, puisqu'ils employèrent à cet édifice le temps que nous avons dit, sans compter celui qu'ils mirent, à mon avis, à tailler les pierres, à les voiturer, et à faire les édifices souterrains, qui fut sans doute considérable !

CXXVI. Chéops, épuisé par ces dépenses, en vint au point d'infamie de prostituer sa fille, dans un lieu de débauche, et de lui ordonner de tirer de ses amants une certaine somme d'argent. J'ignore à combien se monta cette somme ; les prêtres ne me l'ont point dit. Non-seulement elle exécuta les ordres de son père, mais elle voulut aussi laisser elle-même un monument. Elle pria tous ceux qui la venaient voir de lui donner chacun une pierre pour des ouvrages qu'elle méditait. Ce fut de ces pierres, me dirent les prêtres, qu'on bâtit la pyramide qui est au milieu des trois, en face de la grande pyramide, et qui a un plèthre et demi de chaque côté.

CXXVII. Chéops, suivant ce que me dirent les Égyptiens, régna cinquante ans. Étant mort, son frère Chéphren lui succéda, et se conduisit comme son prédécesseur. Entre autres monuments, il fit aussi bâtir une pyramide : elle n'approche pas de la grandeur de celle de Chéops (je les ai mesurées toutes les deux) ; elle n'a ni édifices souterrains, ni canal qui y conduise les eaux du Nil ; au lieu que l'autre, où l'on dit qu'est le tombeau de Chéops[1], se trouve dans une île, et qu'elle est environnée des eaux du Nil, qui s'y rendent par un canal construit à ce dessein.

---

[1] Hérodote n'assure point que le corps de Chéops fût dans cette pyramide. On lit dans Diodore de Sicile, en parlant de la première et de la seconde pyramide, que, « quoique les rois les eussent destinées à leur servir de sépulture, il arriva cependant qu'aucun d'eux n'y fut enterré. Le peuple, indigné à cause des travaux dont ils l'avaient accablé, et de la violence et de la cruauté dont il en avait été traité, menaçait d'arracher leurs cadavres de leurs tombeaux, et de les mettre en pièces ; aussi ces deux rois ordonnèrent-ils à leurs parents de les enterrer secrètement dans un lieu inconnu. » (L.)

La première assise de cette pyramide est de pierre d'Éthiopie, de diverses couleurs, et elle a en hauteur quarante pieds de moins que la grande pyramide à laquelle elle est contiguë. Ces deux pyramides sont bâties sur la même colline, qui a environ cent pieds de haut.

CXXVIII. Les mêmes prêtres m'apprirent que Chéphren régna cinquante-six ans : ainsi les Égyptiens furent accablés cent six ans de toutes sortes de maux, et, pendant tout ce temps, les temples restèrent fermés. Les Égyptiens ont tant d'aversion pour la mémoire de ces deux princes, qu'ils ne veulent pas même les nommer ; ils appellent, par cette raison, ces pyramides du nom du berger Philitis, qui, dans ce temps-là, menait paître ses troupeaux vers l'endroit où elles sont.

CXXIX. Après Chéphren, me dirent-ils, Mycérinus, fils de Chéops, monta sur le trône ; mais comme il désapprouvait les actions de son père, il fit rouvrir les temples, et rendit au peuple, réduit aux dernières extrémités par une longue suite de vexations, la liberté de vaquer à ses affaires, et d'offrir des sacrifices ; enfin, il jugea les différends de ses sujets d'une manière plus équitable que tous les autres rois : aussi les Égyptiens lui donnent-ils de grandes louanges, et le mettent-ils au-dessus de tous les rois qui jusqu'ici ont gouverné l'Égypte, non-seulement parce qu'il rendait la justice avec équité, mais encore parce que, si quelqu'un se plaignait du jugement qu'il avait prononcé, il lui donnait du sien, et tâchait de l'apaiser.

Pendant que Mycérinus traitait ses peuples avec tant d'humanité, et qu'il ne s'occupait que de leur bonheur, il perdit sa fille unique, et ce fut le premier malheur qui lui arriva. Il fut excessivement affligé de sa perte ; et, comme il voulait lui donner une sépulture plus recherchée qu'à l'ordinaire, il fit faire une vache de bois, creuse, et, après l'avoir fait dorer, il y enferma sa fille morte.

CXXX. Cette génisse ne fut point mise en terre. De mon temps, elle était encore exposée à la vue de tout le monde, au palais royal de Saïs, dans une salle richement ornée. Chaque jour on brûle devant elle toutes sortes de parfums, et, la nuit, il y a toujours une lampe allumée. Dans une autre salle près de celle où est cette génisse, on voit plusieurs statues debout, qui représentent les concubines de Mycérinus; du moins les prêtres de la ville de Saïs le disaient ainsi. Il est vrai qu'il y a environ vingt statues colossales de femmes nues, qui sont toutes de bois; mais je ne puis assurer qui elles représentent : je n'en sais que ce qu'on m'en a dit.

CXXXI. Quant à cette génisse et à ces colosses, on compte que Mycérinus étant devenu amoureux de sa fille, lui fit violence; que cette jeune princesse s'étant étranglée de désespoir, son père fit mettre son corps dans cette génisse; que sa mère fit couper les mains aux femmes de sa fille, qui l'avaient livrée à Mycérinus; et qu'aujourd'hui leurs statues, qui n'ont point de mains, sont un témoignage du supplice dont elles furent punies pendant leur vie. Mais je crois que tout ce que l'on raconte de cet amour et des mains des colosses n'est qu'une fable : en effet, j'ai remarqué, à la vue de ces colosses, que leurs mains étaient tombées de vétusté, et, de mon temps, on les voyait encore aux pieds des statues.

CXXXII. Cette génisse est couverte d'une housse cramoisie, excepté la tête ou le cou, qui sont dorés d'un or fort épais. Entre les cornes est placé le cercle du soleil, en or. Elle n'est pas debout, mais sur les genoux, et elle est de la stature des plus grandes génisses. On la transporte tous les ans hors de la salle. Cette cérémonie se fait dans le temps où les Égyptiens se frappent et se lamentent pour un certain dieu que je ne dois pas nommer ici : c'est alors qu'on expose cette génisse à la lumière; car ils disent que la princesse, en mourant, pria Mycérinus, son père, de lui faire voir le soleil une fois par an.

CXXXIII. Il arriva à Mycérinus un nouveau malheur après la mort de sa fille : il reçut de la ville de Buto un oracle qui lui annonçait qu'il n'avait plus que six ans à vivre, et qu'il mourrait la septième année. Il en conçut tant de chagrins, qu'il envoya vers l'oracle pour faire à la déesse de vifs reproches de ce que son père et son oncle avaient vécu si longtemps, quoiqu'ils eussent opprimé leurs sujets, et que, sans aucun égard pour les dieux, ils eussent fait fermer les temples; tandis qu'il avait si peu de temps à vivre, lui qui avait eu tant de piété et de respect pour les dieux. Il lui vint là-dessus une seconde réponse de l'oracle, qui lui apprit que c'était pour cette raison-là même qu'il devait mourir de si bonne heure; qu'il n'avait point fait ce qu'il aurait dû; qu'il fallait que l'Égypte fût accablée de maux pendant cent cinquante ans; que les deux rois ses prédécesseurs en avaient eu connaissance, et que lui il l'avait ignoré.

Mycérinus, voyant, par cette réponse, que son arrêt était irrévocable, fit faire un grand nombre de lampes. Dès que la nuit était venue, il les faisait allumer, et passait le temps à boire et à se divertir, sans discontinuer ni jour ni nuit; il allait dans les marais, les bois, et tous les lieux agréables et qu'il croyait les plus propres à inspirer du plaisir : il avait dessein, en convertissant les nuits en jours, de doubler le nombre des années, de six ans en faire douze, et de convaincre par là l'oracle de mensonge.

CXXXIV. Il laissa aussi une pyramide; elle est carrée, et de pierre d'Éthiopie jusqu'à la moitié, mais beaucoup plus petite que celle de son père, ayant vingt pieds de moins, et chacun de ses côtés trois plèthres de large. Il y a des Grecs qui prétendent qu'elle est de la courtisane Rhodopis. Ils se trompent, et il me semble qu'ils ne connaissent pas même cette courtisane. S'ils l'eussent connue, ils ne lui eussent pas attribué la construction d'une pyramide qui, pour le dire en peu de mots, a coûté des millions de talents sans nombre : d'ailleurs Rhodopis n'a pas vécu sous Mycérinus, mais sous Amasis, c'est-à-dire un grand nombre d'années après la mort des rois qui ont fait construire ces pyramides.

Rhodopis était originaire de Thrace, esclave d'Iadmon, fils de Héphestopolis, de l'île de Samos, compagne d'esclavage d'Ésope le fabuliste; car Ésope fut aussi esclave d'Iadmon. On en a des preuves; et une des principales, c'est que les Delphiens ayant fait demander plusieurs fois par un héraut, suivant les ordres de l'oracle, si quelqu'un voulait venger la mort d'Ésope[1], il ne se présenta qu'un petit-fils d'Iadmon, qui portait le même nom que son aïeul.

CXXXV. Rhodopis fut ensuite menée en Égypte par Xanthus, de Samos, pour y exercer le métier de courtisane. Charaxus de Mitylène, fils de Scamandronyme, et frère de Sappho, dont nous avons les poésies, donna un prix considérable pour sa rançon. Ayant ainsi recouvré la liberté, elle resta en Égypte, où sa beauté lui procura de grandes richesses pour une femme de son état, mais fort au-dessous de celles qui étaient nécessaires pour la construction d'une telle pyramide. On doit d'autant moins lui attribuer de si grands biens, qu'on peut en voir encore aujourd'hui la dixième partie; car, voulant laisser dans la Grèce un monument qui transmît son nom à la postérité, elle fit faire une chose que personne autre n'a inventée, ni consacrée dans un temple, et la dédia à Delphes. Ayant donc fait faire des broches de fer propres à rôtir un bœuf, autant que put y suffire la dixième partie de son bien, chose que personne n'avait encore imaginée, et dont on n'avait point encore fait d'offrande, elle les envoya au temple de Delphes, où on les voit encore aujourd'hui, entassées derrière l'autel que les habitants de Chios ont élevé vis-à-vis du temple même.

Les courtisanes sont en général d'une grande beauté à Naucratis. Celle dont nous parlons devint si célèbre, qu'il n'y avait personne en Grèce qui ne sût son nom. Une autre courtisane, nommée Archidice, acquit aussi, après

---

[1] On ne peut guère douter qu'Ésope n'ait vécu du temps de Crésus et à sa cour. Selon Suidas, ce fabuliste était de Samos ou de Sardes; d'autres disent qu'il était de Mésambria, ou de Cotyæum en Phrygie. Il vécut à la cour de Crésus, et fut aimé de ce prince. Il périt à Delphes d'une mort injuste, les Delphiens l'ayant précipité du haut de la roche Hyampée vers la fin de la quatrième année de la cinquante-quatrième olympiade. De là vient le proverbe, *sang ésopéen*, dont on se servait en parlant de ceux à qui on avait ôté la vie injustement, et de ceux qui étaient coupables de crimes difficiles à expier; car le dieu fut fort irrité contre les Delphiens, parce qu'ils avaient ait mourir injustement Ésope. Il était plus ancien que Pythagore, car il vivait vers la quarantième olympiade. (L.)

elle, beaucoup de célébrité en Grèce; cependant elle fit moins de bruit. Charaxus étant retourné à Mitylène après avoir rendu la liberté à Rhodopis, Sappho le déchira dans ses vers. Mais en voilà assez sur ce qui regarde cette courtisane.

CXXXVI. Les prêtres me racontèrent qu'après Mycérinus, Asychis fut roi d'Égypte, et qu'il fit bâtir, en l'honneur de Vulcain, le vestibule qui est à l'est; c'est le plus grand et le plus magnifique. Tous les portiques du temple de ce dieu sont décorés de figures supérieurement sculptées, et de mille autres ornements dont on a coutume d'embellir les édifices; mais celui-ci les surpasse de beaucoup. Sous son règne, comme le commerce souffrait de la disette d'argent, il publia, me dirent-ils, une loi qui défendait d'emprunter, à moins qu'on ne donnât pour gage le corps de son père. On ajouta à cette loi que le créancier aurait aussi en sa puissance la sépulture du débiteur, et que, si celui-ci refusait de payer la dette pour laquelle il aurait hypothéqué un gage si précieux, il ne pourrait être mis, après sa mort, dans le sépulcre de ses pères, ni dans quelque autre; et qu'il ne pourrait, après le trépas d'aucun des siens, leur rendre cet honneur.

Ce prince, voulant surpasser tous les rois qui avaient régné en Égypte avant lui, laissa pour monument une pyramide de brique, avec cette inscription gravée sur une pierre : NE ME MÉPRISE PAS, EN ME COMPARANT AUX PYRAMIDES DE PIERRE. JE SUIS AUTANT AU-DESSUS D'ELLES QUE JUPITER EST AU-DESSUS DES AUTRES DIEUX; CAR J'AI ÉTÉ BATIE DE BRIQUES FAITES DU LIMON TIRÉ DU FOND DU LAC. Voilà ce qu'Asychis fit de plus mémorable.

CXXXVII. Ce prince eut pour successeur, continuaient les mêmes prêtres, un aveugle de la ville d'Anysis, appelé aussi Anysis. Sous son règne, Sabacos, roi d'Éthiopie, vint fondre en Égypte avec une nombreuse armée. Anysis s'étant sauvé dans les marais, Sabacos fut maître de l'Égypte pendant cinquante ans. Il ne fit mourir personne pendant ce temps-là, pour quelque faute que ce fût; mais, selon la qualité du crime, il condamnait le coupable à travailler aux levées et aux chaussées près de la ville où il était né. Par ce moyen, l'assiette des villes devint encore plus haute qu'elle ne l'était auparavant : elles avaient déjà été rehaussées sous le règne de Sésostris par ceux qui avaient creusé les canaux ; mais elles le furent beaucoup plus sous la domination de l'Éthiopien. Bubastis est, de toutes les villes d'Égypte, celle dont on éleva le plus le terrain par les ordres de Sabacos.

CXXXVIII. Dans cette ville est un temple de Bubastis qui mérite qu'on en parle. On voit d'autres temples plus grands et plus magnifiques ; mais il n'y en a point de plus agréable à la vue. Bubastis est la même que Diane parmi les Grecs. Son temple fait une presqu'île, où il n'y a de libre que l'endroit par où l'on entre. Deux canaux du Nil, qui ne se mêlent point ensemble, se rendent à l'entrée du temple, et de là se partagent, et l'environnent, l'un par un côté, l'autre par l'autre. Ces canaux sont larges chacun de cent pieds, et ombragés d'arbres. Le vestibule a dix orgyies de haut ; il est orné de très-belles figures de six coudées de haut. Ce temple est au centre de la ville. Ceux qui en font le tour le voient de tous côtés de haut en bas ; car, étant resté dans la même assiette où on l'avait d'abord bâti, et la ville ayant été rehaussée par des terres rapportées, on le voit en entier de toutes parts. Ce lieu sacré est environné d'un mur sur lequel sont sculptées grand nombre de figures. Dans son enceinte est un bois planté autour du grand temple : les arbres en sont très-hauts. La statue de la déesse est dans le temple. Le lieu sacré a, en tout sens, un stade de long sur autant de large. La rue qui répond à l'entrée du temple traverse la place publique, va à l'est, et mène au temple de Mercure ; elle a environ trois stades de long sur quatre plèthres de large, et est pavée et bordée des deux côtés de très-grands arbres.

CXXXIX. Voici comment l'Égypte, ajoutaient les mêmes prêtres, fut délivrée de Sabacos. Une vision qu'il eut pendant son sommeil lui fit prendre la fuite. Il s'imagina voir un homme qui lui conseillait de rassembler tous les prêtres d'Égypte, et de les faire couper en deux par le milieu du corps. Ayant fait ses réflexions sur cette vision, il dit qu'il lui semblait que les dieux lui présentaient un prétexte pour violer le respect dû aux choses sacrées, afin de l'en punir ensuite par eux-mêmes ou par les hommes; qu'il ne ferait point ce que lui avait suggéré la vision; qu'il aimait mieux se retirer, d'autant plus qu'il avait déjà passé le temps qu'il devait sortir de l'Égypte après y avoir régné, selon les prédictions des oracles; car, tandis qu'il était encore en Éthiopie, ayant consulté les oracles des Éthiopiens[1], il lui fut répondu qu'il fallait qu'il régnât cinquante ans en Égypte. Comme ce temps était expiré, et qu'outre cela la vision qu'il avait eue le troublait, il prit le parti de se retirer volontairement.

CXL. Il n'eut pas plutôt quitté l'Égypte, qu'Anysis (l'aveugle) sortit des marais, et reprit les rênes du gouvernement. Il était resté cinquante ans dans une île, qu'il avait exhaussée avec de la cendre et de la terre; car, lorsque les Égyptiens allaient lui porter des vivres, chacun selon sa cotisation, il les priait de lui apporter de la cendre en pur don, à l'insu de Sabacos. Avant Amyrtée, personne ne put trouver cette île. Pendant plus de cinq cents ans, les rois ses prédécesseurs la cherchèrent inutilement. On l'appelle l'île d'Helbo; elle a dix stades en tout sens.

. . . .

CXLI. Après Anysis, un prêtre de Vulcain, nommé Séthos[2], monta, à ce qu'on me dit, sur le trône. Il n'eut aucun égard pour les gens de guerre, et les traita avec mépris, comme s'il eût dû n'en avoir jamais besoin. Entre autres outrages, il leur ôta les douze aroures de terre[3] que

---

[1] C'étaient les oracles de Jupiter.

[2] Un roi ne peut régner en Égypte s'il n'a point la connaissance des choses sacrées. Si un homme d'une autre classe vient par hasard à s'emparer de la couronne, il faut qu'il se fasse recevoir dans l'ordre sacerdotal. Les rois, dit Plutarque, « se prenaient parmi les prêtres ou les guerriers, ces deux ordres étant distingués, l'un par sa sagesse, l'autre par sa valeur. Lorsqu'on choisissait un guerrier pour roi, on l'admettait sur-le-champ dans l'ordre des prêtres, qui lui faisaient part de leur philosophie cachée. Les prêtres avaient le droit de censurer le prince, de lui donner des avertissements, et de diriger toutes ses actions. Ils avaient aussi fixé le temps de sa promenade, de ses bains, et celui où il pouvait voir sa femme. » (L.)

[3] L'aroure est de cent coudées égyptiennes carrées, c'est-à-dire dix mille coudées. Si la coudée égyptienne est d'un pied huit pouces six lignes, comme le veut M. d'Anville, l'aroure sera de huit cent vingt-neuf toises cinq pieds

les rois, ses prédécesseurs, leur avaient données à chacun par distinction : mais, dans la suite, lorsque Sanacharib, roi des Arabes et des Assyriens[1], vint attaquer l'Égypte avec une armée nombreuse, les gens de guerre ne voulurent point marcher au secours de la patrie. Le prêtre, se trouvant alors fort embarrassé, se retira dans le temple, et se mit à gémir devant la statue du dieu sur le sort fâcheux qu'il courait risque d'éprouver. Pendant qu'il déplorait ainsi ses malheurs, il s'endormit, et crut voir le dieu lui apparaître, l'encourager, et l'assurer que, s'il marchait à la rencontre des Arabes, il ne lui arriverait aucun mal, et que lui-même il lui enverrait du secours.

Plein de confiance en cette vision, Séthos prit avec lui tous les gens de bonne volonté, se mit à leur tête, et alla camper à Péluse, qui est la clef de l'Égypte. Cette armée n'était composée que de marchands, d'artisans, et de gens de la lie du peuple[2] : aucun homme de guerre ne l'accompagna. Ces troupes étant arrivées à Péluse, une multitude prodigieuse de rats de campagne se répandit la nuit dans le camp ennemi, et rongea les carquois, les arcs et les courroies qui servaient à manier les boucliers ; de sorte que, le lendemain, les Arabes étant sans armes, la plupart périrent dans la fuite. On voit encore aujourd'hui dans le temple de Vulcain une statue de pierre qui représente ce roi ayant un rat sur la main, avec cette inscription : QUI QUE TU SOIS, APPRENDS, EN ME VOYANT, A RESPECTER LES DIEUX.

CXLII. Jusqu'à cet endroit de mon histoire, les Égyptiens et leurs prêtres me firent voir que, depuis leur pre-

---

un pouce en carré. L'arpent étant de neuf cents toises carrées, l'aroure sera moins forte que l'arpent de soixante-dix toises. (L.)

[1] Les Arabes qui habitaient au delà du Jourdain et dans l'Arabie Pétrée étaient soumis au roi d'Assyrie. (L.)

[2] Les Égyptiens étaient partagés en trois classes : celle des gens de qualité, qui parvenaient aux honneurs, et occupaient, de même que les prêtres, les places distinguées ; celle des gens de guerre, qui cultivaient aussi la terre ; enfin celle des ouvriers, qui exerçaient les emplois les plus vils. La première classe comprenait aussi les prêtres, ou, pour mieux dire, les places de distinction étaient réservées aux prêtres. La dernière classe, qui devait être très-nombreuse, se subdivisait encore. (L.)

mier roi jusqu'au prêtre de Vulcain, qui régna le dernier, il y avait eu trois cent quarante et une générations, et, pendant cette longue suite de générations, autant de grands prêtres et autant de rois. Or, trois cents générations font dix mille ans, car trois générations valent cent ans; et les quarante et une générations qui restent au delà des trois cents font mille trois cent quarante ans. Ils ajoutèrent que, durant ces onze mille trois cent quarante ans, aucun dieu ne s'était manifesté sous une forme humaine, et qu'on n'avait rien vu de pareil ni dans les temps antérieurs à cette époque, ni parmi les autres rois qui ont régné en Égypte dans les temps postérieurs; ils m'assurèrent aussi que, dans cette longue suite d'années, le soleil s'était levé quatre fois hors de son lieu ordinaire, et entre autres deux fois où il se couche maintenant, et qu'il s'était couché aussi deux fois à l'endroit où nous voyons qu'il se lève aujourd'hui; que cela n'avait apporté aucun changement en Égypte; que les productions de la terre et les inondations du Nil avaient été les mêmes, et qu'il n'y avait eu ni plus de maladies, ni une mortalité plus considérable.

CXLIII. L'historien Hécatée, se trouvant autrefois à Thèbes, parlait aux prêtres de Jupiter de sa généalogie, et faisait remonter sa famille à un dieu qu'il comptait pour le seizième de ses ancêtres. Ces prêtres en agirent avec lui comme ils firent depuis à mon égard, quoique je ne leur eusse rien dit de ma famille. Ils me conduisirent dans l'intérieur d'un grand bâtiment du temple, où ils me montrèrent autant de colosses de bois qu'il y avait eu de grands prêtres; car chaque grand prêtre ne manque point, pendant sa vie, d'y placer sa statue. Ils les comptèrent devant moi, et me prouvèrent, par la statue du dernier mort, et en les parcourant ainsi de suite, jusqu'à ce qu'ils me les eussent toutes montrées, que chacun était le fils de son prédécesseur. Hécatée[1] parlait, dis-je, à ces prêtres de sa

---

[1] L'antiquité fait mention de plusieurs auteurs du nom d'Hécatée. Celui dont parle Hérodote était historien, de la ville de Milet, et fils d'Hégésandre. On le distinguait d'Hécatée d'Abdère, etc., par le surnom de Milésien. Il avait voyagé en Égypte et ailleurs. On peut supposer qu'il était né sous le

généalogie, et se faisait remonter à un dieu qu'il regardait comme le seizième de ses ancêtres. Ils lui opposèrent la généalogie de leurs pontifes, dont ils lui firent l'énumération, sans cependant admettre qu'un homme eût été engendré d'un dieu, comme il l'avait avancé; ils lui dirent que chaque colosse représentait un piromis engendré d'un piromis; et, parcourant ainsi les trois cent quarante-cinq colosses, depuis le dernier jusqu'au premier, ils lui prouvèrent que tous ces piromis étaient nés l'un de l'autre, et qu'ils ne devaient point leur origine à un dieu ou à un héros. Piromis est un mot égyptien qui signifie bon et vertueux.

CXLIV. Ces prêtres me prouvèrent donc que tous ceux que représentaient ces statues, bien loin d'avoir été des dieux, avaient été des piromis [1]; qu'il était vrai que, dans les temps antérieurs à ces hommes, les dieux avaient régné en Égypte, qu'ils avaient habité avec les hommes, et qu'il y en avait toujours eu un d'entre eux qui avait eu la souveraine puissance; qu'Orus, que les Grecs nomment Apollon, fut le dernier d'entre eux qui fut roi d'Égypte, et qu'il ne régna qu'après avoir ôté la couronne à Typhon [2]. Cet Orus était fils d'Osiris, que nous appelons Bacchus.

CXLV. Parmi les Grecs, on regarde Hercule [3], Bacchus et Pan, comme les plus nouveaux d'entre les dieux. Chez les Égyptiens, au contraire, Pan passe pour être très-ancien; on le met même au rang des huit premiers dieux.

---

règne de Cyrus; car, lors du soulèvement des Ioniens contre Darius, successeur de Cambyse, Hécatée fut appelé à toutes les délibérations. Or, dans les conjonctures délicates, on ne consulte guère que des gens d'un âge mur, et en état de donner des avis salutaires. Il ne devait donc avoir guère moins de quarante-cinq ans au commencement de la soixante-neuvième olympiade. (BELLANGER.)

[1] C'est-à-dire avaient été des grands prêtres engendrés d'autres grands prêtres. (L.)

[2] Typhon était un mauvais génie, qui enleva la couronne à son frère Osiris, et le tua. Comme il était pâle et roux, les Égyptiens évitaient la compagnie des personnes de cette couleur. Dans les temps où l'on sacrifiait encore des hommes, on égorgeait ceux qui étaient roux sur le sépulcre d'Osiris, ou bien on les brûlait vifs. (L.)

[3] L'Hercule égyptien s'appelait *Chon* ou *Som*; Pan, Mendès.

Hercule a placé parmi les dieux du second ordre, qu'on appelle les douze dieux; et Bacchus parmi ceux du troisième, qui ont été engendrés par les douze dieux.

J'ai fait voir ci-dessus combien les Égyptiens comptent eux-mêmes d'années depuis Hercule jusqu'au roi Amasis. On dit qu'il y en a encore un plus grand nombre depuis Pan, et que c'est depuis Bacchus qu'on en trouve le moins, quoique depuis ce dernier jusqu'à ce prince on compte quinze mille ans. Les Égyptiens assurent ces faits comme incontestables, parce qu'ils ont toujours eu soin de supputer ces années, et d'en tenir un registre exact. De Bacchus, qu'on dit être né de Sémélé, fille de Cadmus, il y a jusqu'à moi environ mille soixante ans; depuis Hercule, fils d'Alcmène, près de neuf cents ans : et Pan, que les Grecs disent être fils de Pénélope et de Mercure, est postérieur à la guerre de Troie, et on ne compte de lui jusqu'à moi qu'environ huit cents ans.

CXLVI. De ces deux sentiments chacun est libre d'adopter celui qui lui paraîtra le plus vraisemblable ; je me contente d'exposer le mien. Si ces dieux avaient été connus en Grèce, et s'ils y avaient vieilli, tels qu'Hercule, fils d'Amphitryon, Bacchus, fils de Sémélé, et Pan, fils de Pénélope, on pourrait dire aussi, quoiqu'ils ne fussent que des hommes, qu'ils étaient en possession des noms des dieux nés dans les siècles précédents. Les Grecs assurent que, aussitôt que Bacchus fut né, Jupiter le cousit dans sa cuisse et le porta à Nyse, ville d'Éthiopie, au-dessus de l'Égypte. A l'égard de Pan, ils ne sauraient dire en quel endroit il fut transporté après sa naissance. Il me paraît par conséquent évident que les Grecs ont appris plus tard les noms de ces dieux que ceux des autres, et qu'ils ne datent leur naissance que du temps où ils en ont ouï parler. C'est aussi le sentiment des Égyptiens.

CXLVII. Je vais raconter maintenant ce qui s'est passé en Égypte, de l'aveu unanime des Égyptiens et des autres peuples; et j'y joindrai des choses dont j'ai été témoin oculaire.

Après la mort de Séthos, qui était en même temps roi et prêtre de Vulcain, les Égyptiens recouvrèrent leur liberté ; mais, comme ils ne pouvaient vivre un seul moment sans rois, ils en élurent douze, et divisèrent toute l'Égypte en autant de parties, qu'ils leur assignèrent. Ces douze rois s'unirent entre eux par des mariages, et s'engagèrent à ne se point détruire, à ne point rechercher d'avantage au préjudice les uns des autres, et à entretenir toujours entre eux une étroite amitié. Le but de ce traité était de se fortifier et de se prémunir contre tout danger, parce que, dès le commencement de leur règne, un oracle leur avait prédit que celui d'entre eux qui ferait des libations dans le temple de Vulcain avec une coupe d'airain aurait l'empire de l'Égypte entière. Ils tenaient en effet leurs assemblées dans tous les temples.

CXLVIII. Ils voulurent aussi laisser à frais communs un monument à la postérité. Cette résolution prise, ils firent construire un labyrinthe un peu au-dessus du lac Mœris, et assez près de la ville des Crocodiles. J'ai vu ce bâtiment, et l'ai trouvé au-dessus de toute expression. Tous les ouvrages, tous les édifices des Grecs ne peuvent lui être comparés ni du côté du travail ni du côté de la dépense ; ils lui sont de beaucoup inférieurs. Les temples d'Éphèse et de Samos méritent sans doute d'être admirés ; mais les pyramides sont au-dessus de tout ce qu'on peut en dire, et chacune en particulier peut entrer en parallèle avec plusieurs des plus grands édifices de la Grèce. Le labyrinthe l'emporte même sur les pyramides. Il est composé de douze cours environnées de murs, dont les portes sont à l'opposite l'une de l'autre, six au nord et six au sud, toutes contiguës ; une même enceinte de murailles, qui règne en dehors, les renferme ; les appartements en sont doubles ; il y en a quinze cents sous terre, quinze cents au-dessus, trois mille en tout. J'ai visité les appartements d'en haut, je les ai parcourus. ainsi j'en parle avec certitude et comme témoin oculaire. Quant aux appartements souterrains, je ne sais que ce qu'on m'en a dit. Les Égyptiens gouverneurs du labyrinthe ne permirent point qu'on me les montrât, parce qu'ils servaient, me dirent-ils, de sépulture aux crocodiles sacrés, et aux rois qui ont fait bâtir entièrement cet édifice. Je ne parle donc des logements souterrains que sur le rapport d'autrui : quant à ceux d'en haut, je les ai vus, et les regarde comme ce que les hommes ont jamais fait de plus grand. On ne peut en effet se lasser d'admirer la variété des passages tortueux qui mènent des cours à des corps de logis et des issues qui conduisent à d'autres cours. Chaque corps de logis a une multitude de chambres qui aboutissent à des pastades. Au sortir de ces pastades, on passe dans d'autres bâtiments, dont il faut traverser les chambres pour entrer dans d'autres cours. Le toit de tous ces corps de logis est de pierre ainsi que les murs, qui sont partout décorés de figures en bas-relief. Autour de chaque cour règne une colonnade de pierres blanches parfaitement jointes ensemble. A l'angle où finit le labyrinthe s'élève une pyramide de cinquante orgyies, sur laquelle on a sculpté en grand des figures d'animaux. On s'y rend par un souterrain.

CXLIX. Quelque magnifique que soit ce labyrinthe, le lac Mœris, près duquel il est situé, excite encore plus d'admiration. Il a de tour trois mille six cents stades, qui font soixante schènes, c'est-à-dire autant de circuit que la côte maritime de l'Egypte a d'étendue. Ce lac, dont la longueur va du nord au midi, a cinquante orgyies de profondeur à l'endroit où il est le plus profond. On l'a creusé de main d'homme, et lui-même il en fournit la preuve. On voit en effet presque au milieu du lac deux pyramides qui ont chacune cinquante orgyies de hauteur au-dessus de l'eau, et autant au-dessous. Sur l'une et sur l'autre est un colosse de pierre, assis sur un trône. Ces pyramides ont par conséquent chacune cent orgyies ; or les cent orgyies font juste un stade de six plèthres, car l'orgyie a six pieds ou quatre coudées ; le pied vaut quatre palmes, et la coudée six.

Les eaux du lac Mœris ne viennent pas de source ; le terrain qu'il occupe est extrêmement sec et aride : il les tire du Nil par un canal de communication. Pendant six mois elles coulent du Nil dans le lac ; et pendant les six autres mois, du lac dans le fleuve. Pendant les six mois que l'eau se retire, la pêche du lac rend au trésor royal un talent d'argent [1] chaque jour ; mais, pendant les six autres mois que les eaux coulent du Nil dans le lac, elle ne produit que vingt mines.

CL. Ce lac forme un coude à l'occident, et se porte vers le milieu des terres, le long de la montagne, au-dessus de Memphis, et se décharge, au rapport des habitants du pays, dans la Syrte de Libye par un canal souterrain. Comme je ne voyais nulle part la terre qu'il a fallu tirer pour creuser ce lac, et que j'étais curieux de savoir où elle pouvait être, je m'en informai aux habitants du pays les plus voisins du lac. Ils me dirent où on l'avait portée ; et j'eus d'autant moins de peine à les croire, que j'avais ouï dire qu'il s'était fait quelque chose de semblable à Ninive, ville des Assyriens. En effet, des voleurs, cherchant à enlever les trésors immenses de Sardanapale, roi de Ninive, qui étaient gardés dans des lieux souterrains, commencèrent, dès la maison qu'ils habitaient, à creuser la terre. Ayant pris les dimensions et les mesures les plus justes, ils poussèrent la mine jusqu'au palais du roi. La nuit venue, ils portaient la terre qu'ils en avaient enlevée dans le Tigre, qui coule le long de Ninive. Ils continuèrent ainsi leur entreprise jusqu'à ce qu'ils eussent atteint leur but. On fit, à ce que j'ai ouï dire, la même chose en Egypte ; avec cette différence qu'on ne creusait pas le bassin du lac la nuit, mais en plein jour. A mesure qu'on le creusait, on en portait la terre dans le Nil, qui la dispersait. Ce fut ainsi, s'il faut en croire les habitants du pays, qu'on creusa ce lac.

CLI. Les douze rois se conduisaient avec justice et équité. Au bout d'un certain temps, après avoir offert des sacrifices dans le temple de Vulcain, comme, le dernier jour de la fête, ils étaient sur le point de faire des libations, le grand prêtre leur présenta des coupes d'or, dont ils

---

[1] L'argent qui provenait de la pêche de ce lac était destiné pour la parure de la reine et pour les parfums dont elle faisait usage. Le talent vaut 5,400 liv. de notre monnaie, et la mine 90 liv. Les vingt mines valent par conséquent 1,800 liv. Ainsi la pêche du lac rapportait par jour 5,400 liv. lorsque les eaux se retiraient, et 1,800 liv. seulement lorsqu'elles rentraient. Cela fait par an ,296,000 liv. (L.)

avaient coutume de se servir en cette occasion ; mais il se trompa pour le nombre, et, au lieu de douze coupes, il n'en apporta que onze pour les douze rois. Alors Psammitichus, qui se trouvait au dernier rang, voyant qu'il n'avait point de coupe comme les autres, prit son casque, qui était d'airain, et s'en servit pour les libations. Tous les autres rois étaient aussi dans l'usage de porter un casque, et ils l'avaient alors en tête. Ce fut donc sans aucun mauvais dessein que Psammitichus se servit du sien. Mais les autres rois, ayant réfléchi sur son action, et sur l'oracle qui leur avait prédit que celui d'entre eux qui ferait des libations avec un vase d'airain deviendrait un jour seul roi de toute l'Égypte, examinèrent ce prince ; et, ayant reconnu par ses réponses qu'il n'avait point agi de dessein prémédité, ils crurent qu'il serait injuste de le faire mourir ; mais ils le dépouillèrent de la plus grande partie de sa puissance et le reléguèrent dans les marais, avec défense d'en sortir et d'entretenir aucune correspondance avec le reste de l'Égypte.

CLII. Ce prince s'était auparavant sauvé en Syrie pour fuir la persécution de Sabacos, roi d'Éthiopie, qui avait fait mourir son père Nécos. Les habitants du nome Saïte le rappelèrent lorsque Sabacos abandonna l'Égypte, à l'occasion d'une vision qu'il avait eue. Depuis il fut élevé sur le trône ; mais il lui arriva d'être exilé dans les marais, pour avoir fait des libations avec son casque. Ce fut son second exil. Sensible à cet outrage, et résolu de se venger des auteurs de son exil, il envoya à Buto consulter l'oracle de Latone, le plus véridique des oracles d'Égypte. Il lui fut répondu qu'il serait vengé par des hommes d'airain sortis de la mer. D'abord il ne put se persuader que des hommes d'airain vinssent à son secours ; mais, peu de temps après, des Ioniens et des Cariens qui s'étaient mis en mer pour pirater, s'étant vus obligés de relâcher en Égypte, descendirent à terre revêtus d'armes d'airain. Un Égyptien courut en porter la nouvelle à Psammitichus dans les marais ; et comme jusqu'alors cet Égyptien n'avait jamais vu d'hommes armés de la sorte, il lui dit que des hommes d'airain sortis de la mer pillaient les campagnes. Le roi, comprenant par ce discours que l'oracle était accompli, fit alliance avec les Ioniens et les Cariens, et les engagea par de grandes promesses à prendre son parti. Avec ces troupes auxiliaires, et les Égyptiens qui lui étaient restés fidèles, il détrôna les onze rois.

CLIII. Psammitichus, devenu maître de toute l'Égypte, construisit à Memphis les portiques du temple de Vulcain qui sont du côté du midi. Vis-à-vis de ces portiques il fit faire à Apis un bâtiment où on le nourrit quand il s'est manifesté. C'est un péristyle orné de figures, et soutenu de colosses de douze coudées de haut, qui tiennent lieu de colonnes. Le dieu Apis est celui que les Grecs appellent en leur langue Épaphus.

CLIV. Psammitichus reconnut les services des Ioniens et des Cariens par des terres et des habitations qu'il leur donna vis-à-vis les uns des autres, et qui n'étaient séparées que par le fleuve. On les nomma les Camps. Il leur donna avec ces terres toutes les autres choses qu'il leur avait promises ; il leur confia même des enfants égyptiens pour leur enseigner le grec ; et, de ces enfants qui apprirent alors cette langue, sont descendus les interprètes qu'on voit actuellement en Égypte.

Les Ioniens et les Cariens habitèrent longtemps les lieux où Psammitichus les avait placés. Ces lieux sont situés près de la mer, un peu au-dessous de Bubastis, vers l'embouchure Pélusiaque du Nil ; mais dans la suite le roi Amasis transféra ces étrangers à Memphis, afin de les employer à sa défense contre les Égyptiens. Depuis leur établissement en Égypte, les Grecs ont entretenu avec eux un commerce si étroit, que, à commencer du règne de Psammitichus, nous savons avec certitude tout ce qui s'est passé dans ce pays. Ce sont en effet les premiers peuples d'une autre langue que les Égyptiens aient reçus chez eux. On voyait encore de mon temps, sur le territoire d'où on les avait tirés, et leurs ports et les ruines de leurs maisons. Ce fut ainsi que Psammitichus se rendit maître de l'Égypte.

CLV. Quoique j'aie déjà beaucoup parlé de l'oracle de ce pays, je ne laisserai pas de le faire encore, parce qu'il le mérite. Il est consacré à Latone, dans une grande ville située vers l'embouchure Sébennytique du Nil. On la rencontre en remontant de la mer par cette bouche du fleuve.

Cette ville s'appelle Buto. Je l'ai déjà nommée. On y voit plusieurs temples, celui d'Apollon et Diane, et celui de Latone, où se rendent les oracles. Ce dernier est grand ; ses portiques ont dix orgyies de haut. De tout ce que je vis dans l'enceinte consacrée à Latone, le temple de la déesse me causa la plus grande surprise. Il est d'une seule pierre en hauteur et en longueur ; les côtés en sont égaux. Chacune de ses dimensions est de quarante coudées[1]. Une autre pierre, dont les rebords ont quatre coudées, lui sert de couverture.

CLVI. De tout ce qu'on peut voir aux environs de l'enceinte consacrée à Latone, rien de plus admirable, à mon avis, que ce temple. L'île Chemmis occupe le second rang ; elle est dans un lac profond et spacieux, près du temple de Latone, à Buto. Les Égyptiens assurent que cette île est flottante : pour moi, je ne l'ai vue ni flotter ni remuer, et je fus fort surpris d'entendre dire qu'il y eut réellement des îles flottantes. On voit dans celle-ci une grande chapelle d'Apollon, avec trois autels. La terre y produit, sans culture, quantité de palmiers, et d'autres arbres tant fruitiers que stériles. Voici, selon les Égyptiens, la raison pour laquelle elle flotte.

Latone, l'une des huit plus anciennes divinités, demeurait à Buto, où est maintenant son oracle. Isis lui ayant remis Apollon en dépôt, elle le cacha dans cette île, qu'on appelle aujourd'hui l'île flottante, et qui autrefois était fixe et immobile ; elle le sauva dans le temps même qu'arrivait Typhon, qui cherchait partout le fils d'Osiris ; car ils disent qu'Apollon et Diane sont nés de Bacchus et d'Isis, et que Latone fut leur nourrice et leur conservatrice. Apollon s'appelle Orus en égyptien ; Cérès, Isis, et Diane, Bubastis.

[1] C'est-à-dire cinquante-cinq pieds, suivant M. d'Anville, ou cinquante-trois pieds huit lignes, comme le veut M. de Caylus, qui ne donne à la coudée qu'un pied trois pouces onze lignes. (L.)

Eschyle, fils d'Euphorion, s'est emparé de cette histoire ; et c'est d'après elle qu'il rapporte dans ses vers que Diane était fille de Cérès. Cette opinion lui est particulière, et ne se remarque dans aucun poëte précédent. Cette île devint, par cette raison, flottante. Ils disent les choses de la sorte.

CLVII. Psammitichus régna en Égypte cinquante-quatre ans ; il fit le siége d'Azotus, ville considérable de Syrie, et le continua vingt-neuf ans, jusqu'à ce qu'elle fût prise. De toutes les villes que nous connaissons, c'est la seule qui ait soutenu un si long siége.

CLVIII. Il eut un fils, appelé Nécos, qui fut aussi roi d'Égypte. Il entreprit le premier de creuser le canal qui conduit à la mer Érythrée. Darius, roi de Perse, le fit continuer. Ce canal a de longueur quatre journées de navigation, et assez de largeur pour que deux trirèmes puissent y voguer de front. L'eau dont il est rempli vient du Nil, et y entre un peu au-dessus de Bubastis. Ce canal aboutit à la mer Érythrée, près de Patumos, ville d'Arabie.

On commença à le creuser dans cette partie de la plaine d'Égypte qui est du côté de l'Arabie. La montagne qui s'étend vers Memphis, et dans laquelle sont les carrières, est au-dessus de cette plaine, et lui est contiguë. Ce canal commence donc au pied de la montagne ; il va d'abord pendant un long espace d'occident en orient ; il passe ensuite par les ouvertures de cette montagne, et se porte au midi dans le golfe d'Arabie.

Pour aller de la mer Septentrionale (la Méditerranée) à la mer Australe (la mer Rouge), qu'on appelle aussi mer Érythrée, on prend par le mont Casius, qui sépare l'Égypte de la Syrie : c'est le plus court. De cette montagne au golfe Arabique, il n'y a que mille stades ; mais le canal est d'autant plus long, qu'il fait plus de détours. Sous le règne de Nécos, six vingt mille hommes périrent en le creusant. Ce prince fit discontinuer l'ouvrage, sur la réponse d'un oracle qui l'avertit qu'il travaillait pour le barbare. Les Égyptiens appellent barbares tous ceux qui ne parlent pas leur langue.

CLIX. Nécos, ayant donc abandonné l'entreprise du canal, tourna toutes ses pensées du côté des expéditions militaires. Il fit faire des trirèmes sur la mer Septentrionale, et dans le golfe Arabique, sur la mer Érythrée. On voit encore aujourd'hui les chantiers où on les construisit. Ces flottes lui servirent dans l'occasion. Nécos livra aussi sur terre une bataille contre les Syriens, près de Magdole ; et, après avoir remporté la victoire, il prit Cadytis, ville considérable de Syrie. Il consacra à Apollon l'habit qu'il avait porté dans ces expéditions, et l'envoya aux Branchides, dans le pays des Milésiens. Il mourut ensuite, après avoir régné seize ans en tout, et laissa la couronne à Psammis, son fils.

CLX. Sous le règne de ce prince, des ambassadeurs arrivèrent en Égypte de la part des Éléens. Ces peuples se vantaient d'avoir établi, aux jeux olympiques, les règlements les plus justes et les plus beaux, et s'imaginaient que les Égyptiens même, quoique les plus sages de tous les hommes, ne pourraient rien inventer de mieux. Étant donc arrivés à la cour, et ayant expliqué le sujet de leur ambassade, le roi convoqua ceux d'entre les Égyptiens qui passaient pour les plus sages. Ceux-ci assemblés, les Éléens leur exposèrent tous les règlements qu'il leur avait paru convenable de faire, et leur dirent qu'ils étaient venus savoir si les Égyptiens pourraient en imaginer de plus justes. Les Égyptiens, ayant délibéré sur cet exposé, leur demandèrent si leurs concitoyens étaient admis à combattre à ces jeux : les Éléens ayant répondu que cela leur était permis ainsi qu'au reste des Grecs, les Égyptiens leur dirent que ce règlement violait entièrement les lois de l'équité, parce qu'il était impossible qu'ils ne favorisassent leur compatriote au préjudice de l'étranger ; mais que, s'ils voulaient proposer des jeux où la justice fût observée, et que si c'était là le sujet de leur voyage en Égypte, on leur conseillait d'en établir où les étrangers eussent seuls le droit de combattre, et où il ne fût pas permis aux Éléens d'entrer en lice. Tel fut le conseil que les Égyptiens donnèrent aux ambassadeurs d'Élée.

CLXI. Psammis ne régna que six ans ; il mourut aussitôt après son expédition d'Éthiopie. Son fils Apriès lui succéda. Ce prince fut, après Psammitichus son bisaïeul, le plus heureux des rois ses prédécesseurs. Il régna vingt-cinq ans, pendant lesquels il fit une expédition contre Sidon, et livra au roi de Tyr un combat naval ; mais enfin la fortune devait cesser de le favoriser. Je rapporterai ici en peu de mots à quelle occasion ses malheurs commencèrent, me réservant à en parler plus amplement quand je traiterai des affaires de Libye.

Apriès, ayant envoyé une armée contre les Cyrénéens, reçut un échec considérable. Les Égyptiens lui imputèrent ce malheur, et se révoltèrent contre lui, s'imaginant que, de dessein prémédité, il les avait envoyés à une perte certaine, afin de les faire périr sans ressource, et de régner avec plus d'autorité sur le reste de ses sujets. Les troupes qui étaient revenues du combat, et les amis de ceux qui y avaient perdu la vie, indignés contre le roi, se soulevèrent ouvertement.

CLXII. Sur cette nouvelle, Apriès envoya Amasis pour les apaiser. Ce seigneur les alla trouver ; mais, tandis qu'il les exhortait à rentrer dans le devoir, un Égyptien qui était derrière lui lui couvrit la tête d'un casque, en lui disant que c'était pour le mettre en possession de la couronne. Amasis montra dans la suite que cela ne s'était pas fait contre son gré ; car les rebelles ne l'eurent pas plutôt proclamé roi, qu'il se prépara à marcher contre Apriès. Sur cette nouvelle, ce prince dépêcha Patarbémis, l'un des hommes les plus distingués parmi ceux qui lui étaient restés fidèles, avec ordre de lui amener Amasis en vie. Patarbémis, étant arrivé au camp des rebelles, appela Amasis : celui-ci, qui se trouvait par hasard à cheval, levant la cuisse, fit un pet, et ordonna à Patarbémis de porter cela à Apriès ; et comme Patarbémis ne laissait pas de le prier de se rendre auprès du roi qui le mandait, Amasis lui répondit qu'il s'y disposait depuis longtemps, qu'Apriès n'aurait pas sujet de se plaindre de lui, et qu'il irait le trouver incessamment en bonne compagnie. Patarbémis s'apercevant de ses desseins, et par sa réponse et par les préparatifs qu'il lui voyait faire, partit en diligence pour en donner au plus tôt avis au roi. Aussitôt qu'Apriès le vit revenir sans Amasis, il lui fit couper le nez et les oreilles, dans le premier mouvement de sa colère, et sans se donner le temps de la réflexion. Un si honteux traitement, fait à un homme de cette distinction, irrita à un tel point ceux d'entre les Égyptiens qui tenaient encore pour lui, que, sans perdre de temps, ils passèrent du côté d'Amasis, et se donnèrent à lui.

CLXIII. Sur cette nouvelle, Apriès fit prendre les armes à ses troupes auxiliaires, et marcha contre les Égyptiens. Il partit de Saïs, où il avait un grand et superbe palais, à la tête de trente mille hommes, tant Cariens qu'Ioniens, pour aller réduire les rebelles. Amasis marcha de son côté avec ses troupes contre les étrangers. Les deux armées se rencontrèrent à Momemphis, et se disposèrent à livrer bataille.

CLXIV. Les Égyptiens sont partagés en sept classes: les prêtres, les gens de guerre, les bouviers, les porchers, les marchands, les interprètes, les pilotes ou gens de mer; ils tirent leurs noms de leurs professions : ceux qui suivent le métier des armes s'appellent calasiries et hermotybies. Voici les nomes ou provinces qu'ils habitent, car toute l'Égypte est divisée en nomes.

CLXV. Les nomes des hermotybies sont : Busiris, Saïs, Chemmis, Paprémis, l'île Prosopitis, et la moitié de Natho. Ces nomes fournissent au plus cent soixante mille hermotybies ; ils sont tous consacrés à la profession des armes, et pas un n'exerce d'art mécanique.

CLXVI. Les calasiries occupent les nomes de Thèbes, de Bubastis, d'Aphthis, de Tanis, de Mendès, de Sébennys, d'Athribis, de Pharbæthis, de Thmuis, d'Onuphis, d'Anysis, de Myecphoris, île située vis-à-vis de Bubastis. Ces nomes fournissent, lorsqu'ils sont le plus peuplés, deux cent cinquante mille hommes. Il ne leur est pas permis non plus d'exercer d'autre métier que celui de la guerre ; le fils y succède à son père.

CLXVII. Je ne saurais affirmer si les Grecs tiennent cette coutume des Égyptiens, parce que je la trouve établie parmi les Thraces, les Scythes, les Perses, les Lydiens ; en un mot, parce que, chez la plupart des barbares, ceux qui apprennent les arts mécaniques, et même leurs enfants, sont regardés comme les derniers des citoyens ; au lieu qu'on estime comme les plus nobles ceux qui n'exercent aucun art mécanique, et principalement ceux qui se sont consacrés à la profession des armes. Tous les Grecs ont été élevés dans ces principes, et particulièrement les Lacédémoniens : j'en excepte toutefois les Corinthiens, qui font beaucoup de cas des artistes.

CLXVIII. Chez les Égyptiens, les gens de guerre jouissent seuls, à l'exception des prêtres, de certaines marques de distinction. On donnait à chacun douze aroures, exemptes de toute charge et redevance. L'aroure est une pièce de terre qui contient cent coudées d'Égypte en tout sens ; et la coudée d'Égypte est égale à celle de Samos. Cette portion de terre leur était à tous particulièrement affectée ; mais ils jouissaient tour à tour d'autres avantages. Tous les ans, mille calasiries et mille hermotybies allaient servir de gardes au roi : pendant leur service, outre les douze aroures qu'ils avaient, on leur donnait par jour à chacun [1] cinq mines de pain, deux mines de bœuf, et quatre arustères [2] de vin. On donnait toujours ces choses-là à ceux qui étaient de garde.

CLXIX. Apriès à la tête des troupes auxiliaires, et Amasis avec tous les Égyptiens, s'étant rendus à Momemphis, en vinrent aux mains. Les étrangers combattirent courageusement ; mais, comme ils étaient beaucoup inférieurs en nombre à leurs ennemis, ils furent défaits. On dit qu'Apriès s'était persuadé qu'un dieu même n'aurait pu le détrôner, tant il s'imaginait avoir affermi sa puissance. Il fut néanmoins vaincu ; et, ayant été pris, on le conduisit à Saïs, dans le palais qui lui avait appartenu peu de temps auparavant, mais qui pour lors appartenait à Amasis. Il y vécut quelque temps ; et Amasis en prit beaucoup de soin ;

---

[1] 4 livres 4 onces 4 gros 44 grains de pain ; une livre 11 onces 3 gros 52 grains de bœuf.

[2] L'arustère est la même mesure que le cotyle, ainsi qu'on le voit dans Hésychius, au mot ἀρυστήρ. Le cotyle est la moitié du setier, comme nous l'apprend Quintus Rhemnius Fannius. (L.)

mais enfin les Égyptiens ayant reproché à celui-ci qu'il agissait contre toute justice en laissant vivre leur plus grand ennemi et le sien, il leur abandonna ce prince infortuné. Ils ne l'eurent pas plutôt en leur pouvoir, qu'ils l'étranglèrent. On le mit ensuite dans le tombeau de ses ancêtres, dont la sépulture est dans l'enceinte consacrée à Minerve, près du temple, à gauche en entrant. Les Saïtes ont enterré dans cette enceinte tous les rois originaires du nome de Saïs. En effet, on y a placé le monument d'Amasis; mais il est plus éloigné du temple que celui d'Apriès et que ceux de ses pères. Dans la cour du lieu sacré, est une grande salle de pierre, ornée de colonnes en forme de palmiers, avec d'autres ornements : dans cette salle est une niche avec une porte à deux battants; c'est là qu'on a placé son cercueil.

CLXX. On montre aussi à Saïs le sépulcre de celui que je ne me crois pas permis de nommer en cette occasion[1]; il est dans l'enceinte sacrée, derrière le temple de Minerve, attenant le mur de ce temple, dont il occupe toute la longueur. Il y a dans la pièce de terre de grands obélisques de pierre; et, près de ces obélisques, on voit un lac dont les bords sont revêtus de pierre. Ce lac est rond, et, à ce qu'il m'a paru, il n'est pas moins grand que celui de Délos, qu'on appelle Trochoïde.

CLXXI. La nuit, on représente sur ce lac les accidents arrivés à celui que je n'ai pas cru devoir nommer. Les Égyptiens les appellent des mystères. Quoique j'en aie une très-grande connaissance, je me garderai bien de les révéler; j'en agirai de même à l'égard des initiations de Cérès, que les Grecs appellent Thesmophories, et je n'en parlerai qu'autant que la religion peut le permettre. Les filles de Danaüs apportèrent ces mystères d'Égypte, et les enseignèrent aux femmes des Pélasges; mais, dans la suite, les Doriens ayant chassé les anciens habitants du Pélopon-

---

[1] C'est le tombeau d'Osiris. Du moins c'est le sentiment d'Athénagoras, qui me parait très-vraisemblable. Ce Père, après avoir rapporté ce passage entier d'Hérodote, ajoute : « Non-seulement on montre le sépulcre d'Osiris, mais encore son corps embaumé. » (L.)

nèse, ce culte se perdit, excepté chez les Arcadiens, qui, étant restés dans le Péloponnèse, et n'ayant pu en être chassés, furent les seuls qui le conservèrent.

CLXXII. Apriès étant péri de la sorte, Amasis, de la ville de Siuph, dans le nome Saïte, monta sur le trône. Au commencement de son règne, les peuples en faisaient peu de cas, et n'avaient que du mépris pour lui, à cause qu'il était né plébéien, et non d'une maison illustre; mais il sut dans la suite se les rendre favorables par son adresse et son habileté.

Parmi une infinité de choses précieuses qui lui appartenaient, on voyait un bassin d'or où il avait coutume de se laver les pieds, lui et tous les grands qui mangeaient à sa table. Il le mit en pièces, et en fit faire la statue d'un dieu, qu'il plaça dans l'endroit le plus apparent de la ville. Les Égyptiens ne manquèrent pas de s'y assembler, et de rendre un culte à ce simulacre. Amasis, informé de ce qui se passait, les convoqua, et leur déclara que cette statue, pour laquelle ils avaient tant de vénération, venait du bassin d'or qui avait servi auparavant aux usages les plus vils. « Il en est ainsi de moi, ajouta-t-il : j'étais plébéien ; mais actuellement je suis votre roi : je vous exhorte donc à me rendre l'honneur et le respect qui me sont dus. » Il gagna tellement, par ce moyen, l'affection de ses peuples, qu'il trouvèrent très-juste de se soumettre à son gouvernement.

CLXXIII. Voici comment il réglait les affaires : depuis le point du jour jusqu'à l'heure où la place est pleine, il s'appliquait à juger les causes qui se présentaient. Le reste du temps, il le passait à table, où il raillait ses convives, et ne songeait qu'à se divertir et qu'à faire des plaisanteries ingénieuses et indécentes. Ses amis, affligés d'une telle conduite, lui firent des représentations. « Seigneur, lui dirent-ils, vous ne savez pas soutenir l'honneur de votre rang, et vous vous avilissez. Assis avec dignité sur votre trône, vous devriez vous occuper toute la journée des soins de l'État : les Égyptiens reconnaîtraient à vos actions qu'ils sont gouvernés par un grand homme, et votre réputation en serait meilleure ; mais votre conduite ne répond pas à celle d'un roi. — Ne savez-vous pas, leur répondit Amasis, qu'on ne bande un arc que lorsqu'on en a besoin, et qu'après qu'on s'en est servi, on le détend? Si on le tenait toujours bandé, il se romprait, et l'on ne pourrait plus s'en servir au besoin. Il en est de même de l'homme : s'il était toujours appliqué à des choses sérieuses, sans prendre aucun relâche et sans rien donner à ses plaisirs, il deviendrait insensiblement, et sans s'en apercevoir, fou ou stupide. Pour moi, qui en sais les conséquences, je partage mon temps entre les affaires et les plaisirs. » Il répondit ces choses à ses amis.

CLXXIV. On dit qu'Amasis, n'étant encore que simple particulier, fuyait toutes les occupations sérieuses, et n'aimait qu'à boire et à plaisanter. Si l'argent lui manquait, et qu'il ne pût satisfaire son goût pour la table et les plaisirs, il avait coutume de voler de côté et d'autre. Ceux qui le soupçonnaient d'avoir pris leur argent le menaient, lorsqu'il venait à le nier, à l'oracle du lieu, qui souvent le convainquait, et souvent aussi le renvoyait absous. Lorsqu'il fut sur le trône, il méprisa les dieux qui l'avaient déclaré innocent, ne prit aucun soin de leurs temples, ne songea ni à les réparer ni à les orner, et ne voulut pas même y aller offrir des sacrifices, les jugeant indignes de tout culte, parce qu'ils n'avaient que de faux oracles : il avait au contraire la plus grande vénération pour ceux qui l'avaient convaincu de vol, les regardant comme étant véritablement dieux et ne rendant que des oracles vrais.]

CLXXV. Il fit bâtir à Saïs, en l'honneur de Minerve, le portique de son temple ; édifice digne d'admiration, et qui surpasse de beaucoup tous les autres ouvrages de ce genre, tant par sa hauteur et son étendue que par la qualité et la grandeur des pierres qu'on y employa. Il y fit placer des statues colossales, et des androsphinx[1] d'une hauteur prodigieuse. On apporta aussi par son ordre des pierres d'une

---

[1] Figure monstrueuse qui avait le corps d'un lion et le visage d'un homme. Cependant les artistes égyptiens représentaient communément le sphinx avec le corps d'un lion et le visage d'une jeune fille. On plaçait ordinairement ces sphinx à l'entrée des temples, pour servir de type de la nature énigmatique de la théologie égyptienne. (L.)

grosseur démesurée, pour réparer le temple. On en tira une partie des carrières qui sont près de Memphis; mais on fit venir les plus grandes de la ville d'Éléphantine, qui est éloignée de Saïs de vingt journées de navigation.

Mais ce que j'admire encore davantage, c'est un édifice d'une seule pierre qu'il fit apporter d'Éléphantine. Deux mille hommes, tous bateliers, furent occupés pendant trois ans à ce transport. Il a en dehors vingt et une coudées de long, quatorze de large et huit de haut. Telles sont les dimensions extérieures de cet ouvrage monolithe. Sa longueur en dedans est de dix-huit coudées, plus vingt doigts; sa largeur, de douze coudées; sa hauteur, de cinq. Cet édifice est placé à l'entrée du lieu sacré. On ne l'y fit point entrer, disent les Égyptiens, parce que, pendant qu'on le tirait, l'architecte, fatigué et ennuyé d'un travail qui lui avait coûté tant de temps, poussa un profond soupir. Amasis, regardant cela comme un présage fâcheux, ne voulut pas qu'on le fît avancer plus loin. Quelques-uns disent aussi qu'un de ceux qui aidaient à le remuer avec des leviers fut écrasé dessous, et que ce fut pour cela qu'on ne l'introduisit pas dans le lieu sacré.

CLXXVI. Amasis fit aussi présent à tous les autres temples célèbres d'ouvrages admirables par leur grandeur : entre autres il fit placer à Memphis, devant le temple de Vulcain, le colosse de soixante-quinze pieds de long, qui est couché sur le dos. On voit sur le même fondement deux statues colossales debout, de pierre d'Éthiopie, l'une d'un côté du temple, l'autre de l'autre; chacune a vingt pieds de haut. Il y a à Saïs un autre colosse de pierre de la même grandeur que celui de Memphis, et dans la même attitude. Ce fut aussi ce même prince qui fit bâtir à Memphis ce vaste et magnifique temple d'Isis qu'on y admire.

CLXXVII. On dit que l'Égypte ne fut jamais plus heureuse ni plus florissante que sous le règne d'Amasis, soit par la fécondité que le fleuve lui procura, soit par l'abondance des biens que la terre fournit à ses habitants, et qu'il y avait alors en ce pays vingt mille villes, toutes bien peuplées.

Ce fut aussi Amasis qui fit cette loi par laquelle il était

ordonné à chaque Égyptien de déclarer tous les ans au nomarque[1] quels étaient les fonds dont il tirait sa subsistance. Celui qui ne satisfaisait pas à la loi, ou qui ne pouvait prouver qu'il vivait par des moyens honnêtes, était puni de mort. Solon, l'Athénien, emprunta cette loi de l'Égypte, et l'établit à Athènes, où elle est toujours en vigueur, parce qu'elle est sage, et qu'on n'y peut rien trouver à reprendre.

CLXXVIII. Amasis témoigna beaucoup d'amitié aux Grecs, et en obligea plusieurs. Il permit entre autres aux Grecs qui allaient en Égypte de s'établir à Naucratis. Quant à ceux qui ne voulaient pas y fixer leur demeure, et qui n'y voyageaient que pour des affaires de commerce, il leur donna des places pour élever aux dieux des temples et des autels. Le plus grand temple que ces Grecs aient en Égypte, et en même temps le plus célèbre et le plus commode, s'appelle Hellénion, ou temple grec. Les villes qui le firent bâtir à frais communs furent : du côté des Ioniens, Chios, Téos, Phocée, Clazomènes ; du côté des Doriens, Rhodes, Cnide, Halicarnasse, Phasélis ; et, de celui des Éoliens, la seule ville de Mitylène. L'Hellénion appartient à toutes ces villes : elles ont droit d'y établir des juges. Toutes les autres villes qui prétendent y avoir part s'attribuent un droit qu'elles n'ont pas. Les Éginètes ont cependant bâti pour eux, en particulier, un temple à Jupiter ; les Samiens à Junon, et les Milésiens à Apollon.

CLXXIX. Naucratis était autrefois la seule ville de commerce qu'il y eût en Égypte. Si un marchand abordait à une autre bouche du Nil que la Canopique, il fallait qu'il jurât qu'il n'y était point entré de son plein gré, et qu'après avoir fait ce serment, il allât se rendre avec le même vaisseau à l'embouchure Canopique ; ou du moins, si les vents contraires s'y opposaient, il était obligé de transporter ses marchandises dans des baris autour du Delta, jusqu'à ce qu'il arrivât à Naucratis. Telles étaient les prérogatives dont jouissait cette ville.

CLXXX. Le feu prit fortuitement à l'ancien temple de

---

[1] Les provinces d'Égypte s'appelaient nomes, et le gouverneur ou principal magistrat de chacune de ces provinces, nomarque. (L.)

Delphes, et il fut brûlé. Les Amphictyons ayant fait marché à trois cents talents[1] pour bâtir le temple actuel, les Delphiens, taxés à la quatrième partie de cette somme, firent une quête de ville en ville, et en rapportèrent de grands présents. Ceux qu'ils reçurent en Égypte ne furent pas les moins considérables. Amasis leur donna mille talents d'alun, et les Grecs établis en Égypte leur en donnèrent vingt mines.

CLXXXI. Ce prince contracta amitié avec les Cyrénéens, et fit avec eux une alliance offensive et défensive; il résolut aussi de prendre une femme de leur ville, soit qu'il eût du goût pour les Grecs, soit qu'il voulût donner aux Cyrénéens ce témoignage de son affection. Il épousa Ladicé, que les uns disent fille de Battus, fils d'Arcésilas; les autres, de Critobule, homme distingué parmi ses concitoyens. Amasis n'était point homme pour elle, quoiqu'il le fût pour les autres femmes. Cet état ayant duré un temps assez considérable : Ladicé, lui dit-il, vous avez employé des charmes contre moi ; mais sachez que rien ne peut vous soustraire à la mort la plus cruelle qu'on puisse faire souffrir à une femme. Quelque chose que pût dire cette princesse, Amasis ne s'apaisa point. Elle eut recours à Vénus, et fit vœu, dans son temple, de lui envoyer une statue à Cyrène, si la nuit suivante Amasis pouvait être content. C'était en effet le remède au malheur dont elle était menacée. Aussitôt qu'elle eut fait ce vœu, Amasis fut heureux avec elle, et son bonheur ne fut jamais interrompu ; aussi l'aima-t-il tendrement. Ladicé accomplit son vœu ; elle fit faire une statue, et l'envoya à Cyrène, où elle subsiste encore à présent ; elle regarde le dehors de la ville. Cambyse s'étant rendu maître de l'Égypte, et ayant appris de cette princesse elle-même qui elle était, il la renvoya à Cyrène sans lui faire aucun mal.

CLXXXII. Amasis fit aussi en Grèce plusieurs offrandes : il envoya à Cyrène une statue dorée de Minerve, avec son portrait ; à Minerve de la ville de Linde, deux statues de pierre, et un corselet de lin qui mérite d'être vu ; au

---

[1] Les 300 talents font la somme de 1,620,000 liv. de notre monnaie, somme prodigieuse en ce temps-là.

temple de Junon, à Samos, deux statues de bois qui le représentaient. On les a placées dans le grand temple, derrière les portes, où on les voit encore maintenant. Il fit ces présents à Samos par amitié pour Polycrates, fils d'Ajax. Ce ne fut pas le même motif qui l'engagea à envoyer des présents à Linde, mais parce qu'on dit que les filles de Danaüs étant arrivées dans cette ville en fuyant les fils d'Égyptus, elles firent bâtir le temple de Minerve qu'on y voit aujourd'hui. Telles sont les offrandes d'Amasis. Il est le premier qui se soit rendu maître de l'île de Cypre, et qui l'ait forcée à lui payer tribut.

FIN DU SECOND LIVRE.

LIVRE TROISIÈME.

THALIE.

L'ÉGYPTE. — LA PERSE. — CAMBYSE. — MEMPHIS. — LE BOEUF APIS. — L'ÉTHIOPIE. — POLYCRATES. — AMASIS. — LE FAUX SMERDIS. — DARIUS. — SIÉGE DE BABYLONE. — ZOPYRE, etc.

I. Ce fut donc contre ce prince que marcha Cambyse, fils de Cyrus, avec une armée composée des peuples soumis à son obéissance, entre autres des Ioniens et des Éoliens. Voici quel fut le sujet de cette guerre. Cambyse avait fait demander par un ambassadeur la fille d'Amasis. Il suivait en cela le conseil d'un Égyptien, qui l'en pressait pour se venger de son prince, qui l'avait arraché d'entre les bras de sa femme et de ses enfants, pour l'envoyer en Perse lorsque Cyrus avait fait prier Amasis de lui envoyer le meilleur médecin qu'il y eût dans ses États pour les maladies des yeux. Ce médecin, qui avait le cœur ulcéré, ne cessait de solliciter Cambyse de demander la fille d'Amasis, afin de mortifier celui-ci s'il l'accordait, ou de le rendre odieux au roi de Perse s'il la refusait. Amasis, qui haïssait autant les Perses qu'il en redoutait la puissance, ne pouvait se résoudre ni à l'accorder ni à la refuser, sachant bien que Cambyse n'avait pas dessein de l'épouser, mais d'en faire sa concubine. Après de sérieuses réflexions, voici comment il se conduisit.

Il avait à sa cour une fille d'Apriès, son prédécesseur. C'était une princesse d'une taille avantageuse et d'une grande beauté, et la seule qui fût restée de cette maison : elle se nommait Nitétis. Amasis, l'ayant fait revêtir d'une étoffe d'or, l'envoya en Perse, comme si elle eût été sa fille. Quelque temps après, Cambyse l'ayant saluée du

nom de son père : « Vous ignorez, seigneur, lui dit-elle,
» qu'Amasis vous trompe ; il m'a envoyée vers vous avec ces
» riches habits, comme si j'étais sa fille, quoique je n'aie
» point d'autre père qu'Apriès. Ce prince était son maître ;
» Amasis s'est révolté contre lui avec les Égyptiens, et
» en a été le meurtrier. » A ce discours, Cambyse entra
dans une furieuse colère, et résolut, pour venger ce
meurtre, de porter la guerre en Égypte.

II. Tel en fut le sujet, selon les Perses. Les Égyptiens
revendiquent Cambyse ; ils prétendent qu'il était fils de
cette fille d'Apriès, et que ce ne fut point lui, mais Cyrus
qui envoya demander la fille d'Amasis. Cela est d'autant
moins juste, qu'étant de tous les peuples les mieux instruits
des lois et des usages des Perses, ils savent premièrement
qu'en Perse la loi ne permet pas à un fils naturel de succéder à la couronne lorsqu'il y en a un légitime ; secondement, que Cambyse était fils de Cassandane, fille de
Pharnaspes, de la race des Achéménides, et non de la
princesse égyptienne. Mais ils intervertissent l'histoire,
en prétextant cette alliance avec la maison de Cyrus.

III. On raconte aussi l'histoire suivante ; mais je n'y
trouve aucune vraisemblance. Une femme de qualité,
Perse de naissance, s'étant rendue chez les femmes de
Cyrus, fut frappée de la beauté et de la taille avantageuse
des enfants de Cassandane, qu'elle voyait auprès de cette
princesse ; elle en témoigna de l'admiration, et lui donna
de grandes louanges. Eh bien, répondit Cassandane, quoique mère de princes si bien faits, Cyrus n'a pour moi que
du mépris, et tous les honneurs sont pour l'esclave égyptienne. Sa colère contre Nitétis lui dictait ce langage. Sur
quoi Cambyse, l'aîné de ses enfants, prenant la parole :
Ma mère, lui dit-il, lorsque je serai en âge d'homme, je
détruirai l'Égypte de fond en comble. On ajoute que ces
paroles du jeune prince, qui avait alors environ dix ans,
étonnèrent ces femmes, et que Cambyse, s'en étant ressouvenu, porta la guerre en Égypte dès qu'il eut atteint l'âge
viril et qu'il fut parvenu à la couronne.

IV. Il survint aussi un autre événement que voici, et
qui contribua à faire entreprendre cette expédition. Un

officier des troupes auxiliaires d'Amasis, nommé Phanès, originaire de la ville d'Halicarnasse, homme excellent pour le conseil et brave guerrier, mécontent de ce prince, se sauva d'Égypte par mer pour avoir un entretien avec Cambyse. Comme il occupait un rang distingué parmi les troupes auxiliaires, et qu'il avait une très-grande connaissance des affaires d'Égypte, Amasis fit tout ses efforts pour le remettre en son pouvoir. L'ayant fait poursuivre par une trirème montée par le plus fidèle de ses eunuques, celui-ci l'atteignit en Lycie et le fit prisonnier ; cependant il ne le ramena pas en Égypte. Phanès enivra ses gardes, et, s'étant tiré de ses mains par son adresse, il se rendit à la cour de Perse. Cambyse se disposait alors à marcher en Égypte ; mais la difficulté de faire traverser à son armée des déserts où l'on ne trouve point d'eau le retenait, lorsque Phanès arriva. Celui-ci apprit au roi l'état des affaires d'Amasis et ce qui avait rapport au passage des déserts, et lui conseilla d'envoyer prier le roi des Arabes de lui permettre de passer sur ses terres, et de lui donner les moyens de l'exécuter avec sûreté.

V. C'est en effet le seul endroit par où il soit possible de pénétrer en Égypte. Car la Syrie de la Palestine s'étend depuis la Phénicie jusqu'aux confins de la ville de Cadytis ; et de cette ville, qui, à mon avis, n'est guère moins grande que Sardes, toutes les places maritimes, jusqu'à Jénysus, appartiennent aux Arabes. Le pays, depuis Jénysus jusqu'au lac Serbonis, près duquel est le mont Casius, qui s'étend jusqu'à la mer, appartient de nouveau aux Syriens de la Palestine. L'Égypte commence au lac Serbonis, dans lequel on dit que Typhon se cacha. Or, tout cet espace entre la ville de Jénysus, le mont Casius et le lac Serbonis, forme un vaste désert d'environ trois jours de marche, d'une très-grande sécheresse et aridité.

VI. Voici la manière dont on rémédie à cet inconvénient. Je vais dire ce que savent peu de personnes parmi celles qui vont par mer en Égypte. On porte deux fois par an en Égypte, de tous les différents pays de la Grèce, et, outre cela, de la Phénicie, une grande quantité de jarres de terre pleines de vin ; et cependant on n'y voit pas, pour ainsi dire, une seule de ces jarres. Que deviennent-elles donc? pourrait-on demander. Je vais le dire.

Dans chaque ville, le démarque (magistrat) est obligé de faire ramasser toutes les jarres qui s'y trouvent, et de les faire porter à Memphis ; de Memphis on les envoie pleines d'eau dans les lieux arides de la Syrie. Ainsi toutes les jarres que l'on porte en Égypte, et que l'on y met en réserve, sont reportées en Syrie et rejointes aux anciennes.

VII. Ce sont les Perses qui ont facilité ce passage, en y faisant porter de l'eau de la manière que nous venons de le dire, dès qu'ils se furent rendus maîtres de l'Égypte. Mais comme, dans le temps de cette expédition, il n'y avait point en cet endroit de provision d'eau, Cambyse, suivant les conseils de Phanès d'Halicarnasse, fit prier par ses ambassadeurs le roi des Arabes de lui procurer un passage sûr ; et il l'obtint après qu'on se fut juré une foi réciproque.

VIII. Il n'y a point de peuples plus religieux observateurs des serments que les Arabes. Voici les cérémonies qu'ils observent à cet égard : Lorsqu'ils veulent engager leur foi, il faut qu'il y ait un tiers, un médiateur. Ce médiateur, debout entre les deux contractants, tient une pierre aiguë et tranchante, avec laquelle il leur fait à tous deux une incision à la paume de la main, près des grands doigts. Il prend ensuite un petit morceau de l'habit de chacun, le trempe dans leur sang, et en frotte sept pierres qui sont au milieu d'eux, en invoquant Bacchus et Uranie. Cette cérémonie achevée, celui qui a engagé sa foi donne à l'étranger, ou au citoyen si c'est avec un citoyen qu'il traite, ses amis pour garants ; et ceux-ci pensent eux-mêmes qu'il est de l'équité de respecter la foi des serments.

Ils croient qu'il n'y a point d'autres dieux que Bacchus et Uranie. Ils se rasent la tête comme ils disent que Bacchus se la rasait, c'est-à-dire en rond et autour des tempes. Ils appellent Bacchus *Urotal*, et Uranie *Alilat* [1].

---

[1] Urotal signifie le soleil et la lumière ; Alilat, la lune lorsqu'elle est nouvelle : elle s'appelait aussi Alitta. Tel est le sentiment de Scaliger et de Selden. (L.)

IX. Lorsque le roi d'Arabie eut conclu le traité avec les ambassadeurs de Cambyse, il fit remplir d'eau des peaux de chameaux, et en fit charger tous les chameaux qu'il y avait dans ses États. Cela fait, on les mena dans les lieux arides, où il alla attendre l'armée de Cambyse.

Ce récit me paraît le plus vraisemblable ; mais je ne dois point passer sous silence l'autre manière de raconter le même fait, quoique moins croyable.

Il y a en Arabie un grand fleuve qu'on nomme Corys : il se jette dans la mer Érythrée (mer Rouge). Depuis ce fleuve, le roi d'Arabie fit faire, à ce que l'on dit, un canal avec des peaux de bœufs et autres animaux, crues et cousues ensemble. Ce canal, qui s'étendait depuis ce fleuve jusque dans les lieux arides, portait de l'eau dans de grandes citernes qu'on y avait creusées pour fournir de l'eau à l'armée. Or il y a douze journées de chemin depuis ce fleuve jusqu'à ce désert. On ajoute qu'on y conduisit de l'eau en trois endroits par trois canaux différents.

X. Psamménite, fils d'Amasis, campa vers la bouche Pélusienne du Nil, où il attendit l'ennemi. Il venait de succéder à son père Amasis, qui ne vivait plus lorsque Cambyse entra en Égypte. Il était mort après un règne de quarante-quatre ans, pendant lesquels il n'éprouva rien de fâcheux. Après sa mort on l'embauma, et on le mit dans le monument qu'il s'était fait faire lui-même dans l'enceinte sacrée de Minerve.

Il y eut en Égypte, sous le règne de Psamménite, un prodige : il plut à Thèbes en Égypte ; ce qui n'était point arrivé jusqu'alors, et ce qu'on n'a point vu depuis le règne de ce prince jusqu'à mon temps, comme le disent les Thébains eux-mêmes ; car il ne pleut jamais dans la haute Égypte, et il y plut alors.

XI. Lorsque les Perses eurent traversé les lieux arides, et qu'ils eurent assis leur camp près de celui des Égyptiens, comme pour leur livrer bataille, les Grecs et les Cariens à la solde de Psamménite, indignés de ce que Phanès avait amené contre l'Égypte une armée d'étrangers, se vengèrent de ce perfide sur ses enfants qu'il avait laissés en ce pays lorsqu'il partit pour la Perse. Ils les menèrent au camp ; et ayant placé à la vue de leur père un cratère entre les deux armées, on les conduisit l'un après l'autre en cet endroit, et on les égorgea sur le cratère. Lorsqu'on les eut tous tués, on mêla avec ce sang, dans le même cratère, du vin et de l'eau, et tous les auxiliaires en ayant bu, on en vint aux mains. Le combat fut rude et sanglant ; il y périt beaucoup de monde de part et d'autre ; mais enfin les Égyptiens tournèrent le dos.

XII. J'ai vu sur le champ de bataille une chose fort surprenante, que les habitants de ce canton m'ont fait remarquer. Les ossements de ceux qui périrent à cette journée sont encore dispersés, mais séparément ; de sorte que vous voyez d'un côté ceux des Perses, et de l'autre ceux des Égyptiens, aux mêmes endroits où ils étaient dès les commencements. Les têtes des Perses sont si tendres, qu'on peut les percer en les frappant seulement avec un caillou ; celles des Égyptiens sont au contraire si dures, qu'à peine peut-on les briser à coups de pierres. Ils m'en dirent la raison, et n'eurent pas de peine à me persuader. Les Égyptiens, me dirent-ils, commencent dès leur bas âge à se raser la tête ; leur crâne se durcit par ce moyen au soleil, et ils ne deviennent point chauves. On voit, en effet, beaucoup moins d'hommes chauves en Égypte que dans tous les autres pays. Les Perses, au contraire, ont le crâne faible, parce que dès leur plus tendre jeunesse ils vivent à l'ombre, et qu'ils ont toujours la tête couverte d'une tiare. J'ai vu de telles choses ; et aussi j'ai remarqué à Paprémis quelque chose de semblable à l'égard des ossements de ceux qui furent défaits avec Achéménès, fils de Darius, par Inaros, roi de Libye.

XIII. La bataille perdue, les Égyptiens tournèrent le dos, et s'enfuirent en désordre à Memphis. S'étant enfermés dans cette place, Cambyse leur envoya un héraut, Perse de nation, pour les engager à traiter avec lui. Ce héraut remonta le fleuve sur un vaisseau mitylénien. Dès que les Égyptiens le virent entrer dans Memphis, ils sortirent en foule de la citadelle, brisèrent le vaisseau, mirent en pièces ceux qui le montaient, et en transportèrent les membres dans la citadelle. Les Perses ayant fait le siége de cette ville, les Égyptiens furent enfin obligés de se rendre.

Les Libyens, voisins de l'Égypte, craignant d'éprouver le même sort que les Égyptiens, se soumirent sans combat. Ils s'imposèrent un tribut, et envoyèrent des présents. Les Cyrénéens et les Barcéens imitèrent les Libyens par le même motif de crainte. Cambyse reçut favorablement les présents de ceux-ci ; mais il se plaignit de ceux des Cyrénéens, sans doute parce qu'ils n'étaient point assez considérables. Ils ne se montaient en effet qu'à cinq cents mines [1] d'argent, qu'il distribua lui-même à ses troupes.

XIV. Le dixième jour après la prise de la citadelle de Memphis, Psamménite, roi d'Égypte, qui n'avait régné que six mois, fut conduit, par ordre de Cambyse, devant la ville avec quelques autres Égyptiens. On les y traita avec la dernière ignominie, afin de les éprouver. Cambyse fit habiller la fille de ce prince en esclave, et l'envoya, une cruche à la main, chercher de l'eau ; elle était accompagnée de plusieurs autres filles qu'il avait choisies parmi celles de la première qualité, et qui étaient habillées de la même façon que la fille du roi.

Ces jeunes filles, passant auprès de leurs pères, fondirent en larmes, et jetèrent des cris lamentables. Ces seigneurs, voyant leurs enfants dans un état si humiliant, ne leur répondirent que par leurs larmes, leurs cris et leurs gémissements ; mais Psamménite, quoiqu'il les vît et qu'il les reconnût, se contenta de baisser les yeux.

Ces jeunes filles sorties, Cambyse fit passer devant lui son fils, accompagné de deux mille Égyptiens de même âge que lui, la corde au cou, et un frein à la bouche. On les menait à la mort pour venger les Mityléniens qui avaient été tués à Memphis, et dont on avait brisé le vaisseau : car les juges royaux avaient ordonné que, pour chaque homme massacré en cette occasion, on ferait mourir dix Égyptiens des premières familles. Psamménite les vit défiler, et reconnut son fils qu'on menait à la mort ; mais tandis que les autres Égyptiens qui étaient autour de lui pleuraient et se lamentaient, il garda la même contenance qu'à la

---

[1] 45,000 liv. de notre monnaie.

vue de sa fille. Lorsque ces jeunes gens furent passés, il aperçut un vieillard, qui mangeait ordinairement à sa table. Cet homme, dépouillé de tous ses biens, et ne subsistant que des aumônes qu'on lui faisait, allait de rang en rang par toute l'armée, implorant la compassion d'un chacun, et celle de Psamménite et des seigneurs égyptiens qui étaient dans le faubourg. Ce prince, à cette vue, ne put retenir ses larmes, et se frappa la tête en l'appelant par son nom. Des gardes, placés auprès de lui avec ordre de l'observer, rapportaient à Cambyse tout ce qu'il faisait à chaque objet qui passait devant lui. Étonné de sa conduite, ce prince lui en fit demander les motifs. « Cambyse, votre
» maître, lui dit l'envoyé, vous demande pourquoi vous
» n'avez point jeté de cris, ni répandu de larmes, en voyant
» votre fille traitée en esclave, et votre fils marchant au
» supplice ; et que vous honorez ce mendiant, qui ne vous
» est, à ce qu'il a appris, ni parent ni allié. — Fils de
» Cyrus, répondit Psamménite, les malheurs de ma mai-
» son sont trop grands pour qu'on puisse les pleurer; mais
» le triste sort d'un ami qui, au commencement de sa
» vieillesse, est tombé dans l'indigence après avoir possédé
» de grands biens, m'a paru mériter des larmes. »
Cambyse trouva cette réponse sensée. Les Égyptiens disent qu'elle fit verser des pleurs non-seulement à Crésus, qui avait suivi ce prince en Égypte, mais encore à tous les Perses qui étaient présents ; que Cambyse fut lui-même si touché de compassion, qu'il commanda sur-le-champ de délivrer le fils de Psamménite, de le tirer du nombre de ceux qui étaient condamnés à mort, et de lui amener Psamménite même du faubourg où il était.

XV. Ceux qui étaient allés chercher le jeune prince le trouvèrent sans vie. On l'avait exécuté le premier. De là ils allèrent prendre Psamménite, et le menèrent à Cambyse, auprès duquel il passa le reste de ses jours, sans en éprouver aucun mauvais traitement. On lui aurait même rendu le gouvernement d'Égypte, si on ne l'eût pas soupçonné de chercher, par ses intrigues, à troubler l'État : car les Perses sont dans l'usage d'honorer les fils des rois, et même de leur rendre le trône que leurs pères ont perdu par leur révolte. Je pourrais rapporter plusieurs exemples en preuve de cette coutume ; je me contenterai de ceux de Thannyras, fils d'Inaros, roi de Libye, à qui ils rendirent le royaume que son père avait possédé ; et de Pausiris, fils d'Amyrtée, qui rentra aussi en possession des États de son père, quoique jamais aucuns princes n'eussent fait plus de mal aux Perses qu'Inaros et Amyrtée. Mais Psamménite, ayant conspiré contre l'État, en reçut le salaire ; car, ayant sollicité les Égyptiens à la révolte, il fut découvert, et ayant été convaincu par Cambyse, ce prince le condamna à boire du sang de taureau, dont il mourut sur-le-champ. Telle fut sa fin malheureuse.

XVI. Cambyse partit de Memphis pour se rendre à Saïs, à dessein d'exercer sur le corps d'Amasis la vengeance qu'il méditait. Aussitôt qu'il fut dans le palais de ce prince, il commanda de tirer son corps du tombeau ; cela fait, il ordonna de le battre de verges, de lui arracher le poil et les cheveux, de le piquer à coups d'aiguillons, et de lui faire mille outrages. Mais comme les exécuteurs étaient las de maltraiter un corps qui résistait à tous leurs efforts, et dont ils ne pouvaient rien détacher, parce qu'il avait été embaumé, Cambyse le fit brûler, sans aucun respect pour la religion. En effet, les Perses croient que le feu est un dieu, et il n'est permis, ni par leurs lois, ni par celles des Égyptiens, de brûler les morts. Cela est défendu chez les Perses, parce qu'un dieu ne doit pas, selon eux, se nourrir du cadavre d'un homme : cette défense subsiste aussi chez les Égyptiens, parce qu'ils sont persuadés que le feu est un animal féroce qui dévore tout ce qu'il peut saisir, et qui, après s'en être rassasié, meurt lui-même avec ce qu'il a consumé. Or, leurs lois ne permettent pas d'abandonner aux bêtes les corps morts ; et c'est par cette raison qu'ils les embaument, de crainte qu'en les mettant en terre, ils ne soient mangés des vers. Ainsi Cambyse fit, en cette occasion, une chose également condamnée par les lois de l'un et l'autre peuple.

Au reste, s'il faut en croire les Égyptiens, ce ne fut pas le corps d'Amasis qu'on traita d'une manière si indigne, mais celui de quelque autre Égyptien de même taille que lui, à qui les Perses firent ces outrages, pensant que ce fût celui de ce prince : car on dit qu'Amasis, ayant appris d'un oracle ce qui devait lui arriver après sa mort, crut remédier aux événements qui devaient arriver, en faisant placer dans l'intérieur de son monument, et près des portes, le corps de celui que Cambyse fit maltraiter, et en ordonnant à son fils de mettre le sien au fond du même tombeau. Mais je ne puis absolument me persuader qu'Amasis ait jamais donné de pareils ordres, tant au sujet de sa sépulture qu'à l'égard de cet homme, et j'attribue cette histoire à la vanité des Égyptiens, qui ont voulu embellir ces choses.

XVII. Cambyse résolut ensuite de faire la guerre à trois nations différentes, aux Carthaginois, aux Ammoniens et aux Éthiopiens-Macrobiens, qui habitent en Libye vers la mer Australe. Après avoir délibéré sur ces expéditions, il fut d'avis d'envoyer son armée navale contre les Carthaginois, un détachement de ses troupes de terre contre les Ammoniens, et d'envoyer d'abord des espions chez les Éthiopiens, qui, sous prétexte de porter des présents au roi, s'assureraient de l'existence de la Table du Soleil, et examineraient, outre cela, ce qui restait à voir dans le pays.

XVIII. Voici en quoi consiste la Table du Soleil. Il y a devant la ville une prairie remplie de viandes bouillies de toutes sortes d'animaux à quatre pieds, que les magistrats ont soin d'y faire porter la nuit. Lorsque le jour paraît, chacun est le maître d'y venir prendre son repas. Les habitants disent que la terre produit d'elle-même toutes ces viandes. Voilà ce qu'on appelle la *Table du Soleil*.

XIX. Cambyse n'eut pas plutôt résolu d'envoyer des espions dans ce pays, qu'il manda, de la ville d'Éléphantine, des Ichthyophages qui savaient la langue éthiopienne. Pendant qu'on était allé les chercher, il ordonna à son armée navale d'aller à Carthage ; mais les Phéniciens refusèrent d'obéir, parce qu'ils étaient liés avec les Carthaginois par les plus grands serments, et qu'en combattant contre leurs propres enfants, ils auraient cru violer les droits du sang et de la religion. Sur le refus des Phéniciens, le reste de la flotte ne s'étant point trouvé assez fort pour cette expédition, les Carthaginois évitèrent le joug que leur préparaient les Perses. Cambyse ne crut pas qu'il fût juste de forcer les Phéniciens, parce qu'ils s'étaient donnés volontairement à lui, et parce qu'ils avaient le plus d'influence dans l'armée navale. Les habitants de l'île de Cypre s'étaient aussi donnés aux Perses, et les avaient accompagnés en Égypte.

XX. Lorsque les Ichthyophages furent arrivés d'Éléphantine, Cambyse leur donna ses ordres sur ce qu'ils devaient dire, et les envoya en Éthiopie avec des présents pour le roi. Ils consistaient en un habit de pourpre, un collier d'or, des bracelets, un vase d'albâtre plein de parfums, et une barrique de vin de palmier.

On dit que les Éthiopiens, à qui Cambyse envoya cette ambassade, sont les plus grands et les mieux faits de tous les hommes ; qu'ils ont des lois et des coutumes différentes de celles de toutes les autres nations, et qu'entre autres ils ne jugent digne de porter la couronne que celui d'entre eux qui est le plus grand, et dont la force est proportionnée à la taille.

XXI. Les Ichthyophages, étant arrivés chez ces peuples, offrirent leurs présents au roi, et lui parlèrent ainsi : « Cambyse, roi des Perses, qui désire votre amitié et » votre alliance, nous a envoyés pour en conférer avec » vous : il vous offre ces présents, dont l'usage le flatte le » plus. »

Le roi, qui n'ignorait pas que ces Ichthyophages étaient des espions, leur répondit en ces termes : « Ce n'est pas le » vif désir de faire amitié avec moi qui a porté le roi des » Perses à vous envoyer ici avec ces présents, et vous ne » me dites pas la vérité. Vous venez examiner les forces de » mes États, et votre maître n'est pas un homme juste. » S'il l'était, il n'envierait pas un pays qui ne lui appar» tient pas, et il ne chercherait point à réduire en esclavage » un peuple dont il n'a reçu aucune injure. Portez-lui » donc cet arc de ma part, et dites-lui : Le roi d'Éthiopie » conseille à celui de Perse de venir lui faire la guerre » avec des forces plus nombreuses, lorsque les Perses pour» ront bander un arc de cette grandeur aussi facilement

» que moi. Mais en attendant qu'il rende grâces aux dieux
» de n'avoir pas inspiré aux Éthiopiens le désir d'agrandir
» leur pays par de nouvelles conquêtes ! »

XXII. Ayant ainsi parlé, il débanda son arc, et le donna aux envoyés. Il prit ensuite l'habit de pourpre, et leur demanda ce que c'était que la pourpre, et comment elle se faisait. Quand les Ichthyophages lui eurent appris le véritable procédé de cette teinture : « Ces hommes, dit-il, » sont trompeurs ; leurs vêtements le sont aussi. » Il les interrogea ensuite sur le collier et les bracelets d'or. Les Ichthyophages lui ayant répondu que c'étaient des ornements, il se mit à rire, et, les prenant pour des chaînes, il leur dit que les Éthiopiens en avaient chez eux de plus fortes. Il leur parla en troisième lieu des parfums qu'ils avaient apportés ; et lorsqu'ils lui en eurent expliqué la composition et l'usage, il leur répondit comme il avait fait au sujet de l'habit de pourpre. Mais lorsqu'il en fut venu au vin, et qu'il eut appris la manière de le faire, il fut très-content de cette boisson. Il leur demanda ensuite de quels aliments se nourrissait le roi, et quelle était la plus longue durée de la vie chez les Perses. Les envoyés lui répondirent qu'il vivait de pain, et lui expliquèrent la nature du froment. Ils ajoutèrent ensuite que le plus long terme de la vie des Perses était de quatre-vingts ans. Là-dessus, l'Éthiopien leur dit qu'il n'était point étonné que des hommes qui ne se nourrissaient que de fumier ne vécussent que peu d'années ; qu'il était persuadé qu'ils ne vivraient pas même si longtemps s'ils ne réparaient leurs forces par cette boisson (il voulait parler du vin), et qu'en cela ils avaient un avantage sur les Éthiopiens.

XXIII. Les Ichthyophages interrogèrent à leur tour le roi sur la longueur de la vie des Éthiopiens, et sur leur manière de vivre. Il leur répondit que la plupart allaient jusqu'à cent vingt ans, et quelques-uns même au delà ; qu'ils vivaient de viandes bouillies, et que le lait était leur boisson. Les espions paraissant étonnés de la longue vie des Éthiopiens, il les conduisit à une fontaine où ceux qui s'y baignent en sortent parfumés comme d'une odeur de violette, et plus luisants que s'ils s'étaient frottés d'huile. Les espions racontèrent à leur retour que l'eau de cette fontaine était si légère, que rien n'y pouvait surnager, pas même le bois, ni les choses encore moins pesantes que le bois ; mais que tout ce qu'on y jetait allait au fond. Si cette eau est véritablement telle qu'on le dit, l'usage perpétuel qu'ils en font est peut-être la cause d'une si longue vie. De la fontaine, le roi les conduisit à la prison. Tous les prisonniers y étaient attachés avec des chaînes d'or ; car chez ces Éthiopiens le cuivre est de tous les métaux le plus rare et le plus précieux. Après qu'ils eurent visité la prison, on leur fit voir aussi ce qu'on appelle la Table du Soleil.

XXIV. Enfin on leur montra les cercueils des Éthiopiens, qui sont faits, à ce qu'on dit, de verre, et dont voici le procédé. On dessèche d'abord le corps à la façon des Égyptiens, ou de quelque autre manière ; on l'enduit ensuite entièrement de plâtre, qu'on peint de sorte qu'il ressemble, autant qu'il est possible, à la personne même. Après cela, on le renferme dans une colonne creuse et transparente de verre fossile, aisé à mettre en œuvre, et qui se tire en abondance des mines du pays. On aperçoit le mort à travers cette colonne, au milieu de laquelle il est placé. Il n'exhale aucune mauvaise odeur, et n'a rien de désagréable. Les plus proches parents du mort gardent cette colonne un an entier dans leur maison. Pendant ce temps-là, ils lui offrent des victimes, et les prémices de toutes choses. Ils la portent ensuite dehors, et la placent quelque part autour de la ville.

XXV. Les espions s'en retournèrent après avoir tout examiné. Sur leur rapport, Cambyse, transporté de colère, marcha aussitôt contre les Éthiopiens, sans ordonner qu'on préparât des vivres pour l'armée, et sans réfléchir qu'il allait faire une expédition aux extrémités de la terre. Tel qu'un furieux et un insensé, à peine eut-il entendu le rapport des Ichthyophages, qu'il se mit en marche, menant avec lui toute son armée de terre, et ne laissant en Égypte que les Grecs qui l'avaient accompagné. Lorsqu'il fut arrivé à Thèbes, il choisit environ cinquante mille hommes, à qui il ordonna de réduire en esclavage les Ammoniens, et de mettre ensuite le feu au temple où Jupiter rendait ses oracles. Pour lui, il continua sa route vers l'Éthiopie avec le reste de l'armée.

Ses troupes n'avaient pas encore fait la cinquième partie du chemin, que les vivres manquèrent tout à coup. On mangea les bêtes de somme, et bientôt après elles manquèrent aussi. Si Cambyse, instruit de cette disette, eût alors changé de résolution, et qu'après la faute qu'il avait faite dans le commencement il fût revenu sur ses pas avec son armée, il aurait agi en homme sage. Mais, sans s'inquiéter de la moindre chose, il continua à marcher en avant. Les soldats se nourrirent d'herbages tant que la campagne put leur en fournir ; mais, lorsqu'ils furent arrivés dans les pays sablonneux, la faim en porta quelques-uns à une action horrible. Ils se mettaient dix à dix, tiraient au sort, et mangeaient celui qu'ils désignaient. Cambyse en ayant eu connaissance, et craignant qu'ils ne se dévorassent les uns les autres, abandonna l'expédition contre les Éthiopiens, rebroussa chemin, et arriva à Thèbes, après avoir perdu une partie de son armée. De Thèbes il vint à Memphis, où il congédia les Grecs, et leur permit de se mettre en mer. Tel fut le succès de son expédition contre les Éthiopiens.

XXVI. Les troupes qu'on avait envoyées contre les Ammoniens partirent de Thèbes avec des guides, et il est certain qu'elles allèrent jusqu'à Oasis. Cette ville est habitée par des Samiens qu'on dit être de la tribu æschrionienne. Elle est à sept journées de Thèbes, et l'on ne peut y aller que par un chemin sablonneux. Ce pays s'appelle en grec les îles des Bienheureux.

On dit que l'armée des Perses alla jusque-là ; mais personne ne sait ce qu'elle devint ensuite, si ce n'est les Ammoniens et ceux qu'ils en ont instruits. Ce qu'il y a de certain, c'est qu'elle n'alla pas jusqu'au pays des Ammoniens, et qu'elle ne revint point en Égypte. Les Ammoniens racontent que cette armée étant partie d'Oasis, et ayant fait, par le milieu des sables, à peu près la moitié du chemin qui est entre eux et cette ville, il s'éleva, pendant qu'elle prenait son repas, un vent de sud impétueux, qui l'ensevelit sous des montagnes de sable, et la fit entièrement disparaître. Ainsi périt cette armée, au rapport des Ammoniens.

XXVII. Cambyse étant de retour à Memphis, le dieu Apis, que les Grecs appellent Épaphus[1], se manifesta aux Égyptiens. Dès qu'il se fut montré, ils se revêtirent de leurs plus riches habits, et firent de grandes réjouissances. Cambyse, témoin de ces fêtes, s'imaginant qu'ils se réjouissaient du mauvais succès de ses armes, fit venir devant lui les magistrats de Memphis. Quand ils furent en sa présence, il leur demanda pourquoi, n'ayant pas témoigné de joie la première fois qu'ils l'avaient vu dans leur ville, ils en faisaient tant paraître depuis son retour, et après qu'il avait perdu une partie de son armée. Ils lui dirent que leur dieu, qui était ordinairement très-longtemps sans se manifester, s'était montré depuis peu, et que lorsque cela arrivait tous les Égyptiens en témoignaient leur joie par des fêtes publiques.

Cambyse, les ayant entendus parler de la sorte, leur dit qu'ils déguisaient la vérité, et les condamna à mort, comme s'ils eussent cherché à lui en imposer.

XXVIII. Après les avoir fait mourir, il manda les prêtres, et, ayant aussi reçu d'eux la même réponse, il leur dit que si quelque dieu se montrait familièrement aux Égyptiens, il n'échapperait pas à sa connaissance. Là-dessus, il leur ordonna de lui amener Apis. Ils allèrent sur-le-champ le chercher.

Cet Apis, appelé aussi Épaphus, est un jeune bœuf, dont la mère ne peut en porter d'autre. Les Égyptiens disent qu'un éclair descend du ciel sur elle, et que de cet éclair elle conçoit le dieu Apis. Ce jeune bœuf, qu'on nomme Apis, se connaît à de certaines marques. Son poil est noir; il porte sur le front une marque blanche et triangulaire, sur le dos la figure d'un aigle, sous la langue celle d'un escarbot, et les poils de sa queue sont doubles.

[1] Épaphus était fils d'Io, fille d'Inachus. Les Grecs, qui rapportaient tout à eux, prétendaient qu'il était le même que le dieu Apis. Mais les Égyptiens rejetaient cela comme une fable, et disaient qu'Épaphus était postérieur à Apis de plusieurs centaines de siècles. (L.)

XXIX. Dès que les prêtres eurent amené Apis, Cambyse, tel qu'un furieux, tira son poignard pour lui en donner un coup dans le ventre; mais il ne le frappa qu'à la cuisse. S'adressant ensuite aux prêtres d'un ton railleur : « Scélérats, leur dit-il, les dieux sont-ils donc de chair » et de sang ? Sentent-ils les atteintes du fer ? Ce dieu, sans » doute, est bien digne des Égyptiens : mais vous ne vous » serez pas impunément moqués de moi. » Là-dessus, il les fit battre de verges par ceux qui ont coutume d'exécuter ces sortes de jugements, et il ordonna qu'on fît main basse sur tous les Égyptiens que l'on trouverait célébrant la fête d'Apis. Les réjouissances cessèrent aussitôt, et les prêtres furent punis. A l'égard d'Apis, il languit quelque temps dans le temple, de la blessure qu'il avait reçue à la cuisse, et mourut ensuite. Les prêtres lui donnèrent la sépulture à l'insu de Cambyse.

XXX. Ce prince, à ce que disent les Égyptiens, ne tarda point, en punition de ce crime, à devenir furieux, lui qui, avant cette époque, n'avait pas même de bon sens. Le premier crime qu'il commit fut le meurtre de Smerdis, son frère de père et de mère. Il l'avait renvoyé en Perse, jaloux de ce qu'il avait bandé, à deux doigts près, l'arc que les Ichthyophages avaient apporté de la part du roi d'Éthiopie ; ce qu'aucun autre Perse n'avait pu faire. Après le départ de ce prince, Cambyse vit en songe un courrier qui venait de la part des Perses lui annoncer que Smerdis, assis sur son trône, touchait le ciel de sa tête. Cette vision lui ayant fait craindre que son frère ne le tuât pour s'emparer de la couronne, il envoya après lui Prexaspes, celui de tous les Perses en qui il avait le plus de confiance, avec ordre de le faire périr. Prexaspes, étant arrivé à Suses, exécuta l'ordre dont il était chargé. Les uns disent qu'il attira ce prince à la chasse ; d'autres prétendent qu'il le mena sur les bords de la mer Érythrée, et qu'il l'y précipita. Tel fut, dit-on, le premier crime de Cambyse.

XXXI. Le second fut le meurtre de sa sœur de père et de mère. Cette princesse, qui l'avait suivi en Égypte, était en même temps sa femme. Voici comme elle le devint ; car, avant lui, les Perses n'étaient pas dans l'usage d'épouser leurs sœurs.

Cambyse se prit d'amour pour une de ses sœurs ; voulant ensuite l'épouser, comme cela était sans exemple, il convoqua les juges royaux, et leur demanda s'il n'y avait pas quelque loi qui permît au frère de se marier avec sa sœur s'il en avait envie. Ces juges royaux sont des hommes choisis entre tous les Perses. Ils exercent leurs fonctions jusqu'à la mort, à moins qu'ils ne soient convaincus de quelque injustice. Ils sont les interprètes des lois et les juges des procès ; toutes les affaires ressortissent à leur tribunal. Cambyse les ayant donc interrogés, ils lui firent une réponse qui, sans blesser la justice, ne les exposait à aucun danger. Ils lui dirent qu'ils ne trouvaient point de loi qui autorisât un frère à épouser sa sœur, mais qu'il y en avait une qui permettait au roi des Perses de faire tout ce qu'il voulait. En répondant ainsi, ils ne violèrent pas la loi, quoiqu'ils redoutassent Cambyse; et, pour ne pas s'exposer à périr en la défendant, ils trouvèrent une autre loi qui favorisait le désir qu'avait ce prince d'épouser ses sœurs. Sur cette réponse, Cambyse épousa la personne qu'il aimait ; et, peu de temps après, il prit encore pour femme une autre de ses sœurs, c'était la plus jeune. Ce fut celle qui le suivit en Egypte, et qu'il tua.

XXXII. On raconte sa mort de deux manières, ainsi que celle de Smerdis Les Grecs prétendent que cette princesse assistait au combat d'un lionceau que Cambyse avait lâché contre un jeune chien. Celui-ci ayant du dessous, un autre jeune chien, son frère, rompit sa laisse pour venir à son secours. Les deux chiens réunis eurent l'avantage sur le lionceau. Ce combat plaisait beaucoup à Cambyse ; il arrachait au contraire des larmes à sa sœur, qui était assise auprès de lui. Le roi, s'en étant aperçu, lui en demanda la raison. « Je n'ai pu, lui dit-elle, retenir mes larmes en voyant le jeune chien accourir au secours de son frère, parce que cela me rappelle le triste sort de Smerdis, dont je sais que personne ne vengera la mort. » S'il faut en croire les Grecs, Cambyse la tua pour cette réponse. Mais les Égyptiens disent que cette princesse étant à table avec Cambyse, elle prit une laitue et, en ayant arraché toutes les feuilles, elle demanda au roi son mari si cette laitue lui paraissait plus belle en pomme, ou les feuilles arrachées. « En pomme, répondit le roi. — Seigneur, reprit-elle, en diminuant la maison de Cyrus vous avez fait la même chose que je viens de faire à cette laitue. » Là-dessus, Cambyse, irrité, se jeta sur elle et la maltraita tellement à coups de pied, qu'elle accoucha avant terme et mourut incontinent.

XXXIII. Tels furent les excès auxquels Cambyse se porta contre ceux de sa maison, soit que sa frénésie fût une punition de l'outrage commis envers Apis, soit qu'elle lui vînt d'ailleurs, comme une infinité d'autres maux qui affligent ordinairement l'espèce humaine : car on dit que de naissance il était sujet à l'épilepsie, que quelques-uns appellent mal sacré. Il n'est donc pas étonnant que, le corps étant attaqué d'une si grande maladie, il n'eût pas l'esprit sain.

XXXIV. Il ne témoigna pas moins de fureur contre le reste des Perses : car on dit que, s'adressant à Prexaspes, qu'il estimait beaucoup, et qui lui présentait les requêtes et les placets, et dont le fils avait une charge d'échanson, l'une des plus importantes de la cour : « Que pensent de moi les Perses ? que disent-ils ? » lui demanda-t-il un jour. « Seigneur, ils vous comblent de louanges ; mais ils croient que vous avez un peu trop de penchant pour le vin. — Eh bien ! reprit ce prince, transporté de colère, les Perses disent donc que j'aime trop le vin, qu'il me fait perdre la raison, et qu'il me rend furieux ? Les louanges qu'ils me donnaient auparavant n'étaient donc point sincères ? »

Cambyse avait un jour demandé à Crésus, et aux grands de Perse qui composaient son conseil, ce qu'on pensait de lui, et si l'on croyait qu'il fût homme à égaler son père ; les Perses avaient répondu qu'il lui était supérieur, parce qu'il était maître de tous les pays que celui-ci avait eus, et qu'il y avait ajouté la conquête de l'Égypte et l'empire de la mer. Mais Crésus, qui était présent, ne fut pas de leur avis. « Il ne me paraît pas, lui dit-il, que vous ressembliez à votre père; car vous n'avez point encore d'enfant tel qu'il en avait un lorsqu'il mourut. » Cambyse, flatté de cette réponse, approuva le sentiment de Crésus.

XXXV. Ce prince s'étant donc rappelé les discours des Perses : « Apprends maintenant, dit-il en colère à Prexaspes, » apprends si les Perses disent vrai, et s'ils n'ont pas eux-» mêmes perdu l'esprit quand ils parlent ainsi de moi. » Si je frappe au milieu du cœur de ton fils, que tu vois » debout dans ce vestibule, il sera constant que les Perses » se trompent. Mais si je manque mon coup, il sera évi-» dent qu'ils disent vrai et que j'ai perdu le sens. »

Ayant ainsi parlé, il bande son arc, et frappe le fils de Prexaspes. Le jeune homme tombe ; Cambyse le fait ouvrir, pour voir où avait porté le coup, et la flèche se trouva au milieu du cœur. Alors ce prince, plein de joie, s'adressant au père du jeune homme : « Tu vois clairement, lui » dit-il en riant, que je ne suis point un insensé, mais que » ce sont les Perses qui ont perdu l'esprit. Dis-moi présen-» tement si tu as vu quelqu'un frapper le but avec tant de » justesse ? » Prexaspes, voyant qu'il parlait à un furieux, et craignant pour lui, répondit : « Seigneur, je ne crois pas » que le dieu lui-même puisse tirer si juste. » C'est ainsi qu'il en agit avec Prexaspes. Mais une autre fois il fit, sans aucun motif, enterrer vifs jusqu'à la tête douze Perses de la plus grande distinction.

XXXVI. Crésus, témoin de ces extravagances, crut devoir lui donner un conseil salutaire. « Grand roi, lui » dit-il, ne vous abandonnez point à votre colère et à l'im-» pétuosité de votre jeunesse ; rendez-vous maître de vous-» même, et contenez-vous dans les bornes de la modé-» ration. Il importe à un grand prince de prévoir les cho-» ses, et il est d'un homme sage de se laisser guider par » la prudence. Vous faites mourir injustement plusieurs de » vos concitoyens ; vous ôtez même la vie à des enfants. » Prenez garde qu'en commettant souvent de pareilles » violences, vous ne forciez les Perses à se révolter contre » vous. Je vous dois ces avis, parce que le roi votre père » m'a expressément recommandé de vous donner de bons

» conseils, et de vous avertir de tout ce que je croirais vous
» être le plus utile et le plus avantageux. »

Ce langage était l'effet de la bienveillance de Crésus ; Cambyse s'en offensa. « Et vous aussi, lui dit-il, vous
» osez me donner des avis ; vous, qui avez si bien gou-
» verné vos États ; vous, qui avez donné de si bons con-
» seils à mon père en l'exhortant à passer l'Araxe pour aller
» attaquer les Massagètes chez eux, au lieu de les attendre
» sur nos terres où ils voulaient passer ! Vous vous êtes
» perdu en gouvernant mal vos États, et Cyrus s'est perdu
» en suivant vos avis. Mais vous ne l'aurez pas fait impu-
» nément ; et même il y a longtemps que je cherchais
» un prétexte pour le venger. » En finissant ces mots, il prit ses flèches pour en percer Crésus. Mais ce prince se déroba à sa fureur par une prompte fuite. Cambyse, voyant qu'il ne pouvait l'atteindre, commanda à ses gens de s'en saisir et de le tuer. Mais comme ils connaissaient l'inconstance de son caractère, ils cachèrent Crésus dans le dessein de le représenter si le roi, venant à se repentir, le redemandait. Ils espéraient aussi recevoir une récompense pour lui avoir sauvé la vie ; et d'ailleurs ils étaient dans la résolution de le tuer, si le roi ne se repentait point des ordres qu'il avait donnés. Cambyse ne fut pas longtemps sans regretter Crésus. Ses serviteurs, s'en étant aperçus, lui apprirent qu'il vivait encore. Il en témoigna de la joie ; mais il dit que ce ne serait pas impunément qu'ils lui auraient conservé la vie. En effet, il les fit mourir.

XXXVII. Pendant son séjour à Memphis, il lui échappa plusieurs autres traits pareils de folie, tant contre les Perses que contre les alliés. Il fit ouvrir les anciens tombeaux pour considérer les morts. Il entra aussi dans le temple de Vulcain, et fit mille outrages à la statue de ce dieu. Cette statue ressemble beaucoup aux pataïques[1] que les Phéni-

---

[1] Nous ne savons pas ce que c'est que ces pataïques, et, suivant toutes les apparences, nous l'ignorerons toujours. Hérodote est le seul auteur qui en ait parlé : il ne leur donne point le nom de dieux ; j'ai cru devoir l'imiter, quoique Hésychius, qui ne fait que l'interpréter, les décore de ce titre. Ce qui peut

ciens mettent à la proue de leurs trirèmes. Ces pataïques, pour en donner une idée à ceux qui ne les ont point vus, ressemblent à un pygmée. Il entra aussi dans le temple des Cabires, dont les lois interdisent l'entrée à tout autre qu'au prêtre. Après plusieurs insultes et railleries, il en fit brûler les statues. Elles ressemblent à celles de Vulcain. On dit, en effet, que les Cabires sont fils de ce dieu.

XXXVIII. Je suis convaincu par tous ces traits que Cambyse n'était qu'un furieux; car, sans cela, il n'aurait jamais entrepris de se jouer de la religion et des lois.

Si l'on proposait en effet à tous les hommes de faire un choix parmi les meilleures lois qui s'observent dans les divers pays, il est certain que, après un examen réfléchi, chacun se déterminerait pour celles de sa patrie : tant il est vrai que tout homme est persuadé qu'il n'en est point de plus belles. Il n'y a donc nulle apparence que tout autre qu'un insensé et un furieux en fît un sujet de dérision.

Que tous les hommes soient dans ces sentiments touchant leurs lois et leurs usages, c'est une vérité qu'on peut confirmer par plusieurs exemples, et entre autres par celui-ci : Un jour Darius, ayant appelé près de lui des Grecs soumis à sa domination, leur demanda pour quelle somme ils pourraient se résoudre à se nourrir des corps morts de leurs pères. Tous répondirent qu'ils ne le feraient jamais, quelque argent qu'on pût leur donner. Il fit venir ensuite les Calaties, peuples des Indes, qui mangent leurs pères; il leur demanda en présence des Grecs, à qui un interprète expliquait tout ce qui se disait de part et d'autre, quelle somme d'argent pourrait les engager à brûler leurs pères après leur mort. Les Indiens, se récriant à cette question, le prièrent de ne leur pas tenir un langage si odieux : tant la coutume a de force. Aussi rien ne me paraît plus vrai que ce mot que l'on trouve

---

faire croire que les pataïques n'étaient pas des dieux, c'est que les anciens ne mettaient qu'à la poupe les figures des dieux tutélaires des vaisseaux, et jamais à la proue, et que cette dernière place était destinée seulement à des figures d'animaux qui donnaient le nom au vaisseau. (T.)

dans les poésies de Pindare : La loi est un roi qui gouverne tout.

XXXIX. Tandis que Cambyse portait la guerre en Égypte, les Lacédémoniens la faisaient aussi contre Samos et contre Polycrate, fils d'Ajax, qui, s'étant révolté, s'était emparé de cette île[1]. Il l'avait d'abord divisée en trois parties, et l'avait partagée avec Pantagnote et Syloson ses frères. Mais dans la suite, ayant tué Pantagnote et chassé Syloson, le plus jeune, il la posséda tout entière. Lorsqu'il l'eut en sa puissance, il fit avec Amasis, roi d'Égypte, un traité d'amitié, que ces deux princes cimentèrent par des présents mutuels. Sa puissance s'accrut tout à coup en peu de temps, et bientôt sa réputation se répandit dans l'Ionie et dans le reste de la Grèce. La fortune l'accompagnait partout où il portait ses armes. Il avait cent vaisseaux à cinquante rames, et mille hommes de trait. Il attaquait et pillait tout le monde sans aucune distinction : disant qu'il ferait plus de plaisir à un ami en lui restituant ce qu'il lui aurait pris, que s'il ne lui eût rien enlevé du tout. Il se rendit maître de plusieurs îles, et prit un grand nombre de villes sur le continent. Il vainquit dans un combat naval les Lesbiens, qui étaient venus avec toutes leurs forces au secours des Milésiens ; et les ayant faits prisonniers, et les ayant chargés de chaînes, il leur fit entièrement creuser le fossé qui environne les murs de Samos.

XL. Amasis, instruit de la grande prospérité de Polycrate, en eut de l'inquiétude. Comme elle allait toujours en augmentant, il lui écrivit en ces termes :

« *Amasis à Polycrate.*

» Il m'est bien doux d'apprendre les succès d'un ami

[1] Dans une fête solennelle qu'on célébrait à Samos en l'honneur de Junon, où les citoyens se rendaient processionnellement au temple de la déesse avec leurs armes. Polycrate, ayant amassé sous ce prétexte beaucoup d'armes, les distribua à ses partisans, qui avaient pour chefs ses frères Syloson et Pantagnote. La procession finie, les Samiens mirent bas les armes, afin de se disposer au sacrifice. Les partisans de Polycrate, s'étant saisis de ces armes, massacrèrent tous ceux qui n'étaient pas de leurs amis ; et, s'étant emparés des postes les plus avantageux, ils firent venir de l'île de Naxos Lygdamis qui en était tyran, et, par son moyen, ils se rendirent maîtres de la citadelle, nommée Astypalée. (L.)

» et d'un allié. Mais comme je connais la jalousie des
» dieux, ce grand bonheur me déplaît. J'aimerais mieux
» pour moi, et pour ceux à qui je m'intéresse, tantôt des
» avantages et tantôt des revers, et que la vie fût alterna-
» tivement partagée entre l'une et l'autre fortune, qu'un
» bonheur toujours constant et sans vicissitude; car je n'ai
» jamais ouï parler d'aucun homme qui, ayant été heureux
» en toutes choses, n'ait enfin péri malheureusement.
» Ainsi donc, si vous voulez m'en croire, vous ferez contre
» votre bonne fortune ce que je vais vous conseiller.
» Examinez quelle est la chose dont vous faites le plus de
» cas, et dont la perte vous serait le plus sensible. Lorsque
» vous l'aurez trouvée, jetez-la loin de vous, et de ma-
» nière qu'on ne puisse jamais la revoir. Que si, après
» cela, la Fortune continue à vous favoriser en tout, sans
» mêler quelque disgrâce à ses faveurs, ne manquez pas
» d'y apporter le remède que je vous propose. »

XLI. Polycrate, ayant lu cette lettre, fit de sérieuses
réflexions sur le conseil d'Amasis, et, le trouvant prudent,
il résolut de le suivre. Il chercha parmi toutes ses raretés
quelque chose dont la perte pût lui être le plus sensible ;
il s'arrêta à une émeraude montée en or, qu'il avait coutume de porter au doigt, et qui lui servait de cachet. Elle
était gravée[1] par Théodore de Samos, fils de Téléclès.
Résolu de s'en défaire, il fit équiper un vaisseau, et, étant
monté dessus, il se fit conduire en pleine mer. Lorsqu'il
fut loin de l'île, il tira son anneau, et le jeta dans la mer
à la vue de tous ceux qu'il avait menés avec lui. Cela fait,
il retourna à terre.

XLII. Dès qu'il fut rentré dans son palais, il parut
affligé de sa perte. Cinq ou six jours après, un pêcheur,
ayant pris un très-gros poisson, le crut digne de Polycrate.
Il le porta au palais, demanda à parler au prince, et l'ayant

---

[1] Il y a seulement dans le grec : *C'était l'ouvrage de*, etc. J'y ai substitué
le genre d'ouvrage que le terme de cachet suppose. Ce Théodore de Samos
inventa l'équerre, le niveau, le tour et les clefs. Pausanias, en parlant de
l'art de jeter en fonte les statues, fait mention de Théodore de Samos, fils de
Téléclès, et de Rhœcus, fils de Philéus, qui en avaient été les inventeurs ; et
à propos de Théodore il parle de cette émeraude. (L.)

obtenu : « Seigneur, dit-il en le lui présentant, voici un
» poisson que j'ai pris. Quoique je gagne ma vie du tra-
» vail de mes mains, je n'ai pas cru devoir le porter au
» marché; il ne peut convenir qu'à vous, qu'à un puissant
» prince, et je vous prie de le recevoir. »

Ce discours plut beaucoup à Polycrate. « Je te sais gré,
» mon ami, lui dit-il, de m'avoir apporté ta pêche. Ton
» présent me fait plaisir, et ton compliment ne m'en fait
» pas moins. Je t'invite à souper. » Le pêcheur retourna
chez lui, flatté d'un si bon accueil. Cependant les officiers
de cuisine ouvrent le poisson, et, lui trouvant dans le
ventre l'anneau de Polycrate, ils allèrent pleins de joie le
lui porter en diligence, et lui contèrent la manière dont
ils l'avaient trouvé. Polycrate imagina qu'il y avait en cela
quelque chose de divin. Il écrivit à Amasis tout ce qu'il
avait fait et tout ce qui lui était arrivé, et remit sur-le-
champ sa lettre à un exprès pour être portée en Égypte.

XLIII. Ce prince, en ayant fait lecture, reconnut qu'il
était impossible d'arracher un homme au sort qui le menaçait, et que Polycrate ne pourrait finir ses jours heureu-
sement, puisque la Fortune lui était si favorable en tout,
qu'il retrouvait même ce qu'il avait jeté loin de lui. Il lui
envoya un héraut à Samos pour renoncer à son alliance.
Il rompit, parce qu'il craignait que, si la fortune de Polycrate venait à changer, et qu'il lui arrivât quelque grand
malheur, il ne fût contraint de le partager en qualité d'allié
et d'ami.

XLIV. Ce fut donc contre ce prince, si favorisé de la
Fortune, que marchèrent les Lacédémoniens, à la prière
de ceux d'entre les Samiens qui fondèrent depuis en Crète
la ville de Cydonie. Cambyse levait alors une armée pour
porter la guerre en Égypte. Polycrate le fit prier de lui
envoyer demander des troupes. Là-dessus, Cambyse fit volontiers prier Polycrate de faire partir une armée navale,
pour l'accompagner dans son expédition contre l'Égypte.
Ce prince choisit ceux d'entre les citoyens qu'il soupçonnait le plus d'avoir du penchant à la révolte, les embarqua sur quarante trirèmes, et recommanda à Cambyse
de ne jamais les renvoyer à Samos.

XLV. Les uns disent que ces Samiens, envoyés par Polycrate, n'allèrent pas jusqu'en Égypte, mais que, lorsqu'ils furent dans la mer Carpathienne, ils tinrent conseil entre eux, et résolurent de ne pas naviguer plus avant. D'autres prétendent qu'ils arrivèrent en Égypte, mais que, se voyant observés, ils prirent la fuite, et firent voile vers Samos; que Polycrate, étant allé à leur rencontre avec ses vaisseaux, leur livra bataille, et la perdit; qu'étant descendus dans l'île après leur victoire, ils furent défaits dans un combat sur terre, ce qui les obligea de rentrer dans leurs vaisseaux et de se retirer à Lacédémone.

Il y en a qui assurent que ces mécontents remportèrent, à leur retour d'Égypte, la victoire sur Polycrate. Mais, à mon avis, leur opinion est mal fondée; car s'ils eussent été assez forts eux seuls pour le réduire, ils n'auraient pas eu besoin d'appeler à leur secours les Lacédémoniens : d'ailleurs il n'est pas vraisemblable qu'un prince qui avait à sa solde tant de troupes auxiliaires, et tant de gens de trait de sa nation, ait été défait par un petit nombre de Samiens qui revenaient dans leur patrie. Ajoutez à cela que Polycrate avait en sa puissance les femmes et les enfants des citoyens de Samos, ses sujets. Il les avait renfermés dans les havres à dessein de les brûler avec les havres mêmes, en cas de trahison de la part des Samiens, et qu'ils se joignissent à ceux qui revenaient dans l'île.

XLVI. Les Samiens chassés par Polycrate, étant arrivés à Sparte, allèrent trouver les magistrats, leur firent un long discours, et tel que les suppliants ont coutume d'en faire. A la première audience, les Lacédémoniens leur répondirent qu'ils avaient oublié le commencement de la harangue, et qu'ils n'en entendaient pas la fin. A la seconde, les Samiens apportèrent un sac de cuir, et leur dirent seulement que ce sac manquait de farine. Les Lacédémoniens répliquèrent que ces paroles étaient superflues : cependant ils résolurent de leur donner du secours.

XLVII. Lorsqu'ils furent prêts, ils allèrent à Samos. Les Samiens prétendent qu'ils les secoururent en cette occasion par reconnaissance de ce qu'eux-mêmes les avaient auparavant aidés de leurs vaisseaux contre les Messéniens.

Mais, s'il faut en croire les Lacédémoniens, ils entreprirent cette expédition moins pour accorder aux exilés les secours qu'ils demandaient, que pour se venger des Samiens, qui avaient enlevé le cratère qu'ils portaient à Crésus, et, un an auparavant, le corselet qu'Amasis, roi d'Égypte, leur envoyait en présent.

Ce corselet était de lin, mais orné d'un grand nombre de figures d'animaux tissues en or et en coton. Chaque fil de ce corselet mérite en particulier notre admiration. Quoique très-menus, ces fils sont cependant composés chacun de trois cent soixante autres fils, tous très-distincts. Tel est aussi cet autre corselet dont Amasis fit présent à Minerve de Linde.

XLVIII. Les Corinthiens contribuèrent aussi avec beaucoup d'ardeur à l'expédition des Spartiates contre Samos. Les Samiens les avaient outragés une génération avant cette guerre, et sans doute vers le temps de l'enlèvement du cratère.

Périandre [1], fils de Cypsélus, envoyait à Alyattes, à Sardes, trois cents enfants des meilleures maisons de Corcyre, pour en faire des eunuques. Les Corinthiens qui les conduisaient étant abordés à Samos, les Samiens furent bientôt instruits du dessein dans lequel on conduisait ces enfants à Sardes. Ils leur apprirent d'abord à embrasser le temple de Diane en qualité de suppliants; après quoi ils ne voulurent jamais permettre qu'on les en arrachât. Mais comme les Corinthiens empêchaient qu'on ne leur portât à manger, les Samiens instituèrent une fête qu'ils célèbrent encore aujourd'hui de la même manière. Dès que la nuit était venue, et tout le temps que les jeunes Corcyréens restèrent dans ce temple en qualité de suppliants, ils y établirent des chœurs de jeunes garçons et de jeunes filles, tenant à la main des gâteaux de sésame et de miel. Ils avaient institué

---

[1] Ce tyran est mis au nombre des sept sages. Cependant Platon met en sa place Myson, de Chen en Laconie. Je ne puis croire que ce philosophe l'ait jugé indigne de ce titre à cause qu'il était tyran, comme le pense saint Clément d'Alexandrie : je crois plutôt que la tradition sur ces sept sages était fort incertaine, puisqu'on mettait en la place de Périandre tantôt Anacharsis, tantôt Épiménis de Crète, tantôt Arcésilaüs d'Argos, et Myson de Chen. (L.)

cette cérémonie, afin que ces jeunes gens enlevassent ces gâteaux, et eussent de quoi se nourrir. Ils continuèrent ces chœurs jusqu'au départ des Corinthiens chargés de ces enfants ; après quoi les Samiens les ramenèrent à Corcyre.

XLIX. Si, après la mort de Périandre, il y avait eu de l'amitié entre les Corcyréens et les Corinthiens, ce motif aurait empêché ceux-ci d'aider les Lacédémoniens dans leur expédition contre Samos ; mais, depuis la fondation de Corcyre[1] par les Corinthiens, il y a toujours eu de l'inimitié entre ces deux peuples, quoiqu'ils eussent la même origine.

Les Corinthiens se rappelaient, par cette raison, l'insulte que leur avaient faite les Samiens. Quant à Périandre, il envoyait à Sardes ces trois cents jeunes garçons, choisis parmi les meilleures familles de Corcyre, pour y être faits eunuques, afin de se venger des Corcyréens, qui l'avaient les premiers outragé.

L. Périandre ayant tué Mélisse, sa femme, ce malheur fut suivi d'un autre. Il avait d'elle deux fils, l'un âgé de dix-sept ans, et l'autre de dix-huit. Proclès, leur aïeul maternel, tyran d'Épidaure, les avait fait venir chez lui, et les traitait avec l'amitié qu'il est naturel à un père de témoigner aux enfants de sa fille. Lorsqu'il les renvoya, il leur dit en les accompagnant : « Mes enfants, savez-vous » quel est celui qui a tué votre mère ? »

L'aîné ne fit aucune attention à ces paroles ; mais le plus jeune, nommé Lycophron, en conçut une telle douleur, que, lorsqu'il fut de retour à Corinthe, il ne voulut jamais saluer son père, parce qu'il le regardait comme le meurtrier de sa mère, ni s'entretenir avec lui, ni lui répondre quand il l'interrogeait. Enfin Périandre, indigné, le chassa de chez lui.

LI. Après cet acte de sévérité, il demanda à l'aîné quel discours leur avait tenu leur grand-père maternel. Celui-ci lui raconta le bon accueil qu'il leur avait fait, mais ne lui dit rien des dernières paroles de Proclès en les renvoyant ; il y avait fait si peu d'attention, qu'il ne s'en sou-

[1] Corcyre fut fondée l'an 3958 de la période julienne, 756 ans avant Jésus-Christ.

venait plus. Périandre lui témoigna qu'il n'était pas possible que leur aïeul ne leur eût donné quelque conseil ; et, comme il le pressait par ses questions, le jeune prince se rappela les dernières paroles de Proclès, et en fit part à son père. Périandre, y ayant réfléchi, résolut de ne plus user d'indulgence envers son fils, et envoya défendre à ceux chez qui il se retirait de le recevoir chez eux. Lycophron, chassé d'un endroit, cherchait un asile dans un autre ; mais bientôt, sur les menaces et les ordres de Périandre, on l'obligeait aussi d'en sortir. Ce jeune homme passait ainsi de la maison d'un ami dans celle d'un autre ; et quoiqu'on redoutât Périandre, cependant, comme ce prince était son fils, on ne laissait pas de le recevoir.

LII. Enfin, Périandre fit publier que quiconque l'admettrait dans sa maison, ou lui parlerait, encourrait une amende applicable au temple d'Apollon. Cette amende était spécifiée dans l'édit. Personne n'osa plus alors le recevoir chez soi, ni lui parler. Lycophron lui-même, ne jugeant pas à propos de rien tenter contre la défense de son père, se retirait assidument sous les portiques. Le quatrième jour, Périandre le voyant négligé dans tout son extérieur, et mourant de faim, en eut compassion. Il s'adoucit, et s'étant approché de lui, il lui parla ainsi : « Hé
» bien, mon fils ! lequel vaut mieux, à votre avis, ou de
» votre état actuel, ou de la souveraine puissance et des
» biens dont je jouis, et que vous pouvez partager avec
» moi en me témoignant de l'obéissance ? Quoique vous
» soyez mon fils, et roi de la riche Corinthe, vous préfé-
» rez une vie errante et vagabonde, en irritant, par votre
» résistance et par votre colère, celui que vous auriez dû le
» moins offenser. S'il est arrivé dans cette affaire quelque
» malheur qui vous ait inspiré des soupçons sur ma con-
» duite, ce malheur est retombé sur moi ; et je le ressens
» d'autant plus vivement, que j'en ai été moi-même l'au-
» teur. Pour vous, qui savez par expérience combien il
» vaut mieux faire envie que pitié, et à quoi mène la co-
» lère contre un père, et surtout contre un père qui a la
» force en main, revenez au palais. »

Périandre tâchait ainsi de faire rentrer son fils en lui-même ; mais celui-ci se contenta de lui dire qu'en lui parlant il avait encouru l'amende. Périandre, comprenant par cette réponse que le mal de son fils était extrême et que rien ne pouvait le vaincre, l'éloigna de sa présence, et le fit embarquer pour Corcyre, qui était aussi de sa dépendance. Périandre, l'ayant relégué loin de lui, marcha contre son beau-père Proclès; parce qu'il était le principal auteur des malheurs de sa maison. Il se rendit maître de la ville d'Épidaure, et fit prisonnier Proclès, à qui cependant il conserva la vie.

LIII. Dans la suite des temps, Périandre étant âgé, et ne se sentant plus en état de veiller aux affaires et de gouverner par lui-même, envoya chercher Lycophron à Corcyre, pour lui confier les rênes de l'État : car son fils aîné était stupide, et il ne voyait en lui aucune ressource. Lycophron ne daigna pas même répondre au message de son père. Mais Périandre, qui l'aimait tendrement, lui envoya ensuite sa sœur, qui était sa propre fille, dans l'espérance qu'elle aurait plus de crédit sur son esprit.

Quand elle fut arrivée à Corcyre : « Aimez-vous donc
» mieux, mon frère, lui dit-elle, voir la puissance souve-
» raine passer en des mains étrangères, et les biens de
» votre père dissipés, que de revenir en prendre posses-
» sion? Revenez dans la maison paternelle ; cessez de vous
» nuire à vous-même : le zèle est un bien fâcheux ; ne cher-
» chez point à guérir un mal par un autre. Bien des gens
» préfèrent les voies de la douceur à celles de la justice ; et
» plusieurs, en poursuivant les droits d'une mère, ont
» perdu ceux qu'ils pouvaient espérer de leur père. La
» tyrannie est une chose glissante ; mille amants aspirent
» à sa conquête. Périandre est déjà vieux et avancé en
» âge : n'abandonnez pas à d'autres un bien qui vous ap-
» partient. »

Instruite par son père, elle tint à Lycophron le langage le plus propre à le persuader ; mais il lui répondit qu'il n'irait jamais à Corinthe tant qu'il saurait Périandre en vie. La princesse fit, à son retour, part à son père de la réponse de Lycophron. Périandre lui envoya la troisième fois un héraut, avec ordre de lui dire qu'il avait dessein de se retirer en Corcyre, et qu'il pouvait revenir à Corinthe prendre possession de la couronne.

Le jeune prince accepta la proposition. Le père se disposait à partir pour Corcyre, et le fils pour Corinthe ; mais les Corcyréens, informés de ce qui se passait, et appréhendant de voir Périandre dans leur île, assassinèrent son fils. Ce fut cette raison qui porta ce prince à se venger des Corcyréens.

LIV. Lorsque les Lacédémoniens furent arrivés à Samos avec une puissante flotte, ils assiégèrent la ville et s'approchèrent des murailles, laissant derrière eux la tour qui est sur le bord de la mer, près du faubourg. Mais ensuite, Polycrate en personne étant tombé sur eux avec des forces considérables, ils furent contraints de reculer. Dans le même moment, les auxiliaires, accompagnés d'un grand nombre de Samiens, sortirent de la tour supérieure qui était sur la croupe de la montagne, et fondirent sur les Lacédémoniens. Ceux-ci, après avoir soutenu quelque temps leurs efforts, prirent la fuite ; et les vainqueurs, les ayant poursuivis, en firent un grand carnage.

LV. Si les Lacédémoniens qui se trouvèrent à cette action se fussent conduits comme Archias et Lycopas, Samos aurait été prise ; car ces deux braves guerriers étant tombés sur les Samiens, et les ayant mis en fuite, ils entrèrent dans la ville pêle-mêle avec les fuyards, quoiqu'ils ne fussent accompagnés de nul autre ; mais comme on leur coupa le chemin, et qu'ils ne purent en sortir, ils y périrent.

Je me trouvai un jour avec un autre Archias, fils de Samius, et petit-fils de cet Archias dont nous parlons. C'était à Pitane, bourgade où il avait pris naissance. Il faisait plus de cas des Samiens que de tous les autres étrangers, et il m'apprit qu'on avait donné à son père le nom de Samius, parce qu'il était fils de cet Archias tué dans Samos en combattant vaillamment. Il ajouta qu'il avait une estime particulière pour les Samiens, parce qu'ils avaient fait à son aïeul de magnifiques funérailles aux dépens du public.

LVI. Les Lacédémoniens, voyant que le siége traînait en longueur, et qu'après quarante jours il n'était nullement avancé, s'en retournèrent dans le Péloponnèse. On dit, mais sans fondement, que Polycrate leur donna une grande quantité de monnaie de plomb doré, frappée au coin du pays, et que, gagnés par ces présents, ils se retirèrent dans leur patrie. Ce fut la première expédition des Lacédémoniens-Doriens en Asie.

LVII. Ceux d'entre les Samiens qui avaient entrepris cette guerre contre Polycrate, se voyant sur le point d'être abandonnés des Lacédémoniens, s'embarquèrent aussi, et firent voile pour Siphnos, parce que l'argent leur manquait. Les Siphniens étaient alors dans un état très-florissant, et les plus riches des insulaires. Leur île abondait tellement en mines d'or et d'argent, que, de la dîme du revenu qui en provenait, ils offrirent à Delphes un trésor qu'on peut comparer aux plus riches qui soient en ce temple. Ils partageaient tous les ans entre eux le produit de ces mines. Tandis qu'ils travaillaient à ce trésor, ils consultèrent l'oracle, et lui demandèrent s'ils pourraient conserver longtemps les biens présents. La Pythie leur répondit : « Quand » le Prytanée de Siphnos sera blanc, et que la place publi- » que aura le même aspect, vous aurez alors grand besoin » d'un homme prudent et sage pour vous garantir d'une » embûche de bois et d'un héraut rouge. »

LVIII. La place publique et le Prytanée de Siphnos étaient alors de marbre de Paros. Les Siphniens ne purent cependant comprendre le sens de cet oracle, ni dans le temps qu'il leur fut rendu, ni même après l'arrivée des Samiens. Ceux-ci n'eurent pas plutôt abordé en Siphnos, qu'ils envoyèrent à la ville un de leurs vaisseaux avec des ambassadeurs. Autrefois tous les navires étaient peints en vermillon; et c'était là ce que la Pythie avait prédit aux Siphniens, en les avertissant de se tenir sur leurs gardes contre une embûche de bois et contre un ambassadeur rouge. Les ambassadeurs, étant donc arrivés, prièrent les Siphniens de leur prêter dix talents [1]. Sur leur refus, les Samiens pillèrent leurs campagnes. Les Siphniens, à cette nouvelle, coururent sur-le-champ aux armes, livrèrent

---

[1] 54,000 liv. de notre monnaie.

bataille, et furent battus. Il y en eut un grand nombre de coupés dans leur retraite, et qui ne purent rentrer dans la ville. Après cette défaite, les Samiens exigèrent d'eux cent talents [1].

LIX. Les exilés de Samos ayant reçu des Hermionéens, au lieu d'argent, l'île d'Hydrée, qui touche au Péloponnèse, ils la donnèrent en gage aux Trézéniens. De là ils firent voile en Crète, où ils bâtirent la ville de Cydonie, quoiqu'ils n'y fussent pas allés dans ce dessein, mais seulement pour chasser les Zacynthiens de l'île. Ils y fixèrent leur demeure; et, durant cinq ans, leur prospérité fut si constante, que non-seulement ils bâtirent tous les temples qu'on voit encore aujourd'hui à Cydonie, mais encore le temple de Dictyne. La sixième année, les Éginètes, les ayant vaincus dans un combat naval, les réduisirent en esclavage avec le secours des Crétois. Ils désarmèrent les proues de leurs vaisseaux, en ôtèrent les sangliers qui leur servaient d'ornements, et les offrirent à Égine, dans le temple de Minerve. Les Éginètes se portèrent à cette vengeance par la haine invétérée qu'ils avaient contre les Samiens. Ceux-ci les avaient attaqués les premiers dans le temps qu'Amphicrate régnait à Samos, et leur avaient fait beaucoup de mal; mais les Éginètes le leur avaient bien rendu.

LX. Je me suis d'autant plus étendu sur les Samiens, qu'ils ont exécuté trois des plus grands ouvrages qu'il y ait dans toute la Grèce.

On voit à Samos une montagne de cent cinquante orgyies [2] de haut. On a percé cette montagne par le pied, et l'on y a pratiqué un chemin qui a deux bouches en ouvertures. Ce chemin a sept stades de longueur sur huit pieds de hauteur et autant de largeur. Le long de ce chemin, on a creusé un canal qui traverse toute cette montagne. Il a vingt coudées de profondeur sur trois pieds de largeur. Il conduit à la ville, par des tuyaux, l'eau d'une grande fontaine. L'architecte qui a entrepris cet ouvrage était de Mégare et s'appelait Eupalinus, fils de Naustrophus. C'est

[1] 540,000 livres.
[2] 141 toises 4 pieds, mesure de France.

un des trois ouvrages des Samiens. Le second consiste en un môle, ou une grande digue faite dans la mer, près du port, d'environ vingt orgyies de haut et de deux stades et plus de long. Leur troisième ouvrage est un temple, le plus grand dont nous ayons connaissance. Le premier architecte de cet édifice est un homme du pays, nommé Rhœcus [1], fils de Philéus. C'est à cause de ces ouvrages que je me suis étendu sur les Samiens.

LXI. Tandis que Cambyse, fils de Cyrus, passait en Égypte son temps à faire des extravagances, deux mages, qui étaient frères, profitèrent de cette occasion pour se révolter. Il avait laissé l'un deux en Perse pour y gérer ses biens, et ce fut l'auteur de la révolte. Ce mage n'ignorait pas la mort de Smerdis; il savait qu'on la tenait cachée, qu'elle n'était connue que d'un petit nombre de Perses, et que la plupart croyaient ce prince vivant. Cette mort, jointe aux circonstances dont je vais parler, lui fit prendre la résolution de s'emparer du trône. Il avait un frère qui, comme je l'ai déjà dit, était compagnon de sa révolte. Ce frère ressemblait parfaitement à Smerdis, fils de Cyrus, que Cambyse avait fait tuer, et portait le même nom que ce prince. Pour lui, il s'appelait Patizithès. Celui-ci plaça son frère sur le trône, après lui avoir persuadé qu'il aplanirait toutes les difficultés. Cela fait, il envoya des hérauts dans toutes les provinces, et particulièrement en Égypte, pour défendre à l'armée d'obéir à Cambyse, et lui ordonner de ne reconnaître à l'avenir que Smerdis, fils de Cyrus.

LXII. Tous les hérauts firent cette proclamation. Celui qui avait été envoyé en Égypte trouva Cambyse avec son armée à Agbatanes, en Syrie. Il publia au milieu du camp les ordres dont le mage l'avait chargé. Cambyse, ayant en-

---

[1] Rhœcus, fils de Philéus, était non-seulement un habile architecte, mais encore il inventa, avec Théodore de Samos, l'art de faire des moules avec de l'argile, longtemps avant que les Bacchiades eussent été chassés de Corinthe; et ils jetèrent les premiers en fonte l'airain, et en firent des statues. Pausanias ajoute que, sur la balustrade qui est au-dessus de l'autel de Diane, dite Protothronia, à Éphèse, on voit à l'extrémité une statue de ce même Rhœcus. C'est une femme en bronze, que les Éphésiens disent être la Nuit. Il eut deux fils, Téléclès et Théodore, tous deux habiles statuaires. (L.)

tendu la proclamation du héraut, et pensant qu'il disait vrai, se persuada qu'il avait été trahi par Prexaspes, et que celui-ci n'avait point exécuté l'ordre qu'il lui avait donné de tuer Smerdis. « C'est donc ainsi, Prexaspes, lui dit-il
» en le regardant d'un œil fixe, que tu as fait ce que je
» t'ai ordonné? — Seigneur, répondit Prexaspes, ne croyez
» rien de ce que vient de dire le héraut. Votre frère Smer-
» dis ne se révoltera jamais contre vous, et vous n'aurez
» point avec lui la plus légère contestation. J'ai moi-même
» exécuté vos ordres, et je lui ai donné la sépulture de mes
» propres mains. Si les morts ressuscitent, attendez-vous à
» voir aussi le Mède Astyages se soulever contre vous.
» Mais, s'il en est du présent comme du passé, soyez
» certain qu'il ne vous arrivera jamais de mal, du moins
» de la part de Smerdis. Au reste, je suis d'avis qu'on
» envoie après le héraut, et qu'on lui demande de quelle
» part il vient ici nous dire d'obéir aux ordres du roi
» Smerdis. »

LXIII. Cambyse approuva le conseil de Prexaspes. On envoya sur-le-champ après le héraut, et on le ramena au camp. Prexaspes l'interrogea en ces termes : « Vous dites,
» mon ami, que vous venez de la part de Smerdis, fils de
» Cyrus. Avouez-nous donc maintenant la vérité, et on
» vous laissera aller sans vous faire aucun mal. Avez-vous
» vu Smerdis? Vous a-t-il lui-même donné ces ordres? Les
» tenez-vous de quelqu'un de ses ministres? — Je n'ai point
» vu, répondit le héraut, Smerdis, fils de Cyrus, depuis
» le départ du roi Cambyse pour son expédition d'Égypte ;
» mais le mage qui gère les biens de Cambyse m'a donné
» les ordres que j'ai apportés; c'est lui qui m'a dit que
» Smerdis, fils de Cyrus, me commandait de venir vous
» les annoncer. » Le héraut parla ainsi, sans déguiser en rien la vérité.

Alors Cambyse dit à Prexaspes : « Vous avez exécuté
» mes ordres en homme de bien ; je n'ai rien à vous re-
» procher : mais quel peut être celui d'entre les Perses
» qui, s'emparant du nom de Smerdis, s'est révolté contre
» moi? — Seigneur, lui répondit-il, je crois comprendre ce
» qui s'est passé : les mages se sont soulevés contre vous;

» c'est Patizithès, que vous avez laissé en Perse pour
» prendre soin des affaires de votre maison, et son frère
» Smerdis. »

LXIV. Au nom de Smerdis, Cambyse fut frappé de la vérité du discours de Prexaspes et de celle de son songe, dans lequel il lui semblait voir un héraut lui annoncer que Smerdis, assis sur le trône, touchait de la tête au ciel. Reconnaissant alors qu'il avait fait tuer son frère sans sujet, il le pleura. Après lui avoir donné des larmes et s'être plaint de l'excès de ses malheurs, il se jeta avec précipitation sur son cheval, dans le dessein de marcher en diligence à Suses contre le mage; mais, en s'élançant, le fourreau de son cimeterre tomba, et le cimeterre étant resté nu le blessa à la cuisse, au même endroit où il avait auparavant frappé Apis, le dieu des Égyptiens. Comme sa plaie lui parut mortelle, il demanda le nom de la ville où il était alors : on lui dit qu'elle s'appelait Agbatanes.

L'oracle de la ville de Buto lui avait auparavant prédit qu'il finirait ses jours à Agbatanes. Il s'était imaginé qu'il devait mourir de vieillesse à Agbatanes en Médie, où étaient toutes ses richesses ; mais l'oracle parlait d'Agbatanes en Syrie. Lorsqu'il eut donc appris le nom de cette ville, accablé par le chagrin de la révolte du mage et par la douleur que lui causait sa blessure, il revint de son erreur; et, comprenant le sens de l'oracle : « C'est ici,
» dit-il, que Cambyse, fils de Cyrus, doit terminer ses
» jours, suivant l'ordre des destins. »

LXV. Il n'en dit pas alors davantage ; mais, environ vingt jours après, il convoqua les Perses les plus distingués qui se trouvaient à l'armée, et leur tint ce discours :
« Perses, les choses en sont au point que je ne puis plus
» me dispenser de vous découvrir ce que j'ai tâché, jus-
» qu'à présent, de tenir extrêmement caché. Lorsque j'é-
» tais en Égypte, j'eus, pendant mon sommeil, une vision.
» Eh ! plût aux dieux que je ne l'eusse point eue ! Il me
» sembla voir un courrier, arrivé de mon palais, m'an-
» noncer que Smerdis était assis sur le trône, et que de sa
» tête il touchait au ciel. Cette vision me faisant craindre
» que mon frère ne m'enlevât la couronne, je pris des

» mesures où la précipitation eut plus de part que la pru-
» dence : car il n'est pas possible aux hommes de changer
» l'ordre des destinées. J'envoyai follement Prexaspes à
» Suses, pour tuer Smerdis. Ce crime commis, je vivais
» tranquille et sans crainte, ne pouvant m'imaginer qu'a-
» près m'être défait de mon frère, quelque autre se soule-
» vât contre moi. Mais l'événement s'est trouvé contraire
» à mon attente. J'ai versé le sang d'un frère, un sang que
» je n'aurais pas dû répandre, et je n'en perds pas moins
» la couronne. C'était le mage Smerdis qu'un dieu me
» montrait en songe ; c'était lui qui devait se révolter con-
» tre moi. Le coup est fait ; Smerdis, fils de Cyrus, est
» mort. Le mage Patizithès, que j'ai laissé pour avoir soin
» de mes biens, et son frère Smerdis, se sont emparés de
» la couronne. Celui qui aurait dû principalement me
» venger de leur traitement honteux a été tué par les mains
» impies de ses plus proches parents. Mais enfin, puisqu'il
» n'est plus, il ne me reste qu'à vous donner mes ordres ;
» et c'est une nécessité pour moi de vous faire connaître ce
» que je veux que vous fassiez après ma mort. Je vous
» prie donc, ô Perses, par les dieux protecteurs des rois,
» je vous conjure tous, et vous principalement, Achémé-
» nides, qui êtes ici présents, de ne point souffrir que
» l'empire retourne aux Mèdes. S'ils s'en sont rendus maî-
» tres par la ruse, recouvrez-le par la ruse ; s'ils s'en sont
» emparés par la force, reprenez-le par la force. Si vous
» faites ce que je vous recommande, et si vous conservez
» votre liberté, puisse la terre produire pour vous des fruits
» en abondance ! puissent vos femmes vous donner un
» grand nombre d'enfants, et vos troupeaux se multiplier
» par une heureuse fécondité ! Mais si vous ne recouvrez
» point l'empire, et si vous ne faites aucun effort pour le
» reconquérir, non-seulement je fais des vœux pour que
» le contraire vous arrive, mais, de plus, je souhaite à
» tous les Perses, en particulier, une fin telle que la
» mienne. »

LXVI. Cambyse, ayant parlé de la sorte, déplora son sort ; les Perses, voyant couler les larmes de leur prince, déchirèrent leurs habits en poussant de grands gémissements. Peu de temps après, l'os se caria; et, la gangrène ayant promptement gagné toute la cuisse, Cambyse fut emporté après avoir régné en tout sept ans et cinq mois. Il mourut sans laisser d'enfants, ni garçons ni filles. Les Perses qui étaient présents ne pouvaient croire que les mages se fussent emparés de la couronne; ils pensaient plutôt que ce que Cambyse avait dit de la mort de Smerdis était un effet de sa haine contre ce prince, afin que tous les Perses lui fissent la guerre. Ils regardaient, en effet, comme une chose certaine que c'était Smerdis, fils de Cyrus, qui s'était soulevé; et ils en étaient d'autant plus persuadés, que Prexaspes niait fortement de l'avoir tué : car, après la mort de Cambyse, il n'aurait pas été sûr pour lui d'avouer que le fils de Cyrus avait péri de sa main.

LXVII. Cambyse étant mort, le mage, à la faveur du nom de Smerdis, qu'il portait ainsi que le fils de Cyrus, régna tranquillement pendant les sept mois qui restaient pour accomplir la huitième année de son prédécesseur. Pendant ce temps, il combla tous ses sujets de bienfaits; de sorte qu'après sa mort il fut regretté de tous les peuples de l'Asie, excepté des Perses. Dès le commencement de son règne, il fit publier dans toutes les provinces des édits par lesquels il exemptait ses sujets, pour trois ans, de tous tributs et subsides, et de servir à la guerre.

LXVIII. Il fut reconnu, le huitième mois, de la manière que je vais dire. Il y avait à la cour un seigneur nommé Otanes, fils de Pharnaspes; sa naissance et ses richesses le faisaient aller de pair avec ce qu'il y avait de plus illustre en Perse. Ce seigneur soupçonna le premier le nouveau roi de n'être pas Smerdis, fils de Cyrus, mais le mage, comme en effet il l'était. Sa conjecture était fondée sur ce qu'il ne sortait jamais de la citadelle, et qu'il ne mandait auprès de lui aucun des grands de Perse. Se doutant donc de l'imposture, voici ce qu'il fit pour la découvrir.

Cambyse avait épousé sa fille Phédyme. Elle appartenait alors au mage, ainsi que toutes les autres femmes du feu roi. Otanes lui envoya demander quel était celui avec qui elle habitait; si c'était Smerdis, fils de Cyrus, ou quelque autre. Phédyme répondit qu'elle ne le savait pas, qu'elle

n'avait jamais vu Smerdis, fils de Cyrus, et qu'elle ne connaissait pas plus celui qui l'avait admise au nombre de ses femmes. « Si vous ne connaissez pas Smerdis, fils de Cyrus,
» lui fit dire une seconde fois Otanes, du moins demandez
» à Atosse quel est cet homme avec qui vous habitez l'une
» et l'autre : elle doit connaître parfaitement son frère
» Smerdis. » Sa fille répondit à cela : « Je ne puis parler
» à Atosse, ni voir aucune des autres femmes. Dès que cet
» homme, quel qu'il puisse être, s'est emparé du trône,
» il nous a dispersées dans des appartements séparés. »

LXIX. Sur cette réponse, l'affaire parut beaucoup plus claire à Otanes. Il envoya un troisième message à Phédyme. « Ma fille, lui fit-il dire, il faut qu'une personne bien née,
» comme vous, s'expose au danger ; c'est votre père qui
» vous y engage, c'est lui qui vous l'ordonne. Si le roi n'est
» point Smerdis, fils de Cyrus, mais celui que je soup-
» çonne, il ne convient pas que vous soyez sa femme, ou
» qu'il occupe impunément le trône de Perse ; il mérite
» d'être puni. Suivez donc mes conseils, et faites ce que je
» vais vous prescrire. Quand il reposera auprès de vous, et
» que vous le saurez profondément endormi, tâtez-lui les
» oreilles : s'il en a, c'est le fils de Cyrus ; s'il n'en a point,
» c'est Smerdis, le mage. »

Phédyme lui fit dire qu'elle s'exposerait à un grand danger ; qu'il n'y avait pas à douter que, si le roi n'avait pas d'oreilles, et qu'il la surprît cherchant à s'en assurer, il ne la tuât sur-le-champ ; que néanmoins elle lui promettait d'exécuter ses ordres. Il faut remarquer que Cyrus, fils de Cambyse, avait fait couper, pendant son règne, les oreilles à Smerdis pour quelque affaire grave.

Les femmes, en Perse, ont coutume de coucher avec leurs maris chacune à leur tour. Celui de Phédyme étant venu, elle exécuta ce qu'elle avait promis à son père. Quand elle vit le mage profondément endormi, elle porta la main sur ses oreilles, et, ayant reconnu sans peine qu'il n'en avait point, elle en instruisit son père dès qu'il fut jour.

LXX. Otanes prit avec lui Aspathines et Gobryas, qui étaient les premiers d'entre les Perses, et sur la foi desquels il comptait le plus. Leur ayant fait part de tout ce qu'il venait d'apprendre, ils eurent d'autant moins de peine à le croire qu'eux-mêmes ils en avaient aussi quelque soupçon. Il fut donc résolu entre eux que chacun s'associerait l'un des Perses en qui il aurait le plus de confiance. Otanes engagea Intaphernes dans son parti, Gobryas Mégabyse, et Aspathines Hydarnes. Ils étaient au nombre de six lorsque Darius, fils d'Hystaspe, revenant de Perse, dont son père était gouverneur, arriva à Suses. A peine fut-il de retour, qu'ils résolurent de se l'associer aussi.

LXXI. Ces sept seigneurs[1], s'étant assemblés, se jurèrent une fidélité réciproque, et délibérèrent entre eux. Quand ce fut le tour de Darius de dire son avis : « Je croyais, » leur dit-il, être le seul qui eût connaissance de la mort » de Smerdis, fils de Cyrus, et qui sût que le mage régnait » en sa place : et c'est pour cela même que je me suis » rendu ici en diligence pour faire périr le mage. Mais, » puisqu'il est arrivé que vous ayez aussi découvert » le mystère, et que je ne sois pas le seul qui en ait con- » naissance, il faut sur-le-champ et sans délai exécuter » l'entreprise; autrement il y aurait du danger.— Fils » d'Hystaspe, lui répondit Otanes, né d'un père illustre et » courageux, vous montrez que vous ne lui êtes inférieur » en rien. Gardez-vous néanmoins d'agir inconsidérément » et de rien précipiter; que la prudence soit votre guide. » Pour moi, je suis d'avis de ne point commencer que » nous ne soyons en plus grand nombre.— Perses, reprit » Darius, si vous suivez les conseils d'Otanes, votre perte » est assurée ; vous périrez misérablement. L'appât d'une » récompense engagera quelqu'un à vous dénoncer au » mage. Vous auriez dû exécuter l'entreprise vous seuls, » et sans la communiquer à d'autres ; mais, puisque vous » avez jugé à propos d'en faire part à plusieurs et de me » mettre moi-même de ce nombre, exécutons-la aujour- » d'hui; ou, si nous laissons passer la journée, je vous dé- » clare que je n'attendrai pas qu'on me prévienne, mais

[1] Mithridate, roi de Pont, qui fit dans la suite tant de peine aux Romains, descendait d'un de ces sept conjurés. (L.)

» que je prendrai les devants, et que j'irai moi-même vous
» dénoncer au mage. »

LXXII. Otanes, témoin de l'ardeur de Darius : « Puisque
» vous nous forcez, dit-il, à hâter l'exécution de nos pro-
» jets, et que vous ne nous permettez point de la remettre
» à un autre temps, apprenez-nous donc comment nous
» pourrons pénétrer dans le palais et attaquer les usurpa-
» teurs : car enfin vous savez vous-même aussi bien que
» nous qu'il y a des gardes disposés de côté et d'autre ; si
» vous ne l'avez pas vu, du moins l'avez-vous ouï dire.
» Comment pourrons-nous passer? »

« Il y a bien des choses, Otanes, reprit Darius, dont on
» ne peut rendre raison par des paroles, mais seulement
» par des actions; il y en a d'autres, au contraire, qu'il
» est facile d'expliquer, et dont il ne peut résulter rien
» d'éclatant. Vous savez qu'il n'est pas difficile de passer
» au travers de la garde. Premièrement personne n'osera,
» par respect ou par crainte, refuser l'entrée du palais à
» des personnes de notre qualité; en second lieu, j'ai un
» prétexte très-plausible pour entrer : je dirai que je viens
» de Perse, et que j'ai quelque chose à communiquer au
» roi de la part de mon père ; car, quand il est nécessaire
» de mentir, il ne faut point s'en faire de scrupule. Ceux
» qui mentent désirent la même chose que ceux qui disent
» la vérité : on ment dans l'espoir d'en retirer quelque
» profit; on dit la vérité dans la vue de quelque avantage,
» et pour s'attirer une plus grande confiance. Ainsi, quoi-
» que nous ne suivions pas la même route, nous n'en ten-
» dons pas moins au même but ; car, s'il n'y avait rien à
» gagner, il serait indifférent à celui qui dit la vérité de faire
» plutôt un mensonge, et à celui qui ment de dire la vérité.
» Quant aux gardes des portes, s'il s'en trouve quelqu'un
» qui nous laisse passer sans difficulté, son sort en sera
» meilleur par la suite. Celui, au contraire, qui tentera
» de nous résister, qu'il soit traité sur-le-champ en en-
» nemi. Pénétrons dans l'intérieur du palais, et achevons
» notre entreprise. »

LXXIII. Gobryas parla ensuite : « Quel honneur, mes

» amis, leur dit-il, ne sera-ce pas pour nous de recouvrer
» l'empire ! ou, si nous ne pouvons y réussir, quelle gloire
» de mourir les armes à la main ! Quelle honte pour des
» Perses d'obéir à un Mède, à un mage, à qui même on a
» coupé les oreilles ! Vous tous, qui vous trouvâtes auprès
» de Cambyse pendant sa maladie, vous ne pouvez avoir
» oublié les imprécations qu'il fit contre les Perses, lors-
» qu'il touchait à sa fin, s'ils ne s'efforçaient de recouvrer
» la couronne. Alors nous n'ajoutions pas foi à ses discours,
» et nous pensions qu'il ne parlait de la sorte que pour
» rendre son frère odieux. Mais je suis maintenant d'avis
» de suivre l'opinion de Darius, et je conclus qu'il ne faut
» rompre cette assemblée que pour aller droit au mage. »
Le conseil de Gobryas fut unanimement approuvé.

LXXIV Pendant qu'ils délibéraient, il arriva par hasard que les mages tenaient conseil entre eux. Ils résolurent de s'attacher Prexaspes, parce que Cambyse l'avait traité d'une manière indigne en tuant son fils d'un coup de flèche, et parce que lui seul avait connaissance de la mort de Smerdis, fils de Cyrus, l'ayant tué de sa main : d'ailleurs il était universellement estimé parmi les Perses. L'ayant mandé en conséquence, ils n'oublièrent rien pour le gagner. Ils exigèrent de lui qu'il leur donnât sa foi de ne découvrir à personne la tromperie qu'ils avaient faite aux Perses, et de leur en garder le secret ; et ils lui promirent avec serment de le combler de richesses. Prexaspes s'engagea à faire ce qu'on désirait de lui. Les mages, le voyant persuadé, lui proposèrent ensuite de monter dans une tour pour annoncer aux Perses, qu'ils allaient convoquer sous les murs du palais, que c'était véritablement Smerdis, fils de Cyrus, qui régnait sur eux, et non pas un autre. Ils lui avaient donné ces ordres à cause de son ascendant sur l'esprit des Perses, parce qu'il avait souvent déclaré que Smerdis, fils de Cyrus, était encore vivant, et qu'il était faux qu'il l'eût tué.

LXXV. Prexaspes ayant répondu qu'il était disposé à faire ce qu'ils désiraient, les mages convoquèrent les Perses, et le firent monter sur une tour afin de les haranguer. Mais Prexaspes, oubliant volontairement leurs prières, commença la généalogie de Cyrus par Achéménès; et quand enfin il fut venu à Cyrus, il fit l'énumération de tous les biens dont il avait comblé les Perses. Après ce début, il découvrit la vérité, qu'il avait jusqu'alors tenue cachée, disait-il, parce qu'il eût été dangereux pour lui de dire ce qui s'était passé; mais que, dans les conjonctures présentes, il s'y voyait forcé. Enfin, il assura qu'il avait tué Smerdis, fils de Cyrus, par les ordres de Cambyse, et que les mages régnaient actuellement. En même temps il fit beaucoup d'imprécations contre les Perses s'ils ne recouvraient l'empire et s'ils ne se vengeaient des mages : puis il se précipita de la tour, la tête la première. Ainsi mourut Prexaspes, qui, pendant toute sa vie, avait joui de la réputation d'un homme de bien.

LXXVI. Les sept Perses, ayant résolu d'attaquer les mages sur-le-champ et sans différer, se mirent en marche, après avoir prié les dieux. Ils ne savaient encore rien de l'aventure de Prexaspes; ils l'apprirent à moitié chemin. Sur cette nouvelle, ils se retirèrent à l'écart pour tenir conseil et délibérer entre eux.

Otanes était toujours d'avis de différer l'entreprise, tandis que les affaires étaient dans une espèce de fermentation. Mais Darius représenta qu'il fallait marcher sur-le-champ, et exécuter sans délai ce qu'on avait résolu. L'affaire se discutait encore, lorsqu'ils aperçurent sept couples d'éperviers qui poursuivaient deux couples de vautours, et les mettaient en pièces avec le bec et les serres. Les Perses, à cette vue, se rangèrent tous de l'avis de Darius, et, pleins de confiance en ce présage, il allèrent au palais.

LXXVII. Lorsqu'ils furent aux portes, ce que Darius avait prévu ne manqua pas d'arriver. Les gardes, par respect pour leur rang, et ne les soupçonnant point de mauvais desseins, les laissèrent passer sans même leur faire de questions. Ils marchaient en effet sous la conduite des dieux. Quand ils eurent pénétré dans la cour du palais, ils rencontrèrent les eunuques chargés de présenter au roi les requêtes. Ces eunuques leur demandèrent quel sujet les amenait; et, menaçant en même temps les gardes parce qu'ils les avaient laissés entrer, ils firent tous leurs efforts pour les empêcher de pénétrer plus avant. Ces sept seigneurs, s'encourageant alors mutuellement, tombèrent, le poignard à la main, sur ceux qui voulaient les retenir, et, les ayant tués, ils coururent promptement à l'appartement des hommes. Les deux mages y étaient, pour lors, à délibérer sur l'action de Prexaspes.

LXXVIII. Le tumulte et les cris des eunuques étant venus jusqu'à eux, ils accoururent, et, voyant ce qui se passait, ils se mirent en défense. L'un se hâte de prendre un arc, l'autre une lance, et ils en viennent aux mains. Comme l'ennemi était trop près, l'arc devint inutile à celui qui s'en était armé ; l'autre se défendait mieux avec la lance : il blessa Aspathines à la cuisse, et Intaphernes à l'œil. Intaphernes perdit l'œil, mais il ne mourut pas de sa blessure. L'un des mages blessa deux des conjurés ; l'autre, voyant que son arc lui était inutile, s'enfuit dans une chambre qui communiquait à l'appartement des hommes. Il voulut fermer la porte; Darius et Gobryas s'y jetèrent avec lui. Gobryas saisit le mage au corps ; mais, comme on était dans les ténèbres, Darius craignit de percer Gobryas, et se trouva très-embarrassé. Gobryas, s'apercevant de son inaction, lui demanda pourquoi il ne faisait nul usage de la main. « Je crains de vous bles- » ser, répondit Darius. Frappez, lui dit Gobryas, dussiez- » vous me percer aussi. » Darius obéit, et, par un heureux hasard, le coup qu'il porta n'atteignit que le mage.

LXXIX. Après avoir tué les mages, ils leur coupèrent la tête, et, laissant dans la citadelle ceux d'entre eux qui étaient blessés, tant pour la garder que parce qu'ils étaient hors d'état de les suivre, les cinq autres, tenant à la main les têtes des mages, sortirent en jetant de grands cris et faisant beaucoup de bruit. Ils appelèrent à haute voix les Perses, leur racontèrent ce qui s'était passé, en leur montrant les têtes des usurpateurs. Ils firent en même temps main basse sur tous les mages qui se présentèrent à eux.

Les Perses, instruits de l'action des sept conjurés et de la fourberie des mages, crurent devoir les imiter, et, mettant l'épée à la main, ils tuèrent tous les mages qu'ils rencontrèrent; et si la nuit n'eût arrêté le carnage, il ne s'en serait pas échappé un seul.

Les Perses célèbrent avec beaucoup de solennité cette journée : cette fête, l'une de leurs plus grandes, s'appelle Magophonie (le massacre des mages). Ce jour-là, il n'est pas permis aux mages de paraître en public; ils restent chez eux.

LXXX. Cinq jours après le rétablissement de la tranquillité, les sept seigneurs qui s'étaient soulevés contre les mages tinrent conseil sur l'état actuel des affaires. Leurs discours paraîtront incroyables à quelques Grecs; ils n'en sont pas cependant moins vrais. Otanes exhorta les Perses à mettre l'autorité en commun. « Je crois, dit-il, que l'on
» ne doit plus désormais confier l'administration de l'État
» à un seul homme, le gouvernement monarchique n'étant
» ni agréable ni bon. Vous savez à quel point d'insolence
» en était venu Cambyse, et vous avez éprouvé vous-
» mêmes celle du mage. Comment, en effet, la monarchie
» pourrait-elle être un bon gouvernement? Le monarque
» fait ce qu'il veut, sans rendre compte de sa conduite.
» L'homme le plus vertueux, élevé à cette haute dignité,
» perdrait bientôt toutes ses bonnes qualités. Car l'envie
» naît avec tous les hommes, et les avantages dont jouit
» un monarque le portent à l'insolence. Or, quiconque a
» ces deux vices a tous les vices ensemble : tantôt il com-
» met, dans l'ivresse de l'insolence, les actions les plus
» atroces, et tantôt par envie. Un h\[omm\]n devrait être
» exempt d'envie, du moins parce qu\['il\] jouit de toutes
» sortes de biens; mais c'est tout le c\[o\]ntraire, et ses
» sujets ne le savent que trop par expérience. Il hait
» les plus honnêtes gens, et semble chagrin de ce
» qu'ils existent encore. Il n'est b\[ie\]n qu'avec les plus
» méchants. Il prête volontiers l'oreille à la calomnie;
» il accueille les délateurs : mais ce qu'il y a de plus
» bizarre, si on le loue modestement, il s'en offense;
» si, au contraire, on le recherche avec empressement,
» il en est pareillement blessé, et ne l'impute qu'à la
» plus basse flatterie; enfin, et c'est le plus terrible de tous
» les inconvénients, il renverse les lois de la patrie, il

» attaque l'honneur des femmes, et fait mourir qui bon
» lui semble, sans observer aucune formalité. Il n'en est
» pas de même du gouvernement démocratique. Pre-
» mièrement on l'appelle isonomie (l'égalité des lois);
» c'est le plus beau de tous les noms : secondement, il ne
» s'y commet aucun de ces désordres qui sont inséparables
» de l'État monarchique. Le magistrat s'y élit au sort; il
» est comptable de son administration, et toutes les déli-
» bérations s'y font en commun. Je suis donc d'avis d'abo-
» lir le gouvernement monarchique, et d'établir le démo-
» cratique, parce que tout se trouve dans le peuple. »
Telle fut l'opinion d'Otanes.

LXXXI. Mégabyse, qui parla après lui, leur conseilla d'instituer l'oligarchie. « Je pense, dit-il, avec Otanes,
» qu'il faut abolir la tyrannie, et j'approuve tout ce qu'il
» a dit à ce sujet. Mais quand il nous exhorte à remettre
» la puissance souveraine entre les mains du peuple, il
» s'écarte du bon chemin : rien de plus insensé et de plus
» insolent qu'une multitude pernicieuse; en voulant éviter
» l'insolence d'un tyran, on tombe sous la tyrannie d'un
» peuple effréné. Y a-t-il rien de plus insupportable? Si un
» roi forme quelque entreprise, c'est avec connaissance :
» le peuple, au contraire, n'a ni intelligence ni raison.
» Eh! comment en aurait-il, lui qui n'a jamais reçu au-
» cune instruction, et qui ne connaît ni le beau et l'hon-
» nête, ni le décent? Il se jette dans une affaire, tête
» baissée et sans jugement, semblable à un torrent qui
» entraîne tout ce qu'il rencontre sur son passage. Puissent
» les ennemis des Perses user de la démocratie! Pour nous,
» faisons choix des hommes les plus vertueux; mettons-leur
» la puissance entre les mains : nous serons nous-mêmes
» de ce nombre ; et, suivant toutes les apparences, des
» hommes sages et éclairés ne donneront que d'excellents
» conseils. »

LXXXII. Tel fut l'avis de Mégabyse. Darius parla le troisième, et proposa le sien en ces termes : « L'avis de
» Mégabyse contre la démocratie me paraît juste et plein
» de sens; il n'en est pas de même de ce qu'il a avancé en
» faveur de l'oligarchie. Les trois sortes de gouvernements

» que l'on puisse proposer, le démocratique, l'oligarchique
» et le monarchique, étant aussi parfaits qu'ils peuvent
» l'être, je dis que l'état monarchique l'emporte de beau-
» coup sur les deux autres; car il est constant qu'il n'y a
» rien de meilleur que le gouvernement d'un seul homme,
» quand il est homme de bien. Un tel homme ne peut
» manquer de gouverner ses sujets d'une manière irrépré-
» hensible : les délibérations sont secrètes, les ennemis
» n'en ont aucune connaissance. Il n'en est pas ainsi de l'oli-
» garchie : ce gouvernement étant composé de plusieurs
» personnes qui s'appliquent à la vertu dans la vue du bien
» public, il naît ordinairement entre elles des inimitiés
» particulières et violentes. Chacun veut primer, chacun
» veut que son opinion prévale : de là les haines réciproques
» et les séditions ; des séditions on passe aux meurtres, et
» des meurtres on revient ordinairement à la monarchie.
» Cela prouve combien le gouvernement d'un seul est pré-
» férable à celui de plusieurs. D'un autre côté, quand le
» peuple commande, il est impossible qu'il ne s'introduise
» beaucoup de désordre dans un État. La corruption, une
» fois établie dans la république, ne produit point des
» haines entre les méchants ; elle les unit, au contraire,
» par les liens d'une étroite amitié : car ceux qui perdent
» l'État agissent de concert et se soutiennent mutuellement.
» Ils continuent toujours à faire le mal, jusqu'à ce qu'il
» s'élève quelque grand personnage qui les réprime en pre-
» nant autorité sur le peuple. Cet homme se fait admirer,
» et cette admiration en fait un monarque; ce qui nous
» prouve encore que, de tous les gouvernements, le
» monarchique est le meilleur : mais enfin, pour tout dire
» en peu de mots, d'où nous est venue la liberté? de qui
» la tenons-nous? du peuple, de l'oligarchie, ou d'un
» monarque? Puisqu'il est donc vrai que c'est par un seul
» homme que nous avons été délivrés de l'esclavage, je
» conclus qu'il faut nous en tenir au gouvernement d'un
» seul : d'ailleurs on ne doit point renverser les lois de la
» patrie lorsqu'elles sont sages ; cela serait dangereux. »

LXXXIII. Tels furent les trois sentiments proposés. Le dernier fut approuvé par les quatre d'entre les sept qui

n'avaient point encore opiné. Alors Otanes, qui désirait ardemment d'établir l'isonomie, voyant que son avis n'avait point prévalu, se leva au milieu de l'assemblée, et parla ainsi : « Perses, puisqu'il faut que l'un de nous devienne
» roi, soit que le sort ou les suffrages de la nation le pla-
» cent sur le trône, soit qu'il y monte par quelque autre
» voie, vous ne m'aurez point pour concurrent ; je ne veux
» ni commander ni obéir : je vous cède l'empire, et je me
» retire, à condition cependant que je ne serai sous la
» puissance d'aucun de vous, ni moi, ni les miens, ni mes
» descendants à perpétuité. »

Les six autres lui accordèrent sa demande. Il se retira de l'assemblée, et n'entra point en concurrence avec eux : aussi sa maison est-elle encore aujourd'hui la seule de toute la Perse qui jouisse d'une pleine liberté, n'étant soumise qu'autant qu'elle le veut bien, pourvu néanmoins qu'elle ne transgresse en rien les lois du pays.

LXXXIV. Les six autres Perses consultèrent ensemble sur le moyen d'élire un roi de la manière la plus juste. Il fut d'abord résolu que, la royauté étant destinée à l'un d'entre eux, on donnerait tous les ans par distinction à Otanes, à lui et à ses descendants à perpétuité, un habit à la médique, et qu'on lui ferait les présents que les Perses regardent comme les plus honorables. Cette distinction lui fut accordée, parce qu'il avait le premier formé le projet de détrôner le mage, et qu'il les avait assemblés pour l'exécuter. Ces honneurs le regardaient spécialement; mais ils firent pour eux-mêmes des règlements généraux. Il fut arrêté premièrement que chacun des sept aurait au palais ses entrées libres, sans être obligé de se faire annoncer, excepté quand le roi serait au lit avec sa femme; secondement, que le roi ne pourrait prendre femme ailleurs que dans la maison de ceux qui avaient détrôné le mage. Quant à la manière dont il fallait élire le nouveau roi, il fut décidé que, le lendemain matin, ils se rendraient à cheval devant la ville, et qu'on reconnaîtrait pour roi celui dont le cheval hennirait le premier au lever du soleil[1].

[1] Les Perses avaient coutume d'adorer le soleil levant. Au reste, il n'est pas question de tirer un présage du hennissement du cheval : c'était seulement

LXXXV. Darius avait un habile écuyer, nommé Œbarès. Au sortir de l'assemblée, Darius s'adressant à lui : « Œbarès, lui dit-il, il a été arrêté entre nous que, » demain matin, nous monterions à cheval, et que celui-là » serait roi dont le cheval hennirait le premier au soleil » levant. Fais donc usage de toute ton habileté, afin que » j'obtienne ce haut rang préférablement à tout autre. — » Seigneur, répondit Œbarès, si votre élection ne dépend » que de cela, prenez courage, et ne vous mettez pas en » peine : personne n'aura sur vous la préférence ; j'ai un » secret infaillible. »

« Si tu en as véritablement un, reprit Darius, il est » temps d'en faire usage ; il n'y a point à différer : demain » notre sort sera décidé. »

Sur cet avis, sitôt que la nuit fut venue, Œbarès prit une des cavales que le cheval de Darius aimait le plus. Il la mena dans le faubourg, l'y attacha, et en fit approcher le cheval de son maître, le fit passer et repasser plusieurs fois autour de cette cavale, et enfin il lui permit de la saillir.

LXXXVI. Le lendemain, dès qu'il fut jour, les six Perses, selon leur convention, se trouvèrent à cheval au rendez-vous. Comme ils allaient de côté et d'autre dans le faubourg, lorsqu'ils furent vers l'endroit où, la nuit précédente, la cavale avait été attachée, le cheval de Darius y accourut, et se mit à hennir. En même temps il parut un éclair, et l'on entendit un coup de tonnerre, quoique l'air fût alors serein. Ces signes, survenant comme si le ciel eût été d'intelligence avec Darius, furent pour ce prince une espèce d'inauguration. Les cinq autres descendirent aussitôt de cheval, se prosternèrent à ses pieds, et le reconnurent pour leur roi[1].

---

une convention faite entre les conjurés. Les passages qu'apporte M. l'abbé Brotier pour prouver que les Perses tiraient des présages des chevaux, ne le prouvent pas. Dans le premier, il s'agit d'une convention ; dans le second, il est question de chevaux sacrés ; mais il n'est point dit qu'on en tirât des présages. (L.)

[1] Lorsque Cyrus perdit la vie, Darius avait environ vingt ans ; Cambyse régna sept ans cinq mois ; le mage Smerdis ne fut sur le trône que sept mois.

LXXXVII. Tel fut, suivant quelques-uns, le moyen dont se servit Œbarès; mais d'autres rapportent le fait différemment, car les Perses le content de deux manières. Ils disent donc qu'Œbarès passa la main sur les parties naturelles de cette cavale, et qu'ensuite il la tint cachée sous sa ceinture[1]; que dans le moment que le soleil commençait à paraître, les chevaux faisant le premier pas pour se mettre en marche, il la tira de sa ceinture, l'approcha des naseaux du cheval de Darius; que cet animal, sentant l'odeur de la cavale, se mit à ronfler et à hennir.

LXXXVIII. Darius, fils d'Hystaspe, fut proclamé roi; et tous les peuples de l'Asie, qui avaient été subjugués par Cyrus et ensuite par Cambyse, lui furent soumis, excepté les Arabes. Ceux-ci, en effet, n'ont jamais été esclaves des Perses[2], mais leurs alliés. Ils donnèrent passage à Cambyse pour entrer en Égypte. S'ils s'y fussent opposés, l'armée des Perses n'aurait jamais pu y pénétrer. Ce fut avec des femmes perses que Darius contracta ses premiers mariages : il épousa deux filles de Cyrus, Atosse et Artystone. Atosse avait été femme de son frère Cambyse, et ensuite du mage ; Artystone était encore vierge. Il prit ensuite pour femme Parmys, fille de Smerdis fils de Cyrus, et Phédyme, fille d'Otanes, qui avait découvert l'imposture du mage.

Sa puissance étant affermie de tous côtés, il commença par faire ériger en pierre sa statue équestre, avec cette inscription : DARIUS, FILS D'HYSTASPE, EST PARVENU A L'EMPIRE DES PERSES PAR L'INSTINCT DE SON CHEVAL (son nom était marqué dans l'inscription) ET L'ADRESSE D'ŒBARÈS, SON ÉCUYER.

Par conséquent, Darius avait environ vingt-neuf ans lorsqu'il parvint à la couronne. (L.)

[1] Le grec porte *dans ses anaxyrides*. Les anaxyrides étaient de larges culottes qui descendaient jusqu'à la cheville du pied. (L.)

[2] Les Arabes n'ont jamais été asservis, et à présent ils sont encore indépendants. « Cette nation a été de tout temps extrêmement jalouse de sa liberté ; elle n'a jamais admis de prince étranger. Aussi les rois de Perse, et après eux les rois de Macédoine, n'ont jamais pu les subjuguer. Des forces étrangères ne peuvent s'emparer de leur pays, parce qu'il est en partie désert et qu'il manque d'eau, et qu'il y a seulement, d'espace en espace, des puits cachés qui ne sont connus que des habitants. » (DIODORE DE SICILE, lib. II, § 1.) (L.

LXXXIX. Cela fait, il partagea ses États en vingt gouvernements, que les Perses appellent satrapies, et dans chacune il établit un gouverneur. Il régla le tribut que chaque nation devait lui payer, et, à cet effet, il joignait à une nation les peuples limitrophes; et quelquefois, passant par-dessus ceux qui étaient voisins, il mettait dans un même département des peuples éloignés l'un de l'autre.

Voici comment il distribua les satrapies, et régla les tributs que chacune lui devait rendre tous les ans. Il fut ordonné que ceux qui devaient payer leur contribution en argent la payeraient au poids du talent babylonien, et que ceux qui la devaient en or la payeraient au poids du talent euboïque : or le talent babylonien vaut soixante et dix mines euboïques [1].

Sous le règne de Cyrus, et même sous celui de Cambyse, il n'y avait rien de réglé concernant les tributs; on donnait seulement au roi un don gratuit. Ces impôts, et autres pareils établissements, font dire aux Perses que Darius était un marchand, Cambyse un maître, et Cyrus un père : le premier, parce qu'il faisait argent de tout; le deuxième, parce qu'il était dur et négligent; et le troisième enfin, parce qu'il était doux, et qu'il avait fait à ses sujets le plus de bien qu'il avait pu.

XC. Les Ioniens, les Magnètes d'Asie, les Éoliens, les Cariens, les Lyciens, les Milyens, les Pamphyliens, composaient le premier département, et payaient ensemble quatre cents talents d'argent. Les Mysiens, les Lydiens, les Lasoniens, les Cabaliens et les Hygenniens, étaient taxés à cinq cents talents d'argent [2], et composaient la deuxième satrapie. Les habitants de l'Hellespont, qu'on trouve à droite en naviguant de ce côté, les Phrygiens, les Thraces d'Asie, les Paphlagoniens, les Mariandyniens et les Syriens, fai-

---

[1] Le talent d'Eubée valait, selon la remarque d'Appien, 7,000 drachmes d'Alexandrie, c'est-à-dire 70 mines. Le talent babylonien était de la même valeur que celui d'Eubée; l'un et l'autre valait donc 6,500 livres de notre monnaie. (L.)

[2] 2,700,000 livres de notre monnaie. On peut être surpris de ce que cette satrapie, qui était la plus petite des vingt, payât une si forte contribution. Il faut faire attention qu'elle comprenait la Lydie, pays très-riche, et que le Pactole, qui l'arrosait, roulait des paillettes d'or. (L.)

saient le troisième département, et payaient trois cent soixante talents. Les Ciliciens donnaient tous les jours un cheval blanc, trois cent soixante en tout; et, outre cela, cinq cents talents d'argent, dont cent quarante se distribuaient à la cavalerie qui était pour la garde de ce pays: les trois cent soixante autres talents entraient dans les coffres de Darius. C'était le quatrième département.

XCI. Le suivant se prenait à commencer depuis la ville de Posideïum, construite sur les frontières de la Cilicie et de la Syrie par Amphilochus [1], fils d'Amphiaraüs, jusqu'en Égypte, sans y comprendre le pays des Arabes, qui était exempt de tout tribut. Il payait trois cent cinquante talents. Ce même département renfermait aussi toute la Phénicie, la Syrie de la Palestine, et l'île de Cypre.

De l'Égypte, des Libyens voisins de l'Égypte, de Cyrène et de Barcé, villes comprises dans le gouvernement de l'Égypte, il revenait au roi un tribut de sept cents talents, sans compter le produit de la pêche du lac Mœris, et sept cents talents en blé [2]: car on en fournissait cent vingt mille mesures aux Perses en garnison dans le château blanc de Memphis, et aux troupes auxiliaires qui étaient à leur solde. Cette satrapie était la sixième. La septième comprenait les Sattagydes, les Gandariens, les Dadices et les Aparytes. Ces nations étaient du même gouvernement, et payaient cent soixante-dix talents. Suses et le reste du pays des Cissiens faisaient le huitième gouvernement, et rendaient au roi trois cents talents.

XCII. De Babylone et du reste de l'Assyrie, il lui revenait mille talents d'argent, et cinq cents jeunes eunuques: c'était le neuvième département. D'Agbatanes et du reste de la Médie, des Paricaniens et des Orthocorybantiens, qui

---

[1] Cet Amphilochus, fils d'Amphiaraüs et d'Ériphyle, fut un célèbre devin. Il fut roi d'Argos, mais il ne put se maintenir dans ce royaume, et il en sortit pour aller fonder la ville d'Argos Amphilochium, dans le golfe d'Ambracie. Il bâtit aussi Malle en Cilicie. Les Pamphyliens qui servaient sur la flotte des Perses descendaient des Grecs qui, avec Amphilochus et Calchas, avaient été dispersés par la tempête après la prise de Troie. Ce ne peut être que ce même Amphilochus, puisque Strabon parle du voyage d'Amphilochus, fils d'Amphiaraüs, avec Calchas (L.)

[2] 35,301 livres 2 onces 2 gros 52 grains pesant.

faisaient le dixième gouvernement, il tirait quatre cent cinquante talents. Les Caspiens, les Pausices, les Pantimathiens et les Darites composaient le onzième gouvernement. Ils payaient ensemble deux cents talents. Tout le pays, depuis les Bactriens jusqu'aux Ægles, faisait la douzième satrapie, et rendait un tribut de trois cent soixante talents.

XCIII. Le treizième département payait quatre cents talents[1]. Il s'étendait depuis le Pactyice, l'Arménie et les pays voisins, jusqu'au Pont-Euxin. Les Sagartiens, les Sarangéens, les Thamanéens, les Outiens, les Myciens et les peuples qui habitent les îles de la mer Érythrée, où le roi envoie ceux qu'il relègue, payaient un tribut de six cents talents : ils étaient compris sous la quatorzième satrapie. La quinzième renfermait les Saces et les..., qui donnaient deux cent cinquante talents. Les Parthes, les Chorasmiens, les Sogdiens et les Ariens étaient taxés à trois cents talents : cette satrapie était la seizième.

XCIV. Les Paricaniens et les Éthiopiens asiatiques rendaient quatre cents talents. Ils composaient le dix-septième gouvernement. Le dix-huitième renfermait les Matianiens, les Sapires et les Alarodiens. Ils étaient taxés à deux cents talents. Les Mosches, les Tibaréniens, les Macrons, les Mosynœques, les Mardes, payaient trois cents talents. Ils faisaient le dix-neuvième département. Les Indiens sont, de tous les peuples qui nous soient connus, le plus nombreux. Ils payaient autant d'impôts que tous les autres ensemble, et ils étaient taxés à trois cent soixante talents de paillettes d'or. C'était le vingtième gouvernement.

XCV. Si l'on veut réduire au talent euboïque tout cet argent qui se payait au poids du talent babylonien, on trouvera neuf mille huit cent quatre-vingts talents ; et, si l'on met le prix de l'or à treize fois autant que celui de l'argent, en le réduisant aussi au talent euboïque, on aura quatre mille six cent quatre vingts talents de paillettes

[1] Indépendamment de cette somme, « les Arméniens, dit Strabon, donnaient tous les ans au roi, pendant les fêtes de Mithra, vingt mille chevaux. » Ces chevaux venaient de la plaine Niséenne. Il paraît par là que Strabon pensait que cette plaine était en Arménie, quoiqu'elle fût réellement en Médie. Mais peut-être que, du temps de ce géographe, cette plaine dépendait de l'Arménie. (L.)

d'or. En réunissant toutes ces sommes, on verra que Darius retirait par an un tribut de quatorze mille cinq cent soixante talents euboïques, sans y comprendre d'autres sommes plus petites que je passe sous silence.

XCVI. Tels étaient les revenus que Darius tirait de l'Asie et d'une petite partie de la Libye. Il leva aussi, dans la suite, des impôts sur les îles, ainsi que sur les peuples qui habitaient l'Europe jusqu'en Thessalie. Le roi met ses revenus dans ses trésors, et voici comment. Il fait fondre l'or et l'argent dans des vaisseaux de terre ; lorsqu'ils sont pleins, on ôte le métal du vaisseau, et, quand il a besoin d'argent, il en fait frapper autant qu'il lui en faut.

XCVII. Tels sont les différents gouvernements et les impôts auxquels ils sont soumis. La Perse est la seule province que je n'aie point mise au rang des pays tributaires. Ses peuples en font valoir les terres sans payer d'impôts ; mais, s'ils ne sont point taxés, ils accordent du moins un don gratuit. Il en était de même des Éthiopiens, voisins de l'Égypte, que Cambyse subjugua dans son expédition contre les Éthiopiens-Macrobiens, et de ceux qui habitent la ville sacrée de Nyse, et qui célèbrent des fêtes en l'honneur de Bacchus. Ces Éthiopiens et leurs voisins observent, à l'égard des morts, les mêmes coutumes que les Indiens-Calaties, et leurs maisons sont sous terre. Ces deux peuples portaient tous les trois ans au roi deux chénices d'or fin, avec deux cents troncs d'ébène et vingt grandes dents d'éléphant. De plus, ils lui présentaient cinq jeunes Éthiopiens ; et cet usage s'observait encore de mon temps.

Les peuples de Colchide se taxaient eux-mêmes pour lui faire un présent, ainsi que leurs voisins, jusqu'au mont Caucase ; car tout le pays, jusqu'à cette montagne, est soumis aux Perses ; mais les nations qui habitent au nord du Caucase ne tiennent aucun compte d'eux. Ces peuples avaient coutume d'envoyer pour don gratuit, de cinq en cinq ans, cent jeunes garçons et autant de jeunes filles. Ce présent, auquel ils s'étaient taxés eux-mêmes, se faisait encore de mon temps. Les Arabes donnaient aussi tous les ans au roi mille talents [1] d'encens. Tels étaient les pré-

---

[1] 51,432 livres 4 onces 5 gros 24 grains.

sents de ces différents peuples, sans compter les tributs dont nous avons parlé.

XCVIII. Quant à cette grande quantité de paillettes d'or dont les Indiens payent, comme je l'ai dit, leur tribut au roi de Perse, voici comment ils se les procurent. La partie des Indes qui s'étend vers le soleil levant est sablonneuse; car, de tous les peuples que nous connaissions, et dont on dise quelque chose de certain, il n'y en a pas un qui soit plus près de l'aurore et du lever du soleil que les Indiens. Ils sont, de ce côté, les premiers habitants de l'Asie. A l'est, les sables rendent le pays désert. On comprend sous le nom d'Indiens plusieurs peuples qui ne parlent pas une même langue; les uns sont nomades, et les autres ont une demeure fixe. Il y en a qui habitent dans les marais formés par les débordements du fleuve, et qui se nourrissent de poissons crus, qu'ils pêchent de dessous leurs canots de cannes ou roseaux. Ils coupent ces cannes de nœud en nœud; chaque morceau fait une nacelle. Ces Indiens portent des habits tissus d'une plante qui croît dans les rivières; ils la recueillent, et, l'ayant bien battue, ils l'entrelacent en forme de natte, et s'en revêtent comme si c'était une cuirasse.

XCIX. Les autres Indiens, qui habitent à l'est de ceux-ci, sont nomades, et vivent de chair crue. On les appelle Padéens. Voici les lois qu'on leur attribue. Quiconque parmi eux tombe malade, si c'est un homme, ses plus proches parents et ses meilleurs amis le tuent, apportant pour raison que la maladie le ferait maigrir et que sa chair en serait moins bonne. Il a beau nier qu'il soit malade, ils l'égorgent impitoyablement, et se régalent de sa chair. Si c'est une femme, ses plus proches parentes la traitent de la même manière que les hommes en agissent entre eux. Ils tuent ceux qui sont parvenus à un grand âge, et les mangent; mais il s'en trouve peu, parce qu'ils ont grand soin de tuer tous ceux qui tombent malades.

C. Il y a d'autres Indiens qui ont des usages différents. Ils ne tuent aucun animal; ils ne sèment rien, n'ont point de maisons, et vivent d'herbages. Ils ont chez eux une espèce de grain que la terre produit d'elle-même. Ce grain est à peu près de la grosseur du millet, et vient dans une cosse. Ils le recueillent, le font bouillir avec sa cosse, et le mangent. Si quelqu'un d'entre eux tombe malade, il va dans un lieu désert et s'y tient, sans que personne s'en occupe, soit pendant sa maladie, soit après sa mort.

CI. Ces Indiens, dont je viens de parler, voient publiquement leurs femmes, comme les bêtes. Ils sont tous de la même couleur, et elle approche beaucoup de celle des Éthiopiens. La liqueur séminale n'est pas blanche chez eux, comme chez les autres hommes, mais noire comme leur peau, et ressemble à celle des Éthiopiens. Ces sortes d'Indiens sont fort éloignés des Perses ; ils habitent du côté du midi, et n'ont jamais été soumis à Darius.

CII. Il y a d'autres Indiens, qui habitent au nord : ils sont voisins de la ville de Caspatyre et de la Pactyice. Leurs mœurs et leurs coutumes approchent beaucoup de celles des Bactriens. Ils sont aussi les plus braves de tous les Indiens, et ce sont eux qu'on envoie chercher l'or. Il y a aux environs de leur pays des endroits que le sable rend inhabitables. On trouve dans ces déserts et parmi ces sables des fourmis plus petites qu'un chien, mais plus grandes qu'un renard. On en peut juger par celles qui se voient dans la ménagerie du roi de Perse, et qui viennent de ce pays, où elles ont été prises à la chasse.

Ces fourmis ont la forme de celles qu'on voit en Grèce ; elles se pratiquent sous terre un logement. Pour le faire, elles poussent en haut la terre, de la même manière que nos fourmis ordinaires, et le sable qu'elles élèvent est rempli d'or. On envoie les Indiens ramasser ce sable dans les déserts. Ils attellent ensemble chacun trois chameaux : ils mettent un mâle de chaque côté, et entre deux une femelle, sur laquelle ils montent. Mais ils ont l'attention de ne se servir que de celles qui nourrissent, et qu'ils viennent d'arracher à leurs petits encore à la mamelle. Leurs chameaux ne sont pas moins légers à la course que les chevaux, et portent néanmoins de plus grands fardeaux.

CIII. Je ne ferai point ici la description de la figure du chameau ; les Grecs la connaissent : je dirai seulement ce qu'ils ignorent. Le chameau a deux cuisses et deux genoux à chaque jambe de derrière ; et le membre passe entre les cuisses de derrière, et est tourné vers la queue.

CIV. Les Indiens, ayant attelé leurs chameaux de la sorte, règlent tellement leur marche vers les lieux où est l'or, qu'ils n'y arrivent et ne l'enlèvent que pendant la grande chaleur du jour ; car alors l'ardeur excessive du soleil oblige les fourmis à se cacher sous terre. Dans ce pays, le soleil est le plus ardent le matin, et non à midi, comme chez les autres nations. Ils l'ont aplomb sur la tête jusqu'à l'heure où l'on a coutume de sortir de la place publique. Dans cette partie du jour il est beaucoup plus brûlant qu'il ne l'est en Grèce en plein midi. Aussi dit-on que pendant ce temps-là ils se tiennent dans l'eau. A midi, il est à peu près aussi chaud dans les autres pays que chez les Indiens ; mais, après midi, la chaleur est aussi modérée chez eux qu'elle l'est le matin chez les autres peuples ; et plus il s'éloigne du midi, plus l'air devient frais, de sorte qu'à son coucher ils jouissent d'une grande fraîcheur.

CV. Les Indiens ne sont pas plutôt arrivés sur les lieux où se trouve l'or, qu'ils remplissent de sable les sacs de cuir qu'ils ont apportés, et s'en retournent en diligence : car, au rapport des Perses, les fourmis, averties par l'odorat, les poursuivent incontinent. Il n'est point, disent-ils, d'animal si vite à la course ; et si les Indiens ne prenaient pas les devants pendant qu'elles se rassemblent, il ne s'en sauverait pas un seul. C'est pourquoi les chameaux mâles, ne courant pas si vite que les femelles, resteraient en arrière, s'ils n'étaient point tirés ensemble et à côté d'elles. Quant aux femelles, le souvenir de leurs petits leur donne des forces. C'est ainsi, disent les Perses, que ces Indiens recueillent la plus grande partie de leur or : celui qu'ils tirent de leurs mines est plus rare.

CVI. Les extrémités de la terre habitée ont eu, en quelque sorte, en partage ce qu'elle a de plus beau, comme la Grèce a eu, pour le sien, la plus agréable température des saisons. L'Inde est, ainsi que je viens de le dire, la dernière contrée habitée à l'est. Les quadrupèdes et les volatiles y sont beaucoup plus grands que dans les autres pays; mais les chevaux y sont plus petits que ceux de la Médie, qu'on appelle Niséens. Ce pays abonde en or : on le tire des mines, des fleuves, qui le charrient avec leurs eaux, et de la manière dont nous avons dit qu'on l'enlevait. On y voit, outre cela, des arbres sauvages qui, pour fruit, portent une espèce de laine [1] plus belle et meilleure que celle des brebis. Les Indiens s'habillent avec la laine qu'ils recueillent sur ces arbres.

CVII. Du côté du midi, l'Arabie est le dernier des pays habités. C'est aussi le seul où l'on trouve l'encens [2], la myrrhe, la cannelle, le cinnamome, le lédanon. Les Arabes recueillent toutes ces choses avec beaucoup de peine, excepté la myrrhe.

Pour récolter l'encens, ils font brûler sous les arbres qui le donnent une gomme appelée styrax, que les Phéniciens apportent aux Grecs. Ils brûlent cette gomme pour écarter une multitude de petits serpents volants, d'espèces différentes, qui gardent ces arbres, et qui ne les quitteraient pas sans la fumée du styrax. Ce sont ces sortes de serpents qui volent par troupes vers l'Égypte.

CVIII. Les Arabes disent aussi que tout le pays serait rempli de ces serpents, s'il ne leur arrivait la même chose que nous savons arriver aux vipères. C'est la Providence divine dont la sagesse a voulu, comme cela est vraisem-

---

[1] C'est le coton. Les anciens l'appelaient *byssus*, et le regardaient comme une espèce de lin, et tantôt comme une sorte de laine qui croissait sur un arbre dans l'Inde Théophraste appelle ces arbrisseaux arbres portant laine, ἐριοφόρα δένδρα. Ctésias dit, au rapport de Varron, qu'il y a dans l'Inde des arbres qui portent de la laine. Pomponius Méla est du même avis. « L'Inde, dit-il, est si grasse et si fertile, que le miel découle des feuilles des arbres et que les bois y portent de la laine. » Il ajoute ensuite que les Indiens sont habillés de lin, ou de la laine dont il vient de parler Cet auteur confond ici le lin avec le coton, les Indiens n'ayant jamais connu le lin. (L.)

[2] L'arbre qui porte l'encens ne croît qu'en Arabie; on le trouve particulièrement dans cette partie qu'on appelle *Thurifère*, dans un canton qui est vers le milieu de l'Arabie, après les Atramites, proche la ville de Saba, capitale du pays des Sabéens Ce canton est naturellement inaccessible, étant entouré de rochers. On y voit des forêts d'encens qui ont vingt schènes de long sur dix de large. Elles sont voisines des Minéens, qui habitent un autre pays par lequel on apporte l'encens, et de là vient qu'anciennement on appelait l'encens *thus minæum*. (L.)

blable, que tous les animaux timides, et qui servent de nourriture, fussent très-féconds, de crainte que la grande consommation qu'on en fait n'en détruisît l'espèce, et qu'au contraire tous les animaux nuisibles et féroces fussent beaucoup moins féconds.

Le lièvre trouve partout des ennemis ; les bêtes, les oiseaux, les hommes, lui font la guerre : aussi cet animal est-il extrêmement fécond. Sa femelle est, de tous les animaux, la seule qui conçoive quoique déjà pleine, et qui porte en même temps des petits dont les uns sont couverts de poil, les autres n'en ont point encore, et d'autres ne font que de se former, tandis qu'elle en conçoit encore d'autres.

La lionne, au contraire, cet animal si fort et si féroce, ne porte qu'une fois en sa vie, et ne fait qu'un petit : car sa matrice sort avec son fruit ; et en voici la raison. Dès que le lionceau commence à remuer dans le ventre de sa mère, comme il a les griffes beaucoup plus pointues que tout autre animal, il déchire la matrice ; et plus il croît, plus il la déchire. Enfin, lorsque la lionne est près de mettre bas, il n'y reste rien de sain.

CIX. Si donc les vipères et les serpents volants d'Arabie ne mouraient que de leur mort naturelle, il serait impossible aux hommes de vivre ; mais, lorsqu'ils frayent ensemble, la femelle, dans l'accouplement et dans l'instant de l'émission, prend le mâle à la gorge, s'y attache fortement, et ne lâche point prise qu'elle ne l'ait dévoré. Ainsi périt le mâle. La femelle en reçoit la punition ; ses petits, étant prêts à sortir, lui rongent la matrice et le ventre, se font un passage, et vengent de la sorte la mort de leur père. Les autres serpents, qui ne font point de mal aux hommes, pondent des œufs d'où l'on voit éclore une grande quantité de petits serpents. Au reste, il y a des vipères par toute la terre ; mais on ne voit qu'en Arabie des serpents ailés ; ils s'y trouvent en très-grand nombre.

CX. C'est ainsi que les Arabes recueillent l'encens. Voici comment ils font la récolte de la cannelle. Lorsqu'ils vont la chercher, ils se couvrent le corps entier, et même le visage, excepté les yeux, de peaux de bœufs et de chèvres. La cannelle croît dans un lac peu profond. Sur ce lac et tout à l'entour, il y a des animaux volatiles semblables à des chauves-souris. Ces animaux jettent des cris perçants et terribles, et sont très-forts. Les Arabes ont soin de les repousser et de se garantir les yeux, et avec cette précaution ils récoltent la cannelle.

CXI. Le cinnamome [1] se recueille d'une façon encore plus merveilleuse. Les Arabes eux-mêmes ne sauraient dire ni où il vient, ni quelle est la terre qui le produit. Quelques-uns prétendent qu'il croît dans le pays où Bacchus fut élevé; et leur sentiment est appuyé sur des conjectures vraisemblables. Ils racontent que de certains gros oiseaux vont chercher ces brins ou bâtons que nous appelons cinnamome, nom que nous avons appris des Phéniciens; que ces oiseaux les portent à leurs nids, qu'ils construisent avec de la boue sur des montagnes escarpées, et où aucun homme ne peut monter. Pour avoir ces brins de cinnamome, on prétend que les Arabes emploient cet artifice : ils prennent de la chair de bœuf, d'âne et d'autres bêtes mortes, la coupent en très-gros morceaux, et l'ayant portée le plus près des nids qu'il leur est possible, ils s'en éloignent. Les oiseaux fondent sur cette proie, et l'emportent dans leurs nids; mais comme ces nids ne sont point assez solides pour la soutenir, ils se brisent et tombent à terre. Les Arabes surviennent alors, et ramassent le cinnamome, qu'ils font ensuite passer dans les autres pays.

CXII. Le lédanon [1], que les Arabes appellent ladanon, se recueille d'une manière encore plus merveilleuse que le cinnamome. Quoique très-odoriférant, il vient dans un

---

[1] C'est le nom que les Grecs et les Latins du Bas-Empire ont donné à notre cannelle, qui est le casia d'Hérodote, et le casia syrinx ou casia fistula de la plupart des auteurs. Mais les anciens entendaient sous le nom de cinnamome l'arbre même qui donne la cannelle. (L.)

[2] Le lédum est un arbrisseau odoriférant qui s'élève à deux ou trois pieds. Les chèvres broutent les feuilles du lédum, sur lesquelles il y a une matière gommeuse dont leur barbe se charge. Les paysans ont soin de la ramasser avec des peignes de bois faits exprès; ensuite ils la fondent, la coulent, et la mettent en masse; c'est ce qu'on appelle *lédanon* ou *ladanon*. « On l'amasse aussi avec une espèce de fouet à long manche et à double rang de courroies, qu'on fait rouler sur ces plantes, et qui se chargent ainsi de la glu odoriférante attachée sur les feuilles. » (Tournefort.)

endroit d'une odeur très-désagréable ; car on le trouve dans la barbe des boucs et des chèvres, tel que la moisissure qui se forme sur le bois. On le fait entrer dans la composition de plusieurs parfums, et c'est principalement avec le lédanon que se parfument les Arabes. En voilà assez sur les substances odoriférantes.

CXIII. On respire en Arabie une odeur très-suave. Les Arabes ont deux espèces de moutons dignes d'admiration, et qu'on ne voit point ailleurs : les uns ont la queue longue au moins de trois coudées. Si on la leur laissait traîner, il y viendrait des ulcères, parce que la terre l'écorcherait et la meurtrirait. Mais aujourd'hui tous les bergers de ce pays savent faire de petits chariots, sur chacun desquels ils attachent la queue de ces animaux. L'autre espèce de moutons a la queue large d'une coudée.

CXIV. L'Éthiopie s'étend au couchant de l'Arabie, en tirant vers le midi : c'est le dernier des pays habités. Elle produit beaucoup d'or, des éléphants monstrueux, toutes sortes d'arbres sauvages, et de l'ébène. Les hommes y sont grands, beaux, bien faits, et vivent fort longtemps.

CXV. Telles sont les extrémités de l'Asie et de la Libye. Quant à celles de l'Europe à l'occident, je n'en puis rien dire de certain ; car je ne conviendrai pas que les barbares nomment Éridan un fleuve qui se jette dans la mer du Nord, et dont on dit que nous vient l'ambre. Je ne connais pas non plus les îles Cassitérides, d'où l'on nous apporte l'étain : le nom même du fleuve est une preuve de mon sentiment. Éridanos n'est point un mot barbare, c'est un nom grec inventé par quelque poëte. D'ailleurs, je n'ai jamais trouvé personne qui ait pu me dire, comme témoin oculaire, quelle est cette mer que l'on place dans cette région de l'Europe. Ce qu'il y a de certain, c'est que l'étain et l'ambre nous viennent de cette extrémité du monde.

CXVI. Il paraît constant qu'il y a une très-grande quantité d'or vers le nord de l'Europe ; mais je ne saurais dire avec certitude comment on parvient à se le procurer. On dit cependant que les Arimaspes enlèvent cet or aux Gryphons, et que ces Arimaspes n'ont qu'un œil. Mais qu'il y ait des hommes qui naissent avec un œil seulement, et qui, dans tout le reste, ressemblent parfaitement aux autres hommes, c'est une de ces choses que je ne puis me persuader. Quoi qu'il en soit, il paraît que les extrémités de la terre possèdent ce que nous estimons de plus beau et de plus rare.

CXVII. Il y a, en Asie, une plaine environnée de tous côtés d'une montagne qui a cinq ouvertures. Cette plaine appartenait autrefois aux Chorasmiens. Elle est située sur les frontières de ce même peuple, sur celles des Hyrcaniens, des Parthes, des Sarangéens et des Thamanéens; mais, depuis que les Perses sont en possession de la puissance souveraine, elle appartient au roi.

De cette montagne, qui renferme la plaine en question, coule un grand fleuve appelé Acès. Il prenait autrefois son cours par chacune des cinq ouvertures, se distribuait de tous côtés, et arrosait les terres des peuples dont je viens de parler. Mais, depuis qu'ils sont tous sous la domination des Perses, voici ce qui leur est arrivé. Le roi a fait faire, à chacune des ouvertures de la montagne, des portes ou écluses; l'eau ne trouvant plus d'issue, et se répandant toujours dans la plaine qui est entre les montagnes, en a fait une vaste mer. Ces peuples ne pouvant plus se servir de ces eaux, dont ils faisaient usage auparavant, se trouvent exposés à de fâcheux accidents. Il est vrai qu'en hiver il pleut[1] chez eux comme chez les autres nations; mais en été ils ont besoin d'eau lorsqu'ils sèment le panis et le sésame, et elle leur manque. Voyant donc qu'on ne leur en donne point, ils vont avec leurs femmes trouver les Perses; et, se tenant aux portes du palais du roi, ils poussent des cris lamentables. Alors le roi ordonne de lâcher les écluses du côté de ceux qui ont le plus besoin d'eau. Lorsque leurs terres sont suffisamment abreuvées, on referme les écluses. Il vient ensuite un ordre de les ouvrir pour ceux dont les besoins sont les plus pressants. Mais, comme je

---

[1] Il y a dans le grec : En hiver le dieu (Jupiter) pleut; telle était l'expression ordinaire. Τί γὰρ ὁ Ζεὺς ποιεῖ ; quel temps fait-il? (Aristoph., *Av.*, 1501.) \ ὦ Ζεὺς ἄλλοκα μὲν πέλει αἴθριος, ἄλλοκα δ'ὕει; tantôt il pleut, et tantôt il fait beau. (Théocrit., *Idyll.* iv, vers 43.)

l'ai ouï dire, le roi exige, pour les lâcher, de grandes sommes d'argent, sans compter le tribut ordinaire.

CXVIII. Intaphernes, un des sept Perses qui avaient conspiré contre le mage, se permit une insulte qui le fit punir de mort. Immédiatement après le soulèvement contre les mages, il voulut entrer dans le palais pour parler au roi ; car il avait été arrêté, entre les sept qui s'étaient ligués contre le mage, qu'ils auraient leurs entrées libres chez le roi sans avoir besoin d'introducteur, à moins qu'il ne fût pour lors avec une de ses femmes. Intaphernes voulut entrer chez Darius, croyant qu'il ne devait point se faire annoncer, parce qu'il était un des sept. Le garde de la porte et l'introducteur lui refusèrent l'entrée, disant que le roi était avec une de ses femmes. Intaphernes, s'imaginant qu'ils mentaient, tire son cimeterre, leur coupe le nez et les oreilles, qu'il fait attacher à la bride de son cheval, et, la leur ayant fait passer à l'entour du cou, il les laisse aller.

CXIX. Ils se présentèrent au roi, et lui dirent pourquoi on les avait ainsi maltraités. Darius, appréhendant que cette violence n'eût été commise de concert avec les cinq autres, les fit venir l'un après l'autre, et les sonda chacun en particulier, pour savoir s'ils approuvaient ce qui s'était passé. Quand il fut bien sûr que cela s'était fait sans leur participation, comme il avait tout lieu de croire qu'Intaphernes chercherait à se révolter avec ses parents, il le fit arrêter, lui, ses fils et toute sa famille. S'étant assuré de leurs personnes, il les fit mettre aux fers, et les condamna à mort.

La femme d'Intaphernes se rendait chaque jour aux portes du palais, tout éplorée, et poussant des cris lamentables. Ses pleurs et son assiduité firent impression sur le cœur de Darius. On vint lui dire, de la part de ce prince : « Le roi Darius vous accorde un des prisonniers ; vous » pouvez choisir, parmi vos parents, celui que vous vou- » lez délivrer du supplice. » Après un moment de réflexion, elle répondit : « Si le roi m'accorde la vie d'un de mes » proches, je choisis mon frère préférablement à tous les » autres. » Darius en fut surpris. « Quel motif, lui fit-il

» dire, vous fait préférer votre frère à votre mari et à vos
» enfants, quoiqu'il ne vous soit pas si proche que vos
» enfants, et qu'il doive vous être moins cher que votre
» mari ? — Grand roi, répondit-elle, si Dieu le permet,
» je pourrai trouver un autre mari, et avoir d'autres
» enfants lorsque j'aurai perdu ceux-ci ; mais, mon père
» et ma mère étant morts, il n'est pas possible que j'aie
» jamais d'autre frère[1]. Tels sont les motifs qui me l'ont
» fait préférer. » Darius, trouvant sa réponse pleine de
sens et de raison, et l'ayant goûtée, il lui rendit non-
seulement ce frère qu'elle avait demandé, mais encore
l'aîné de ses enfants. Quant aux autres, il les fit tous
mettre à mort. Ainsi périt, dès le commencement, l'un
des sept.

CXX. Il arriva, à peu près vers le temps de la maladie
de Cambyse, une aventure que je ne dois pas omettre.
Orétès, Perse de nation, à qui Cyrus avait donné le gouvernement de Sardes, conçut le projet abominable de se
saisir de Polycrate de Samos, et de le faire mourir,
quoiqu'il n'en eût jamais reçu la moindre offense ni en paroles ni en actions, et qu'il ne l'eût même jamais vu. Mais
voici la raison qu'en donnent la plupart de ceux qui racontent cette histoire.

Orétès, se trouvant un jour à la cour[2] avec Mitrobates,
gouverneur de Dascylium, de discours en discours, ils en
vinrent aux reproches. Comme leur dispute roulait sur le
courage : « Vous êtes véritablement, dit Mitrobates à Oré-
» tès, un homme de cœur, vous qui ne vous êtes pas
» encore emparé de l'île de Samos, quoiqu'elle soit con-
» tiguë à votre gouvernement, et si facile à subjuguer,

---

[1] Cette opinion paraît bien étrange ; c'était cependant celle du siècle d'Hérodote ; et l'on croirait qu'elle était universellement établie, puisque Sophocle
n'a pas craint de la mettre dans la bouche d'Antigone : « Après la mort d'un
époux, un autre peut le remplacer ; la naissance d'un fils peut dédommager
de celui qu'on a perdu : mais lorsque les auteurs de nos jours sont ensevelis
dans la tombe, on ne peut plus compter sur la naissance d'un frère. »

[2] Il y a dans le grec : *à la porte du roi*. Les grands seigneurs attendaient
à la porte des rois en Perse. Cet usage, établi par Cyrus, s'est conservé
aussi longtemps que la monarchie ; et même encore actuellement en Turquie,
on dit la porte ottomane, pour la cour. (L.)

» qu'un de ses habitants l'a prise avec quinze soldats, et
» en est maintenant le maître. » Orétès fut, dit-on, si sensible à ce reproche, qu'il chercha moins les moyens de se venger de celui qui le lui avait fait, que de perdre entièrement Polycrate, à l'occasion duquel il l'avait reçu.

CXXI. Quelques-uns, mais en plus petit nombre, racontent qu'Orétès envoya un héraut à Samos lui faire une demande quelconque ; on ne dit point ce que c'était. Quand le héraut arriva, ce prince était sur un lit de repos dans l'appartement des hommes, ayant près de lui Anacréon de Téos. Le héraut s'étant avancé pour lui parler, Polycrate, qui avait alors le visage du côté du mur, soit qu'il se trouvât par hasard dans cette posture, soit qu'il s'y fût mis exprès pour montrer le mépris qu'il faisait d'Orétès, ne daigna point se tourner, ni même lui répondre.

CXXII. On rapporte ces deux causes de la mort de Polycrate : chacun est libre de croire celle qui lui paraîtra la plus probable. Orétès, étant à Magnésie sur le Méandre, envoya à Samos un Lydien nommé Myrsus, fils de Gygès, vers Polycrate, dont il connaissait le caractère. Polycrate est le premier de tous les Grecs que nous connaissions qui ait eu le dessein de se rendre maître de la mer, si l'on excepte Minos de Cnosse, ou quelque autre plus ancien que ce législateur, supposé qu'il y en ait eu. Quant à ce qu'on appelle les temps historiques, Polycrate est le premier qui se soit flatté de l'espérance de s'emparer de l'Ionie et des îles. Orétès, instruit de ses vues, lui envoya ce message :

« *Orétès parle ainsi à Polycrate :*

» J'ai appris que vous aviez conçu de vastes projets,
» mais que vos richesses n'y répondaient pas. Si donc
» vous suivez mes conseils, vous vous élèverez, et vous
» me mettrez moi-même à couvert de tout danger. Cam-
» byse a dessein de me faire mourir ; on me le mande
» comme une chose certaine. Donnez-moi une retraite
» chez vous, et recevez-moi avec mes trésors ; la moitié
» est à vous, laissez-moi l'autre : ils vous rendront maître
» de toute la Grèce. Au reste, si vous avez quelque doute

» au sujet de mes richesses, envoyez-moi quelqu'un de
» confiance, je les lui montrerai. »

CXXIII. Polycrate, charmé des offres d'Orétès, lui accorda d'autant plus volontiers sa demande, qu'il avait une grande passion pour l'argent. D'abord il lui envoya Mæandrius, son secrétaire, fils d'un père du même nom. Ce Mæandrius était de Samos ; ce fut lui qui, quelque temps après, consacra dans le temple de Junon le riche ameublement de l'appartement de Polycrate.

Orétès, sachant qu'on devait venir visiter ses trésors, fit remplir de pierres huit grands coffres presque jusqu'aux bords. Il fit couvrir ces pierres de pièces d'or, et ayant fait fermer les coffres avec un nœud, il les tint prêts[1]. Cependant Mæandrius arrive, visite les trésors, et retourne faire son rapport à Polycrate.

CXXIV. Celui-ci partit pour se rendre auprès d'Orétès, malgré les représentations des devins et celles de ses amis. D'ailleurs sa fille avait cru voir en songe son père élevé dans les airs, où il était baigné par les eaux du ciel, et oint par le soleil. Effrayée de cette vision, elle fit tous ses efforts pour le dissuader de partir ; et, comme il allait s'embarquer sur un vaisseau à cinquante rames, elle lui rapporta des choses de mauvais augure. Alors il la menaça de ne la marier de longtemps, s'il revenait sain et sauf de ce voyage. « Je souhaite, lui répondit-elle, que vos me-
» naces aient leur effet ; et j'aime mieux rester longtemps
» vierge que d'être privée de mon père. »

CXXV. Polycrate, sans aucun égard pour les conseils qu'on lui donnait, s'embarqua pour se rendre auprès d'Orétès avec plusieurs de ses amis, et entre autres avec le médecin Démocèdes, fils de Calliphon, de la ville de Crotone, et le plus habile homme de son temps dans sa profession. Étant arrivé à Magnésie, il y périt misérablement, et d'une manière indigne de son rang et de la grandeur de

---

[1] Avant l'usage des serrures, on avait coutume, dans les temps anciens, de fermer les portes, les coffres, etc., avec des nœuds. Il y en avait de si difficiles, que celui seul qui en avait le secret pouvait les délier. Tout le monde connaît le fameux nœud gordien. On trouve souvent cet usage dans Homère. (L.)

son âme. En effet, de tous les tyrans qui ont régné dans les villes grecques, il n'y en a pas un seul, si l'on excepte ceux de Syracuse, dont la magnificence mérite d'être comparée à celle de Polycrate. Orétès l'ayant fait périr d'une mort que j'ai horreur de rapporter[1], le fit mettre en croix. Il renvoya tous les Samiens qui l'avaient suivi, et leur dit qu'ils devaient lui savoir gré de la liberté qu'il leur laissait. Quant aux étrangers et aux esclaves qui avaient accompagné Polycrate, il les retint tous dans la servitude. Polycrate, élevé en l'air, accomplit toutes les circonstances du songe de sa fille. Il était baigné par les eaux du ciel et oint par le soleil, dont la chaleur faisait sortir les humeurs de son corps. Ce fut là qu'aboutirent les prospérités de Polycrate, comme le lui avait prédit Amasis.

CXXVI. La mort de Polycrate ne tarda pas à être vengée sur Orétès. Cambyse étant mort, et les mages s'étant emparés du trône, Orétès, qui résidait à Sardes, bien loin de rendre aucun service aux Perses, à qui les Mèdes avaient enlevé la couronne, profita de ces temps de troubles et de désordres pour faire périr Mitrobates, gouverneur de Dascylium, qui lui avait fait des reproches au sujet de Polycrate, et son fils Cranapes, quoiqu'ils fussent l'un et l'autre en grande considération parmi les Perses. Outre une infinité d'autres crimes, un courrier lui ayant apporté de la part de Darius des ordres qui ne lui étaient pas agréables, il aposta des assassins pour l'attaquer sur le chemin lorsqu'il s'en retournerait. Ils le tuèrent lui et son cheval, et en firent disparaître les cadavres.

CXXVII. Darius ne fut pas plutôt sur le trône, qu'il résolut de ne point laisser impunis les crimes d'Orétès, et particulièrement la mort de Mitrobates et de son fils. Mais il jugea d'autant moins convenable d'envoyer une armée directement contre lui au commencement de son règne, et dans le temps que les affaires étaient encore dans une espèce de fermentation, qu'il savait qu'Orétès avait des forces considérables. Sa garde, en effet, était composée de

---

[1] Orétès le fit sans doute écorcher vif, genre de supplice assez ordinaire en Perse. (WESSELING.)

mille Perses, et son gouvernement comprenait la Phrygie, la Lydie et l'Ionie. Voici ce qu'il imagina.

Il convoqua les Perses les plus qualifiés. « Perses, leur » dit-il, qui d'entre vous me promettra d'exécuter une » chose où il ne s'agit que d'habileté, et où il n'est pas né- » cessaire d'employer la force et le grand nombre ? car la » violence est inutile quand il ne faut que de l'adresse. » Qui d'entre vous tuera Orétès ou me l'amènera vif, lui » qui n'a jamais rendu aucun service aux Perses, et qui a » commis plusieurs crimes ? Il a fait périr deux d'entre » nous, Mitrobates et son fils ; et, non content de cela, il » a fait assassiner tous les courriers que je lui envoyais » pour lui ordonner de se rendre auprès de moi. C'est une » insulte qu'on ne peut supporter. Prévenons par sa mort » des maux encore plus grands qu'il pourrait faire aux » Perses. »

CXXVIII. Sur cette proposition, trente Perses promirent, à l'envi l'un de l'autre, de le servir. Pour terminer leurs contestations, Darius ordonna que le sort en déciderait. On tira donc ; et le sort étant tombé sur Bagéus, fils d'Artontès, voici comment il s'y prit. Il écrivit plusieurs lettres sur différentes affaires, les scella du sceau de Darius, et partit pour Sardes avec ces dépêches. Aussitôt qu'il y fut arrivé, il alla trouver Orétès, et donna les lettres, l'une après l'autre, au secrétaire du roi, pour en faire la lecture : car tous les gouverneurs de province ont auprès d'eux des secrétaires du roi. En donnant ces lettres, Bagéus avait intention de sonder les gardes du gouverneur, pour voir s'ils seraient disposés à l'abandonner. Ayant remarqué qu'ils avaient beaucoup de respect pour ces lettres, et encore plus pour les ordres qu'elles contenaient, il en donna une autre, conçue en ces termes : « Perses, le roi Darius vous défend de servir désormais de » gardes à Orétès. » Là-dessus, ils mirent sur-le-champ bas leurs piques. Bagéus, encouragé par leur soumission, mit entre les mains du secrétaire la dernière lettre, ainsi conçue : « Le roi Darius ordonne aux Perses qui sont à » Sardes de tuer Orétès. » Aussitôt les gardes tirent leurs cimeterres, et tuent le gouverneur sur la place. Ce fut ainsi que la mort de Polycrate de Samos fut vengée par celle du Perse Orétès.

CXXIX. Les biens de celui-ci ayant été confisqués et transportés à Suses, il arriva, peu de temps après, que Darius, étant à la chasse, se donna une entorse au pied, en sautant en bas de son cheval. Elle fut si violente, que la cheville du pied se déboîta. Darius avait à sa cour les médecins qui passaient pour les plus habiles qu'il y eût en Égypte. S'étant mis d'abord entre leurs mains, ils lui tournèrent le pied avec tant de violence, qu'ils augmentèrent le mal. Le roi fut sept jours et sept nuits sans fermer l'œil, tant la douleur était vive. Enfin, le huitième jour, comme il se trouvait très-mal, quelqu'un qui, pendant son séjour à Sardes, avait entendu dire quelque chose de la profession de Démocèdes de Crotone, lui parla de ce médecin : Darius se le fit amener en diligence. On le trouva confondu parmi les esclaves d'Orétès, comme un homme dont on ne faisait pas grand cas. On le présenta au roi couvert de haillons, et ayant des ceps aux pieds.

CXXX. Darius lui ayant demandé s'il savait la médecine, Démocèdes n'en convint point, dans la crainte de se fermer à jamais le chemin de la Grèce s'il se faisait connaître. Darius, s'étant aperçu qu'il tergiversait en disant qu'il n'était pas médecin, quoiqu'il le fût effectivement, ordonna à ceux qui le lui avaient amené d'apporter des fouets et des poinçons. Démocèdes ne crut pas devoir dissimuler plus longtemps. Il dit qu'il n'avait pas une connaissance profonde de la médecine, mais qu'il en avait pris une légère teinture en fréquentant un médecin. Sur cet aveu, le roi se mit entre ses mains. Démocèdes le traita à la manière des Grecs; et, faisant succéder les remèdes doux et calmants aux remèdes violents, il parvint à lui procurer du sommeil, et en peu de temps il le guérit, quoique ce prince eût perdu toute espérance de pouvoir jamais se servir de son pied. Cette cure achevée, Darius lui fit présent de deux paires de ceps d'or. Démocèdes lui demanda s'il prétendait doubler ainsi son mal, en récompense de sa guérison. Le roi, charmé de cette repartie, l'envoya à ses femmes. Les eunuques qui le conduisaient leur dirent que c'était lui qui avait rendu la vie au roi. Ces femmes firent présent à Démocèdes de statères qu'elles puisaient dans un coffre avec une soucoupe. Ce présent fut si considérable, que le domestique qui le suivait, et qui s'appelait Sciton, fit une grosse somme des pièces d'or qu'il ramassa à mesure qu'elles tombaient des soucoupes.

CXXXI. Voici à quelle occasion Démocèdes avait quitté Crotone, sa patrie, et s'était attaché à Polycrate. Il vivait avec un père d'un caractère dur et colère. Ne pouvant plus supporter son humeur, il alla à Égine, où s'étant établi, il surpassa, dès la première année, les plus habiles médecins, quoiqu'il ne se fût point préparé à y exercer sa profession, et qu'il n'eût aucun des instruments nécessaires. La seconde année, les Éginètes lui donnèrent un talent de pension sur le trésor public [1]. La troisième, les Athéniens lui firent une pension de cent mines [2]. Enfin, la quatrième année, Polycrate lui offrit deux talents [3], et, par cette amorce, l'attira à Samos. C'est à lui que les médecins de Crotone doivent la plus grande partie de leur réputation. Il fut un temps où on les regarda comme les premiers médecins de toute la Grèce, et les Cyrénéens comme les seconds. Vers le même temps, les Argiens passaient pour les plus habiles musiciens de la Grèce.

CXXXII. Démocèdes ayant parfaitement guéri Darius, on lui donna une très-grande maison à Suses; il mangeait à la table du roi, et rien ne lui manquait, que la liberté de retourner en Grèce. Il obtint du roi la grâce des Égyptiens qui étaient auparavant ses médecins ordinaires, et qui, pour s'être laissé surpasser en leur art par un médecin grec, avaient été condamnés à être mis en croix. Il fit rendre la liberté à un devin d'Élée qui avait suivi Polycrate, et qu'on avait mis au nombre des esclaves, sans qu'on songeât à lui. Enfin Démocèdes jouissait auprès du roi d'une très-grande considération.

CXXXIII. Il survint, peu de temps après, à Atosse, fille de Cyrus et femme de Darius, un tumeur au sein,

---

[1] 5,400 livres de notre monnaie.
[2] 9,000 livres.
[3] 10,800 livres.

qui s'ouvrit et fit de grands progrès. Tant que le mal fut peu considérable, cette princesse le cacha par pudeur, et n'en dit mot à personne. Mais quand elle vit qu'il devenait dangereux, elle manda Démocèdes et le lui fit voir. Il lui promit de la guérir ; mais il exigea d'elle, avec serment, qu'elle l'obligerait à son tour dans une chose dont il la prierait, l'assurant, au reste, qu'il ne lui demanderait rien dont elle eût à rougir.

CXXXIV. Atosse, guérie par les remèdes de Démocèdes, résolut de lui tenir parole. Étant au lit avec Darius, elle lui parla ainsi, selon les instructions de Démocèdes : « Je m'étonne, seigneur, qu'ayant tant de troupes à votre
» disposition, vous demeuriez tranquillement dans votre
» palais, sans songer à conquérir de nouveaux pays et à
» étendre les bornes de votre empire. Cependant il con-
» vient à un monarque jeune, et qui possède de grandes
» richesses, de se signaler par des actions qui fassent con-
» naître à ses sujets qu'ils ont un homme de cœur à leur
» tête. Il vous importe, par deux raisons, de suivre mon
» conseil : la première, pour montrer aux Perses qu'ils
» ont un roi plein de courage et de valeur ; la seconde,
» afin qu'accablés de travaux, l'oisiveté ne les porte point
» à se soulever contre vous. Faites donc quelques grands
» exploits, tandis que vous êtes dans la fleur de l'âge.
» L'âme croît avec le corps ; mais, à mesure que le corps
» vieillit, l'âme vieillit aussi, et devient inhabile à tout. »
Ainsi parla Atosse, suivant les instructions de Démocèdes.

« Vos discours, lui répondit Darius, s'accordent avec
» mes desseins. J'ai résolu de marcher contre les Scythes,
» et de construire à cet effet un pont pour passer de notre
» continent dans l'autre. Il ne faut que peu de temps pour
» en venir à bout. »

« Seigneur, reprit Atosse, ne commencez point, je vous
» prie, par les Scythes ; ils seront à vous quand vous le
» voudrez : marchez plutôt contre la Grèce. Car, seigneur,
» sur ce que j'ai ouï dire des femmes de ce pays, je ne
» désire rien tant que d'avoir à mon service des Lacédé-
» moniennes, des Argiennes, des Athéniennes et des Co-
» rinthiennes. Vous avez ici l'homme du monde le plus

» propre à vous instruire de ce qui regarde la Grèce, et à
» vous servir de guide dans cette expédition ; c'est celui
» qui vous a guéri de votre entorse. »

« Puisque vous êtes d'avis, répondit Darius, que nous
» commencions par la Grèce, il me semble qu'avant tout
» il est à propos d'envoyer quelques Perses avec l'homme
» dont vous me parlez, pour prendre une connaissance
» exacte du pays ; et, lorsqu'à leur retour ils m'auront in-
» struit de tout ce qu'ils auront vu et appris, je me met-
» trai en marche. »

CXXXV. A peine eut-il dit ces choses, qu'il les exécuta. Dès que le jour commença à paraître, il fit venir quinze Perses des premiers de la nation, leur commanda de suivre Démocèdes, de reconnaître avec lui tous les pays maritimes de la Grèce, et leur enjoignit surtout de prendre garde qu'il ne leur échappât, et de le ramener avec eux, quelque chose qui arrivât. Ces ordres donnés, il manda Démocèdes, et le pria de revenir dès qu'il aurait fait voir aux Perses toute la Grèce. Il lui commanda aussi de porter avec lui tous ses meubles, pour en faire présent à son père et à ses frères, lui promettant de le dédommager au centuple ; et, outre cela, il lui dit qu'il le ferait accompagner par un vaisseau de charge rempli de ces présents et de toutes sortes de richesses. Les promesses de ce prince étaient, comme je le crois, sans artifice ; cependant Démocèdes, craignant qu'il n'eût dessein de l'éprouver, accepta tous ces dons sans montrer beaucoup d'empressement. Mais pour les meubles et autres effets qui lui appartenaient, il dit qu'il les laisserait à Suses, afin de les retrouver à son retour. Il se contenta du vaisseau de charge que lui promettait le roi, afin de porter les présents qu'il faisait à ses frères.

CXXXVI. Darius, lui ayant aussi donné ses ordres, lui dit de se rendre avec les Perses sur les bords de la mer. Lorsqu'ils furent arrivés en Phénicie, ils allèrent à Sidon, où ils firent équiper sur-le-champ deux trirèmes et un gros vaisseau de charge, qu'ils remplirent de toutes sortes de richesses. Leurs préparatifs achevés, ils passèrent en Grèce, dont ils visitèrent les côtes et levèrent le plan. Enfin, après en avoir reconnu les places les plus célèbres, ils firent voile en Italie, et abordèrent à Tarente. Aristophilides, roi de ce pays, fit ôter, par bonté pour Démocèdes, le gouvernail des vaisseaux des Mèdes[1], et arrêter en même temps les Perses comme espions. Tandis qu'on les tenait en prison, Démocèdes se retira à Crotone. Lorsqu'il fut arrivé chez lui, Aristophilides relâcha les Perses, et leur rendit ce qu'il avait fait enlever de leurs vaisseaux.

CXXXVII. Les Perses, ayant remis à la voile, poursuivirent Démocèdes, et arrivèrent à Crotone. Ils l'arrêtèrent dans la place publique, où ils le rencontrèrent. La crainte de la puissance des Perses avait disposé une partie des Crotoniates à le leur remettre ; mais d'autres l'arrachèrent de leurs mains, et les repoussèrent à coups de bâtons.

« Crotoniates, leur disaient les Perses, prenez garde à
» ce que vous faites : celui que vous nous enlevez est un
» esclave fugitif ; il appartient au roi. Pensez-vous donc
» que Darius souffre impunément une telle insulte, et que
» vous vous trouviez bien de nous avoir arraché Démocè-
» des ? car enfin votre ville ne sera-t-elle pas la première
» que nous attaquerons, et que nous tâcherons de réduire
» en servitude ? »

Ces menaces furent inutiles. Les Crotoniates, sans y avoir égard, leur enlevèrent non-seulement Démocèdes, mais encore le vaisseau de charge, qu'ils avaient amené avec eux. Les Perses, privés de leur guide, retournèrent en Asie, sans chercher à pénétrer plus avant dans la Grèce pour reconnaître le pays.

Démocèdes, à leur départ, leur enjoignit de dire à Darius qu'il était fiancé avec la fille de Milon. Le nom de ce lutteur était alors fort connu à la cour de Perse. Pour moi, je pense qu'il hâta ce mariage, et qu'il y dépensa de grandes sommes, afin de faire voir à Darius qu'il jouissait aussi dans sa patrie d'une grande considération.

CXXXVIII. Les Perses ayant levé l'ancre, les vents les écartèrent de leur route, et les poussèrent en Iapygie, où on les fit prisonniers. Mais Gillus, banni de Tarente, les

---

[1] Pour bien entendre ce passage, il faut se rappeler que les Grecs désignaient fréquemment les Perses sous le nom de Mèdes, quoique les Mèdes fussent des peuples auxquels les Perses avaient enlevé l'empire. (Miot.)

délivra, et les ramena à Darius. La reconnaissance avait disposé ce prince à lui accorder toutes ses demandes. Gillus lui raconta sa disgrâce, et le pria de le faire rétablir à Tarente. Mais, pour ne pas jeter l'épouvante et le trouble dans la Grèce, comme cela n'aurait pas manqué d'arriver si l'on eût envoyé à cause de lui une flotte considérable en Italie, il dit que les Cnidiens suffiraient seuls pour le rétablir dans sa patrie, et qu'étant amis des Tarentins, il était persuadé qu'à leur sollicitation on ne ferait nulle difficulté de lui accorder son rappel. Darius le lui promit; et, sans différer plus longtemps, il envoya un exprès à Cnide, avec ordre aux Cnidiens de remener Gillus à Tarente. Les Cnidiens obéirent; mais ils ne purent rien obtenir des Tarentins, et ils n'étaient point assez puissants pour employer la force. C'est ainsi que les choses se passèrent. Ces Perses sont les premiers qui soient venus d'Asie en Grèce pour reconnaître le pays.

CXXXIX. Après ces événements, Darius prit Samos. De toutes les villes, tant grecques que barbares, celle-ci fut la première qu'il attaqua, pour les raisons que je vais dire. Beaucoup de Grecs avaient suivi Cambyse, fils de Cyrus, dans son expédition en Égypte; les uns, comme on peut le croire, pour trafiquer, d'autres pour servir, et quelques-uns aussi par curiosité et pour voir le pays. Du nombre de ces derniers fut Syloson, banni de Samos, fils d'Æacès et frère de Polycrate. Il lui arriva une aventure qui contribua à sa fortune. Se promenant un jour sur la place de Memphis, un manteau d'écarlate sur les épaules, Darius, qui n'était alors qu'un simple garde du corps de Cambyse, et qui ne jouissait pas encore d'une grande considération, l'aperçut et eut envie de son manteau. Il s'approcha de cet étranger, et le pria de le lui vendre. Syloson, remarquant que Darius en avait une envie extrême, lui répondit, comme inspiré de quelque dieu : « Pour quelque » prix que ce soit, je ne veux point le vendre; mais, » puisqu'il faut que les choses soient ainsi, j'aime mieux » vous en faire présent. » Darius loua sa générosité, et accepta le manteau.

CXL. Syloson croyait avoir perdu son manteau par son trop de facilité; mais, quelque temps après, Cambyse étant mort, les sept Perses détrônèrent le mage, et Darius, l'un des sept conjurés, monta sur le trône. Syloson, ayant appris que la couronne était échue à celui à qui, sur ses vives instances, il avait donné son manteau en Égypte, part pour Suses, se rend au palais, et, s'étant assis au vestibule, il dit qu'il avait autrefois obligé Darius. Le garde de la porte, qui avait entendu ce discours, en fit son rapport au roi. « Quel est donc ce Grec, se dit en lui-même
» Darius étonné, qui m'a prévenu de ses bienfaits? Je n'ai
» que depuis peu la puissance souveraine, et depuis ce
» temps à peine peut-il en être venu un seul à ma cour.
» Pour moi, je ne sache point qu'aucun Grec m'ait rien
» prêté. Mais qu'on le fasse entrer; je verrai ce qu'il veut
» dire. »

Le garde ayant introduit Syloson, les interprètes lui demandèrent qui il était, et en quoi il pouvait se vanter d'avoir obligé Darius. Syloson raconta tout ce qui s'était passé au sujet du manteau, et ajouta que c'était lui-même qui l'avait donné.

« O le plus généreux de tous les hommes! répondit Da-
» rius; vous êtes donc celui qui m'avez fait un présent
» dans le temps où je n'avais pas la moindre autorité!
» Quoique ce présent soit peu de chose, je vous en ai ce-
» pendant autant d'obligation que si j'en recevais aujour-
» d'hui un considérable; et, pour reconnaître ce plaisir,
» je vous donnerai tant d'or et d'argent, que vous n'aurez
» jamais sujet de vous repentir d'avoir obligé Darius, fils
» d'Hystaspes. — Grand roi, reprit Syloson, je ne vous
» demande ni or ni argent; rendez-moi Samos, ma patrie,
» et délivrez-la de l'oppression. Depuis qu'Orétès a fait
» mourir mon frère Polycrate, un de nos esclaves s'en
» est emparé; c'est cette patrie que je vous demande;
» rendez-la-moi, seigneur, sans effusion de sang, et ne
» permettez pas qu'elle soit réduite en servitude. »

CXLI. Darius lui accorda sa demande. Il envoya une armée sous les ordres d'Otanes, un des sept qui avaient détrôné le mage, et lui recommanda d'exécuter tout ce dont Syloson le prierait. Otanes se rendit sur les bords de la mer, où il fit embarquer ses troupes.

CXLII. Mæandrius, fils de Mæandrius, avait alors la puissance souveraine dans l'île de Samos; Polycrate lui en avait confié la régence. Il voulut se montrer le plus juste de tous les hommes; mais les circonstances ne le lui permirent pas. Quand il eut appris la mort de Polycrate, il érigea d'abord un autel à Jupiter Libérateur, et traça autour de cet autel l'aire sacrée qu'on voit encore aujourd'hui dans le faubourg de Samos. Ensuite il convoqua une assemblée de tous les citoyens, et leur tint ce discours : « Vous savez, Samiens, que Polycrate m'a confié son
» sceptre avec son autorité, et qu'aujourd'hui il ne tient
» qu'à moi de conserver l'empire sur vous. Mais, autant
» que je le pourrai, je ne ferai jamais ce que je condamne
» dans les autres. J'ai blâmé Polycrate de s'être rendu
» maître de ses égaux, et je n'approuverai jamais la même
» conduite dans un autre. Mais enfin il a rempli sa des-
» tinée. Quant à moi, je me démets de la puissance sou-
» veraine, et je rétablis l'égalité. Accordez-moi seulement,
» je vous prie, par une sorte de distinction que je crois
» juste, six talents[1] de l'argent de Polycrate. Permettez
» encore que je me réserve, à moi et à mes descendants,
» à perpétuité, le sacerdoce de Jupiter Libérateur, à qui
» j'ai élevé un autel, et je vous rends votre ancienne
» liberté. »

Telles furent les demandes et les promesses de Mæandrius; mais un Samien, se levant du milieu de l'assemblée, lui dit : « Vous ne méritez pas de nous commander,
» vous qui avez toujours été un méchant et un scélérat. Il
» faut bien plutôt vous faire rendre compte de l'argent
» que vous avez eu en maniement. » Celui qui parla de la sorte s'appelait Télésarque; il jouissait d'une grande con-
» sidération parmi ses concitoyens.

CXLIII. Mæandrius, faisant réflexion que s'il se dépouillait de l'autorité souveraine, quelqu'un s'en emparerait

---

[1] 32,400 livres.

et se mettrait en sa place, ne pensa plus à la quitter. Dès qu'il fut rentré dans la citadelle, il manda les citoyens l'un après l'autre, comme s'il eût voulu leur rendre compte de l'administration des finances; mais ils furent arrêtés et mis aux fers. Pendant qu'ils étaient en prison, Mæandrius tomba malade. Son frère Lycarète crut qu'il n'en reviendrait point, et, pour usurper plus facilement la puissance souveraine dans Samos, il fit mourir tous les prisonniers : car il paraît bien que les Samiens regardaient comme une chose indigne d'un homme libre d'obéir à un tyran.

CXLIV. Cependant les Perses qui ramenaient Syloson étant arrivés à Samos, n'y trouvèrent pas la moindre résistance. Ceux du parti de Mæandrius, et Mæandrius lui-même, leur déclarèrent qu'ils étaient prêts à capituler et à sortir de l'île. Otanes accepta cette proposition; et lorsque le traité eut été conclu, les gens les plus distingués d'entre les Perses firent apporter des siéges, et s'assirent devant la forteresse.

CXLV. Le tyran Mæandrius avait un frère, nommé Charilée, dont l'esprit n'était pas fort sain, et qu'on tenait enchaîné dans une prison souterraine pour quelque faute qu'il avait commise. Charilée, informé de ce qui se passait, et ayant vu par une ouverture de sa prison les Perses tranquillement assis, se mit à crier qu'il voulait parler à son frère. Mæandrius, qui l'avait entendu, ordonna de le délier, et de le lui amener. Il n'eut pas plutôt été amené, que, chargeant son frère d'invectives, il tâcha de l'engager à se jeter sur les Perses. « O le plus lâche de tous les
» hommes! tu as bien eu le cœur assez dur pour me faire
» enchaîner dans une prison souterraine, moi qui suis
» ton frère, et qui n'ai mérité par aucun crime un pareil
» traitement, et tu n'as pas le courage de te venger des
» Perses, qui te chassent de ta maison et de ta patrie,
» quoiqu'il te soit facile de les vaincre! Mais, si tu les
» redoutes, donne-moi les troupes auxiliaires, et je les
» ferai repentir d'être venus ici. Quant à toi, je suis prêt
» à te renvoyer de cette île. »

CXLVI. Ainsi parla Charilée. Mæandrius prit en bonne

part son discours. Il n'était pas cependant, à mon avis, assez insensé pour s'imaginer qu'avec ses forces il pourrait l'emporter sur le roi ; mais il enviait à Syloson le bonheur de recouvrer sans peine la ville de Samos, et de la recevoir florissante, et sans qu'on y eût fait le moindre dégât. En irritant les Perses, il voulait affaiblir la puissance des Samiens, et ne les livrer qu'en cet état. Il savait bien, en effet, que, si les Perses étaient maltraités, ils s'aigriraient contre les Samiens. D'ailleurs il avait un moyen sûr pour se retirer de l'île quand il le voudrait. Il avait fait pratiquer sous terre un chemin qui conduisait de la forteresse à la mer. Et en effet il sortit de Samos par cette route, et mit à la voile. Pendant ce temps-là Charilée, ayant fait prendre les armes à toutes les troupes auxiliaires, ouvrit les portes, et fit une sortie sur les Perses, qui, bien loin de s'attendre à cet acte d'hostilité, croyaient que tout était réglé. Les auxiliaires tombèrent sur ces Perses de distinction, qu'ils trouvèrent assis, et les massacrèrent. Tandis qu'ils les passaient au fil de l'épée, le reste de l'armée perse vint au secours, et poussa les auxiliaires avec tant de vigueur, qu'ils furent contraints de se renfermer dans la forteresse.

CXLVII. Otanes s'était ressouvenu jusqu'alors des ordres que Darius lui avait donnés en partant, de ne tuer aucun Samien, de n'en réduire aucun en servitude, et de rendre l'île de Samos à Syloson, sans permettre qu'on y fît le dégât ; mais, à la vue du carnage qui s'était fait des Perses, il les oublia. Il ordonna à son armée de faire main basse sur tout ce qu'elle trouverait en son chemin, hommes et enfants, sans aucune distinction. Ainsi, tandis qu'une partie de ses troupes assiégeait la citadelle, les autres passèrent au fil de l'épée tous ceux qu'ils rencontrèrent, tant dans les lieux sacrés que dans les profanes.

CXLVIII. Mæandrius, s'étant sauvé de Samos, fit voile à Lacédémone. Lorsqu'il y fut arrivé avec les richesses qu'il avait emportées, il fit tirer de ses coffres des coupes d'or et d'argent, et ses gens se mirent à les nettoyer. Pendant ce temps-là, il alla trouver Cléomène, fils d'Anaxandride, roi de Sparte ; et, s'entretenant avec lui, il l'amena insensiblement dans sa maison. Voyant ce prince saisi d'admiration à la vue de ces vases, il le pressa d'en prendre autant qu'il le voudrait, et de les faire porter dans son palais.

Cléomène montra en cette occasion qu'il était le plus juste et le plus désintéressé des hommes. Quoique Mæandrius insistât jusqu'à deux ou trois fois, il ne voulut jamais accepter ses dons. Mais, ayant appris que ce Samien faisait présent de ces vases à d'autres citoyens, et que, par ce moyen, il se procurerait du secours, il alla trouver les éphores, et leur remontra qu'il était de l'intérêt de la république de faire sortir du Péloponnèse cet étranger, de crainte, ajouta-t-il, qu'il ne me corrompe moi-même et d'autres citoyens aussi. Les éphores approuvèrent le conseil de Cléomène, et firent signifier à Mæandrius par un héraut qu'il eût à sortir des terres de la république.

CXLIX. Quand les Perses eurent pris tous les habitants de Samos comme dans un filet, ils remirent la ville à Syloson, mais déserte et sans aucun habitant. Quelque temps après, Otanes repeupla cette île, à l'occasion d'une vision qu'il eut en songe, et d'un mal dont il se sentit attaqué aux parties de la génération.

CL. Tandis que l'armée navale se rendait à Samos, les Babyloniens se révoltèrent après avoir fait de grands préparatifs. Pendant le règne du mage, et tandis que les sept Perses se soulevaient contre lui, ils profitèrent de ce temps et des troubles qu'il y eut à cette occasion, pour se disposer à soutenir un siége sans que les Perses en eussent la moindre connaissance. Après qu'ils eurent secoué ouvertement le joug, ils prirent les mesures suivantes : de toutes les femmes qui se trouvèrent dans Babylone, chaque homme, indépendamment de sa mère, ne se réserva que celle qu'il aimait le plus de toutes celles de sa maison. Quant aux autres, ils les assemblèrent toutes en un même lieu, et les étranglèrent. Celle que chacun s'était réservée devait lui apprêter à manger; et ils étranglèrent le reste, afin de ménager leurs provisions.

CLI. A la première nouvelle de leur révolte, Darius

assembla toutes ses forces, et marcha contre eux. Lorsqu'il fut arrivé devant la place, il en forma le siége ; mais les Babyloniens firent voir qu'ils s'en inquiétaient peu. Ils montèrent sur leurs remparts, et se mirent à danser et à faire des plaisanteries contre Darius et son armée ; et l'un d'entre eux leur dit cette parole remarquable : « Perses, » pourquoi perdre ainsi le temps devant nos murailles ? » Retirez-vous plutôt ; vous prendrez Babylone lorsque les » mules engendreront. » Ainsi parla un Babylonien, ne pensant pas qu'une mule pût jamais engendrer.

CLII. Il y avait déjà un an et sept mois que Darius était avec son armée devant Babylone sans pouvoir la prendre : il en était très-affligé. Il s'était, mais en vain, servi de toutes sortes de stratagèmes ; il avait même eu recours à celui qui avait autrefois réussi à Cyrus ; mais les Babyloniens se tenaient sans cesse sur leurs gardes, et il n'était pas possible de les forcer.

CLIII. Le vingtième mois du siége, il arriva un prodige chez Zopyre, fils de ce Mégabyse qui, avec les six autres conjurés, détrôna le mage : une des mules qui lui servaient à porter ses provisions fit un poulain. Il n'en voulut d'abord rien croire ; mais, s'en étant convaincu par ses yeux, il défendit expressément à ses gens d'en parler. S'étant mis ensuite à réfléchir sur ce prodige, il se rappela les paroles du Babylonien qui avait dit, au commencement du siége, qu'on prendrait la ville lorsque les mules, toutes stériles qu'elles sont, engendreraient. Il crut, en conséquence de ce présage, qu'on pouvait prendre Babylone, que le Babylonien avait parlé de la sorte par une permission divine, et que la mule avait mis bas pour lui.

CLIV. Ayant reconnu que les destins assuraient la prise de Babylone, il alla trouver Darius, et lui demanda s'il avait fort à cœur la conquête de cette place. Ce prince lui ayant répondu qu'il le souhaitait ardemment, il délibéra comment il ferait pour s'en emparer, et pour que la prise de cette ville ne pût être attribuée à d'autre qu'à lui. Les Perses estiment en effet beaucoup les belles actions ; et chez eux c'est le plus sûr moyen de parvenir aux plus grands honneurs. Ayant fait réflexion qu'il ne pouvait se rendre maître de cette place qu'en se mutilant, pour passer ensuite chez les ennemis en qualité de transfuge, il ne balança pas un instant, et ne tint aucun compte d'une difformité à laquelle il n'était pas possible de remédier. Il se coupa donc le nez et les oreilles, se rasa d'une manière honteuse le tour de la tête, se mit le corps en sang à coups de fouet, et, en cet état, il alla se présenter au roi.

CLV. Darius, indigné de voir un homme de ce rang si cruellement traité, se lève précipitamment de son trône, et lui demande avec empressement qui l'avait ainsi mutilé, et pour quel sujet. « Personne que vous, seigneur, répon-
» dit Zopyre, n'est assez puissant pour me traiter de la
» sorte. Une main étrangère ne m'a point mis en cet état ;
» je l'ai fait moi-même, outré de voir les Assyriens se mo-
» quer des Perses. — O le plus malheureux des hommes,
» s'écria Darius ; en disant que vous vous êtes traité à
» cause des assiégés d'une manière irrémédiable, vous
» cherchez à couvrir d'un beau nom l'action la plus hon-
» teuse! Insensé! les ennemis se rendront-ils donc plus
» tôt, parce que vous vous êtes ainsi mutilé? N'avez-vous
» donc pas perdu l'esprit quand vous vous êtes mis en cet
» état? — Seigneur, reprit Zopyre, si je vous avais com-
» muniqué mon dessein, vous ne m'auriez jamais permis
» de l'exécuter : aussi n'ai-je pris conseil que de moi-
» même. Babylone est à nous, si vous ne nous manquez
» pas. Dans l'état où vous me voyez, je vais passer dans la
» ville en qualité de transfuge ; je dirai aux Babyloniens
» que ce traitement m'a été fait par votre ordre : j'espère
» que, si je réussis à les persuader, j'obtiendrai le comman-
» dement d'une partie de leurs troupes. Pour vous, sei-
» gneur, le dixième jour après que j'aurai été reçu à Baby-
» lone, choisissez mille hommes dont la perte vous importe
» peu ; placez-les près de la porte de Sémiramis. Sept jours
» après, postez-en deux mille autres près de la porte de
» Ninive. Laissez ensuite passer vingt jours, et vous enver-
» rez quatre mille hommes près de la porte des Chaldéens.
» Mais que les uns et les autres n'aient pour se défendre
» d'autres armes que leurs épées. Enfin, le vingtième jour
» après, faites avancer le reste de l'armée droit à la ville,

» pour donner un assaut général. Mais surtout placez-moi
» les Perses aux portes Bélides et Cissiennes. Je ne doute
» point que les Babyloniens, témoins de mes grandes ac-
» tions, ne me confient entre autres choses les clefs de ces
» portes : alors nous aurons soin, les Perses et moi, de
» faire ce qu'il faudra. »

CLVI. Ce discours achevé, il s'enfuit vers les portes de la ville, se retournant de temps en temps, comme s'il eût été un véritable transfuge. Ceux qui étaient en sentinelle sur les tours, l'ayant aperçu, descendirent promptement ; et, ayant entr'ouvert un guichet de la porte, ils lui demandèrent qui il était et ce qu'il venait chercher. Il leur répondit qu'il était Zopyre, et qu'il venait se rendre aux Babyloniens. Sur cette déclaration, les gardes de la porte le conduisirent à l'assemblée de la nation. Lorsqu'il fut arrivé, il se mit à déplorer son malheur : il attribua à Darius le traitement qu'il s'était fait, et leur dit que ce prince l'avait mis en cet état parce que, ne voyant nulle apparence de forcer la place, il lui avait conseillé d'en lever le siége. « Maintenant donc, leur dit-il, je viens vers vous, ô Baby-
» loniens, et pour votre plus grand avantage, et pour le
» plus grand malheur de Darius, de son armée et des
» Perses. Tous ses projets me sont connus ; il ne m'aura
» point ainsi mutilé impunément. »

CLVII. Les Babyloniens, voyant un Perse de la première qualité le nez et les oreilles coupés, le corps déchiré de coups et tout en sang, crurent qu'il disait vrai, et qu'il venait les secourir. Ils étaient disposés à lui accorder tout ce qu'il souhaitait. Il leur demanda des troupes ; on lui en donna, et il fit tout ce dont il était convenu avec le roi.

Le dixième jour après son arrivée, il sortit à la tête des troupes dont les Babyloniens lui avaient confié le commandement, et, ayant investi dans leur poste les premiers mille hommes que Darius avait envoyés par son conseil, il les tailla en pièces. Les Babyloniens, ayant reconnu que ses actions répondaient à ses discours, en témoignèrent une grande joie, et n'en furent que plus disposés à lui obéir en tout.

Zopyre laissa passer le nombre de jours dont il était convenu avec Darius ; et, s'étant mis à la tête de l'élite des troupes babyloniennes, il fit une seconde sortie, dans laquelle il tua deux mille hommes. Les Babyloniens, témoins de cette action, ne s'entretenaient que de Zopyre.

Après ce second exploit, laissant encore écouler le nombre de jours convenu, il fit une troisième sortie, mena ses troupes vers le poste où il avait dit à Darius d'envoyer quatre mille hommes ; et, les ayant investis, il les massacra. Ce nouveau succès le rendit tout-puissant parmi les assiégés : il était tout, on lui confia tout, le commandement de l'armée et la garde des remparts.

CLVIII. Enfin Darius fit, au jour marqué, approcher son armée de toutes parts pour donner un assaut général. Alors Zopyre manifesta sa fraude. Tandis que les Babyloniens, montés sur les remparts, se défendaient contre l'armée de Darius, Zopyre ouvrit les portes Cissiennes et Bélides, et introduisit les Perses dans la place. Ceux des Babyloniens qui s'en étaient aperçus se réfugièrent dans le temple de Jupiter Bélus ; mais ceux qui ne l'avaient pas vu tinrent ferme dans leurs postes, jusqu'à ce qu'ils eussent aussi reconnu qu'on les avait livrés aux ennemis.

CLIX. Ce fut ainsi que Babylone tomba pour la seconde fois en la puissance des Perses. Darius, s'en étant rendu maître, en fit abattre les murs et enlever toutes les portes. Cyrus, qui l'avait prise avant lui, n'avait fait ni l'un ni l'autre. Il fit ensuite mettre en croix environ trois mille hommes des plus distingués de Babylone. Quant aux autres, il leur permit d'habiter la ville comme auparavant. En même temps il eut soin de leur donner des femmes pour la repeupler ; car les Babyloniens, comme nous l'avons dit au commencement, avaient étranglé les leurs dans la vue de ménager leurs provisions. Il ordonna donc aux peuples voisins d'envoyer des femmes à Babylone, et chaque nation fut taxée à un certain nombre. Elles se montaient en tout à cinquante mille. C'est de ces femmes que sont descendus les Babyloniens d'aujourd'hui.

CLX. Il n'y a jamais eu en Perse, au jugement de Darius, dans les siècles les plus reculés ou dans les derniers temps, personne qui ait surpassé Zopyre par ses belles actions, excepté Cyrus, à qui jamais aucun Perse ne se jugea digne d'être comparé. On rapporte que Darius déclarait souvent qu'il eût mieux aimé que Zopyre ne se fût pas traité si cruellement, que de devenir maître de vingt autres villes comme Babylone. Il lui accorda les plus grandes distinctions : tous les ans, il lui faisait présent de ce que les Perses regardent comme le plus honorable. Il lui donna la ville de Babylone, sans en exiger la moindre redevance, pour en jouir sa vie durant, et y ajouta beaucoup d'autres choses. Zopyre eut un fils, nommé Mégabyze, qui commanda en Égypte contre les Athéniens et leurs alliés. Mégabyze eut un fils, qui s'appelait aussi Zopyre. Celui-ci quitta les Perses, et passa volontairement à Athènes.

FIN DU TROISIÈME LIVRE.

LIVRE QUATRIÈME.

MELPOMÈNE.

LA SCYTHIE. — HERCULE.— LES GRYPHONS.— LES HYPERBORÉENS.
— DESCRIPTION DE LA TERRE. — PEUPLE DE SCYLAX. — USAGE
DE SCYTHES..— ANACHARSIS. — EXPÉDITION DE DARIUS. — LE
PONT-EUXIN. — LES AMAZONES. — LES THRACES.— LES GÈTES.
— LA LIBYE.— CULTE DU SOLEIL, etc.

I. Après la prise de Babylone, Darius marcha en personne contre les Scythes. L'Asie était alors riche, très-peuplée, et se trouvait dans l'état le plus florissant. Ce prince souhaitait ardemment se venger de l'insulte que les Scythes avaient faite les premiers aux Mèdes, en entrant à main armée dans leur pays, et de ce qu'après une victoire complète ils étaient devenus les maîtres de l'Asie supérieure pendant vingt-huit années, comme je l'ai dit auparavant. Ils y étaient entrés en poursuivant les Cimmériens, et en avaient enlevé l'empire aux Mèdes, qui le possédaient avant leur arrivée.

Après une absence de vingt-huit ans, les Scythes avaient voulu retourner dans leur patrie; mais ils n'avaient pas trouvé dans cette entreprise moins de difficultés qu'ils n'en avaient rencontré en voulant pénétrer en Médie. Une armée nombreuse était allée au-devant d'eux, et leur en avait disputé l'entrée; car leurs femmes, ennuyées de la longueur de leur absence, avaient eu commerce avec leurs esclaves.

II. Les Scythes crèvent les yeux à tous leurs esclaves, afin de les employer à traire le lait, dont ils font leur boisson ordinaire. Ils ont des soufflets d'os qui ressemblent à des flûtes; ils les mettent dans les parties naturelles des juments ; les esclaves soufflent dans ces os avec la bouche, tandis que d'autres tirent le lait. Ils se servent, à ce qu'ils disent, de ce moyen parce que le souffle fait enfler les veines des juments, et baisser leur mamelle.

Lorsqu'ils ont tiré le lait, ils le versent dans des vases de bois autour desquels ils placent leurs esclaves pour le remuer et l'agiter. Ils enlèvent la partie du lait qui surnage[1], la regardant comme la meilleure et la plus délicieuse, et celle de dessous comme la moins estimée. C'est pour servir à cette fonction que les Scythes crèvent les yeux à tous leurs prisonniers ; car ils ne sont point cultivateurs, mais nomades.

III. De ces esclaves et des femmes scythes, il était né beaucoup de jeunes gens, qui, ayant appris quelle était leur naissance, marchèrent au-devant des Scythes qui revenaient de la Médie. Ils commencèrent d'abord par couper le pays en creusant un large fossé depuis les monts Tauriques jusqu'au Palus-Mæotis, qui est d'une vaste étendue. Ils allèrent ensuite camper devant les Scythes qui tâchaient de pénétrer dans le pays, et les combattirent. Il y eut entre eux des actions fréquentes, sans que les Scythes pussent remporter le moindre avantage. « Scythes,
» que faisons-nous ? s'écria l'un d'entre eux ; s'ils nous
» tuent quelqu'un des nôtres, notre nombre diminue ; et,
» si nous tuons quelqu'un d'entre eux, nous diminuons
» nous-mêmes le nombre de nos esclaves. Laissons là, si
» vous m'en croyez, nos arcs et nos javelots, et marchons
» à eux, armés chacun du fouet dont il se sert pour mener
» ses chevaux. Tant qu'ils nous ont vus avec nos armes,
» ils se sont imaginé qu'ils étaient nés nos égaux. Mais
» quand, au lieu d'armes, ils nous verront le fouet à la main,
» ils apprendront qu'ils sont nos esclaves, et, convaincus
» de la bassesse de leur naissance, ils n'oseront plus nous
» résister. »

---

[1] C'est la crème. Il est bien étonnant que ni les Grecs ni les Latins n'aient pas en leur langue de terme qui l'exprime. Fortunat, qui vivait dans le vɪᵉ siècle, s'est servi du mot *crema*; il vient de *cremor*, que les Latins emploient pour signifier le suc épais qui surnage sur l'eau où l'on a fait macérer du grain. (L.)

IV. Ce conseil fut suivi. Les esclaves étonnés prirent aussitôt la fuite, sans songer à combattre. C'est ainsi que rentrèrent dans leur pays les Scythes, qui, après avoir été les maîtres de l'Asie, en avaient été chassés par les Mèdes. Darius leva contre eux une nombreuse armée, pour se venger de cette invasion.

V. Les Scythes disent que de toutes les nations du monde la leur est la plus nouvelle, et qu'elle commença ainsi que je vais le rapporter.

La Scythie était autrefois un pays désert. Le premier homme qui y naquit s'appelait Targitaüs. Ils prétendent qu'il était fils de Jupiter et d'une fille du Borysthène : cela ne me paraît nullement croyable : mais telle est l'origine qu'ils rapportent. Ce Targitaüs eut trois fils : l'aîné s'appelait Lipoxaïs, le secon Arpoxaïs, et le plus jeune Colaxaïs.

Sous leur règne, il tomba du ciel, dans la Scythie, une charrue, un joug, une hache et une soucoupe d'or. L'aîné les aperçut le premier, et s'en approcha dans le dessein de s'en emparer ; mais aussitôt l'or devint brûlant. Lipoxaïs s'étant retiré, le second vint ensuite, et l'or s'enflamma de nouveau. Ces deux frères s'étant donc éloignés de cet or brûlant, le plus jeune s'en approcha, et trouvant l'or éteint, il le prit et l'emporta chez lui. Les deux aînés, en ayant eu connaissance, lui remirent le royaume en entier.

VI. Ceux d'entre les Scythes qu'on appelle Auchates sont, à ce qu'on dit, issus de Lipoxaïs ; ceux qu'on nomme Catiares et Traspies descendent d'Arpoxaïs, le second des trois frères ; et du plus jeune, qui fut roi, viennent les Paralates. Tous ces peuples en général s'appellent Scolotes, du surnom de leur roi ; mais il a plu aux Grecs de leur donner le nom de Scythes.

VII. C'est ainsi que les Scythes racontent l'origine de leur nation. Ils ajoutent qu'à compter de cette origine et de Targitaüs, leur premier roi, jusqu'au temps où Darius passa dans leur pays, il n'y a pas en tout plus de mille ans, mais que certainement il n'y en a pas moins. Quant à l'or sacré, les rois le gardent avec le plus grand soin. Chacun d'eux le fait venir tous les ans dans ses États, et lui offre de grands sacrifices pour se le rendre propice. Si celui qui a cet or en garde s'endort le jour de la fête, en plein air, il meurt dans l'année, suivant les Scythes ; et c'est pour le récompenser et le dédommager du risque qu'il court qu'on lui donne toutes les terres dont il peut, dans une journée, faire le tour à cheval. Le pays des Scythes étant très-étendu, Colaxaïs le partagea en trois royaumes, qu'il donna à ses trois fils. Celui des trois royaumes où l'on gardait l'or tombé du ciel était le plus grand. Quant aux régions situées au nord et au-dessus des derniers habitants de ce pays, les Scythes disent que la vue ne peut percer plus avant, et qu'on ne peut y entrer, à cause des plumes qui y tombent de tous côtés. L'air en est rempli, et la terre couverte[1] ; et c'est ce qui empêche la vue de pénétrer plus avant.

VIII. Voilà ce que les Scythes disent d'eux-mêmes, et du pays situé au-dessus du leur. Mais les Grecs, qui habitent les bords du Pont-Euxin, racontent qu'Hercule, emmenant les troupeaux de bœufs de Géryon, arriva dans le pays occupé maintenant par les Scythes, et qui était alors désert ; que Géryon demeurait par delà le Pont, dans une île que les Grecs appellent Érythie, située près de Gades, dans l'Océan, au delà des colonnes d'Hercule. Ils prétendent aussi que l'Océan commence à l'est, et environne toute la terre de ses eaux ; mais ils se contentent de l'affirmer sans en apporter de preuves.

Ils ajoutent qu'Hercule, étant parti de ce pays, arriva dans celui qu'on connaît aujourd'hui sous le nom de Scythie ; qu'y ayant été surpris d'un orage violent et d'un grand froid, il étendit sa peau de lion, s'en enveloppa, et s'endormit ; et que ses juments, qu'il avait détachées de son char pour paître, disparurent pendant son sommeil, par une permission divine.

IX. Hercule les chercha à son réveil, parcourut tout le pays, et arriva enfin dans le canton appelé Hylée. Là il trouva, dans un antre, un monstre composé de deux

---

[1] Ces plumes ne sont rien autre chose que des flocons de neige, qui tombent en grande abondance dans ces pays, comme on le verra ci-dessous, § xxxi. (L.)

natures, femme depuis la tête jusqu'au-dessous de la ceinture, serpent par le reste du corps. Quoique surpris en la voyant, il lui demanda si elle n'avait point vu quelque part ses chevaux. « Je les ai chez moi, lui dit-elle ; mais je ne » vous les rendrai point que vous n'ayez habité avec moi. » Hercule lui accorda à ce prix ce qu'elle désirait. Cette femme différait cependant de lui remettre ses chevaux, afin de jouir plus longtemps de sa compagnie. Hercule de son côté souhaitait les recouvrer pour partir incessamment. Enfin elle les lui rendit, et lui tint en même temps ce discours : « Vos chevaux étaient venus ici ; je vous les ai » gardés : j'en ai reçu la récompense. J'ai conçu de vous » trois enfants. Mais que faudra-t-il que j'en fasse, quand » ils seront grands? Les établirai-je dans ce pays-ci, dont » je suis la souveraine? ou voulez-vous que je vous les » envoie? »

« Quand ces enfants auront atteint l'âge viril, lui » répondit Hercule, suivant les Grecs, en vous conduisant » de la manière que je vais dire, vous ne courrez point » risque de vous tromper. Celui d'entre vous que vous » verrez bander cet arc comme moi et se ceindre de ce » baudrier comme je fais, retenez-le dans ce pays, et qu'il » y fixe sa demeure. Celui qui ne pourra point exécuter les » deux choses que j'ordonne, faites-le sortir du pays. Vous » vous procurerez par là de la satisfaction, et vous ferez » ma volonté. »

X. Hercule, en finissant ces mots, tira l'un de ses arcs, car il en avait eu deux jusqu'alors, et le donna à cette femme. Il lui montra aussi le baudrier ; à l'endroit où il s'attachait pendait une coupe d'or : il lui en fit aussi présent, après quoi il partit. Lorsque ces enfants eurent atteint l'âge viril, elle nomma l'aîné Agathyrsus, le suivant Gélonus, et le plus jeune Scythès. Elle se souvint aussi des ordres d'Hercule, et les suivit. Les deux aînés, trouvant au-dessus de leurs forces l'épreuve prescrite, furent chassés par leur mère, et allèrent s'établir en d'autres pays. Scythès, le plus jeune des trois, fit ce que son père avait ordonné, et resta dans sa patrie. C'est de ce Scythès, fils d'Hercule, que sont descendus tous les rois qui lui ont succédé en Scythie; et, jusque aujourd'hui, les Scythes ont toujours porté au bas de leur baudrier une coupe, à cause de celle qui était attachée à ce baudrier. Telle fut la chose qu'imagina sa mère en sa faveur. C'est ainsi que les Grecs qui habitent les bords du Pont-Euxin rapportent cette histoire.

XI. On en raconte encore une autre à laquelle je souscris volontiers. Les Scythes nomades qui habitaient en Asie, accablés par les Massagètes, avec qui ils étaient en guerre, passèrent l'Araxe et vinrent en Cimmérie; car le pays que possèdent aujourd'hui les Scythes appartenait autrefois, à ce que l'on dit, aux Cimmériens. Ceux-ci, les voyant fondre sur leurs terres, délibérèrent entre eux sur cette attaque. Les sentiments furent partagés, et tous deux furent extrêmes; celui des rois était le meilleur. Le peuple était d'avis de se retirer, et de ne point s'exposer au hasard d'un combat contre une si grande multitude; les rois voulaient, de leur côté, qu'on livrât bataille à ceux qui venaient les attaquer. Le peuple ne voulut jamais céder au sentiment de ses rois, ni les rois suivre celui de leurs sujets. Le peuple était d'avis de se retirer sans combattre, et de livrer le pays à ceux qui venaient l'envahir; les rois, au contraire, avaient décidé qu'il valait mieux mourir dans la patrie que de fuir avec le peuple. D'un côté, ils envisageaient les avantages dont ils avaient joui jusqu'alors; et, d'un autre, ils prévoyaient les maux qu'ils auraient indubitablement à souffrir s'ils abandonnaient leur patrie.

Les deux partis persévérant dans leur première résolution, la discorde s'alluma entre eux de plus en plus. Comme ils étaient égaux en nombre, ils en vinrent aux mains. Tous ceux qui périrent dans cette occasion furent enterrés, par le parti du peuple, près du fleuve Tyras, où l'on voit encore aujourd'hui leurs tombeaux. Après avoir rendu les derniers devoirs aux morts, on sortit du pays et les Scythes, le trouvant désert et abandonné, s'en emparèrent.

XII. On trouve encore aujourd'hui, dans la Scythie, les villes de Cimmérium et de Porthmies Cimmériennes. On y voit aussi un pays qui retient le nom de Cimmérie, et un Bosphore appelé Cimmérien. Il paraît certain que les Cimmériens, fuyant les Scythes, se retirèrent en Asie, et qu'ils s'établirent dans la presqu'île où l'on voit maintenant une ville grecque appelée Sinope. Il ne paraît pas moins certain que les Scythes s'égarèrent en les poursuivant, et qu'ils entrèrent en Médie. Les Cimmériens, dans leur fuite, côtoyèrent toujours la mer; les Scythes, au contraire, avaient le Caucase à leur droite, jusqu'à ce que, s'étant détournés de leur chemin et ayant pris par le milieu des terres, ils pénétrèrent en Médie.

XIII. Cette autre manière de raconter la chose est également reçue des Grecs et des barbares. Mais Aristée de Proconnèse, fils de Caystrobius, écrit dans son poëme épique [1] qu'inspiré par Phébus, il alla jusque chez les Issédons; qu'au-dessus de ces peuples on trouve les Arimaspes, qui n'ont qu'un œil; qu'au delà sont les Gryphons, qui gardent l'or; que plus loin encore demeurent les Hyperboréens, qui s'étendent vers la mer; que toutes ces nations, excepté les Hyperboréens, font continuellement la guerre à leurs voisins, à commencer par les Arimaspes; que les Issédons ont été chassés de leur pays par les Arimaspes, les Scythes par les Issédons; et les Cimmériens, qui habitaient les côtes de la mer au midi, l'ont été par les Scythes. Ainsi Aristée ne s'accorde pas même avec les Scythes sur cette contrée.

XIV. On a vu de quel pays était Aristée, auteur des histoires qu'on vient de lire. Mais je ne dois pas passer sous silence ce que j'ai ouï raconter de lui à Proconnèse et à Cyzique.

Aristée était d'une des meilleures familles de son pays; on raconte qu'il mourut à Proconnèse, dans la boutique d'un foulon, où il était entré par hasard; que le foulon, ayant fermé sa boutique, alla sur-le-champ avertir les parents du mort; que ce bruit s'étant bientôt répandu par toute la ville, un Cyzicénien, qui venait d'Artacé, contesta cette nouvelle, et assura qu'il avait rencontré Aristée

---

[1] Il a écrit les Arimaspies, poëme épique en trois livres, sur la guerre des Arimaspes avec les Gryphons. Longin en a rapporté six vers, qui sont plus fleuris, au jugement de ce célèbre critique, que grands et sublimes. (L.)

allant à Cyzique, et qu'il lui avait parlé; que, pendant qu'il le soutenait fortement, les parents du mort se rendirent à la boutique du foulon, avec tout ce qui était nécessaire pour le porter au lieu de la sépulture; mais que, lorsqu'on eut ouvert la maison, on ne trouva Aristée ni mort ni vif; que, sept ans après, il reparut à Proconnèse, y fit ce poëme épique que les Grecs appellent maintenant Arimaspies, et qu'il disparut pour la seconde fois. Voilà ce que disent d'Aristée les villes de Proconnèse et de Cyzique.

XV. Mais voici ce que je sais être arrivé aux Métapontins en Italie, trois cent quarante ans après qu'Aristée eut disparu pour la seconde fois, comme je le conjecture d'après ce que j'ai entendu dire à Proconnèse et à Métaponte. Les Métapontins content qu'Aristée leur ayant apparu leur commanda d'ériger un autel à Apollon, et d'élever près de cet autel une statue à laquelle on donnerait le nom d'Aristée de Proconnèse; qu'il leur dit qu'ils étaient le seul peuple des Italiotes qu'Apollon eût visité; que lui-même, qui était maintenant Aristée, accompagnait alors le dieu sous la forme d'un corbeau; et qu'après ce discours il disparut. Les Métapontins ajoutent qu'ayant envoyé à Delphes demander au dieu quel pouvait être ce spectre, la Pythie leur avait ordonné d'exécuter ce qu'il leur avait prescrit, et qu'ils s'en trouveraient mieux; et que, sur cette réponse, ils s'étaient conformés aux ordres qui leur avaient été donnés. On voit encore maintenant sur la place publique de Métaponte, près de la statue d'Apollon, une autre statue qui porte le nom d'Aristée, et des lauriers qui les environnent. Mais en voilà assez sur Aristée.

XVI. On n'a aucune connaissance certaine de ce qui est au delà du pays dont nous avons dessein de parler. Pour moi, je n'ai trouvé personne qui l'ait vu. Aristée, dont je viens de faire mention, n'a pas été au delà des Issédons, comme il le dit dans son poëme épique. Il avoue aussi qu'il tenait des Issédons ce qu'il racontait des pays plus éloignés, et qu'il n'en parlait que sur leur rapport. Quoi qu'il en soit, nous avons porté nos recherches le plus loin qu'il nous a été possible, et nous allons dire tout ce que nous avons appris de plus certain par les récits qu'on nous a faits.

XVII. Après le port des Borysthénites, qui occupe justement le milieu des côtes maritimes de toute la Scythie, les premiers peuples qu'on rencontre sont les Callipides ; ce sont des Gréco-Scythes. Au-dessus d'eux sont les Alazons. Ceux-ci et les Callipides observent en plusieurs choses les mêmes coutumes que les Scythes ; mais ils sèment du blé et mangent des oignons, de l'ail, des lentilles et du millet. Au-dessus des Alazons habitent les Scythes laboureurs, qui sèment du blé, non pour en faire leur nourriture, mais pour le vendre. Par delà ces Scythes on trouve les Neures. Autant que nous avons pu le savoir, la partie septentrionale de leur pays n'est point habitée. Voilà les nations situées le long du fleuve Hypanis, à l'ouest du Borysthène.

XVIII. Quand on a passé ce dernier fleuve, on rencontre d'abord l'Hylée, vers les côtes de la mer. Au-dessus de ce pays sont les Scythes cultivateurs. Les Grecs qui habitent les bords de l'Hypanis les appellent Borysthénites ; ils se donnent eux-mêmes le nom d'Olbiopolites. Le pays de ces Scythes cultivateurs a, à l'est, trois jours de chemin, et s'étend jusqu'au fleuve Panticapes ; mais celui qu'ils ont au nord est de onze jours de navigation, en remontant le Borysthène. Plus avant, on trouve de vastes déserts au delà desquels habitent les Androphages, nation particulière, et nullement scythe. Au-dessus des Androphages, il n'y a plus que de véritables déserts ; du moins n'y rencontre-t-on aucun peuple, autant que nous avons pu le savoir.

XIX. A l'est de ces Scythes cultivateurs et au delà du Panticapes, vous trouvez les Scythes nomades, qui ne sèment ni ne labourent. Ce pays entier, si vous en exceptez l'Hylée, est sans arbres. Ces nomades occupent à l'est une étendue de quatorze jours de chemin jusqu'au fleuve Gerrhus.

XX. Au delà du Gerrhus est le pays des Scythes royaux. Ces Scythes sont les plus braves et les plus nombreux ; ils regardent les autres comme leurs esclaves. Ils s'étendent, du côté du midi, jusqu'à la Tauride ; à l'est, jusqu'au fossé que creusèrent les fils des esclaves aveugles, et jusqu'à Cremnes, ville commerçante sur le Palus-Méotis. Il y a même une partie de cette nation qui s'étend jusqu'au Tanaïs. Au nord, au-dessus de ces Scythes royaux, on rencontre les Mélanchlænes, peuple qui n'est point scythe. Au delà des Mélanchlænes, il n'y a, autant que nous pouvons le savoir, que des marais et des terres sans habitants.

XXI. Le pays au delà du Tanaïs n'appartient pas à la Scythie ; il se partage en plusieurs contrées. La première est aux Sauromates. Ils commencent à l'extrémité du Palus-Méotis, et occupent le pays qui est au nord ; il est de quinze journées de marche : on n'y voit ni arbres fruitiers ni sauvages. La seconde contrée au-dessus des Sauromates est habitée par les Budins ; elle porte toutes sortes d'arbres en abondance. Mais, au-dessus et au nord des Budins, le premier pays où l'on entre est un vaste désert de sept jours de chemin.

XXII. Après ce désert, en déclinant vers l'est, vous trouvez les Thyssagètes : c'est une nation particulière et nombreuse, qui ne vit que de sa chasse. Les Iyrques leur sont contigus. Ils habitent le même pays, et ne vivent aussi que de gibier, qu'ils prennent de cette manière : comme tout est plein de bois, les chasseurs montent sur un arbre pour épier et attendre la bête. Ils ont chacun un cheval dressé à se mettre ventre à terre, afin de paraître plus petit. Ils mènent aussi un chien avec eux. Aussitôt que le chasseur aperçoit du haut de l'arbre la bête à sa portée, il l'atteint d'un coup de flèche, monte sur son cheval, et la poursuit avec son chien, qui ne le quitte point.

Au delà des Iyrques, en avançant vers l'est, on trouve d'autres Scythes qui, ayant secoué le joug des Scythes royaux, sont venus s'établir en cette contrée.

XXIII. Tout le pays dont je viens de parler, jusqu'à celui des Scythes, est plat, et les terres en sont excellentes et fortes ; mais au delà il est rude et pierreux. Lorsque vous en avez traversé une grande partie, vous trouvez des peuples qui habitent au pied de hautes montagnes. On dit qu'ils sont tous chauves de naissance, hommes et femmes ;

qu'ils ont le nez aplati et le menton allongé. Ils ont une langue particulière ; mais ils sont vêtus à la scythe. Enfin, ils vivent du fruit d'une espèce d'arbre appelé pontique. Cet arbre, à peu près de la grandeur d'un figuier, porte un fruit à noyau de la grosseur d'une fève. Quand ce fruit est mûr, ils le pressent dans un morceau d'étoffe, et en expriment une liqueur noire et épaisse, qu'ils appellent aschy. Ils sucent cette liqueur, et la boivent mêlée avec du lait. A l'égard du marc le plus épais, ils en font des masses qui leur servent de nourriture ; car ils ont peu de bétail, faute de bons pâturages.

Ils demeurent toute l'année chacun sous un arbre. L'hiver, ils couvrent ces arbres d'une étoffe de laine blanche, serrée et foulée, qu'ils ont soin d'ôter pendant l'été. Personne ne les insulte : on les regarde en effet comme sacrés. Ils n'ont en leur possession aucune arme offensive. Leurs voisins les prennent pour arbitres dans leurs différends ; et quiconque se réfugie dans leur pays y trouve un asile inviolable, où personne n'ose l'attaquer. On les appelle Argippéens.

XXIV. On a une connaissance exacte de tout le pays jusqu'à celui qu'occupent ces hommes chauves, et de toutes les nations en deçà. Il n'est pas difficile d'en savoir des nouvelles par les Scythes qui vont chez eux, par les Grecs de la ville de commerce[1] située sur le Borysthène, et par ceux des autres villes commerçantes situées sur le Pont-Euxin. Ces peuples parlent sept langues différentes. Ainsi les Scythes qui voyagent dans leur pays ont besoin de sept interprètes pour y commercer.

XXV. On connaît donc tout ce pays jusqu'à celui de ces hommes chauves : mais on ne peut rien dire de certain de celui qui est au-dessus ; des montagnes élevées et inaccessibles en interdisent l'entrée. Les Argippéens racontent cependant qu'elles sont habitées par des Ægipodes, ou hommes aux pieds de chèvre[2] ; mais cela ne me paraît mé-

---

[1] C'est la ville de Borysthène.
[2] Ces montagnards, accoutumés à gravir sur les plus hautes montagnes, étaient sans doute comparés, par les Argippéens, aux chèvres qui grimpent

riter aucune sorte de croyance. Ils ajoutent aussi que, si l'on avance plus loin, on trouve d'autres peuples qui dorment six mois de l'année. Pour moi, je ne puis absolument le croire. On sait que le pays à l'est des Argippéens est occupé par les Issédons; mais celui qui est au-dessus, du côté du nord, n'est connu ni des Argippéens ni des Issédons, qui n'en disent que ce que j'ai rapporté d'après eux.

XXVI. Voici les usages qui s'observent, à ce qu'on dit, chez les Issédons. Quand un Issédon a perdu son père, tous ses parents lui amènent du bétail : ils l'égorgent, et, l'ayant coupé par morceaux, ils coupent de même le cadavre du père de celui qui les reçoit dans sa maison, et, mêlant toutes ces chairs ensemble, ils en font un festin. Quant à la tête, ils en ôtent le poil et les cheveux, et, après l'avoir parfaitement nettoyée, ils la dorent, et s'en servent comme d'un vase précieux dans les sacrifices solennels qu'ils offrent tous les ans. Telles sont leurs cérémonies funèbres; car ils en observent en l'honneur de leurs pères, ainsi que les Grecs célèbrent l'anniversaire de la mort des leurs. Au reste, ils passent aussi pour aimer la justice; et, chez eux, les femmes ont autant d'autorité que les hommes.

XXVII. On connaît donc aussi ces peuples; mais, pour le pays qui est au-dessus, on sait, par le témoignage des Issédons, qu'il est habité par des hommes qui n'ont qu'un œil, et par des Gryphons qui gardent l'or. Les Scythes l'ont appris des Issédons, et nous des Scythes. Nous les appelons Arimaspes en langue Scythe. Arima signifie *un* en cette langue, et spou *œil*.

XXVIII. Dans tout le pays dont je viens de parler, l'hiver est si rude, et le froid si insupportable pendant huit mois entiers, qu'en répandant de l'eau sur la terre on n'y fait point de boue, mais seulement en y allumant du feu. La mer même se glace dans cet affreux climat, ainsi que tout le Bosphore Cimmérien; et les Scythes de la Chersonèse passent en corps d'armée sur cette glace, et y condui-

---

sur les plus grandes élévations. Ainsi, ceux-ci prenaient au figuré cette expression, *pieds de chèvre*, tandis qu'Hérodote l'entendait au propre. (L.)

sent leurs chariots pour aller dans le pays des Sindes. L'hiver continue de la sorte huit mois entiers; les quatre autres mois, il fait encore froid. L'hiver, dans ces contrées, est bien différent de celui des autres pays. Il y pleut si peu en cette saison, que ce n'est pas la peine d'en parler, et l'été il ne cesse d'y pleuvoir. Il n'y tonne point dans le temps qu'il tonne ailleurs ; mais le tonnerre est très-fréquent en été. S'il s'y fait entendre en hiver, on le regarde comme un prodige. Il en est de même des tremblements de terre. S'il en arrive en Scythie, soit en été, soit en hiver, c'est un prodige qui répand la terreur. Les chevaux y soutiennent le froid ; mais les mulets et les ânes ne le peuvent absolument, quoique ailleurs les chevaux exposés à la gelée dépérissent, et que les ânes et les mulets y résistent sans peine.

XXIX. Je pense que la rigueur du climat empêche les bœufs d'y avoir des cornes. Homère rend témoignage à mon opinion dans l'Odyssée, lorsqu'il parle en ces termes :
« Et la Libye, où les cornes viennent promptement aux
» agneaux. »

Cela me paraît d'autant plus juste que, dans les pays chauds, les cornes poussent de bonne heure aux animaux, et que, dans ceux où il fait un froid violent, ils n'en ont point du tout, ou, si elles poussent, ce n'est qu'avec peine.

XXX. Dans ce pays, le froid en est la cause; mais, pour le dire en passant, puisque je me suis accoutumé, dès le commencement de cette histoire, à faire des digressions, je m'étonne que, dans toute l'Élide, il ne s'engendre point de mulets, quoique le climat n'y soit pas froid, et qu'on n'en puisse alléguer aucune autre cause sensible. Les Éléens disent que, s'il ne s'engendre point de mulets chez eux, c'est l'effet de quelque malédiction. Lorsque le temps s'approche où les cavales sont en chaleur, les Éléens les conduisent dans les pays voisins, où ils les font saillir par des ânes ; lorsqu'elles sont pleines, ils les ramènent chez eux.

XXXI. Quant aux plumes dont les Scythes disent que l'air est tellement rempli qu'ils ne peuvent ni voir ce qui est au delà, ni pénétrer plus avant, voici l'opinion que j'en ai. Il neige toujours dans les régions situées au-dessus de la Scythie, mais vraisemblablement moins en été qu'en hiver. Quiconque a vu de près la neige tomber à gros flocons comprend facilement ce que je dis. Elle ressemble en effet à des plumes. Je pense donc que cette partie du continent, qui est au nord, est inhabitable à cause des grands froids, et que, lorsque les Scythes et leurs voisins parlent de plumes, il ne le font que par comparaison avec la neige. Voilà ce qu'on dit sur ces pays si éloignés.

XXXII. Ni les Scythes, ni aucun autre peuple de ces régions lointaines, ne parlent pas des Hyperboréens, si ce n'est peut-être les Issédons; et ceux-ci même, à ce que je pense, n'en disent rien : car les Scythes, qui, sur le rapport des Issédons, nous parlent des peuples qui n'ont qu'un œil, nous diraient aussi quelque chose des Hyperboréens. Cependant Hésiode en fait mention, et Homère aussi dans les Épigones [1], en supposant du moins qu'il soit l'auteur de ce poëme.

XXXIII. Les Déliens en parlent beaucoup plus amplement. Ils racontent que les offrandes des Hyperboréens leur venaient enveloppées dans de la paille de froment. Elles passaient chez les Scythes : transmises ensuite de peuple en peuple, elles étaient portées le plus loin possible vers l'occident, jusqu'à la mer Adriatique. De là, on les envoyait du côté du midi. Les Dodonéens étaient les premiers Grecs qui les recevaient. Elles descendaient de Dodone jusqu'au golfe Maliaque, d'où elles passaient en Eubée, et, de ville en ville, jusqu'à Caryste. De là, sans toucher à Andros, les Carystiens les portaient à Ténos, et les Téniens à Délos. Si l'on en croit les Déliens, ces offrandes parviennent de cette manière dans leur île. Ils ajoutent que, dans les premiers temps, les Hyperboréens envoyèrent ces offrandes par deux vierges, dont l'une, suivant eux, s'appelait Hypéroché, et l'autre Laodicé; que, pour la sûreté de ces jeunes personnes, les Hyperboréens

---

[1] Ce poëme est très-ancien, quoique, suivant toutes les apparences, Homère n'en soit pas l'auteur. Le scoliaste d'Aristophane l'attribue à Antimachus. Mais Antimachus de Colophon, qui était antérieur à Platon, suivant Suidas, était postérieur à Hérodote, ou du moins son contemporain. (L.)

les firent accompagner par cinq de leurs citoyens, qu'on appelle actuellement Perphères, et à qui l'on rend de grands honneurs à Délos ; mais que, les Hyperboréens ne les voyant point revenir, et regardant comme une chose très-fâcheuse s'il leur arrivait de ne jamais revoir leurs députés, ils prirent le parti de porter sur leurs frontières leurs offrandes enveloppées dans de la paille de froment ; ils les remettaient ensuite à leurs voisins, les priant instamment de les accompagner jusqu'à une autre nation. Elles passent ainsi, disent les Déliens, de peuple en peuple, jusqu'à ce qu'enfin elles parviennent dans leur île. J'ai remarqué, parmi les femmes de Thrace et de Pæonie, un usage qui approche beaucoup de celui qu'observent les Hyperboréens relativement à leurs offrandes. Elles ne sacrifient jamais à Diane la royale sans faire usage de paille de froment.

XXXIV. Les jeunes Déliens de l'un et de l'autre sexe se coupent les cheveux en l'honneur de ces vierges hyperboréennes qui moururent à Délos. Les filles leur rendent ce devoir avant leur mariage. Elles prennent une boucle de leurs cheveux, l'entortillent autour d'un fuseau, et la mettent sur le monument de ces vierges, qui est dans le lieu consacré à Diane, à main gauche en entrant. On voit sur ce tombeau un olivier qui y est venu de lui-même. Les jeunes Déliens entortillent leurs cheveux autour d'une certaine herbe, et les mettent aussi sur le tombeau des Hyperboréennes. Tels sont les honneurs que les habitants de Délos rendent à ces vierges.

XXXV. Les Déliens disent aussi que, dans le même siècle où ces députés vinrent à Délos, deux autres vierges hyperboréennes, dont une s'appelait Argé, et l'autre Opis, y étaient déjà venues avant Hypéroché et Laodicé. Celles-ci apportaient à Ilithye (Lucine) le tribut qu'elles étaient chargées d'offrir pour le prompt et heureux accouchement des femmes de leur pays. Mais Argé et Opis étaient arrivées en la compagnie des dieux mêmes (Apollon et Diane). Aussi les Déliens leur rendent-ils d'autres honneurs. Leurs femmes quêtent pour elles, et célèbrent leurs noms dans un hymne qu'Olen de Lycie a composé en leur honneur.

Les Déliens disent encore qu'ils ont appris aux insulaires et aux Ioniens à célébrer et à nommer dans leurs hymnes Opis et Argé, et à faire la quête pour elles C'est cet Olen qui, étant venu de Lycie à Délos, a composé le reste des anciens hymnes qui se chantent en cette île. Les mêmes Déliens ajoutent qu'après avoir fait brûler sur l'autel les cuisses des victimes, on en répand la cendre sur le tombeau d'Opis et d'Argé, et qu'on l'emploie toute à cet usage. Ce tombeau est derrière le temple de Diane, à l'est, et près de la salle où les Céiens font leurs festins.

XXXVI. En voilà assez sur les Hyperboréens. Je ne m'arrête pas en effet à ce qu'on conte d'Abaris, qui était, dit-on, Hyperboréen, et qui, sans manger, voyagea par toute la terre, porté sur une flèche. Au reste, s'il y a des Hyperboréens [1], il doit y avoir aussi des Hypernotiens [2]. Pour moi, je ne puis m'empêcher de rire quand je vois quelques gens, qui ont donné des descriptions de la circonférence de la terre, prétendre, sans se laisser guider par la raison, que la terre est ronde comme si elle eût été travaillée au tour, que l'Océan l'environne de toutes parts, et que l'Asie est égale à l'Europe. Mais je vais montrer en peu de mots la grandeur de chacune de ces deux parties du monde, et en décrire la figure.

XXXVII. Le pays occupé par les Perses s'étend jusqu'à la mer Australe, qu'on appelle mer Érythrée. Au-dessus, vers le nord, habitent les Mèdes ; au-dessus des Mèdes, les Sapires ; et, par delà les Sapires, les Colchidiens, qui sont contigus à la mer du Nord (le Pont-Euxin), où se jette le Phase. Ces quatre nations s'étendent d'une mer à l'autre.

XXXVIII. De là, en allant vers l'occident, on rencontre deux péninsules opposées qui aboutissent à la mer. Je vais en faire la description : l'une, du côté du nord, commence au Phase, s'étend vers la mer le long du Pont-Euxin, et de l'Hellespont jusqu'au promontoire de Sigée dans la Troade : du côté du sud, cette même péninsule commence au golfe Myriandrique, adjacent à la Phénicie

---

[1] Suivant l'étymologie, qui sont au delà de Borée.
[2] Hypernotiens, qui sont au delà du sud.

le long de la mer jusqu'au promontoire Triopium. Cette péninsule est habitée par trente nations différentes.

XXXIX. L'autre péninsule commence aux Perses, et s'étend jusqu'à la mer Érythrée[1] et le long de cette mer. Elle comprend la Perse, ensuite l'Assyrie et l'Arabie. Elle aboutit, mais seulement en vertu d'une loi, au golfe Arabique, où Darius fit conduire un canal qui vient du Nil. De la Perse à la Phénicie, le pays est grand et vaste; depuis la Phénicie, la même péninsule s'étend le long de cette mer-ci par la Syrie de la Palestine et l'Égypte, où elle aboutit. Elle ne renferme que trois nations. Tels sont les pays de l'Asie à l'occident de la Perse.

XL. Les pays à l'est, au-dessus des Perses, des Mèdes, des Sapires et des Colchidiens, sont bornés de ce côté par la mer Érythrée (le golfe Persique), et, du côté du nord, par la mer Caspienne et par l'Araxe, qui prend son cours vers le soleil levant. L'Asie est habitée jusqu'à l'Inde; mais, depuis ce pays, on rencontre, à l'est, des déserts que personne ne connaît, et dont on ne peut rien dire de certain. Tels sont les pays que comprend l'Asie, et telle est son étendue.

XLI. La Libye suit immédiatement l'Égypte, et fait partie de la seconde péninsule, laquelle est étroite aux environs de l'Égypte. En effet, depuis cette mer-ci (la Méditerranée) jusqu'à la mer Érythrée (la mer Rouge), il n'y a que cent mille orgyies, qui font mille stades. Mais, depuis cet endroit étroit, la péninsule devient spacieuse et prend le nom de Libye.

XLII. J'admire d'autant plus ceux qui ont décrit la Libye, l'Asie et l'Europe, et qui en ont déterminé les bornes, qu'il y a beaucoup de différence entre ces trois parties de la terre : car l'Europe surpasse en longueur les deux autres; mais il ne me paraît pas qu'elle puisse leur être comparée par rapport à la largeur. La Libye montre elle-même qu'elle est environnée de la mer, excepté du côté où elle confine à l'Asie. Nécos, roi d'Égypte, est le pre-

[1] Il faut faire attention que non-seulement le golfe Arabique était connu ous ce nom, mais encore le golfe Persique et l'océan Austral, c'est-à-dire cette vaste étendue de mer qui est entre ces deux golfes. (L.)

mier que nous sachions qui l'ait prouvé. Lorsqu'il eut fait cesser de creuser le canal qui devait conduire les eaux du Nil au golfe Arabique, il fit partir des Phéniciens sur des vaisseaux, avec ordre d'entrer, à leur retour, par les colonnes d'Hercule, dans la mer Septentrionale, et de revenir de cette manière en Égypte.

Les Phéniciens, s'étant donc embarqués sur la mer Érythrée, naviguèrent dans la mer Australe. Quand l'automne était venu, ils abordaient à l'endroit de la Libye où ils se trouvaient, et semaient du blé. Ils attendaient ensuite le temps de la moisson, et, après la récolte, ils se remettaient en mer. Ayant ainsi voyagé pendant deux ans, la troisième année ils doublèrent les colonnes d'Hercule, et revinrent en Égypte. Ils racontèrent, à leur arrivée, que, en faisant voile autour de la Libye, ils avaient eu le soleil à leur droite. Ce fait ne me paraît nullement croyable [1]; mais peut-être le paraîtra-t-il à quelque autre. C'est ainsi que la Libye a été connue pour la première fois.

XLIII. Les Carthaginois racontent que, depuis ce temps, Sataspes, fils de Téaspis, de la race des Achéménides, avait reçu l'ordre de faire le tour de la Libye, mais qu'il ne l'acheva pas. Rebuté par la longueur de la navigation et effrayé des déserts [2] qu'il rencontra sur sa route, il revint sur ses pas sans avoir terminé les travaux que sa mère lui avait imposés.

Sataspes avait fait violence à une jeune personne, fille de Zopyre, fils de Mégabyze. Étant sur le point d'être mis en croix pour ce crime par les ordres de Xerxès, sa mère, qui était sœur de Darius, demanda sa grâce, promettant de le punir plus rigoureusement que le roi ne le voulait, et qu'elle le forcerait à faire le tour de la Libye jusqu'à ce qu'il parvînt au golfe Arabique. Xerxès lui ayant accordé

---

[1] Hérodote ne doute point que les Phéniciens n'aient fait le tour de l'Afrique, et qu'ils ne soient revenus en Égypte par le détroit de Gibraltar. Mais il ne peut croire que dans le cours de leur navigation ils aient eu le soleil à droite. Les Phéniciens devaient cependant l'avoir nécessairement après qu'ils eurent passé la ligne; et cette circonstance précieuse, et qui n'a pu être imaginée dans un siècle où l'astronomie était encore en son enfance, assure l'authenticité de ce voyage, dont, sans cela, on pourrait douter. (L.)

[2] Les côtes de l'Afrique n'étaient point habitées.

sa grâce à cette condition, Sataspes vint en Égypte, y prit un vaisseau et des matelots du pays, et, s'étant embarqué, il fit voile par les colonnes d'Hercule. Lorsqu'il les eut passées, il doubla le promontoire Soloéis, et fit route vers le sud. Mais, après avoir mis plusieurs mois à traverser une vaste étendue de mer, voyant qu'il lui en restait encore une plus grande à parcourir, il retourna sur ses pas, et regagna l'Égypte. De là il se rendit à la cour de Xerxès. Il y raconta que, sur les côtes de la mer les plus éloignées qu'il eut parcourues, il avait vu de petits hommes, vêtus d'habits de palmier, qui avaient abandonné leurs villes pour s'enfuir dans les montagnes aussitôt qu'ils l'avaient vu aborder avec son vaisseau; qu'étant entré dans leurs villes, il ne leur avait fait aucun tort, et s'était contenté d'en enlever du bétail. Il ajouta qu'il n'avait point achevé le tour de la Libye, parce que son vaisseau avait été arrêté et n'avait pu avancer. Xerxès, persuadé qu'il ne lui disait pas la vérité, fit exécuter la première sentence ; et il fut mis en croix, parce qu'il n'avait pas achevé les travaux qu'on lui avait imposés. Un eunuque de Sataspes n'eut pas plutôt appris la mort de son maître, qu'il s'enfuit à Samos avec de grandes richesses, dont s'empara un certain Samien. Je sais son nom, mais je veux bien le passer sous silence.

XLIV. La plus grande partie de l'Asie fut découverte par Darius. Ce prince, voulant savoir en quel endroit de la mer se jetait l'Indus, qui, après le Nil, est le seul fleuve dans lequel on trouve des crocodiles, envoya, sur des vaisseaux, des hommes sûrs et véridiques, et entre autres Scylax de Caryande. Ils s'embarquèrent à Caspatyre, dans la Pactyice, descendirent le fleuve à l'est jusqu'à la mer : de là, naviguant vers l'occident, ils arrivèrent enfin, le trentième mois après leur départ, au même port où les Phéniciens, dont j'ai parlé ci-dessus, s'étaient autrefois embarqués par l'ordre du roi d'Égypte pour faire le tour de la Libye. Ce périple achevé, Darius subjugua les Indiens, et se servit de cette mer. C'est ainsi qu'on a reconnu que l'Asie, si l'on en excepte la partie orientale, ressemble en tout à la Libye.

XLV. Quant à l'Europe, il ne paraît pas que personne

jusqu'ici ait découvert si elle est environnée de la mer à l'est et au nord. Mais on sait qu'en sa longueur elle surpasse les deux autres parties de la terre [1]. Je ne puis conjecturer pourquoi la terre étant une, on lui donne trois différents noms, qui sont des noms de femme, et pourquoi on donne à l'Asie pour bornes le Nil, fleuve d'Égypte, et le Phase, fleuve de Colchide ; ou, selon d'autres, le Tanaïs, le Palus-Mæotis, et la ville de Porthmies en Cimmérie. Enfin je n'ai pu savoir comment s'appelaient ceux qui ont ainsi divisé la terre, ni d'où ils ont pris les noms qu'ils lui ont donnés. La plupart des Grecs disent que la Libye tire le sien d'une femme originaire du pays même, laquelle s'appelait Libye, et que l'Asie prend le sien de la femme de Prométhée ; mais les Lydiens revendiquent ce dernier nom, et soutiennent qu'il vient d'Asias, fils de Cotys et petit-fils de Manès, dont l'Asiade, tribu de Sardes, a aussi emprunté le sien.

Quant à l'Europe, personne ne sait si elle est environnée de la mer. Il ne paraît pas non plus qu'on sache ni d'où elle a tiré ce nom, ni qui le lui a donné; à moins que nous ne disions qu'elle l'a pris d'Europe de Tyr : car auparavant, ainsi que les deux autres parties du monde, elle n'avait point de nom. Il est certain qu'Europe était Asiatique, et qu'elle n'est jamais venue dans ce pays que les Grecs appellent maintenant Europe ; mais qu'elle passa seulement de Phénicie en Crète, et de Crète en Lycie. C'en est assez à cet égard, et nous nous en tiendrons là-dessus aux opinions reçues.

XLVI. Le Pont-Euxin, que Darius attaqua, est de tous les pays celui qui produit les nations les plus ignorantes. J'en excepte toutefois les Scythes. Parmi celles en effet qui

---

[1] Il n'est pas étonnant qu'Hérodote se fût fait cette idée de l'Europe et de l'Asie, puisqu'à l'exception des Massagètes, de l'Arabie, et d'une partie de l'Inde, il ne connaissait de l'Asie que les pays soumis à Darius. D'ailleurs cet historien plaçait en Europe cet immense pays qui est au nord du Caucase, de la mer Caspienne et des Massagètes. D'un côté, il ajoutait à l'Europe des contrées immenses qu'il retranchait de l'Asie, et d'un autre il y avait dans cette partie du monde des pays d'une vaste étendue qui n'étaient pas encore connus. Il ne faut donc pas être surpris qu'il assure que l'Europe est plus grande que l'Asie et l'Afrique. (L.)

habitent en deçà du Pont-Euxin, nous ne pouvons pas en citer une seule qui ait donné des marques de prudence et d'habileté, ni même qui ait fourni un homme instruit, si ce n'est la nation scythe, et Anacharsis. Les Scythes sont, de tous les peuples que nous connaissions, ceux qui ont trouvé les moyens les plus sûrs pour se conserver les avantages les plus précieux; mais je ne vois chez eux rien autre chose à admirer. Ces avantages consistent à ne point laisser échapper ceux qui viennent les attaquer, et à ne pouvoir être joints quand ils ne veulent point l'être : car ils n'ont ni villes ni forteresses. Ils traînent avec eux leurs maisons ; ils sont habiles à tirer de l'arc étant à cheval. Ils ne vivent point des fruits du labourage, mais de bétail, et n'ont point d'autres maisons que leurs chariots. Comment de pareils peuples ne seraient-ils pas invincibles, et comment serait-il aisé de les joindre pour les combattre ?

XLVII. Ils ont imaginé ce genre de vie, tant parce que la Scythie y est très-propre, que parce que leurs rivières la favorisent et leur servent de rempart. Leur pays est un pays de plaines, abondant en pâturages et bien arrosé : il n'est, en effet, guère moins coupé de rivières que l'Égypte l'est de canaux. Je ne parlerai que des plus célèbres, de celles sur lesquelles on peut naviguer en remontant de la mer. Tels sont l'Ister, fleuve qui a cinq embouchures ; ensuite le Tyras, l'Hypanis, le Borysthène, le Panticapes, l'Hypacyris, le Gerrhus et le Tanaïs. Je vais en décrire le cours.

XLVIII. L'Ister, le plus grand de tous les fleuves que nous connaissions, est toujours égal à lui-même, soit en été, soit en hiver. On le rencontre le premier en Scythie à l'occident des autres, et il est le plus grand, parce qu'il reçoit les eaux de plusieurs autres rivières. Parmi celles qui contribuent à le grossir, il y en a cinq grandes qui traversent la Scythie : celle que les Scythes appellent Porata, et les Grecs Pyretos, le Tiarante, l'Ararus, le Naparis et l'Ordessus. La première de ces rivières est grande; elle coule à l'est, et se mêle avec l'Ister; la seconde, je veux dire le Tiarante, est plus petite, et coule plus à l'occident; les trois dernières, l'Ararus, le Naparis et l'Ordessus, ont leur cours entre les deux autres, et se jettent aussi dans l'Ister. Telles sont les rivières qui, prenant leur source en Scythie, vont grossir l'Ister.

XLIX. Le Maris coule du pays des Agathyrses, et se jette dans l'Ister. Des sommets du mont Hémus sortent trois autres grandes rivières, l'Atlas, l'Auras et le Tibisis; elles prennent leur cours vers le nord, et se perdent dans le même fleuve. Il en vient aussi trois autres par la Thrace et le pays des Thraces-Crobyziens, qui se rendent dans l'Ister. Ces fleuves sont l'Athrys, le Noès et l'Artanès. Le Gios vient de la Pæonie et du mont Rhodope; il sépare par le milieu le mont Hémus, et se décharge dans le même fleuve. L'Angrus coule de l'Illyrie vers le nord, traverse la plaine Triballique, se jette dans le Brongus, et celui-ci dans l'Ister; de sorte que l'Ister reçoit tout à la fois les eaux de deux grandes rivières. Le Carpis et l'Alpis sortent du pays au-dessus des Ombriques, coulent vers le nord, et se perdent dans le même fleuve. On ne doit pas au reste s'étonner que l'Ister reçoive tant de rivières, puisqu'il traverse toute l'Europe. Il prend sa source dans le pays des Celtes (ce sont les derniers peuples de l'Europe du côté de l'occident, si l'on excepte les Cynètes), et, après avoir traversé l'Europe entière, il entre dans la Scythie par une de ses extrémités.

L. La réunion de toutes les rivières dont je viens de parler et de beaucoup d'autres rend l'Ister le plus grand des fleuves. Mais, si on le compare lui seul avec le Nil, on donnera la préférence au fleuve d'Égypte, parce que celui-ci ne reçoit ni rivière ni fontaine qui serve à le grossir[1]. L'Ister, comme je l'ai déjà dit, est toujours égal, soit en été, soit en hiver. En voici, ce me semble, la raison. En hiver, il n'est pas plus grand qu'à son ordinaire, ou du moins guère plus qu'il doit l'être naturellement, parce

---

[1] Hérodote se trompe. L'Astapus ou Abawi, l'Astaboras ou Atbara, qui sont des rivières très-considérables, et une multitude d'autres qui viennent de l'Abyssinie et des pays au delà, grossies par les pluies du tropique, versent toutes leurs eaux dans le Nil en Éthiopie. Mais peut-être notre historien a-t-il voulu dire seulement que le Nil, depuis son entrée en Égypte, ne reçoit ni rivière ni fontaine; ce est exactement vrai. (L.)

qu'en cette saison il pleut très-peu dans les pays où il passe, et que toute la terre y est couverte de neige. Cette neige, qui est tombée en abondance pendant l'hiver, venant à se fondre en été, se jette dans l'Ister. La fonte des neiges, et les pluies fréquentes et abondantes qui arrivent en cette saison, contribuent à le grossir. Si donc, en été, le soleil attire à lui plus d'eau qu'en hiver, celles qui se rendent dans ce fleuve sont aussi, à proportion, plus abondantes en été qu'en hiver. Il résulte de cette opposition une compensation qui fait paraître ce fleuve toujours égal.

LI. L'Ister est donc un des fleuves qui coulent en Scythie. On rencontre ensuite le Tyras ; il vient du nord, et sort d'un grand lac qui sépare la Scythie de la Neuride. Les Grecs qu'on appelle Tyrites habitent vers son embouchure.

LII. L'Hypanis est le troisième : il vient de la Scythie, et coule d'un grand lac autour duquel paissent des chevaux blancs sauvages. Le lac s'appelle avec raison la Mère de l'Hypanis. Cette rivière, qui prend sa source dans ce lac, est petite, et son eau est douce pendant l'espace de cinq journées de navigation ; mais ensuite, et à quatre journées de la mer, elle devient très-amère. Cette amertume provient d'une fontaine qu'elle reçoit, et qui est si amère, que, quoique fort petite, elle ne laisse pas de gâter toutes les eaux de cette rivière, qui est grande entre les petites. Cette fontaine est sur les frontières du pays des Scythes laboureurs et des Alazons, et porte le même nom que l'endroit d'où elle sort. On l'appelle en langue scythe Exampée, qui signifie en grec Voies sacrées. Le Tyras et l'Hypanis s'approchent l'un de l'autre dans le pays des Alazons ; mais bientôt après ils s'éloignent, et laissent entre eux un grand intervalle.

LIII. Le Borysthène est le quatrième fleuve, et le plus grand de ce pays après l'Ister. C'est aussi, à mon avis, le plus fécond de tous les fleuves, non-seulement de la Scythie, mais du monde, si l'on excepte le Nil, avec lequel il n'y en a pas un qui puisse entrer en comparaison. Il fournit au bétail de beaux et d'excellents pâturages. On y pêche abondamment toutes sortes de bons poissons. Son eau est très-agréable à boire, et elle est toujours claire et limpide, quoique les fleuves voisins soient limoneux. On recueille sur ses bords d'excellentes moissons ; et, dans les endroits où l'on ne sème point, l'herbe y vient fort haute et en abondance. Le sel se cristallise de lui-même à son embouchure et en grande quantité. Il produit de gros poissons sans arêtes, qu'on sale ; on les appelle antacées. On y trouve aussi beaucoup d'autres choses dignes d'admiration.

Jusqu'au pays appelé Gerrhus, il y a quarante journées de navigation, et l'on sait que ce fleuve vient du nord. Mais on ne connaît ni les pays qu'il traverse plus haut, ni les nations qui l'habitent. Il y a néanmoins beaucoup d'apparence qu'il coule à travers un pays désert, pour venir sur les terres des Scythes cultivateurs. Ces Scythes habitent sur ses bords pendant l'espace de dix journées de navigation. Ce fleuve et le Nil sont les seuls dont je ne puis indiquer les sources, et je ne crois pas qu'aucun Grec en sache davantage. Quand le Borysthène est près de la mer, l'Hypanis mêle avec lui ses eaux en se jetant dans le même marais. La langue de terre qui est entre ces deux fleuves s'appelle le promontoire d'Hippolaüs. On y a bâti un temple à Cérès. Au delà de ce temple, vers le bord de l'Hypanis, habitent les Borysthénites. Mais en voilà assez sur ces fleuves.

LIV. On rencontre ensuite le Panticapes, et c'est la cinquième rivière. Elle vient aussi du nord, sort d'un lac, entre dans l'Hylée, et, après l'avoir traversée, elle mêle ses eaux avec celles du Borysthène. Les Scythes cultivateurs habitent entre ces deux rivières.

LV. La sixième est l'Hypacyris ; elle sort d'un lac, traverse par le milieu les terres des Scythes nomades, et se jette dans la mer près de la ville de Carcinitis, enfermant à droite le pays d'Hylée, et ce qu'on appelle la Course d'Achille.

LVI. Le septième fleuve est le Gerrhus ; il se sépare du Borysthène vers l'endroit où ce fleuve commence à être connu, depuis le Gerrhus, pays qui lui donne son nom. En coulant vers la mer, il sépare les Scythes nomades des Scythes royaux, et se jette dans l'Hypacyris.

LVII. Le huitième, enfin, est le Tanaïs ; il vient d'un

pays fort éloigné, et sort d'un grand lac, d'où il se jette dans un autre encore plus grand, qu'on appelle Mæotis, qui sépare les Scythes royaux des Sauromates. L'Hyrgis se décharge dans le Tanaïs.

LVIII. Tels sont les fleuves célèbres dont la Scythie a l'avantage d'être arrosée. L'herbe que produit ce pays est la meilleure pour le bétail, et la plus succulente que nous connaissions, comme on peut le remarquer en ouvrant les bestiaux qui s'en sont nourris. Les Scythes ont donc en abondance les choses les plus nécessaires à la vie.

LIX. Quant à leurs autres lois et coutumes, les voici telles qu'elles sont établies chez eux. Ils cherchent à se rendre propices principalement Vesta, ensuite Jupiter, et la Terre, qu'ils croient femme de Jupiter; et, après ces trois divinités, Apollon, Vénus-Uranie, Hercule, Mars. Tous les Scythes reconnaissent ces divinités; mais les Scythes royaux sacrifient aussi à Neptune. En langue scythe, Vesta s'appelle Tabiti; Jupiter, Papæus, nom qui, à mon avis, lui convient parfaitement[1]; la Terre, Apia; Apollon, OEtosyros[2]; Vénus-Uranie, Artimpasa; Neptune, Thamimasadas. Ils élèvent des statues, des autels et des temples à Mars, et n'en élèvent qu'à lui seul.

LX. Les Scythes sacrifient de la même manière dans tous leurs lieux sacrés. Ces sacrifices se font ainsi : la victime est debout, les deux pieds de devant attachés avec une corde. Celui qui doit l'immoler se tient derrière, tire à lui le bout de la corde, et la fait tomber. Tandis qu'elle tombe, il invoque le dieu auquel il va la sacrifier. Il lui met ensuite une corde au cou, et serre la corde avec un bâton qu'il tourne. C'est ainsi qu'il l'étrangle, sans allumer

---

[1] Hérodote suppose que ce mot, chez les Scythes, signifiait *père*, et cela peut très-bien être. On sait que, dans toutes les langues, απ, πα, παπα, sont les premières syllabes que prononcent les enfants, et qu'ils désignent de cette manière leurs pères. (L.)

[2] Que signifie cette épithète que donnaient les Scythes à Apollon? C'est ce que l'on ignore, et ce que l'on ignorera peut-être toujours. Hésychius fait venir ce mot du grec, tandis qu'il aurait fallu en chercher l'origine dans la langue des Scythes. M. Pelloutier n'a pas été plus heureux. Il dérive ce mot de goet syr, le bon astre. Il aurait fallu prouver que dans la langue de ce peuple syr signifiât un astre. (L.)

de feu, sans faire de libations, et sans aucune autre cérémonie préparatoire. La victime étranglée, le sacrificateur la dépouille, et se dispose à la faire cuire.

LXI. Comme il n'y a point du tout de bois en Scythie, voici comment ils ont imaginé de faire cuire la victime. Quand ils l'ont dépouillée, ils enlèvent toute la chair qui est sur les os, et la mettent dans des chaudières, s'il se trouve qu'ils en aient. Les chaudières de ce pays ressemblent beaucoup aux cratères de Lesbos, excepté qu'elles sont beaucoup plus grandes. On allume dessous du feu avec les os de la victime. Mais, s'ils n'ont point de chaudières, ils mettent toutes les chairs avec de l'eau dans le ventre de l'animal [1], et allument les os dessous. Ces os font un très-bon feu, et le ventre tient aisément les chairs désossées. Ainsi le bœuf se fait cuire lui-même, et les autres victimes se font cuire aussi chacune elle-même. Quand le tout est cuit, le sacrificateur offre les prémices de la chair et des entrailles, en les jetant devant lui. Ils immolent aussi d'autres animaux, et principalement des chevaux.

LXII. Telles sont les espèces d'animaux que les Scythes sacrifient à ces dieux, et tels sont leurs rites. Mais voici ceux qu'ils observent à l'égard du dieu Mars : dans chaque nome on lui élève un temple de la manière suivante, dans un champ destiné aux assemblées de la nation. On entasse des fagots de menu bois, et on en fait une pile de trois stades en longueur et en largeur, et moins en hauteur. Sur cette pile, on pratique une espèce de plate-forme carrée, dont trois côtés sont inaccessibles ; le quatrième va en pente, de manière qu'on puisse y monter. On y entasse tous les ans cent cinquante charretées de menu bois pour relever cette pile, qui s'affaisse par les injures des saisons. Au haut de cette pile, chaque nation scythe plante un vieux cimeterre de fer, qui leur tient lieu de simulacre de Mars[2]. Ils offrent tous les ans à ce cimeterre des sacrifices de

---

[1] Avant l'invention des chaudières, les peuples barbares se servaient de peaux pour faire cuire les aliments. Les Arabes Bédouins, les Groënlandais et plusieurs peuples de la Tartarie en font encore usage. (WESSELING.)

[2] D'autres peuples barbares honoraient le Dieu de la guerre sous l'emblème d'un cimeterre. Ammien Marcellin dit des Huns : *Nec templum apud eos*

chevaux et d'autres animaux, et lui immolent plus de victimes qu'au reste des dieux. Ils lui sacrifient aussi le centième de tous les prisonniers qu'ils font sur leurs ennemis, mais non de la même manière que les animaux ; la cérémonie en est bien différente. Ils font d'abord des libations avec du vin sur la tête de ces victimes humaines, les égorgent ensuite sur un vase, portent ce vase au haut de la pile, et en répandent le sang sur le cimeterre. Pendant qu'on porte ce sang au haut de la pile, ceux qui sont au bas coupent le bras droit avec l'épaule à tous ceux qu'ils ont immolés, et les jettent en l'air. Après avoir achevé le sacrifice de toutes les autres victimes, ils se retirent ; le bras reste où il tombe, et le corps demeure étendu dans un autre endroit.

LXIII. Tels sont les sacrifices établis parmi ces peuples ; mais ils n'immolent jamais de pourceaux, et ne veulent pas même en nourrir dans leur pays.

LXIV. Quant à la guerre, voici les usages qu'ils observent. Un Scythe boit du sang du premier homme qu'il renverse, coupe la tête à tous ceux qu'il tue dans les combats, et la porte au roi. Quand il lui a présenté la tête d'un ennemi, il a part à tout le butin ; sans cela, il en sera privé. Pour écorcher une tête, le Scythe fait d'abord une incision à l'entour, vers les oreilles, et, la prenant par le haut, il en arrache la peau en la secouant. Il pétrit ensuite cette peau entre ses mains, après en avoir enlevé toute la chair avec une côte de bœuf ; et, quand il l'a bien amollie, il s'en sert comme d'une serviette. Il la suspend à la bride du cheval qu'il monte, et s'en fait honneur : car plus un Scythe peut avoir de ces sortes de serviettes, plus il est estimé vaillant et courageux. Il s'en trouve beaucoup qui cousent ensemble des peaux humaines, comme des capes de berger, et qui s'en font des vêtements. Plusieurs aussi écorchent, jusqu'aux ongles inclusivement, la main droite des ennemis qu'ils ont tués, et en font des couvercles à leurs carquois. La peau d'homme est en effet épaisse ; et de toutes les

---

visitur aut delubrum... sed gladius, barbarico ritu, humi figitur nudus, eumque ut Martem.... colunt. A Rome même, une pique représentait autrefois le dieu Mars, comme nous l'apprenons de Varron. (L.)

peaux, c'est presque la plus brillante par sa blancheur. D'autres enfin écorchent des hommes depuis les pieds jusqu'à la tête, et lorsqu'ils ont étendu leurs peaux sur des morceaux de bois, ils les portent sur leurs chevaux. Telles sont les coutumes reçues parmi ces peuples.

LXV. Les Scythes n'emploient pas à l'usage que je vais dire toutes sortes de têtes indifféremment, mais celles de leurs plus grands ennemis. Ils scient le crâne au-dessous des sourcils, et le nettoient. Les pauvres se contentent de le revêtir par dehors d'un morceau de cuir de bœuf, sans apprêt: les riches non-seulement le couvrent d'un morceau de peau de bœuf, mais ils le dorent aussi en dedans, et s'en servent, tant les pauvres que les riches, comme d'une coupe à boire. Ils font la même chose des têtes de leurs proches, si, après avoir eu quelque querelle ensemble, ils ont remporté sur eux la victoire en présence du roi. S'il vient chez eux quelque étranger dont ils fassent cas, ils lui présentent ces têtes, lui content comment ceux à qui elles appartenaient les ont attaqués, quoiqu'ils fussent leurs parents, et comment ils les ont vaincus. Ils en tirent vanité, et appellent cela des actions de valeur.

LXVI. Chaque gouverneur donne tous les ans un festin dans son nome, où l'on sert du vin mêlé avec de l'eau dans un cratère. Tous ceux qui ont tué des ennemis boivent de ce vin: ceux qui n'ont rien fait de semblable n'en goûtent point; ils sont honteusement assis à part, et c'est pour eux une grande ignominie. Tous ceux qui ont tué un grand nombre d'ennemis boivent, en même temps, dans deux coupes jointes ensemble.

LXVII. Les devins sont en grand nombre parmi les Scythes, et se servent de baguettes de saule pour exercer la divination. Ils apportent des faisceaux de baguettes, les posent à terre, les délient, et, lorsqu'ils ont mis à part chaque baguette, ils prédisent l'avenir. Pendant qu'ils font ces prédictions, ils reprennent les baguettes l'une après l'autre, et les remettent ensemble. Ils ont appris de leurs ancêtres cette sorte de divination. Les Énarées, qui sont des hommes efféminés, disent qu'ils tiennent ce don de Vénus. Ils se servent, pour exercer leur art, d'écorce de tilleul : ils fendent en trois cette écorce, l'entortillent autour de leurs doigts, puis ils la défont, et annoncent ensuite l'avenir.

LXVIII. Si le roi des Scythes tombe malade, il envoie chercher trois des plus célèbres d'entre ces devins, qui exercent leur art de la manière que nous avons dit. Ils lui répondent ordinairement que tel et tel, dont ils disent en même temps les noms, ont fait un faux serment en jurant par les Lares du palais. Les Scythes en effet jurent assez ordinairement par les Lares du palais, quand ils veulent faire le plus grand de tous les serments.

Aussitôt on saisit l'accusé, l'un d'un côté, l'autre de l'autre ; quand on l'a amené, ils lui déclarent que, par l'art de la divination, ils sont sûrs qu'il a fait un faux serment en jurant par les Lares du palais, et qu'ainsi il est la cause de la maladie du roi. Si l'accusé nie le crime et s'indigne qu'on ait pu le lui imputer, le roi fait venir le double d'autres devins. Si ceux-ci le convainquent aussi de parjure par les règles de la divination, on lui tranche sur-le-champ la tête, et ses biens sont confisqués au profit des premiers devins. Si les devins que le roi a mandés en second lieu le déclarent innocent, on en fait venir d'autres, et puis d'autres encore ; et, s'il est déchargé de l'accusation par le plus grand nombre, la sentence qui l'absout est l'arrêt de mort des premiers devins.

LXIX. Voici comment on les fait mourir : on remplit de menu bois un chariot, auquel on attelle des bœufs ; on place les devins au milieu de ces fagots, les pieds attachés, les mains liées derrière le dos, et un bâillon à la bouche. On met ensuite le feu aux fagots, et l'on chasse les bœufs en les épouvantant. Plusieurs de ces animaux sont brûlés avec les devins ; d'autres se sauvent à demi brûlés, lorsque la flamme a consumé le timon. C'est ainsi qu'on brûle les devins, non-seulement pour ce crime, mais encore pour d'autres causes ; et on les appelle faux devins.

LXX. Le roi fait mourir les enfants mâles de ceux qu'il punit de mort ; mais il épargne les filles. Lorsque les Scythes font un traité avec quelqu'un, quel qu'il puisse être, ils versent du vin dans une grande coupe de terre, et les contractants y versent de leur sang en se faisant de légères incisions au corps avec un couteau ou une épée ; après quoi ils trempent dans cette coupe un cimeterre, des flèches, une hache et un javelot. Ces cérémonies achevées, ils prononcent une longue formule de prières, et boivent ensuite une partie de ce qui est dans la coupe, et, après eux, les personnes les plus distinguées de leur suite [1].

LXXI. Les tombeaux de leurs rois sont dans le pays des Gerrhes, où le Borysthène commence à être navigable. Quand le roi vient à mourir, ils font en cet endroit une grande fosse carrée. Cette fosse achevée, ils enduisent le corps de cire, lui fendent le ventre, et, après l'avoir nettoyé et rempli de souchet broyé, de parfums, de graine d'ache et d'anis, ils le recousent. On porte ensuite le corps sur un char dans une autre province, dont les habitants se coupent, comme les Scythes royaux, un peu de l'oreille, se rasent les cheveux autour de la tête, se font des incisions aux bras, se déchirent le front et le nez, et se passent des flèches à travers la main gauche. De là on porte le corps du roi sur un char dans une autre province de ses États, et les habitants de celle où il a été porté d'abord suivent le convoi. Quand on lui a fait parcourir toutes les provinces et toutes les nations soumises à son obéissance, il arrive dans le pays des Gerrhes, à l'extrémité de la Scythie, et on le place dans le lieu de sa sépulture, sur un lit de verdure et de feuilles entassées. On plante ensuite autour du corps des piques, et on pose par-dessus des pièces de bois, qu'on couvre de branches de saule. On met dans l'espace vide de cette fosse une des concubines du roi, qu'on a étranglée auparavant, son échanson, son cuisinier, son écuyer, son ministre, un de ses serviteurs, des chevaux ; en un mot, les prémices du reste de toutes les choses à son usage, et des

---

[1] Lorsque Henri III entra en Pologne pour prendre possession de ce royaume, il trouva à son arrivée trente mille chevaux rangés en bataille. Le général, s'approchant de lui, tire son sabre, s'en pique le bras, et recueillant dans sa main le sang qui coulait de sa blessure, il le but, en lui disant : *Seigneur, malheur à celui de nous qui n'est pas prêt à verser pour votre service tout ce qu'il a dans les veines ! c'est pour cela que je ne veux rien perdre du mien.* (L..)

coupes d'or : ils ne connaissent en effet ni l'argent ni le cuivre. Cela fait, ils remplissent la fosse de terre, et travaillent tous, à l'envi l'un de l'autre, à élever sur le lieu de sa sépulture un tertre très-haut.

LXXII. L'année révolue, ils prennent, parmi le reste des serviteurs du roi, ceux qui lui étaient les plus utiles. Ces serviteurs sont tous Scythes de nation, le roi n'ayant point d'esclaves achetés à prix d'argent, et se faisant servir par ceux de ses sujets à qui il l'ordonne. Ils étranglent une cinquantaine de ces serviteurs, avec un pareil nombre de ses plus beaux chevaux [1]. Ils leur ôtent les entrailles, leur nettoient le ventre, et, après l'avoir rempli de paille, ils le recousent. Ils posent sur deux pièces de bois un demi-cercle renversé, puis un autre demi-cercle sur deux autres pièces de bois, et plusieurs autres ainsi de suite, qu'ils attachent de la même manière. Ils élèvent ensuite sur ces demi-cercles les chevaux, après leur avoir fait passer des pieux dans toute leur longueur jusqu'au cou : les premiers demi-cercles soutiennent les épaules des chevaux, et les autres les flancs et la croupe ; de sorte que les jambes n'étant point appuyées restent suspendues. Ils leur mettent ensuite un mors et une bride, tirent la bride en avant, et l'attachent à un pieu. Cela fait, ils prennent les cinquante jeunes gens qu'ils ont étranglés, les placent chacun sur un cheval, après leur avoir fait passer, le long de l'épine du dos jusqu'au cou, une perche dont l'extrémité inférieure s'emboîte dans le pieu qui traverse le cheval. Enfin, lorsqu'ils ont arrangé ces cinquante cavaliers autour du tombeau, ils se retirent.

LXXIII. Telles sont les cérémonies qu'ils observent aux obsèques de leurs rois. Quant au reste des Scythes, lorsqu'il meurt quelqu'un d'entre eux, ses plus proches pa-

---

[1] Je ne doute pas que ces sacrifices inhumains ne paraissent une fable à ceux d'entre les modernes qui ne jugent des nations étrangères que d'après la leur. Qu'ils sachent qu'à la Chine, c'est-à-dire dans le pays le plus doux et le plus policé qu'il y ait, l'empereur Chun-Tchi ayant perdu une de ses épouses en 1660, fit sacrifier sur le tombeau de cette femme plus de trente esclaves. Il était Tartare, c'est-à-dire Scythe. Cet exemple récent rend croyable ce que nous dit Hérodote des anciens Scythes. (L.)

rents le mettent sur un chariot, et le conduisent de maison en maison chez leurs amis : ces amis le reçoivent, et préparent chacun un festin à ceux qui accompagnent le corps, et font pareillement servir au mort de tous les mets qu'ils présentent aux autres. On transporte ainsi, de côté et d'autre, les corps des particuliers pendant quarante jours; ensuite on les enterre. Lorsque les Scythes ont donné la sépulture à un mort, ils se purifient de la manière suivante. Après s'être frotté la tête avec quelque chose de détersif, et se l'être lavée, ils observent à l'égard du reste du corps ce que je vais dire. Ils inclinent trois perches l'une vers l'autre, et sur ces perches ils étendent des étoffes de laine foulée, qu'ils bandent et ferment le plus qu'ils peuvent. Ils placent ensuite au milieu de ces perches et de ces étoffes un vase dans lequel ils mettent des pierres rougies au feu.

LXXIV. Il croît en Scythie du chanvre; il ressemble fort au lin, excepté qu'il est plus gros et plus grand. Il lui est en cela de beaucoup supérieur. Cette plante vient d'elle-même et de graine. Les Thraces s'en font des vêtements qui ressemblent tellement à ceux de lin, qu'il faut être connaisseur pour les distinguer, et quelqu'un qui n'en aurait jamais vu de chanvre les prendrait pour des étoffes de lin.

LXXV. Les Scythes prennent de la graine de chanvre, et, s'étant glissés sous ces tentes de laine foulée, ils mettent de cette graine sur des pierres rougies au feu. Lorsqu'elle commence à brûler, elle répand une si grande vapeur, qu'il n'y a point en Grèce d'étuve qui ait plus de force. Les Scythes, étourdis par cette vapeur, jettent des cris confus. Elle leur tient lieu de bain ; car jamais ils ne se baignent. Quant à leurs femmes, elles broient sur une pierre raboteuse du bois de cyprès, de cèdre, et de l'arbre qui porte l'encens ; et, lorsque le tout est bien broyé, elles y mêlent un peu d'eau, et en font une pâte dont elles se frottent tout le corps et le visage. Cette pâte leur donne une odeur agréable; et le lendemain, quand elles l'ont enlevée, elles sont propres, et leur beauté en a plus d'éclat.

LXXVI. Les Scythes ont un prodigieux éloignement

pour les coutumes étrangères : les habitants d'une province ne veulent pas même suivre celles d'une province voisine. Mais il n'en est point dont ils aient plus d'éloignement que de celles des Grecs. Anacharsis, et Scylès après lui, en sont une preuve convaincante. Anacharsis, ayant parcouru beaucoup de pays, et montré partout une grande sagesse, s'embarqua sur l'Hellespont pour retourner dans sa patrie. Étant abordé à Cyzique dans le temps que les Cyzicéniens étaient occupés à célébrer avec beaucoup de solennité la fête de la Mère des dieux, il fit vœu, s'il retournait sain et sauf dans sa patrie, d'offrir à cette déesse des sacrifices avec les mêmes rites et cérémonies qu'il avait vu pratiquer par les Cyzicéniens, et d'instituer, en son honneur, la veillée de la fête. Lorsqu'il fut arrivé dans l'Hylée, contrée de la Scythie entièrement couverte d'arbres de toute espèce et située près de la Course d'Achille, il célébra la fête en l'honneur de la déesse, ayant de petites statues attachées sur lui, et tenant à la main un tambourin. Il fut aperçu en cet état par un Scythe, qui alla le dénoncer au roi Saulius. Le roi, s'étant lui-même transporté sur les lieux, n'eut pas plutôt vu Anacharsis occupé à la célébration de cette fête, qu'il le tua d'un coup de flèche; et même encore aujourd'hui, si l'on parle d'Anacharsis aux Scythes, ils font semblant de ne le point connaître, parce qu'il avait voyagé en Grèce, et qu'il observait des usages étrangers. J'ai ouï dire à Timnès, tuteur d'Ariapithès, qu'Anacharsis était oncle paternel d'Idanthyrse, roi des Scythes; qu'il était fils de Gnurus, petit-fils de Lycus, et arrière-petit-fils de Spargapithès. Si donc Anacharsis était de cette maison, il est certain qu'il fut tué par son propre frère. Idanthyrse était en effet fils de Saulius, et ce fut Saulius qui tua Anacharsis.

LXXVII. Cependant j'en ai entendu parler autrement à des Péloponnésiens. Ils disent qu'Anacharsis, ayant été envoyé par le roi des Scythes dans les pays étrangers, devint disciple des Grecs ; qu'étant de retour dans sa patrie, il dit au prince qui l'avait envoyé que tous les peuples de la Grèce s'appliquaient aux sciences et aux arts, excepté les Lacédémoniens ; mais que ceux-ci seuls s'étudiaient à parler et à répondre avec prudence et modération : mais cette histoire est une pure invention des Grecs. Anacharsis fut donc tué, comme on vient de le dire, et il éprouva ce malheur pour avoir pratiqué des coutumes étrangères, et avoir eu commerce avec les Grecs.

LXXVIII. Bien des années après, Scylès, fils d'Ariapithès, roi des Scythes, eut le même sort. Ariapithès avait plusieurs enfants; mais il avait eu Scylès d'une femme étrangère, de la ville d'Istrie, qui lui apprit la langue et les lettres grecques. Quelque temps après, Ariapithès fut tué en trahison par Spargapithès, roi des Agathyrses. Scylès, étant monté sur le trône, épousa Opœa, Scythe de nation, femme de son père, et dont le feu roi avait eu un fils, nommé Oricus.

Quoique Scylès fût roi des Scythes, les coutumes de la Scythie ne lui plaisaient nullement; et il se sentait d'autant plus de goût pour celles des Grecs, qu'il y avait été instruit dès sa plus tendre enfance. Voici quelle était sa conduite : toutes les fois qu'il menait l'armée scythe vers la ville des Borysthénites, dont les habitants se disent originaires de Milet, il la laissait devant la ville, et, dès qu'il y était entré, il en faisait fermer les portes. Il quittait alors l'habit scythe, en prenait un à la grecque, et, vêtu de la sorte, il se promenait sur la place publique, sans être accompagné de gardes, ni même de toute autre personne. Pendant ce temps-là on faisait sentinelle aux portes, de peur que quelque Scythe ne l'aperçût avec cet habit. Outre plusieurs autres usages des Grecs, auxquels il se conformait, il observait aussi leurs cérémonies dans les sacrifices qu'il offrait aux dieux. Après avoir demeuré dans cette ville un mois ou même davantage, il reprenait l'habit scythe, et allait rejoindre son armée. Il pratiquait souvent la même chose. Il se fit aussi bâtir un palais à Borysthène, et y épousa une femme du pays.

LXXIX. Les destins ayant résolu sa perte, voici ce qui l'occasionna : Scylès désira de se faire initier aux mystères de Bacchus. Comme on commençait la cérémonie, et qu'on allait lui mettre entre les mains les choses sacrées, il arriva un très-grand prodige. Il avait à Borysthène un

palais, dont j'ai fait mention un peu auparavant. C'était un édifice superbe et d'une vaste étendue, autour duquel on voyait des sphinx et des griffons de marbre blanc. Le dieu le frappa de ses traits, et il fut entièrement réduit en cendres. Scylès n'en continua pas moins la cérémonie qu'il avait commencée. Les Scythes reprochent aux Grecs leurs bacchanales, et pensent qu'il est contraire à la raison d'imaginer un dieu qui pousse les hommes à des extravagances. Lorsque Scylès eut été initié aux mystères de Bacchus, un habitant de Borysthène se rendit secrètement à l'armée des Scythes : « Vous vous moquez de nous, leur
» dit-il, parce qu'en célébrant les bacchanales, le dieu se
» rend maître de nous. Ce dieu s'est aussi emparé de votre
» roi; Scylès célèbre Bacchus, et le dieu l'agite et trouble
» sa raison. Si vous ne voulez pas m'en croire, suivez-
» moi, et je vous le montrerai. » Les premiers de la nation le suivirent. Le Borysthénite les plaça secrètement dans une tour, d'où ils virent passer Scylès avec sa troupe, célébrant les bacchanales. Les Scythes, regardant cette conduite comme quelque chose de très-affligeant pour leur nation, firent, en présence de toute l'armée, le rapport de ce qu'ils venaient de voir.

LXXX. Scylès étant parti après cela pour retourner chez lui, ses sujets se révoltèrent, et proclamèrent en sa place Octamasades, son frère, fils de la fille de Térès. Ce prince, ayant appris cette révolte, et quel en était le motif, se réfugia en Thrace. Sur cette nouvelle, Octamasades, à la tête d'une armée, le poursuivit dans sa retraite. Quand il fut arrivé sur les bords de l'Ister, les Thraces vinrent à sa rencontre. Mais comme on était sur le point de donner bataille, Sitalcès envoya un héraut à Octamasades, avec ordre de lui dire : « Qu'est-il besoin de tenter, l'un et l'au-
» tre, le hasard d'un combat? Vous êtes fils de ma sœur,
» et vous avez mon frère en votre puissance : si vous me
» le rendez, je vous livrerai Scylès, et nous ne nous ex-
» poserons point au sort d'une bataille. » Le frère de Sitalcès s'était en effet réfugié auprès d'Octamasades.

Ce prince accepta l'offre, remit son oncle maternel entre les mains de Sitalcès, et reçut en échange son frère Scylès. Sitalcès n'eut pas plutôt son frère en son pouvoir, qu'il se retira avec ses troupes ; et dès qu'on eut rendu Scylès, Octamasadès lui fit trancher la tête sur la place même. Telle est la scrupuleuse exactitude des Scythes dans l'observation de leurs lois et de leurs coutumes, et la rigueur avec laquelle ils punissent ceux qui en affectent d'étrangères.

LXXXI. Quant à la population de la Scythie, on m'en a parlé diversement, et je n'en ai jamais rien pu apprendre de certain : les uns m'ont dit que ce pays était très-peuplé, et les autres, qu'à ne compter que les véritables Scythes, il l'était peu. Mais voici ce que j'ai vu par moi-même.

Entre le Borysthène et l'Hypanis, est un certain canton qu'on appelle Exampée. J'en ai fait mention un peu plus haut, en parlant d'une fontaine dont les eaux sont si amères, que celles de l'Hypanis, dans lequel elle se jette, en sont tellement altérées, qu'il n'est pas possible d'en boire. Il y a dans ce pays un vase d'airain six fois plus grand que le cratère qui se voit à l'embouchure du Pont-Euxin, et que Pausanias, fils de Cléombrote, y a consacré. Je vais en donner les dimensions, en faveur de ceux qui ne l'ont point vu. Ce vase d'airain, qui est dans la Scythie, contient aisément six cents amphores, et il a six doigts d'épaisseur. Les habitants du pays m'ont dit qu'il avait été fait de pointes de flèches ; que leur roi Ariantas, voulant savoir le nombre de ses sujets, commanda à tous les Scythes d'apporter chacun une pointe de flèche, sous peine de mort ; qu'on lui en apporta en effet une quantité prodigieuse, dont il fit faire ce vase d'airain, qu'il consacra dans le lieu qu'on appelle Exampée, comme un monument qu'il laissait à la postérité. Voilà ce que j'ai appris de la population des Scythes.

LXXXII. La Scythie n'a rien de merveilleux que les fleuves qui l'arrosent ; ils sont très-considérables et en très-grand nombre. Mais, indépendamment de ses fleuves et de ses vastes plaines, on y montre encore une chose digne d'admiration : c'est l'empreinte du pied d'Hercule, sur un roc près du Tyras. Cette empreinte ressemble à celle d'un pied d'homme, mais elle a deux coudées de long.

Revenons maintenant au sujet dont je m'étais proposé de parler au commencement de ce livre.

LXXXIII. Darius fit de grands préparatifs contre les Scythes ; il dépêcha de toutes parts des courriers, pour ordonner aux uns de lever une armée de terre, aux autres d'équiper une flotte, à d'autres enfin de construire un pont de bateaux sur le Bosphore de Thrace. Cependant Artabane, fils d'Hystaspes et frère de Darius, n'était nullement d'avis que le roi entreprît de porter la guerre en Scythie. Il lui représenta la pauvreté des Scythes ; mais quand il vit que ses remontrances, quoique sages, ne faisaient aucune impression sur son esprit, il n'insista pas davantage. Les préparatifs achevés, Darius, à la tête de son armée, partit de Suses.

LXXXIV. Alors un Perse, nommé OEobazus, dont les trois fils étaient de cette expédition, pria Darius d'en laisser un auprès de lui. Ce prince lui répondit, comme à un ami dont la demande était modérée, qu'il les lui laisserait tous trois. Le Perse, charmé de cette réponse, se flattait que ses trois fils allaient avoir leur congé ; mais le roi ordonna à ceux qui présidaient aux exécutions de faire mourir tous les enfants d'OEobazus ; et, après leur mort, on les laissa en cet endroit-là même.

LXXXV. Darius se rendit de Suses à Chalcédoine, sur le Bosphore, où l'on avait fait le pont. Il s'y embarqua, et fit voile vers les îles Cyanées, qui étaient autrefois errantes, s'il faut en croire les Grecs. Il s'assit dans le temple, et de là se mit à considérer le Pont-Euxin : c'est, de toutes les mers, celle qui mérite le plus notre admiration. Elle a onze mille cent stades de longueur, sur trois mille trois cents de largeur [1] à l'endroit où elle est le plus large. L'em-

---

[1] Le chevalier Chardin prétend que cela fait 462 lieues de 15 au degré astronomique ; ce qui est, dit-il, une erreur si étrange, qu'il ne sait comment l'excuser. Il est cependant bien aisé de justifier Hérodote. Si cet historien avait eu en vue le stade olympique, cela ne ferait que 419 lieues, ce qui est bien éloigné du compte de Chardin ; mais il ne s'agit pas de ce stade, mais de celui de 51 toises, dont Hérodote fait presque toujours usage. Onze mille cent de ces stades donnent 226 de nos lieues, ce qui est la longueur du Pont-Euxin, comme on peut s'en assurer par la carte de d'Anville. La largeur du Pont-Euxin étant de 3,300 stades, cela fera 67 lieues et un tiers. (L.)

bouchure de cette mer a quatre stades de large sur environ six vingts stades de long. Ce col, ou détroit, s'appelle Bosphore. C'était là où l'on avait jeté le pont. Le Bosphore s'étend jusqu'à la Propontide. Quant à la Propontide, elle a cinq cents stades de largeur sur quatorze cents de longueur, et se jette dans l'Hellespont, qui, dans l'endroit où il est le moins large, n'a que sept stades de largeur sur quatre cents de longueur. L'Hellespont communique à une mer d'une vaste étendue, qu'on appelle la mer Égée.

LXXXVI. On a mesuré ces mers de la manière suivante : dans les longs jours, un vaisseau fait en tout environ soixante et dix mille orgyies de chemin, et soixante mille par nuit[1]. Or, de l'embouchure du Pont-Euxin au Phase, qui est sa plus grande longueur, il y a neuf jours et huit nuits de navigation : cela fait onze cent dix mille orgyies, c'est-à-dire onze mille cent stades. De la Sindique à Thémiscyre, sur le Thermodon, où le Pont-Euxin est le plus large, on compte trois jours et deux nuits de navigation, qui font trois cent trente mille orgyies, ou trois mille trois cents stades. C'est ainsi que j'ai pris les dimensions du Pont-Euxin, du Bosphore et de l'Hellespont ; et ces mers sont naturellement telles que je les ai représentées. Le Palus-Mæotis se jette dans le Pont-Euxin ; il n'est guère moins grand que cette mer, et on l'appelle la mer du Pont.

LXXXVII. Lorsque Darius eut considéré le Pont-Euxin, il revint par mer au pont de bateaux, dont Mandroclès de Samos était l'entrepreneur. Il examina aussi le Bosphore ; et, sur le bord de ce détroit, on érigea, par son ordre, deux colonnes de pierre blanche. Il fit graver sur l'une, en caractères assyriens[2], et sur l'autre, en lettres grecques,

---

[1] Cela fait 700 stades par jour, et 600 par nuit ; 1,300 par 24 heures. Marin évalue, au rapport de Ptolémée, une journée de navigation à mille stades ; Aristides (*in Ægyptio*), à 1,200 ; et Polybe soutient qu'il est impossible de faire deux mille stades par jour. Strabon dit que de la Cyrénaïque à Criu-Métopon, promontoire de l'île de Crète, il y a deux jours et deux nuits de navigation : or, suivant Ératosthène, cet intervalle est de 2,000 stades ; et Pline écrit la même chose, lib. IV, cap. XII : *Ipsa (Creta) abest promontorio suo, quod vocatur Criu-Metopon, ut prodit Agrippa, a Cyrenarum promotorio Phycunte*, CCXXV, M. P. (CASAUBON.)

[2] Les lettres assyriennes étaient les mêmes que les chaldéennes.

les noms de toutes les nations qu'il avait à sa suite. Or il menait à cette guerre tous les peuples qui lui étaient soumis. On comptait dans cette armée sept cent mille hommes avec la cavalerie, sans y comprendre la flotte, qui était de six cents voiles.

Depuis l'expédition des Perses en Scythie, les Byzantins ont transporté ces deux colonnes dans leur ville, et les ont fait servir à l'autel de Diane Orthosienne, excepté une seule pierre qu'on a laissée auprès du temple de Bacchus à Byzance, et qui est entièrement chargée de lettres assyriennes. Au reste, l'endroit du Bosphore où Darius fit jeter un pont est, ce me semble, autant que je puis le conjecturer, à moitié chemin de Byzance, au temple qu'on voit à l'embouchure du Pont-Euxin.

LXXXVIII. Darius, satisfait de ce pont, fit de riches présents à Mandroclès de Samos, qui en était l'entrepreneur. Mandroclès employa les prémices de ces présents à faire faire un tableau qui représentait le pont du Bosphore, avec le roi Darius assis sur son trône et regardant défiler ses troupes. Il fit une offrande de ce tableau au temple de Junon [1], et y ajouta une inscription en ces termes :

« Mandroclès a consacré à Junon ce monument en recon-
» naissance de ce qu'il a réussi, au gré du roi Darius,
» à jeter un pont sur le Bosphore. Il s'est, par cette entre-
» prise, couvert de gloire, et a rendu immortel le nom de
» Samos sa patrie. »

Tel est le monument qu'a laissé celui qui a présidé à la construction de ce pont.

LXXXIX. Darius, ayant récompensé Mandroclès, passa en Europe. Il avait ordonné aux Ioniens de faire voile par le Pont-Euxin jusqu'à l'Ister, de jeter un pont sur ce fleuve quand ils y seraient arrivés, et de l'attendre en cet endroit. Les Ioniens, les Éoliens et les habitants de l'Hellespont conduisaient l'armée navale. La flotte passa donc les Cyanées, fit voile droit à l'Ister ; et, après avoir remonté le fleuve pendant deux jours, depuis la mer jusqu'à l'endroit où il se partage en plusieurs bras qui forment

---

[1] Le fameux temple de Junon à Samos.

autant d'embouchures, toute l'armée navale y construisit un pont. Darius, ayant traversé le Bosphore sur le pont de bateaux, prit son chemin par la Thrace ; et, quand il fut arrivé aux sources du Téare, il y campa trois jours.

XC. Les peuples qui habitent sur ses bords prétendent que ses eaux sont excellentes contre plusieurs sortes de maux, et particulièrement qu'elles guérissent les hommes et les chevaux de la gale. Ses sources sortent du même rocher, au nombre de trente-huit : les unes sont chaudes, les autres froides. Elles sont à égale distance de la ville d'Héræum, qui est près de Périnthe et d'Apollonie, ville située sur le Pont-Euxin, c'est-à-dire à deux journées de marche de l'une et de l'autre de ces places. Le Téare se jette dans le Contadesdus, le Contadesdus dans l'Agrianès, l'Agrianès dans l'Hèbre, et l'Hèbre dans la mer, près de la ville d'Ænos.

XCI. Darius, étant arrivé aux sources du Téare, y assit son camp. Il prit tant de plaisir à voir ce fleuve, qu'il fit ériger dans le même endroit une colonne, avec cette inscription :

LES SOURCES DU TÉARE DONNENT LES MEILLEURES ET LES PLUS BELLES EAUX DU MONDE : DARIUS, FILS D'HYSTASPE, LE MEILLEUR ET LE PLUS BEAU DE TOUS LES HOMMES, ROI DES PERSES ET DE TOUTE LA TERRE FERME, MARCHANT CONTRE LES SCYTHES, EST ARRIVÉ SUR SES BORDS.

XCII. Darius partit de là pour se rendre sur une autre rivière qu'on appelle Artiscus, et qui traverse le pays des Odryses. Quand il fut arrivé sur ses bords, il désigna à ses troupes un certain endroit, où il ordonna à chaque soldat de mettre une pierre en passant. L'ordre fut exécuté par toute l'armée ; et Darius, ayant laissé en ce lieu de grands tas de pierres, continua sa marche avec ses troupes.

XCIII. Avant que d'arriver à l'Ister, les Gètes, qui se disent immortels, furent les premiers peuples qu'il subjugua. Les Thraces de Salmydesse, et ceux qui demeurent au-dessus d'Apollonie et de la ville de Mésambria, qu'on appelle Scyrmiades et Nipséens, s'étaient rendus à lui sans combattre et sans faire la moindre résistance. Les Gètes, par un fol entêtement, se mirent en défense; mais ils furent sur-le-champ réduits en esclavage. Ces peuples sont les plus braves et les plus justes d'entre les Thraces.

XCIV. Les Gètes se croient immortels, et pensent que celui qui meurt va trouver leur dieu Zalmoxis, que quelques-uns d'entre eux croient le même que Gébéléizis. Tous les cinq ans ils tirent au sort quelqu'un de leur nation, et l'envoient porter de leurs nouvelles à Zalmoxis, avec ordre de lui représenter leurs besoins. Voici comment se fait la députation. Trois d'entre eux sont chargés de tenir chacun une javeline la pointe en haut, tandis que d'autres prennent, par les pieds et par les mains, celui qu'on envoie à Zalmoxis. Ils le mettent en branle, et le lancent en l'air, de façon qu'il retombe sur la pointe des javelines. S'il meurt de ses blessures, ils croient que le dieu leur est propice; s'il n'en meurt pas, ils l'accusent d'être un méchant. Quand ils ont cessé de l'accuser, ils en députent un autre, et lui donnent aussi leurs ordres, tandis qu'il est encore en vie. Ces mêmes Thraces tirent aussi des flèches contre le ciel, quand il tonne et qu'il éclaire, pour menacer le dieu qui lance la foudre, persuadés qu'il n'y a point d'autre dieu que celui qu'ils adorent.

XCV. J'ai néanmoins ouï dire aux Grecs qui habitent l'Hellespont et le Pont que ce Zalmoxis était un homme, et qu'il avait été à Samos esclave de Pythagore, fils de Mnésarque; qu'ayant été mis en liberté, il avait amassé de grandes richesses, avec lesquelles il était retourné dans son pays. Quand il eut remarqué la vie malheureuse et grossière des Thraces, comme il avait été instruit des usages des Ioniens, et qu'il avait contracté avec les Grecs, et particulièrement avec Pythagore, un des plus célèbres philosophes de la Grèce, l'habitude de penser plus profondément que ses compatriotes, il fit bâtir une salle où il régalait les premiers de la nation. Au milieu du repas, il leur apprenait que ni lui, ni ses conviés, ni leurs descendants à perpétuité, ne mourraient point, mais qu'ils iraient dans un lieu où ils jouiraient éternellement de toutes sortes de biens. Pendant qu'il traitait ainsi ses compatriotes, et qu'il les entretenait de pareils discours, il se faisait faire un logement sous terre. Ce logement achevé, il se déroba aux yeux des Thraces, descendit dans ce souterrain, et y demeura environ trois ans. Il fut regretté et pleuré comme mort. Enfin, la quatrième année, il reparut, et rendit croyables, par cet artifice, tous les discours qu'il avait tenus.

XCVI. Je ne rejette ni n'admets ce qu'on raconte de Zalmoxis et de son logement souterrain, mais je pense qu'il est antérieur de bien des années à Pythagore. Au reste, que Zalmoxis ait été un homme, ou que ce soit quelque dieu du pays des Gètes, c'en est assez sur ce qui le concerne. Les Gètes, chez qui se pratique la cérémonie dont je viens de parler, ayant été subjugués par les Perses, suivirent l'armée.

XCVII. Darius, étant arrivé sur les bords de l'Ister avec son armée de terre, la fit passer de l'autre côté du fleuve. Alors il commanda aux Ioniens de rompre le pont, et de l'accompagner par terre avec toutes les troupes de la flotte. Mais comme ils étaient sur le point de le rompre et d'exécuter ses ordres, Coès, fils d'Erxandre, qui commandait les Mityléniens, parla à Darius en ces termes, après lui avoir demandé la permission de lui dire son sentiment :

« Seigneur, puisque vous allez porter la guerre dans un
» pays où il n'y a ni terres labourées ni villes, laissez sub-
» sister le pont tel qu'il est : ordonnez seulement à ceux
» qui l'ont construit de rester auprès pour le garder. Par
» ce moyen, soit que nous trouvions les Scythes et que
» nous réussissions selon notre espérance, soit que nous ne
» puissions les rencontrer, nous pourrons nous retirer avec
» sécurité. Ce n'est pas que je craigne que nous soyons
» battus par les Scythes ; mais j'appréhende que, ne pou-
» vant les trouver, il ne nous arrive quelque fâcheux acci-
» dent dans les déserts. On dira peut-être que je parle pour
» moi, et que je voudrais rester ici. Mais, seigneur, con-
» tent de proposer à votre conseil le sentiment qui me pa-
» raît le plus avantageux, je suis prêt à vous suivre, et la
» grâce que je vous demande, c'est de ne me point laisser
» ici. »

Darius, charmé de ce discours, lui dit : « Mon hôte de

» Lesbos, lorsque après mon expédition je serai de retour
» sain et sauf dans mes États, ne manquez pas de vous
» présenter devant moi, afin que je vous récompense
» dignement du bon conseil que vous me donnez. »

XCVIII. Ayant ainsi parlé, il fit soixante nœuds à une courroie [1], manda les tyrans des Ioniens, et leur tint ce discours : « Ioniens, j'ai changé d'avis au sujet du pont :
» prenez cette courroie, et ayez soin d'exécuter mes or-
» dres. Quand vous me verrez parti pour la Scythie, com-
» mencez dès lors à défaire chaque jour un de ces nœuds.
» Si je ne suis pas de retour ici après que vous les aurez
» tous dénoués, vous retournerez dans votre patrie. Mais
» puisque j'ai changé de sentiment, gardez le pont jus-
» qu'à ce temps, et ne négligez rien, tant pour le dé-
» fendre que pour le conserver; vous me rendrez en cela
» un service essentiel. » Darius, ayant ainsi parlé, marcha en avant.

XCIX. La Thrace a devant elle la partie de la Scythie qui aboutit à la mer. A l'endroit où finit le golfe de Thrace, là commence la Scythie. L'Ister en traverse une partie, et se jette dans la mer du côté du sud-est.

Je vais indiquer ce qu'on trouve après l'Ister, et donner la mesure de la partie de la Scythie qui est au delà de ce fleuve, du côté de la mer. L'ancienne Scythie est située au midi jusqu'à la ville de Carcinitis. Le pays au delà de cette ville, en allant vers la même mer, est montagneux; il est habité par la nation taurique, qui s'étend jusqu'à la ville de Chersonèse-Trachée, et cette ville est sur les bords de la mer qui est à l'est. Il y a en effet deux parties des confins de la Scythie qui sont bornées, comme l'Attique, l'une par la mer qui est au sud, l'autre par celle qui est à l'est. Les Taures sont, par rapport à cette partie de la Scythie, dans la même position que serait, par rapport aux Athé-

---

[1] Cette manière de supputer les temps suppose encore beaucoup de grossièreté et d'ignorance de la part des Perses. Environ un siècle et demi après cette époque, à Rome, on enfonçait tous les ans un clou dans la muraille du temple de Minerve. C'était par le nombre de ces clous qu'on supputait le nombre des années. Darius comptait conquérir la Scythie en deux mois; mais il est vraisemblable qu'il en mit au moins cinq, sans même avoir pu réussir. (L.)

niens, un autre peuple qui habiterait la pointe du promontoire Sunium, qui s'étend depuis le bourg de Thorique jusqu'à celui d'Anaphlyste, et s'avance beaucoup dans la mer. Telle est la situation de la Tauride, s'il est permis de comparer de petites choses aux grandes. Mais, en faveur de ceux qui n'ont jamais côtoyé cette partie de l'Attique, je vais expliquer cela d'une autre façon : qu'on suppose qu'une autre nation que celle des Iapyges habite le promontoire d'Iapygie, à commencer au port de Brentésium, et le coupe ou sépare depuis cet endroit jusqu'à Tarente. Au reste, en parlant de ces deux promontoires, c'est comme si je parlais de plusieurs autres pareils auxquels la Tauride ressemble.

C. Au delà de la Tauride, on trouve des Scythes qui habitent le pays au-dessus des Taures, et celui qui s'étend vers la mer qui est à l'est, ainsi que les côtes occidentales du Bosphore Cimmérien et du Palus-Mœotis jusqu'au Tanaïs, fleuve qui se décharge dans une anse de ce Palus. A prendre donc depuis l'Ister, et à remonter par le milieu des terres, la Scythie est bornée premièrement par le pays des Agathyrses, ensuite par celui des Neures, troisièmement par celui des Androphages, et enfin par celui des Mélanchlænes.

CI. La Scythie étant tétragone, et deux de ses côtes s'étendant le long de la mer, l'espace qu'elle occupe vers le milieu des terres est parfaitement égal à celui qu'elle a le long des côtes. En effet, depuis l'Ister jusqu'au Borysthène, il y a dix journées de chemin ; du Borysthène au Palus-Mæotis, il y en a dix autres ; et depuis la mer, en remontant par le milieu des terres jusqu'au pays des Mélanchlænes, qui habitent au-dessus des Scythes, il y a vingt jours de marche. Or, je compte deux cents stades pour chaque journée de chemin. Ainsi la Scythie aura quatre mille stades de traverse le long des côtes, et quatre mille autres stades à prendre droit par le milieu des terres. Telle est l'étendue de ce pays.

CII. Les Scythes ayant fait réflexion qu'ils ne pouvaient pas, avec leurs seules forces, vaincre en bataille rangée une armée aussi nombreuse que celle de Darius, envoyèrent des ambassadeurs à leurs voisins. Les rois de ces nations, s'étant assemblés, délibérèrent sur cette armée qui venait envahir la Scythie. Ces rois étaient ceux des Taures, des Agathyrses, des Neures, des Androphages, des Mélanchlænes, des Gélons, des Budins et des Sauromates.

CIII. Ceux d'entre ces peuples qu'on appelle Taures ont des coutumes particulières. Ils immolent à Iphigénie de la manière que je vais dire les étrangers qui échouent sur leurs côtes, et tous les Grecs qui y abordent et qui tombent entre leurs mains. Après les cérémonies accoutumées, ils les assomment d'un coup de massue sur la tête : quelques-uns disent qu'ils leur coupent ensuite la tête et l'attachent à une croix, et qu'ils précipitent le corps du haut du rocher où le temple est bâti; quelques autres conviennent du traitement fait à la tête, mais ils assurent qu'on enterre le corps, au lieu de le précipiter du haut du rocher. Les Taures eux-mêmes disent que la déesse à laquelle ils font ces sacrifices est Iphigénie, fille d'Agamemnon. Quant à leurs ennemis, si un Taure fait dans les combats un prisonnier, il lui coupe la tête et l'emporte chez lui. Il la met ensuite au bout d'une perche qu'il place sur sa maison, et surtout au-dessus de la cheminée. Ils élèvent de la sorte la tête de leurs prisonniers, afin, disent-ils, qu'elle garde et protége toute la maison. Ils subsistent du butin qu'ils font à la guerre.

CIV. Les Agathyrses portent, la plupart du temps, des ornements d'or, et sont les plus efféminés de tous le hommes. Les femmes sont communes entre eux, afin qu'étant tous unis par les liens du sang, et que ne faisant tous, pour ainsi dire, qu'une seule et même famille, ils ne soient sujets ni à la haine ni à la jalousie. Quant au reste de leurs coutumes, elles ont beaucoup de conformité avec celles des Thraces.

CV. Les Neures observent les mêmes usages que les Scythes. Une génération avant l'expédition de Darius, ils furent forcés de sortir de leur pays, à cause d'une multitude de serpents qu'il produisit, et parce qu'il en vint en plus grand nombre des déserts qui sont au-dessus d'eux. Ils en furent tellement infestés, qu'ils s'expatrièrent, et se retirèrent chez les Budins.

Il paraît que ces peuples sont des enchanteurs. En effet, s'il faut en croire les Scythes et les Grecs établis en Scythie, chaque Neure se change une fois par an en loup pour quelques jours, et reprend ensuite sa première forme. Les Scythes ont beau dire, ils ne me feront pas croire de pareils contes ; ce n'est pas qu'ils ne les soutiennent, et même avec serment [1].

CVI. Il n'est point d'hommes qui aient des mœurs plus sauvages que les Androphages (anthropophages). Ils ne connaissent ni les lois ni la justice ; ils sont nomades. Leurs habits ressemblent à ceux des Scythes ; mais ils ont une langue particulière. De tous les peuples dont je viens de parler, ce sont les seuls qui mangent de la chair humaine.

CVII. Les Mélanchlænes portent tous des habits noirs ; de là vient leur nom. Ils suivent les coutumes et les usages des Scythes.

CVIII. Les Budins forment une grande et nombreuse nation. Ils se peignent le corps entier en bleu et en rouge. Il y a dans leur pays une ville entièrement bâtie en bois ; elle s'appelle Gélonus. Ses murailles sont aussi toutes de bois ; elles sont hautes, et ont à chaque face trente stades de longueur. Leurs maisons et leurs temples sont aussi de bois. Il y a en effet dans ce pays des temples consacrés aux dieux des Grecs. Ils sont bâtis à la façon des Grecs, et ornés de statues, d'autels et de chapelles de bois. De trois en trois ans, ils célèbrent des fêtes en l'honneur de Bacchus. Aussi les Gélons sont-ils Grecs d'origine. Ayant été chassés des villes de commerce [2], ils s'établirent dans le pays des Budins. Leur langue est un mélange de grec et de scythe.

CIX. Les Budins n'ont ni la même langue ni la même manière de vivre que les Gélons. Ils sont autochthones, nomades, et les seuls de cette contrée qui mangent de la vermine. Les Gélons, au contraire, cultivent la terre,

---

[1] Les Neures sont des Scythes qui, dans les grands froids, se couvraient d'une saie faite de peaux de loups, et qui quittaient cette fourrure dès que le temps était adouci : voilà tout le mystère, qu'Hérodote n'a pas compris. (PELLOUTIER, *Histoire des Celtes*, t. 1, p. 305.)

[2] Ce sont les villes sur le Pont-Euxin, et la ville de Borysthène.

vivent de blé, ont des jardins, et ne ressemblent aux Budins ni par l'air du visage ni par la couleur. Les Grecs les confondent, et comprennent les Budins sous le nom de Gélons ; mais ils se trompent.

Leur pays entier est couvert d'arbres de toute espèce ; et, dans le canton où il y en a le plus, on trouve un lac grand et spacieux, et un marais bordé de roseaux. On prend dans ce lac des loutres, des castors, et d'autres animaux qui ont le museau carré. Leurs peaux servent à faire des bordures aux habits, et leurs testicules sont excellents pour les maux de mère.

CX. Quant aux Sauromates, voici ce qu'on en dit. Lorsque les Grecs eurent combattu contre les Amazones [1], que les Scythes appellent Aiorpata, nom que les Grecs rendent en leur langue par celui d'Androctones (qui tuent des hommes), car aior, en scythe, signifie un homme, et pata veut dire tuer ; quand ils eurent, dis-je, combattu contre elles, et qu'ils eurent remporté la victoire sur les bords du Thermodon, on raconte qu'ils emmenèrent avec eux, dans trois vaisseaux, toutes celles qu'ils avaient pu faire prisonnières. Lorsqu'on fut en pleine mer, elles attaquèrent leurs vainqueurs et les taillèrent en pièces. Mais, comme elles n'entendaient rien à la manœuvre des vaisseaux et qu'elles ne savaient pas faire usage du gouvernail, des voiles et des rames, après qu'elles eurent tué les hommes, elles se laissèrent aller au gré des flots et des vents, et abordèrent à Cremnes, sur le Palus-Mæotis. Cremnes est du pays des Scythes libres. Les Amazones, étant descendues de leurs vaisseaux en cet endroit, avancèrent par le milieu des terres habitées ; et, s'étant emparées du premier haras qu'elles rencontrèrent sur leur route, elles montèrent à cheval, et pillèrent les terres des Scythes.

[1] Cette nation a véritablement existé ; mais, sa manière d'exister étant très-précaire, elle a bientôt été éteinte. « Un grand nombre d'écrivains célèbres attestent qu'Hercule fit une expédition contre les Amazones, et qu'il enleva à Hippolyte, leur reine, son baudrier, qu'il emporta en Grèce ; et que les Athéniens, sous la conduite de Thésée, vainquirent ces femmes, qui avaient fait une invasion en Europe, et qu'ils les repoussèrent. Cette histoire a été écrite par Cimon avec le même soin que l'on a écrit les batailles des Athéniens contre les Perses. » (ARRIAN., *Exped. Alexand.*, lib. VII.)

CXI. Les Scythes ne pouvaient deviner qui étaient ces ennemis, dont ils ne connaissaient ni le langage ni l'habit; ils ignoraient aussi de quelle nation ils étaient, et, dans leur surprise, ils n'imaginaient pas d'où ils venaient. Trompés par l'uniformité de leur taille, ils les prirent d'abord pour des hommes, et, dans cette idée, ils leur livrèrent bataille. Mais ils reconnurent, par les morts restés en leur pouvoir après le combat, que c'étaient des femmes. Ils résolurent, dans un conseil tenu à ce sujet, de n'en plus tuer aucune; mais de leur envoyer les plus jeunes d'entre eux en aussi grand nombre qu'ils conjectureraient qu'elles pouvaient être, avec ordre d'asseoir leur camp près de celui des Amazones, de faire les mêmes choses qu'ils leur verraient faire, de ne pas combattre quand même elles les attaqueraient, mais de prendre la fuite, et de s'approcher et de camper près d'elles lorsqu'elles cesseraient de les poursuivre. Les Scythes prirent cette résolution, parce qu'ils voulaient avoir des enfants de ces femmes belliqueuses.

CXII. Les jeunes gens suivirent ces ordres : les Amazones, ayant reconnu qu'ils n'étaient pas venus pour leur faire du mal, les laissèrent tranquilles. Cependant les deux camps s'approchaient tous les jours de plus en plus. Les jeunes Scythes n'avaient, comme les Amazones, que leurs armes et leurs chevaux, et vivaient, comme elles, de leur chasse et du butin qu'ils pouvaient enlever.

CXIII. Vers l'heure de midi, les Amazones s'éloignaient du camp, seules ou deux à deux, pour satisfaire aux besoins de la nature. Les Scythes, s'en étant aperçus, firent la même chose. Un d'entre eux s'approcha d'une de ces Amazones isolées, et celle-ci, loin de le repousser, lui accorda ses faveurs. Comme elle ne pouvait lui parler, parce qu'ils ne s'entendaient pas l'un et l'autre, elle lui dit par signes de revenir le lendemain au même endroit avec un de ses compagnons, et qu'elle amènerait aussi une de ses compagnes. Le jeune Scythe, de retour au camp, y raconta son aventure; et le jour suivant il revint avec un autre Scythe au même endroit, où il trouva l'Amazone, qui l'attendait avec une de ses compagnes.

CXIV. Les autres jeunes gens, instruits de cette aventure, apprivoisèrent aussi le reste des Amazones ; et, ayant ensuite réuni les deux camps, ils demeurèrent ensemble, et chacun prit pour femme celle dont il avait eu d'abord les faveurs. Ces jeunes gens ne pouvaient apprendre la langue de leurs compagnes ; mais les Amazones apprirent celle de leurs maris ; et, lorsqu'ils commencèrent à s'entendre, les Scythes leur parlèrent ainsi : « Nous avons des parents,
» nous avons des biens ; menons une autre vie : réunis-
» sons-nous au reste des Scythes, et vivons avec eux. Nous
» n'aurons jamais d'autres femmes que vous. »

« Nous ne pourrions pas, répondirent les Amazones,
» demeurer avec les femmes de votre pays. Leurs cou-
» tumes ne ressemblent en rien aux nôtres : nous tirons
» de l'arc, nous lançons le javelot, nous montons à che-
» val, et nous n'avons point appris les ouvrages propres à
» notre sexe. Vos femmes ne font rien de ce que nous ve-
» nons de dire, et ne s'occupent qu'à des ouvrages de
» femmes. Elles ne quittent point leurs chariots[1], ne vont
» point à la chasse, ni même nulle part ailleurs. Nous ne
» pourrions par conséquent jamais nous accorder ensem-
» ble. Mais si vous voulez nous avoir pour femmes, et
» montrer de la justice, allez trouver vos pères, demandez-
» leur la partie de leurs biens qui vous appartient ; re-
» venez après l'avoir reçue, et nous vivrons en notre
» particulier. »

CXV. Les jeunes Scythes, persuadés, firent ce que souhaitaient leurs femmes ; et, lorsqu'ils eurent recueilli la portion de leur patrimoine qui leur revenait, ils les rejoignirent. Alors elles leur parlèrent ainsi : « Après vous
» avoir privés de vos pères, et après les dégâts que nous
» avons faits sur vos terres, nous en craindrions les suites
» s'il nous fallait demeurer dans ce pays ; mais, puisque
» vous voulez bien nous prendre pour femmes, sortons-en
» tous d'un commun accord, et allons nous établir au delà
» du Tanaïs. »

---

[1] C'est que leurs chariots leur tenaient lieu de maisons. Or tout le monde sait qu'en Grèce les femmes sortaient rarement des leurs. Mais j'ai bien peur qu'Hérodote n'ait attribué aux femmes scythes les mœurs des Grecques. (L.)

CXVI. Les jeunes Scythes y consentirent. Ils passèrent le Tanaïs ; et, ayant marché trois jours à l'est, et autant depuis le Palus-Mæotis vers le nord, ils arrivèrent dans le pays qu'ils habitent encore maintenant, et où ils fixèrent leur demeure. De là vient que les femmes des Sauromates ont conservé leurs anciennes coutumes : elles montent à cheval, et vont à la chasse, tantôt seules et tantôt avec leurs maris. Elles les accompagnent aussi à la guerre, et portent les mêmes habits qu'eux.

CXVII. Les Sauromates font usage de la langue scythe ; mais, depuis leur origine, ils ne l'ont jamais parlée avec pureté, parce que les Amazones ne la savaient qu'imparfaitement. Quant aux mariages, ils ont réglé qu'une fille ne pourrait se marier qu'elle n'eût tué un ennemi[1]. Aussi y en a-t-il qui, ne pouvant accomplir la loi, meurent de vieillesse sans avoir été mariées.

CXVIII. Les ambassadeurs des Scythes, ayant été admis à l'assemblée des rois des nations dont nous venons de parler, apprirent à ces princes que Darius, après avoir entièrement subjugué l'autre continent (l'Asie), était passé dans le leur sur un pont de bateaux qu'il avait fait construire à l'endroit le plus étroit du Bosphore ; qu'il avait ensuite soumis les Thraces et traversé l'Ister sur un pont, à dessein de se rendre maître de leur pays. « Il ne serait
» pas juste, ajoutèrent-ils, que, gardant la neutralité, vous
» nous laissiez périr par votre négligence : marchons donc
» de concert au-devant de l'ennemi qui vient envahir
» notre patrie. Si vous nous refusez, et que nous nous
» trouvions pressés, nous quitterons le pays ; ou, si nous
» y restons, ce sera aux conditions que nous imposeront
» les Perses : car enfin que faire à cela, si vous ne voulez
» pas nous donner de secours ? Ne vous flattez pas que
» votre sort en soit meilleur, et que, contents de nous

---

[1] « Les femmes des Sauromates, dit Hippocrate, montent à cheval, tirent de l'arc, lancent le javelot de dessus le cheval, et vont à la guerre, tant qu'elles sont filles. Elles ne se marient point qu'elles n'aient tué trois ennemis, et ne cohabitent point avec leurs maris qu'elles n'aient fait les cérémonies sacrées prescrites par la loi. Les femmes mariées cessent d'aller à cheval, à moins qu'il ne soit nécessaire de faire une expédition générale. » (L.)

» avoir subjugués, les Perses vous épargnent. Leur inva-
» sion ne vous regarde pas moins que nous. En voici une
» preuve à laquelle vous n'avez rien à opposer. Si les Per-
» ses n'avaient point d'autre intention que de venger l'as-
» sujettissement où nous les avons tenus précédemment,
» ils se seraient contentés de marcher contre nous, sans
» attaquer les autres peuples; et par là ils auraient fait
» voir à tout le monde qu'ils n'en voulaient qu'aux Scy-
» thes. Mais à peine sont-ils entrés dans ce continent,
» qu'ils ont façonné au joug tous les peuples qui se sont
» rencontrés sur leur route, et déjà ils ont soumis les
» Thraces et les Gètes, nos voisins. »

CXIX. Le discours des ambassadeurs fini, ces princes délibérèrent sur leur proposition : les avis furent partagés. Les rois des Gélons, des Budins et des Sauromates promirent unanimement du secours aux Scythes ; mais ceux des Agathyrses, des Neures, des Androphages, des Mélanchlænes et des Taures leur firent cette réponse : « Si vous
» n'aviez pas fait les premiers une guerre injuste aux Perses,
» vos demandes nous paraîtraient équitables, et, pleins
» de déférence pour vous, nous ferions la même chose
» que vous. Mais vous avez envahi leur pays sans notre
» participation, vous l'avez tenu sous le joug aussi long-
» temps que le dieu l'a permis ; et aujourd'hui que le
» même dieu suscite les Perses contre vous, ils vous
» rendent la pareille. Pour nous, nous ne les offensâmes
» point alors, et nous ne serons pas aujourd'hui les pre-
» miers agresseurs. Si cependant ils viennent aussi atta-
» quer notre pays, s'ils commencent des hostilités contre
» nous, nous saurons les repousser ; mais jusqu'à ce mo-
» ment nous resterons tranquilles, car il nous paraît que
» les Perses n'en veulent qu'à ceux qui les ont insultés les
» premiers. »

CXX. Les Scythes, ayant appris par le rapport de leurs ambassadeurs qu'ils ne devaient pas compter sur le secours des princes leurs voisins, résolurent de ne point présenter de bataille aux Perses et de ne point les attaquer ouvertement, mais de céder peu à peu le terrain en se retirant toujours en avant, de combler les puits et les fontaines qu'ils trouveraient sur leur route, de détruire l'herbe, et pour cet effet de se partager en deux corps. On convint aussi que les Sauromates se rendraient dans les États de Scopasis; que si les Perses tournaient de ce côté, ils se retireraient peu à peu droit au Tanaïs, le long du Palus-Mæotis, et que, lorsque l'ennemi retournerait sur ses pas, ils se mettraient alors à le poursuivre. Tel était le plan de défense que devait suivre cette partie des Scythes royaux.

Quant aux deux autres parties des Scythes royaux, il avait été décidé que la plus grande, sur laquelle régnait Idanthyrse, se joindrait à la troisième, dont était roi Taxacis, et que toutes les deux, réunies avec les Gélons et les Budins, auraient aussi une journée d'avance sur les Perses, qu'elles se retireraient peu à peu, et en exécutant les résolutions prises dans le conseil; et surtout qu'elles attireraient les ennemis droit sur les terres de ceux qui avaient refusé leur alliance, afin de les forcer aussi à la guerre contre les Perses, et de leur faire prendre les armes malgré eux, puisqu'ils ne voulaient pas le faire de bonne volonté. Elles devaient ensuite retourner dans leur pays, et même attaquer l'ennemi, si, après en avoir délibéré, ce parti leur paraissait avantageux.

CXXI. Cette résolution prise, les Scythes allèrent au-devant de Darius, et se firent précéder par des coureurs, l'élite de la cavalerie. Ils avaient fait prendre les devants à leurs chariots, qui tenaient lieu de maisons à leurs femmes et à leurs enfants, et leur avaient donné ordre d'avancer toujours vers le nord. Ces chariots étaient accompagnés de leurs troupeaux, dont ils ne menaient avec eux que ce qui leur était nécessaire pour vivre.

CXXII. Tandis que les chariots avançaient vers le nord, les coureurs découvrirent les Perses environ à trois journées de l'Ister. Comme ils n'en étaient éloignés que d'une journée, ils campèrent dans cet endroit, et détruisirent toutes les productions de la terre. Les Perses ne les eurent pas plutôt aperçus, qu'ils les suivirent dans leur retraite. Ayant ensuite marché droit à une des trois parties des Scythes royaux, ils la poursuivirent à l'est jusqu'au

Tanaïs. Les Scythes traversèrent le fleuve ; et les Perses, l'ayant passé après eux, ne cessèrent de les suivre que lorsque, après avoir parcouru le pays des Sauromates, ils furent arrivés dans celui des Budins.

CXXIII. Les Perses ne purent causer aucun dégât tout le temps qu'ils furent en Scythie et dans le pays des Sauromates, les habitants ayant détruit tout ce qui était dans les campagnes ; mais, quand ils eurent pénétré dans le pays des Budins, ils trouvèrent la ville de Gélonus, qui était bâtie en bois. Comme elle était entièrement déserte, et que les habitants en avaient tout emporté, ils y mirent le feu. Cela fait, ils allèrent en avant, marchant sur les traces de l'ennemi ; enfin, après avoir parcouru le pays des Budins, ils arrivèrent dans un désert par delà ces peuples, où l'on ne rencontre pas un seul homme. Ce désert a sept journées de chemin ; on trouve au-dessus le pays des Thyssagètes, d'où viennent quatre grandes rivières : le Lycus, l'Oarus, le Tanaïs et le Syrgis, qui se jettent dans le Palus-Mæotis après avoir arrosé les terres des Mæotes.

CXXIV. Darius, étant arrivé dans ce désert, s'arrêta sur les bords de l'Oarus, où il campa avec son armée. Il fit ensuite construire huit grands châteaux, à soixante stades ou environ l'un de l'autre, dont les ruines subsistent encore maintenant. Tandis qu'il s'occupait de ces ouvrages, les Scythes qu'il avait poursuivis firent le tour par le haut du pays, et retournèrent en Scythie. Comme ils avaient entièrement disparu, et qu'ils ne se montraient plus, il laissa ses châteaux imparfaits, et dirigea sa marche à l'occident, persuadé que ces Scythes formaient toute la nation, et qu'ils étaient sauvés de ce côté. Comme il marchait à grandes journées, il arriva en Scythie, où il rencontra[1] les deux corps d'armée des Scythes. Il ne les eut pas plutôt trouvés, qu'il se mit à les poursuivre ; mais ils avaient soin de se tenir toujours à une journée de lui.

CXXV. Ils s'enfuyaient, suivant les conventions faites

---

[1] L'un était commandé par Idanthyrse, et l'autre par Taxacis. *Voyez* § LXX.

entre eux, chez les peuples qui avaient refusé leur alliance ; et Darius les suivait sans relâche. Ils se jetèrent premièrement sur les terres des Mélanchlænes, qui furent alarmés à leur vue et à celle des Perses. De là ils attirèrent les Perses chez les Androphages, où, ayant semé le trouble et l'épouvante, ils les conduisirent chez les Neures, qui furent également effrayés ; enfin ils se sauvèrent du côté des Agathyrses. Mais ceux-ci, voyant leurs voisins alarmés prendre la fuite, envoyèrent aux Scythes un héraut avant qu'ils eussent mis le pied dans leur pays, afin de leur en interdire l'entrée, les menaçant de leur livrer bataille, en cas qu'ils y vinssent. Après ces menaces, les Agathyrses portèrent leurs forces sur leurs frontières, pour les en écarter.

Les Mélanchlænes, les Androphages et les Neures, voyant les Scythes se jeter avec les Perses sur leurs terres, ne se mirent pas en devoir de les repousser. Saisis de crainte à cette vue, ils oublièrent leurs menaces, et s'enfuirent dans les déserts vers le nord. Quant aux Scythes, comme les Agathyrses leur interdisaient l'entrée de leur pays, ils ne cherchèrent plus à y pénétrer ; mais, au sortir de la Neuride, ils rentrèrent dans leur patrie, où les Perses les suivirent.

CXXVI. Darius, s'étant aperçu que les Scythes tenaient sans cesse la même conduite [1], envoya un cavalier à Idanthyrse, leur roi, avec ordre de lui parler en ces termes : « O le plus misérable des hommes, pourquoi fuis-tu tou-
» jours, lorsqu'il est en ton pouvoir de t'arrêter et de me
» livrer bataille, si tu te crois assez fort pour me résister ?
» Si, au contraire, tu te sens trop faible, cesse de fuir
» devant moi ; entre en conférence avec ton maître, et ne
» manque pas de lui apporter la terre et l'eau, comme un
» gage de ta soumission. »

CXXVII. « Roi des Perses, répondit Idanthyrse, voici
» l'état de mes affaires : la crainte ne m'a point fait prendre
» ci-devant la fuite, et maintenant je ne te fuis pas. Je ne

---

[1] L'auteur veut dire qu'ils ne cessaient point de passer d'un pays dans un autre.

» fais actuellement que ce que j'avais coutume de faire
» aussi en temps de paix. Mais je vais te dire pourquoi je
» ne t'ai pas combattu sur-le-champ. Comme nous ne crai-
» gnons ni qu'on prenne nos villes, puisque nous n'en
» avons point, ni qu'on fasse du dégât sur nos terres,
» puisqu'elles ne sont point cultivées, nous n'avons pas de
» motifs pour nous hâter de donner bataille. Si cependant
» tu veux absolument nous y forcer au plus tôt, nous avons
» les tombeaux de nos pères; trouve-les, et essaye de les ren-
» verser : tu connaîtras alors si nous combattrons pour les
» défendre. Nous ne te livrerons pas bataille auparavant,
» à moins que quelque bonne raison ne nous y oblige.
» C'en est assez sur ce qui regarde le combat. Quant à mes
» maîtres, je n'en reconnais point d'autre que Jupiter,
» l'un de mes ancêtres, et Vesta, reine des Scythes. Au
» lieu de la terre et de l'eau, je t'enverrai des présents plus
» convenables. Quant à toi, qui te vantes d'être mon maî-
» tre, c'est à toi de pleurer [1]. » Telle est la réponse des
Scythes, que le héraut alla porter à Darius.

CXXVIII. Au seul nom de servitude, les rois des Scythes, irrités, firent partir les Scythes sur qui régnait Scopasis, avec les Sauromates qui servaient avec eux, pour aller conférer avec les Ioniens, à qui l'on avait confié la garde du pont de l'Ister. Quant aux Scythes qui restaient dans le pays, ils résolurent de ne plus forcer les Perses à courir de côté et d'autre, mais de les attaquer toutes les fois qu'ils prendraient leur repas. En conséquence, ayant observé le temps où ils le prenaient, ils exécutèrent ce qui avait été concerté entre eux. Dans ces attaques, la cavalerie des Scythes mettait toujours en fuite celle des Perses ; mais celle-ci en fuyant se repliait sur l'infanterie, qui ne manquait pas de la soutenir. Ainsi, lorsque les Scythes avaient fait reculer la cavalerie ennemie, la crainte des gens de pied les forçait aussitôt à se retirer. Ils ne laissaient pas néanmoins de recommencer de pareilles attaques pendant la nuit.

CXXIX. Ce qui est bien étonnant, c'est que le cri des

---

[1] C'est l'expression du plus grand mépris.

ânes et la figure des mulets favorisaient les Perses, et étaient désavantageux aux Scythes quand ils attaquaient le camp de Darius. Il ne naît en effet, en Scythie, ni âne ni mulet, comme je l'ai dit plus haut ; et même on n'en voit pas un seul dans tout le pays, à cause du froid. Les ânes jetaient, par leurs cris, l'épouvante parmi la cavalerie des Scythes. Il arrivait souvent que celle-ci allait à la charge ; mais si, sur ces entrefaites, les chevaux les entendaient, ils dressaient les oreilles d'étonnement, et reculaient troublés, parce qu'ils n'étaient accoutumés ni aux cris ni à la figure de ces animaux. Mais c'était un faible avantage.

CXXX. Les Scythes, s'étant aperçus de l'embarras des Perses, eurent recours à cet artifice pour les faire rester plus longtemps en Scythie, et les tourmenter par l'extrême disette de toutes choses. Ils leur abandonnèrent quelques-uns de leurs troupeaux avec ceux qui les gardaient, et se retirèrent dans un autre canton. Les Perses se jetèrent sur ces troupeaux, et les enlevèrent.

CXXXI. Ce premier succès les encouragea, et fut suivi de plusieurs autres ; mais enfin Darius se trouva dans une extrême disette. Les rois des Scythes, en étant instruits, lui envoyèrent un héraut avec des présents, qui consistaient en un oiseau, un rat, une grenouille et cinq flèches. Les Perses demandèrent à l'envoyé ce que signifiait ces présents. Il répondit qu'on l'avait seulement chargé de les offrir, et de s'en retourner aussitôt après ; qu'il les exhortait cependant, s'ils avaient de la sagacité, à tâcher d'en pénétrer le sens.

CXXXII. Dans un conseil tenu à ce sujet, Darius prétendait que les Scythes lui donnaient la terre et l'eau, comme un gage de leur soumission. Il le conjecturait sur ce que le rat naît dans la terre, et se nourrit de blé ainsi que l'homme ; que la grenouille s'engendre dans l'eau ; que l'oiseau a beaucoup de rapport au cheval, et qu'enfin les Scythes, en lui donnant des flèches, lui livraient leurs forces. Tel fut le sentiment de Darius. Mais Gobryas, l'un des sept qui avaient détrôné le mage, fut d'un autre avis. « Perses, leur
» dit-il, ces présents signifient que, si vous ne vous envo-
» lez pas dans les airs comme des oiseaux, ou si vous ne

» vous cachez pas sous terre comme des rats, ou si vous
» ne sautez pas dans les marais comme des grenouilles,
» vous ne reverrez jamais votre patrie, mais que vous pé-
» rirez par ces flèches. » C'est ainsi que les Perses inter-
prétèrent ces présents.

CXXXIII. La partie des Scythes à qui l'on avait précédemment confié la garde des environs du Palus-Mæotis, et
qui venait de recevoir l'ordre d'aller sur les bords de l'Ister
pour s'aboucher avec les Ioniens, ne fut pas plutôt arrivée
au pont que ceux-ci avaient jeté sur cette rivière, qu'ils
leur parlèrent en ces termes : « Ioniens, nous venons vous
» apporter la liberté, supposé toutefois que vous vouliez
» nous écouter. Nous avons en effet appris que Darius vous
» a enjoint de garder ce pont durant soixante jours seule-
» ment, et que s'il n'était pas de retour dans cet inter-
» valle, vous seriez les maîtres de vous retirer dans votre
» patrie. En exécutant cet ordre, il n'aura rien à vous re-
» procher, et nous n'aurons aucun sujet de plainte contre
» vous. Puisque vous êtes demeurés le nombre de jours
» prescrit, que ne retournez-vous dans votre pays ? » Les
Ioniens ayant promis de le faire, les Scythes se retirèrent
en diligence.

CXXXIV. Après l'envoi des présents, le reste des Scythes se mit en ordre de bataille vis-à-vis des Perses, tant
l'infanterie que la cavalerie, comme s'ils avaient voulu en
venir aux mains. Mais, tandis qu'ils étaient ainsi rangés
en bataille, un lièvre se leva entre les deux armées. Ils ne
l'eurent pas plutôt aperçu, qu'ils le poursuivirent en jetant de grands cris. Darius demanda quelle était la cause
de ce tumulte; et, sur ce qu'on lui répondit que les Scythes couraient après un lièvre, il dit à ceux d'entre les
Perses avec qui il avait coutume de s'entretenir : « Ces
» hommes-ci ont pour nous un grand mépris. L'interpré-
» tation qu'a donnée Gobryas de leurs présents me paraît
» actuellement juste. Mais, puisque son sentiment me semble
» vrai, je pense qu'il nous faut un bon conseil pour sortir
» sains et saufs de ce pas dangereux. — Seigneur, répon-
» dit Gobryas, je ne connaissais guère la pauvreté de ces
» peuples que par ce qu'en publiait la renommée ; mais

« depuis notre arrivée je la connais mieux, en voyant de
» quelle manière ils se jouent de nous. Ainsi je suis d'avis
» qu'aussitôt que la nuit sera venue, on allume des feux
» dans le camp, selon notre coutume, et qu'après avoir
» engagé par des propos trompeurs la partie de l'armée la
» moins propre aux fatigues à y rester, et qu'après avoir
» attaché ici tous les ânes, nous partions avant que les
» Scythes aillent droit à l'Ister pour en rompre le pont,
» et avant que les Ioniens prennent une résolution capable
» de nous faire périr. »

CXXXV. Darius suivit le conseil de Gobryas. Dès que la nuit fut venue, il laissa dans le camp les malades avec ceux qu'il se souciait le moins de perdre. Il y fit aussi attacher tous les ânes, afin que leurs cris se fissent entendre. Quant aux hommes, il les y laissait sous prétexte de garder le camp, tandis qu'avec la fleur de ses troupes il irait en personne attaquer l'ennemi, mais, en effet, parce qu'ils étaient faibles ou malades. Ayant persuadé ces malheureux, il fit allumer des feux, et marcha en grande diligence vers l'Ister. Les ânes, se voyant dans une espèce de solitude, se mirent à braire beaucoup plus fort qu'auparavant. Les Scythes, entendant leurs cris, crurent les Perses toujours dans leur camp.

CXXXVI. Quand le jour parut, les soldats que Darius avait abandonnés, se voyant trahis, tendirent les mains aux Scythes, et leur dirent tout ce que leur situation put leur suggérer. Là-dessus les deux parties des Scythes, s'étant réunies promptement à la troisième, coururent après les Perses droit à l'Ister, avec les Sauromates, les Budins et les Gélons. Mais comme la plus grande partie de l'armée perse consistait en infanterie, et qu'elle ne savait pas les chemins, parce qu'il n'y en avait pas de tracés, et qu'au contraire les Scythes étaient à cheval, et qu'ils connaissaient la route la plus courte, ils ne purent se rencontrer. Les Scythes arrivèrent au pont de l'Ister longtemps avant les Perses ; et, sachant qu'ils n'étaient point encore venus, ils s'adressèrent ainsi aux Ioniens, qui étaient sur leurs vaisseaux :

« Ioniens, le terme qui vous a été prescrit est passé ;
» vous avez tort de rester plus longtemps. Si la crainte
» vous a retenus jusqu'à présent en ces lieux, rompez
» maintenant le pont, retirez-vous promptement, et, flat-
» tés d'avoir recouvré votre liberté, rendez-en grâces aux
» dieux et aux Scythes. Quant à celui qui était auparavant
» votre maître, nous allons le traiter de manière qu'il ne
» fera plus la guerre à personne. »

CXXXVII. L'affaire mise en délibération, Miltiade d'Athènes, qui était commandant, et tyran de la Chersonèse de l'Hellespont, fut d'avis de suivre le conseil des Scythes, et de rendre la liberté à l'Ionie ; mais Histiée, tyran de Milet, s'y opposa. Il représenta qu'ils ne régnaient dans leurs villes que par Darius ; que si la puissance de ce prince était détruite, ils perdraient leur autorité, et que lui-même ne pourrait plus conserver la sienne dans Milet, ni les autres la leur dans leurs États, les villes préférant toutes la démocratie à la tyrannie. Tous ceux qui avaient d'abord été de l'avis de Miltiade revinrent aussitôt à celui d'Histiée.

CXXXVIII. Ceux qui furent de cette opinion étaient en grande estime auprès du roi. Parmi les tyrans de l'Hellespont, il y avait Daphnis d'Abydos, Hippoclus de Lampsaque, Hérophante de Parium, Métrodore de Proconnèse, Aristagoras de Cyzique, Ariston de Byzance ; ceux de l'Ionie étaient Strattis de Chios, Æacès de Samos, Léodamas de Phocée, Histiée de Milet, qui fut d'un avis contraire à celui de Miltiade. Aristagoras de Cyme fut le seul homme considérable qui assistait à ce conseil, du côté des Éoliens.

CXXXIX. Le sentiment d'Histiée ayant été approuvé, on ajouta qu'on romprait, de la longueur de la portée d'un trait, l'extrémité du pont du côté de la Scythie, afin de montrer aux Scythes qu'on voulait, en quelque sorte, les obliger, quoique dans le fond on n'en fît rien, et de crainte que les Scythes ne voulussent, malgré eux, passer l'Ister sur le pont. Il fut aussi réglé qu'on leur enverrait dire qu'en rompant la partie du pont qui aboutissait à leur pays, on avait dessein de leur donner une entière satisfaction. Après quoi Histiée répondit aux Scythes, au nom du conseil :

« Scythes, votre avis est salutaire, et vous nous pressez
» fort à propos. Comme vous nous montrez la vraie route
» que nous devons suivre, nous vous ferons voir aussi
» que nous sommes disposés à vous servir : nous rompons
» en effet le pont, comme vous le voyez, et nous nous
» porterons avec ardeur à recouvrer notre liberté. Pour
» vous, pendant que nous sommes occupés à détruire ce
» pont, il est à propos que vous alliez chercher les Perses,
» et qu'après les avoir trouvés, vous nous vengiez, en vous
» vengeant vous-mêmes comme il convient. »

CXL. Les Scythes, se fiant pour la seconde fois aux Ioniens, rebroussèrent chemin pour aller chercher les Perses; mais ils prirent une autre route, et les manquèrent. Ce fut leur faute, puisqu'ils avaient détruit les foins, et bouché les fontaines de ce côté. Sans ce dégât, il leur aurait été aisé de trouver les Perses, s'ils l'eussent voulu. Le parti qu'ils avaient cru le plus avantageux fut alors cause de leur méprise. Ils cherchèrent l'ennemi dans les cantons de la Scythie où il y avait de l'eau et des fourrages pour les chevaux, persuadés qu'il s'enfuyait de ce côté. Mais les Perses suivaient l'ancienne route qu'ils avaient observée; et cependant ils eurent bien de la peine à gagner l'endroit où ils avaient traversé le fleuve. Y étant arrivés de nuit, et trouvant le pont rompu, ils craignirent que les Ioniens ne les ussent abandonnés.

CXLI. Darius avait dans son armée un Égyptien d'une voix extrêmement sonore; il lui commanda de se tenir sur les bords de l'Ister, et d'appeler Histiée de Milet. Aux premiers cris de l'Égyptien, Histiée mit sur-le-champ tous les vaisseaux en état de passer l'armée, et rétablit le pont.

CXLII. Les Perses échappèrent par ce moyen; et les Scythes, qui les cherchaient, les manquèrent pour la seconde fois. C'est à cette occasion que ceux-ci disent des Ioniens qu'à les considérer comme libres, ce sont les plus vils et les plus lâches de tous les hommes; et que si on les envisage comme esclaves, ce sont les esclaves les plus attachés à leurs maîtres, et les moins capables de s'enfuir. Tels sont les traits que lancent les Scythes contre les Ioniens.

CXLIII. Darius traversa la Thrace, et arriva à Sestos dans la Chersonèse, où il s'embarqua pour passer en Asie. Il nomma Mégabyse, Perse de naissance, général des troupes qu'il laissait en Europe. Le discours que tint un jour ce prince, en présence de toute sa cour, est bien honorable pour ce seigneur. Comme il se disposait à manger des grenades, à la première qu'il ouvrit, Artabane, son frère, lui demanda quelle chose il désirerait avoir en aussi grande quantité qu'il y avait de grains dans cette grenade. Darius répondit qu'il aimerait mieux avoir autant de Mégabyses que de voir la Grèce sous son obéissance. Tel fut le témoignage honorable que lui rendit ce prince parmi les Perses; mais alors il lui donna des marques de sa confiance, en le laissant en Europe avec quatre-vingt mille hommes sous ses ordres.

CXLIV. Un mot de ce Mégabyse a rendu son nom immortel parmi les habitants de l'Hellespont. Étant à Byzance, il apprit que les Chalcédoniens avaient bâti leur ville dix-sept ans avant que les Byzantins eussent fondé la leur. Là-dessus, il dit qu'ils étaient sans doute alors aveugles, puisque, sans cela, ils n'auraient pas choisi pour leur ville une situation désagréable, lorsqu'il s'en présentait une plus belle. Ce général subjugua, avec les troupes que lui avait laissées Darius, tous les peuples de l'Hellespont qui n'étaient pas les amis des Mèdes.

CXLV. Il y eut, vers le même temps, une expédition considérable en Libye, dont je dirai le sujet; mais il est à propos de raconter auparavant quelques faits nécessaires pour le bien entendre.

Les descendants des Argonautes ayant été chassés de l'île de Lemnos par les Pélasges, qui avaient enlevé de Brauron les femmes des Athéniens, firent voile à Lacédémone. Ils campèrent sur le mont Taygète, où ils allumèrent du feu. Les Lacédémoniens, les ayant aperçus, leur envoyèrent demander qui ils étaient, et d'où ils venaient. Ils répondirent qu'ils étaient Minyens, et les descendants de ces héros qui s'étaient embarqués sur le navire *Argo*, et qui étaient abordés à Lemnos, où ils leur avaient donné naissance. Sur ce rapport de l'origine des Minyens, les Lacédémoniens envoyèrent une seconde fois leur demander à quel dessein ils venaient dans leur pays, et par quelle raison ils avaient allumé du feu. Les Minyens répondirent qu'ayant été chassés par les Pélasges, ils venaient chez leurs pères, comme cela était juste, et qu'ils priaient les Lacédémoniens de les recevoir chez eux, et de leur faire part non-seulement de leurs terres, mais encore des honneurs et des dignités de l'État. Les Lacédémoniens furent d'avis de les recevoir aux conditions qu'ils proposaient. Ce qui les y détermina principalement fut que les Tyndarides (Castor et Pollux) avaient été de l'expédition des Argonautes. Ils reçurent donc les Minyens, leur donnèrent des terres, et les distribuèrent parmi leurs tribus. Ceux-ci se marièrent aussitôt, et donnèrent à d'autres les femmes qu'ils avaient amenées de Lemnos.

CXLVI. Peu de temps après, les Minyens montrèrent tout à coup leur insolence, en voulant avoir part à la royauté, et en faisant plusieurs autres actions contraires aux lois. Les Lacédémoniens résolurent de les faire mourir; en conséquence, ils furent arrêtés et mis en prison. A Lacédémone, les exécutions se font la nuit, et jamais de jour. Lors donc qu'on était sur le point de les faire mourir, leurs femmes, qui étaient Spartiates et filles des premiers de la ville, demandèrent la permission d'entrer dans la prison, pour parler à leurs maris. Comme on ne les soupçonnait d'aucun artifice, cette permission leur fut accordée. Elles ne furent pas plutôt entrées, qu'elles donnèrent leurs habits à leurs maris, et se revêtirent des leurs. Les Minyens, ayant pris les habits de leurs femmes, sortirent à la faveur de ce déguisement, et, s'étant échappés de la sorte, ils retournèrent au mont Taygète.

CXLVII. Vers ce même temps, Théras partit de Lacédémone pour aller fonder une colonie. Autésion, son père, était fils de Tisamène, petit-fils de Thersandre, et arrière-petit-fils de Polynice[1]. Il était de la race de Cadmus, et

---

[1] Théras était le sixième descendant d'OEdipe, et le dixième de Cadmus.

oncle maternel d'Eurysthène et de Proclès, tous deux fils d'Aristodémus. Comme ceux-ci étaient encore enfants, il eut, pendant leur minorité, la régence du royaume. Mais, quand ils furent devenus grands, ils gouvernèrent par eux-mêmes. Théras, affligé d'obéir, après avoir goûté les douceurs du commandement, déclara qu'il ne resterait point à Lacédémone, et qu'il s'embarquerait pour aller joindre ses parents.

Les descendants de Membliarès, fils de Pœciles, Phénicien, demeuraient dans l'île qu'on nomme aujourd'hui Théra, et qui s'appelait autrefois Calliste. Cadmus, fils d'Agenor, était abordé à cette île en cherchant Europe; et, soit que le pays lui plût, ou par quelque autre raison, il y laissa plusieurs Phéniciens avec Membliarès, l'un de ses parents. Ils l'habitèrent pendant huit générations avant que Théras vînt de Lacédémone dans cette île, alors connue sous le nom de Calliste.

CXLVIII. Théras partit de Sparte pour cette île avec grand nombre de Lacédémoniens qu'on tira des tribus. Son intention n'était pas d'en chasser les anciens habitants, mais d'y demeurer avec eux dans l'union la plus étroite. Les Lacédémoniens persistaient toujours dans la résolution de faire mourir les Minyens, qui, après s'être échappés des prisons, étaient campés sur le mont Taygète. Théras sollicita leur grâce, et s'engagea à les faire sortir du pays. Elle lui fut accordée; et, ayant mis à la voile avec trois vaisseaux à trente rames, il se rendit chez les descendants de Membliarès. Il n'emmena avec lui qu'une petite partie des Minyens; les autres, en beaucoup plus grand nombre, chassèrent les Paroréates et les Caucons de leur pays; et, s'étant partagés en six corps, ils y bâtirent six villes : Lépréum, Macistos, Phrixes, Pyrgos, Épium et Nudium, qui ont été la plupart détruites de mon temps par les Éléens. Quant à l'île de Calliste, elle s'appela Théra, du nom de son fondateur.

CXLIX. Son fils refusant de s'embarquer avec lui, Thé-

« Le sixième descendant d'OEdipe, dit Callimaque, mena de Sparte à Théra une colonie. » Le scoliaste de Callimaque suppose que Théras était fils de Tisamène, et petit-fils d'Autésion. C'est le contraire. (L.)

ras dit qu'il le laisserait comme une brebis parmi les loups. Ce propos fit donner à ce jeune homme le nom d'Oiolycus [1], qui prévalut sur celui qu'il avait auparavant. Oiolycus eut un fils appelé Égée. Les Égides, tribu considérable à Sparte, tirent de lui leur nom. Ceux de cette tribu, voyant qu'ils ne pouvaient conserver d'enfants, bâtirent, sur la réponse d'un oracle, un temple aux Furies de Laïus et d'OEdipe ; et, depuis ce temps, ils ne perdirent plus leurs enfants. Pareille chose arriva dans l'île de Théra à leurs descendants.

CL. Jusqu'ici les Lacédémoniens s'accordent avec les habitants de Théra ; mais ceux-ci sont les seuls qui racontent la suite de la manière que je vais dire.

Grinus, fils d'Æsanius, descendant de ce Théras, et roi de l'île de Théra, alla à Delphes pour y offrir une hécatombe. Il était accompagné de plusieurs habitants de cette île, et entre autres de Battus, fils de Polymneste, de la race d'Euphémus, l'un des Minyens. Ce prince consultant l'oracle sur quelque chose, la Pythie lui répondit de fonder une ville en Libye. « Roi Apollon, répliqua Grinus, je suis » vieux et courbé sous le poids des ans : chargez plutôt de » cette entreprise quelqu'un de ces jeunes gens qui sont » venus avec moi ; » et, en disant cela, il montrait Battus. Les Théréens, de retour dans leur île, n'eurent aucun égard pour la réponse de l'oracle, ne sachant point où était la Libye, et n'osant pas envoyer une colonie dans une pareille incertitude.

CLI. On fut ensuite sept ans à Théra sans qu'il y plût, et tous les arbres y périrent de sécheresse, excepté un seul. Les Théréens ayant consulté l'oracle, la Pythie leur reprocha de n'avoir point envoyé en Libye la colonie qu'elle leur avait ordonné d'y envoyer. Comme ils ne voyaient pas de remèdes à leurs maux, ils députèrent en Crète, pour s'informer s'il n'y avait pas quelque Crétois, ou quelque étranger qui eût voyagé en Libye. Leurs envoyés parcoururent l'île, et, étant arrivés à la ville d'Itanos, ils y firent connaissance avec un teinturier en pourpre, nommé Corobius,

[1] Οἶς signifie une brebis, et λύκος, un loup..

qui leur dit qu'il avait été poussé par un vent violent à l'île de Platée en Libye. Une récompense qu'ils lui donnèrent le détermina à les accompagner à Théra. On ne fit partir d'abord qu'un petit nombre de citoyens pour examiner les lieux. Corobius leur servit de guide. Lorsqu'il les eut conduits à l'île de Platée, ils l'y laissèrent avec des vivres pour quelques mois, et, s'étant remis en mer, ils vinrent en diligence faire leur rapport aux Théréens au sujet de cette île.

CLII. Comme ils furent plus longtemps absents qu'ils n'en étaient convenus, Corobius se trouva dans une très-grande disette. Mais un vaisseau de Samos qui allait en Égypte, et dont le patron s'appelait Colæus, étant abordé à Platée, les Samiens apprirent de Corobius quelle était sa situation. Ils lui laissèrent des vivres pour un an; et, comme ils désiraient passionnément de se rendre en Égypte, ils remirent à la voile par un vent d'est. Mais, ce vent ne discontinuant point, ils passèrent les colonnes d'Hercule, et arrivèrent à Tartessus, sous la conduite de quelque dieu. Comme ce port n'avait point été jusqu'alors fréquenté, ils firent, à leur retour, le plus grand profit sur leurs marchandises qu'aucun Grec que nous connaissions ait jamais fait, si du moins l'on excepte Sostrate d'Égine, fils de Léodamas, avec qui personne ne peut entrer en comparaison. Les Samiens ayant mis à part six talents[1], qui étaient le dixième de leur gain, en firent faire un vase d'airain en forme de cratère argolique, autour duquel on voit des têtes de griffons l'une vis-à-vis de l'autre. Ils en firent présent au temple de Junon (à Samos), où il est soutenu par trois colosses d'airain, de sept coudées de haut, appuyés sur les genoux. L'action de Colæus fut le principe de la grande amitié que les Cyrénéens et les Théréens ont contractée avec les Samiens.

CLIII. Les Théréens, ayant laissé Corobius dans l'île, dirent, à leur retour à Théra, qu'ils avaient commencé une habitation dans une île attenante à la Libye. Là-dessus il fut résolu que de tous leurs cantons, qui étaient

---

[1] 52,400 livres de notre monnaie. Leur gain était par conséquent de 524,000 livres.

au nombre de sept, on enverrait des hommes, que les frères tireraient au sort, et que Battus serait leur chef et leur roi. En conséquence de cette résolution, on envoya à Platée deux vaisseaux de cinquante rames chacun. Telle est la manière dont les Théréens racontent cette histoire.

CLIV. Les Cyrénéens sont d'accord avec eux en tout, excepté en ce qui concerne Battus. Voici de quelle manière ils le rapportent. Étéarque, roi de la ville d'Axus, en Crète, ayant perdu sa femme, dont il avait une fille nommée Phronime, en épousa une autre, qui ne fut pas plutôt entrée dans sa maison, qu'elle fit voir par ses actions qu'elle était une vraie marâtre. Il n'y eut rien en effet qu'elle n'imaginât pour faire maltraiter cette princesse ; enfin elle l'accusa de s'être abandonnée à un homme, et parvint à le faire croire à son mari.

Étéarque, persuadé par cette femme, se porta contre sa fille à une action odieuse. Il y avait alors à Axus un marchand de Théra, nommé Thémison. Ce prince le manda, et, ayant contracté avec lui l'hospitalité, il lui fit promettre avec serment de lui prêter son ministère dans toutes les choses où il aurait besoin de lui. Le serment exigé, il lui remit sa fille entre les mains, et lui dit de l'emmener, et de la jeter dans la mer. Thémison, fâché qu'on lui eût fait faire un serment pour le tromper, renonça à l'amitié d'Étéarque. Il remit à la voile avec la princesse ; et, quand il fut en pleine mer, il l'attacha avec des cordes, et, pour s'acquitter de son serment, il la descendit dans la mer ; mais il l'en retira, et la mena dans l'île de Théra.

CLV. Lorsqu'elle y fut arrivée, Polymnestus, homme distingué, la prit pour concubine. Il en eut, au bout d'un certain temps, un fils qui bégayait et grasseyait. Cet enfant fut appelé Battus, suivant les Théréens et les Cyrénéens ; mais je pense qu'il eut un autre nom, et qu'après son arrivée en Libye il fut ainsi surnommé, tant à cause de la réponse qu'il avait reçue de l'oracle de Delphes, que par rapport à sa dignité : car Battus signifie roi dans la langue des Libyens ; et ce fut, à mon avis, par cette raison que la Pythie, sachant qu'il devait régner en Libye, lui donna dans sa réponse un nom libyen. En effet, lorsqu'il fut parvenu à l'âge viril, étant allé à Delphes pour consulter l'oracle sur le défaut de sa langue, la Pythie lui répondit : « Battus, tu viens ici au sujet de ta voix : mais Apollon » t'ordonne d'établir une colonie dans la Libye, féconde » en bêtes à laine. » C'est comme si elle eût dit en grec : « O roi, tu viens au sujet de ta voix. » Battus lui répondit : « Roi, je suis venu vous consulter sur le défaut de ma » langue ; mais vous me commandez des choses impos- » sibles, en m'envoyant établir une colonie en Libye. » Avec quelles troupes, avec quelles forces puis-je exé- » cuter un tel projet ? » Malgré ces raisons, il ne put engager la Pythie à lui parler autrement. Voyant donc que l'oracle persistait dans sa réponse, il quitta Delphes, et retourna à Théra.

CLVI. Mais dans la suite il lui arriva beaucoup de malheurs, ainsi qu'aux autres habitants de l'île[1]. Comme ils en ignoraient la cause, ils envoyèrent à Delphes consulter l'oracle sur leurs maux actuels. La Pythie leur répondit qu'ils seraient plus heureux s'ils fondaient, avec Battus, la ville de Cyrène en Libye. Sur cette réponse, ils firent partir Battus avec deux vaisseaux à cinquante rames. Battus et ceux qui l'accompagnaient, forcés par la nécessité, firent voile en Libye ; mais ils revinrent à l'île de Théra. Les Théréens les attaquèrent lorsqu'ils voulurent descendre à terre, et, ne leur permettant point d'aborder,

[1] Hérodote ne s'explique pas davantage, et nous laisse absolument ignorer quels furent ces malheurs. Le scoliaste de Pindare (Ménéclès) suppléera à son silence. « Il y eut, dit-il, des troupes dans l'île de Théra, et les citoyens se partagèrent en deux factions. Battus, s'étant mis à la tête de l'une de ces deux factions, eut du dessous dans un combat, et fut obligé de quitter sa patrie. Comme il avait perdu l'espoir d'y retourner, il résolut de s'établir ailleurs avec ceux qui l'avaient accompagné dans sa fuite. Battus, étant allé à Delphes, demanda au dieu s'il combattrait pour recouvrer sa patrie, ou s'il irait chercher ailleurs un établissement. Le dieu lui répondit : « Battus, le premier parti est mauvais, le second est bon. Va, quitte une terre environnée de la mer ; le continent vaut mieux. Renonce à l'Orient, où fut ton premier domicile. Obéis à mes ordres, en allant habiter une terre ferme, suivant la volonté des dieux. Garde-toi d'entreprendre une navigation injuste en retournant en ta patrie, et souviens-toi que telles sont les œuvres de l'homme, tel est le succès de ses entreprises. »

ils leur ordonnèrent de retourner à l'endroit d'où ils venaient. Contraints d'obéir, ils reprirent la même route, et s'établirent dans une île attenante à Libye. Cette île, comme il a été dit ci-dessus, s'appelle Platée : on assure qu'elle est de la grandeur de la ville actuelle des Cyrénéens.

CLVII. Les Théréens restèrent deux ans dans l'île de Platée ; mais comme rien ne leur prospérait, ils y laissèrent l'un d'entre eux, et le reste se rembarqua pour aller à Delphes. Quand ils y furent arrivés, ils dirent à la Pythie qu'ils s'étaient établis en Libye, et que cependant ils n'en étaient pas plus heureux. La Pythie leur répondit : « J'ad- » mire ton habileté ; tu n'as jamais été en Libye, et tu » prétends connaître ce pays mieux que moi, qui y ai » été. » Sur cette réponse, Battus retourna avec ceux de sa suite : car le dieu ne les tenait pas quittes de la colonie, qu'ils n'eussent été dans la Libye même. De retour à Platée, ils prirent celui d'entre eux qu'ils y avaient laissé, et s'établirent dans la Libye, vis-à-vis de l'île, à Aziris, lieu charmant, environné de deux côtés par des collines agréables couvertes d'arbres, et, d'un autre côté, arrosé par une rivière.

CLVIII. Ils demeurèrent six années à Aziris ; mais la septième ils se laissèrent persuader d'en sortir, sur les vives instances des Libyens, et sur la promesse qu'ils leur firent de les mener dans un meilleur canton. Les Libyens, leur ayant fait quitter cette habitation, les conduisirent vers le couchant ; et, de crainte qu'en passant par le plus beau des pays les Grecs ne s'en aperçussent, ils proportionnèrent tellement leur marche à la durée du jour, qu'ils le leur firent traverser pendant la nuit. Ce beau pays s'appelle Irasa. Quand ils les eurent conduits à une fontaine qu'on prétend consacrée à Apollon : « Grecs, leur dirent- » ils, la commodité du lieu vous invite à fixer ici votre de- » meure : le ciel y est ouvert pour vous donner les pluies » qui rendront vos terres fécondes. »

CLIX. Sous Battus, le fondateur, dont le règne fut de quarante ans, et sous Arcésilas son fils, qui en régna seize, les Cyrénéens ne se trouvèrent pas en plus grand nombre qu'au commencement de la colonie. Mais sous Battus, leur troisième roi, surnommé l'Heureux, la Pythie, par ses oracles, excita tous les Grecs à s'embarquer pour aller habiter la Libye avec les Cyrénéens, qui les invitaient à venir partager leurs terres. Cet oracle était conçu en ces termes : « Celui qui n'ira dans la fertile Libye qu'après le par- » tage des terres aura un jour sujet de s'en repentir. » Les Grecs, s'étant rendus à Cyrène en grand nombre, s'emparèrent d'un canton considérable. Les Libyens leurs voisins, et Adicran leur roi, se voyant insultés et dépouillés de leurs terres par les Cyrénéens, eurent recours à Apriès, roi d'Égypte, et se soumirent à lui. Ce prince envoya contre Cyrène des forces considérables. Les Cyrénéens s'étant rangés en bataille à Irasa, et près de la fontaine de Thesté, en vinrent aux mains, et les défirent. Les Égyptiens, qui ne s'étaient pas auparavant essayés dans les combats contre les Grecs, les méprisaient ; mais ils furent tellement battus, qu'il n'en retourna en Égypte qu'un très-petit nombre. Le peuple fut, à ce sujet, si irrité contre Apriès, qu'il se révolta.

CLX. Arcésilas, fils de Battus, régna après son père. Ce prince eut, aussitôt après son avénement au trône, quelques différends avec ses frères ; mais enfin ils quittèrent le pays, et passèrent dans un autre canton de la Libye. Ayant délibéré entre eux sur ce qu'ils avaient à faire, ils bâtirent une ville qu'ils appelèrent Barcé, nom qu'elle porte encore aujourd'hui. Pendant qu'ils étaient occupés à la construire, ils soulevèrent les Libyens contre les Cyrénéens. Arcésilas marcha contre les révoltés, et contre ceux des Libyens qui les avaient reçus. Les Libyens, qui le redoutaient, s'enfuirent chez les Libyens orientaux. Arcélisas les poursuivit ; et, les ayant atteints à Leucon en Libye, ils résolurent de lui livrer bataille. On en vint aux mains, et la victoire se déclara tellement en leur faveur, qu'il demeura sur la place, du côté des Cyrénéens, sept mille hommes pesamment armés. Après cet échec, Arcésilas tomba malade ; et, ayant pris médecine, il fut étranglé par son frère Léarque. Mais Éryxo, appelant la ruse à son secours, fit périr le meurtrier de son mari.

CLXI. Son fils Battus lui succéda : il était boiteux, et

ne se tenait pas ferme sur ses pieds. Les Cyrénéens, extrêmement affligés de leurs pertes, envoyèrent à Delphes demander à l'oracle quelle forme de gouvernement ils devaient établir pour vivre plus heureux. La Pythie leur ordonna de faire venir de Mantinée, en Arcadie, quelqu'un qui pût rétablir parmi eux la paix et la concorde. Les Cyrénéens s'étant adressés aux Mantinéens, ceux-ci leur donnèrent un homme des plus estimés de leur ville, nommé Démonax, qui se rendit avec eux à Cyrène. Lorsqu'il se fut instruit de l'état des affaires, il partagea les Cyrénéens en trois tribus, dont une comprenait les Théréens et leurs voisins, l'autre les Péloponnésiens et les Crétois, et la troisième tous les insulaires. Enfin, on mit en réserve, pour Battus, de certaines portions de terre avec les sacrificatures, et on rendit au peuple toutes les autres prérogatives dont les rois avaient joui jusqu'alors.

CLXII. Ces règlements subsistèrent sous le règne de Battus; mais, sous celui de son fils, il s'éleva de grands troubles au sujet des honneurs. En effet, Arcésilas, fils de Battus le boiteux et de Phérétime, déclara qu'il ne souffrirait point que les lois de Démonax subsistassent plus longtemps, et redemanda les prérogatives dont avaient joui ses ancêtres. Arcésilas excita des troubles à ce sujet; mais, son parti ayant eu du dessous, il s'enfuit à Samos, et Phérétime, sa mère, à Salamine en Cypre.

Salamine était, en ce temps-là, gouvernée par Évelthon, qui consacra à Delphes un très-bel encensoir, qu'on voit dans le trésor des Corinthiens. Phérétime, étant arrivée à la cour d'Évelthon, lui demanda des troupes pour se rétablir à Cyrène, elle et son fils. Mais ce prince lui donnait plus volontiers toute autre chose qu'une armée. Phérétime acceptait ses présents, et les trouvait très-beaux; mais elle ajoutait qu'il lui serait beaucoup plus honorable de lui accorder des troupes. Comme elle faisait toujours la même réponse à chaque présent, Évelthon lui accorda enfin un fuseau d'or, avec une quenouille revêtue de laine, et lui fit dire que l'on faisait aux femmes de pareils présents, mais qu'on ne leur donnait pas une armée.

CLXIII. Pendant ce temps-là, Arcésilas, faisant espérer

le partage des terres, assembla à Samos, où il était, une armée nombreuse. Lorsqu'elle fut levée, il alla à Delphes consulter l'oracle sur son retour. La Pythie lui répondit : « Apollon accorde à ta famille la domination de Cyrène » pour quatre Battus et quatre Arcésilas, c'est-à-dire pour » huit générations ; mais il t'exhorte à ne rien tenter de » plus. Quant à toi, Arcésilas, il te conseille de rester » tranquille quand tu seras de retour dans ta patrie. Si tu » trouves un fourneau plein de vases de terre, garde-toi » bien de les faire cuire, remets-les plutôt à l'air ; et si tu » mets le feu au fourneau, n'entre pas dans l'endroit » environné d'eau ; autrement tu périras toi-même avec » le plus beau des taureaux. »

CLXIV. Arcésilas retourna à Cyrène avec les troupes qu'il avait levées à Samos. Lorsqu'il eut recouvré ses États, il fit faire, sans aucun égard pour l'oracle, le procès à ceux qui s'étaient soulevés contre lui, et qui l'avaient obligé à prendre la fuite. Les uns sortirent de leur patrie pour n'y jamais revenir ; d'autres, ayant été arrêtés, furent envoyés en Cypre pour y être punis de mort; mais les Cnidiens, chez qui ils abordèrent, les délivrèrent, et les envoyèrent à l'île de Théra. Quelques autres, enfin, se réfugièrent dans une grande tour qui appartenait à un particulier nommé Aglomachus. Arcésilas, ayant fait entasser du bois à l'entour, y mit le feu, et la brûla. Ce crime commis, il reconnut le sens de l'oracle, qui lui avait défendu, par l'organe de la Pythie, de faire cuire les vases de terre qu'il trouverait dans le fourneau. Dans la crainte donc d'être tué, suivant la prédiction de l'oracle, il s'éloigna volontairement de Cyrène, s'imaginant que cette ville était la place entourée d'eau de tous côtés que la Pythie lui avait recommandé d'éviter. Il avait épousé une de ses parentes, fille d'Alazir, roi des Barcéens. Il se réfugia chez ce prince ; mais des Barcéens et quelques fugitifs de Cyrène, l'ayant aperçu dans la place publique, le tuèrent, et avec lui Alazir son beau-père. Ce fut ainsi qu'Arcésilas remplit sa destinée, et qu'il périt pour avoir désobéi à l'oracle, volontairement ou involontairement.

CLXV. Tandis qu'Arcésilas travaillait dans Barcé à son

propre malheur, Phérétime sa mère jouissait à Cyrène des honneurs de son fils ; et, entre autres prérogatives, elle assistait aux délibérations du sénat. Mais, dès qu'elle eut connaissance qu'il avait été tué en cette ville, elle s'enfuit en Égypte, parce qu'Arcélisas avait autrefois rendu quelques services à Cambyse, fils de Cyrus, en lui livrant Cyrène et en lui payant tribut. Arrivée dans ce pays, elle supplia Aryandès de la venger, sous prétexte que son fils n'avait été assassiné que parce qu'il favorisait le parti des Mèdes.

CLXVI. Aryandès avait été établi gouverneur d'Égypte par Cambyse. Dans la suite, il fut puni de mort, pour avoir voulu s'égaler en quelque sorte à Darius. Ayant en effet appris et ayant vu par lui-même que ce prince avait envie de laisser, pour monument de son règne, quelque chose que les autres rois n'eussent point encore exécuté, il marcha sur ses traces jusqu'à ce qu'il eût reçu la récompense qu'il méritait. Darius avait fait battre de la monnaie de l'or le plus pur[1]. Aryandès, gouverneur d'Égypte, fit frapper de son côté des monnaies d'argent qu'on appelle aryandiques : elles sont encore aujourd'hui regardées comme étant d'un argent extrêmement fin. Darius, en ayant été instruit, l'accusa de rébellion, et le fit mourir sous ce prétexte.

CLXVII. Aryandès eut compassion de Phérétime ; il lui donna une armée composée de toutes les forces d'Égypte, tant de terre que de mer. Les troupes de terre étaient commandées par Amasis, qui était Maraphien, et celles de mer par Badrès, Pasagarde d'extraction. Mais, avant de les faire partir, il envoya un héraut à Barcé, pour s'informer de celui qui avait été le meurtrier d'Arcésilas. Les Barcéens prirent tous cet assassinat sur eux ; car ce prince leur avait fait beaucoup de mal. Sur cette réponse, Aryandès envoya l'armée avec Phérétime.

CLXVIII. Cette cause était le prétexte dont Aryandès cherchait à colorer son expédition contre les Libyens, qu'il

---

[1] On appelait ces pièces d'or des *dariques* La darique valait 20 drachmes ; la drachme, 18 sous de notre monnaie Ainsi la darique valait 18 livres. (L.)

avait, à mon avis, dessein de subjuguer. La Libye renferme beaucoup de nations différentes. Il y en avait peu qui fussent soumises au roi, et la plupart ne tenaient aucun compte de Darius. Voici l'ordre dans lequel on trouve les peuples de la Libye, à commencer depuis l'Égypte[1]. Les premiers qu'on rencontre sont des Adyrmachides. Ils ont presque les mêmes usages que les Égyptiens, mais ils s'habillent comme le reste des Libyens. Leurs femmes portent à chaque jambe un anneau de cuivre, et laissent croître leurs cheveux : si elles sont mordues par un pou, elles le prennent, le mordent à leur tour, et le jettent ensuite. Ces peuples sont les seuls Libyens qui aient cette coutume ; ils sont aussi les seuls qui présentent leurs filles au roi lorsqu'elles vont se marier. Celle qui lui plaît ne s'en retourne qu'après qu'il en a joui. Cette nation s'étend depuis l'Égypte jusqu'à un port appelé Plunos.

CLXIX. Les Giligammes touchent aux Adyrmachides : ils habitent le pays qui est vers l'occident jusqu'à l'île Aphrodisias. Dans cet intervalle est l'île de Platée, où les Cyrénéens envoyèrent une colonie. Aziris, où ils s'établirent aussi, est sur le continent, ainsi que le port de Ménélas. C'est là qu'on commence à trouver le silphium. Le pays où croît cette plante s'étend dans l'île de Platée jusqu'à l'embouchure de la Syrte[2]. Ces peuples ont presque les mêmes coutumes que les autres.

CLXX. Immédiatement après les Giligammes, on trouve les Asbystes, du côté du couchant : ils habitent le pays au-dessus de Cyrène ; mais ils ne s'étendent pas jusqu'à la mer : les côtes maritimes sont occupées par les Cyrénéens. Les chars à quatre chevaux sont beaucoup plus en usage chez eux que chez les autres Libyens, et ils s'étudient à imiter la plupart des coutumes des Cyrénéens.

CLXXI. Les Auschises sont à l'occident des Asbystes, auxquels ils confinent : ils habitent au-dessus de Barcé, et s'étendent jusqu'à la mer, près des Évespérides. Les

---

[1] Hérodote interrompt ici sa narration pour faire la description de l'Afrique, et la reprend plus bas, § cc.

[2] Il s'agit ici de la grande Syrte, dont l'embouchure n'est pas éloignée de Barcé, et qui est beaucoup plus près de l'Égypte que la petite. (L.)

Cabales demeurent vers le milieu du pays des Auschises : leur nation est peu nombreuse; elle s'étend sur les côtes de la mer vers Tauchires, ville du territoire de Barcé. Leurs usages sont les mêmes que ceux des peuples qui habitent au-dessus de Cyrène.

CLXXII. Les pays des Auschises est borné à l'ouest par celui des Nasamons, peuple nombreux. En été, les Nasamons laissent leurs troupeaux sur le bord de la mer, et montent à un certain canton, nommé Augiles, pour y recueillir en automne les dattes. Les palmiers y croissent en abondance, y viennent très-beaux, et portent tous du fruit. Les Nasamons vont à la chasse des sauterelles, les font sécher au soleil, et, les ayant réduites en poudre, ils mêlent cette poudre avec du lait, qu'ils boivent ensuite. Ils ont coutume d'avoir chacun plusieurs femmes, et de les voir publiquement, à peu près comme les Massagètes, après avoir planté à terre leur bâton. Lorsqu'un Nasamon se marie pour la première fois, la première nuit de ses noces, la mariée accorde ses faveurs à tous les convives, et chacun lui fait un présent qu'il a apporté de sa maison.

Voici leur manière de faire des serments et d'exercer la divination. Ils mettent la main sur le tombeau des hommes qui ont parmi eux la réputation d'avoir été les plus justes et les plus gens de bien, et jurent par eux. Pour exercer la divination, ils vont aux tombeaux de leurs ancêtres; ils y font leurs prières, et y dorment ensuite. Si, pendant leur sommeil, ils ont quelque songe, ils en font usage dans leur conduite. Ils se donnent mutuellement la foi en buvant réciproquement de la main l'un de l'autre[1]. S'ils n'ont rien de liquide, ils ramassent à terre de la poussière, et la lèchent.

CLXXIII. Les Psylles sont voisins des Nasamons; ils périrent autrefois de la manière que je vais dire. Le vent du midi avait de son souffle desséché leurs citernes : car tout leur pays était en dedans de la Syrte[2], et sans eau.

---

[1] L'ancienne coutume des Nasamons de boire de la main l'un de l'autre, en se donnant leur foi, est encore aujourd'hui la seule cérémonie qu'on observe dans les mariages parmi les Algériens. (L.)

[2] Il est encore ici question de la grande Syrte. Le territoire des Psylles

Ayant tenu conseil entre eux, ils résolurent, d'un consentement unanime, d'aller faire la guerre au vent du midi. Je rapporte les propos des Libyens. Lorsqu'ils furent arrivés dans les déserts sablonneux, le même vent, soufflant avec violence, les ensevelit sous des monceaux de sable. Les Psylles détruits, les Nasamons s'emparèrent de leurs terres.

CLXXIV. Au-dessus de ces peuples, vers le midi, dans un pays rempli de bêtes féroces, sont les Garamantes, qui fuient le commerce et la société de tous les hommes : ils n'ont aucune sorte d'armes, et ne savent pas même se défendre.

CLXXV. Cette nation habite au-dessus des Nasamons. Elle a pour voisins les Maces. Ceux-ci sont à l'ouest et le long de la mer. Ils se rasent de manière qu'il reste, sur le haut de la tête, une touffe de cheveux. Ils y parviennent en laissant croître leurs cheveux sur le milieu de la tête, et en se rasant de très-près des deux côtés. Quand ils vont à la guerre, ils portent, pour armes défensives, des peaux d'autruches. Le Cinyps descend de la colline des Grâces, traverse leur pays, et se jette dans la mer. Cette colline est entièrement couverte d'une épaisse forêt ; au lieu que le reste de la Libye, dont j'ai parlé jusqu'ici, est un pays où l'on ne voit point d'arbres : de cette colline à la mer il y a deux cents stades.

CLXXVI. Les Gindanes touchent aux Maces. On dit que leurs femmes portent chacune, autour de la cheville du pied, autant de bandes de peaux qu'elles ont vu d'hommes ; celle qui en a davantage est la plus estimée, comme ayant été aimée d'un plus grand nombre d'hommes.

CLXXVII. Les Lotophages habitent le rivage de la mer, qui est devant le pays des Gindanes. Ces peuples ne vivent que des fruits du lotos[1] : ce fruit est à peu près de la

---

s'étendait depuis le pays des Nasamons jusqu'aux Maces ; ils étaient par conséquent enfermés au nord par la grande Syrte. C'est ce qui fait dire à Hérodote qu'ils étaient en dedans de la Syrte. (L.)

[1] C'est une espèce de jujubier, le *rhamnus lotus* de Linné. Son fruit a beaucoup de rapport avec celui du jujubier cultivé, le *rhamnus ziziphus* ; mais il en diffère en ce qu'il est sphérique et plus petit. (*Dissertation de Desfontaines sur le lotus*, dans les *Mémoires de l'Académie des sciences*.)

grosseur de celui du lentisque, et d'une douceur pareille à celle des dattes. Les Lotophages en font aussi du vin.

CLXXVIII. Ils confinent, le long de la mer, au Machlyes : ceux-ci font aussi usage du lotos, mais beaucoup moins que les Lotophages. Les Machlyes s'étendent jusqu'au Triton, fleuve considérable qui se jette dans un grand lac nommé Tritonis, où l'on voit l'île de Phla. On dit qu'il avait été prédit par les oracles que les Lacédémoniens enverraient une colonie dans cette île : on raconte le fait de cette manière.

CLXXIX. Quand Jason eut fait construire, au pied du mont Pélion, le navire *Argo* [1], et qu'il y eut embarqué une hécatombe avec un trépied d'airain, il se mit en mer, et doubla le Péloponnèse, dans le dessein d'aller à Delphes. Lorsqu'il fut arrivé vers le promontoire Malée, il s'éleva un vent du nord qui le jeta en Libye, et il se trouva dans les bas-fonds du lac Tritonis avant que d'avoir découvert la terre. Ne sachant comment sortir de ce pas dangereux, on dit qu'un triton lui apparut et lui demanda son trépied, lui promettant de lui montrer une route sûre et de le tirer de ce péril. Jason y ayant consenti, le triton lui montra le moyen de sortir de ce bas-fond : il prit ensuite le trépied, le mit dans son propre temple, et, s'asseyant dessus, il prédit à Jason et aux siens tout ce qui devait leur arriver. Il lui annonça aussi que, lorsque ce trépied aurait été enlevé par quelqu'un des descendants de ceux qui étaient dans le navire *Argo*, il était de toute nécessité que les Grecs eussent cent villes sur les bords du lac Tritonis. On ajoute que les Libyens voisins du lac, ayant appris cette réponse de l'oracle, cachèrent le trépied.

CLXXX. Immédiatement après les Machlyes, on trouve les Auséens. Ces deux nations habitent autour du lac Tritonis; mais elles sont séparées par le fleuve Triton. Les

---

[1] « Les Grecs avaient appris la navigation et l'art de construire des vaisseaux des Phéniciens qui étaient venus avec Cadmus en Béotie. Ces peuples avaient deux sortes de vaisseaux : les uns ronds, qu'ils appelaient *gaules* ; les autres longs, qu'ils nommaient *arca* ou *arco*. Les Grecs, changeant, suivant leur usage, le *c* en *g*, firent *argo*. Mais, venant ensuite à oublier la cause de cette dénomination, ils inventèrent, suivant leur usage, des fables pour en rendre raison. » (BOCHART.)

Machlyes laissent croître leurs cheveux sur le derrière de la tête, et les Auséens sur le devant. Dans une fête que ces peuples célèbrent tous les ans en l'honneur de Minerve, les filles, partagées en deux troupes, se battent les unes contre les autres à coups de pierres et de bâtons. Elles disent que ces rites ont été institués par leurs pères en l'honneur de la déesse née dans leur pays, que nous appelons Minerve; et elles donnent le nom de fausses vierges à celles qui meurent de leurs blessures. Mais, avant que de cesser le combat, elles revêtent d'une armure complète à la grecque celle qui, de l'aveu de toutes, s'est le plus distinguée; et, lui ayant mis aussi sur la tête un casque à la corinthienne, elles la font monter sur un char, et la promènent autour du lac. Je ne sais de quelle façon ils armaient autrefois leurs filles, avant que les Grecs eussent établi des colonies autour d'eux. Je pense cependant que c'était à la manière des Égyptiens. Je suis en effet d'avis que le bouclier et le casque sont venus d'Égypte chez les Grecs. Ils prétendent que Minerve est fille de Neptune et de la nymphe du lac Tritonis, et qu'ayant eu quelque sujet de plainte contre son père, elle se donna à Jupiter, qui l'adopta pour sa fille. Les femmes sont en commun chez ces peuples; elles ne demeurent point avec les hommes, et ceux-ci les voient à la manière des bêtes. Les enfants sont élevés par leurs mères : quand ils sont grands, on les mène à l'assemblée que les hommes tiennent tous les trois mois. Celui à qui un enfant ressemble passe pour en être le père.

CLXXXI. Tels sont les peuples nomades qui habitent les côtes maritimes de la Libye. Au-dessus, en avançant dans le milieu des terres, on rencontre la Libye remplie de bêtes féroces, au delà de laquelle est une élévation sablonneuse, qui s'étend depuis Thèbes en Égypte, jusqu'aux colonnes d'Hercule. On trouve dans ce pays sablonneux, environ de dix journées en dix journées, de gros quartiers de sel sur des collines. Du haut de chacune de ces collines, on voit jaillir, au milieu du sel, une eau fraîche et douce. Autour de cette eau on trouve des habitants, qui sont les derniers du côté des déserts, et au-dessus de la Libye sauvage. Les premiers qu'on y rencontre, en venant de Thèbes, sont les Ammoniens, à dix journées de cette ville. Ils ont un temple avec des rites qu'ils ont empruntés de celui de Jupiter Thébéen. Il y a en effet à Thèbes, comme je l'ai déjà dit, une statue de Jupiter avec une tête de bélier. Entre autres fontaines, ils en ont une dont l'eau est tiède au point du jour, fraîche à l'heure du marché, et extrêmement froide à midi; aussi ont-ils soin, à cette heure, d'arroser leurs jardins. A mesure que le jour baisse, elle devient moins froide, jusqu'au coucher du soleil, qu'elle est tiède. Elle s'échauffe ensuite de plus en plus, jusqu'à ce qu'on approche du milieu de la nuit : alors elle bout à gros bouillons. Lorsque le milieu de la nuit est passé, elle se refroidit jusqu'au lever de l'aurore : on l'appelle la fontaine du Soleil.

CLXXXII. A dix autres journées de chemin après les Ammoniens, on trouve, sur cette élévation de sable, une autre colline de sel, semblable à celle qu'on voit chez les Ammoniens, avec une source d'eau. Ce canton est habité; il s'appelle Augiles : c'est là que les Nasamons vont, en automne, recueillir les dattes.

CLXXXIII. A dix autres journées du territoire d'Augiles, on rencontre une autre colline de sel avec de l'eau, et une grande quantité de palmiers portant du fruit, comme dans les autres endroits dont on vient de parler. Les Garamantes, nation fort nombreuse, habitent ce pays. Ils répandent de la terre sur le sel, et sèment ensuite. Il n'y a pas loin de là chez les Lotophages; mais, du pays de ceux-ci, il y a trente journées de chemin jusqu'à celui où l'on voit ces sortes de bœufs qui paissent en marchant à reculons. Ces animaux paissent de la sorte parce qu'ils ont les cornes rabattues en devant, et c'est pour cela qu'ils vont à reculons quand ils paissent; car ils ne peuvent alors marcher en avant, attendu que leurs cornes s'enfonceraient dans la terre. Ils ne diffèrent des autres bœufs qu'en cela, et en ce qu'ils ont le cuir plus épais et plus souple. Ces Garamantes font la chasse aux Troglodytes-Éthiopiens; ils se servent pour cela de chars à quatre chevaux. Les Troglodytes-Éthiopiens sont, en effet, les plus légers et les plus vites de tous les peuples dont nous ayons jamais ouï parler. Ils vivent de serpents, de lézards et autres reptiles; ils parlent une langue qui n'a rien de commun avec celles des autres nations; on croit entendre le cri des chauves-souris.

CLXXXIV. A dix journées pareillement des Garamantes, on trouve une autre colline de sel, avec une fontaine et des hommes à l'entour : ils s'appellent Atarantes, et sont les seuls hommes que je sache n'avoir point de nom. Réunis en corps de nation, ils s'appellent Atarantes ; mais les individus n'ont point de noms qui les distinguent les uns des autres. Ils maudissent le soleil lorsqu'il est à son plus haut point d'élévation et de force, et lui disent toutes sortes d'injures, parce qu'il les brûle, ainsi que le pays.

A dix autres journées de chemin, on rencontre une autre colline de sel, avec de l'eau et des habitants aux environs. Le mont Atlas touche à cette colline. Il est étroit et rond de tous côtés, mais si haut, qu'il est, dit-on, impossible d'en voir le sommet, à cause des nuages dont il est toujours couvert l'été comme l'hiver. Les habitants du pays disent que c'est une colonne du ciel. Ils ont pris de cette montagne le nom d'Atlantes, et l'on dit qu'ils ne mangent de rien qui ait eu vie, et qu'ils n'ont jamais de songes.

CLXXXV. Je connais le nom de ceux qui habitent cette élévation jusqu'aux Atlantes ; mais je n'en puis dire autant de ceux qui sont au delà. Cette élévation s'étend jusqu'aux colonnes d'Hercule, et même par delà. De dix journées en dix journées, on y trouve des mines de sel et des habitants. Les maisons de tous ces peuples sont bâties de quartiers de sel : il ne pleut en effet jamais dans cette partie de la Libye; autrement les murailles des maisons, étant de sel, tomberaient bientôt en ruine. On tire de ces mines deux sortes de sel, l'un blanc, et l'autre couleur de pourpre. Au-dessus de cette élévation sablonneuse, vers le midi et l'intérieur de la Libye, on ne trouve qu'un affreux désert, où il n'y a ni eau, ni bois, ni bêtes sauvages, et où il ne tombe ni pluie ni rosée.

CLXXXVI. Tout le pays qui s'étend depuis l'Égypte

jusqu'au lac Tritonis est habité par des Libyens nomades, qui vivent de chair et de lait. Ils ne mangent point de vaches, non plus que les Égyptiens, et ne se nourrissent point de porcs. Les femmes de Cyrène ne se croient pas permis non plus de manger de la vache, par respect pour la déesse Isis, qu'on adore en Égypte ; elles jeûnent même, et célèbrent des fêtes solennelles en son honneur. Les femmes de Barcé non-seulement ne mangent point de vache, mais elles s'abstiennent encore de manger de la chair de porc.

CLXXXVII. Les peuples à l'occident du lac Tritonis ne sont point nomades ; ils n'ont point les mêmes usages, et ne font pas à leurs enfants ce qu'observent, à l'égard des leurs, les Libyens nomades. Quand les enfants des Libyens nomades ont atteint l'âge de quatre ans, ils leur brûlent les veines du haut de la tête, et quelques-uns celles des tempes, avec de la laine qui n'a point été dégraissée. Je ne puis assurer que tous ces peuples nomades suivent cet usage, mais il est pratiqué par plusieurs. Ils prétendent que cette opération les empêche d'être, par la suite, incommodés de la pituite qui coule du cerveau, et qu'elle leur procure une santé parfaite. En effet, entre tous les peuples que nous connaissons, il n'y en a point qui soient plus sains que les Libyens ; mais je n'oserais assurer qu'ils en soient redevables à cette opération. Si leurs enfants ont des spasmes pendant qu'on les brûle, ils les arrosent avec de l'urine de bouc ; c'est un remède spécifique : au reste, je ne fais que rapporter ce que disent les Libyens.

CLXXXVIII. Les sacrifices des nomades se font de cette manière : ils commencent par couper l'oreille de la victime (cela leur tient lieu de prémices), et la jettent sur le faîte de leurs maisons ; cela fait, ils lui tordent le cou : ils n'en immolent qu'au Soleil et à la Lune. Tous les Libyens font des sacrifices à ces deux divinités ; cependant ceux qui habitent sur les bords du lac Tritonis en offrent aussi à Minerve, ensuite au Triton et à Neptune, mais principalement à Minerve.

CLXXXIX. Les Grecs ont emprunté des Libyennes l'habillement et l'égide des statues de Minerve, excepté que l'habit des Lybiennes est de peau, et que les franges de leurs égides ne sont pas des serpents, mais des bandes minces de cuir : le reste de l'habillement est le même. Le nom de ce vêtement prouve que l'habit des statues de Minerve vient de Libye. Les femmes de ce pays portent en effet, par-dessus leurs habits, des peaux de chèvres sans poil, garnies de franges et teintes en rouge. Les Grecs ont pris leurs égides de ces vêtements de peaux de chèvres. Je crois aussi que les cris perçants qu'on entend dans les temples de cette déesse tirent leur origine de ce pays. C'est en effet un usage constant parmi les Libyennes, et elles s'en acquittent avec grâce. C'est aussi des Libyens que les Grecs ont appris à atteler quatre chevaux à leurs chars.

CXC. Les Libyens nomades enterrent leurs morts comme les Grecs : j'en excepte les Nasamons, qui les enterrent assis, ayant soin, quand quelqu'un rend le dernier soupir, de le tenir dans cette attitude, et prenant garde qu'il n'expire couché sur le dos. Leurs logements sont portatifs, et faits d'asphodèles[1] entrelacés avec des joncs. Tels sont les usages de ces nations.

CXCI. A l'ouest du fleuve Triton, les Libyens laboureurs touchent aux Auséens ; ils ont des maisons, et se nomment Maxyes. Ils laissent croître leurs cheveux sur le côté droit de la tête, rasent le côté gauche, et se peignent le corps avec du vermillon : ils se disent descendus des Troyens. Le pays qu'ils habitent, ainsi que le reste de la Libye occidentale, est beaucoup plus rempli de bêtes sauvages, et couvert de bois, que celui des nomades ; car la partie de la Libye orientale qu'habitent les nomades est basse et sablonneuse jusqu'au fleuve Triton. Mais depuis ce fleuve, en allant vers le couchant, le pays occupé par les laboureurs est très-montagneux, couvert de bois et plein de bêtes sauvages. C'est dans cette partie occidentale

---

[1] L'asphodèle est une plante de la famille des liliacées, et qui est en abondance sur les bords de la Méditerranée. Les tiges de l'espèce connue sous le nom d'asphodèle rameux sont assez élevées pour construire des habitations légères, ou du moins pour les couvrir. L'asphodèle était consacré aux cérémonies funèbres, et les anciens supposaient que les morts s'en nourrissaient. Les prés où apparaissent les ombres des héros, dans le onzième livre de l'Odyssée, sont des prés d'asphodèle. (MIOT.)

de la Libye que se trouvent les serpents d'une grandeur prodigieuse, les lions, les éléphants, les ours, les aspics, les ânes qui ont des cornes[1], les cynocéphales (têtes de chien) et les acéphales (sans tête), qui ont, si l'on en croit les Libyens, les yeux à la poitrine. On y voit aussi des hommes et des femmes sauvages, et une multitude d'autres bêtes féroces, qui existent réellement.

CXCII. Dans le pays des nomades, on ne trouve aucun de ces animaux ; mais il y en a d'autres, tels que des pygarges, des chevreuils, des bubalis, des ânes, non pas de cette espèce d'ânes qui ont des cornes, mais d'une autre qui ne boit point. On y voit aussi des oryes qui sont de la grandeur du bœuf : on se sert des cornes de cet animal pour faire les coudes des cithares. Il y a aussi des renards, des hyènes, des porcs-épics, des béliers sauvages, des dictyes, des thoès[2], des panthères, des boryes, des crocodiles terrestres qui ont environ trois coudées de long, et qui ressemblent aux lézards; des autruches, et de petits serpents qui ont chacun une corne. Toutes ces sortes d'animaux se rencontrent en ce pays, et outre cela tous ceux qui se trouvent ailleurs, excepté le cerf et le sanglier, car il n'y a ni sangliers ni cerfs en Libye. On y voit aussi trois sortes de rats, les dipodes, les zégéries, nom libyen qui signifie en notre langue des collines ; les rats de la troisième espèce s'appellent hérissons. Il naît outre cela, dans le Silphium, des belettes qui ressemblent à celles de Tartessus. Telles sont, autant que j'ai pu le savoir par les plus exactes recherches, les espèces d'animaux qu'on voit chez les Libyens nomades.

CXCIII. Les Zauèces touchent aux Libyens-Maxyes ; quand ils sont en guerre, les femmes conduisent les chars.

CXCIV. Les Gyzantes habitent immédiatement après les

---

[1] Aristote parle d'ânes qui n'ont qu'une corne : c'est l'âne d'Inde. Mais, comme il n'en parle que sur le rapport d'autrui, il y a grande apparence qu'il a puisé ce qu'il en dit dans l'*Histoire de l'Inde* de Ctésias. Cet âne de Ctésias me paraît fabuleux; celui d'Hérodote ne me le paraît pas moins. (L.)

[2] Homère parle aussi du thos. Cet animal paraît être le chacal. Il est d'une couleur plus obscure que le renard, et à peu près de la même grandeur. Il glapit aussi de même que cet animal. Les Arabes l'appellent *deeb* ou *chathal*. (L.)

Zauèces. Les abeilles font dans leur pays une prodigieuse quantité de miel ; mais on dit qu'il s'y en fait beaucoup plus encore par les mains et l'industrie des hommes. Les Gyzantes se peignent tous avec du vermillon, et mangent des singes : ces animaux sont très-communs dans leurs montagnes.

CXCV. Auprès de ce pays est, au rapport des Carthaginois, une île fort étroite, appelée Cyraunis ; elle a deux cents stades de long. On y passe aisément du continent ; elle est toute couverte d'oliviers et de vignes. Il y a dans cette île un lac, de la vase duquel les filles du pays tirent des paillettes d'or avec des plumes d'oiseaux frottées de poix. J'ignore si le fait est vrai ; je me contente de rapporter ce qu'on dit : au reste, ce récit pourrait être vrai, surtout après avoir été témoin moi-même de la manière dont on tire la poix d'un lac de Zacynthe. Cette île renferme plusieurs lacs : le plus grand a soixante-dix pieds en tout sens, sur deux orgyies de profondeur. On enfonce dans ce lac une perche à l'extrémité de laquelle est attachée une branche de myrte ; on retire ensuite cette branche avec de la poix qui a l'odeur du bitume, mais qui d'ailleurs vaut mieux que celle de Piérie. On jette cette poix dans une fosse creusée près du lac ; et, quand on y en a amassé une quantité considérable, on la retire de la fosse pour la mettre dans des amphores. Tout ce qui tombe dans le lac passe sous terre, et reparaît quelque temps après dans la mer, quoiqu'elle soit éloignée du lac d'environ quatre stades. Ainsi ce qu'on raconte de l'île qui est près de la Libye peut être vrai.

CXCVI. Les Carthaginois disent qu'au delà des colonnes d'Hercule il y a un pays habité où ils vont faire le commerce. Quand ils y sont arrivés, ils tirent leurs marchandises de leurs vaisseaux, et les rangent le long du rivage : ils remontent ensuite sur leurs bâtiments, où ils font beaucoup de fumée. Les naturels du pays, apercevant cette fumée, viennent sur le bord de la mer, et, après y avoir mis de l'or pour le prix des marchandises, ils s'éloignent. Les Carthaginois sortent alors de leurs vaisseaux, examinent la quantité d'or qu'on a apportée, et, si elle leur paraît répondre au prix de leurs marchandises, ils l'emportent et s'en vont. Mais, s'il n'y en pas pour leur valeur, ils s'en retournent sur leurs vaisseaux, où ils restent tranquilles. Les autres reviennent ensuite, et ajoutent quelque chose, jusqu'à ce que les Carthaginois soient contents. Ils ne se font jamais tort les uns aux autres. Les Carthaginois ne touchent point à l'or, à moins qu'il n'y en ait pour la valeur de leurs marchandises; et ceux du pays n'emportent point les marchandises avant que les Carthaginois n'aient enlevé l'or.

CXCVII. Tels sont les peuples de Libye dont je peux dire les noms. La plupart ne tenaient pas alors plus de compte du roi des Mèdes qu'ils ne le font encore à présent. J'ajoute que ce pays est habité par quatre nations, et qu'autant que je puis le savoir, il n'y en a pas davantage. De ces quatre nations, deux sont indigènes et deux sont étrangères. Les indigènes sont les Libyens et les Éthiopiens. Ceux-là habitent la partie de la Libye qui est au nord, et ceux-ci celle qui est au midi: les deux nations étrangères sont les Phéniciens et les Grecs.

CXCVIII. Quant à la bonté du terroir, la Libye ne peut, à ce qu'il me semble, être comparée ni à l'Asie ni à l'Europe : j'en excepte seulement le Cinyps, pays qui porte le même nom que le fleuve dont il est arrosé. Il peut entrer en parallèle avec les meilleures terres à blé : aussi ne ressemble-t-il en rien au reste de la Libye. C'est une terre noire, et arrosée de plusieurs sources : elle n'a rien à craindre de la sécheresse, et les pluies excessives ne faisant que l'abreuver, elle n'en souffre aucun dommage : il pleut en effet dans cette partie de la Libye. Ce pays rapporte autant de grains que la Babylonie. Celui des Évespérides est aussi un excellent pays. Dans les années où les terres se surpassent elles-mêmes en fécondité, elles rendent le centuple; mais le Cinyps rapporte environ trois cents pour un.

CXCIX. La Cyrénaïque est le pays le plus élevé de cette partie de la Libye habitée par les nomades. Il y a trois saisons admirables pour la récolte : on commence la moisson et la vendange sur les bords de la mer; on passe ensuite au milieu du pays, qu'on appelle les Bunes (collines) : le blé et le raisin sont alors mûrs, et ne demandent qu'à être recueillis. Pendant qu'on fait la récolte du milieu des terres, ils viennent aussi en maturité dans les endroits les plus reculés, et veulent être moissonnés et vendangés. On a par conséquent mangé les premiers grains, et l'on a bu les premiers vins, lorsque la dernière récolte arrive. Ces récoltes occupent les Cyrénéens huit mois de l'année. Mais en voilà assez sur ce pays.

CC. Les Perses[1] qu'Aryandès avait envoyés d'Égypte pour venger Phérétime, étant arrivés devant Barcé, en firent le siége, après l'avoir sommée de leur livrer les meurtriers d'Arcésilas. Les Barcéens, étant tous coupables de la mort de ce prince, n'écoutèrent point leurs propositions. Pendant neuf mois que dura le siége, les Perses poussèrent des mines jusqu'aux murailles, et attaquèrent la place vigoureusement. Un ouvrier en cuivre découvrit leurs mines par le moyen d'un bouclier d'airain[2]. Il faisait le tour de la ville, dans l'enceinte des murailles, avec son bouclier, et l'approchait contre terre. Dans les endroits où les ennemis ne minaient pas, le bouclier ne rendait aucun son ; mais il en rendait dans ceux où ils travaillaient. Les Barcéens contre-minèrent en ces endroits, et tuèrent les mineurs perses. Quant aux attaques ouvertes, les habitants surent les repousser.

CCI. Le siége de Barcé durait depuis longtemps, et il s'y était fait de part et d'autre des pertes considérables, mais non moins fortes du côté des Perses que du côté des Barcéens, lorsque Amasis, qui commandait l'armée de terre, voyant qu'il ne pouvait les vaincre à force ouverte, résolut de les réduire par la ruse. Voici le stratagème qu'il imagina.

Il fit creuser pendant la nuit un large fossé, sur lequel

---

[1] Hérodote reprend ici la narration qu'il avait interrompue, § CLXVIII, par la description de la Libye

[2] Ce trait d'histoire prouve que l'art de faire des mines pour prendre une place est très-ancien, et que celui de les éventer ne l'est pas moins. Ce trait historique est précieux dans l'art d'attaquer et de défendre les places. Énée a très-bien fait de le rapporter. *Voy.* ÆNEAS POLIORCET., § 37, p. 1711. (L.)

on mit des pièces de bois très-faibles qu'on couvrit de terre, de sorte que le terrain était de niveau et égal partout. Au point du jour, il invita les Barcéens à un pourparler : ils reçurent cette nouvelle avec joie, ne demandant pas mieux que d'en venir à un accommodement. On fit donc un traité, et on jura de part et d'autre, sur le fossé couvert, d'en observer tous les articles tant que ce terrain subsisterait dans l'état où il était alors. Les articles du traité portaient que les Barcéens payeraient au roi un tribut convenable, et que les Perses ne formeraient point de nouvelles entreprises contre eux.

Les serments prêtés, les Barcéens, comptant sur la foi du traité, ouvrirent toutes leurs portes, sortirent de la ville, et y laissèrent entrer ceux des ennemis qui voulurent y venir. Pendant ce temps-là, les Perses, ayant détruit le pont caché, entrèrent en foule dans la ville. Ils rompirent le pont, afin de ne point violer le traité qu'ils avaient juré d'observer tant que le terrain sur lequel ils le faisaient demeurerait en l'état où il était alors. En effet, le pont une fois détruit, le traité ne subsistait plus.

CCII. Les Perses livrèrent à Phérétime les plus coupables d'entre les Barcéens ; aussitôt elle les fit mettre en croix autour des murailles ; et, ayant fait couper le sein à leurs femmes, elle en fit border le mur. Les Barcéens furent tous mis au pillage par l'ordre de cette princesse, excepté les Battiades et ceux qui n'avaient eu aucune part à l'assassinat de son fils : ceux-ci eurent la permission de rester dans la ville.

CCIII. Les Perses, ayant réduit en esclavage le reste des Barcéens, se mirent en marche pour retourner en Égypte. Quand ils furent arrivés à Cyrène, les Cyrénéens, par égard pour un oracle, les laissèrent passer librement par leur ville. Pendant qu'ils la traversaient, Barès, qui commandait l'armée navale, leur dit de la piller ; mais Amasis, qui était à la tête des troupes de terre, ne voulut pas le permettre, leur représentant qu'ils n'avaient été envoyés que pour réduire Barcé. Lorsqu'ils l'eurent traversée, et qu'ils eurent assis leur camp sur la colline de Jupiter Lycéen, ils se repentirent de ne s'en être pas emparés. Ils retournèrent donc sur leurs pas, et tentèrent de rentrer dans la place; mais les Cyrénéens se mirent en devoir de s'y opposer. Quoiqu'il ne se présentât personne pour combattre, les Perses furent néanmoins tellement effrayés, qu'ils se retirèrent précipitamment à soixante stades de là, et y posèrent leur camp. Tandis qu'ils y campaient, il leur vint un courrier de la part d'Aryandès, qui les rappelait : ils eurent alors recours aux Cyrénéens, et les prièrent de leur donner des vivres. Les Cyrénéens leur en ayant accordé, ils reprirent la route d'Égypte. Mais tant qu'ils furent en marche, et jusqu'à leur arrivée en Égypte, les Libyens ne cessèrent de les harceler pour enlever leurs habits et leurs bagages, tuant tous les traîneurs et tous ceux qui s'écartaient du gros de l'armée.

CCIV. Cette armée des Perses ne pénétra pas plus avant en Libye que le pays des Évespérides. Quant à ceux d'entre les Barcéens que les Perses avaient réduits en servitude, on les envoya d'Égypte au roi Darius. Ce prince leur donna des terres dans la Bactriane, avec une bourgade qui subsiste encore maintenant, et à laquelle ils donnèrent le nom de Barcé.

CCV. Phérétime fit une fin malheureuse. A peine fut-elle de retour de Libye en Égypte, après s'être vengée des Barcéens, qu'elle périt misérablement, dévorée par les vers dont son corps fourmilla : tant il est vrai que les dieux haïssent et châtient ceux qui portent trop loin leur ressentiment. Telle fut la vengeance que Phérétime, femme de Battus, exerça contre les Barcéens.

FIN DU QUATRIÈME LIVRE.

LIVRE CINQUIÈME.

TERPSICHORE.

SUITE DE L'HISTOIRE DE DARIUS. — ATHÈNES ET SPARTE. — LES PISISTRATIDES. — CLÉOMÈNE. — LES STATUES D'ÉGINE. — ORIGINE DE L'INIMITIÉ DES ATHÉNIENS ET DES ÉGINÈTES. — CYPSÉLUS, TYRAN DE CORINTHE. — HIPPIAS. — PRISE DE SARDES PAR LES IONIENS ET LES ATHÉNIENS. — DARIUS LANCE UNE FLÈCHE CONTRE LE CIEL, EN DEMANDANT AUX DIEUX DE SE VENGER DES ATHÉNIENS. — TOUTES LES VILLES DE L'HELLESPONT, DE L'IONIE ET DE L'ÉOLIE SONT SOUMISES PAR LES PERSES, etc.

I. Les Périnthiens n'ayant pas voulu se soumettre à Darius, les Perses que ce prince avait laissés en Europe, sous le commandement de Mégabyse, commencèrent la conquête de l'Hellespont par celle de ce peuple [1]. Les Pæoniens des bords du Strymon les avaient auparavant fort maltraités dans une guerre qu'ils leur avaient faite, sur la réponse d'un oracle. Cet oracle leur avait enjoint de marcher contre les Périnthiens, de les attaquer si, lorsque les deux armées seraient en présence l'une de l'autre, ceux-ci les provoquaient au combat en les appelant par leur nom, et de se tenir tranquilles s'ils ne le faisaient pas. Les Pæoniens obéirent. Les Périnthiens ayant assis leur camp devant la ville et vis-à-vis des Pæoniens, les défièrent à trois combats particuliers : l'un d'un homme contre un homme, le second d'un cheval contre un cheval, le troisième d'un chien contre un chien. Ils eurent le dessus dans les deux premiers combats, et, charmés de cet avantage,

---

[1] Les Périnthiens tiraient leur nom de Périnthe, qu'on appelait aussi Héraclée, ville de Thrace sur les bords de l'Hellespont.

ils entonnaient le Pæon [1], lorsque les Pæoniens, conjecturant que c'était cela même qu'avait voulu faire entendre le dieu, se dirent les uns aux autres : L'oracle est accompli, faisons actuellement notre devoir ; et sur-le-champ ils les attaquèrent tandis qu'ils chantaient le Pæon, et les taillèrent en pièces, de manière qu'il en réchappa très-peu.

II. Tel fut l'avantage que les Pæoniens avaient auparavant remporté sur ces peuples ; mais en cette occasion-ci les Périnthiens combattirent généreusement pour leur liberté contre Mégabyse, qui ne dut la victoire qu'au nombre de ses troupes. Périnthe soumise, Mégabyse parcourut la Thrace avec son armée, en subjugua toutes les villes et tous les peuples, et les façonna au joug, suivant les ordres qu'il en avait reçus de Darius.

III. Les Thraces sont, du moins après les Indiens, la nation la plus nombreuse de la terre. S'ils étaient gouvernés par un seul homme, ou s'ils étaient bien unis entre eux, ils seraient, à mon avis, le plus puissant de tous les peuples ; mais cette union est impraticable, et c'est cela même qui les rend faibles. Ils ont chacun un nom différent, suivant les différents cantons qu'ils occupent : cependant leurs lois et leurs usages sont en tout à peu près les mêmes, excepté chez les Gètes, les Trauses [2], et ceux qui habitent au-dessus des Crestoniens.

IV. J'ai parlé ailleurs [3] des coutumes des Gètes, qui se disent immortels : quant à celles des Trauses, elles ressemblent parfaitement aux usages du reste des Thraces, excepté en ce qui regarde les enfants nouveau-nés et les morts. Lorsqu'il naît chez eux un enfant, ses parents, assis autour de lui, font une énumération de tous les maux auxquels la nature humaine est sujette, et gémis-

---

[1] Le Pæon ou Pæan était un hymne dont il y avait deux sortes. Le premier se chantait avant la bataille, en l'honneur de Mars ; le second, après la victoire, en celui d'Apollon. Cet hymne commençait par ces mots : *Io Pæan*. L'allusion de Pæon, nom de cet hymne, au nom des Pæoniens, est sensible, et c'est pour la conserver que j'ai traduit : *Ils chantaient le Pæon*. (L.)

[2] Hésychius prétend que c'est une nation scythe. Étienne de Byzance dit que ce sont les mêmes peuples que les Agathyrses : il se trompe, car Hérodote, qui a parlé de ces derniers, n'aurait pas manqué d'en faire la remarque si cette opinion eût eu quelque fondement. (L.)

[3] Liv. IV. § XCIII, XCIV, XCV et XCVI.

sent sur le sort fâcheux qu'il doit nécessairement éprouver pendant sa vie. Mais si quelqu'un meurt, ils en témoignent de la joie en le mettant en terre, et se réjouissent du bonheur qu'il a d'être délivré d'une infinité de maux.

V. Chez les peuples qui demeurent au-dessus des Crestoniens, chaque particulier a plusieurs femmes. Lorsqu'un d'entre eux vient à mourir, il s'élève entre ses femmes de grandes contestations pour savoir celle qu'il aimait le mieux, et ses amis s'intéressent vivement à cette dispute. Celle en faveur de qui on prononce un jugement si honorable reçoit les éloges de la compagnie. Son plus proche parent l'immole ensuite sur le tombeau de son mari, et on l'enterre avec lui. Les autres femmes sont très-affligées de cette préférence; c'est pour elles un très-grand affront.

VI. Les autres Thraces ont coutume de vendre leurs enfants, à condition qu'on les emmènera hors du pays. Ils ne veillent pas sur leurs filles, et leur laissent la liberté de se livrer à ceux qui leur plaisent; mais ils gardent étroitement leurs femmes, et les achètent fort cher de leurs parents. Ils portent des stigmates sur le corps[1] ; c'est chez eux une marque de noblesse; il est ignoble de n'en point avoir. Rien de si beau à leurs yeux que l'oisiveté, rien de si honorable que la guerre et le pillage, et de si méprisable que de travailler à la terre. Tels sont leurs usages les plus remarquables.

VII. Ils n'adorent que Mars, Bacchus[2] et Diane; mais les rois seuls honorent principalement Mercure, dont ils se croient descendus, et ne jurent que par lui.

VIII. Voici comment se font les funérailles des gens riches. On expose le mort pendant trois jours, et, après

---

[1] Si l'on en croit Plutarque, les Thraces imprimaient encore de son temps à leurs femmes des stigmates, pour venger Orphée, qu'elles avaient fait mourir. Phanoclès est d'accord avec lui dans un poëme sur Orphée, dont Stobée nous a conservé un fragment. Si cette raison est vraie, il est bien étonnant que ce qui fut dans l'origine une punition soit devenu dans la suite un ornement et une marque de noblesse. (L.)

[2] Le culte de Bacchus chez les Thraces est attesté par plusieurs autres auteurs, et entre autres par Euripide. Aussi voyons-nous, dans le Rhésus, attribué à ce poëte, que ce prince, ayant été tué par Ulysse, fut porté dans les antres de Thrace par la Muse qui lui avait donné le jour, et qu'étant devenu dieu, d'homme qu'il avait été, il y rendait les oracles de Bacchus. (L.)

avoir immolé toutes sortes d'animaux, on fait un festin auquel les pleurs et les gémissements servent de prélude. On lui donne ensuite la sépulture, soit en le brûlant, soit en le mettant en terre. On élève après cela un tertre[1] sur le lieu de la sépulture, et l'on célèbre des jeux de toute espèce, avec des prix dont les plus considérables sont adjugés aux combats particuliers, à cause de l'estime qu'ils en font.

IX. On ne peut rien dire de certain sur les peuples qui habitent au nord de la Thrace. Mais le pays au delà de l'Ister paraît désert et immense, et n'est occupé, autant que j'ai pu l'apprendre, que par les Sigynnes. Leurs habits ressemblent à ceux des Mèdes. Leurs chevaux sont petits et camus; leur poil est épais, et long de cinq doigts; ils n'ont pas assez de force pour porter les hommes; mais, attelés à un char, ils vont très-vite; et c'est la raison qui engage ces peuples à faire usage de chariots[2]. Ils sont limitrophes des Vénètes, qui habitent sur les bords de la mer Adriatique, et prétendent être une colonie de Mèdes. Mais je ne puis comprendre comment les Mèdes se sont transplantés en ce pays; cependant tout est possible avec le temps[3].

X. Les Thraces assurent que les pays au delà de l'Ister sont remplis par des abeilles qui empêchent de pénétrer plus avant. Cela me paraît d'autant moins vraisemblable, que cet insecte ne peut supporter un grand froid; je crois

---

[1] On élevait, sur le lieu de la sépulture des personnes distinguées, une espèce de tertre ou tumulus. C'est ce que Virgile exprime si bien : *Ingens aggeritur tumulo tellus*. (L.)

[2] Cette description s'applique parfaitement à ces chevaux couverts d'un poil long et comme laineux que nous avons vus dans les armées russes, et qui sont originaires à peu près des mêmes contrées dont parle ici Hérodote. (MIOT.)

[3] « Lorsque les Scythes, dit Diodore, subjuguèrent une partie de l'Asie, ils en firent sortir plusieurs peuplades, entre autres une d'Assyriens, qu'ils transplantèrent dans l'Asie Mineure, et une de Mèdes, qui passa vers le Tanaïs, et qui forma la nation des Sauromates. » Une branche de ces Sauromates s'était-elle étendue avec le temps du côté du Danube, et les Sigynnes en descendaient-ils ? cela paraît vraisemblable. Mais il y aurait à présent de la témérité à vouloir décider sur l'origine d'un peuple qu'ignorait Hérodote, qui était beaucoup plus près que nous de ces temps-là. (L.)

plutôt que la rigueur du climat rend inhabitables les pays situés sous l'Ourse. Voilà ce qu'on dit de cette contrée, dont Mégabyse subjugua les côtes.

XI. Darius n'eut pas plutôt traversé l'Hellespont, qu'il se rendit à Sardes, où, s'étant rappelé le service d'Histiée de Milet et l'avis de Coës de Mitylène, il les manda en cette ville, et remit à leur choix la récompense qu'ils désiraient. Histiée, qui était déjà tyran de Milet, ne souhaitait point d'autre tyrannie [1]; il se contenta de demander Myrcine, canton des Édoniens, où il avait intention de bâtir une ville. Quant à Coës, comme il n'était point tyran, mais simple particulier, il choisit la tyrannie de Mitylène. Ayant obtenu tous les deux ce qu'ils désiraient, ils se mirent en route.

XII. Un spectacle dont Darius fut témoin fit naître à ce prince l'envie d'ordonner à Mégabyse de transporter les Pæoniens d'Europe en Asie. Pigrès et Mastyès, tous deux Pæoniens, aspiraient à devenir tyrans de leur patrie. Dès que Darius eut repassé en Asie, ils se rendirent à Sardes avec leur sœur, qui était belle et d'une taille avantageuse; et ayant épié l'occasion où ce prince était assis dans le faubourg des Lydiens, ils parèrent leur sœur le mieux qu'ils purent, et l'envoyèrent quérir de l'eau. Elle portait un vase sur la tête, menait un cheval par la bride, qui était entortillée autour de son bras, et filait du lin. Darius, la voyant passer, y fit d'autant plus d'attention que sa conduite était contraire aux usages des femmes de Perse, de Lydie, et même du reste de l'Asie. Cette raison la lui ayant fait remarquer, il ordonna à quelques-uns de ses gardes de la suivre, et d'observer ce qu'elle ferait de son cheval. Ils la suivirent; elle alla à la rivière, fit boire son cheval, et, ayant rempli d'eau sa cruche, elle revint par le même chemin, sa cruche sur la tête, la bride du cheval passée autour du bras, et tournant son fuseau.

XIII. Darius, étonné du rapport de ses gardes et de ce qu'il avait vu lui-même, se la fit amener. Lorsqu'elle fut devant lui, ses frères, qui observaient tout d'un lieu voisin,

---

[1] La tyrannie est l'état du tyran, comme le royaume est celui du roi.

se présentèrent aussi. Darius l'ayant interrogée sur son pays, ces jeunes gens répondirent qu'ils étaient Pæoniens, et qu'elle était leur sœur. Ce prince leur demanda de nouveau ce qu'ils étaient venus faire à Sardes, quelle espèce d'hommes étaient les Pæoniens, et en quel endroit de la terre ils habitaient. Ils lui dirent qu'ils étaient venus lui offrir leurs services, que la Pæonie avec ses villes était située sur les bords du Strymon, que ce fleuve n'était pas éloigné de l'Hellespont, qu'ils étaient Teucriens d'origine, et colonie de Troie. Telle fut la réponse à chacune de ses questions. Il voulut encore savoir si les femmes de ce pays étaient toutes aussi laborieuses que leur sœur. « Oui, seigneur, » répondirent-ils sans balancer. Tout leur manége, en effet, n'avait pour but que d'amener cette réponse.

XIV. Là-dessus Darius écrivit à Mégabyse, qu'il avait laissé en Thrace avec une armée sous ses ordres, de faire sortir les Pæoniens de leur pays, et de les lui amener avec leurs femmes et leurs enfants. Aussitôt un courrier à cheval se rendit en diligence sur l'Hellespont, et, l'ayant traversé, il remit la dépêche du prince à Mégabyse. Ce général, en ayant fait lecture, prit des guides en Thrace, et marcha avec son armée contre la Pæonie.

XV. Sur la nouvelle que les Perses marchaient contre eux, les Pæoniens se disposèrent à les repousser, et se rendirent avec leurs forces sur les bords de la mer, s'imaginant qu'ils seraient attaqués par cet endroit; mais Mégabyse, instruit qu'ils gardaient avec toutes leurs forces réunies les passages du côté de la mer, prit par le haut des terres avec ses guides, et, étant tombé sur leurs villes à l'improviste et avant qu'ils s'en doutassent, il s'en empara d'autant plus aisément, qu'il ne s'y trouva personne pour les défendre. Les Pæoniens, apprenant que leurs villes étaient au pouvoir de l'ennemi, se dispersèrent sur-le-champ, et, chacun étant retourné chez soi, ils se rendirent aux Perses. Ainsi une partie des Pæoniens, c'est-à-dire les Siropæoniens, les Pæoples, et ceux qui occupaient cette étendue de pays qui va jusqu'au lac Prasias, furent arrachés de leurs demeures et transportés en Asie.

XVI. Les Pæoniens des environs du mont Pangée, les

Dobères, les Agrianes, les Odomantes, et les Pæoniens du lac Prasias, ne purent être absolument subjugués. Mégabyse essaya néanmoins de soumettre ceux-ci. Leurs maisons sont ainsi construites : sur des pieux très-élevés, enfoncés dans le lac, on a posé des planches jointes ensemble : un pont étroit est le seul passage qui y conduise [1]. Les habitants plantaient autrefois ces pilotis à frais communs ; mais dans la suite il fut réglé qu'on en apporterait trois du mont Orbelus à chaque femme que l'on épouserait. La pluralité des femmes est permise en ce pays. Ils ont chacun sur ces planches leur cabane avec une trappe [2] bien jointe qui conduit au lac; et, dans la crainte que leurs enfants ne tombent par cette ouverture, ils les attachent par le pied avec une corde. En place de foin, ils donnent aux chevaux et aux bêtes de somme du poisson [3]. Il est si abondant dans ce lac, qu'en y descendant par la trappe un panier, on le retire peu après rempli de poissons de deux espèces, dont les uns s'appellent papraces [4] et les autres tillons.

XVII. On mena en Asie ceux des Pæoniens qui furent subjugués. Cette expédition achevée, Mégabyse dépêcha

---

[1] Cette manière de construire les cabanes me rappelle que Tcherkask, capitale des Cosaques du Don ou Tanaïs, est bâtie de la sorte, avec cette différence que les eaux du lac Prasias sont tranquilles, et que le Tanaïs est un fleuve très-rapide ; ce qui rend la construction de ces maisons plus merveilleuse. (L.)

[2] J'imagine que ces portes se levaient et s'abaissaient comme nos ponts-levis. Le cataractès des anciens se levait et s'abaissait aussi, mais en sens contraire. (L.)

[3] Athénée parle d'un certain peuple de Thrace qui nourrissait ses bœufs de poissons. Il l'appelle *ceux qui habitent auprès de Mosyne de Thrace*. Comme on ne connait point en Thrace d'endroit de ce nom, je soupçonne que c'est le même peuple dont parle Hérodote, et qu'Athénée donne à leur ville le nom de Mosyne, à cause de leurs maisons de bois. Thorm. Torffæus assure, dans son Histoire de Norwége, que dans les pays froids et maritimes de l'Europe on nourrit le bétail avec du poisson. (WESSELING.)

[4] Je ne crois pas qu'aucun autre auteur ait parlé du paprax. Ce poisson m'est inconnu. Quant au tilon, c'est le même, à ce qu'il paraît, que le poisson qu'Aristote nomme tillon. Il l'associe avec le ballène, autre poisson qui ne m'est pas plus connu. « Le ballène, dit cet habile naturaliste, et le tillon sont sujets à un ver qui se forme dans leur corps pendant la canicule : il les affaiblit et les oblige de s'élever sur l'eau ; ce qui les fait périr brûlés par la chaleur. » (L.)

en Macédoine sept Perses, qui tenaient après lui le premier rang dans l'armée, pour demander à Amyntas la terre et l'eau, au nom de Darius. Du lac Prasias [1] en Macédoine, il n'y a pas loin. En effet, la mine qui rapporta dans la suite à Alexandre un talent par jour touche à ce lac. Après cette mine, est le mont Dysorum; lorsqu'on l'a passé, on est en Macédoine.

XVIII. Les députés de Mégabyse ne furent pas plutôt arrivés, qu'ayant été introduits auprès d'Amyntas, ils lui demandèrent, au nom de Darius, la terre et l'eau ; ce que ce prince accorda. Les ayant ensuite invités à loger dans son palais, il leur donna un repas magnifique, et les accueillit avec beaucoup de bienveillance. Après le repas, comme on buvait à l'envi l'un de l'autre, les Perses s'adressant à Amyntas : « Notre hôte, lui dirent-ils, quand nous
» donnons un grand repas, nous sommes dans l'usage
» d'introduire dans la salle du festin nos concubines et
» nos jeunes femmes, et de les faire asseoir à côté de nous.
» Puisque vous nous recevez avec tant de bonté et de ma-
» gnificence, et que vous donnez à Darius la terre et l'eau,
» pourquoi ne suivez-vous pas aujourd'hui les usages des
» Perses ? » — « Nos coutumes sont bien, répondit Amyn-
» tas, et ce n'est point l'usage parmi nous que les femmes
» se trouvent avec les hommes; mais, puisque vous sou-
» haitez encore ce témoignage de notre déférence, vous
» êtes nos maîtres, vous serez obéis. » Aussitôt il envoya chercher les femmes. Lorsqu'elles furent arrivées, elles prirent place à côté l'une de l'autre et en face des Perses. Ceux-ci, les voyant si belles, dirent à Amyntas qu'il n'était pas bien à lui de les tenir si éloignées, et qu'il aurait mieux valu qu'elles ne fussent pas venues du tout que de ne point s'asseoir à leurs côtés, et de se placer vis-à-vis d'eux pour être le tourment de leurs yeux. Amyntas, cédant à la nécessité, ordonna aux femmes de se mettre à côté des Perses. Elles obéirent, et sur-le-champ ceux-ci, échauffés par le

---

[1] D'Anville prétend que le lac Bolbé est le lac Prasias, mais il ne cite aucune autorité. La position de ce lac est d'autant plus difficile à déterminer, qu'Hérodote est, je crois, le seul auteur ancien qui en parle.

vin, portèrent la main sur le sein de ces femmes, et tentèrent même de leur donner des baisers.

XIX. Amyntas, quoique affligé du spectacle qu'il avait sous les yeux, se tenait cependant tranquille, tant était grande la frayeur que lui inspiraient les Perses. Mais Alexandre son fils, qui était jeune, et qui n'avait pas encore éprouvé les maux, se trouvant à ce repas, ne put se contenir plus longtemps à la vue de ces indignités. Ayant peine à les supporter, il dit à Amyntas : « Cédez, mon
» père, à votre âge ; retirez-vous, et allez vous reposer
» sans assister plus longtemps à cette débauche. Je res-
» terai, et j'aurai soin que rien ne manque à nos hôtes. »
Amyntas comprit qu'Alexandre roulait dans sa tête quelque funeste projet. « Je crois, mon fils, lui dit-il, m'aper-
» cevoir à votre discours que vous êtes échauffé, et que
» vous voulez me renvoyer pour exécuter quelque dessein
» que vous méditez ; mais je vous conjure de ne rien en-
» treprendre contre ces hommes-ci, de crainte que vous
» ne soyez cause de notre perte : voyez plutôt leurs actions
» sans vous émouvoir. Quant à moi, je cède à vos instances
» et je me retire. »

XX. Amyntas étant sorti en finissant cette prière, Alexandre adressa la parole aux Perses : « Amis, si vous
» souhaitez les faveurs de toutes ces femmes, ou seulement
» de quelques-unes d'entre elles, vous n'avez qu'à me le
» déclarer, vous aurez toutes les facilités qui dépendront
» de moi. L'heure de se retirer s'approche, et je vois que
» le vin vous a inspiré de la gaîté. Permettez, s'il vous
» plaît, qu'elles aillent prendre le bain ; elles reviendront
» ensuite vous trouver. »

Ce discours fut approuvé des Perses. Les femmes sortirent, et Alexandre les renvoya dans leur appartement. Il fit ensuite habiller en femme un pareil nombre de jeunes hommes sans barbe, les arma d'un poignard, et étant rentré dans la salle avec eux : « Perses, dit-il, nous
» croyons vous avoir donné un repas très-splendide, et
» nous vous avons fait servir ce que nous avions de mieux,
» et tout ce qu'il a été possible de se procurer. Mais ce
» qui l'emporte sur tout, nous vous abandonnons avec gé-

» nérosité nos mères et nos sœurs, afin de vous convaincre
» que nous avons pour vous les égards que vous méritez.
» Ne manquez pas, de votre côté, de rapporter au roi, qui
» vous a députés, l'accueil favorable que vous a fait un
» Grec, prince de Macédoine, et à table et au lit. »
Alexandre fit ensuite asseoir à côté de chaque Perse un
Macédonien, comme s'il eût été une femme ; mais, dans
l'instant que les Perses voulurent les toucher, ces jeunes
gens les massacrèrent.

XXI. Ainsi périrent ces députés avec toute leur suite.
Ils étaient, en effet, accompagnés d'un grand nombre de
valets, de voitures, et d'un bagage très-considérable ; tout
disparut avec eux. Peu de temps après, les Perses firent
des enquêtes sur ce meurtre ; mais Alexandre les arrêta
par sa prudence, en donnant, avec de grandes sommes, sa
sœur Gygée en mariage à Bubarès, l'un des commissaires
nommés pour faire les informations au sujet des officiers
généraux qui avaient péri. Le bruit de leur mort fut ainsi
étouffé et enseveli dans un profond silence.

XXII. Ces princes sont grecs et issus de Perdiccas,
comme ils le disent eux-mêmes ; j'en ai une connaissance
certaine, et je le prouverai dans la suite de cette Histoire.
D'ailleurs les hellanodices[1] qui président aux jeux d'Olympie l'ont ainsi décidé. Alexandre ayant en effet pris la résolution de combattre à ces jeux, et s'étant présenté dans
la lice, ceux qui devaient disputer le prix de la course voulurent lui faire donner l'exclusion, alléguant que les Grecs
seuls devaient être admis à ces jeux. Mais, ayant prouvé
qu'il était Argien, on jugea qu'il était Grec ; et lorsqu'il se

---

[1] On appelait ainsi les juges qui présidaient aux jeux olympiques. Leur nombre a varié en différents temps. Il fut longtemps de dix, quelquefois de plus et quelquefois de moins, suivant le nombre des tribus des Éléens ; mais enfin il revint à dix dans la CVIII^e olympiade, et subsista de la sorte jusqu'au temps de Pausanias, qui fleurissait l'an 174 de notre ère. Ils ne jugeaient pas tous sur toutes sortes de combats, mais seulement ceux qui étaient délégués à cet effet. On pouvait appeler de leurs décisions, et même les accuser devant le sénat d'Olympie, qui cassait quelquefois leurs jugements. Ceux qu'on avait élus hellanodices devaient demeurer dix mois de suite dans un palais qui leur était approprié à Olympie, qu'on appelait Ἑλλανοδικαιῶν, Hellanodicæon, afin de s'y instruire de ce qu'ils devaient faire lorsqu'ils entreraient en charge. (L.)

présenta pour le combat du stade, son nom sortit de l'urne avec celui du premier combattant : c'est ainsi que les choses se passèrent [1].

XXIII. Mégabyse arriva sur les bords de l'Hellespont avec les Pæoniens qu'il menait en Asie, et, l'ayant ensuite traversé, il vint à Sardes. Ce seigneur, instruit qu'Histiée de Milet fermait déjà de murs le lieu appelé Myrcine sur le Strymon, qu'il avait demandé à Darius, et que ce prince lui avait accordé pour le récompenser de ce qu'il avait gardé le pont de bateaux, ne fut pas plutôt à Sardes avec les Pæoniens, qu'il en parla au roi. « Qu'avez-vous
» fait, seigneur, lui dit-il, en permettant à un Grec ha-
» bile et prudent de posséder une ville dans un endroit de
» la Thrace où il y a des mines d'argent et beaucoup de
» bois de construction et propre à faire des rames ! Ce
» pays, d'ailleurs, est environné d'un grand nombre de
» Grecs et de Barbares, qui, le prenant pour leur chef,
» le suivront jour et nuit partout où il voudra les mener.
» Réprimez, seigneur, cet homme entreprenant, de crainte
» que vous ne vous trouviez engagé dans une guerre do-
» mestique; n'ayez cependant recours qu'à des moyens
» doux. Mandez-le, et, lorsqu'il sera en votre puissance,
» empêchez-le de jamais retourner en Grèce. »

XXIV. Ce discours d'un homme dont la vue excellente perçait dans l'avenir persuada aisément Darius. Ce prince dépêcha aussitôt après un courrier à Myrcine, avec ordre

---

[1] Voici ce qui se faisait aux jeux olympiques pour apparier les combattants. On avait une urne d'argent consacrée au dieu. On y mettait de petites ballottes environ de la grosseur d'une fève, deux marquées d'un *A*, deux d'un *B*, deux d'un *C*, et ainsi de suite, selon le nombre de ceux qui se présentaient pour combattre. Alors les champions s'avançaient l'un après l'autre, faisaient leur prière à Jupiter, et chacun, mettant la main dans l'urne, tirait une des ballottes. Il leur était défendu de regarder quelle lettre il y avait dessus. Il y avait là un héraut armé d'une baguette, qu'il tenait levée et prête à frapper, pour les en empêcher. Quand ils avaient tous tirés, l'alytarque, ou quelqu'un des hellanodices, prenait la ballotte de chacun des champions rangés en cercle, la regardait et appariait ceux qui avaient la même lettre. Si le nombre des athlètes était impair, celui qui avait la lettre unique entrait en combat contre le vainqueur; ce qui n'était pas un petit avantage, parce qu'il se mesurait tout frais avec un homme déjà fatigué. (BELLANGER.)

de dire à Histiée : « Histiée, le roi Darius vous parle ainsi
» par ma bouche : Après y avoir bien pensé, je ne trouve
» personne qui ait pour moi et pour mon gouvernement
» plus d'attachement que vous. J'en ai pour garants vos
» actions, et non de vains discours. Je m'occupe actuelle-
» ment de grands projets, votre présence m'est absolument
» nécessaire ; je vous attends pour vous les communiquer. »

Histiée, persuadé par ce discours, et tenant à grand honneur d'être admis dans les conseils du roi, vint à Sardes. Darius lui dit à son arrivée : « Je vous ai mandé parce
» que, depuis mon retour de Scythie et votre absence, je
» n'ai rien tant désiré que de vous revoir et de m'entre-
» tenir avec vous, convaincu qu'un ami prudent et atta-
» ché à nos intérêts est le bien le plus précieux. Or j'ai
» remarqué ces deux qualités en vous, et je puis en rendre
» témoignage. Je vous sais gré d'être venu. Écoutez main-
» tenant ce que j'ai à vous proposer. Laissez là Milet et la
» nouvelle ville que vous bâtissez en Thrace ; suivez-moi à
» Suses, vous aurez part à tous mes biens, vous mangerez
» à ma table, et vous serez de mon conseil. »

XXV. Ce discours fini, Darius partit pour Suses avec Histiée, après avoir nommé Artapherne, son frère de père, gouverneur de Sardes, et Otane commandant des côtes maritimes. Celui-ci était fils de Sisamnès, l'un des juges royaux que Cambyse avait fait mourir et écorcher après sa mort, parce qu'il avait reçu de l'argent pour rendre un jugement injuste. On lui avait ensuite découpé la peau par bandes, et l'on en avait couvert le siége où il rendait la justice[1]. Cela fait, Cambyse donna au fils la place du père, lui recommandant d'avoir toujours ce siége présent à l'esprit.

XXVI. Cet Otane, qui avait rendu la justice sur ce tribunal, succéda alors à Mégabyse dans le commandement

[1] Il paraît qu'il était d'usage en Perse de couvrir de la peau des mauvais juges les siéges où ils avaient rendu la justice. On les faisait quelquefois mourir avant de les écorcher, mais quelquefois aussi on les écorchait en vie. Artaxerxès traita de la sorte des juges qui avaient rendu des sentences iniques. Ils furent écorchés vifs, l'on étendit leurs peaux sur leurs siéges, afin que les juges eussent toujours sous les yeux un exemple de la punition qu'on infligeait aux prévaricateurs. (L.)

de l'armée. Il prit Byzance, Chalcédoine, Lamponium, et se rendit maître d'Antandros dans la Troade[1]. Les Lesbiens lui ayant ensuite donné des vaisseaux, il subjugua les îles de Lemnos et d'Imbros, qui étaient encore alors toutes deux habitées par des Pélasges.

XXVII. Les Lemniens combattirent courageusement, et firent une belle défense ; mais ils essuyèrent dans la suite de fâcheux revers. Les Perses donnèrent pour gouverneur à ceux qui survécurent à ce désastre Lycarète, frère de Méandrius, qui avait régné à Samos. Ce Lycarète mourut dans son gouvernement de Lemnos.

Otane subjugua tous ces peuples, et les réduisit en esclavage, les accusant, les uns de n'avoir point aidé les Perses dans leur expédition contre les Scythes, les autres d'avoir harcelé l'armée de Darius à son retour de Scythie. Telle fut la conduite qu'il tint pendant qu'il commandait en ces quartiers.

XXVIII. Le repos dont on jouit ensuite fut très-court. Les Ioniens éprouvèrent de nouveaux malheurs, et ils leur vinrent de l'île de Naxos et de la ville de Milet. Naxos était alors la plus riche de toutes les îles, et la ville de Milet était dans le même temps plus florissante qu'elle ne l'avait jamais été ; on la regardait comme l'ornement de l'Ionie. Elle avait beaucoup souffert de ses divisions intestines, les deux générations précédentes ; mais les Pariens y avaient rétabli l'union et la concorde, à la prière des Milésiens, qui les avaient choisis, préférablement à tous les autres Grecs, pour pacifier leurs différends.

XXIX. Voici comment les Pariens y parvinrent. Leurs députés, gens de considération, ayant remarqué à leur arrivée l'état déplorable de Milet, dirent qu'ils voulaient en parcourir le territoire. Ils le visitèrent, et, quand ils rencontraient dans ce pays dévasté un champ bien cultivé, ils mettaient par écrit le nom du propriétaire. Après l'avoir parcouru en entier, et n'y avoir vu qu'un petit nombre de

---

[1] Chalcédoine, Lamponium et Antandros étaient en Asie, et par conséquent n'étaient pas du gouvernement d'Otane, successeur de Mégabyse, qui ne commandait qu'en Europe. Mais peut-être Otané avait-il le commandement des côtes de l'Asie avant de succéder au gouvernement de Mégabyse. (L.)

champs en bon état, ils retournèrent à la ville, où ils ne furent pas plutôt arrivés, qu'ils convoquèrent l'assemblée du peuple, et nommèrent pour gouverner l'État ceux dont ils avaient trouvé les terres bien cultivées. Ils croyaient en effet, dirent-ils, qu'ils prendraient le même soin des affaires publiques que des leurs propres, et ils ordonnèrent à tous ceux qui avaient été auparavant de différents partis de les reconnaître pour leurs magistrats, et de leur obéir en tout. Tels furent les moyens qu'employèrent ceux de Paros pour rétablir l'union à Milet.

XXX. Les maux qu'éprouva l'Ionie lui vinrent de ces deux villes (Naxos et Milet). Voici quelle en fut la cause : Quelques citoyens des plus riches de Naxos, exilés par le peuple, se retirèrent à Milet, dont était gouverneur Aristagoras, fils de Molpagoras, gendre et cousin d'Histiée, fils de Lysagoras, que Darius retenait à Suses : car Histiée, tyran de Milet, était à Suses lorsque les exilés de Naxos, qui étaient ses amis, se rendirent en cette ville. Les Naxiens prièrent, à leur arrivée, Aristagoras de leur donner du secours pour les aider à rentrer dans leur patrie. Celui-ci, ayant fait réflexion que, s'ils étaient rétablis par son moyen, il aurait dans Naxos la suprême autorité, prit pour prétexte l'alliance qu'ils avaient avec Histiée, et leur parla en ces termes :

« Je ne puis vous donner des forces suffisantes pour vous
» ramener dans l'île malgré les Naxiens ; car j'apprends
» qu'ils ont huit mille hommes [1] pesamment armés, et
» beaucoup de vaisseaux de guerre ; mais je ferai mon
» possible pour vous servir avec zèle, et voici un moyen
» que j'imagine : Artapherne, fils d'Hystaspes et frère du
» roi Darius, est mon ami. Il est gouverneur de toutes les
» côtes maritimes de l'Asie [2], et il a à ses ordres une ar-

---

[1] Il y a dans le grec : *huit mille boucliers*. L'*aspis* est proprement le bouclier des troupes pesamment armées, de même que la *pelte* était celui des troupes légères. (L.)

[2] Hérodote a ajouté cela à dessein, afin de distinguer ce gouvernement de celui d'Otane, qui était pareillement gouverneur des côtes maritimes. Celui-ci commandait en Thrace et sur les côtes de l'Europe, puisqu'il avait pris la place de Mégabyse, dont l'autorité ne s'étendait que sur ces pays. Arta-

» mée nombreuse avec une flotte considérable. Je pense
» qu'il fera ce que nous désirons. »

Là-dessus, les Naxiens pressèrent Aristagoras de les favoriser de tout son pouvoir, et lui dirent qu'ils s'engageaient à fournir à l'entretien des troupes et à faire des présents à Artapherne, et qu'il pouvait le promettre, parce qu'ils avaient de grandes espérances que, dès qu'ils paraîtraient à Naxos, les habitants se soumettraient aussi bien que les autres insulaires. Il n'y avait en effet aucune des Cyclades qui reconnût alors la puissance de Darius.

XXXI. Aristagoras, étant arrivé à Sardes, représenta à Artapherne que, si l'île de Naxos n'était pas d'une grande étendue, elle était du moins agréable, fertile, riche en argent et en esclaves, et dans le voisinage de l'Ionie. « En-
» voyez-y donc des troupes avec les bannis. Vos frais vous
» seront remboursés, et, si vous consentez à ma propo-
» sition, je suis prêt à vous remettre des fonds considé-
» rables que j'ai entre les mains : car il est juste qu'étant
» les auteurs de l'entreprise, toute la dépense roule sur
» nous ; d'ailleurs vous rendrez le roi maître de Naxos et
» des îles qui en dépendent, de Paros, d'Andros et des au-
» tres Cyclades. De là vous pourrez attaquer aisément
» l'Eubée, île vaste et riche, non moins grande que celle
» de Cypre, et dont la conquête est très-facile. Cent vais-
» seaux vous suffiront. »

« Vos propositions, répondit Artapherne, sont très-
» avantageuses au roi, et votre conseil est excellent ; je n'y
» trouve à redire que le nombre des vaisseaux. Au lieu de
» cent, vous en aurez deux cents prêts à mettre à la voile
» au commencement du printemps ; mais il faut avoir aussi
» l'agrément du roi. »

XXXII. Aristagoras retourna à Milet, très-content de cette réponse. Quant à Artapherne, il n'eut pas plutôt reçu l'approbation du roi, à qui il avait envoyé à Suses faire part de ce projet, qu'il fit équiper deux cents trirèmes, et leva une armée considérable chez les Perses et les alliés ; il en donna le commandement à Mégabate, Perse de na-

pherne avait dans son département l'Asie Mineure et les côtes de la mer Égée. (L.)

tion, de la maison d'Achémène, son cousin et celui de Darius, dont la fille fut fiancée dans la suite, si ce qu'on dit est vrai[1], à Pausanias, fils de Cléombrote, roi de Lacédémone, qui désirait passionnément devenir tyran de la Grèce. Artapherne, l'ayant donc déclaré général, l'envoya avec son armée à Aristagoras.

XXXIII. Mégabate, s'étant embarqué à Milet avec Aristagoras, les Ioniens et les bannis de Naxos, fit semblant de voguer vers l'Hellespont. Lorsqu'il fut arrivé à l'île de Chios, il s'arrêta à Caucases[2], afin de passer de là à Naxos à la faveur d'un vent du nord. Mais comme cette flotte ne devait pas être funeste aux Naxiens, il survint une aventure qui les sauva. Mégabate, visitant les sentinelles en faction sur les vaisseaux, n'en trouva point sur un vaisseau myndien. Irrité de cette négligence, il ordonna à ses gardes de chercher le capitaine de ce vaisseau, qui avait nom Scylax, de lui faire passer la tête par une des ouvertures des rames, et de l'attacher en cet état de manière qu'il eût la tête hors du vaisseau et le corps en dedans. On vint apprendre à Aristagoras le mauvais traitement que Mégabate avait fait à son hôte de Mynde, et qu'il était lié à son vaisseau. Il alla sur-le-champ demander sa grâce; mais, n'ayant pu l'obtenir, il se rendit sur le vaisseau de Scylax, et le détacha lui-même. Mégabate, furieux à cette nouvelle, lui témoigna son indignation. « Quelles affaires avez-vous » donc avec ces gens-ci? reprit Aristagoras; Artapherne » ne vous a-t-il pas envoyé pour m'obéir, et pour faire » voile partout où je vous l'ordonnerai? Pourquoi vous » mêler de ce qui ne vous concerne pas? » Mégabate, outré de ce discours, envoya, aussitôt qu'il fut nuit, avertir les Naxiens du danger qui les menaçait.

XXXIV. Ils ne s'attendaient nullement à être attaqués par cette flotte; mais, lorsqu'ils l'eurent appris, ils trans-

---

[1] Il paraît par là que, dans le temps qu'Hérodote écrivait cela, il n'avait point connaissance de la lettre par laquelle Pausanias demandait à Xerxès sa fille en mariage. On peut la voir dans Thucydide, liv. I. (L.)

[2] C'était probablement le nom de quelques îlots qui formaient une rade. Ce nom s'est perdu, au moins ne se retrouve-t-il dans aucun géographe ancien. (MIOT.)

portèrent sur-le-champ dans leur ville tout ce qu'ils avaient à la campagne, firent entrer dans la place des vivres, et se disposèrent à soutenir un siége comme devant avoir incessamment l'ennemi sur les bras. Cependant les Perses passèrent de l'île de Chios dans celle de Naxos, mirent le siége devant la ville, qu'ils trouvèrent bien fortifiée, et poussèrent leurs attaques pendant quatre mois. Mais lorsqu'ils eurent dépensé tout ce qu'ils avaient apporté d'argent, et qu'outre cela Aristagoras en eut employé aussi beaucoup ; voyant qu'il en fallait encore davantage pour continuer le siége, ils bâtirent dans l'île une forteresse pour les bannis, et se retirèrent ensuite sur le continent, après avoir échoué dans leur entreprise.

XXXV. Aristagoras ne put tenir la promesse qu'il avait faite à Artapherne. On exigeait de lui les frais de l'expédition, et cela l'inquiétait. Comme Mégabate l'accusait, il craignit qu'on ne lui imputât le mauvais succès de l'entreprise, et se crut sur le point d'être dépouillé de la souveraineté de Milet. Ces sujets de crainte lui firent prendre la résolution de se révolter. Sur ces entrefaites, il arriva de Suses un courrier qui lui enjoignait de prendre les armes. Cet ordre était empreint sur la tête du courrier. Histiée, voulant mander à Aristagoras de se soulever, ne trouva pas d'autre moyen pour le faire avec sûreté, parce que les chemins étaient soigneusement gardés. Il fit raser la tête au plus fidèle de ses esclaves, y imprima des caractères, et attendit que ses cheveux fussent revenus. Lorsqu'ils le furent, il l'envoya aussitôt à Milet, avec ordre seulement de dire, à son arrivée, à Aristagoras de lui raser la tête, et de l'examiner ensuite. Ces caractères, comme je viens de le dire, lui ordonnaient de se révolter. Histiée prit cette résolution, parce qu'il se trouvait très-malheureux d'être retenu à Suses, et qu'il avait de grandes espérances que, si Milet se soulevait, Darius l'enverrait vers la mer pour lui amener Aristagoras. Il sentait, en effet, que, s'il ne suscitait point de troubles en cette ville, il n'y retournerait jamais.

XXXVI. Ces raisons déterminèrent Histiée à dépêcher ce courrier. Aristagoras, voyant que tout concourait dans le même temps à favoriser son projet, le communiqua à ceux de son parti, ainsi que les ordres d'Histiée, et en délibéra avec eux. Ils l'exhortèrent tous unanimement à secouer le joug, excepté l'historien Hécatée, qui tâcha d'abord de l'en détourner, en lui représentant la puissance de Darius, et en lui faisant le dénombrement de tous les peuples soumis à son empire. Mais, comme il ne put le persuader, le second conseil qu'il lui donna, ce fut de songer à se rendre maître de la mer, ajoutant qu'il n'y avait que ce seul moyen pour réussir dans son entreprise; car il n'ignorait pas que les forces de Milet étaient peu considérables, mais qu'il avait tout lieu d'espérer l'empire de la mer, s'il enlevait du temple des Branchides [1] les richesses que Crésus, roi de Lydie, y avait offertes; qu'on les ferait servir à cet usage, et qu'on empêcherait par là les Perses de les piller. Ces richesses étaient considérables, comme je l'ai fait voir au premier livre [2] de mon Histoire. L'avis d'Hécatée ne passa point; on n'en résolut pas moins de se révolter, et il fut décidé qu'on enverrait par mer à Myunte l'un d'entre eux, pour tâcher de se saisir des commandants de la flotte, qui était dans ce port depuis son retour de Naxos.

XXXVII. Iatragoras, qu'on avait envoyé dans ce dessein, se saisit par ruse d'Oliates, fils d'Ibanolis, tyran de Mylasses; d'Histiée, fils de Timnès, tyran de Termère; de Coès, fils d'Erxandre, à qui Darius avait donné Mytilène; d'Aristagoras, fils d'Héraclide, tyran de Cyme, et de beaucoup d'autres.

Ce fut ainsi qu'Aristagoras se révolta ouvertement, et qu'il fit à Darius tout le mal qu'il put imaginer. Premièrement, il se démit en apparence de la tyrannie, et rétablit

---

[1] Le temple des Branchides ou d'Apollon Didyméen, comme on l'appela dans la suite, était peu éloigné de Milet, tant par terre que par mer. Il était bâti sur le promontoire Posidéium, à dix-huit stades du rivage. Le nom de Branchides venait d'une famille qui prétendait descendre de Branchus, fondateur vrai ou supposé de ce temple, et qui resta en possession du sacerdoce jusqu'au temps de Xerxès. Les anciennes maisons, en Grèce, mêlaient leur origine avec la fable, et voulaient qu'on les crût issues des dieux, afin de s'élever au-dessus du vulgaire et de s'en concilier le respect. (L.)

[2] § XCII.

l'égalité dans Milet, afin d'engager les Milésiens à le seconder d'eux-mêmes. Secondement, il fit la même chose dans le reste de l'Ionie, en chassa les tyrans, et, pour se concilier l'affection des villes, il leur livra ceux qu'il avait fait enlever sur les vaisseaux qui l'avaient accompagné à l'expédition de Naxos, et les fit remettre chacun à la ville dont il avait été tyran.

XXXVIII. Les Mytiléniens n'eurent pas plutôt Coès entre les mains, qu'ils le conduisirent au supplice et le lapidèrent. Les Cyméens renvoyèrent leur tyran, et, comme cet exemple fut imité par la plupart des autres villes, la tyrannie se trouva éteinte en Ionie. Aristagoras de Milet ne l'eut pas plutôt abolie, qu'il ordonna à chaque ville d'établir des stratéges[1]. Il s'embarqua ensuite sur une trirème pour se rendre à Lacédémone; car il avait besoin de se procurer une grande alliance.

XXXIX. Anaxandrides, fils de Léon, roi de Sparte, était mort; Cléomène, son fils, régnait en sa place. Il était parvenu à la couronne moins par ses belles actions que par sa naissance. Anaxandrides avait épousé une fille de sa sœur. Il l'aimait, mais il n'en avait pas d'enfants. Les éphores, l'ayant un jour mandé à ce sujet, lui tinrent ce langage : « Si votre intérêt personnel vous touche peu, » nous ne devons pas, nous autres, laisser éteindre par » votre négligence la race d'Eurysthène. Renvoyez votre » femme, puisqu'elle ne vous donne pas d'enfants, et pre- » nez-en une autre. Une telle conduite vous rendra agréa- » ble aux Spartiates. » Il leur répondit qu'il ne ferait ni l'un ni l'autre; que sa femme ne lui ayant jamais manqué, il ne pouvait approuver le conseil qu'ils lui donnaient de la renvoyer et d'en épouser une autre; en un mot, qu'il ne leur obéirait pas.

XL. Les éphores, ayant délibéré sur cette réponse avec

---

[1] Des *stratéges*. Στρατηγός n'est point ici un général d'armée, mais un magistrat dont les fonctions répondaient probablement à celles des archontes à Athènes, des cosmes en Crète et en beaucoup de villes doriennes, etc. On substitua même à Athènes les stratéges aux archontes, vers le commencement du ive siècle de notre ère, comme l'a prouvé le père Corsini *in Fastis Atticis*, dissert. 1, p. 45. (L.)

les sénateurs, lui dirent : « Puisque vous avez tant d'atta-
» chement pour votre femme, suivez l'avis que nous allons
» vous proposer, de crainte que, par votre résistance, vous
» ne forciez les Spartiates à prendre contre vous quelque
» fâcheuse résolution. Nous ne vous pressons plus de ren-
» voyer votre femme, ayez pour elle les mêmes égards;
» mais épousez-en encore une autre, dont vous puissiez
» avoir des enfants. » Anaxandrides y consentit. Il eut
après cela deux femmes et deux maisons, contre les usages
de Sparte [1].

XLI. Peu de temps après, la seconde femme étant accouchée de Cléomène, dont nous parlons, elle le présenta aux Spartiates comme l'héritier présomptif de la couronne. La première femme, qui avait été auparavant stérile, ayant aussi conçu vers ce temps-là, voici ce qui lui arriva. Elle était réellement enceinte ; mais les parents de la seconde femme, alarmés de cette nouvelle, répandirent dans le public qu'elle faisait courir ces vains bruits dans le dessein de supposer un enfant. Comme ils en témoignaient leur indignation, et que le temps pressait, les éphores, qui se défiaient d'elle, l'environnèrent et la gardèrent à vue pendant qu'elle accouchait. Elle eut d'abord Doriée, puis Léonidas, et ensuite Cléombrote. Quelques-uns disent aussi que Léonidas et Cléombrote étaient jumeaux. Quant à la seconde femme, qui fut mère de Cléomène, et qui était fille de Prinétades et petite-fille de Démarménès, elle n'eut plus d'autre enfant.

XLII. On dit que Cléomène n'avait pas l'esprit bien sain, et même qu'il était furieux. Doriée, au contraire, se distinguait parmi tous les jeunes gens de son âge, et se persuadait que son courage et son mérite l'élèveraient au trône. Plein de cette idée, il fut irrité de ce que les Lacédémoniens avaient, après la mort d'Anaxandrides, nommé, suivant les lois, Cléomène, qui était son aîné. Ne voulant

---

[1] Saint Clément d'Alexandrie dit cependant qu'on infligeait, à Lacédémone, des peines aux monogames; mais Cragius conjecture avec raison qu'il faut lire κακογαμίου, et la défense alors regardera seulement les degrés de parenté : car il y en avait chez ce peuple où les mariages étaient interdits. (L.)

point dépendre de ce prince, il alla fonder une colonie avec ceux qu'il avait demandés. Il était tellement indigné, qu'il s'embarqua pour la Libye sans consulter l'oracle sur le lieu où il l'établirait, et sans observer aucune des cérémonies usitées en pareille occasion. Il y arriva, conduit par des Théréens qui lui servirent de guides, et s'établit à Cinyps, très-beau canton de la Libye, et sur les bords du fleuve. Mais, en ayant été chassé la troisième année par les Maces, peuple libyen d'origine, et par les Carthaginois, il revint dans le Péloponnèse.

XLIII. Il y trouva Anticharès d'Éléon, qui lui conseilla, suivant les oracles rendus à Laïus, de fonder en Sicile Héraclée, parce que le pays d'Éryx appartenait, disait-il, en entier aux Héraclides, par l'acquisition qu'en avait faite Hercule[1]. Là-dessus il alla consulter l'oracle de Delphes, afin de savoir s'il se rendrait maître du pays pour lequel il était prêt à partir. La Pythie lui ayant répondu qu'il s'en emparerait, il monta sur la flotte qui l'avait mené en Libye, et longea les côtes d'Italie.

XLIV. Les Sybarites se disposaient alors, comme ils le disent eux-mêmes, à marcher avec Télys, leur roi, contre la ville de Crotone. Ils ajoutent que les Crotoniates effrayés prièrent Doriée de leur donner du secours, et que, celui-ci leur en ayant accordé, ils attaquèrent avec lui la ville de Sybaris et la prirent[2]. Telle est la manière dont

---

[1] Hercule, désirant faire le tour entier de la Sicile, partit du promontoire Pélorias pour se rendre vers Eryx. En s'approchant du pays qui est près d'Eryx, Eryx, fils de Vénus et de Butès, qui avait régné auparavant en ces lieux, le défia à la lutte. Comme Eryx avait mis son pays pour prix du combat, et Hercule ses bœufs, le premier se fâcha d'abord, parce que ses bœufs n'étaient pas d'un prix proportionné à celui du pays; mais Hercule lui ayant fait voir que s'il perdait ses bœufs il serait aussi privé de l'immortalité, Eryx accepta la condition, et, ayant été vaincu, il fut dépouillé de ses terres. Hercule laissa ce pays aux habitants, et leur permit d'en tirer les fruits, jusqu'à ce qu'un de ses descendants vînt le redemander, ce qui ne manqua pas d'arriver; car, grand nombre de générations après, Doriée de Lacédémone vint en Sicile, recouvra ce pays, et y bâtit la ville d'Héraclée. » (Dion. Sicul., lib. iv, § 23.)

[2] Sybaris était une ville puissante, gouvernée par Télys, qui en était le démagogue. Cet homme persuada par ses accusations aux Sybarites de bannir cinq cents des plus puissants d'entre les citoyens, et de vendre leurs biens à l'encan. Les exilés se retirèrent à Crotone, et se réfugièrent auprès des autels

se conduisit, au rapport des Sybarites, Doriée et ceux qui l'avaient suivi. Mais les Crotoniates assurent que, dans la guerre contre les Sybarites, ils n'empruntèrent du secours d'aucun autre étranger que de Callias d'Élée. Ce devin, de la race des Jamides [1], s'était sauvé de chez Télys, tyran de Sybaris, parce que les entrailles des victimes ne lui présageaient rien de favorable dans la guerre contre Crotone, et s'était réfugié auprès d'eux. Tel est le langage que tiennent les Crotoniates.

XLV. Voici les preuves qu'en apportent les uns et les autres. Celles des Sybarites sont, d'un côté, le bois sacré et le temple que fit élever Doriée, près du torrent de Crathis, à Minerve Crathienne, après avoir pris leur ville avec les Crotoniates ; d'un autre, la mort de Doriée, et c'est la plus forte preuve qu'ils puissent donner, parce qu'il fut tué pour avoir agi contre les ordres de l'oracle. Car si, au lieu de les transgresser, il les eût accomplis en allant au lieu où il l'envoyait, il se serait emparé du pays d'Eryx, l'aurait conservé, et n'aurait pas péri lui-même avec son armée. Mais les Crotoniates prouvent ce qu'ils disent par les terres qu'ils donnèrent dans leur pays à Callias d'Élée ; sa postérité en jouissait encore de mon temps. Ils ne firent

qui étaient sur la place. Télys envoya des ambassadeurs à Crotone, avec ordre de redemander les exilés, ou de déclarer la guerre en cas de refus. Le peuple était disposé à les rendre ; mais, le philosophe Pythagore les ayant engagés à les protéger, ils résolurent de prendre leur défense. Les Sybarites mirent trois cent mille hommes sur pied ; les Crotoniates, commandés par Milon l'athlète, allèrent au-devant d'eux avec cent mille hommes. Celui-ci, qui avait remporté six fois le prix aux jeux olympiques, et qui n'avait pas moins de grandeur d'âme que de force de corps, enfonça le premier ceux qui lui étaient opposés. Les Sybarites furent battus, la plupart furent tués en fuyant, et leur ville, prise et pillée, fut réduite en une parfaite solitude. Cinquante-sept ans après, un certain Thessalus rassembla les Sybarites qui avaient survécu au désastre de leur patrie, et ayant rétabli la ville, elle fut de nouveau détruite par les Crotoniates. Mais, six ans après, les Athéniens y envoyèrent une colonie, la rebâtirent dans le voisinage de l'ancienne ville, et donnèrent à cette ville le nom de Thurium. La destruction de Sybaris par les Crotoniates est de l'an 4207 de la période julienne, 507 ans avant l'ère vulgaire. (L.)

[1] Jamus était un devin d'Élée, fils d'Apollon et d'Évadné, laquelle était fille de Neptune et de Pitané, fille du fleuve Eurotas. Apollon lui accorda le don de la divination, et à tous ses descendants, qu'on appelait Jamides. (L.)

rien de pareil ni pour Doriée, ni pour ses descendants; et cependant, s'ils en avaient reçu du secours dans la guerre contre les Sybarites, ils lui auraient fait des dons beaucoup plus considérables qu'à Callias. On vient de voir les témoignages des uns et des autres ; chacun peut suivre l'opinion qui lui plaira le plus.

XLVI. Quelques autres Spartiates, tels que Thessalus, Parébates, Célées et Euryléon, s'étaient joints à Doriée 1 pour aller fonder une colonie. Lorsqu'ils furent arrivés en Sicile avec toute la flotte, ils furent battus par les Phéniciens [2] et les habitants d'Ægeste, et périrent dans le combat, excepté Euryléon, le seul des associés de Doriée qui échappa. Celui-ci rassembla les débris de l'armée, s'empara de Minoa [3], colonie de Sélinunte, et délivra les Sélinusiens du tyran Pythagore; mais, après l'avoir renversé du trône, lui-même il en prit possession, et gouverna despotiquement. Son règne ne fut pas long. Les Sélinusiens se soulevèrent, et le massacrèrent près de l'autel de Jupiter Agoréen, où il s'était réfugié.

XLVII. Philippe, fils de Butacides, citoyen de Crotone, accompagna Doriée, et périt avec lui. Il avait été banni de Crotone pour avoir fiancé la fille de Télys, tyran de Sybaris; mais, ayant été frustré de ce mariage, il s'embarqua pour Cyrène. Il en partit ensuite sur une trirème qui lui appartenait en propre, et suivit Doriée avec des soldats qu'il avait pris à sa solde. Il avait remporté le prix aux jeux olympiques, et c'était le plus bel homme qu'il y eût alors en Grèce. Les habitants d'Ægeste lui rendirent, à cause de sa beauté, des honneurs que nul autre n'avait reçus avant lui. Ils lui élevèrent sur le lieu de sa sépulture une chapelle comme à un héros, où ils lui offrirent des sacrifices pour se le rendre propice.

XLVIII. Ainsi mourut Doriée. S'il fût resté à Sparte, et qu'il eût pu se résoudre à vivre sous la domination de Cléomène, il aurait été roi de Lacédémone. Cléomène

---

[1] Il est encore parlé de Doriée, liv. vii, § CLVIII et CCV.

[2] Les Carthaginois, qui étaient Phéniciens d'origine, et que les Latins appelaient *Pœni*.

[3] Cette ville porta depuis le nom d'Héraclée.

régna peu de temps ; il mourut sans enfants mâles, et ne laissa qu'une fille nommée Gorgo [1].

XLIX. Aristagoras [2], tyran de Milet, arriva donc à Sparte tandis que Cléomène en occupait le trône. Il vint pour s'aboucher avec lui, comme le disent les Lacédémoniens, tenant à la main une planche de cuivre sur laquelle était gravée la circonférence entière de la terre avec toutes les mers et les rivières dont elle est arrosée [3] ; il lui parla en ces termes :

« Cléomène, ne soyez point étonné de mon empresse-
» ment à me rendre ici. Les affaires sont urgentes. Il s'agit
» de la liberté des Ioniens. Si leur esclavage est pour nous
» un opprobre, un sujet de douleur, à plus forte raison
» doit-il l'être pour vous, qui êtes les premiers de la
» Grèce. Ils sont vos parents, ils sont vos frères ; délivrez-
» les de la servitude, je vous en conjure au nom des dieux
» des Grecs. Cette entreprise est aisée. Les Barbares ne sont
» point belliqueux, et vous, vous êtes parvenu par votre
» valeur au plus haut degré de gloire qu'on puisse obtenir
» par les armes. Ils ne se servent dans les batailles que de
» l'arc et de courts javelots ; ils se présentent au combat
» avec des habits embarrassants, et la tiare en tête [4], ce qui

---

[1] Elle épousa Léonidas. Lorsque ce prince partit pour les Thermopyles, Gorgo lui ayant demandé ses ordres : « Épousez, lui dit-il, un homme de bien, et devenez mère de braves gens. » Il s'attendait en effet à périr. Cette princesse était très-vertueuse, et c'est une des femmes que Plutarque propose pour modèle à Eurydice. (L.)

[2] Hérodote reprend ici la narration qu'il avait interrompue, § XXXIX, par une digression sur les enfants d'Anaxandrides, et particulièrement sur les aventures de Doriée, frère de Cléomène.

[3] Voilà une époque bien ancienne pour les cartes géographiques, du moins en Grèce, puisque le voyage d'Aristagoras à Lacédémone doit être de la première année de la LXIXe olympiade, 504 ans avant l'ère vulgaire. Elles devaient même être en ce temps-là assez communes, puisque Anaximandre en avait fait 71 ans auparavant. On sait qu'il fleurissait 575 ans avant notre ère. C'est Strabon qui nous apprend, d'après Ératosthènes, que ce philosophe, qui avait été disciple de Thalès, avait le premier publié une carte géographique. (L.)

[4] Κυρβασίας dans le texte. Ce mot, qui signifie la crête d'un coq, se prend aussi pour la tiare des Perses. « Les images, dit Démétrius de Phalère (dans son livre sur l'élocution), sont agréables, par exemple, si vous comparez le coq au roi de Perse, parce que cet oiseau porte la crête droite. » Les rois portaient la tiare droite. (L.)

» fait qu'on peut les vaincre facilement. Les peuples de
» ce continent sont plus riches que tous les autres peuples
» ensemble, en or, en argent, en cuivre, en étoffes de
» diverses couleurs, en bêtes de charge et en esclaves. Tous
» ces biens seront à vous, si vous le voulez. Ces pays se
» touchent, comme je vais vous le montrer. Les Lydiens
» sont voisins des Ioniens ; leur pays est fertile et riche en
» argent. » En disant cela, il lui montrait ces peuples sur
la carte de la terre tracée sur la planche de cuivre. « Les
» Phrygiens sont à l'est, continuait Aristagoras ; ils confi-
» nent aux Lydiens : leur pays est, de tous ceux que je
» connais, le plus abondant en bestiaux et le plus fertile en
» blé. Viennent ensuite les Cappadociens, que nous nom-
» mons Syriens, et après eux les Ciliciens, qui s'étendent
» jusqu'à cette mer-ci, où est l'île de Cypre. Ils payent au
» roi un tribut annuel de cinq cents talents [1]. Les Armé-
» niens les suivent ; ils ont aussi beaucoup de bétail. Les
» Matianiens leur sont contigus, et occupent ce pays. Ils
» touchent à la Cissie, qu'arrose le Choaspes, et sur lequel
» est située la ville de Suses, où le grand roi fait sa rési-
» dence, et où sont ses trésors. Si vous prenez cette ville,
» vous pourrez avec confiance le disputer en richesses à
» Jupiter même. Mais vous vous battez contre les Messé-
» niens, qui vous sont égaux en forces, et contre les Arca-
» diens et les Argiens, pour un petit pays qui n'est pas
» même aussi fertile que celui-là, et pour reculer un peu
» les bornes de votre territoire. Remettez ces guerres à un
» autre temps. Ces peuples n'ont ni or ni argent ; et cepen-
» dant ce sont ces métaux qui excitent la cupidité, et qui
» nous portent à risquer notre vie dans les combats. Il se
» présente une occasion de vous emparer sans peine de
» l'Asie entière : que pourriez-vous souhaiter de plus ? »

Aristagoras ayant ainsi parlé : « Mon ami, reprit Cléo-
» mène, je vous rendrai réponse dans trois jours. »

L. Les choses ne furent pas portées plus loin dans cette
conférence : le jour fixé pour la réponse étant venu, ils se
rendirent au lieu dont ils étaient convenus. Alors Cléomène

---

[1] 2,700,000 livres.

demanda à Aristagoras combien il y avait de journées de la mer qui baigne les côtes de l'Ionie au lieu de la résidence du roi. Quoique Aristagoras eût jusqu'alors trompé Cléomène avec beaucoup d'adresse, il fit ici une fausse démarche. Il devait, en effet, déguiser la vérité, s'il avait du moins dessein d'attirer les Spartiates en Asie ; mais, au lieu de le faire, il répondit qu'il y avait trois mois de chemin. Cléomène l'interrompit sur-le-champ, et, sans lui permettre d'achever ce qu'il se préparait à dire sur ce chemin : « Mon ami, lui dit-il, en proposant aux Lacédé- » moniens une marche de trois mois par delà la mer, vous » leur tenez un langage désagréable. Sortez de Sparte » avant le coucher du soleil. »

LI. En finissant ces mots, Cléomène se retira dans son palais. Aristagoras l'y suivit, une branche d'olivier à la main, et, allant droit au foyer, comme un suppliant, il le conjura de l'écouter, et de faire retirer Gorgo, sa fille, jeune enfant de huit à neuf ans, le seul qu'il eût, et qui était alors auprès de lui. Cléomène lui répondit qu'il pouvait dire ce qu'il souhaitait, et que la présence de cet enfant ne devait pas l'arrêter. Alors Aristagoras lui promit d'abord dix talents[1], en cas qu'il lui accordât sa demande, et, sur le refus de Cléomène, il augmenta la somme, et vint peu à peu jusqu'à lui offrir cinquante talents[2]. Mais la jeune Gorgo s'écria : Fuyez, mon père, fuyez ; cet étranger vous corrompra. Cléomène, charmé de ce conseil, passa dans une autre chambre, et Aristagoras se vit contraint de sortir de Sparte sans pouvoir trouver davantage l'occasion de lui faire connaître la route qui mène de la mer au lieu de la résidence du roi. En voici la description.

LII. Il y a sur toute cette route des maisons royales ou stathmes[3], et de très-belles hôtelleries : ce chemin est sûr, et traverse des pays très-peuplés. On voyage d'abord en

---

[1] 54,000 livres.
[2] 270,000 livres.
[3] Ces stathmes ou maisons royales servaient probablement aussi à loger les voyageurs. On sait que dans l'Orient on a exercé de tout temps l'hospitalité, et qu'encore actuellement on trouve sur toutes les grandes routes de vastes édifices très-commodes où logent les voyageurs avec leur suite, sans qu'il leur en coûte rien. On les appelle des caravanserails. (L.)

Lydie et en Phrygie, et l'on y rencontre vingt stathmes en quatre-vingt-quatorze parasanges et demie. Au sortir de la Phrygie, vous trouvez l'Halys, sur lequel il y a des portes, qu'il faut nécessairement passer pour traverser ce fleuve, et un fort considérable pour la sûreté de ce passage. Vous parcourez ensuite la Cappadoce jusqu'aux frontières de la Cilicie en vingt-huit journées, qui font cent quatre parasanges. Mais, sur cette frontière même, il faut passer deux défilés et deux forts, après quoi vous faites dans la Cilicie quinze parasanges et demie en trois journées. L'Euphrate, qu'on passe en bateaux, lui sert de bornes, et la sépare de l'Arménie. On fait en Arménie cinquante-six parasanges et demie, et l'on y rencontre quinze stathmes, et des troupes en chacun; ce pays est arrosé par quatre fleuves navigables qu'il faut nécessairement traverser. Le premier est le Tigre; le deuxième et le troisième ont le même nom, quoiqu'ils soient très-différents, et qu'ils ne sortent pas du même pays; car le premier prend sa source en Arménie, et l'autre dans le pays des Matianiens. Le Gyndes, que Cyrus partagea en trois cent soixante canaux, est le quatrième. De l'Arménie on entre dans la Matiane, où l'on fait quatre journées. On traverse ensuite la Cissie en onze journées, qui font quarante-deux parasanges et demie, jusqu'au Choaspes, fleuve qu'on passe aussi en bateaux, et sur lequel est aussi la ville de Suses. De Sardes à Suses, il y a donc en tout cent onze journées ou stathmes.

LIII. Si la mesure du chemin royal par parasanges est exacte, et si l'on évalue la parasange à trente stades, comme en effet elle les vaut, il y a de Sardes au palais royal de Memnon[1] treize mille cinq cents stades, puisqu'on y compte quatre cent cinquante parasanges. A cent cinquante stades par jour, cette route est précisément de quatre-vingt-dix jours.

LIV. Aristagoras de Milet avait donc raison de dire à Cléomène, roi de Lacédémone, qu'il y avait trois mois de

---

[1] « On dit que cette ville (Suses) a été bâtie par Tithon, père de Memnon. Elle a cent vingt stades de circonférence; sa figure est oblongue; sa citadelle s'appelait Memnonium. » (STRABON, liv. xv.)

chemin jusqu'au lieu de la résidence du roi. Mais, si l'on veut encore plus d'exactitude, il faut joindre à cette route celle d'Éphèse à Sardes. Ainsi l'on compte en tout de la mer des Grecs à Suses (c'est ainsi qu'on appelle la ville de Memnon) quatorze mille quarante stades ; car il y en a cinq cent quarante d'Éphèse à Sardes ; et par cette addition, ce chemin de trois mois se trouve allongé de trois jours.

LV. Aristagoras, chassé de Sparte, se rendit à Athènes, qui venait de recouvrer la liberté de la manière que je vais le dire. Hipparque, fils de Pisistrate et frère du tyran Hippias, eut en dormant une vision très-claire de son malheur. Il n'en fut pas moins tué par Aristogiton[1] et Harmodius[2], Géphyréens d'origine ; mais les Athéniens, loin d'être plus libres, furent gouvernés pendant quatre années d'une manière encore plus tyrannique qu'ils ne l'avaient été auparavant.

LVI. Voici quelle fut la vision d'Hipparque. Il crut voir, la première nuit, des Panathénées[3], un grand homme beau et bien fait, debout près de lui, qui lui disait ces vers énigmatiques : « Lion, supporte courageusement ton sort intolérable : nul homme ne peut éviter la punition qu'il a méritée par son injustice. »

Dès que le jour parut, il communiqua publiquement sa vision aux interprètes des songes ; et après avoir fait des

[1] Hipparque fut tué la troisième année de la soixante-sixième olympiade. Lorsqu'il fut tué, il possédait la tyrannie selon l'opinion la plus commune des Athéniens. (L.)

[2] Les ancêtres d'Aristogiton et d'Harmodius étaient Géphyréens. Les Géphyréens faisaient partie de ces peuples qui suivirent Cadmus en Béotie, où ils s'établirent dans le canton qu'on appelait le Tanagrique. En ayant été chassés par les Béotiens, ils se retirèrent à Athènes, où ils furent admis au nombre des citoyens à de certaines conditions. (*Voyez* dans Thucydide, liv. vi, l'histoire de ces deux jeunes gens.)

[3] Les Panathénées étaient une fête instituée en l'honneur de Minerve. Il y avait les petites et les grandes Panathénées. L'origine des petites remonte à Thésée. Lorsque ce prince réunit tous les petits peuples de l'Attique dans la ville d'Athènes, il y établit la fête des Panathénées, qui était commune à toute la nation. Elle se célébrait tous les ans, le 14 du mois d'hécatombéon, qui correspond au 27 juillet. Son institution est de l'an 3398 de la période julienne, 1316 ans avant l'ère vulgaire. Les grandes Panathénées se célébraient tous les cinq ans, la troisième année de chaque olympiade. (L.)

expiations pour en détourner l'effet, il conduisit la procession solennelle où il perdit la vie.

LVII. Les Géphyréens, de qui descendaient les meurtriers d'Hipparque, étaient, comme ils le disent eux-mêmes, originaires d'Érétrie; mais j'ai découvert par mes recherches qu'ils étaient Phéniciens, et du nombre de ceux qui accompagnèrent Cadmus lorsqu'il vint s'établir dans le pays qu'on appelle actuellement Béotie, et que le territoire de Tanagre leur était échu en partage. Les Cadméens furent d'abord chassés par les Argiens; les Géphyréens l'ayant ensuite été par les Béotiens, ils se retirèrent chez les Athéniens, qui les admirent au nombre de leurs concitoyens, à condition qu'ils ne pourraient prétendre à plusieurs choses qui ne méritent pas d'être rapportées.

LVIII. Pendant le séjour que firent en ce pays les Phéniciens qui avaient accompagné Cadmus, et du nombre desquels étaient les Géphyréens, ils introduisirent en Grèce plusieurs connaissances, et entre autres des lettres qui étaient, à mon avis, inconnues auparavant dans ce pays. Ils les employèrent d'abord de la même manière que tous les Phéniciens. Mais, dans la suite des temps, ces lettres changèrent avec la langue, et prirent une autre forme. Les pays circonvoisins étant alors occupés par les Ioniens, ceux-ci adoptèrent ces lettres, dont les Phéniciens les avaient instruits, mais ils y firent quelques légers changements. Ils convenaient de bonne foi, et comme le voulait la justice, qu'on leur avait donné le nom de lettres phéniciennes parce que les Phéniciens les avaient introduites en Grèce. Les Ioniens appellent aussi, par une ancienne coutume, les livres des diphthères[1], parce qu'autrefois, dans le temps que le biblos (le papyrus) était rare, on écrivait sur des peaux de chèvre et de mouton; et, encore à présent, il y a beaucoup de Barbares qui écrivent sur ces sortes de peaux.

LIX. Moi-même j'ai vu aussi, à Thèbes en Béotie, des

---

[1] C'est-à-dire des peaux, du parchemin. « Une loi, dit Diodore de Sicile, ordonnait, chez les Perses, d'écrire l'histoire sur des peaux. On les appelait les diphthères royales. « Ces diphthères contenaient les annales de la nation, et se déposaient dans les archives royales. (BELLANGER.)

lettres cadméennes dans le temple d'Apollon Isménien. Elles sont gravées sur des trépieds, et ressemblent beaucoup aux lettres ioniennes. Sur un de ces trépieds on voit cette inscription : « Amphitryon m'a dédié à son retour de » chez les Téléboens. » Cette inscription pourrait être du temps de Laïus, fils de Labdacus, dont le père était Polydore, fils de Cadmus.

LX. Le second trépied dit, en vers hexamètres : « Scæus, » victorieux au pugilat, m'a dédié à Apollon, dont les flè- » ches atteignent de loin, pour lui servir d'ornement. » Ce Scæus pourrait être le fils d'Hippocoon, contemporain d'OEdipe, fils de Laïus, si véritablement c'est lui qui a consacré ce trépied, et non point un autre Scæus de même nom que le fils d'Hippocoon.

LXI. On lit aussi sur le troisième, en vers hexamètres : « Le tyran Laodamas a dédié ce trépied à Apollon, qui ne » manque jamais le but, afin de servir d'ornement à son » temple. » Sous ce prince, fils d'Étéocle [1], les Cadméens, chassés par les Argiens, se réfugièrent chez les Enchéléens. On laissa pour lors les Géphyréens tranquilles ; mais les Béotiens les obligèrent dans la suite à se retirer à Athènes [2]. Ils y bâtirent des temples, auxquels le reste des Athéniens ne participe en aucune manière, et qui n'ont rien de commun avec les autres temples de la ville, témoin celui de Cérès Achéenne, et ses mystères.

LXII. Après avoir rapporté la vision qu'eut Hipparque pendant son sommeil, et l'origine des Géphyréens, du nombre desquels étaient ses meurtriers, il faut reprendre

---

[1] Laodamas, fils d'Étéocle, succéda à son père au trône de Thèbes. Il eut pour tuteur, pendant sa minorité, Créon, fils de Ménécée, qui était régent du royaume. Laodamas était majeur, et gouvernait par lui-même lorsque les Argiens se mirent une seconde fois en campagne pour assiéger Thèbes. Les Thébains allèrent au-devant d'eux jusqu'aux environs de Glisante. Laodamas tua dans le combat Ægialée, fils d'Adraste. Cependant les Argiens gagnèrent la bataille. Laodamas se retira la nuit suivante chez les Illyriens, avec ceux des Thébains qui voulurent le suivre. Les Argiens ayant pris Thèbes, la remirent à Thersandre, fils de Polynice. Avant Laodamas, Cadmus s'était aussi retiré dans l'Illyrie, chez les Enchéléens. (L.)

[2] On leur permit de s'établir sur les bords du Céphisse, qui sépare l'Attique proprement dite du territoire d'Éleusis. On construisit en cet endroit un pont, afin qu'il y eût des deux côtés une libre communication. (L.)

le récit que j'avais commencé, et raconter comment les Athéniens furent délivrés de leurs tyrans.

Hippias, irrité du meurtre de son frère, gouvernait avec la plus grande rigueur. Les Alcméonides, Athéniens d'origine, et qui s'étaient enfuis de leur patrie à cause des Pisistratides, bien loin de réussir à rentrer par force avec les autres bannis, avaient reçu un échec considérable; en tâchant de rentrer dans leur patrie et de lui rendre la liberté. Ils fortifièrent Lipsydrion, qui est au-dessus de Pæonia, et, mettant tout en usage pour détruire les Pisistratides, ils s'engagèrent avec les amphictyons [1] à bâtir pour un certain prix le temple qu'on voit à présent à Delphes [2], et qui n'existait point alors. Comme ils n'étaient pas moins distingués par leurs richesses que par leur illustre et ancienne extraction, ils rendirent ce temple encore plus magnifique que le modèle sur lequel ils l'avaient entrepris; et entre autres choses, quoiqu'on fût convenu avec eux qu'ils le bâtiraient de pierre de Porus, ils construisirent la façade de marbre de Paros.

LXIII. Les Alcméonides étant à Delphes engagèrent, comme le disent les Athéniens, la Pithye, à force d'argent, à proposer à tous les Spartiates qui venaient consulter le dieu, soit en leur particulier, soit au nom de la république, de rendre la liberté à Athènes. Comme elle leur faisait sans cesse la même proposition, ils envoyèrent une armée sous

---

[1] Le nom d'amphictyons se donnait à la plus illustre assemblée de la Grèce. Dans l'origine elle n'avait d'autre objet que de protéger le temple de Delphes, et de rendre la justice à la multitude de ceux qui accouraient de toutes les parties de la Grèce pour consulter le dieu. Androtion prétend, dans son Histoire de l'Attique, que les peuples du voisinage de Delphes s'assemblant dans cette ville, cette assemblée prit de là le nom d'amphictyons. On peut regarder cette assemblée comme les états généraux de la Grèce. Elle se tenait deux fois par an, au printemps et en automne. Chaque ville qui avait le droit d'amphictyonie envoyait deux députés à cette assemblée. (L.)

[2] Le temple de Delphes, selon Pausanias, n'était, dans son origine, qu'une chapelle faite avec des branches du laurier qui croît auprès du Tempé; un certain Ptéras de Delphes le bâtit ensuite d'une manière sans doute plus solide. On le construisit après en airain; mais il fut englouti, ou fondu par le feu. Il fut bâti pour la quatrième fois en pierre, par Trophonius et Agamèdes. Ce temple fut brûlé la première année de la cinquante-huitième olympiade; les amphictyons firent marché à 300 talents (1,620,000 fr.) pour le rebâtir, et taxèrent les Delphiens au quart de cette somme. (L.)

les ordres d'Anchimolius, fils d'Aster, homme de distinction, afin de chasser d'Athènes les Pisistratides, quoiqu'ils fussent unis très-particulièrement avec eux par les liens de l'hospitalité : les ordres des dieux leur étant plus précieux que toute considération humaine. Ces troupes allèrent par mer, et débarquèrent au port de Phalère.

Les Pisistratides, ayant eu connaissance de ce projet avant l'exécution, appelèrent à leurs secours les Thessaliens, qui étaient leurs alliés. Ceux-ci déférèrent à leur prière, et leur accordèrent d'une voix unanime mille hommes de cavalerie commandés par Cinéas leur roi, qui était Coniéen. Ce secours arrivé, les Pisistratides firent couper tout ce qui embarrassait la plaine de Phalère; et après l'avoir rendue commode pour les chevaux, ils envoyèrent la cavalerie contre les Lacédémoniens. Elle fondit sur eux, leur tua beaucoup de monde, et entre autres Anchimolius, et obligea ceux qui survécurent à cette déroute à se renfermer dans leurs vaisseaux. Tel fut le succès de la première expédition des Lacédémoniens. Anchimolius fut enterré près du temple d'Hercule à Cynosarges, gymnase situé aux Alopèces, dans l'Attique.

LXIV. Après cette défaite, les Lacédémoniens envoyèrent par terre et non par mer des forces plus considérables contre Athènes. Elles étaient commandées par Cléomène, fils d'Anaxandrides, un de leurs rois. A leur entrée dans l'Attique, la cavalerie thessalienne les attaqua la première, et fut bientôt mise en déroute; elle perdit plus de quarante hommes, et se retira sur-le-champ droit en Thessalie. Cléomène arriva dans la ville avec ceux des Athéniens qui souhaitaient la liberté et assiégea les tyrans, qui s'étaient renfermés dans la citadelle bâtie par les Pélasges.

LXV. Il aurait été absolument impossible aux Lacédémoniens de chasser les Pisistratides; aussi ne songeaient-ils pas à rester longtemps devant la place, qui était abondamment pourvue de vivres; et, après l'avoir tenue assiégée pendant quelques jours, ils seraient retournés à Sparte s'il n'était point survenu sur ces entrefaites un accident fâcheux pour les uns et favorable pour les autres. Les enfants des Pisistratides furent pris tandis qu'on les faisait sortir secrètement du pays. Cet événement déconcerta totalement les mesures des tyrans. Pour avoir leurs enfants, ils se soumirent aux conditions que leur imposèrent les Athéniens, et s'engagèrent à sortir de l'Attique dans cinq jours. Ils se retirèrent ensuite à Sigée, ville sur le Scamandre, après avoir gouverné trente-six ans les Athéniens.

Ils étaient Pyliens d'origine, de la famille de Nélée, et avaient les mêmes ancêtres que Codrus et Mélanthus, qui avaient régné autrefois à Athènes quoique étrangers. Hippocrate donna à son fils le nom de Pisistrate parce qu'un des fils de Nestor l'avait porté, et afin de perpétuer le souvenir de cette origine. C'est ainsi que les Athéniens furent délivrés de leurs tyrans. Je vais maintenant rapporter ce qu'il y eut de plus mémorable parmi les événements heureux ou malheureux qui arrivèrent à ces mêmes Athéniens après qu'ils eurent recouvré leur liberté, et avant que l'Ionie eût secoué le joug de Darius, et qu'Aristagoras de Milet fût venu le prier de lui donner du secours.

LXVI. Athènes, déjà très-puissante, le devint encore plus lorsqu'elle fut délivrée de ses tyrans. Deux de ses citoyens y jouissaient alors d'un grand crédit : Clisthène, de la race des Alcméonides, qui suborna, à ce qu'on prétend, la Pythie, et Isagoras, fils de Tissandre. Celui-ci était d'une maison illustre : je ne puis rien dire cependant sur son origine ; mais ceux de cette famille sacrifient à Jupiter Carien [1]. Ces deux rivaux partageaient l'État par leurs factions, et se disputaient l'autorité. Clisthène, ayant eu du désavantage, tâcha de se rendre le peuple favorable ; bientôt après, il partagea les quatre tribus en dix, changea

---

[1] Les Cariens étaient extrêmement méprisés, et on les regardait comme de vils esclaves, parce qu'ils avaient les premiers donné des troupes pour de l'argent. Aussi les exposait-on dans les occasions les plus périlleuses. De là était venu le proverbe rapporté par Pausanias dans son Lexique. ἐν Καρὶ τὸν κίνδυνον, pour signifier qu'on voulait faire une épreuve périlleuse, en se servant d'un homme vil. Ces peuples avaient un temple qui leur était commun avec les Lydiens et les Mysiens, qui étaient leurs frères ; on l'appelait le temple de Jupiter Carien. Ceux qui sacrifiaient à Jupiter Carien se reconnaissaient pour être originaires de Carie. Ainsi, en disant qu'Isagoras offrait des sacrifices à Jupiter Carien, c'était le faire passer pour être d'une famille carienne et esclave.

les noms qu'elles tenaient des fils d'Ion [1], Géléon, Égicore, Argade et Hople, et en imagina d'autres qu'il prit parmi des héros du pays, si l'on en excepte Ajax [2], qu'il leur associa, parce que ce héros avait été voisin et allié des Athéniens.

LXVII. Il s'était, à mon avis, proposé en cela pour modèle Clisthène [3], son aïeul maternel, tyran de Sicyone. Car, celui-ci étant en guerre avec les Argiens : d'un côté, il abolit les jeux où les rapsodes disputaient le prix en chantant les vers d'Homère, parce que dans ses poésies la ville d'Argos et les Argiens étaient célébrés par-dessus tous les autres Grecs; d'un autre côté, il désirait passionnément bannir de ses États Adraste, fils de Tanaüs, parce qu'il était Argien. Cet Adraste avait sur la place de Sicyone une chapelle qui subsiste encore maintenant. Clisthène alla à Delphes demander au dieu s'il chasserait le roi Adraste. La Pythie lui répondit qu'Adraste était roi des Sicyoniens, et lui un brigand. Le dieu ne lui ayant pas permis d'exécuter son dessein, il chercha, en s'en retournant, le moyen de se débarrasser d'Adraste. Lorsqu'il crut l'avoir trouvé, il envoya demander à Thèbes, en Béotie, Mélanippe, fils d'Astacus [4]. Les Thébains le lui ayant accordé, il le fit apporter, lui consacra une chapelle dans le Pry-

---

[1] Le nom des quatre anciennes tribus a varié en différents temps. Sous Cécrops, on leur donnait le nom de Cécropis, d'Autochthon, d'Actæa et de Paralia. Sous Cranaüs, elles furent appelées Cranaïs, Atthis, Mésogée et Diacris. Sous Érichthonius, elles prirent le nom de Dias, d'Athénaïs, de Posidonias et d'Héphæstias. Enfin, sous Érechthée, elles s'appelèrent les Géléontes, les Ægicores, les Ergadéis et les Hoplètes, du nom des fils d'Ion. (L.)

[2] De ce nom vient la tribu Æantide. Ajax, fils de Télamon, avait été roi de Salamine, île voisine de l'Attique. (L.)

[3] Pausanias assure qu'il fut choisi par les amphictyons pour faire la guerre aux Cirrhéens, qui avaient pillé le temple de Delphes et commis d'autres sacriléges. Cependant il paraît certain qu'il ne commanda au siége de Cirrha que les troupes qu'il y avait menées, et que ce fut moins en vertu d'un décret des amphictyons qu'il les y conduisit, que par un effet de son zèle pour la cause du dieu. (L.)

[4] « On montre sur le grand chemin le tombeau de Mélanippe, le plus grand guerrier qu'il y ait eu parmi les Thébains. Lorsque les Argiens vinrent attaquer Thèbes, il tua Tydée et Mécistée, frère d'Adraste, et l'on dit qu'il périt de la main d'Amphiaraüs. » (PAUSANIAS, lib. IX.)

lancée même, et le plaça dans l'endroit le plus fort. Il en usa ainsi (car je ne dois pas oublier le motif qui le faisait agir) parce que Mélanippe avait été le plus grand ennemi d'Adraste, et qu'il avait tué Mécistée, frère du même Adraste, et Tydée son gendre. Après lui avoir assigné une chapelle, il transporta à Mélanippe les fêtes et les sacrifices qu'on faisait en l'honneur d'Adraste, fêtes que les Sicyoniens avaient coutume de célébrer avec beaucoup de magnificence. Leur pays, en effet, avait appartenu à Polybe, dont la fille était mère d'Adraste; et ce prince, n'ayant point d'enfants, avait laissé en mourant ses États à son petit-fils. Entre autres honneurs qu'ils rendaient à Adraste, ils célébraient aussi ses malheurs dans leurs chœurs tragiques et lui payaient un tribut de louanges sans s'adresser à Bacchus. Clisthène rendit les chœurs à Bacchus, et ordonna que le reste de la fête se ferait en l'honneur de Mélanippe. Ce fut ainsi qu'il en agit à l'égard d'Adraste.

LXVIII. Enfin il changea les noms des tribus de Sicyone, afin que celles des Doriens n'eussent pas dans cette ville le même nom qu'elles avaient à Argos, et par celui qu'il leur donna il les couvrit de ridicule. Car de Hys et Onos, auxquels il ajouta la terminaison atai, il en fit les Hyates, les Onéates et les Chœréates. J'en excepte cependant la tribu dont il était, qu'il appela Archélaens, à cause de l'autorité suprême qu'il avait sur le peuple. Les Sicyoniens conservèrent ces noms sous le règne de Clisthène, et soixante ans encore après sa mort. Enfin, après en avoir délibéré entre eux, ils les changèrent en ceux d'Hylléens, de Pamphyliens et de Dymanates, et donnèrent en l'honneur d'Égialée, fils d'Adraste, le nom d'Égialéens à la quatrième tribu qu'ils ajoutèrent aux trois autres.

LXIX. Telle fut la conduite de ce prince. Clisthène l'Athénien, qui tirait son nom de Clisthène de Sicyone, son aïeul maternel, ne voulut pas, je pense, à son imitation, que les tribus portassent le même nom à Athènes que parmi les Ioniens, à cause du mépris qu'il avait pour ceux-ci. Lorsqu'il se fut concilié la bienveillance de ses concitoyens, qui avaient perdu auparavant tous les priviléges d'un peuple libre, il changea les noms des tribus; d'un petit nombre il en fit un plus grand ; au lieu de quatre phylarques[1], il en créa dix, et distribua les bourgades dans les dix tribus. S'étant ainsi concilié le peuple, il prit un très-grand ascendant sur le parti qui lui était opposé.

LXX. Isagoras, ayant à son tour succombé, eut recours à Cléomène, roi de Lacédémone. Ce prince s'était lié avec lui d'une étroite amitié dans le temps qu'on assiégeait les Pisistratides, et même on l'accusait de rendre à sa femme de fréquentes visites. Il envoya d'abord un hérant à Athènes, pour en faire chasser Clisthène et beaucoup d'autres Athéniens, sous prétexte qu'ils avaient encouru l'anathème. Il suivait en cela les instructions d'Isagoras ; car les Alcméonides et ceux de leur parti étaient accusés d'un meurtre dont nous allons parler. Quant à Isagoras, il n'avait eu lui-même aucune part à ce meurtre, non plus que ses amis.

LXXI. Voici à quelle occasion on donna à cette portion des Athéniens le nom d'Énagées (gens dévoués à l'anathème). Cylon d'Athènes, ayant été victorieux[2] aux jeux olympiques, porta son ambition jusqu'à vouloir s'emparer de la tyrannie. Il se concilia l'amitié de gens de son âge, et tâcha, avec leur secours, de se rendre maître[3] de la citadelle ; mais, n'ayant pu réussir dans son projet, il s'assit en suppliant aux pieds de la statue de Minerve. Les prytanes des naucrares[4], qui gouvernaient alors Athènes, les en firent sortir après s'être engagés à ne les point punir de mort. Mais ils furent massacrés, et l'on accusa les Alc-

---

[1] Phylarque, chef de tribu. Il y en avait autant que de tribus. Les phylarques obéissaient aux hipparques. (L.)

[2] Il remporta le prix du stade doublé en la xxxve olympiade, selon Eusèbe. Cela est confirmé par Pausanias, qui n'ajoute pas cependant en quelle olympiade il fut victorieux. (L.)

[3] Cylon était d'une des plus illustres maisons d'Athènes, et très-riche ; il avait épousé une fille de Théagène, tyran de Mégare. Sur la foi d'un oracle trompeur, il tenta de s'emparer de la citadelle d'Athènes. Cependant on lui éleva dans cette citadelle une statue de bronze ; mais on conjecture que ce fut parce qu'il avait remporté aux jeux olympiques le prix du stade doublé. (L.)

[4] C'étaient des magistrats spécialement chargés de l'administration de la marine à Athènes. (Miot.)

méonides de ces meurtres. Cet événement est antérieur à Pisistrate[1].

LXXII. Cléomène ayant donc envoyé un héraut pour faire chasser Clisthène, ainsi que les personnes dévouées à l'anathème, ce dernier se retira de lui-même. Cléomène n'en vint pas moins, quelque temps après, à Athènes, accompagné de peu de monde. A son arrivée, il chassa sept cents familles athéniennes[2] qu'Isagoras lui désigna. Cela fait, il tenta de casser le sénat, et voulut confier l'autorité à trois cents personnes du parti d'Isagoras. Mais le sénat s'y étant opposé et ayant refusé d'obéir, Cléomène s'empara de la citadelle avec Isagoras et ceux de sa faction. Le reste des Athéniens, qui était uni de sentiments avec le sénat, les y tint assiégés pendant deux jours; le troisième, on traita avec les Lacédémoniens renfermés dans la citadelle, et il leur fut permis de sortir de l'Attique à de certaines conditions : ainsi s'accomplit le présage de Cléomène[3]. Car, étant monté à la citadelle à dessein de s'en emparer, il voulut entrer dans le sanctuaire de la déesse (Minerve) pour la consulter. Mais la prêtresse, s'étant levée de son siège avant qu'il eût passé la porte, lui dit : « Lacédémonien, » retourne sur tes pas, et n'entre point dans ce temple ; il » n'est pas permis aux Doriens d'y mettre le pied. Je ne » suis pas Dorien, répondit Cléomène, mais Achéen[4] ; » et, sans s'inquiéter de ce présage, il tenta l'entreprise, et

[1] Il est antérieur de 52 ans. Cylon voulut s'emparer d'Athènes l'an 4102 de la période julienne, et Pisistrate s'en rendit maître l'an 4154.

[2] Ce terme n'est point inutile. Hérodote l'a ajouté parce qu'il y avait à Athènes beaucoup d'étrangers domiciliés qui jouissaient de tous les droits de citoyens, excepté qu'ils ne pouvaient occuper aucune place qui leur donnât quelque autorité dans l'État. On les appelait métœques, μέτοικοι, terme qui signifie proprement des *gens qui ont transporté leur domicile ailleurs, qui ont quitté leur patrie pour s'établir ailleurs*. Leurs descendants à perpétuité n'avaient pas plus de part au gouvernement de l'État que ceux de leurs ancêtres qui s'y étaient établis les premiers, à moins que des services essentiels ne les eussent fait admettre au nombre des citoyens (L.)

[3] ὄρνη est ce que les Latins appelaient *omen*. *Omen*, dit Festus, *quasi oremen, quia fit ab ore*. Les anciens observaient avec soin les paroles des personnes qu'ils rencontraient, afin d'en tirer un présage heureux ou fâcheux pour l'avenir. (L.)

[4] Les Achéens avaient été les maîtres de Lacédémone avant le retour des Héraclides. C'est une misérable défaite de Cléomène. (L.)

fut alors obligé de se retirer pour la seconde fois avec les Lacédémoniens sans avoir pu réussir. Les autres furent mis aux fers pour être punis de mort. De ce nombre était Timasithée de Delphes, dont je pourrais rapporter des traits de bravoure et de grandeur d'âme. On les fit mourir dans les prisons.

LXXIII. Les Athéniens, ayant ensuite rappelé Clisthène et les sept cents familles bannies par Cléomène, envoyèrent à Sardes des ambassadeurs pour faire alliance avec les Perses. Ils étaient, en effet, persuadés qu'ils auraient une guerre à soutenir contre Cléomène et les Lacédémoniens. Ces ambassadeurs ayant à leur arrivée exposé les ordres dont ils étaient chargés, Artapherne, fils d'Hystaspes, gouverneur de Sardes, leur demanda quelle sorte d'hommes ils étaient, et dans quel endroit de la terre ils habitaient, pour prier les Perses de s'allier avec eux. Les envoyés ayant satisfait à ses questions, il leur dit en peu de mots : « Si les Athéniens veulent donner au roi Darius » la terre et l'eau, il fera alliance avec eux ; sinon, qu'ils » se retirent. » Comme les envoyés désiraient fort cette alliance, ils répondirent, après en avoir délibéré entre eux, qu'ils y consentaient ; mais, à leur retour à Athènes, on leur intenta à ce sujet une accusation très-grave.

LXXIV. Cependant Cléomène, qui n'ignorait pas les actions et les propos insultants des Athéniens, leva des troupes dans tout le Péloponnèse, sans parler de leur destination ; il avait dessein de se venger d'eux, et de leur donner pour tyran Isagoras, qui était sorti de la citadelle avec lui. Il entra dans le territoire d'Éleusis avec des forces considérables ; et les Béotiens, de concert avec lui, prirent OEnoé et Hysies, bourgades à l'extrémité de l'Attique. Les Chalcidiens étaient aussi entrés par un autre côté sur les terres de la république, et y faisaient le dégât. Quoique ces diverses attaques causassent de l'embarras aux Athéniens, ils remirent à un autre temps à se venger des Béotiens et des Chalcidiens, pour aller sur-le-champ en ordre de bataille au-devant des Péloponnésiens, qui étaient à Éleusis.

LXXV. Les deux armées étaient prêtes à en venir aux

mains, lorsque les Corinthiens, ayant les premiers réfléchi sur l'injustice de leur conduite, changèrent de résolution et se retirèrent. Démarate, fils d'Ariston, qui était aussi roi de Sparte, et qui avait amené avec Cléomène les troupes de la république, suivit cet exemple, quoique jusqu'à ce moment il n'eût eu aucun différend avec lui. Les deux rois accompagnaient alors l'armée; mais, depuis l'époque de cette division, il leur fut défendu par une loi d'entrer ensemble tous les deux en campagne, et il fut aussi réglé que, l'un des deux rois étant séparés de l'autre, on laisserait aussi à Sparte l'un des deux Tyndarides : car auparavant ils allaient tous les deux au secours des rois, et les accompagnaient dans leurs expéditions. Le reste des alliés assemblés à Éleusis, témoins des divisions des rois de Lacédémone et du départ des Corinthiens, se retirèrent aussi chez eux.

LXXVI. Ce fut la quatrième fois que les Doriens entrèrent dans l'Attique. Ils y étaient venus deux fois pour faire la guerre aux Athéniens, et deux fois pour les intérêts de ce même peuple : la première, quand ils menèrent une colonie à Mégare, expédition qu'on pourrait avec raison placer sous le règne de Codrus ; la seconde et la troisième, lorsqu'ils chassèrent les Pisistratides ; la quatrième enfin, lorsque Cléomène conduisit les Péloponnésiens contre Éleusis.

LXXVII. Cette armée s'étant honteusement dissipée, les Athéniens cherchèrent alors à se venger. Ils marchèrent d'abord contre les Chalcidiens; mais les Béotiens étant venus à leur secours sur les bords de l'Euripe, les Athéniens ne les eurent pas plutôt aperçus, qu'ils résolurent de les attaquer les premiers. En conséquence de cette résolution, ils leur livrèrent bataille, leur tuèrent beaucoup de monde, firent sept cents prisonniers, et remportèrent une victoire complète. Ce même jour, ils passèrent dans l'Eubée, en vinrent aux mains avec les Chalcidiens, et, les ayant aussi vaincus, ils laissèrent dans l'île une colonie de quatre mille hommes, à qui ils distribuèrent au sort les terres des Hippobotes : tel est le nom qu'on donnait aux habitants les plus riches de cette île. Ils mirent aux fers tous les prisonniers qu'ils firent, tant sur eux que sur les Béotiens, et les gardèrent étroitement; mais dans la suite ils les relâchèrent moyennant deux mines par tête, et appendirent aux murs de la citadelle leurs ceps, qu'on voyait encore de mon temps suspendus aux murailles, en partie brûlées par le Mède, et vis-à-vis du temple qui est à l'ouest. Ils consacrèrent aux dieux la dixième partie de l'argent qu'ils retirèrent de la rançon des prisonniers, et l'on en fit un char de bronze à quatre chevaux, qu'on plaça à main gauche tout à l'entrée des propylées de la citadelle, avec cette inscription :

LES ATHÉNIENS ONT DOMPTÉ PAR LEURS EXPLOITS LES BÉOTIENS ET LES CHALCIDIENS, ET, LES AYANT CHARGÉS DE CHAINES, ILS ONT ÉTEINT LEUR INSOLENCE DANS L'OBSCURITÉ D'UNE PRISON. DE LA DIME DE LEUR RANÇON ILS ONT OFFERT A PALLAS CES CHEVAUX.

LXXVIII. Les forces des Athéniens allaient toujours en croissant. On pourrait prouver de mille manières que l'égalité entre les citoyens est le gouvernement le plus avantageux; cet exemple seul le démontre. Tant que les Athéniens restèrent sous la puissance de leurs tyrans, ils ne se distinguèrent pas plus à la guerre que leurs voisins; mais, ayant une fois secoué le joug, ils acquirent sur eux une très-grande supériorité. Cela prouve que, dans le temps qu'ils étaient détenus dans l'esclavage, ils se comportaient lâchement de propos délibéré, parce qu'ils travaillaient pour un maître; au lieu qu'ayant recouvré la liberté, chacun s'empressa avec ardeur à travailler pour soi. Tel était l'état actuel des Athéniens.

LXXIX. Les Thébains, cherchant depuis cette victoire a se venger des Athéniens, envoyèrent consulter le dieu de Delphes; la Pythie leur répondit qu'ils ne pourraient pas se venger par eux-mêmes, et leur conseilla de faire leur rapport à l'assemblée du peuple, et de s'adresser à leurs plus proches. Les envoyés convoquèrent, à leur retour, l'assemblée du peuple, et lui communiquèrent la réponse de l'oracle. Les Thébains, apprenant que le dieu leur ordonnait de s'adresser à leurs plus proches, se disaient les uns aux autres : « Les Tanagréens, les Coronéens et les » Thespiens ne sont-ils pas nos plus proches voisins?

» ne font-ils pas la guerre de concert avec nous, et ne se
» battent-ils pas avec ardeur pour nos intérêts ? qu'est-il
» besoin de les prier? Il y a bien plutôt apparence que ce
» n'est pas là le sens de l'oracle. »

LXXX. Ils discouraient là-dessus, lorsque quelqu'un de l'assemblée, apprenant le sujet des dilibérations, s'écria : « Je crois entendre le sens de l'oracle. Thébé et
» Ægine étaient filles, à ce qu'on dit, d'Asopus, et par
» conséquent sœurs. Je pense donc que le dieu nous or-
» donne de prier les Éginètes de nous venger. » Comme cet avis leur parut le meilleur, ils envoyèrent sur-le-champ, conformément à la réponse du dieu, prier les Éginètes de leur donner du secours, comme étant leurs plus proches. Ceux-ci leur promirent de leur envoyer les Æacides.

LXXXI. Les Thébains, pleins de confiance en l'alliance des Æacides, s'essayèrent contre les Athéniens; mais en ayant été très malmenés, ils envoyèrent une seconde députation aux Éginètes pour leur rendre les Æacides et pour les prier de leur donner des troupes. Les Éginètes, fiers de leurs richesses, et se rappelant leur ancienne inimitié contre Athènes, se rendirent aux prières des Thébains, et firent la guerre aux Athéniens sans la leur avoir déclarée. En effet, tandis que ceux-ci pressaient vivement les Béotiens, ils passèrent dans l'Attique sur des vaisseaux de guerre, pillèrent Phalère, avec un grand nombre de bourgades sur le reste de la côte, et causèrent par là beaucoup de dommage aux Athéniens.

LXXXII. L'inimitié qu'avaient contre eux les Éginètes était une dette anciennement contractée à l'occasion que je vais dire. Les Épidauriens, affligés d'une grande stérilité, consultèrent le dieu de Delphes sur ce fléau. La Pythie leur ordonna d'ériger des statues à Damia et à Auxésia[1], et leur promit qu'après cela ils s'en trouveraient mieux. Les Épidauriens lui ayant ensuite demandé s'ils les feraient en pierre ou en bronze, elle leur dit de n'y employer ni

[1] Damia et Auxésia étaient les mêmes que Cérès et Proserpine; elles procuraient la fertilité des terres, et elles avaient un temple à Tégée, où elles étaient surnommées Carpophores, c'est-à-dire qui procure d'abondantes moissons. (L.)

l'un ni l'autre, mais l'olivier franc. Les Épidauriens, persuadés que les oliviers de l'Attique étaient les plus sacrés, prièrent en conséquence les Athéniens de leur permettre d'en couper. On dit même qu'en ce temps-là l'Attique était le seul pays où il y en eût[1]. Les Athéniens le leur permirent, à condition qu'ils amèneraient tous les ans des victimes à Minerve Polias[2] et à Érechthée. Les Épidauriens, ayant accepté ces conditions, obtinrent ce qu'ils demandaient; et, ayant fait des statues de ces oliviers, ils les posèrent dans leur pays, qui devint fertile, et ils remplirent leurs engagements avec les Athéniens.

LXXXIII. Les Éginètes reconnaissaient avant cette époque, et même encore en ce temps-là, la souveraineté d'Épidaure, et ils étaient obligés de se rendre en cette ville pour y faire juger leurs procès. Mais depuis ils construisirent des vaisseaux, et, s'étant abandonnés à leur mauvaise foi, ils se révoltèrent contre les Épidauriens, se déclarèrent leurs ennemis; et comme ils étaient devenus les maîtres de la mer, ils ravagèrent leurs terres, et leur enlevèrent les statues de Damia et d'Auxésia, qu'ils placèrent au milieu de leur île, dans un canton nommé OEa, environ à vingt stades de la ville. Lorsqu'ils les eurent mises en cet endroit, ils tâchèrent de se les rendre propices en instituant en leur honneur des sacrifices et des chœurs de femmes qui se disaient des injures[3]; et ils assignèrent à

[1] Il est faux qu'on ne trouvât alors des oliviers que dans l'Attique. Hérodote le savait bien; mais il ne voulait pas heurter de front la petite vanité des Athéniens, et pour sauver son honneur il a mis cette restriction : On dit. (L.)

[2] Le titre de Polias, donné à Minerve, qui se rencontre dans une infinité de passages des anciens, a été rarement entendu. M. Brunck l'a bien rendu dans ce passage de Sophocle : Νίκη τ' Ἀθηνᾶ Πολιὰς, *et victrix Minerva arcium præses*. Les autres versions portent *urbium custos*. Minerve Polias, ou protectrice de la citadelle, était non-seulement adorée à Athènes, mais encore par différents peuples. Il en est fait mention dans le traité entre ceux de Hiérapytne et de Priansius en Crète, et dans le serment prêté par les habitants de Gortyne et de Priansius. La statue de cette déesse se conservait à Athènes, dans le temple qu'elle avait dans la citadelle. On l'y voyait encore du temps de Plutarque; c'était un morceau de bois informe, comme nous l'apprend Tertullien. (L.)

[3] Il n'y a pas d'excès où ne se soient portés les hommes quand ils étaient livrés à eux-mêmes et à leur sens réprouvé. Est-il possible qu'on ait cru honorer la divinité en se lançant mutuellement des sarcasmes? Dans l'île

chacune de ces déesses dix chorèges [1]. Ces chœurs n'invectivaient point les hommes, mais seulement les femmes du pays. Les Épidauriens avaient eu aussi chez eux de pareilles cérémonies, et ils en ont d'autres qu'ils tiennent secrètes.

LXXXIV. Ces statues ayant été enlevées, les Épidauriens cessèrent de s'acquitter des sacrifices dont ils étaient convenus avec les Athéniens. Ceux-ci, irrités de ce qu'ils manquaient à leurs engagements, leur en firent témoigner par leurs députés leur mécontentement; mais les Épidauriens prouvèrent aux députés d'Athènes qu'ils ne faisaient point en cela d'injustice ; que, tant qu'ils avaient eu ces statues dans leur pays, ils avaient rempli leurs engagements; mais que, depuis qu'elles n'étaient plus en leur possession, il n'était pas juste qu'ils payassent encore ce tribut, et qu'ils devaient l'exiger des Éginètes, qui en étaient les maîtres. Sur cette réponse, les Athéniens envoyèrent à Égine demander les statues; mais les Éginètes leur dirent qu'ils n'avaient rien à démêler avec eux.

LXXXV. Les Athéniens racontent qu'après cette demande, ils envoyèrent sur une trirème, au nom de l'État, les citoyens qu'ils avaient déjà députés, et qu'étant arrivés en Égine, ils tâchèrent d'arracher ces statues de dessus leurs bases, afin de les emporter avec eux, comme étant d'un bois qui leur appartenait; que, n'ayant pu s'en rendre maîtres de cette manière, ils leur passèrent des cordes pour les tirer; mais que, pendant qu'ils les tiraient, il survint un tel coup de tonnerre, accompagné d'un si grand tremblement de terre, qu'ils en eurent l'esprit aliéné, au point qu'ils s'entre-tuèrent les uns les autres comme s'ils eussent été ennemis, et qu'il n'en réchappa qu'un seul qui se transporta à Phalère.

LXXXVI. Tel est le récit des Athéniens. Les Éginètes prétendent de leur côté que si les Athéniens n'avaient eu qu'un seul vaisseau ou seulement un petit nombre, ils les

d'Anaphé, on se rendait Apollon propice lorsque, pendant le sacrifice, les femmes faisaient contre les hommes des plaisanteries indécentes. (L.)

[1] Les chorèges présidaient aux chœurs, et réglaient la dépense qu'on faisait pour les acteurs, les danseurs et les musiciens dans les fêtes publiques.

auraient aisément repoussés, quand ils n'en auraient point eu du tout eux-mêmes ; mais qu'ils vinrent, non sur un seul vaisseau, mais avec une flotte considérable ; qu'ils prirent alors le parti de céder, et de ne point engager un combat naval. Ils ne peuvent cependant assurer s'ils cédèrent parce qu'ils se sentaient trop faibles pour combattre sur mer, ou si ce fut dans la vue d'exécuter le projet qu'ils méditaient[1]. Ils ajoutent que les Athéniens, ne voyant personne se présenter pour leur livrer bataille, descendirent de leurs vaisseaux, et se portèrent vers les statues ; que, n'ayant pu les arracher de dessus leurs bases, ils leur passèrent des cordes, et les tirèrent jusqu'à ce que ces statues se fussent mises toutes deux à genoux, posture qu'elles ont conservée depuis ce temps-là. Ce trait ne me paraît point vraisemblable ; il le sera peut-être pour quelque autre. Telle fut, selon les Éginètes, la conduite des Athéniens. Quant à ce qui les regarde eux-mêmes, ils disent qu'ayant appris que les Athéniens devaient venir les attaquer, ils avertirent les Argiens de se tenir prêts ; que ceux-là ayant fait une descente en Égine, les Argiens les secoururent sur-le-champ, passèrent d'Épidaure dans l'île à l'insu des Athéniens, et tombèrent sur eux à l'improviste après leur avoir coupé le chemin de leurs vaisseaux. Ils ajoutent que dans le même temps il survint un coup de tonnerre avec un tremblement de terre.

LXXXVII. Ce témoignage des Éginètes est confirmé par celui des Argiens. Les Athéniens conviennent aussi qu'il n'y eut qu'un seul d'entre eux qui se fût sauvé dans l'Attique. Mais les Argiens prétendent qu'ils battirent les Athéniens, et qu'il n'y eut que cet homme qui survécût à la défaite de leurs troupes ; au lieu que, suivant les Athéniens, cet homme échappa lui seul à la vengeance des dieux ; et même encore ne put-il s'y soustraire, puisqu'il périt de la manière que je vais le dire. De retour à Athènes, il raconta le malheur qui était arrivé : là-dessus les femmes de ceux qui avaient été de cette expédition, outrées de ce qu'il s'était sauvé lui seul, s'attroupent autour de lui, le piquent

---

[1] Ce projet est celui d'appeler les Argiens à leur secours, dont il est parlé un peu plus bas.

avec les agrafes de leurs robes, en lui demandant chacune des nouvelles de son mari, et le font mourir de la sorte. L'atrocité de cette action parut aux Athéniens encore plus déplorable que leur défaite même ; et, ne sachant quelle autre punition leur infliger, ils les obligèrent à prendre les habits des Ioniennes. Elles portaient auparavant l'habillement dorien, qui approche beaucoup de celui des femmes de Corinthe. On changea donc leurs habits en tunique de lin[1], afin de rendre inutiles les agrafes. Mais, puisqu'il faut dire la vérité, cet habillement n'est pas, dans son origine, ionien, mais carien, l'habit de toutes les femmes grecques étant anciennement le même que celui que portent actuellement les Doriennes.

LXXXVIII. On prétend que les Argiens et les Éginètes ordonnèrent, en conséquence de cette action, que leurs femmes porteraient des agrafes une fois et demie plus grandes qu'à l'ordinaire ; que la principale offrande des femmes à ces déesses [2] se ferait en agrafes ; que dans la suite on n'offrirait à leur temple aucune chose qui vînt de l'Attique, pas même un vase de terre, et qu'on ne pourrait y boire que dans des coupes du pays. Cette contrariété a été poussée si loin, que, de mon temps, les femmes des Argiens et des Éginètes portaient encore des agrafes plus grandes qu'autrefois.

LXXXIX. Telle fut, comme je l'ai dit, l'origine de l'inimitié des Athéniens contre les Éginètes. Ces derniers, se ressouvenant encore de ce qui s'était passé au sujet de ces statues, se rendirent avec empressement à l'invitation des Thébains, et donnèrent du secours aux Béotiens. Les Éginètes ravagèrent les côtes de l'Attique ; mais, tandis que les Athéniens se disposaient à marcher contre eux, il leur vint de Delphes un oracle qui leur ordonnait de suspendre le châtiment des Éginètes pendant trente ans, à compter de leurs premières insultes ; et que si, après avoir élevé

---

[1] Ces tuniques avaient des manches. Les robes des Doriennes n'en avaient point ; elles se les mettaient sur les épaules, et les attachaient par-devant avec des agrafes. Aussi, Vénus ayant été blessée à la main par Diomède, Minerve la badine à ce sujet, et attribue sa blessure à l'agrafe de quelque Grecque que cette déesse avait voulu engager à suivre un Troyen. (L.)

[2] Damia et Auxésia.

un temple à Æacus, ils les attaquaient la trente-unième année, cette guerre aurait le succès qu'ils s'en promettaient ; au lieu que, s'ils la leur faisaient sur-le-champ, ils auraient beaucoup à souffrir dans cet intervalle, qu'ils feraient aussi beaucoup de mal aux Éginètes, mais qu'enfin ils les subjugueraient. Les Athéniens n'eurent pas plutôt eu communication de cet oracle, qu'ils élevèrent à Æacus le temple qui est à présent sur la place publique; mais, voyant qu'il leur fallait contenir pendant trente ans le ressentiment des injures qu'ils avaient reçues, ils ne voulurent pas différer si longtemps.

XC. Une affaire que leur suscitèrent les Lacédémoniens fut un obstacle à la vengeance qu'ils méditaient. Les Lacédémoniens, instruits du manége des Alcméonides avec la Pythie, et des intrigues de celle-ci contre eux et contre les Pisistratides, en furent doublement affligés, et parce qu'ils avaient chassé d'Athènes leurs hôtes et leurs amis, et parce que les Athéniens ne leur en savaient aucun gré. Indépendamment de ces raisons, ils étaient encore animés par les oracles, qui leur prédisaient qu'ils auraient beaucoup à souffrir de la part des Athéniens ; oracles qu'ils avaient auparavant ignorés, et que Cléomène, qui les avait portés à Sparte, leur fit alors connaître. Ce prince avait enlevé ces oracles de la citadelle. Ils avaient auparavant appartenu aux Pisistratides ; mais les ayant laissés dans le temple de Minerve lorsqu'ils furent chassés, Cléomène s'en était emparé.

XCI. Quand les Lacédémoniens s'en virent les maîtres, et qu'ils se furent aperçus que les forces des Athéniens prenaient de nouveaux accroissements, et qu'ils n'étaient nullement disposés à leur obéir, venant alors à réfléchir que si ce peuple était libre, il tiendrait avec eux la balance égale, et que, s'il était retenu dans l'esclavage, il deviendrait prêt à obéir; convaincus de la justesse de ces réflexions, ils firent venir Hippias, fils de Pisistrate, de Sigée sur l'Hellespont, où s'étaient réfugiés les Pisistratides. Hippias s'étant rendu à leur invitation, ainsi que les députés de leurs alliés, qu'ils avaient aussi mandés, les Spartiates leur parlèrent en ces termes : « Confédérés, nous

» reconnaissons notre faute : entraînés par des oracles
» trompeurs, nous avons chassé de leur patrie de vrais
» amis qui s'étaient engagés à tenir Athènes sous nos lois:
» nous avons ensuite remis l'autorité entre les mains d'un
» peuple ingrat, qui, se voyant libre par nous, ose actuel-
» lement lever la tête, et a eu l'insolence de nous chasser
» de chez lui, nous et notre roi. Enflé d'une vaine gloire,
» ses forces vont toujours en augmentant : les Béotiens et
» les Chalcidiens leurs voisins le savent, et l'ont appris à
» leurs dépens ; d'autres le sauront bientôt, pour peu qu'ils
» choquent ce peuple orgueilleux. Mais puisque nous avons
» commis une faute, réparons-la, en tâchant de nous ven-
» ger avec votre secours. C'est dans ce dessein que nous
» avons invité Hippias à venir à Sparte, et que nous vous
» avons priés de vous y rendre, afin que, réunissant nos
» forces et agissant de concert, nous le remenions à Athè-
» nes, et que nous lui rendions ce que nous lui avons
» ravi. »

XCII. Ce discours ne fut point approuvé du plus grand nombre des alliés. Ils gardaient tous le silence, lorsque Sosiclès de Corinthe parla en ces termes : « Lacédémoniens,
» nous devons certes nous attendre maintenant à voir le
» ciel prendre la place de la terre, et la terre celle du
» ciel, les hommes vivre dans la mer, et les poissons sur la
» terre, puisque vous cherchez à détruire l'isocratie[1] dans
» les villes, et que vous vous disposez à établir en sa place
» la tyrannie, gouvernement le plus injuste et le plus san-
» guinaire qu'il y ait au monde. S'il vous paraît avanta-
» geux de soumettre les États de la Grèce à des tyrans,
» commencez par en prendre un pour vous-mêmes, et cher-
» chez ensuite à en donner aux autres. Vous n'avez jamais
» éprouvé le gouvernement tyrannique, et vous veillez avec
» le plus grand soin pour qu'il ne s'introduise point à
» Sparte. Cependant, par un abus étrange, vous entre-
» prenez de l'établir aujourd'hui chez vos alliés. Mais si
» vous en aviez fait le même essai que nous, nous ne dou-

[1] Ce mot signifie égalité dans les parties constituantes de l'État. Il est opposé au gouvernement monarchique, et encore plus au tyrannique, qui ne reconnaît point de lois. (L.)

» tons point que vous n'eussiez ouvert un meilleur avis.

» La forme du gouvernement de Corinthe était oligar-
» chique, et l'autorité était concentrée dans la maison des
» Bacchiades[1], qui ne se mariaient que dans leur famille.
» Amphion, l'un d'entre eux, eut une fille boiteuse, nom-
» mée Labda[2]. Aucun des Bacchiades n'ayant voulu l'é-
» pouser, on la maria à Éétion, fils d'Échécratès, du
» bourg de Pétra, mais Lapithe d'origine, et descendant
» de Cænée[3]. Comme il n'avait point d'enfant de cette
» femme, ni d'aucune autre, il alla consulter le dieu de
» Delphes pour savoir s'il en aurait. A peine fut-il entré
» dans le temple, que la Pythie lui adressa ces paroles :

« Éétion, tu n'es honoré de personne, quoique tu mé-
» rites beaucoup de l'être. Labda porte dans son sein une
» grosse pierre qui écrasera des despotes, et gouvernera
» Corinthe. »

» Cette réponse du dieu fut par hasard rapportée aux
» Bacchiades. Ils avaient reçu auparavant, au sujet de
» Corinthe, un oracle qui leur avait paru obscur, et qui

---

[1] Le premier de cette branche qui régna à Corinthe s'appelait Bacchis, fils de Prumnis. Il succéda aux Alétiades, qui avaient occupé le trône de Corinthe pendant cinq générations. Les Bacchiades, qui tiraient leur nom de ce Bacchis, régnèrent dans cette ville le même espace de temps. Le dernier fut Télestès, fils d'Aristomèdes. Il fut tué par Ariée et Pérantas, qui le haïssaient. La royauté finit en lui. On choisit ensuite parmi les Bacchiades des prytanes ou magistrats annuels, qui gouvernèrent l'État jusqu'à ce que Cypsélus, fils d'Eétion, s'emparât de la tyrannie et les chassât. (L.)

[2] Ce n'était pas son vrai nom, mais une espèce de surnom ou de sobriquet que lui avait donné le dieu de Delphes parce qu'elle était boiteuse, ayant les jambes et les pieds tournés à peu près comme un *lambda*, qui est une lettre de l'alphabet grec. Remarquez qu'anciennement on appelait *labda* la lettre qui fut dans la suite nommée *lambda*. C'était assez la coutume, chez les anciens, de donner pour sobriquets des noms tirés de l'alphabet. On dit qu'Ésope fut surnommé *Thêta* par Iadmon son maître, parce qu'il était d'un esprit fin et rusé, et que les esclaves s'appelaient Θῆτες ; que Galérius Crassus, tribun militaire sous l'empereur Tibère, était surnommé *Béta*, parce qu'il aimait la bette ou poirée. (L.)

[3] Ce Lapithe Cænée vivait du temps d'Hercule ; il était roi des Lapithes, brave et invulnérable. Dans un combat qui se donna entre les Centaures et les Lapithes, la terre s'étant entr'ouverte sous ses pieds, il y fut englouti. Les poëtes imaginèrent que les Centaures ayant fondu sur lui en grand nombre, et ne pouvant ni le percer ni l'assommer, l'avaient enfoncé en terre à coups de massue. (*Voyez* Apollonius de Rhodes, liv. I.)

» signifiait la même chose que celui que le dieu venait de
» rendre à Éétion. Il était conçu en ces termes :

« Un aigle enfantera parmi ces rochers un lion fort et
» cruel qui fera périr beaucoup de monde. Réfléchissez
» là-dessus, vous qui habitez la sourcilleuse Corinthe et
» les bords de la belle fontaine de Pirène. »

» Les Bacchiades ne pouvaient former aucune conjec-
» ture sur cet oracle, qui leur avait été rendu antérieure-
» ment; mais, lorsqu'ils eurent connaissance de celui d'Éé-
» tion, ils comprirent aussitôt le premier, parce qu'il
» s'accordait parfaitement bien avec celui qui avait été
» rendu à Éétion. S'étant donc aussi assurés du sens de cet
» oracle, ils le tinrent secret, dans l'intention de faire
» périr l'enfant qui naîtrait à Éétion. Sa femme ne fut pas
» plutôt accouchée, qu'ils envoyèrent dix d'entre eux au
» bourg où il demeurait, pour tuer cet enfant. Lorsqu'ils
» y furent arrivés, et qu'ils furent entrés dans la cour
» d'Éétion, ils demandèrent l'enfant. Labda, qui ignorait
» le motif de leur arrivée, et qui pensait qu'ils le deman-
» daient par amitié pour son père, le remit entre les
» mains de l'un d'entre eux. Ils avaient résolu en chemin
» que le premier qui le tiendrait entre ses bras l'écrase-
» rait contre terre. Cet enfant n'eut pas plutôt passé des
» mains de sa mère dans celles de celui-ci, que, par un
» bonheur extraordinaire, il lui sourit. Cet homme en fut
» touché, et, la compassion l'empêchant de le tuer, il le
» remit à un autre, celui-ci à un troisième; enfin ils se le
» passèrent tous ainsi de main en main, sans qu'aucun
» d'eux voulût le faire périr. Ils sortirent de la maison
» après l'avoir rendu à sa mère; et, se tenant près de la
» porte, ils se firent réciproquement de vifs reproches, et
» surtout à celui qui avait pris le premier l'enfant, parce
» qu'il n'avait pas exécuté ce dont ils étaient convenus.
» Ces altercations ayant duré quelque temps, ils prirent
» enfin la résolution de rentrer, et de participer tous à sa
» mort. Mais il fallait que la race d'Éétion fût le germe
» d'où devaient sortir les malheurs de Corinthe. Labda,
» qui était près de la porte, avait tout entendu; et crai-
» gnant qu'ils ne changeassent de résolution, et qu'ils ne

» reprissent son fils pour le tuer, elle alla le cacher dans
» une corbeille à blé [1], qui lui parut le lieu le plus sûr, et
» dont on se douterait le moins ; car elle était persuadée
» que, s'ils rentraient pour chercher son fils, ils feraient
» par toute la maison les perquisitions les plus exactes.
» Cela ne manqua point aussi d'arriver. Ils rentrèrent dans
» la maison; et ayant inutilement cherché partout, ils pri-
» rent le parti de s'en aller, et de dire à ceux qui les
» avaient envoyés qu'ils s'étaient acquittés de leur com-
» mission. Ce fut, en effet, le langage qu'ils tinrent à leur
» retour. Lorsque cet enfant fut devenu grand, on lui
» donna le nom de Cypsélus, pour rappeler le souvenir du
» danger qu'il avait évité par le moyen d'une corbeille à
» blé. Étant ensuite parvenu à l'âge viril, il alla consulter
» le dieu de Delphes, qui lui fit une réponse ambiguë.
» Plein de confiance en cet oracle, il attaqua Corinthe et
» s'en empara. Cet oracle était conçu en ces termes :

« Heureux cet homme qui entre dans mon temple,
» Cypsélus, fils d'Éétion, roi de l'illustre ville de Co-
» rinthe, lui, ses enfants, et encore les enfants de ses
» enfants ! »

» Voici comment Cypsélus se conduisit lorsqu'il fut de-
» venu tyran. Il exila un grand nombre de Corinthiens [2],
» en dépouilla beaucoup de leurs biens, et en fit mourir
» encore davantage. Enfin, étant parvenu au port après
» un règne heureux de trente ans, son fils Périandre lui

---

[1] Cette corbeille fut conservée dans le temple de Junon à Olympie. Elle était de cèdre, avec des histoires sculptées sur le cèdre en or et en ivoire. On peut en voir la description dans Pausanias, liv. v, chap. xvii et suivants. Il est très-vraisemblable que ce coffre n'était point celui dans lequel on cacha Cypsélus, mais un autre qu'on fit sur le modèle de celui-là, afin de conserver la mémoire d'un événement aussi précieux aux Cypsélides. (L.)

[2] Denys d'Halicarnasse rapporte qu'un certain Corinthien, nommé Déma-ratus, de la famille des Bacchiades, s'étant adonné au commerce, passa en Italie sur un vaisseau qui lui appartenait, aussi bien que les marchandises... Il amassa de cette manière de grandes richesses; mais une sédition s'étant élevée à Corinthe, et les Bacchiades ayant été opprimés par la tyrannie de Cypsélus, Démaratus pensa qu'il ne serait pas sûr pour lui de vivre sous un gouvernement tyrannique. Il s'embarqua avec tous ses biens, et passa de Corinthe en Étrurie. S'étant marié dans le pays, son fils se rendit à Rome, et devint roi des Romains sous le nom de Tarquin, qu'il prit de Tarquinies, ville d'Étrurie, où il était né. (L.)

» succéda. Celui-ci montra dans les commencements beau-
» coup plus de douceur que son père; mais les liaisons
» qu'il entretint par ses ambassadeurs avec Thrasybule,
» tyran de Milet, le rendirent encore plus cruel que Cyp-
» sélus. Il avait fait demander à ce prince quelle forme
» de gouvernement il pourrait établir, afin de régner ho-
» norablement et plus sûrement. Thrasybule conduisit
» l'envoyé de Périandre hors de la ville, se promenant
» avec lui dans les blés, et faisant à cet envoyé des ques-
» tions sur son départ de Corinthe; et revenant souvent
» sur cet objet, il coupait tous les épis plus élevés que les
» autres, et les jetait par terre ; de sorte qu'il détruisit ce
» qu'il y avait de plus beau et de plus grand parmi ces
» blés. Quand il eut parcouru ce champ, il renvoya le dé-
» puté de Périandre sans lui donner aucune sorte de con-
» seils. Ce député ne fut pas plutôt de retour à Corinthe,
» que Périandre s'empressa de lui demander quels conseils
» lui donnait Thrasybule : il lui répondit qu'il ne lui en
» avait donné aucun, mais qu'il était surpris qu'il l'eût
» envoyé auprès d'un homme assez insensé pour détruire
» son propre bien ; et en même temps il lui raconta ce
» qu'il lui avait vu faire.

» Périandre, comprenant le sens de cette action, et per-
» suadé que Thrasybule lui conseillait de faire mourir les
» citoyens les plus élevés, se porta, dès ce moment, à
» toutes sortes de méchancetés envers ses concitoyens. Il
» exila et fit mourir ceux qu'avait épargnés Cypsélus, et
» acheva ce que celui-ci avait commencé. Il fit aussi en un
» même jour dépouiller de leurs habits toutes les femmes
» de Corinthe, à l'occasion de Mélisse, sa femme. Il avait
» envoyé consulter l'oracle des morts sur les bords de
» l'Achéron, dans le pays des Thesprotiens, au sujet d'un
» dépôt qu'avait laissé un étranger. Mélisse, étant apparue,
» répondit qu'elle ne dirait ni n'indiquerait où était ce
» dépôt, parce qu'étant nue, elle avait froid ; les habits
» qu'on avait enterrés avec elle ne lui servant de rien,
» puisqu'on ne les avait pas brûlés. Et, pour prouver la
» vérité de ce qu'elle avançait, elle ajouta que Périandre
» avait déposé dans le sein de la mort le germe de la vie.

» Cette preuve parut d'autant plus certaine à Périandre,
» qu'il avait joui de sa femme après sa mort. Ses envoyés
» ne lui eurent pas plutôt fait part, à leur retour, de la ré-
» ponse de Mélisse, qu'il fit publier par un héraut que
» toutes les femmes de Corinthe eussent à s'assembler dans
» le temple de Junon. Elles s'y rendirent comme à une
» fête, avec leurs plus riches parures ; mais, les femmes
» libres comme les suivantes, il les fit toutes dépouiller
» par ses gardes, qu'il avait apostés dans ce dessein.
» On porta ensuite par son ordre tous ces habits dans
» une fosse, où on les brûla, après qu'il eut adressé ses
» prières à Mélisse. Cela fait, l'ombre de Mélisse indiqua
» à celui qu'il avait envoyé pour la seconde fois le lieu
» où elle avait mis le dépôt.

» Telle est, Lacédémoniens, la tyrannie ; tels sont ses
» effets. Aussi fûmes-nous alors fort étonnés, nous autres
» Corinthiens, quand nous vous vîmes mander Hippias ;
» mais le langage que vous tenez maintenant nous sur-
» prend encore davantage. Nous vous conjurons, au nom
» des dieux de la Grèce, de ne point établir dans les villes
» la tyrannie. Mais si, persistant dans votre premier des-
» sein, vous entreprenez, contre toute justice, de rétablir
» Hippias dans Athènes, sachez que vous n'aurez pas du
» moins les Corinthiens pour approbateurs. »

XCIII. Sosiclès, député de Corinthe, ayant cessé de parler, Hippias lui répondit, après avoir invoqué les mêmes dieux, que les Corinthiens auraient un jour plus sujet que tout autre peuple de regretter les Pisistratides, lorsque serait arrivé le temps fixé par les destins où ils seraient vexés par les Athéniens. Hippias leur parlait ainsi, parce que nul homme n'avait une connaissance plus parfaite des oracles. Le reste des alliés avait jusque-là gardé le silence ; mais, ayant ouï le discours de Sosiclès, ils s'écrièrent tous avec liberté, et d'une voix unanime, qu'ils étaient de son avis ; et s'adressant aux Lacédémoniens, ils les conjurèrent de ne rien entreprendre contre une ville grecque, et de n'introduire aucune nouveauté dans son gouvernement. Ainsi échoua le projet des Lacédémoniens.

XCIV. Hippias étant parti de Lacédémone, Amyntas,

roi de Macédoine, lui donna la ville d'Anthémonte, et les Thessaliens celle d'Iolcos ; mais il n'accepta ni l'une ni l'autre de ces offres, et retourna à Sigée. Pisistrate ayant conquis cette place sur les Mytiléniens, y avait établi pour tyran un fils naturel, nommé Hégésistrate, qu'il avait eu d'une femme d'Argos. Mais ce jeune homme ne jouit pas tranquillement du bien qu'il tenait de lui. Les Mytiléniens et les Athéniens étaient depuis longtemps en guerre, et les villes d'Achilléium et de Sigée leur servaient de place d'armes, d'où ils faisaient de fréquentes courses sur le territoire des uns et des autres. Les premiers redemandaient ce pays ; les autres ne convenaient pas qu'il leur appartînt, et de plus ils prouvaient qu'eux-mêmes, et tous les autres Grecs qui avaient aidé Ménélas à venger le rapt d'Hélène, avaient autant de droit au territoire de Troie que les Éoliens.

XCV. Il arriva dans cette guerre, et dans les combats que se livrèrent ces deux peuples, beaucoup d'aventures de toute espèce, et une entre autres qui regarde le poëte Alcée[1]. Dans une action où les Athéniens eurent l'avantage, il s'enfuit, et laissa en leur pouvoir son bouclier, qu'ils appendirent à Sigée[2] dans le temple de Minerve. Il composa, sur ce sujet, une ode qu'il envoya à Mytilène, et dans laquelle il racontait à Ménalippe, son ami, le malheur qui lui était arrivé. Périandre, fils de Cypsélus, rétablit

---

[1] Poëte lyrique très-célèbre, grand ennemi des tyrans, qu'il a immolés dans ses vers à l'amour de la liberté. Il fleurissait en la XLII⁰ olympiade, comme on le présume par des synchronismes. Suidas nous apprend en effet que Pittacus tua en cette olympiade Mélanchrus, tyran de Mytilène, et nous voyons dans Diogène Laërce qu'il fut aidé dans cette entreprise par les frères d'Alcée. Il ne nous reste de ce poëte que des fragments qui ont été rassemblés avec soin par Henri Estienne, à la suite de son *Pindare* en deux volumes in-16. (L.)

[2] Chez les anciens, c'était un grand honneur pour les vainqueurs que d'enlever les armes aux ennemis, et une grande ignominie aux vaincus de les perdre. Les lois établies dans la plupart des États de la Grèce punissaient même ceux qui, dans une déroute, perdaient leur bouclier. Ce malheur arriva au poëte Archiloque dans la guerre des Thasiens contre les Saïens, peuples de Thrace : moins sage qu'Alcée, il osa s'en vanter dans ses vers ; et en cela il fut imité par Horace. Les Romains ne firent que rire de la plaisanterie naïve d'Horace ; mais les Spartiates, plus austères que les Romains chassèrent Archiloque de Sparte, où la curiosité l'avait conduit. (L.)

la paix entre les Mytiléniens et les Athéniens, qui l'avaient pris pour arbitre. Il décida qu'ils cultiveraient le pays dont chacun était en possession. Sigée resta en conséquence aux Athéniens.

XCVI. Hippias s'étant rendu de Lacédémone en Asie, il n'y eut rien qu'il ne remuât pour rendre les Athéniens odieux à Artapherne, et fit tout pour mettre Athènes en sa puissance, et pour la soumettre à Darius. Ses menées étant venues à la connaissance des Athéniens, ils envoyèrent des députés à Sardes, pour dissuader les Perses d'ajouter foi aux discours de leurs bannis. Mais Artapherne leur ordonna de rappeler Hippias, s'ils désiraient de se conserver. Ils étaient si éloignés d'accepter cette condition, qu'ils furent d'avis de se déclarer ouvertement contre les Perses.

XCVII. Tandis qu'ils étaient dans cette résolution, et qu'on les calomniait chez les Perses, Aristagoras de Milet, que Cléomène, roi de Lacédémone, avait chassé de Sparte, arriva à Athènes, la plus puissante ville qu'il y eût en Grèce. S'étant présenté à l'assemblée du peuple, il y parla, comme il l'avait fait à Sparte, des richesses de l'Asie et de la facilité qu'il y aurait à vaincre les Perses, qui n'avaient point de troupes pesamment armées. A ces raisons il ajouta que les Milésiens étant une colonie des Athéniens, il était naturel que ceux-ci, qui étaient très-puissants, les remissent en liberté : et comme il avait un besoin très-pressant de leur secours, il n'y eut point de promesses qu'il ne leur fît, jusqu'à ce qu'il les eût enfin persuadés. Il paraît en effet plus aisé d'en imposer à beaucoup d'hommes qu'à un seul, puisque Aristagoras, qui ne put surprendre Cléomène seul, réussit à tromper trente mille Athéniens. Le peuple, persuadé, résolut d'envoyer vingt vaisseaux au secours des Ioniens, et nomma pour les commander Mélanthius, qui était universellement estimé parmi ses concitoyens. Cette flotte fut une source de maux tant pour les Grecs que pour les Barbares.

XCVIII Aristagoras s'embarqua, et prit les devants. Lorsqu'il fut arrivé à Milet, il imagina un projet dont il ne devait résulter aucun avantage pour les Ioniens ; aussi

avait-il moins en vue de les obliger que de chagriner Darius. Il envoya en Phrygie vers les Pæoniens, qui avaient été transplantés des bords du Strymon, où Mégabyse les avait faits prisonniers, et qui en habitaient un canton et un bourg qu'on leur avait donné pour y vivre en leur particulier. Son député leur dit à son arrivée : « Pæoniens, Aristago-
» ras, tyran de Milet, m'a chargé de vous donner un con-
» seil qui vous sera salutaire, si vous voulez le suivre.
» L'Ionie entière a pris les armes contre le roi ; c'est pour
» vous une occasion favorable de retourner dans votre pa-
» trie sans aucun danger. Rendez-vous seulement sur les
» bords de la mer ; quant au reste du voyage, nous y pour-
» voirons. »

Les Pæoniens embrassèrent ce parti avec bien de la joie. Prenant aussitôt avec eux leurs femmes et leurs enfants, ils s'enfuirent vers la mer, excepté un petit nombre que la crainte du danger retint dans leur habitation. A peine furent-ils arrivés sur ses bords, qu'ils passèrent en Chios. Ils y étaient déjà, lorsqu'il survint de la cavalerie perse qui les poursuivait vivement. Ces troupes, n'ayant pu les joindre, leur firent dire à Chios qu'ils eussent à revenir. Les Pæoniens ne les écoutèrent pas. Les habitants de Chios les transportèrent de leur île en celle de Lesbos, et les Lesbiens à Dorisque, d'où ils se rendirent par terre en Pæonie.

XCIX. Les Athéniens arrivèrent avec vingt vaisseaux et cinq trirèmes des Érétriens, qui les accompagnèrent, moins par égard pour eux que pour reconnaître les bienfaits des Milésiens. Ceux-ci, en effet, les avaient aidés dans la guerre qu'ils avaient eue à soutenir contre les Chalcidiens, lorsque les Samiens secoururent ces derniers contre les Érétriens et les Milésiens. Quand ils furent arrivés, et qu'ils eurent été joints par le reste des alliés, Aristagoras fit une expédition contre Sardes, où il ne se trouva point en personne. Il resta à Milet, et nomma, pour commander les Milésiens, Charopinus son frère, et mit Hermophante à la tête des alliés.

C. Les Ioniens, étant abordés à Éphèse, laissèrent leurs

vaisseaux à Coresse[1], dans le territoire de cette ville, et, ayant pris avec eux des Éphésiens pour leur servir de guides, ils s'avancèrent dans les terres avec des forces considérables. Ils suivirent les bords du Caystre, passèrent le mont Tmolus, et arrivèrent à Sardes. Comme ils ne trouvèrent point de résistance, ils prirent cette place, excepté la citadelle, qu'Artapherne défendait avec une garnison nombreuse.

CI. Un accident garantit cette ville du pillage. La plupart des maisons étaient de cannes et de roseaux, et toutes celles qui étaient en briques étaient couvertes de roseaux. Un soldat ayant mis le feu à une de ces maisons, l'incendie se communiqua aussitôt de proche en proche, et la ville fut réduite en cendres. Pendant qu'elle était en proie aux flammes, les Lydiens, et tout ce qu'il y avait de Perses à Sardes, se voyant pris de tous côtés, et ne trouvant point d'issue pour s'échapper, parce que le feu avait déjà gagné les extrémités de la ville, se rendirent en foule sur la place, et sur les bords du Pactole, qui la traverse par le milieu. Ce fleuve roule dans ses eaux des paillettes d'or qu'il a détachées du Tmolus, et au sortir de Sardes il se jette dans l'Hermus, et l'Hermus dans la mer. Les Perses et les Lydiens, entassés dans la place et sur les bords de cette rivière, furent forcés de se défendre. Les Ioniens, voyant les uns se mettre en défense et les autres marcher à eux en grand nombre, furent effrayés, et se retirèrent vers le mont Tmolus, d'où ils partirent la nuit pour se rendre à leurs vaisseaux.

CII. Le temple de Cybèle, déesse du pays, fut consumé avec la ville; et cet incendie servit dans la suite de prétexte aux Perses pour mettre le feu aux temples de la Grèce. Sur la nouvelle de cette invasion, les Perses qui habitaient en deçà de l'Halys s'assemblèrent et accoururent au secours des Lydiens. Ils ne trouvèrent plus les Ioniens à Sardes; mais, les ayant suivis sur leurs traces, ils les

---

[1] Coresse, nom d'une montagne assez élevée, distante d'Éphèse de quarante stades environ. Il y avait au pied de cette montagne un bourg du même nom, et une rade. (MIOT.)

atteignirent à Éphèse. Les Ioniens se rangèrent en bataille vis-à-vis d'eux, livrèrent combat et furent battus. Il y en eut beaucoup de tués ; et parmi les personnes de distinction, on compte Eualcis, commandant des Érétriens, qui avait été plusieurs fois victorieux aux jeux dont le prix est une couronne, et dont les louanges avaient été chantées par Simonide [1] de Céos. Ceux qui se sauvèrent de cette bataille se dispersèrent dans les villes.

CIII. Les Athéniens abandonnèrent après cela totalement les Ioniens, et ne voulurent plus leur donner de secours, malgré les prières que leur fit Aristagoras par ses députés. Quoique privés de l'alliance des Athéniens, les Ioniens ne s'en disposèrent pas moins à continuer la guerre contre Darius, la conduite qu'ils avaient tenue avec ce prince ne leur laissant point d'autre ressource. Ils firent voile dans l'Hellespont, et s'emparèrent de Byzance et de toutes les autres villes voisines. Au sortir de cette mer, ils allèrent en Carie, dont la plus grande partie se confédéra avec eux ; et la ville de Caune, qui avait refusé auparavant leur alliance, y entra aussitôt après l'incendie de Sardes.

CIV. Les Cypriens se liguèrent tous de leur propre mouvement avec eux, excepté les habitants d'Amathonte. Ils s'étaient révoltés contre les Mèdes à l'occasion que je vais dire. Gorgus, roi de Salamine [2], fils de Chersis, petit-fils de Siromus et arrière-petit-fils d'Évelthon, avait un frère cadet, nommé Onésilus. Cet Onésilus l'avait souvent exhorté auparavant à se soulever contre le roi. Lorsqu'il eut appris la révolte des Ioniens, il l'en pressa encore davantage ; mais, n'ayant pu l'y engager, il épia le moment qu'il était sorti de Salamine, et aussitôt il lui en ferma les portes à l'aide des gens de son parti. Gorgus, dépouillé de ses États, se retira chez les Mèdes. Onésilus se voyant

[1] Il y a eu plusieurs Simonides. Celui-ci était fils de Léoprepès, et petit-fils d'un autre Simonide qui avait été poète aussi. Il mourut à l'âge de quatre-vingt-neuf ans, 468 ans avant notre ère.

[2] Ce Gorgus descendait d'Évelthon, roi de Salamine, et contemporain d'Arcésilas III, roi de Cyrène. Ce dernier prince donna un asile dans ses États à Phérétime, mère d'Arcésilas. Il régnait par conséquent vers l'an 4187 de la période julienne, 527 ans avant l'ère vulgaire. (L.)

maître de Salamine, tous les Cypriens prirent, à sa prière, part à la révolte, excepté ceux d'Amathonte, qui ne voulurent point l'écouter. Il les assiégea.

CV. Il était devant cette place, lorsqu'on annonça à Darius que Sardes avait été prise et brûlée par les Athéniens et les Ioniens ; qu'Aristagoras de Milet avait ourdi cette trame, et qu'il était le chef de la ligue formée contre lui. On raconte que, lorsqu'il apprit cette nouvelle, il ne tint aucun compte des Ioniens, sachant bien que leur révolte ne resterait pas impunie ; mais qu'il s'informa quel peuple c'était que les Athéniens, et que, sur ce qu'on le lui eut appris, il demanda son arc, et qu'y ayant mis une flèche, il la tira vers le ciel et en frappa l'air[1] en s'écriant : « O » Jupiter, puissé-je me venger des Athéniens ! » Il ordonna ensuite à un de ses officiers de lui répéter à trois reprises, toutes les fois qu'on lui servirait à dîner : Seigneur, souvenez-vous des Athéniens.

CVI. Cet ordre donné, il manda Histiée de Milet, qu'il retenait à sa cour déjà depuis longtemps. « Histiée, lui » dit-il, j'apprends que le gouverneur à qui vous avez con- » fié Milet a excité des troubles contre moi, qu'il a fait ve- » nir des peuples de l'autre continent, et que, les ayant » joints aux Ioniens, que je saurai punir, il les a engagés » à le suivre, et m'a enlevé la ville de Sardes. Cette entre- » prise vous paraît-elle honnête ? Aurait-elle pu s'exécuter » sans votre participation ? Prenez garde de vous rendre » coupable une autre fois. Que me dites-vous, seigneur ? » répondit Histiée. Me croyez-vous capable de donner un » conseil qui puisse vous causer le plus léger chagrin ? Que » prétendrais-je en agissant de la sorte ? De quoi man- » quai-je près de vous ? Ne me faites-vous point part de » tous vos biens ? Ne daignez-vous pas m'admettre à tous » vos conseils ? Si mon lieutenant a formé l'entreprise dont » vous me parlez, c'est, seigneur, de son propre mouve-

---

[1] Cette action est une espèce de déclaration de guerre. L'usage actuel des Kalmacs, peuples tartares voisins de la Perse, le donne à penser. « Les Kalmacs, dit Chardin, indignés, vinrent vers la fin de la campagne sur la frontière qui sépare les deux États, et là ils tirèrent solennellement une flèche dans les terres de Perse, qui est le signal avec lequel ils déclarent la guerre. » (*Voyage de Chardin*, t. IV, p. 302.)

» ment ; mais je ne puis absolument me persuader que lui
» et les Milésiens aient excité des troubles contre vous. Si
» cependant ils l'ont fait, si ce qu'on vous en a dit est vrai,
» considérez, seigneur, si vous n'y avez pas donné lieu
» en m'arrachant des bords de la mer[1]. Les Ioniens dési-
» raient sans doute depuis longtemps de se soustraire à
» votre obéissance ; mon éloignement a favorisé leurs vues.
» Si j'eusse été sur les lieux, aucune ville n'eût osé re-
» muer. Renvoyez-moi donc au plus tôt en Ionie, afin que
» j'y rétablisse votre autorité dans son premier état, et que
» je remette en vos mains Aristagoras, l'auteur de cette
» trame. Ces deux points exécutés selon vos intentions, je
» jure par les dieux, protecteurs des rois, que je ne quit-
» terai point l'habit que j'aurai à mon arrivée en Ionie,
» que je ne vous aie rendu tributaire la grande île de Sar-
» daigne. »

CVII. Darius se laissa persuader par ce discours, qui ne tendait qu'à le tromper. Il renvoya Histiée, et lui ordonna, en partant, de revenir à Suses aussitôt qu'il aurait rempli ses engagements.

CVIII. Pendant qu'on portait au roi la nouvelle de la prise de Sardes ; que ce prince, après avoir tiré une flèche contre le ciel, délibérait sur ce sujet avec Histiée, et qu'Histiée, congédié par lui, se rendait sur les bords de la mer, on apprit à Onésilus de Salamine, qui était occupé au siége d'Amathonte, qu'on attendait incessamment en Cypre Artybius, Perse de naissance, avec une armée considérable de troupes de sa nation. Sur cette nouvelle, Onésilus dépêcha des hérauts aux Ioniens, pour les inviter à le secourir. Ceux-ci, sans perdre le temps en longues délibérations, vinrent à son secours avec une flotte nombreuse. Les Ioniens étaient déjà en Cypre, lorsque les Perses, ayant passé de la Cilicie en cette île, se rendirent par terre à Salamine ; les Phéniciens doublèrent de leur côté le promontoire qu'on appelle les Cléides de Cypre.

CIX. Pendant que ces événements ce passaient, les ty-

---

[1] Il me semble que l'expression qu'Hérodote met dans la bouche d'Histiée pouvait faire soupçonner à Darius qu'il était à la cour malgré lui, et par conséquent confirmer ce prince dans ses soupçons.

rans de Cypre convoquèrent les commandants des Ioniens, et leur parlèrent en ces termes : « Ioniens, nous vous don-
» nons le choix, nous autres Cypriens, d'attaquer les Per-
» ses ou les Phéniciens. Si vous voulez essayer sur terre
» vos forces contre les Perses, il est temps de quitter vos
» vaisseaux et de vous ranger en bataille ; et nous, après
» être montés sur nos vaisseaux, nous combattrons contre
» les Phéniciens ; si vous aimez mieux attaquer les Phé-
» niciens, faites-le. Mais, quel que soit votre choix, songez
» que de vous dépend la liberté de Cypre et de l'Ionie. »

« Princes de Cypre, répondirent les Ioniens, le conseil
» commun de l'Ionie nous a envoyés pour garder la mer,
» et non pour remettre nos vaisseaux aux Cypriens, et pour
» combattre nous-mêmes à terre contre les Perses. Nous
» tâcherons de faire notre devoir dans le poste où l'on nous
» a placés. Pour vous, rappelez-vous le dur asservissement
» où vous ont tenus les Mèdes, et combattez en gens de
» cœur. »

CX. Les ennemis étant arrivés après cela dans la plaine de Salamine, les rois de Cypre choisirent les meilleurs soldats de Salamine et de Soles pour les opposer aux Perses, et rangèrent leurs autres troupes contre le reste de l'armée. Quant à Onésilus, il se plaça lui-même vis-à-vis d'Artybius, général des Perses.

CXI. Artybius montait un cheval instruit à se dresser contre un homme armé. Onésilus, qui en fut averti, en parla à son écuyer, Carien de nation, homme plein de courage, et très-entendu dans l'art de la guerre. « J'apprends,
» lui dit-il, que le cheval d'Artybius se dresse, et que des
» pieds et des dents il tue celui contre lequel on le pousse.
» Faites sur-le-champ vos réflexions là-dessus, et dites-
» moi lequel vous aimez mieux observer et frapper, du
» maître ou du cheval. Seigneur, répondit l'écuyer, je suis
» prêt à faire l'un et l'autre, ou l'un des deux, et absolu-
» ment tout ce qu'il vous plaira de m'ordonner. Je vous di-
» rai cependant ce qui me paraît convenable à vos intérêts.
» Je pense qu'un roi et un général doivent combattre con-
» tre un roi et un général. Si vous tuez un général, il en
» résultera pour vous une grande gloire ; s'il vous tue (ce

» qu'aux dieux ne plaise!), il est moins triste de mourir de
» la main d'un homme de marque. Quant à nous autres
» serviteurs, il faut que nous combattions contre d'autres
» serviteurs. A l'égard du cheval d'Artybius, ne craignez
» point son manége ; je vous garantis qu'il ne se dressera
» plus contre personne. »

CXII. Il dit, et bientôt après les deux armées de terre et de mer en vinrent aux mains. Les Ioniens firent paraître beaucoup de valeur sur mer, et battirent en cette journée les Phéniciens : ceux d'entre eux qui se distinguèrent le plus furent les Samiens. Les armées de terre s'approchèrent et fondirent l'une sur l'autre. Voici ce qui arriva aux deux généraux. Tandis qu'Artybius poussait son cheval contre Onésilus, celui-ci le frappe, comme il en était convenu avec son écuyer. Le cheval dresse en même temps ses pieds sur le bouclier d'Onésilus ; le Carien les lui coupe avec une faux ; le cheval s'abat, et le général perse tombe avec lui.

CXIII. Pendant qu'on était occupé à combattre, Stésénor, tyran de Curium, qui commandait un corps considérable de troupes, passa du côté de l'ennemi. On prétend que les Curiens sont une colonie d'Argiens. Les chariots de guerre des Salaminiens suivirent aussitôt l'exemple des Curiens. Les Perses acquirent par ce moyen de la supériorité. Les Cypriens prirent la fuite ; il en périt beaucoup, et entre autres Onésilus, fils de Chersis, celui-là même qui avait excité les Cypriens à la révolte. Aristocypros, roi des Soliens, perdit aussi la vie à cette journée. Il était fils de ce Philocypros que Solon d'Athènes, étant venu en Cypre, célébra dans ses vers héroïques par-dessus tous les tyrans.

CXIV. Les habitants d'Amathonte coupèrent la tête d'Onésilus parce qu'il les avait assiégés, la portèrent à Amathonte, et la mirent sur une des portes de la ville. Quelque temps après, cette tête étant vide, un essaim d'abeilles la remplit de rayons de miel. Là-dessus ceux d'Amathonte consultèrent l'oracle, qui leur répondit d'enterrer cette tête, d'offrir tous les ans des sacrifices à Onésilus comme à un héros, et que par ce moyen ils s'en trouveraient mieux. Ils obéirent, et de mon temps ils lui sacrifiaient encore.

CXV. Les Ioniens, qui s'étaient battus sur mer près de Cypre, ayant appris que les affaires d'Onésilus étaient perdues sans ressource, et que les villes de Cypre étaient assiégées, excepté Salamine, que ses habitants avaient rendue à Gorgus leur ancien roi, remirent sur-le-champ à la voile pour se rendre en Ionie. De toutes les villes de Cypre, Soles fut celle qui fit une plus longue résistance. Les Perses poussèrent des mines sous le mur tout autour de la place, et la prirent de cette manière le cinquième mois.

CXVI. Les Cypriens furent de nouveau réduits en esclavage, après avoir joui de la liberté pendant un an [1]. Daurisès, gendre de Darius, Hymées, Otanes, et d'autres généraux perses, qui avaient aussi épousé des filles de ce prince, poursuivirent les Ioniens qui avaient été de l'expédition de Sardes, et les battirent, après les avoir forcés à rentrer dans leurs vaisseaux. Ils se partagèrent ensuite les villes, et les pillèrent.

CXVII. Daurisès tourna ses armes contre les villes de l'Hellespont. Dardanus, Abydos, Percote, Lampsaque et Pæsos ne résistèrent chacune qu'un jour. Mais, tandis qu'il était en marche pour se rendre de Pæsos à Parium, il apprit que les Cariens s'étaient révoltés contre les Perses, de concert avec les Ioniens. Sur cette nouvelle, il quitta l'Hellespont, rebroussa chemin, et mena ses troupes en Carie.

CXVIII. Les Cariens en eurent connaissance avant son arrivée. Là-dessus ils s'assemblèrent au lieu nommé les Colonnes-Blanches, sur les bords du Marsyas, qui se jette dans le Méandre après avoir traversé le territoire d'Idrias. Les avis furent partagés. Le meilleur, du moins autant que j'en puis juger, fut celui de Pixodare, fils de Mausole, de la ville de Cindys, qui avait épousé une fille de Syennésis, roi de Cilicie. Il conseilla aux Cariens de passer le Méandre, et de combattre ayant le fleuve à dos, afin que, ne pouvant reculer, la nécessité de rester dans ce poste

---

[1] Il reprend ici la narration des affaires d'Ionie. *Voyez* le § CII.

leur inspirât plus de courage qu'ils n'en avaient naturellement. Cet avis ne prévalut pas ; il fut au contraire résolu que les Perses auraient le Méandre derrière eux, sans doute afin que, s'ils venaient à être vaincus et à être mis en fuite, ils tombassent dans le fleuve, et ne pussent se sauver.

CXIX. Les Perses étant arrivés quelque temps après, et ayant traversé le Méandre, les Cariens leur livrèrent bataille sur les bords du Marsyas. Le combat fut rude et long, mais enfin ils furent forcés de céder au nombre. Il périt dans cette action deux mille hommes du côté des Perses, et dix mille de celui des Cariens. Ceux d'entre ces derniers qui échappèrent à cette déroute se réfugièrent à Labranda, dans le temple de Jupiter Stratius, et dans un grand bois de planes qui lui est consacré. Les Cariens sont les seuls peuples, que je sache, qui offrent des sacrifices à Jupiter sous le nom de Stratius. Lorsqu'ils furent renfermés dans ce bois, ils délibérèrent sur le parti le plus salutaire, et s'il leur serait plus avantageux de se rendre aux Perses, ou d'abandonner totalement l'Asie.

CXX. Pendant qu'ils délibéraient là-dessus, les Milésiens vinrent à leur secours avec leurs alliés. Les Cariens abandonnèrent alors leurs premières résolutions, et se préparèrent à recommencer la guerre. Ils en vinrent aux mains avec les Perses, qui venaient les attaquer, et furent battus après un combat plus long et plus opiniâtre que le précédent. En général, il périt beaucoup de monde à cette journée, surtout du côté des Milésiens.

CXXI. Quelque temps après, les Cariens réparèrent cette défaite dans une autre action. Ayant appris que les Perses étaient en marche pour attaquer leurs villes, ils se mirent en embuscade sur le chemin de Pédases. Les Perses, s'y étant engagés pendant la nuit, y périrent avec leurs généraux Daurisès, Amorgès et Sisimacès. Myrsus, fils de Gygès, y fut aussi tué.

CXXII. Héraclides, fils d'Ibanolis, de la ville de Mylasses, conduisait cette embuscade. Tel fut le sort des Perses qui s'y étaient engagés. Hymées, qui était aussi du nombre de ceux qui avaient poursuivi les Ioniens après leur expédition contre Sardes, tourna vers la Propontide, et prit Cios en Mysie. Ayant eu ensuite avis que Daurisès avait quitté l'Hellespont pour marcher en Carie, il abandonna la Propontide, et mena son armée vers l'Hellespont. Il subjugua tous les Éoliens du territoire d'Ilion et les Gergithes, reste des anciens Teucriens. Tandis qu'il était occupé de ces conquêtes, il fut attaqué d'une maladie, dont il mourut dans la Troade.

CXXIII. Artapherne, gouverneur de Sardes, reçut ordre d'aller avec Otanes, un des trois généraux de l'armée de Darius, en Ionie et dans l'Éolide, qui lui est contiguë. Ils prirent Clazomènes en Ionie, et Cymes dans l'Éolide.

CXXIV. Aristagoras de Milet, l'auteur du soulèvement de l'Ionie et des troubles qui l'agitaient, montra en cette occasion bien peu de fermeté. Il fut tellement déconcerté de la prise de ces villes, qu'il résolut de prendre la fuite; et d'ailleurs il lui paraissait impossible de l'emporter sur le roi. Il convoqua en conséquence ses partisans, et délibéra avec eux s'il ne leur serait pas très-avantageux d'avoir un asile tout prêt en cas qu'ils fussent chassés de Milet, soit qu'il fallût les mener en colonie en Sardaigne, ou à Myrcine, dans le pays des Édoniens, ville que Darius avait donnée à Histiée, et que celui-ci avait commencé à environner de murs.

CXXV. L'historien Hécatée, fils d'Hégésandre, n'était point d'avis qu'il envoyât une colonie dans l'un ou l'autre de ces deux pays, mais qu'il bâtît un château dans l'île de Léros, si on le chassait de Milet, et qu'il s'y tînt tranquille; et que de là il pourrait retourner à Milet.

CXXVI. Aristagoras penchait davantage pour aller à Myrcine. Il confia le gouvernement de Milet à Pythagore, homme de distinction, qui était de cette ville; et, prenant avec lui tous ceux qui voulurent l'accompagner, il fit voile en Thrace, et s'empara du pays qu'il avait en vue à son départ. Il en partit ensuite pour aller faire le siège d'une place, où il périt avec son armée par les mains des Thraces qui la défendaient, et qui avaient voulu en sortir par capitulation.

FIN DU CINQUIÈME LIVRE.

TABLE
DU PREMIER VOLUME.

	Pages.
Avis de l'Éditeur.	5
Plan de l'Histoire d'Hérodote.	6
Vie d'Hérodote.	9

LIVRE PREMIER.
CLIO.

Les Perses. — Les Mèdes. — Babylone. — Crésus. — Solon. — Candaule et Gygès. — Cyrus. — Sémiramis. — Thomyris, etc. **21**

LIVRE SECOND.
EUTERPE.

Égypte. — Isis. — Oracle de Dodone. — Sésostris. — Rhampsinite. — Héliopolis. — Éléphantine. — Le Nil — Embaumements. — Sépultures. — Les douze rois. — Psammitichus. — Wecos. — Psammis. — Apriès. — Amasis, etc. **135**

LIVRE TROISIÈME.
THALIE.

L'Égypte. — La Perse. — Cambyse. — Memphis. — Le bœuf Apis. — L'Éthiopie. — Polycrate. — Amasis. — Le faux Smerdis. — Darius. — Siége de Babylone. — Zopyre, etc. **233**

LIVRE QUATRIÈME.
MELPOMÈNE.

La Scythie. — Hercule. — Les Gryphons. — Les Hyperboréens. — Description de la terre. — Peuple de Scylax. — Usage des Scythes. — Anacharsis. — Expédition de Darius. — Le Pont-Euxin. — Les Amazones. — Les Thraces — Les Gètes. — La Libye. — Culte du soleil, etc. **316**

LIVRE CINQUIÈME.
TERPSICHORE.

Suite de l'histoire de Darius. — Athènes et Sparte. — Les Pisistratides. — Cléomène. — Les statues d'Égine. — Origine de l'inimitié des Athéniens et des Éginètes. — Cypsélus, tyran de Corinthe. — Hippias. — Prise de Sardes par les Ioniens et les Athéniens. — Darius lance une flèche contre le ciel, en demandant aux dieux de se venger des Athéniens. — Toutes les villes de l'Hellespont, de l'Ionie et de l'Éolie sont soumises par les Perses, etc. . . . **403**

FIN DE LA TABLE DU PREMIER VOLUME.

Poitiers. — Typ. de A. Dupré.

www.ingramcontent.com/pod-product-compliance
Lightning Source LLC
Chambersburg PA
CBHW070209240426
43671CB00007B/594